A marca FSC® é a garantia de que a madeira utilizada na fabricação do papel deste livro provém de florestas que foram gerenciadas de maneira ambientalmente correta, socialmente justa e economicamente viável, além de outras fontes de origem controlada.

MARILENA CHAUI

A nervura do real

Imanência e liberdade em Espinosa
Volume II
Liberdade

Copyright © 2016 by Marilena Chaui

Grafia atualizada segundo o Acordo Ortográfico da Língua Portuguesa de 1990, que entrou em vigor no Brasil em 2009.

Capa
Moema Cavalcanti

Preparação
Adriane Piscitelli

Índice remissivo
Luciano Marchiori

Revisão
Huendel Viana
Ana Maria Barbosa

Dados Internacionais de Catalogação na Publicação (CIP)
(Câmara Brasileira do Livro, SP, Brasil)

Chaui, Marilena
    A nervura do real : imanência e liberdade em Espinosa, volume II : Liberdade / Marilena Chaui. – 1ª ed. – São Paulo : Companhia das Letras, 2016.

    Bibliografia
    ISBN 978-85-359-2759-7

    1. Imanência (Filosofia) 2. Spinoza, Benedictus de, 1632-1667 – Crítica e interpretação I. Título.

16-04119   CDD-149.7

Índice para catálogo sistemático:
1. Espinosismo : Filosofia 149.17

[2016]
Todos os direitos desta edição reservados à
EDITORA SCHWARCZ S.A.
Rua Bandeira Paulista, 702, cj. 32
04532-002 — São Paulo — SP
Telefone: (11) 3707-3500
Fax: (11) 3707-3501
www.companhiadasletras.com.br
www.blogdacompanhia.com.br
facebook.com/companhiadasletras
instagram.com/companhiadasletras
twitter.com/cialetras

Sumário

PARTE I: OS SERES SINGULARES 13

1. Em busca da essência de uma coisa singular 15
   1. Essência particular afirmativa 16
   2. Essência perfeita 32
   3. *Pars naturae* 40
   4. Aporia: a existência das essências de coisas
      singulares pode ser demonstrada? 51
      a. Da substância aos modos não há passagem possível 52
      b. Infinita infinitis modis: *a correspondência de Espinosa com Tschirnhaus* 62
   5. Natureza Naturada 73
      a. Os modos da substância 74
      b. Natureza Naturada 78
   6. Essência de uma coisa singular 86

2. A gênese do modo humano como ente singular 93
   1. Da Natureza Naturante à Natureza Naturada: a abertura da *Ética* II 93
   2. A gênese das coisas singulares 105
   3. A gênese do modo humano 137

4. A ontogênese dos seres singulares como complexidade 159
5. A essência de uma coisa singular como potência. 173
6. A essência de uma coisa singular como vida 185
Nota complementar n. 1 — Intensivo e extensivo: a interpretação
do modo finito por Deleuze 188
Nota complementar n. 2 — Observações sobre os vários sentidos
de *idea* em Espinosa 195
Nota complementar n. 3 — Axiomas, lemas, definição e postulados
da "pequena física" 200

PARTE II: A UNIÃO DA MENTE COM SEU CORPO 203

3. A união da mente com seu corpo: a vida cognitiva. 205
    1. A mente externamente determinada 206
        a. Sentir o corpo próprio 206
        b. Imaginar e lembrar 208
        c. O conhecimento inadequado 216
    2. A mente internamente disposta 229
        a. O conhecimento do comum 234
        b. Os gêneros de conhecimento. 242
        c. O necessário e eterno 251
    3. Da vontade às volições singulares 262
    4. Para o uso da vida 277

4. A união da mente com seu corpo: a vida afetiva 282
    1. A ciência dos afetos 282
    2. O fundamento da vida afetiva 317
    3. A gênese das paixões 325
        a. Nós e as coisas 330
        b. Nós e os outros: o espelhamento 344
        c. Proporção e desproporção: metamorfoses do amor e do ódio 355
        d. A mente às voltas consigo mesma 364
    4. Da paixão à ação 367
Nota complementar n. 4 — A relação entre a mente
e o corpo no *Breve tratado* 370
Nota complementar n. 5 — O escólio da proposição 2
da Parte III da *Ética* 373

PARTE III: A LIBERDADE 379

5. Da vida servil à vida virtuosa 381
   1. A abertura da *Ética* IV 382
   2. Travessia: dinâmica das forças afetivas ou a lógica da afetividade 409
   3. O desejo mais forte: a razão como desejo 421
      a. A virtude: alegria de viver................................. 426
      b. A sociabilidade: o comum e o aumento da potência 433
      c. O bom e o mau nos afetos 454
      d. Da paixão à ação: o desejo racional 465
   4. O modelo da natureza humana: a força do ânimo ou o homem livre .. 475
Nota complementar n. 6 — Adão e o Espírito de Cristo:
   o escólio da proposição 68 da Parte IV da *Ética* 483

6. A nervura do real: a vida livre................................. 486
   1. A impossível liberdade humana 486
   2. A imagem da liberdade humana 498
   3. A potência da mente humana 523
      a. O Prefácio da Ética V.. 523
      b. A mente internamente disposta: a interpretação dos afetos 537
      c. Sub specie aeternitatis 565
      d. Ciência intuitiva: a atividade da pars singularis 575
      e. O amor intelectual a Deus 583
   4. Liberdade: a vida feliz 594
      a. A aptidão para a pluralidade simultânea 594
      b. Tão difícil quanto raro 600
Nota complementar n. 7 — Tudo é congruente 605

Notas... 609
Bibliografia do volume 2.. 657
Índice remissivo 683

Indicação das citações da obra de Espinosa

1. A obra de Espinosa será citada segundo a edição crítica de C. Gebhardt; quando necessário, será feita menção às edições latina e holandesa de 1677. As siglas correspondentes serão:

G: *Spinoza Opera*. Im Auftrag der Heidelberger Akademie der Wissenschaften herausgegeben von Carl Gebhardt. Heidelberg, C. Winter, 1925;2. Auflage 1972, 4 v. Seguida da indicação do volume em algarismo romano e da página em arábico: G, II, pp. 262-6.
OP: *B. de S. Opera Posthuma, Quorum series post Praefationem exhibetur*, s.l., s.n., 1677 [Amsterdã, J. Rieuwertsz].
NS: *De Nagelate Schriften van B. d. S. Als Zedekunst, Staatkunde, Verbetering van't Verstant, Brieven en Antwoorden. Uit verscheide Talen in de Nederlandsche gebragt.* s. l., s. n., 1677 [Amsterdã, J. Rieuwertsz].

2. As obras de Espinosa serão citadas com as seguintes siglas e abreviaturas, seguidas da indicação da edição Gebhardt ou outra (conforme acima):

CG: *Compendium grammatices linguae hebraea* (*Compêndio de gramática da língua hebraica*). Seguido do número do capítulo em algarismos romanos: CG, I, 2; II, 3 etc.

CM: *Cogitata metaphysica* (*Pensamentos metafísicos*). As partes serão indicadas em algarismos romanos, seguidas do número dos capítulos em arábicos: CM, I, 2; II, 3 etc.

E: *Ethica ordine geometrico demonstrata* (*Ética demonstrada em ordem geométrica*). As partes serão indicadas em algarismos romanos (E, I; IV etc.); em arábicos serão indicados, seguidos de abreviaturas: as definições (E, I, *def.* 6) e suas explicações (E, II, 3 *def., expl.*), os axiomas (E, II, *ax.* 1), os enunciados das proposições (E, III, P4), as demonstrações (E, V, 24 *dem.*), os corolários (E, I, 20, *cor.* 1), os escólios (E, IV, 9 *schol.*), os lemas (E, II, 4 *lem.*), os postulados (E, III, 2 *post.*), os prefácios das partes (E, IV, *Praef.*).

Ep.: *Epistulae* (*Cartas*). Numeração conforme a edição Gebhardt, G, IV.

KV: *Korte Verhandeling van God, de Mensch en deszelvs Welstand* (*Breve tratado sobre Deus, o homem e seu bem*). Em algarismos romanos serão indicadas as partes, em arábicos os capítulos e entre parênteses os parágrafos: KV, I, 1 (2); indicam-se em ordinal os diálogos: KV, I, 2, 1º *dial*.

PPC: *Renati Des Cartes principiorun philosophiae* (*Princípios da filosofia cartesiana*). Em algarismos romanos indicam-se as partes, e como na *Ética*, em arábicos seguidos de abreviaturas, as definições, axiomas, proposições, demonstrações, corolários e escólios: PPC, I, P4; II, P5 *dem.* etc.

TIE: *Tratactus de intellectus emendatione* (*Tratado da emenda do intelecto*).* Indicaremos a numeração dos parágrafos estabelecida por Bruder (1843-6), embora não conste da edição Gebhardt, por ter sido adotada por muitas edições e traduções: TIE, §19.

TP: *Tractatus politicus* (*Tratado político*). Em algarismos arábicos será indicado o capítulo, seguido no número do parágrafo: TP, I, 1§2.

TTP: *Tractatus theologico-politicus* (*Tratado teológico-político*). Em algarismos arábicos serão indicados os capítulos: TTP, 7.

---

* Embora tradicionalmente o título *Tratactus de intellectus emendatione* seja traduzido por "reforma da inteligência", "reforma do entendimento", "reforma do intelecto" ou "correção do intelecto", e Joaquim de Carvalho tenha proposto "regeneração do entendimento", decidimos vertê-lo por *Tratado da emenda do intelecto* para observar o sentido original de *emendatio* como medicina da alma ou da mente. A tradução mais correta ou literal seria, na verdade, *Tratado da cura do intelecto*.

3. Além das traduções do conjunto da obra espinosana indicadas na Bibliografia, apoiamo-nos principalmente nas seguintes traduções, que serão citadas às vezes ligeiramente modificadas ou inteiramente refeitas, no entanto sem indicação explícita das alterações procedidas.

Breve tratado de Deus, do homem e de seu bem-estar. Tradução, introdução e notas de Emanuel Fragoso e Luís César Oliva. Belo Horizonte; São Paulo: Autêntica, 2012.

Princípios de la filosofia cartesiana. Pensamientos metafísicos. Introducción, traducción y notas de A. Domínguez. Madri: Alianza, 1988 (inclui *TIE*).

Pensamentos metafísicos. Tradução e notas de M. de S. Chaui. São Paulo: Abril Cultural, 1. ed. 1972, 2. ed. 1979 (Coleção Os Pensadores).

Korte Verhandeling, van God, de Mensch, en deszelvs Welstand. Breve Trattato su Dio, l'uomo e il suo bene. Introduzione, edizione, traduzione, e comento di F. Mignini. L'Aquila: Japadre, 1986.

Tratado da reforma da inteligência. Tradução, introdução e notas de L. Teixeira. São Paulo: Cia. Editora Nacional, 1966.

Tratado da correção do intelecto. Tradução e notas de C. Lopes de Mattos. São Paulo: Abril Cultural. 1. ed. 1972, 2. ed. 1979 (Coleção Os Pensadores).

Tratado político. Tradução, introdução e notas de D. Pires Aurélio. Lisboa: Círculo de leitores; Temas e Debates, 2008.

Tratado teológico-político. Introdução, tradução e notas de D. Pires Aurélio. Lisboa: Imprensa Nacional-Casa da Moeda, 1988.

Ética. Introdução de Joaquim de Carvalho. Tradução e notas da Parte I de Joaquim de Carvalho etc. Lisboa: Relógio d'Água, 1992.

PARTE I: OS SERES SINGULARES

1. Em busca da essência de uma coisa singular

Do começo ao fim de sua obra, Espinosa se refere às coisas singulares. É assim que, no *Breve tratado*, demonstra que "Deus é causa e providência das coisas particulares" e que "se Deus houvesse criado todos os homens como Adão antes da queda, teria criado somente Adão e não Pedro e Paulo", mas, prossegue, a perfeição de Deus o faz dar essência a todas as coisas, das menores às maiores, visto que "somente as coisas singulares têm uma causa e não as gerais, pois estas últimas nada são". E, na *Ética*, põe como axioma que "não sentimos nem percebemos outras coisas singulares senão os corpos e os modos de pensar", demonstra que o que constitui primeiramente o ser atual da mente humana "não é nada outro senão uma coisa singular existente em ato" e que "quanto mais conhecemos as coisas singulares, mais conhecemos Deus".

No entanto, desde o século XVII, cristaliza-se uma tradição interpretativa que afirma a impossibilidade dos seres singulares na filosofia espinosana com a alegação de que numa filosofia panteísta não pode haver indivíduos reais, pois tudo é Deus e somente Deus existe realmente.

Iniciada com Henry More, Malebranche, Leibniz e Bayle, essa tradição foi reforçada por Kant e Hegel e mantida, com variações, até os dias de hoje, pois, ao lado daqueles que julgam a filosofia espinosana incapaz de demonstrar a realidade dos seres singulares, até mesmo os intérpretes — que admitem a existência das coisas singulares na filosofia de Espinosa — julgam sua demonstração problemática. De fato, os primeiros consideram que a diferença de natureza entre a substância absolutamente infinita e os modos finitos não permite que ela seja causa eficiente imanente deles, pois não pode transmitir-lhes sua própria essência porque, se o fizesse, os transformaria em substâncias; e, entre nossos contemporâneos, alguns chegam a sugerir que a única maneira de garantir a existência de seres singulares seria abandonar o conceito espinosano dos atributos de Deus e conservar apenas os conceitos de substância e modo. Assim, se para uns a impossibilidade dos seres singulares decorre da afirmação espinosana da existência de uma única substância absolutamente infinita — causa eficiente imanente de todos os seus efeitos —, para outros, a dificuldade encontra-se na impossibilidade de passar do ser absolutamente infinito aos seres finitos singulares, se essa passagem for efetuada pela potência dos atributos da substância.

Ora, Espinosa não só demonstra que a forma mais alta do conhecimento, na qual se realizam nossa liberdade e felicidade, é a da singularidade da essência de nossa mente, de nosso corpo e de suas relações necessárias com todas as coisas igualmente singulares, como também afirma, desde o *Tratado da emenda do intelecto*, que, nas duas pontas do conhecimento, o objeto conhecido é uma singularidade: a imaginação conhece existências singulares e a intuição, essências singulares existentes em ato. Em outras palavras, tanto o conhecimento imaginativo quanto o intuitivo são *experiências*, pois só há experiência do singular. Além disso, tanto no *Tratado da emenda do intelecto* como na *Ética*, a teoria da definição perfeita exige que seu objeto seja uma essência particular afirmativa conhecida ou por si e em si mesma ou por sua causa eficiente geradora. Assim, não só a ontologia espinosana afirma a existência dos seres singulares como também sua teoria do conhecimento enuncia que a *forma do verdadeiro* se encontra no conhecimento das ideias de essências de coisas singulares.

I. ESSÊNCIA PARTICULAR AFIRMATIVA

Ao chegar às primeiras conclusões sobre as forças do intelecto, no *De emendatione*,[1] Espinosa escreve que, "para nada omitir do que pode conduzir" ao conhecimento delas, é preciso ensinar "um pouco sobre a memória e o esquecimento", explicando que a primeira pode ser reforçada "com o socorro do intelecto e também sem o socorro do intelecto". No primeiro caso, o auxílio é trazido pela própria inteligibilidade da coisa — *res magis est intelligibilis* —, enquanto no segundo, o amparo vem da imaginação, conforme a força com a qual esta é afetada por alguma coisa singular corporal — *ab aliqua re singulari corporea*. Imediatamente, Espinosa esclarece: "Digo singular: a imaginação é, com efeito, afetada somente pelas coisas singulares [...]. Digo também corporais: porque a imaginação é afetada apenas pelos corpos".²

Uma vez que a memória pode ser reforçada pelo intelecto, mas também pela imaginação, pode-se concluir que ela é diversa do intelecto, sendo apenas "a sensação das impressões do cérebro, simultaneamente com o pensamento de uma duração determinada da sensação, como o mostra a reminiscência", na qual se pensa numa sensação determinada, "mas não sob uma duração contínua". Em outras palavras, a memória é a permanência da duração de uma sensação em nós e a reminiscência, a ideia dessa sensação em um momento qualquer da duração, ou seja, uma lembrança. Dessa apresentação da memória em sua relação com o intelecto e a imaginação, Espinosa oferece duas conclusões, uma delas geral, que alcança tanto a imaginação quanto o intelecto, e a outra, válida apenas para o segundo.

Conclusão geral, "quanto mais uma coisa é singular, tanto mais facilmente a retemos".³ Conclusão específica, "quanto mais uma coisa é inteligível, também mais facilmente ela é retida. Eis por que não podemos não reter aquela que é a mais singular, uma vez que ela é a mais inteligível".⁴

Imaginação e intelecto só se avêm com coisas singulares. A primeira, passiva, é afetada pelas coisas singulares corporais existentes na duração; o segundo, ativo, é capaz, por si mesmo, de formar ideias e conhecer as essências das coisas singulares. A diferença entre essas duas maneiras de conhecer não exclui, entretanto, que estejam postas sob uma mesma conclusão necessária, qual seja, que nas duas pontas do conhecimento estamos voltados para o singular: no caso da imaginação, porque esta não pode ser afetada senão por corpos singulares; no do intelecto, porque este alcança o grau máximo de inteligibilidade conhecendo essências singulares.

O *De emendatione* distingue, de um lado, as coisas singulares corpóreas — que afetam a imaginação e a conduzem, na tentativa de organizar os dados empíricos por meio de comparações e analogias, a ideias obscuras e confusas —, isto é, a universais abstratos, e, de outro, a *essentia particularis affirmativa*, apresentada quando Espinosa se prepara para expor a teoria da definição perfeita.

Essa exposição é antecedida pela afirmação de que o escopo do método para o conhecimento verdadeiro é duplo: em primeiro lugar, garantir a distinção real ou a diferença entre imaginação e intelecto, de maneira que operemos apenas com ideias originadas do próprio intelecto e não decorrentes de "alguns movimentos fortuitos do corpo", assegurando-se, assim, que o intelecto seja o fundamento das ideias. Esse primeiro escopo exige "não misturar o que está no intelecto com o que está na coisa" (a ideia de corpo não é corporal, a ideia de círculo não tem centro nem periferia, a ideia de cão não ladra e a de açúcar não é doce), pois a "forma do verdadeiro" é uma denominação intrínseca da ideia verdadeira, mesmo que seu objeto não exista. Em outras palavras, uma ideia não é causada por uma coisa e a forma do verdadeiro não decorre da correspondência entre ideia e coisa, mas sim de propriedades intrínsecas à ideia verdadeira que, por ser verdadeira, corresponde à coisa, pois a correspondência entre a ideia e seu ideado é efeito e não causa da verdade. Em resumo, "o que constitui a forma do conhecimento verdadeiro há de procurar-se no próprio conhecimento e deduzir-se da natureza do intelecto".[5] Em segundo lugar, o método deve permitir que todas as ideias sejam reduzidas a uma só, graças ao encadeamento e à ordenação delas na mente, de maneira que esta "reproduza objetivamente a formalidade da natureza, tanto no todo como em cada uma de suas partes",[6] ou seja, encontrar a ideia que é o fundamento da relação entre as ideias (ou o que se encontra objetivamente no intelecto) e as coisas (ou o que se encontra formalmente na Natureza). Esse segundo escopo exige que procuremos aquela ideia cujo ideado é o ser que é a causa das coisas e das ideias e cujo conhecimento nos oferece a ordem e a união de toda a Natureza, isto é, de todas as ideias e de todas as coisas.

Para que o primeiro escopo seja alcançado, é preciso saber se a coisa cuja ideia se procura ou é em si, portanto, causa de si, devendo por isso ser compreendida apenas por sua essência, ou não é em si e, por conseguinte, exige o conhecimento de sua causa próxima, pois o conhecimento do efeito só se adquire pelo perfeito conhecimento da causa. Como atender ao primeiro requisito do método, isto é, que imagens e ideias, coisas e ideias não se confundam? Mais do que isso, como garantir que a forma do verdadeiro não se limite à denominação interna da ideia, mas seja também a afirmação da existência de seu objeto? Nesse ponto, Espinosa introduz o conceito de *essentia particularis affirmativa*:

Logo, nunca poderemos, enquanto tratamos da investigação das coisas, concluir algo de abstrações, e tomaremos muito cuidado em não misturar o que está só no intelecto com o que está na coisa. Mas *a melhor conclusão se tirará de alguma essência particular afirmativa, ou seja, de uma verdadeira e legítima definição*. Efetivamente, o intelecto não pode descer de axiomas universais a realidades singulares, visto que os axiomas se estendem a coisas infinitas e não determinam o intelecto para contemplar uma coisa singular mais do que outra. Por isso, *o reto caminho da investigação é formar os conhecimentos segundo alguma definição dada*, o que se processa tanto mais feliz e facilmente quanto melhor definirmos alguma coisa.⁷

Trata-se, em primeiro lugar, de evitar abstrações, isto é, de definir um particular como manifestação determinada de um universal (ou seja, trata-se de evitar o procedimento aristotélico-escolástico da definição do particular por gênero e espécie). Em segundo, de manter a distinção matemática entre axioma e definição. Mesmo que um axioma não seja abstrato, entretanto sua universalidade não pode oferecer o conhecimento de realidades singulares. Embora um axioma seja uma verdade eterna — isto é, aquilo cujo contraditório é impossível —, e sua utilidade, inequívoca, sua limitação decorre exatamente daquilo que o caracteriza: ser um universal. Apenas a definição pode oferecer a essência de uma realidade singular. Espinosa identifica, assim, *essentia particularis affirmativa* e definição verdadeira e legítima, garantia única de que o intelecto possa "contemplar uma coisa singular", uma vez que a definição perfeita é aquela que nos dá "a essência íntima da coisa sem que em seu lugar coloquemos algumas propriedades", ou seja, uma essência não se define (à maneira platônico-aristotélica e escolástica) por suas propriedades, pois estas se derivam dela como seus efeitos ou consequências. Donde:

> Disse também que a melhor conclusão há de ser tirada de alguma essência particular afirmativa, pois quanto mais especial for a ideia, mais distinta será e, portanto, mais clara. *Logo, o que acima de tudo devemos procurar é o conhecimento das coisas particulares.*⁸

A *essentia particularis affirmativa* é um *principium* — dela se tiram as melhores conclusões — e um *fundamentum* — por ela conhecemos uma coisa particular. Ora, uma essência particular afirmativa só pode ser alcançada por meio de uma definição perfeita, isto é, que ofereça ou a estrutura íntima da coisa definida, se essa coisa, sendo causa de si, existir pela necessidade de sua própria natureza, ou mostre a causa eficiente necessária da coisa definida, se essa coisa não for causa de si. Nos dois casos, trata-se de um conhecimento a partir da causa, uma vez que o conhecimento verdadeiro é sempre conhecimento das causas e pelas causas. Eis por que a matemática assume um papel exemplar para o saber, pois nela o conhecimento por meio de definições causais de essências determinadas se realiza melhor do que em qualquer outro campo.

De fato, a marca distintiva do conhecimento matemático encontra-se na peculiaridade de suas definições, que são sempre genéticas porque mostram a geração de seu objeto ou como é produzida a ideia da coisa definida, apresentando a causa eficiente interna ao definido, e mostram como da definição podem ser deduzidas ou demonstradas todas as propriedades que decorrem necessariamente da essência do definido. Eis por que Espinosa dirá que a definição do círculo como figura na qual todos os pontos são equidistantes do centro não é a boa definição, pois o define por uma propriedade e não oferece sua gênese. A definição perfeita do círculo o deduz como o efeito do movimento de um semieixo ao redor de um centro fixo, assim como a definição perfeita da esfera a define como o movimento de um semicírculo ao redor de um eixo de revolução do qual todos os pontos se distanciam de maneira a permanecer equidistantes do centro. Essas definições nos dizem qual é a essência particular do círculo ou a da esfera porque nos mostra tanto a causa eficiente de sua geração quanto a compreensão de que essa essência é a causa de todas as suas propriedades, de tal maneira que, construída a definição, poderemos deduzir ou demonstrar todos os efeitos dessa essência particular, isto é, todas as suas determinações ou propriedades.

Com isso, o *Tratado da emenda do intelecto* nos ensina o que devemos entender por essência particular. No caso da definição da esfera, por exemplo, uma causa eficiente determinada — o movimento do semicírculo — produz no contínuo da quantidade infinita uma forma particular. Essa causa eficiente não é extrínseca à figura gerada por ela, mas intrínseca a ela e coincide com a própria essência da esfera, pois a essência da esfera é ser não só efeito determinado do movimento de um semicírculo ao redor de um centro fixo, mas também o próprio ato do movimento determinado do semicírculo no qual cada ponto realiza um movimento que tem como centro um ponto qualquer do diâmetro cujo raio aumenta à medida que aumenta sua distância com relação ao eixo de revolução e esse movimento, que constitui a essência da esfera, simultaneamente determina que é uma propriedade necessária da essência da esfera que todos os pontos sejam equidistantes do centro.

Que é, pois, a essência particular de uma coisa? É o efeito de uma causa eficiente que a engendra de maneira determinada, mas, simultaneamente, ela é a causa formal de suas propriedades necessárias, que dela são deduzidas como efeitos seus,[9] isto é, são as consequências necessárias de sua natureza. É dessa maneira que podemos falar na essência particular do triângulo, do círculo, do homem, da democracia, da teocracia etc. Em suma, a essência particular afirmativa não é um caso particular de um gênero ou de uma espécie e sim uma *rede causal* porque é efeito determinado de uma causa (eficiente) e porque ela própria é uma causa (formal) da qual seguem efeitos necessários (suas propriedades). Quando há coincidência entre a causa eficiente interna e a causa formal, a essência é concebida absolutamente, isto é, se apresenta como *causa sui*. No caso de um ser que não é causa de si, mas concebido como efeito necessário de uma causa eficiente distinta dele, sua essência, enquanto causa formal, opera como causa total de seus efeitos particulares (ou de suas propriedades) e ela se apresenta ou como *causa adaequata*. Em outras palavras, quer como *causa sui*, quer como *causa adaequata*, uma essência possui sempre e necessariamente uma natureza causal e não predicativa, como supunha a tradição.

Espinosa sublinha, na *Emenda do intelecto*, que não se deve confundir o que está na coisa e o que está no intelecto, ou seja, é preciso manter a distinção entre a essência formal (o que uma coisa é) e sua essência objetiva (a coisa pensada pelo intelecto ou sua ideia). Ora, designar uma ideia com a expressão *essência objetiva* significa tomá-la como uma essência, isto é, como uma operação causal. Visto que Espinosa enfatiza que uma coisa não causa ideias (como imaginaria um empirista) nem uma ideia causa coisas (como imaginaria um idealista), pois uma essência é causada por algo da mesma natureza que ela e produz efeitos da mesma natureza que a sua, conclui-se que a natureza causal da ideia entendida como essência objetiva significa que, assim como coisas produzem coisas, também ideias produzem ideias. Tomar a ideia como essência objetiva significa afirmar que é da essência do intelecto (a essência formal do intelecto) ser a causa eficiente de uma ideia verdadeira (uma essência objetiva). A essência formal do intelecto, ou aquilo que realmente ele é, é o poder para conhecer, isto é, para formar as essências objetivas ou ideias das coisas exteriores e interiores a ele, e ele as forma quando produz a definição perfeita delas, ou seja, quando as conhece como essências particulares porque conhece a causa eficiente geradora delas e os efeitos necessários que elas produzem. É este poder intelectual para ser o fundamento autônomo das próprias ideias que Espinosa afirma quando se refere ao intelecto como *automa spirituale*, autômato espiritual.

Examinemos brevemente, por meio de dois exemplos, a maneira como as diretrizes metodológicas postas pelo *De emendatione* operam na obra espinosana.

No *Tratado político*, Espinosa estabelece uma relação inédita entre a experiência política, seu fundamento ontológico (o direito natural como potência natural) e a geometria como procedimento de definição e demonstração de essências particulares. Seu núcleo é a ideia de direito natural da *multitudo* como agente político ou causa eficiente da qual são deduzidas as essências particulares dos regimes políticos. Três gêneses são efetuadas: a do direito natural dos indivíduos como potência singular ou expressão particular determinada da potência da Natureza inteira; a da *multitudo* como expressão coletiva do direito natural dos indivíduos que a constituem; e a dos regimes políticos particulares, que exprimem a maneira determinada como a *multitudo* define o exercício do poder. A ideia de *potência da Natureza* opera como causa eficiente do direito natural dos indivíduos, este, por seu turno, opera como causa eficiente do direito natural coletivo da *multitudo* e esta, por sua vez, opera como causa eficiente do poder político, definido pelo direito civil entendido como direito natural da coletividade.

Assim como na geometria, o intelecto constrói essências particulares determinadas tomando o movimento como causa eficiente que determina planos e figuras particulares no contínuo da quantidade infinita, assim também o *Tratado político* constrói as essências particulares dos regimes políticos tomando a potência infinita da Natureza e a da *multitudo* como causas eficientes dessas essências.

Que são os regimes políticos? Para compreendermos a distância entre as formas políticas concebidas por Espinosa e a tradição, basta lembrar que esta define os regimes políticos pelo número de governantes (um, poucos, muitos). Ora, como afirma Espinosa em muitas ocasiões, o número é uma determinação extrínseca que não pode dar a definição de uma essência.[10] Os regimes políticos são essências particulares determinadas; sua determinação decorre da ação de uma causa eficiente, o direito natural coletivo, particularizada segundo as relações de força e de potência da *multitudo*, isto é, do agente político. Essas essências são particulares porque se distinguem intrinsecamente umas das outras tanto pela diferença de sua gênese, conforme as paixões que movem inicialmente a *multitudo* — o medo da morte, que conduz à monarquia, ou o desejo de vida, que institui a democracia —, quanto pelas diferenças na relação entre a potência do agente político (a *multitudo*) e a potência do poder político (o *imperium*) instituído pelo primeiro. Cada uma das formas políticas, por conseguinte, é intrinsecamente distinta de todas as outras por sua causa eficiente e pela forma da relação entre o poder dos indivíduos e o poder político ou *imperium*.[11] Como na geometria (uma coisa é o círculo produzido pela Natureza, outra é a ideia do círculo, produzida pelo intelecto), também na dedução dos regimes políticos nenhuma de suas essências foi produzida na Natureza tais como são deduzidas pelo intelecto, tanto assim que, logo na abertura do tratado, Espinosa assegura que nada proporá que já não tenha sido experimentado pelos homens, mas que nenhuma Cidade existiu ou existe tal como a deduzirá. Nem por isso, entretanto, as diferentes formas das cidades podem ou devem ser confundidas com ficções, visto que uma ficção se caracteriza pela mistura desordenada de ideias de naturezas diferentes e incompatíveis (como um cavalo alado ou uma árvore falante) em decorrência do desconhecimento da causa eficiente de uma coisa ou de uma ideia. Todavia, ao declarar que nenhuma Cidade foi instituída historicamente da maneira como as deduzirá teoricamente, isto não significa supor que a essência particular de um regime político seria uma essência possível ou contingente. Antes de tudo porque a ontologia espinosana recusa a tradição teológico-metafísica das essências como ideias universais contidas no intelecto de Deus na qualidade de possíveis aptos à existência, vindo a existir por um ato contingente da vontade divina.[12] Além disso, tanto na *Emenda do intelecto* como na *Ética*,[13] Espinosa define o possível como ignorância da causa da produção de alguma coisa e o contingente como ignorância quanto à relação entre a existência e a essência de alguma coisa. Assim, o movimento dedutivo do *Tratado político* estaria irremediavelmente comprometido em sua verdade se as essências particulares dos regimes políticos fossem confundidas com ficções, possibilidades ou contingências.

Para compreendermos o que é uma essência particular, tal como o *Político* e a geometria a concebem, convém lembrarmos uma passagem do parágrafo 57 da *Emenda do intelecto* na qual Espinosa examina a noção de hipótese e, portanto, de uma ideia que se refere a algo cuja existência não está determinada. Espinosa começa referindo-se às questões disputadas na Escola acerca dos impossíveis e oferece como exemplo a disputa "a vela que está ardendo e não arde". A seguir, propõe que o exemplo, em lugar de ser tomado como uma questão disputada, seja examinado como uma hipótese física num "espaço imaginário", isto é, no qual não há corpos. Isso leva a mente a compreender que num espaço onde não houvesse outros corpos, a vela arderia sem se consumir, isto é, arderia sem arder porque "não teria nenhuma causa para a destruição de si mesma" e por isso "essa vela, como sua chama, ficaria imutável". Em outras palavras, não estamos diante de uma ficção, mas da elaboração de um experimento teórico ou de uma experiência em pensamento, baseada no princípio de inércia (um corpo em movimento o prosseguirá indefinidamente se nenhum outro se opuser a ele). Qual a diferença entre uma hipótese e uma ficção? Esta última, ensina o *De emendatione*, pode referir-se a uma existência ou a uma essência. No segundo caso, diz Espinosa (lembrando, talvez, a lição de Lucrécio sobre a impossibilidade física das quimeras),[14] a ficção mescla coisas de naturezas diferentes e, frequentemente, incompatíveis porque a imaginação ignora a essência daquilo que é ficcionado. Ao contrário, uma hipótese científica constrói uma essência em sua inteligibilidade de tal maneira que ela permita deduções ordenadas e, por conseguinte, bem fundamentadas. Por outro lado, a ficção quanto à existência concerne ao desconhecimento da causa real de alguma coisa, que nos leva a supô-la como um possível que precisaria de algo para passar a existência. Assim, a diferença lógica entre ficção e hipótese encontra-se na ausência, na primeira, daquilo que está presente na segunda, ou seja, o *fundamentum*. A ficção não tem fundamento porque desconhece ou a essência ou a causa da existência e por esse motivo é desordem mental e intelectualmente desordenada; a hipótese, ao contrário, é um princípio ordenador de deduções racionais fundadas e por isso ordenadas. É sob essa perspectiva que podemos compreender o trabalho efetuado por Espinosa no *Tratado político*.

Na medida em que a causa eficiente do direito natural dos indivíduos é a potência infinita da Natureza, da qual os homens participam, esse direito é uma potência natural e por isso o direito natural de um indivíduo se define pela sua potência para exercê-lo. Ou como escreve Espinosa: *jus sive potentia*, "direito, ou seja, potência". Geometricamente, o *Tratado político* deduz a gênese das formas políticas particulares ou das essências particulares dos regimes políticos tomando como causa geradora a ideia de proporcionalidade (*ratio*), desdobrada em duas formas: proporcionalidade direta entre *potentia* (potência) e *jus* (direito) e proporcionalidade inversa de potência entre o direito natural dos indivíduos e o direito natural coletivo, isto é, o direito civil, a partir da determinação de ambos pela quantidade de força para se exercer. A proporcionalidade direta entre *potentia* e *jus* permite construir a gênese de um regime político sem recorrer à ideia de contrato, pois o direito civil nada mais é do que o direito natural da *multitudo* sob a lei que esta oferece a si mesma. Por seu turno, a proporcionalidade inversa, aplicada à potência da *multitudo* e dos indivíduos em face da potência do *imperium* (ou do poder político instituído pela *multitudo*), permite a dedução de cada um dos diferentes regimes políticos a partir da divisão social: a monarquia, na qual a sociedade está dividida entre o poder de um e o não poder de todos os outros, é a proporção tendente a zero porque um único indivíduo detém o *imperium*; a aristocracia, na qual a sociedade está dividida em duas classes, uma das quais detém o poder e a outra está excluída dele, é a proporção dependente de um equilíbrio precário entre a potência dos patrícios e a da plebe; a democracia, na qual não há divisão social entre detentores do poder e excluídos do poder, é a proporção perfeita entre *jus* e *potentia* ou *absolutum imperium*, porque o poder pertence a todos como *multitudo* e a ninguém como indivíduo.

Os regimes políticos são, assim, construídos como as figuras geométricas, isto é, como essências particulares dotadas de inteligibilidade porque conhecidas pela causa geratriz, permitindo, por sua vez, explicar e compreender os regimes singulares efetivamente existentes na duração.

Significaria isto que Espinosa jamais se volta para os regimes políticos singulares existentes na duração? De maneira nenhuma, tanto assim que frequentemente ilustra a essência de um regime particular referindo-se a exemplos históricos. Todavia, se quisermos ir além da simples ilustração por meio de exemplos à singularidade histórica efetiva de um determinado regime político, observaremos que, além do ensinamento geométrico, Espinosa acrescenta um método propriamente histórico. É dessa maneira que o *Tratado teológico-político* alcança a essência particular de um regime político existente na duração, o Estado hebraico. Agora, duas causalidades serão responsáveis pela existência de uma coisa singular: uma causa eficiente interna ou imanente que institui o Estado — a índole (*ingenium*) do povo hebraico ou suas paixões — e causas eficientes externas ou transitivas — as circunstâncias empíricas nas quais a sociedade e o Estado hebraicos se conservam ou passam por mudanças.

O *Teológico-político* se divide em três partes, cada uma delas constituída por sete capítulos. Na primeira (a que se deve acrescentar o prefácio aos seis capítulos iniciais), Espinosa constrói a definição de um objeto singular determinado, a religião hebraica como religião profética, isto é, fundada na crença da revelação divina àquele que a interpreta e a transmite aos demais, o profeta. Por meio da descrição e análise de fatos religiosos (profecias, milagres, ritos e cerimônias, leis divinas), que permitem compreender esse tipo determinado de religião, cuja causa é a relação entre o homem e Deus, mediada por imagens ou sinais (vozes, visões, sonhos), chega-se à ideia da religião hebraica ou à sua essência singular quando se determina a causa que a produz, a profecia, que explicita o sentido da ideia de revelação: presente em atos, narrativas e atitudes fundados na crença numa divindade que se manifesta aos homens por meio de signos exteriores corpóreos. Tendo definido a essência da religião hebraica a partir de sua gênese — a profecia —, a segunda parte do tratado opera a partir do método exegético proposto pelo filósofo, no capítulo VII, para o estudo dessa religião singular e historicamente determinada, consignada num texto que exige interpretação, a Sagrada Escritura. Os sete capítulos finais, que formam a terceira parte, operam em dois níveis simultâneos: num deles, Espinosa contrapõe a essência da religião revelada à de uma outra forma de religiosidade, a religião natural, cuja causa é o sentimento interior da presença divindade e que não suscita ritos e cerimônias, e sim uma ética da justiça e fraternidade entre os homens; no outro nível, o filósofo deduz os fundamentos naturais da política e determina a diferença de essência entre o regime teocrático hebraico e o republicano. Esses dois planos se interpenetram e se determinam reciprocamente: por um lado, religião revelada e teocracia hebraica mostram-se indissociáveis, na medida em que a fundação política hebraica é, simultaneamente, instituição da religião hebraica, ambas obra do fundador, Moisés; por outro, religião cristã revelada, religião natural e laicização republicana da política também são inseparáveis, na medida em que as duas religiosidades concernem ao espaço privado ou às relações diretas de cada indivíduo com Deus, e a política republicana institui um poder fundado nas leis postas pela ação do agente político coletivo, a *multitudo*.

Para chegar a essa dupla conclusão, na qual a essência teocrática do Estado hebraico se oferece como singularidade historicamente determinada, cuja causa é a natureza singular do povo hebraico e da sociedade hebraica e que, por isso mesmo, não pode senão de maneira aberrante e violenta impor-se como modelo universal da política e da religião, Espinosa põe em operação o método de interpretação da Bíblia como método imanente ao seu objeto. Em outras palavras, a via de acesso à singularidade hebraica é o seu relato, isto é, a Sagrada Escritura, e o acesso a esta depende de outra singularidade na qual a primeira se exprime, qual seja, a língua hebraica. A primeira coisa singular a que é preciso chegar e da qual será possível partir é, portanto, a língua singular na qual o texto histórico dos hebreus foi escrito e Espinosa, seguindo o que fora estabelecido no *Tratado da emenda*, propõe começar pelo conhecimento da natureza e origem da língua hebraica e, por conseguinte, alcançar o de suas propriedades necessárias, decorrentes de sua natureza singular.

Uma vez que se trata de determinar a gênese do povo hebraico a partir de seu documento (como se chega ao círculo pelo movimento de rotação do semieixo ao redor de um centro fixo), este deve, por si mesmo, nos dizer quem foram os hebreus e estes devem nos ensinar por que e como produziram seu texto sagrado. Em outras palavras, a via de acesso à religião e à política hebraicas é um documento histórico determinado, uma coisa singular — a Escritura — que, enquanto texto, exige regras para sua leitura e interpretação, ou seja, o conhecimento da língua singular em que foi escrita, dos usos e costumes hebraicos, das personagens e autores dos livros, das diferentes circunstâncias em que os diversos escritos foram redigidos e lidos, da situação do povo a cada época de redação dos textos e a fortuna desses textos após o término do Estado hebraico. A Escritura deixa de se apresentar como livro universal da religião universal, paradigma de toda religiosidade e de toda política, para se mostrar como singularidade histórica cuja causa é uma sociedade singular, a sociedade hebraica.

Por conseguinte, a singularidade hebraica diferencia-se internamente da singularidade cristã. De fato, indaga Espinosa, o que os hebreus entendiam por "eleição divina" e por que se julgavam eleitos? De acordo com os textos da Escritura, por eleição divina entendiam que Deus lhes dera uma terra para viver e leis para conviver em segurança. A identidade entre a doação da terra e a da lei foi instituída pelo fundador político, que unificou a forma da religião e a do Estado, instituindo uma teocracia. Disso se conclui que as leis do Estado hebraico concernem apenas aos hebreus, não tendo validade para outros Estados e nem mesmo para os hebreus quando seu Estado desapareceu. Por outro lado, como a leitura dos Evangelhos indica, o Cristo não se assemelha a Moisés, não é legislador nem fundador político, mas aquele que institui uma religião cujo centro é o coração dos homens, ou seja, a interioridade da alma individual. Isto significa, em primeiro lugar, que o Estado e a religião hebraicos, obra política de Moisés, não podem, em nome da Escritura, ser continuados nem repetidos ou imitados pelos seguidores de Cristo porque não há *fundamentum* escriturístico para um *Estado* cristão e muito menos para uma teocracia *cristã*. Mas significa também, em segundo lugar, que os regimes políticos cristãos, quando se pretendem fundados nos textos do Antigo Testamento, são uma fraude alicerçada num tipo particular de poder, o poder teológico-político. Donde a exigência, na terceira parte do tratado, de encontrar os verdadeiros fundamentos do Estado, indicando que a teocracia hebraica é uma forma singular da política e a república, uma outra, que não se confunde com a primeira.

Ora, assim como na primeira parte do tratado, Espinosa apresenta a definição da essência da religião hebraica, oferecendo sua causa geradora (a profecia), e, na segunda, a essência da política hebraica, apresentando sua causa geradora (a índole do povo hebraico manifestada em sua língua e em suas paixões), na terceira, apresenta a essência da política, oferecendo sua causa geradora, qual seja, a necessidade de vencer a precariedade da existência humana em estado de natureza ou a ineficácia do direito natural (em estado de natureza a potência natural de cada um ou o direito natural de cada um não tem como se efetivar, pois como todos têm direito a tudo, ninguém tem direito a coisa alguma, reinando o medo recíproco e a violência), de maneira que para que a potência de cada um e a de todos possam se efetuar é preciso que se tornem uma ação coletiva de instituição da vida social e política. Assim como a religião hebraica e a cristã são formas singulares de religiosidade cuja diferença tem como causa a maneira como a revelação é imaginada em cada uma delas, assim também, a teocracia hebraica e a república laica são formas singulares da política cuja diferença tem como causa a maneira como a *multitudo*, origem do poder, transfere ou não a um outro o direito de governá-la.

De fato, ao deduzir a instituição da política articulando o direito natural ou a potência natural dos indivíduos a duas paixões principais — o medo da morte e a esperança de vida —, Espinosa começa assinalando o advento de uma experiência que dará aos homens a percepção da utilidade da política: a da ocupação comunitária do solo e da sociabilidade instituída pela divisão do trabalho e pela troca dos produtos, experiência que mostra ser a cooperação a única resposta natural e racional ao medo recíproco dos indivíduos em estado de natureza. Agrupados socialmente, os homens constituem uma figura coletiva, a *multitudo*, de cuja decisão emerge o *imperium*, a partir do qual é instituído o Estado como um poder que seja garantia de paz, segurança e liberdade para os membros da comunidade. Conforme as circunstâncias e condições históricas determinadas, essa garantia pode ser conseguida de maneira teocrática — quando a *multitudo* transfere seu direito a um fundador que convence o povo de que recebeu a lei diretamente de Deus — ou de maneira republicana — quando o direito civil é instituído como direito natural da coletividade. É assim que, no caso hebraico, Moisés tem agudeza para perceber que, tendo fugido do poder do faraó, o povo não aceitará novamente submeter-se ao poder de um homem e convence a *multitudo* hebraica que o legislador e governante é o próprio Jeová.

A compreensão da singularidade histórica do povo hebraico significa que Espinosa afasta o imaginário de uma história universal contínua, proposta tanto pela tradição hermenêutica, que lê o texto da Escritura Sagrada alegoricamente, quanto por aquela que o interpreta figurativamente, isto é, leituras que afirmam a continuidade tomando o Antigo Testamento como prefiguração do Novo. Pelo contrário, Espinosa demonstra que há somente histórias singulares de sociedades singulares, isto é, a existência determinada da essência de uma coisa singular na duração. Significa também, como consequência, que ele afasta o imaginário teocrático que sustentou as formulações jurídico-políticas cristãs, demonstrando que não há fundamento escriturístico para teocracias cristãs. Significa, ainda, que ele afasta o imaginário da imitação de um modelo universal da religião e da política (ou suas essências universais), demonstrando que as circunstâncias históricas particulares de uma sociedade determinam a forma de sua religião e de sua política, sempre singulares.

Em resumo, se se aceita, como querem os cristãos, a diferença entre a história hebraica e a cristã como passagem da Antiga à Nova Aliança ou do carnal ao espiritual, à maneira do que diz o apóstolo Paulo, isto é, como passagem da lei escrita na pedra à lei inscrita no coração do homem, torna-se necessário determinar a causa da permanência, no mundo cristão, da teocracia como paradigma político. Essa causa é o surgimento de um tipo peculiar de poder, o poder teológico-político.

Para compreendermos a maneira como Espinosa introduz esse conceito, precisamos observar que uma outra distinção percorre todo o *Tratado teológico-político*, a qual, desde o Prefácio, Espinosa afirma ser o motivo da obra: a distinção entre fé e razão, de onde se deduz a diferença entre teologia e filosofia.

Como procede Espinosa? O método exegético proposto por ele é histórico (a coleta mais completa possível e a organização de dados empíricos trazidos pelos documentos escritos), crítico (julga e avalia o objeto estudado) e filológico (conhecimento da língua em que os documentos históricos estão escritos). História, crítica e filologia inauguram um método de leitura imanente, graças ao qual o próprio texto oferece ao leitor as condições, formas e variações de sua produção. Dessa maneira, Espinosa pode demonstrar que todas as dificuldades para compreender a Escritura não decorrem de sua suposta carga de mistérios especulativos a respeito da essência de Deus e do homem, mas da situação em que se encontra o texto, escrito numa língua da qual se perderam palavras, expressões idiomáticas e o restante da literatura, e da qual não se conhecem gramática, retórica e dicionário. A Escritura é uma expressão letrada particular de uma língua singular cujo todo desconhecemos. Além dessa dificuldade, acrescenta-se o fato de que não dispomos dos textos originais, pois o documento foi escrito em épocas diferentes e sofreu os efeitos da dispersão do povo hebraico com o fim de seu Estado, tendo sido submetido à ação devastadora do tempo, à incúria e à malícia dos homens. Assim, a natureza textual da coisa singular Escritura Sagrada permite circunscrever as dificuldades para sua leitura e determinar as regras de interpretação delimitadas apenas pelo campo linguístico, afastando do documento as interpretações não imanentes a ele, isto é, aquelas que, por meio de alegorias, símbolos e metáforas, convertem um texto político e devocional em tratado de metafísica e teologia. Não há, no texto da Escritura, especulações metafísico--teológicas e por isso não há fundamento escriturístico para que a teologia pretenda impor dogmas à fé e, por meio deles, controlar, dirigir e censurar a razão.

Por sua definição perfeita ou verdadeira, numa religião revelada, como a hebraica, a causa da fé, que determina a essência dessa religiosidade, é a crença imaginativa em signos externos da divindade e a obediência a mandamentos divinamente decretados. A Escritura, por meio dos relatos de profecias, contém esses signos e mandamentos de maneira simples, clara e concisa, limitando-se, por meio dos profetas, a exigir a adoração a Deus e a justiça entre os homens, isto é, o cumprimento dos mandamentos divinos ou da Lei revelada. Por outro lado, a definição perfeita ou verdadeira da essência da razão como atividade intelectual que encontra em si mesma a causa de suas operações se contrapõe à obediência devocional porque o fundamento desta é a imaginação e não o intelecto. Em outras palavras, a causa geradora da devoção é a fé e esta tem como causa a crença em imagens, ou seja, signos atribuídos ao poder da divindade; porém a causa geradora do conhecimento é a razão e esta tem como causa a força interna ou natural do intelecto para formular, ordenar e conectar ideias. Sob essa perspectiva, a imposição teológica de dogmas especulativos e, por meio deles, da censura ao livre exercício do pensamento e à sua expressão são contrárias à razão e evidenciam a impossibilidade de uma teologia *racional* na qual, obviamente, a razão não pode ser livre, mas serva. Estamos, assim, diante da determinação da diferença de essência entre teologia e filosofia que, desde o Prefácio, Espinosa afirma terem "maneiras e fundamentos diferentes". Com efeito, a teologia é a tentativa imaginária e passional para transformar em verdades especulativas preceitos políticos singulares (isto é, próprios à teocracia hebraica) e preceitos morais propostos pela religião revelada (adorar a Deus e amar ao próximo como a si mesmo). Visto, porém, ser impossível essa conversão de preceitos práticos particulares, historicamente determinados em verdades especulativas universais, a teologia não é um saber diferente da filosofia, mas um *não saber*, cuja causa é o desejo de dominação sobre os corpos e espíritos dos crentes. É poder. O poder teológico-político é gerado, portanto, pela transposição de preceitos religiosos (que são morais e políticos) singulares para conceitos especulativos universais dos quais é inferido o suposto fundamento universal do poder político sob a forma de mandamento divino, cujo conhecimento e interpretação cabem aos teólogos, aos quais devem se submeter governantes e governados.

Assim, a demonstração da diferença entre religião revelada e religião natural, entre Antigo e Novo Testamento, entre Moisés e Cristo, entre judaísmo e cristianismo, entre teocracia e religião individual da salvação, entre religião e teologia, filosofia e política desfaz generalizações imaginativas, que se impunham como universalidades inquestionáveis e, em seu lugar, Espinosa faz aparecer singularidades determinadas existentes e perfeitamente conhecidas porque alcançadas pelo conhecimento de suas causas.

Os exemplos oferecidos pelo trabalho demonstrativo do *Tratado político* e do *Tratado teológico-político* indicam a exigência de fazermos uma distinção lógico--semântica: Espinosa emprega a expressão *essentia particularis* toda vez que se refere à operação intelectual de conhecimento pela qual a ideia de uma coisa concebe essa coisa como causal e intrinsecamente distinta de todas outras, e reserva a expressão *essentia rei singularis* para a realidade de uma essência de uma coisa cuja existência é determinada por causas naturais. Em outras palavras, embora nos dois casos o conhecimento seja o da determinação causal do objeto, *essentia particularis* é empregada por Espinosa para significar o momento em que uma ideia apreende a conexão lógica entre uma essência e suas determinações e propriedades, ou entre uma essência e suas afecções — é assim que operam a matemática e o *Político*; em contrapartida, *essentia rei singularis* é empregada para assinalar a relação interna entre uma essência e sua existência — é assim que trabalha o *Teológico-político*. Essa distinção aparece na *Ética*: na Parte I, quando os modos da substância, apresentados como afecções dos atributos de Deus, são ditos coisas particulares (*res particulares*), porém, na Parte II, Espinosa emprega coisa singular (*res singularis*) quando demonstra que o que constitui primeiramente o ser atual da mente humana é a ideia de uma coisa singular existente em ato, isto é, o corpo; e a coisa singular (seja a mente, seja o corpo) é designada como modo singular (*modus singularis*). Todavia, é preciso assinalar que na primeira obra do filósofo, o *Breve tratado*, Espinosa emprega a expressão "coisa particular" para significar o que, na *Ética*, será a essência de uma coisa singular. Poderíamos supor que de uma obra à outra houve um percurso teórico que determinou essa mudança; entretanto, pensamos que o emprego de coisa particular no *Breve tratado* pode ser explicado pelo campo crítico de elaboração desse conceito, isto é, a crítica à Escolástica e às ideias e coisas como gêneros e espécies, de maneira que Espinosa diz "particular" para se opor aos universais abstratos daquilo que designa como a "velha lógica".

2. ESSÊNCIA PERFEITA

No quinto capítulo da primeira parte do *Breve tratado*,[15] Espinosa define a Providência divina como o "esforço encontrado em toda a Natureza e nas coisas particulares" para "conservar seu próprio ser", pois, escreve ele, "é evidente que nenhuma coisa poderia, por sua própria natureza, buscar sua própria destruição",[16] pelo contrário, busca não só se conservar em seu estado como também alcançar outro melhor para o seu bem-estar. Mantendo a distinção entre providência universal e particular, admitida por seus contemporâneos, como Cherbury e Grócio, que nisso seguiam o estoicismo cristianizado de Justus Lipsius, Espinosa explica que a "providência universal" é aquilo pelo que cada coisa é produzida e conservada enquanto parte de toda a Natureza e a "providência particular", o impulso de cada coisa particular a conservar seu próprio ser, "não enquanto considerada como uma parte da Natureza inteira, mas como um todo".[17] Contudo, sob a terminologia antiga, já está em curso a reformulação do conceito, isto é, a ideia de que a Providência divina não é a potestade de uma vontade onipotente, mas a lei natural de autoconservação da Natureza inteira e de cada uma de suas partes, seja enquanto partes, seja enquanto seres singulares, isto é, não enquanto cada um deles é uma parte do todo, e sim enquanto cada coisa singular é um todo; ou o que, mais à frente, é designado com a expressão "uma essência perfeita". O novo conceito de providência desembocará em um novo conceito de predestinação, à distância do pensamento agostiniano-calvinista.

De fato, tendo explicado que tudo o que existe na Natureza não pode ser nem ser concebido sem Deus e, a seguir, que, consequentemente, tudo na Natureza é necessário, Espinosa indaga se haveria coisas contingentes, isto é, "coisas que podem ou não acontecer" e, ademais, se haveria "alguma coisa de que não possamos perguntar por que existe". As duas indagações são respondidas negativamente: o que não tem causa para existir não é contingente, mas impossível; e não há coisa alguma de que não possamos perguntar por que existe, pois o princípio da razão não sofre exceções. No entanto, Espinosa prossegue e examina os dois argumentos escolásticos em favor da contingência: pelo primeiro, uma coisa é contingente não por não ter causa e sim porque sua causa é contingente — a causa pode ou não produzi-la; pelo segundo, a própria existência dessa causa é contingente, ou seja, é contingente que essa causa seja causa de acontecer algo contingente. Ora, replica Espinosa, os dois argumentos são falsos, pois o primeiro levaria a buscar a causa contingente de uma causa contingente, numa regressão ao infinito; e o segundo faria dizer que uma causa não está determinada a produzir ou deixar de produzir este ou aquele efeito e, portanto, que é igualmente impossível que o produza ou não o produza, o que é contraditório. Chegado a esse ponto, o filósofo indaga onde devemos buscar a causa necessária de alguma coisa e responde: ou na essência da própria coisa, se a existência lhe pertence necessariamente, ou numa causa externa, se o existir não lhe pertence necessariamente. Visto que apenas Deus é o ser cuja essência afirma imediata e necessariamente a existência, em Seu caso a causa é interna — Deus é causa de si —, mas todas as demais essências dependem da causa divina para existir. Essa causalidade divina que põe a essência e a existência de todas as coisas singulares é a *predestinação*, donde a conclusão do sexto capítulo: "Deus é a causa primeira de tudo".[18]

Todavia, lembra Espinosa, a imaginação religiosa acostumou-se a invocar a predestinação como mistério: por um lado, se tudo está predestinado pelo ser soberano, então, por que há desordem e mal na Natureza e por que o homem não foi feito de maneira a jamais pecar? A imaginação religiosa solicita uma teodiceia. No entanto, em lugar de oferecê-la, Espinosa declara que não podemos conhecer todas as causas, conexões, conveniências e oposições entre cada uma e todas as coisas da Natureza: "Quanto à primeira objeção, a saber, que há confusão na Natureza, não se tem o direito de afirmá-la, uma vez que ninguém conhece todas as causas e não tem como julgar a Natureza".[19]

Isso, porém, não é o bastante, pois não diriam outra coisa o fideísmo e o ceticismo. Espinosa prossegue, criticando a causa que suscita ora a busca da teodiceia ora a resignação fideísta e cética:

> Essa objeção, porém, decorre *daquela ignorância que consiste em colocar ideias universais com as quais se crê que os seres particulares devem concordar para serem perfeitos*. Muitos colocam tais ideias no intelecto de Deus, como disseram os seguidores de Platão, isto é, que tais ideias universais (como racional, animal e similares) são criadas por Deus. E aqueles que seguem Aristóteles, embora digam que tais coisas não são reais, mas entes de razão, todavia frequentemente as consideraram como coisas, visto que disseram claramente que a Providência divina não se estende às coisas particulares, mas apenas aos gêneros. Por exemplo, Deus nunca estendeu sua proteção a bucéfalo, mas a todo o gênero cavalo. Dizem também que Deus não possui qualquer ciência das coisas particulares e instáveis, mas somente das universais, que, em sua opinião, são estáveis. Mas, com direito, julgamos essa opinião ignorância, uma vez que somente têm causas as coisas particulares, e não as universais, pois estas nada são. Portanto, Deus é causa e providência das coisas particulares.[20]

Apenas as coisas particulares são; as universais nada são. Por isso mesmo não podem ser modelos (existentes em si, à maneira platônica, ou existentes no intelecto de Deus, à maneira dos que seguem Aristóteles) a que as coisas particulares devem ajustar-se ou acomodar-se. Aliás, o que seria esse ajuste ou essa acomodação? Espinosa responde recusando a suposição de que as coisas particulares, para ser o que são e para ser perfeitas, deveriam "conformar-se a uma outra natureza", isto é, a uma essência universal, pois, se fosse o caso, "não poderiam conformar-se à sua própria natureza e, consequentemente, não poderiam ser o que são verdadeiramente":

Se Deus houvesse criado todos os homens como Adão antes da queda, então teria criado somente Adão e não Pedro ou Paulo. Ao contrário, a perfeição de Deus consiste em que dá essência a todas as coisas, das menores às maiores, ou para melhor dizer, que Ele tem Nele mesmo tudo perfeitamente.[21]

Por que Deus não fez o homem de maneira que não pecasse? Porque o pecado é uma noção que imaginamos ao compararmos os homens entre si e todos eles com um modelo de humanidade, como fazemos quando olhamos um relógio e dizemos que é bom porque soa e indica as horas tal como esperamos que o faça, sem que indaguemos se era essa a intenção do relojoeiro, que poderia ter feito expressamente um relógio desordenado e que, conforme a sua intenção, seria um bom relógio. Conclui Espinosa: "Pedro deve convir, como é necessário, à ideia de Pedro e não à ideia de homem; e bem, mal, pecado são apenas modos de pensar e não realidades ou algo que possua existência".[22]

Essas passagens do *Breve tratado* nos remetem a duas outras da mesma obra. A primeira delas encontra-se no capítulo 10 da Parte I, enquanto a segunda conclui o Prefácio à Parte II do tratado.

Tendo demonstrado que na Natureza há apenas substâncias e modos, ou o que existe em si e é concebido por si e o que existe em outro e por meio de outro é concebido, e tendo distinguido entre Natureza Naturante (isto é, a substância e seus atributos) e Natureza Naturada (isto é, os modos infinitos e finitos), no capítulo 10 da Parte I, Espinosa afirma que "na Natureza [Naturada] existem somente coisas e ações",[23] ou seja, movimento, repouso e entendimento (ações), corpos e mentes (coisas). Consequentemente, bem e mal, para existir, devem ser ou ações ou coisas. Ora, bem e mal são comparações e relações entre ações e coisas, mas não são nem umas nem outras, portanto, não são *entes reais*, mas *entes de razão* que não existem na Natureza porque só se encontram em nossa mente. Quando, portanto, dizemos que alguma coisa é boa "não dizemos outra coisa senão que essa coisa corresponde à ideia geral que temos de tais coisas",[24] porém, como foi dito anteriormente, "as coisas devem convir às suas ideias particulares — *cujo ser deve ser uma essência perfeita*, isto é, completa — e não com a ideia geral, pois, neste caso, não existiriam".[25] Falar na bondade de Pedro ou que Pedro é bom e na maldade de Judas ou que Judas é mau, não é *definir* bem e mal, pois só existem como algo relacionado à essência de Pedro e à de Judas quando comparados a outros homens.

Essa passagem reenvia ao capítulo 7 da primeira parte, no qual Espinosa, opondo-se à tradição aristotélico-escolástica, recusa qualquer validade à definição por gênero próximo e diferença específica, uma vez que gênero e espécie são universais inexistentes na Natureza e, sobretudo, porque, nesse caso, o gênero supremo não poderia ser definido, isto é, Deus permaneceria indefinido e desconhecido. Ora, sendo Deus a causa eficiente primeira e próxima de todas as coisas e sendo o conhecimento verdadeiro o conhecimento pela causa, então coisa alguma na Natureza pode ser conhecida se Deus não for conhecido e Ele permanecerá desconhecido se for imaginado como gênero supremo.[26] Em oposição ao costume dos lógicos, Espinosa afirma que há dois tipos de definições, cada um deles apropriado à natureza do definido: a dos seres que existem em si e são concebidos por si mesmos, isto é, que se dão a conhecer direta e imediatamente por si mesmos (a substância e seus atributos) e a dos seres que existem em outro e são concebidos por meio desse outro (os modos da substância), esse outro tomado *"como se fosse* o gênero deles pelo qual são conhecidos".

São, assim, afastadas duas distinções que operavam nas definições escolásticas: a distinção entre ente real e ente de razão, uma vez que este último não existe, não possui essência e, portanto, não pode ser definido nem ser constitutivo de uma definição de essência; e a distinção entre necessário e contingente, uma vez que este último também não se refere a nada real, tudo sendo absolutamente necessário, seja do ponto de vista da substância e seus atributos, seja do ponto de vista dos modos. Essa dupla desaparição acarreta a desaparição da distinção entre substância e acidente e por isso as definições se limitam a dois tipos, ambos referidos a seres reais, um deles necessário por sua própria essência e os outros necessários pela sua causa. Há um ser substancial que se faz conhecer em si e por si mesmo, cuja essência se dá por meio de suas ações, isto é, de seus atributos, que são essências eternas concebidas por si. E há as modificações particulares desses atributos que devem ser definidas a partir deles.

Será apenas no final do Prefácio à segunda parte do *Breve tratado* que Espinosa, definindo o homem como um modo finito dos atributos de Deus, nos permitirá compreender a curiosa expressão empregada no capítulo 6 da Parte I, *essência perfeita* e a afirmação do capítulo 7 dessa primeira parte sobre os dois únicos tipos de definição. Escreve ele:

> Além disso, negamos o que esses [que afirmam o homem ser substância] colocam como regra fundamental, ou seja, que *pertence à natureza de uma coisa aquilo sem o*

qual uma coisa não pode existir nem ser concebida, pois já demonstramos que *sem Deus coisa alguma pode existir nem ser concebida*. Ou seja, Deus deve existir e ser concebido antes que essas coisas particulares existam e sejam concebidas. Também mostramos que os gêneros não pertencem à natureza da definição, mas que algumas realidades que não possam existir sem outras também não podem ser concebidas sem estas últimas. Sendo assim, que regra devemos estabelecer para que saibamos o que pertence à natureza de uma coisa? A regra é esta: *pertence à natureza de uma coisa aquilo sem o qual ela não pode existir nem ser concebida, porém, não apenas assim, mas de tal modo que a proposição seja recíproca, isto é, aquilo que é afirmado não possa existir nem ser concebido sem a coisa.*[27]

Deparamos aqui com o núcleo da concepção espinosana da essência ou a ideia de *essência da coisa*: a essência é o que pertence à natureza da coisa sem a qual esta não pode ser nem ser concebida e, *reciprocamente*, a qual sem a coisa não pode ser nem ser concebida. Isto significa, em primeiro lugar, que Deus é causa da essência e existência da coisa, mas Ele *não pertence* à natureza dela,[28] e, em segundo, que a definição da essência da coisa exclui a suposição de que a essência seja um universal que pertence à natureza da coisa e que esta seja uma existência particular daquele. A regra da definição da essência da coisa é, portanto, clara: a essência da coisa é singular como a própria coisa de que é essência e justamente por isso "a ideia de Pedro deve convir com a essência de Pedro e não com a de Homem". A consequência também é clara: porque a essência da coisa é inseparável da coisa a cuja natureza pertence, a definição da essência da coisa não pode ser feita por gênero e diferença, isto é, por predicação. A "velha lógica" substitui essências reais por universais abstratos porque a definição por gênero e diferença supõe que o gênero entra na compreensão do sujeito e por isso estaria compreendido na essência da coisa. Ora, a coisa é substância ou modo. Se substância, é concebida por si mesma e não carece de um gênero para ser conhecida; se modo, é concebida por meio da substância que não é gênero, pois é o ser absoluto que não está compreendido num sujeito universal, e sim compreende em si mesmo a coisa particular que é seu modo. Além disso, o modo está na substância *como em outra coisa* e, por conseguinte, sua essência é distinta da essência da substância, que por isso mesmo não pertence à essência dele. Dessa maneira, ao afastar a definição por gênero e diferença específica, Espinosa afasta o que a pressupõe e a sustenta: por um lado, que a substância seja sujeito de inerência de predicados e o modo, predicado dela; e, por outro, que uma definição possa operar com universais abstratos. Assim, para afirmar a reciprocidade entre a essência e a coisa como singularidade real e, ao mesmo tempo, afirmar que ela depende da substância sem que esta pertença à sua essência, o contradiscurso espinosano não só desmantela o edifício da definição por gênero e diferença, mas inaugura a definição causal do modo: a relação entre a coisa finita ou modo finito e a substância absolutamente infinita não sendo de inerência de um predicado a um sujeito é a do efeito com sua causa, graças à qual ele é e é conhecido. É por isso que Deus é "causa e providência das coisas particulares", *constitui* as essências delas, mas *não pertence* às essências delas.

Na abertura do *Breve tratado*, ao demonstrar que é necessário definir a essência de Deus e provar a priori Sua existência (seguindo de perto as *Meditações* no que concerne à essência, mas afastando-se de Descartes no que respeita à existência), Espinosa afirma que "o que pertence à natureza de uma coisa pode ser afirmado com verdade desta coisa", isto é, a essência ("o que pertence à natureza de uma coisa") é o princípio ontológico das operações que ela realiza e o princípio lógico de sua inteligibilidade ("pode ser afirmado com verdade desta coisa"). E, numa nota, o filósofo precisa que se trata "da *natureza determinada* pela qual a coisa é o que ela é e que não pode, de jeito nenhum, ser separada da própria coisa sem que esta seja imediatamente aniquilada", ou seja, trata-se da natureza *desta* coisa ("natureza determinada") ou *sua* essência, que não se distingue *desta* própria coisa. E o exemplo dado é o mesmo de Descartes: à essência da montanha pertence ter um vale e "isto é uma verdade eterna e imutável, deve sempre pertencer ao conceito de montanha, mesmo que esta nunca tenha existido ou não exista". Porém, distanciando-se de Descartes, a relação entre essência e existência *desta natureza determinada* prepara a inovação introduzida pelo Prefácio da segunda parte do tratado, revolucionando a noção de *essência* e de *coisa* com a reciprocidade entre a natureza determinada de uma coisa e a própria coisa. Perfeito e imperfeito não são valores, não se referem à imagem abstrata de um universal paradigmático que serviria para avaliar o ser de uma essência particular, mas, como exige a etimologia, *perfectus* significa completo/ acabado, e *imperfectus*, incompleto/ inacabado.[29] Eis por que, de acordo com o significado correto de *perfecta*, isto é, completa, a essência da coisa particular é perfeita.

A definição da essência perfeita exige que a essência e a coisa jamais sejam separadas e *explica* por que Espinosa afasta a definição de uma coisa particular real pelo gênero e a espécie, pois entre eles e ela não há reciprocidade possível. Mas essa exigência *se* explica ainda por uma outra razão. As coisas particulares são modos determinados dos atributos de Deus e, como dizem os *Pensamentos metafísicos,* "o ser da essência nada mais é do que a maneira pela qual as coisas criadas estão compreendidas nos atributos de Deus".[30] Se Espinosa tivesse mantido a regra tradicional, que define a essência apenas como aquilo que pertence à coisa e sem o qual a coisa não pode ser nem ser concebida, então Deus não *constituiria* simplesmente as essências particulares das coisas singulares, mas *pertenceria* ao ser delas e estas seriam o próprio Deus (eis a fórmula ancestral do panteísmo), porém, Deus *não pertence* a essas essências: o ser delas está *compreendido* nos atributos divinos.[31] Deus, causa eficiente imanente de todos os seus modos, é a providência protetora das coisas particulares, mas não pertence à essência de nenhuma delas. Em primeiro lugar, porque somente em Deus a essência é a própria existência necessária, o que não é o caso das essências das coisas finitas (ou das coisas criadas, como dizem o *Breve tratado* e a *Emenda do intelecto*), cuja existência depende da causalidade dos atributos divinos e da causalidade da ordem da Natureza Naturada. Em segundo, Deus é causa das essências e existências das coisas particulares e a regra tradicional, ao separar essência e existência, faria com que as coisas particulares pudessem ser e ser concebidas sem Deus (eis a fórmula ancestral do ateísmo). Somente a reciprocidade entre essência e coisa trazida pela definição espinosana pode simultaneamente garantir que o ser absolutamente infinito é causa do ser finito determinado, sem se confundir com este último, e garantir que o finito determinado é uma coisa singular real diferente do ser absolutamente infinito. É esse o sentido da afirmação "Deus é causa e providência das coisas particulares".

Lembremos, enfim, que a essência perfeita de que fala o *Breve tratado* está pressuposta no trabalho crítico efetuado pelos *Pensamentos metafísicos*, cujo alvo principal são as várias tradições escolásticas, atingindo tanto a essência tomista como um universal no intelecto de Deus, quanto a essência scotista como uma singularidade possível no intelecto de Deus, assim como a essência ockamista como unidade singular discreta e contingente causada imediatamente pela vontade de Deus, bem como a essência objetiva suareziana enquanto conceito lógico possível na mente de Deus. Não obstante as diferenças entre essas tradições, todas possuem em comum a suposição de que a essência é um possível no intelecto de Deus, passando à existência por um ato contingente da vontade divina.[32] Eis por que a *Ética* insistirá sempre na expressão "essência *atual*" de uma coisa para marcar a recusa de uma filosofia do possível lógico e ontológico.

3. PARS NATURAE

A correspondência de Espinosa com Oldenburg introduz um conceito nuclear da filosofia espinosana que já fora mencionado pelo *Breve tratado*, embora, ali, ainda não recebesse a explicação detalhada que aparece numa carta a Oldenburg e será explicitada na demonstração geométrica da *Ética*: o conceito de parte da Natureza e a afirmação, feita no *Breve tratado*, de que uma coisa pode ser tomada como uma parte ou como um todo.

A discussão encetada por Espinosa com Oldenburg sobre o conceito de parte da Natureza tem como pressuposto duas outras questões. A primeira delas, que aparece no início da correspondência entre ambos, se refere à unicidade substancial e à imanência de Deus à Natureza; a segunda faz referência às objeções espinosanas à química de Boyle. É interessante observar que essas duas questões assumem um aspecto especular curioso: na primeira, o problema de Oldenburg é a existência da pluralidade de seres perante a unidade da substância; na segunda, a existência de unidade e coesão num todo formado pela pluralidade de partes. Embora tenhamos examinado essas questões anteriormente,[33] voltaremos à segunda porque incide diretamente sobre o problema da existência de seres singulares.

Ao comentar os relatos dos experimentos de Boyle, que lhe haviam sido enviados por Oldenburg, Espinosa julga que não permitiram alcançar o objetivo que Boyle pretende conseguir com eles, qual seja, oferecer os princípios para uma filosofia natural mecânica por meio de experimentos químicos baseados numa teoria corpuscular da matéria em que os corpos são tomados como composição de partes simples ou indivisíveis (indivíduos). Boyle, pensa Espinosa, não chega a definições reais de seu objeto dos quais possam ser deduzidas ou demonstradas as propriedades universais e necessárias exibidas pelos experimentos, uma vez que se contenta em mostrar propriedades químicas dos corpos sem, contudo, demonstrar suas causas corpusculares nem suas causas mecânicas. Boyle não estabelece, ou não vê, uma diferença nas maneiras de conhecer quando se passa da experiência ao experimento. Este é tomado por ele como técnica refinada para lidar *empiricamente* com precisão e acurácia com o material empírico: os *matter of fact* construídos pelo experimento pretendem ser a réplica dos fenômenos naturais dados na experiência comum. Ora, diz Espinosa, o objeto da experiência e o do experimento são coisas singulares ou existências finitas, porém, o modus operandi do conhecimento não é o mesmo em cada um deles. A experiência, quando vaga ou errante, busca livrar-se da singularidade das existências construindo universais abstratos que a decepcionarão; a experiência, quando ensinante, suscita a necessidade de alcançar *certas* essências das coisas a partir das existências de *certas* coisas singulares — é assim que a percepção do Sol menor que a Terra ou da alteração do tamanho das coisas quando vistas de longe ou de perto suscitam a mente a buscar a essência da visão. Por seu turno, o experimento é a experiência determinada pelo intelecto, portanto, dirigida pela norma da ideia verdadeira.[34] O que é a determinação intelectual da experiência que define o experimento?

O *Tratado da emenda do intelecto* insiste em que as existências singulares possuem causas e circunstâncias inumeráveis que nossa mente não pode abarcar nem sucessiva nem simultaneamente, coincidindo, assim, com o que é dito a Boyle, ou seja, que a mera multiplicação das experiências jamais totalizará os inumeráveis corpos e forças que, sob certas circunstâncias, são responsáveis pelo fenômeno observado. Não há como *demonstrar empiricamente* uma existência singular ou um fenômeno porque não se demonstra algo com um número finito de causas que podem não ser suficientes para determiná-lo, nem com um número infinito de causas porque, nesse caso, a demonstração permaneceria indefinidamente suspensa. A única maneira de demonstrá-lo é *matematicamente*, isto é, não no nível da própria experiência, mas no do raciocínio ou, em outros termos, numa experiência ordenada e regulada por princípios e definições causais, portanto, determinada pelo intelecto. Em outras palavras, a ciência que Boyle propõe através da investigação experimental não oferece um conhecimento completo e exaustivo da essência dos objetos investigados, alcançando-os tais como dados aos sentidos e não como são em si mesmos. No caso de Boyle, obtém-se determinações superficiais ou extrínsecas suscetíveis de reprodução ou de repetição; no caso do experimento espinosano, porém, alcança-se a lei necessária de produção e reprodução do fenômeno porque essa lei explica a natureza íntima do objeto investigado. Eis por que no *Tratado da emenda*, antes de passar às considerações sobre o experimento, Espinosa se refere às "coisas fixas e eternas", leis nas quais as coisas singulares estão inscritas como "em seus verdadeiros códigos".

Espinosa indaga: como Boyle pode supor que os experimentos lhe trarão a concordância entre os fenômenos e a razão, isto é, que lhe dirão qual é a "parte da Natureza" no fenômeno experimentado? Que garantia possui de que as causas observadas são *todas* as causas necessárias para produzi-lo? Como saberá se outras causas, escondidas da percepção sensorial, não agiram no experimento? É cientificamente ilegítimo deslizar da constatação de *algumas* causas dos fenômenos para, mantendo-se no nível do experimento empiricamente concebido, a afirmação de *todas* as causas deles. Porque, para Espinosa, há diferença de registro epistemológico entre o conhecimento imaginativo das existências singulares das coisas finitas e o conhecimento intelectual das essências das coisas singulares finitas e infinitas; a inumerabilidade indefinidamente aberta de causas e circunstâncias que determinam as primeiras não é obstáculo para uma filosofia natural necessária (ou de estilo matemático), desde que as *leis* que regem as essências das coisas determinem a maneira como o experimento deve operar sobre as existências. Em outras palavras, visto que uma ideia é intrinsecamente verdadeira quando oferece a *razão total* ou *causa total* de seu ideado, oferece por isso a *lei* de sua produção e das conexões causais entre as coisas, garantindo a inteligibilidade das coisas singulares existentes. Boyle, ao contrário, julga impossível totalizar as causas do fenômeno, conservando-as como multiplicidade discreta e aberta, de sorte que, como ele mesmo afirma, a filosofia natural não pode ir além da crença razoável.

Compreende-se, então, o que escreve Oldenburg a Espinosa, na Carta 31: "Por favor, comunique-nos, se encontrares alguma luz na árdua tarefa de conhecer como cada parte da Natureza concorda com seu todo e como se conecta com as demais".[35]

Espinosa inicia a Carta 32 reiterando o que escrevera a Oldenburg, na Carta 30:

> Quando me perguntas: "como conhecemos de que maneira cada uma das partes da Natureza concorda (*conveniat*) com o todo e como se articula (*cohaeret*) às restantes?", julgo que perguntas quais as razões que nos persuadem desse acordo e desse vínculo, pois, em minha última carta, eu te disse que ignorava como conhecer de maneira absoluta de que maneira as partes se vinculam reciprocamente (*invicem*) e como cada uma delas concorda com o todo. Para poder conhecer isso, seria preciso conhecer a Natureza inteira e todas as suas partes. Portanto, esforçar-me-ei apenas para mostrar a razão que me obriga a afirmar o vínculo e o acordo entre as partes.[36]

Ao declarar que apenas pode mostrar "a razão que me obriga a afirmar o vínculo e o acordo entre as partes", Espinosa reafirma o que o vimos dizer no *Tratado da emenda* a respeito das hipóteses científicas e o que dissera antes a Boyle, isto é, a multiplicação de experimentos não pode oferecer empiricamente a totalidade das causas do objeto experimentado, o que só pode ser demonstrado matematicamente, com a demonstração da gênese necessária do objeto. Vejamos, pois, a razão que obriga Espinosa a afirmar a *cohaerentia* e a *convenientia* entre as partes da Natureza, ainda que não seja possível "conhecer a Natureza inteira e todas as suas partes".

Por articulação ou coerência (*cohaerentia*) e concordância ou conveniência (*convenientia*) entre as partes, explica Espinosa, entende-se apenas aquilo que faz com que as leis ou a natureza de cada uma das partes se ajustem (*accommodant*) às leis ou à natureza de cada uma das outras, de tal maneira que não haja entre elas a menor contradição (*contrarientur*). Por suas naturezas, as partes se vinculam reciprocamente. *Cohaerentia* e *convenientia* significam ajuste não contraditório entre partes que seguem, todas elas e cada uma, as leis de *sua* natureza. Nesse primeiro momento do argumento é a ausência de contradição que explica o ajuste natural e a reciprocidade das articulações entre as partes. É preciso, porém, oferecer uma explicação positiva, isto é, o que faz com que haja partes ajustadas reciprocamente. Em outros termos, é preciso esclarecer o que se deve entender por "parte" e, consequentemente, por "todo":

> Acerca do todo e das partes, considero as coisas como partes de um certo todo enquanto a natureza de cada uma delas se ajusta, na medida do possível, à das outras, de maneira a se conformarem (*consentiant*) umas às outras. Mas enquanto essas coisas são diversas entre si, cada uma delas forma uma ideia distinta em nossa mente, e devem, então, ser consideradas cada uma como um todo e não como uma parte.
>
> Por exemplo, enquanto o movimento das partículas de linfa, de quilo etc., se ajusta reciprocamente em razão de sua grandeza e figura, de sorte que se conformam entre si de maneira completa e constituem um só líquido, a linfa, o quilo etc., serão considerados como partes de um mesmo todo, o sangue. Mas, enquanto concebemos as partículas linfáticas diferindo das de quilo em razão da figura e do movimento, consideramo-las como um todo e não como uma parte.[37]

O ajuste e a concordância entre coisas cujas naturezas se conformam umas às outras de maneira completa para constituir uma outra coisa determinam que aquelas sejam consideradas partes e esta, um todo. Nada impede, porém, que cada parte possa, quanto à figura e ao movimento que lhe são próprios, ser tomada em sua diferença com relação às outras e, neste caso, cada uma delas pode ser concebida como um todo. Há, pois, duas definições da parte e do todo: numa, o todo é a articulação concordante de partes que possuem naturezas comuns ou conformes entre si; na outra, o todo é uma natureza diferente de outras e, sob essa perspectiva, uma parte pode ser dita um todo. Para esclarecer essa distinção, Espinosa propõe o célebre exemplo do vermezinho imerso no sangue:

> Inventemos, se quiseres, um vermezinho vivendo no sangue. Suponhamos que seja capaz de distinguir pela vista as partículas do sangue, da linfa, do quilo etc., e de observar como cada parte vem ao encontro de uma outra ou é repelida por uma outra, ou lhe comunica seu movimento etc. Esse vermezinho, vivendo no sangue como nós vivemos numa parte do universo, consideraria cada parte do sangue como um todo e não como uma parte e, assim, não poderia saber como todas as partes são governadas pela natureza total do sangue, e como são obrigadas por ela a se ajustarem reciprocamente para que se estabeleça uma relação determinada (*certa ratione*) entre elas. Se supusermos que não há qualquer causa exterior ao sangue que comunique novos movimentos às partes, e que não há qualquer espaço exterior ao sangue, nem outros corpos aos quais as partes pudessem transferir seu movimento, é certo, então, que o sangue permaneceria sempre em seu estado e que suas partículas não sofreriam qualquer variação, fora aquelas que podem ser concebidas a partir da natureza do sangue, isto é, de um movimento que o sangue pode comunicar à linfa, ao quilo etc. E, assim, o sangue deveria ser sempre considerado como um todo e não como uma parte. Mas, como há muitas causas que governam de uma certa maneira a natureza do sangue, as quais, por sua vez, dependem da natureza dele, têm origem nesse líquido outros movimentos e outras variações que não dependem apenas das relações (*ex ratione*) do movimento recíproco das partes, mas das relações (*ex ratione*) recíprocas do movimento sanguíneo e das causas exteriores. Sob essa relação (*ex hac ratione*), o sangue é uma parte e não um todo. Aí está o que eu tinha a dizer sobre o todo e a parte.[38]

O primeiro aspecto a considerar é, sem dúvida, a analogia entre a percepção do vermezinho e a nossa: ele vive no sangue "como nós vivemos numa parte do universo". Essa analogia leva a afirmar que ele, como nós, consideraria "cada parte como um todo e não como uma parte" e, como nós, "não poderia saber como todas as partes são governadas pela natureza" do todo nem "como são obrigadas por ela a se ajustarem reciprocamente para que se estabeleça uma relação determinada (*certa ratione*) entre elas". De acordo com as duas maneiras como se pode conceber uma parte e um todo, pode-se dizer que, para o vermezinho, o sangue aparece como uma totalidade completa porque não lhe é dado saber que o sangue é também uma parte e por isso não poderia saber que "há qualquer causa exterior ao sangue que comunique novos movimentos às partes" nem que "há qualquer espaço exterior ao sangue, nem outros corpos aos quais as partes pudessem transferir seu movimento". Em suma, o vermezinho considera o sangue como um todo "total" ou uma totalidade completa porque ignora, em primeiro lugar, que o sangue sofra ações de causas exteriores e que não realiza apenas as que seguem de sua própria natureza e, em segundo, que há outros corpos aos quais as partículas de sangue também podem comunicar seus movimentos, isto é, causar efeitos exteriores. Para o vermezinho, o sangue é efetivamente um todo porque não parece receber ações externas nem produzir efeitos externos, pois somente ele existe e permanece sempre no mesmo estado, sofrendo apenas variações internas às suas próprias partículas, segundo as leis do movimento.

Ora, apesar de sua ignorância, o vermezinho não se engana quanto à parte e ao todo. Engana-se quanto ao que toma como parte e como todo, mas não quanto ao que o leva a considerar algo como parte ou como todo. Para que vejamos o acerto do vermezinho é preciso alterar as definições iniciais de parte e de todo.

Com efeito, embora o exemplo se inicie com uma analogia, na qual o vermezinho e nós compartilhamos a mesma ignorância, todavia, no decorrer da exposição, Espinosa introduz duas novas noções: a de relação determinada e constante (*certa ratione, ex ratione*) entre coisas que, por isso, podem ser tomadas como partes de um todo; e a de autossuficiência do todo, isto é, não apenas sua natureza determina inteiramente o que se passa nas suas partes, como também ele próprio não é determinado pelo exterior a nenhuma mudança em sua constituição e em suas ações. Dessa maneira, tomamos uma parte pelo todo e, vice-versa, um todo por uma parte, porque ignoramos algo muito preciso, a saber, o que faz de algo uma parte ou um todo. Assim, a impressão de relativismo que poderia ter causado pela primeira consideração de Espinosa — algo pode ser tomado ora como parte, ora como todo — é corrigida por essas duas novas precisões, graças às quais sabemos quando algo é uma parte — quando entra numa relação determinada e constante com outras e opera sob a causalidade do conjunto — e quando é um todo — quando determina por si mesmo tudo o que se passa nos seus constituintes e não é determinado a mudanças pela ação de causas externas. A causalidade única que define a natureza do todo determina a *cohaerentia* e *convenientia* entre as suas partes e essa causa é autossuficiente, ou seja, nada a determina do exterior. Ser parte é estar numa *relação constante* com outras. Ser todo é *determinar-se a si mesmo e determinar todas as operações das partes* constituintes. Essas precisões conceituais têm ainda uma consequência importante, qual seja, impedem que concebamos abstratamente o todo como composição ou soma de partes e a parte como resultado de uma decomposição ou subtração do todo (como parece supor Boyle em seus experimentos). Dessa maneira, Espinosa pode generalizar o que acaba de expor:

> Podemos e devemos conceber todos os corpos da Natureza da mesma maneira que fizemos com o sangue: com efeito, todos os corpos estão circundados por outros e se determinam reciprocamente para existir e operar em relações determinadas, mantendo sempre constante em todos os corpos (isto é, no universo inteiro) a mesma proporção (*ratio*) de movimento e de repouso. Decorre daí que todo corpo, enquanto existe modificado de uma certa maneira, deve ser considerado como uma parte do universo que concorda com seu todo e se vincula com o resto. E como a natureza do universo não é limitada como a natureza do sangue, mas é absolutamente infinita, suas partes são dirigidas de infinitas maneiras e estão submetidas, por esta potência infinita, a infinitas variações.[39]

Podemos conceber — não é logicamente contraditório — e devemos conceber — é necessário logicamente — todos os corpos da Natureza como suas partes. Espinosa começa, portanto, oferecendo um primeiro esclarecimento sobre a razão que o obriga a afirmar a *cohaerentia* e a *convenientia* entre as partes da Natureza, ainda que não seja possível "conhecer a Natureza inteira e todas as suas partes". Que razão é essa? A natureza própria dos corpos, pois, em primeiro lugar, entre eles se estabelecem relações determinadas, visto que todos "estão circundados por outros e se determinam reciprocamente para existir e operar em relações determinadas"; em segundo, todos conservam sempre constante "a mesma proporção (*ratio*) de movimento e de repouso"; e, em terceiro, como se trata de *todos* os corpos, a *ratio* que os determina constitui o universo inteiro como um todo. Deve-se, pois, concluir que "todo corpo, enquanto existe modificado de uma certa maneira, deve ser considerado como uma parte do universo que concorda com seu todo e se vincula com o resto".

Espinosa vai além da analogia com o sangue. De fato, mesmo considerado como um todo, o sangue é finito e, por conseguinte, são finitas suas operações e as que determina sobre suas partes — no caso do sangue, podemos conhecer a totalidade das operações que ele realiza e a totalidade de suas partes. Em contrapartida, a natureza do universo "é absolutamente infinita, suas partes são dirigidas de infinitas maneiras e estão submetidas, por esta potência infinita, a infinitas variações". Em outras palavras, a infinitude da potência da Natureza causa a infinidade das variações nas partes e em suas operações e é isso que nos impede de conhecer como cada parte da Natureza se relaciona e se conecta com todas as outras, porém, conhecemos a razão que nos obriga a afirmar essa relação e essa conexão, pois ambas estão *inscritas na natureza de todos os corpos*. Não conhecemos tudo, mas tudo quanto conhecemos segue da natureza dos corpos e esta é o *fundamento* das relações e conexões entre eles, das quais o *princípio* é a potência absolutamente infinita da Natureza. Torna-se evidente, portanto, que essa física tenha seu *principium* na ontologia: a potência absolutamente infinita da Natureza é a potência da substância extensa,[40] da qual todos os corpos são modificações ou, como explica Espinosa, todos *seguem* da natureza dela e não podem ser, nem ser concebidos sem ela.

> Quando consideramos a substância (*ratione substantiae*), concebo a união de cada uma de suas partes com seu todo de uma maneira ainda mais íntima, pois decorre da natureza infinita da substância que cada uma das partes pertence à natureza da substância corporal e sem ela não pode ser, nem ser concebida. Estás vendo, portanto, como e por que considero o corpo humano como uma parte da natureza.[41]

No caso da substância e suas modificações, as partes *pertencem* à natureza do todo e, por conseguinte, deve-se conceber a união de cada uma delas com ele "de uma maneira ainda mais íntima", ou seja, as articulações, concordâncias, conveniências e conexões entre elas e delas com ele são absolutamente necessárias. Por isso o corpo humano deve ser considerado uma parte da Natureza, pois, como os demais corpos, ele é uma modificação da substância extensa, segue da natureza dela ou pertence à natureza dela,[42] não podendo ser, nem ser concebido sem ela. É da essência do corpo humano ser um modo da extensão, ou seja, uma parte determinada da Natureza em conexão com todas as outras.

Mas Espinosa prossegue:

> E também considero a mente humana como uma parte da Natureza. Estabeleço, com efeito, que há na Natureza uma potência infinita de pensar que, enquanto infinita, contém em si objetivamente (*objective*) toda a Natureza e cujos pensamentos se encadeiam da mesma maneira que as partes da Natureza de que são evidentemente os ideados. Em seguida, estabeleço que a mente humana é essa mesma potência, não enquanto esta é infinita e percebe a natureza inteira, mas enquanto é finita e percebe o corpo humano. Por isso estabeleço que a mente humana é uma parte desse intelecto infinito.[43]

Não só o corpo, mas também a mente humana deve ser concebida como parte da Natureza. Assim como há uma potência infinita da qual seguem todos os movimentos cujas articulações e conexões, quando se efetivam como uma determinação e proporção constantes, constituem um corpo finito, assim também há uma potência infinita de pensar que contém em si, como ideado, a Natureza inteira e cujos pensamentos se articulam, se conectam e se encadeiam da mesma maneira que as partes da Natureza que são seus ideados e da qual a mente humana é uma parte. Exatamente como o corpo humano é a potência infinita da extensão particularizada num ente finito, assim também a mente humana é a potência infinita do pensamento particularizada num ente finito — "a mente humana é uma parte desse intelecto infinito". Ora, assim como o corpo humano *segue* da natureza da potência extensa infinita, assim também a mente humana *segue* da natureza da potência pensante infinita. O *seguir* significa, em primeiro lugar, que não podem ser, nem ser concebidos sem a natureza das potências de que seguem, são modos dessas potências; em segundo, que, por isso mesmo, possuem a mesma natureza que suas causas, embora neles a potência seja limitada ou finita; em terceiro, que assim como as partes extensas da Natureza são pensadas em sua conexão e encadeamento pela potência pensante infinita, também a potência pensante finita, ou a mente humana, pensa seu corpo, ou seja, este é seu ideado.

Não devemos passar em silêncio o fato de Espinosa, ao introduzir o conceito de substância, imediatamente afirmá-la como *potência* infinita. Sob essa perspectiva, as partes (corpos e mentes) são *atos* que seguem dessa potência e realizam operações que seguem de suas próprias naturezas. *Todo e parte são atividades*. É nesse sentido que uma coisa singular — corpo ou mente — é *pars naturae*.

Os três critérios postos por Espinosa para definir a parte e o todo — operação, dependência, independência — nos levam a concluir que um corpo é parte e todo: parte da natureza extensa, parte de um outro corpo mais complexo e, em si mesmo, enquanto *ratio* determinada e constante de movimentos de autoconservação, um todo constituído de partes. Da mesma maneira, a mente é parte e todo: parte do intelecto infinito e, em si mesma, enquanto potência autodeterminada de produção de ideias (como afirma o *Tratado da emenda*, ao introduzir a expressão *autômato espiritual* para se referir à autonomia do intelecto), um todo que pensa seu corpo e as relações deste com outros corpos. Como parte, um corpo concorda e se articula com os demais, formando o todo da Natureza extensa; como todo, é constituído de partes concordantes cujas operações são determinadas por ele. Como parte, a mente concorda e se articula com outras, formando o todo da Natureza pensante ou a potência infinita do pensar; como todo, é a conexão e articulação de suas próprias ideias, das quais é causa única e total. Reencontramos, assim, o que Espinosa dissera no *Breve tratado*, isto é, que a "providência universal" é aquilo pelo qual cada coisa é produzida e conservada *enquanto parte de toda a Natureza* e a "providência particular", o impulso de cada coisa particular a conservar seu próprio ser, *"não enquanto considerada como uma parte da Natureza inteira, mas como um todo"*.[44]

De onde vem, na Carta 32, a curiosa distinção entre dois tipos de partes e dois tipos de todos, ou, se se preferir, entre a parte propriamente dita e a parte como se fora um todo? Essa distinção se estabelece conforme a parte seja considerada pelo prisma da dependência de outro (a finitude no interior da infinitude) ou pelo da independência (a potência corporal para conservar por si mesma sua *ratio* de movimento e determinar as operações de seus constituintes; a potência da mente para ser causa única e total de suas ideias).

Se reunirmos à Carta 32 o que Espinosa apresentara na *Emenda do intelecto* e no *Breve tratado*, podemos determinar a diferença entre a percepção da parte pela imaginação e pelo intelecto: a primeira, voltada para a existência singular da parte, a percebe como independente e separada de outras, tomando-a por isso como substância singular; em contrapartida, o intelecto a alcança em sua essência íntima porque conhece sua causa e a concebe como uma coisa singular conectada a todas as outras na ordem necessária da Natureza. As conexões necessárias entre as essências particulares afirmativas eram apresentadas na *Emenda do intelecto* como leis necessárias da Natureza, determinadas por certas "coisas fixas e eternas", isto é, o que o *Breve tratado* e a Carta 32 nomearam como substância extensa e substância pensante e que, no Apêndice Geométrico do *Breve tratado* e na *Ética*, recebem, finalmente, o nome de atributos da substância.

A Carta 32 nos deixa entrever o conjunto de conceitos que irão constituir o arcabouço da *Ética*: a afirmação *Deus sive natura*, isto é, que a substância absolutamente infinita é o universo, o *todo* da Natureza, e que, pela potência de seus atributos, é a *causa* eficiente imanente absoluta de todas as coisas. O conceito de *ideia adequada*, isto é, da ideia intrinsecamente verdadeira porque oferece a causa total ou completa de seu ideado e depende exclusivamente da potência pensante da mente humana autodeterminada — uma parte (do intelecto infinito) que é, por sua própria essência, um todo, ou seja, uma potência que não carece senão de si mesma para pensar; o conceito de *noção comum*, isto é, das propriedades que se encontram igualmente na parte e no seu todo e são comuns a todas as partes de um mesmo todo; o conceito de *causa adequada*, isto é, do modo finito humano quando causa total e autossuficiente das ações que seguem exclusivamente de sua própria natureza; e a distinção entre o conhecimento do segundo gênero, que apreende as noções comuns, e o do terceiro gênero ou *ciência intuitiva* como autoconhecimento de uma essência singular em sua imanência a Deus.

Enfim, graças à Carta 32, podemos compreender que uma parte da Natureza é apreendida de maneiras diferentes conforme o modo de percepção ou o gênero de conhecimento em que é visada. A imaginação alcança a parte abstratamente como *pars partialis*, ou seja, isolada das outras (a imagem da parte é a de uma substância); a razão apanha a parte como conexão necessária com outras de mesmas propriedades ou como *pars communis*; a ciência intuitiva conhece a parte como *pars singularis*, a essência de uma coisa singular que exprime de maneira certa e determinada a essência do absoluto.

Mas essa carta apenas nos deixa entrever o que ainda está por vir e por isso Espinosa a conclui dizendo: "Contudo, não posso demonstrar e explicar detalhadamente aqui todas essas coisas e tudo que se refere a elas, pois há muito que dizer e não penso que estejas esperando isso de mim neste momento".[45]

4. APORIA: A EXISTÊNCIA DAS ESSÊNCIAS DE COISAS SINGULARES PODE SER DEMONSTRADA?

Até aqui, nosso percurso acompanhou a afirmação de Espinosa de que as coisas singulares existem e apenas seu conhecimento pode conduzir-nos ao da verdade. No entanto, podemos indagar se Espinosa *demonstra* efetivamente essa existência ou se esta não introduz, afinal, uma aporia no sistema.

É assim que um intérprete nosso contemporâneo expõe a dificuldade, mencionando a incoerência do espinosismo:

> Argumento que a ideia de um Espinosa como terrível e impecável raciocinador é completamente falsa, que a panóplia de ferro da lógica na qual se imaginou encerrado está fendida por rachaduras de cima a baixo [...]. A *crux* de sua posição está em proclamar, em um hausto, que há apenas uma substância individual que tudo abrange, e, no seguinte, que cada um de nós, embora tenhamos sido declarados meros "modos" dessa única realidade singular, é indivíduo o bastante para ser literalmente *sui generis*. Essa posição é logicamente insustentável [...]. A verdadeira fonte de perturbação — assim como as piores dificuldades metafísicas do sistema — é a fatal admissão de que há aquelas coisas que Espinosa chama "modos finitos" de sua substância infinita.[46]

Sem dúvida, poderíamos argumentar que o intérprete vê "incoerências no espinosismo" por não dar a devida atenção aos conceitos de Espinosa, pois, ao empregar as expressões "apenas uma substância individual que tudo abrange" e "única realidade singular", não se dá conta de que tais expressões não podem ser aplicadas à filosofia espinosana pelo mero fato de que nela a substância absolutamente infinita não pode ser designada como "individual" nem como "singular".

Na verdade, esse intérprete simplesmente retoma (de maneira um tanto desatenta) a posição que, desde o século XVII, assumiram intérpretes e críticos da obra espinosana, que, após a leitura da *Ética*, duvidaram de que fosse possível demonstrar a existência dos seres singulares, argumentando que uma filosofia que afirma a existência de uma única substância imanente a todos os seres do universo, que nada mais são senão suas afecções ou seus modos, não tem como demonstrar que estes são reais.

a. Da substância aos modos não há passagem possível

Para Pierre Bayle,[47] o espinosismo é um orientalismo transcrito em linguagem cartesiana. Ora, as ideias e opiniões orientais, com pequenas variantes, resumem-se a três afirmações: identidade entre Deus e o mundo; irrealidade dos indivíduos (mera aparência na superfície da matéria) e mortalidade da alma (que jamais será julgada pela Providência divina, definidora do bem e do mal). Dentre suas múltiplas variantes, o orientalismo apresenta-se sob duas delas na filosofia de Espinosa: a "dos pandetas hindus" e a "teologia da seita chinesa de Foe Kiao". A primeira afirma a existência de um único Ser Soberano espiritual de cuja substância são produzidas ou arrancadas as coisas singulares espirituais (como a aranha que produz a teia a partir de seu próprio umbigo), de sorte que não há no mundo coisas singulares corpóreas reais, mas simples aparências materiais ilusórias: "o mundo é uma espécie de sonho ou pura ilusão" e Deus, "um oceano imenso no qual se movem frasquinhos cheios d'água que, onde quer que estejam e para onde quer que se dirijam, estão sempre mergulhados nesse oceano".[48] Por seu turno, a doutrina de Foe Kiao ensina o quietismo, porque todos os que buscam a salvação "devem absorver-se em profundas meditações, sem usar o intelecto e permanecer em estado de total insensibilidade",[49] procedimento que permite "submergir no repouso e na inação do primeiro princípio".[50] Em suma, erguendo objeções às ideias de unicidade substancial e à de imanência das coisas a Deus, Bayle declara que os modos espinosanos não poderiam ser coisas reais, sob pena de introduzir no sistema contradições lógicas, disparates físicos e metafísicos e abominações teológicas. O espinosismo é a

> mais monstruosa hipótese que se possa imaginar, a mais absurda e a mais diametralmente oposta às noções mais evidentes de nosso espírito [...]. Supõe que há apenas uma substância na Natureza e que esta substância única é dotada de uma infinidade de atributos e, entre outros, a extensão e o pensamento. Na sequência disto, assegura que todos os corpos que se encontram no universo são modificações desta substância enquanto extensa e que, por exemplo, as almas dos homens

são modificações desta substância enquanto pensamento. De sorte que Deus, o ser necessário e infinitamente perfeito, é bem a causa de todas as coisas que existem, mas não difere delas. Não há senão um ser e uma natureza e esta natureza produz nela mesma e por uma ação imanente tudo o que ele chama de criaturas. Deus é, conjuntamente, agente e paciente, causa eficiente e sujeito e nada produz que não seja Sua modificação. Eis aí uma hipótese que ultrapassa toda extravagância que se possa proferir. O que os poetas pagãos ousaram cantar de mais infame contra Júpiter e contra Vênus não chega perto da ideia horrível que Espinosa nos dá de Deus, pois os poetas, pelo menos, não atribuíam aos deuses todos os crimes que se cometem nem todas as fraquezas do mundo, mas, segundo Espinosa, não há outro agente nem outro paciente senão Deus com relação a tudo o que chamamos de mal de pena e mal de culpa, mal físico e mal moral.[51]

Além de ser inaceitável a existência de uma única substância, que impossibilita a multiplicidade real dos seres individuais, também é inaceitável que a matéria possa ser um atributo da substância divina, pois a divisibilidade e a corruptibilidade, próprias da matéria, são incompatíveis com a essência una e incorruptível de Deus. Mais inaceitável ainda é que tal atributo possa modificar-se em corpos finitos ou "pedaços materiais". Também é inadmissível que as almas dos homens sejam modificações do pensamento divino e "que todos os sentimentos de todos os homens estejam numa só cabeça".[52]

Do ponto de vista moral, o espinosismo é "uma abominação execrável" porque nele Deus teria perdido a simplicidade e a imutabilidade, composto por um número infinito de partes, reduzido ao que há de mais vil, a matéria, "teatro de todas as mudanças, campo de batalha de causas contrárias, sujeito de todas as mudanças, corrupções e gerações". Absurdos ainda "mais monstruosos" tornam-se patentes quando Deus é considerado "o sujeito de todas as modificações do pensamento", pois, agora, Ele seria agente e paciente de todos os pensamentos e sentimentos humanos, de todas as nossas impurezas e imundícies, do mal físico e do mal moral, abismo de perversão. Deus seria oposto e contrário a si mesmo, pois sentiria, ao mesmo tempo, amor e ódio, alegria e tristeza, num mesmo momento afirmaria e negaria as mesmas coisas.

No sistema de Espinosa, exprimem-se mal e falsamente os que disserem que os alemães mataram 10 mil turcos, a menos que entendam por isso que Deus modificado em alemães matou Deus modificado em 10 mil turcos [...]. Deus odeia a si mesmo, pede a si mesmo graças, e as recusa a si mesmo; persegue-se a si mesmo, mata-se, come-se, calunia-se, envia-se ao cadafalso.[53]

A doutrina geral dos filósofos, diz Bayle, afirma que o ser contém duas espécies: a substância — o ser que subsiste por si — e o acidente — que subsiste em outro. Subsistir em si e por si significa "não depender de um sujeito de inerência"; subsistir em outro é "depender de seu sujeito de inerência". O sujeito de inerência é independente, o acidente, dependente. Como a independência de um sujeito de inerência convém à matéria, aos anjos e à alma dos homens, admitem-se dois tipos de substância: a incriada, Deus, e as criadas. Disputas escolásticas em torno da Eucaristia transtornaram a concepção aristotélica, pois os católicos romanos são obrigados a admitir o mistério da transubstanciação, que leva alguns a admitir dois tipos de acidentes: aqueles que podem subsistir sem o seu sujeito de inerência, distinguindo-se realmente dele (como os acidentes do pão e do vinho, que permanecem quando seu sujeito desapareceu na transubstanciação), e aqueles que só podem subsistir na presença de seu sujeito de inerência. A este segundo tipo, prossegue Bayle, foi dado o nome de *modo* para indicar uma maneira de ser inseparável do sujeito e sem distinção real entre ambos.

Todavia, os novos filósofos (os cartesianos) negam a distinção real e a separabilidade entre substância e acidente e, para marcar sua posição, chamam os acidentes de *modos*, *modalidades* e *modificações*, afirmando que há apenas substâncias e modos. Modos não são partes de um sujeito ou de uma substância, mas maneiras de ser que se relacionam com a substância, como a figura e o movimento se relacionam com a matéria, o amor, o sofrimento, a afirmação e a negação se relacionam com a alma. Modo é o que não pode existir sem seu sujeito, mas este pode existir sem aquele e pode perder modos ou acidentes sem perder sua natureza. Ora, Espinosa é um cartesiano, portanto, deveria empregar os conceitos de substância e modo à maneira cartesiana. No entanto, escreve Bayle, tendo Espinosa definido a substância como o que existe por si mesmo, independentemente de toda causa eficiente, de toda causa material e de todo sujeito de inerência, para ele matéria e almas humanas não poderiam ser substâncias em sentido estrito. Por outro lado, como afirma a existência de uma única substância, nega a criação do mundo e afirma a imanência de Deus ao mundo, para ele não poderá haver o que os cartesianos chamam de substâncias criadas ou substâncias em sentido lato. Consequentemente, conclui Bayle, sob as designações de *modo, modalidade* e *modificação*, Espinosa designa tanto o que os novos filósofos chamam de substâncias criadas quanto o que chamam de modos. Um modo caracteriza-se não só por não poder existir sem seu sujeito de inerência, mas também por não se distinguir dele *in fieri, in esse* e *in operare*, isto é, depende de seu sujeito quanto à produção, ao ser e à operação. Em outras palavras, para Espinosa os modos não se distinguem realmente de Deus, não existem fora Dele nem subsistem sem Ele, não atuam fora Dele, pois fora de Deus nada há. Deus é o sujeito de inerência dos modos ou das modificações. Visto que Deus é simples e sem partes, cada modo ou modificação não poderá ser uma parte divina, mas cada um deles é Deus por inteiro e inteiramente Deus. Em suma, não existem realmente.

A crítica de Bayle delineia, a contrapelo, três exigências para que se possa afirmar a existência das coisas individuais. A primeira é a afirmação de que coisas só são reais e realmente distintas se forem substâncias individuais; em outras palavras, só há distinção real entre substâncias, de sorte que uma distinção modal não pode ser real. Trata-se, portanto, da exigência de pluralidade substancial e da identificação entre substância e sujeito de inerência de predicados. A segunda é a imortalidade da alma, que exige a pluralidade substancial, a distinção real entre Deus e a alma e entre esta e o corpo. A terceira deriva das anteriores, qual seja, a necessidade de que haja um princípio metafísico para a diferença entre bem e mal, virtude e vício, de sorte a assegurar que a individualidade humana seja identificada com o sujeito da vontade. Visto que a filosofia de Espinosa não atende a nenhuma dessas exigências, comprova-se nela a impossibilidade do indivíduo como ente real.

Não é menos severa a crítica de Leibniz. Declara que o erro de Espinosa está em deduzir de Deus a natureza do próprio mundo, fazendo com que as coisas criadas desapareçam porque reduzidas a meras modificações da substância única. Se, como enuncia Espinosa no corolário da proposição 25 da Parte I da *Ética*, "as coisas particulares [*res particulares*] nada mais são do que afecções dos atributos de Deus, ou seja, modos pelos quais se exprimem os atributos de Deus de maneira certa e determinada, então,

> Deus não assegura a permanência de nada e todas as coisas são somente como que modificações e, por assim dizer, fantasmas evanescentes e passageiros da única substância divina, única permanente, ou, o que dá no mesmo, a própria natureza

ou a substância de todas as coisas é Deus, doutrina de triste reputação que um autor sutil, mas ímpio, propôs ou renovou recentemente.[54]

Substância, diz Leibniz, é o que age por ter em si mesmo o princípio interno de sua ação; as coisas finitas ou os modos, sendo *em outro*, não são apenas causados por outro, mas existem por outro e agem por meio deste outro estando, por isso, despojados de atividade. Sendo passivas e inertes são inexistentes. Aliás, a própria ideia de finitude é mal concebida por Espinosa. Com efeito, é absurda a definição 2 da Parte I da *Ética*, segundo a qual "uma coisa é finita em seu gênero quando pode ser limitada por outra de mesma natureza" e, assim, "um corpo é finito porque sempre podemos conceber outro que lhe seja maior" e "do mesmo modo, um pensamento é limitado por outro pensamento; porém um corpo não pode limitar um pensamento, nem um pensamento pode limitar um corpo". Ora, indaga Leibniz, a finitude se reduz a uma determinação extrínseca, é mera quantidade limitada?[55] Eis por que ele afirma a diferença entre a *Monadologia* e a filosofia de Espinosa, visto que

> é justamente pelas mônadas que o espinosismo é destruído. Pois há tantas substâncias verdadeiras e, por assim dizer, espelhos vivos do universo sempre subsistentes, ou um universo concentrado, quantas mônadas houver; enquanto, segundo Espinosa, há apenas uma única substância. Ele teria razão se não houvesse mônadas, e então tudo, fora de Deus, seria passageiro e se evaporaria em simples acidentes ou modificações, pois não haveria a base das substâncias nas coisas, base que consiste na existência das mônadas.[56]

Se não houvesse mônadas e se houvesse apenas uma substância, então *tudo* seria meramente fenomênico, tudo "seria passageiro e se evaporaria em acidentes ou modificações", pois modo, em linguagem leibniziana, significa acidente, afecção passageira. Se a pluralidade substancial é a garantia da organicidade e perseverança do mundo, infere-se que, em Espinosa, não há fundamento para isso. Está preparada a tese sobre o "acosmismo espinosista", surgida com as discussões alemãs da obra de Espinosa.

Nas *Cartas* de Schelling[57] sobre a diferença entre dogmatismo e criticismo, Espinosa comparece como expressão acabada da filosofia dogmática, na qual se aspira pela dissolução do sujeito num objeto absoluto, em contraposição ao desejo criticista de dissolução do objeto num sujeito absoluto. Essa imagem é reforçada pelas *Cartas sobre a filosofia de Espinosa* de Jacobi a Mendelssohn,[58] que versam sobre o espinosismo de Lessing, o qual se diz espinosista porque, após a cisão eu-natureza e a separação Deus-eu-mundo postas pela filosofia crítica, a única filosofia possível é aquela que volta a reafirmar "a poesia do *hen kai pan*". Essa unidade, porém, desconcerta Mendelssohn, que indaga a Jacobi: a quem se deve atribuir realidade, ao infinito ou às modificações finitas? De fato, diz Jacobi que o Deus de Espinosa é o princípio puro da realidade de todo o real, e por isso mesmo só pode estar privado de individualidade, e Sua unidade é transcendental, desprovida de realidade, pois só pode se exprimir no individual determinado. Porém, pergunta Mendelssohn, se são reais apenas os seres determinados e, portanto, os indivíduos existentes, então o princípio da realidade, o infinito, deve consistir somente na soma ou na coexistência de todas as individualidades, reduzindo-se a um *collectivum quid* que não tem nenhuma substancialidade, senão a dos indivíduos finitos que o compõem. Nesse caso, "tudo parece invertido",[59] pois o individual, em lugar de ser apenas a ideia do indivíduo, torna-se substancial, enquanto o infinito, princípio da realidade, perde toda a substancialidade. Se nos colocarmos na perspectiva do infinito, o finito se esvai; se nos colocarmos na perspectiva do finito, o infinito se desmancha no ar.

A via romântica da reconciliação, buscada por Lessing, exalta Espinosa porque, nele e com ele, a identidade Deus-natureza é a reconquista do equilíbrio entre imaginação e entendimento, sentimento e razão, liberdade e necessidade, natureza e cultura, a síntese entre substancialidade e atividade. Porém, essa reconciliação, dirá Hegel, é muito rápida, abstrata e, finalmente, impossível nos quadros da filosofia espinosista, pois o panteísmo de Espinosa não é, de maneira nenhuma, um ateísmo vulgar, e sim um acosmismo, que não reconcilia nem pode reconciliar as divisões entre sujeito e objeto, homem e natureza, postas pelo idealismo transcendental. Como Bayle, também Hegel considera a obra de Espinosa um "eco das terras orientais":

> Para Espinosa, alma e corpo, pensamento e ser cessam de ter existência separada independente. A profunda unidade de sua filosofia, a manifestação do Espírito como identidade do finito e do infinito em Deus, em vez de Deus aparecer relacionado com eles como um Terceiro — tudo isto é um eco das terras orientais. A teoria oriental da absoluta identidade foi trazida ao pensamento europeu de maneira mui-

to mais direta por Espinosa, primeiro com o pensamento europeu tradicional e depois com o concurso da filosofia europeia e cartesiana.

O puro pensamento de Espinosa, tomado como um todo, é o que o *tò ón* era para os eleatas. Essa ideia é, no principal, verdadeira e bem fundada; a substância absoluta é a verdade, mas não é toda a verdade; para sê-lo também precisa ser pensada como ativa e vivente em si mesma e, para isto, precisa determinar-se a si mesma como Espírito. No entanto, em Espinosa, a substância é apenas o universal e consequentemente a determinação abstrata do Espírito. Pode-se dizer que este pensamento é a fundação de todas as verdades, não, porém, como suas bases absolutamente determinadas e permanentes, mas como a unidade abstrata do Espírito em si mesmo [...]. Ser um seguidor de Espinosa é o começo essencial de toda filosofia, pois quando se começa a filosofar a alma deve necessariamente banhar-se no éter da substância una, na qual tudo o que foi tido por verdadeiro desapareceu; essa negação de todo particular, a que todo filósofo deve ter chegado, é a liberação da alma e sua absoluta fundação [...]. O que constitui a grandeza de Espinosa é sua capacidade para renunciar a tudo o que é determinado e particular, restringindo-se ao Uno.[60]

Na *Ciência da lógica*, a primeira crítica de Hegel a Espinosa dirige-se à definição de Deus, pois este não foi definido como unidade Dele e do mundo, mas como unidade do pensamento e da extensão; consequentemente, o mundo é apreendido apenas como fenômeno ao qual não pertence qualquer realidade efetiva,[61] uma vez que a substância mantém a exterioridade entre o absoluto da reflexão e o diverso das determinações, das quais a reflexão é o princípio. A determinação — a *omnis determinatio negatio* espinosana —[62] permanece como negação externa, mera determinidade ou qualidade, fracassando por não ser apreendida como *negatio negationis*; por isso a relação entre o pensamento e a extensão é um dado imóvel. A substância não se efetua nem se efetiva porque não realiza o movimento de saída de si e de retorno a si, não passa pelo seu outro determinado que a nega e é negado por ela; numa palavra, não é sujeito. Como consequência, os atributos substanciais permanecem formas inessenciais de uma identidade imóvel e os modos, imediatamente dados, não são o ser-posto, não são *Nichtigkeit*, estão desprovidos de reflexão dialética, não sendo genuinamente reais (*nicht warhfat wirklich*). A substância, unidade abstrata morta, aniquila o finito não porque este tenha potência própria, mas porque não tem nenhuma, faltando-lhe o princípio da singularidade como autoafirmação, já que lhe falta o jogo da negação da negação pelo qual o absoluto se realiza ou se efetua. Eis por que o espinosismo é um acosmismo:

> A censura de ateísmo dirigida à filosofia espinosista se reduz, considerada de perto, ao fato de que nela o princípio da diferença ou da finidade não cede ao seu direito e, por consequência, nela não se pode falar propriamente em mundo, no sentido de alguma coisa que é um ente positivo, e por isso esse sistema deveria ser designado não como ateísmo, mas, ao contrário, como *acosmismo*. Isto indica o que se deve pensar da censura de *panteísmo*. Se se entende por panteísmo, como acontece frequentemente, uma doutrina que considera as coisas finitas enquanto tais e o complexo formado por elas como Deus, então não há como lavar a filosofia espinosista da censura de panteísmo, visto que, de acordo com ela, às coisas finitas ou ao mundo em geral não cabe verdade alguma. Essa filosofia é seguramente panteística precisamente por causa de seu acosmismo.[63]

Mesmo sem dar razão a Hegel e até mesmo opondo-se francamente a ele, as interpretações da obra espinosana no decorrer do século XX e início do século XXI não puderam furtar-se a examinar a dificuldade da demonstração da existência de seres singulares.

Sob essa perspectiva, as interpretações tomaram quatro direções principais. Numa delas, apanha-se a afirmação de Leibniz sobre a realidade da mônada para mostrar que, embora Espinosa considere reais os indivíduos, essa realidade é efêmera e evanescente, pois em sua filosofia um indivíduo é um sistema complexo de elementos desprovidos de permanência temporal e, portanto, incapaz de assegurar identidade, estabilidade e continuidade ao que é individual.[64] Numa outra, afirma-se que a existência das coisas singulares ou os indivíduos são um princípio implícito da teoria, que nunca chega a demonstrá-la.[65] Numa terceira, afirma-se que há uma fratura no interior da obra entre a metafísica e a física, que, embora devam ser tomadas juntas, não podem ser efetivamente unificadas; haveria em Espinosa duas "físicas", uma abstrata, responsável pela teoria dos modos finitos como modos dos atributos da substância; e uma outra, concreta, responsável pela teoria do indivíduo como *conatus* que se comunica diretamente com a substância, essa comunicação devendo ser direta porque não se pode aplicar ao universo como indivíduo supremo aquilo que define o indivíduo singular, isto é, a relação com causas externas.⁶⁶ Enfim, numa quarta direção, afirma-se também a fratura no interior da obra, mas, agora, entre uma metafísica emanantista e uma ontologia materialista, e julga-se a fratura não uma aporia deixada pelo filósofo, mas uma atitude deliberada de sua parte. É assim que, opondo-se radicalmente à interpretação hegeliana, Negri escreve:

> A singularidade não é contraditória com a substancialidade divina, com o infinito como princípio: pelo contrário, ela é tanto mais divina quanto mais singular, difusa, difusiva — só neste ponto, na verdade, pode ser pensada exclusivamente na divindade [...] a constituição da realidade singular é determinada pela insistência da produção divina. Deus é reversão da transcendência, nem que seja simples transcendência lógica. Deus é o mundo que se constitui. Não há nenhuma mediação: a singularidade é o único horizonte real. Deus vive a singularidade. O modo é o mundo, e é Deus.⁶⁷

Todavia, essa afirmação da realidade demonstrada dos seres singulares precisa pagar um preço. De fato, Negri julga que a Parte I e as primeiras proposições da Parte II da *Ética*, nas quais Espinosa sublinha a importância dos atributos da substância, indicam a permanência de uma perspectiva panteísta à maneira de Giordano Bruno e, consequentemente, a presença de uma concepção emanantista da operação da causa eficiente imanente. A filosofia de Espinosa, porém, é uma "anomalia selvagem", uma revolução filosófica e política que só se realiza com o afastamento desse resíduo renascentista, graças ao afastamento dos atributos constituintes da substância. Por isso,

> depois dessa primeira camada da *Ética*, a figura do atributo nos aparecerá em vias de extinção: na medida em que a *Ética* se abre ao problema da constituição enquanto tal, a função do atributo se tornará cada vez mais residual. Com efeito, a filosofia de Espinosa evolui para uma concepção da constituição ontológica que, voltando-se para a materialidade do mundo das coisas, elimina aquele substrato metafísico ambíguo, que os resíduos emanancionísticos não deixam de reter.⁶⁸

De início, Espinosa precisa desse resíduo metafísico para oferecer "à espontaneidade do ser um critério de organização", isto é, para dar conta da complexidade internamente diferenciada da substância e de sua ação; porém, à medida que avança, pode dispensá-lo. Mas, indaga Negri, "o mundo da singularidade não precisa dessa mediação?". A Parte I da *Ética* seria "uma simples maquinação?". Afinal, essa primeira parte da obra, por seu viés emanantista, fazia supor que a produção do mundo seguia uma ordem hierárquica descendente, o que, entretanto, é negado pelas proposições da Parte II sobre o corpo e a alma. A Parte I

> nos havia deixado diante dos atributos como mediação entre os modos e a substância. Mas agora [na Parte II] explode o paradoxo: a unificação dos atributos, dos dois atributos [...], cria uma dimensão do mundo que não é hierárquica, mas plana, igual, versátil e equivalente.[69]

Negri considera que o passo decisivo dado por Espinosa, contra o pensamento burguês, consiste justamente em dispensar o que esse pensamento julga necessário e indispensável: a mediação. Em seu lugar, Espinosa introduz o conceito de constituição. A existência da singularidade não supõe nenhuma mediação e é exatamente por isso que os atributos da substância podem e devem desaparecer quando o singular faz sua aparição. A constituição da singularidade, escreve Negri, é "o momento da autocrítica de Espinosa" e exige a refundação do sistema, pois a organização do infinito pelos atributos não o organizava e sim abria "o paradoxo do mundo, o dualismo da substância e do modo".[70]

> Agora é a história que deve refundar a ontologia ou — se quisermos — a ontologia deve diluir-se na eticidade e na historicidade para se tornar ontologia constitutiva.[71]

É interessante observar que a interpretação de Negri é a imagem especular da hegeliana. Para Hegel, sem mediação, não há realidade finita; para Negri, com mediação essa realidade é impossível. E, para ambos, os atributos são o obstáculo: para Hegel, sua imobilidade lhes retira o poder de mediação e impede a efetuação da substância como sujeito pela passagem pelo finito, que deve ser aniquilado como tal para que o infinito viva. Segundo Negri, é preciso que os atributos — a mediação — desapareçam para que se efetive a constituição da singularidade e seja concebida a verdadeira relação do infinito com o finito, isto é, o infinito como pluralidade de singularidades finitas.

Convém lembrar que, muito antes de Hegel e Negri, o estatuto dos atributos fora um enigma para Tschirnhaus.

b. Infinita infinitis modis: a correspondência de Espinosa com Tschirnhaus

Antes de Bayle, um interlocutor de Espinosa, cuja amizade pelo filósofo e sincera perplexidade não podemos questionar, manifestou sua dúvida, indagando como uma filosofia da unicidade e imanência substanciais poderia dar conta da existência de seres individuais. Trata-se, como sabemos, de Tschirnhaus.

A existência de corpos singulares e sua variação infinita parecem incompreensíveis para Tschirnhaus, que por isso põe em dúvida a validade da proposição 16 da Parte I da *Ética* — "Da necessidade da natureza divina deve seguir uma infinidade de coisas em uma infinidade de modos (*infinita infinitis modis*), isto é, tudo quanto pode cair sob um intelecto infinito".[72]

Tschirnhaus considera impossível deduzir a existência de todos os corpos e todos os efeitos dos corpos apenas do conceito de extensão: de início, invoca a ausência de figura e movimento na extensão quando considerada absolutamente, isto é, como atributo da essência divina, de maneira que essas propriedades dos corpos não poderiam ser deduzidas dela; mais tarde, invoca o procedimento dos geômetras, no qual "da definição de uma coisa só podemos deduzir uma única propriedade", sendo necessário aproximar a coisa definida de muitas outras para que novas propriedades sejam deduzidas:

> Por isso não posso ver como, de um atributo considerado com a exclusão de todos os outros e, por exemplo, da extensão infinita, possa sair a variedade dos corpos. Se acreditas que essa variedade não pode ser concluída da consideração de um só atributo, mas antes da de todos os outros atributos tomados juntamente, eu gostaria de sabê-lo de ti e, ao mesmo tempo, como essa dedução deve ser concebida.[73]

É interessante observar que Tschirnhaus não parece preocupar-se com a noção de modo, seu interesse e suas objeções se concentram na de atributo. Em outras palavras, a existência de corpos não lhe parece problemática e sim, em primeiro lugar, que possam ser deduzidos do atributo extensão, e, em segundo, que sejam deduzidos de um único atributo da substância.

Para compreendermos a dupla objeção de Tschirnhaus (há nos corpos propriedades inexistentes no atributo extensão; de um único atributo não se pode deduzir a variedade dos corpos), convém relembrarmos alguns momentos anteriores de sua correspondência com Espinosa.

Na Carta 59,⁷⁴ Tschirnhaus indaga quando Espinosa publicará o Método e a Física, pois, diz ele, a Parte II da *Ética* supera muitas das dificuldades existentes nas demonstrações físicas. Enquanto as publicações não aparecem, poderia Espinosa apresentar "a definição verdadeira do movimento" e como "podemos deduzir a priori⁷⁵ da extensão [em si mesma indivisível e imutável] o originar-se das muitas e várias formas que ela pode assumir" e, consequentemente, "a existência de figura nas diversas partes que constituem a forma de um corpo e que é diferente da figura que constitui a forma de outro"? Quanto ao método "para descobrir uma verdade desconhecida", Tschirnhaus pede que Espinosa lhe comunique "a definição da ideia adequada, da verdadeira, da falsa, da fictícia e da duvidosa". Solicita também uma explicação sobre a diferença entre a adequada e a verdadeira porque "até agora nada encontrei" que indique essa diferença senão o seguinte: depois de colocar uma questão e respondê-la com a ajuda de um conceito ou ideia, para saber se esta ideia verdadeira era também adequada à coisa, indaga-se qual a causa dessa ideia e, conhecida essa causa, qual a causa dessa causa e, continuando a inquirir "as causas das causas das ideias", só interromper a busca ao encontrar "aquela causa para a qual não é possível encontrar uma causa, senão esta: que entre todas as ideias sob meu poder, somente ela existe por si mesma". Ao encontrá-la, encontra-se a ideia adequada. Isso posto, Tschirnhaus apresenta a dificuldade: uma vez que as coisas que se exprimem numa infinidade de maneiras possuem ideias adequadas delas mesmas ou dessas expressões e visto que de qualquer ideia adequada pode-se deduzir tudo o que é possível saber da coisa de que é ideia, como reconhecer qual ideia adequada, entre várias, deve ser a preferida para a dedução, como escolher a "mais fácil" para uma dedução completa? Compreendemos, então, por que, ao solicitar a definição do movimento, Tschirnhaus pressupõe não só a diferença entre ideia verdadeira e adequada, mas também que é preciso determinar qual é a ideia adequada do movimento que permitirá a dedução a priori das formas de todos os corpos singulares a partir da extensão infinita indivisível.

Em resposta, na Carta 60, Espinosa expõe a identidade e a distinção entre ideia verdadeira e adequada, retoma a teoria da definição perfeita e deixa "para uma outra ocasião" os esclarecimentos sobre o método e a ideia de movimento, porque estes "ainda não estão escritos em ordem".⁷⁶ Entre a ideia verdadeira e a adequada, escreve Espinosa, reconheço somente uma diferença: a palavra "verdadeiro", refere-se apenas à conveniência da ideia ao seu ideado e a palavra "adequado", à natureza da ideia tomada em si mesma. Não há, pois, nenhuma diferença entre a ideia verdadeira e a adequada, exceto por essa relação extrínseca que a primeira mantém com o ideado — a adequação é a condição do verdadeiro. Essa única diferença determina a localização diversa do verdadeiro e do adequado na ordem geométrica da *Ética*: a conveniência entre ideia e ideado é um axioma — o axioma 6 da Parte I, "a ideia verdadeira deve convir com seu ideado" —, enquanto a adequação da ideia é uma definição — a definição 4 da Parte II, "entendo por ideia adequada uma ideia que, enquanto considerada em si mesma, sem relação com o objeto, tem todas as propriedades ou denominações intrínsecas de uma ideia verdadeira". Em outras palavras, a ideia adequada possui a forma do verdadeiro (*forma veri*) e, por conseguinte, é a certeza objetiva de uma essência formal;[77] sendo certeza, é reflexiva ou saber do saber; é causal e norma de si mesma; e é a ideia completa de uma coisa porque, como dissera o *De emendatione* é uma propriedade do intelecto "formar as ideias absolutamente (*ut absolute*)", isto é, tanto porque forma uma ideia sem precisar de outras (como as ideias absolutas de substância, atributo, quantidade infinita) como porque pode formá-las apenas a partir de si mesmo por ser potência pensante (no que se distingue da imaginação, que precisa de outras coisas para formar a imagem de uma coisa). A chave da adequação é o *ut absolute*, e é este o centro da ideia verdadeira quando intrinsecamente considerada: a ideia verdadeira é adequada porque completa e perfeita (isto é, oferece a causa ou razão total de seu ideado e de todas as propriedades dele), e a ideia adequada é verdadeira porque é absolutamente formada (isto é, porque independe de outras ideias ou porque depende exclusivamente da atividade da coisa pensante).

Todavia, a indagação de Tschirnhaus tinha ainda um outro objetivo: ele queria saber como adquirir ideias adequadas e como reconhecer que as possui. Espinosa responde-lhe dizendo que, entre as várias ideias de uma coisa, será adequada aquela que permita deduzir todas as propriedades do ideado, e para alcançá-la basta seguir uma única regra, qual seja, "a ideia ou definição da coisa deve exprimir sua causa eficiente". Tschirnhaus julga que deveria chegar a uma ideia absoluta como "aquela para a qual não é possível encontrar uma causa senão esta: que entre todas as ideias em meu poder, somente esta existe por si mesma", isto é, uma ideia que não depende de outras para ser formada. No entanto, seu procedimento consistia em ir, analiticamente, de causa em causa até o ponto em que "não podendo mais perguntar qual é a causa", tivesse encontrado a ideia adequada. Compreende-se, portanto, que quisesse, então, conhecer qual o meio "mais fácil" para adquirir uma ideia adequada e saber que a possui, uma vez que, como todo bom matemático, sabe que pode definir uma mesma coisa de muitas maneiras, todas elas exprimindo a natureza do definido. Mas não é esse o caminho, explica-lhe, então, Espinosa: não se trata, analítica e regressivamente, de *chegar* à ideia adequada, mas de *partir* dela pelo conhecimento da causa eficiente total ou completa do definido.

Era por esse motivo que, ao responder a essas primeiras dificuldades de Tschirnhaus, Espinosa retomava a diferença entre a definição cartesiana de Deus — "o ser sumamente perfeito" — e a sua — "o ser absolutamente infinito, isto é, a substância que consta de infinitos atributos, cada um dos quais exprime uma essência eterna e infinita". A primeira "não exprime uma causa eficiente" e por isso, explica Espinosa, "dela não poderei deduzir todas as propriedades". Em contrapartida, a segunda exprime a causa eficiente interna ou a *causa sui* não como uma propriedade da essência de Deus (como era o caso da perfeição em Descartes) e sim como princípio de realidade e inteligibilidade total da essência divina. Se pretendermos ter uma ideia adequada, conclui Espinosa, seja qual for a ideia dada "a única regra a seguir" é buscar uma ideia da qual "se possa extrair tudo" (*ex qua omnia elici*) e considerar que, "se alguém deduzir de alguma coisa *tudo* quanto possa ser deduzido dela", necessariamente o que vier por último será mais difícil do que o que vier primeiro, não porque a primeira ideia seja mais simples do que as últimas, mas, pelo contrário, porque da complexidade da primeira ideia devem seguir *todos* os efeitos e propriedades cujo conhecimento será mais difícil já que a *concatenatio* será cada vez mais particular e cada vez mais exigente do conhecimento de outros particulares.

Ora, se retomarmos agora as dificuldades de Tschirnhaus com a proposição 16 da Parte I da *Ética*, observaremos que todas decorrem dessas características da ideia adequada, pois não há como entender que possa ser demonstrada a existência dos corpos dotados de movimento e figura, uma vez que tais propriedades não existem na extensão infinita indivisível e, portanto, não podem ser extraídas dela. Por esse motivo, ao responder à carta do amigo, Espinosa explica-lhe que se a extensão for concebida em termos cartesianos (como matéria inerte), será realmente impossível dela deduzir a existência dos corpos. Mas isso não satisfaz Tschirnhaus, que volta à carga numa nova carta: Descartes não demonstrou a existência dos corpos a partir da essência de Deus porque julgou tal demonstração acima das forças humanas, mas Espinosa também não a demonstrou. "Sabendo que pensas diferentemente de Descartes", escreve Tschirnhaus, "posso supor que tenhas tido alguma razão para dar apenas algumas indicações obscuras e que não desejas tornar conhecida tua opinião." "No entanto", insiste, deseja ser esclarecido por haver observado, com frequência, que

> nas matemáticas, de uma coisa qualquer considerada nela mesma, isto é, da definição de uma coisa, não podemos jamais deduzir senão uma única propriedade; se quisermos conhecer várias delas, é necessário que relacionemos a coisa definida com outras coisas. Só assim, com a combinação [*conjunctione*] das definições dessas coisas, novas propriedades podem resultar.[78]

Se nos lembrarmos da definição espinosana da esfera, no *De emendatione*, Tschirnhaus parece estar correto: sem as ideias de movimento, semicírculo, centro fixo, eixo, não há como defini-la diretamente da quantidade nem como deduzir suas propriedades (por exemplo, que os pontos do semicírculo estão menos ou mais distantes do eixo de revolução de maneira a estarem todos equidistantes do centro). Em outras palavras, somente a ideia de quantidade não permite deduzir a priori a esfera e suas propriedades. Tschirnhaus oferece um exemplo da limitação dedutiva da ideia do círculo:

> se considero a circunferência de um círculo isoladamente, nada poderei concluir senão que ela é em toda parte semelhante a si mesma ou uniforme, propriedade pela qual ela difere essencialmente de todas as outras curvas; disso, porém, não poderei deduzir nenhuma outra propriedade. Todavia, se eu relacionar minha definição a outras coisas, como os raios dirigidos ao centro, ou se considerar duas linhas secantes, ou um maior número de linhas, poderei deduzir um grande número de propriedades.[79]

No entanto, como se observa, Tschirnhaus não percebe que as ideias de semicírculo, centro fixo, eixo e movimento de revolução são *constitutivas* da ideia de esfera e todas elas são *determinações* da ideia de quantidade infinita que, reunidas de maneira também determinada, geram a ideia de esfera e articuladas com outras (como linhas secantes, raios), também determinadas pela ideia de quantidade, permitem a dedução de novas propriedades. Em outras palavras, Tschirnhaus parece não levar em conta que da ideia de quantidade são deduzidas não só as de centro, eixo, movimento de revolução, mas também as relações de *convenientia* e *cohaerentia* entre as ideias determinadas pela ideia de quantidade. Por esse motivo, julga ele que seu exemplo contradiz a proposição 16 da Parte I da *Ética*, "a mais importante da primeira parte de teu tratado". A demonstração dessa proposição, objeto da dúvida de Tschirnhaus, diz:

> Esta proposição deve ser manifesta a qualquer um, contanto que preste atenção em que da definição dada de uma coisa qualquer o intelecto conclui várias propriedades, que realmente dela (isto é, da própria essência da coisa) seguem necessariamente, e tantas mais quanto mais realidade a definição da coisa exprime, isto é, quanto mais realidade a essência da coisa definida envolve. Ora, como a natureza divina tem absolutamente atributos infinitos, dos quais também cada um exprime uma essência infinita em seu gênero, logo, da mesma necessidade infinita devem seguir necessariamente infinitas coisas em infinitos modos (isto é, tudo que pode cair sob o intelecto infinito).[80]

De fato, prossegue Tschirnhaus:

> Nessa proposição consideras conhecido por si que, de uma dada definição podem-se deduzir várias propriedades da coisa definida, seja ela qual for. Isso me parece impossível se não relacionarmos a coisa definida a outras. Eis por que não posso ver como, de algum atributo considerado apenas em si mesmo, por exemplo, a extensão infinita, possa sair [*exsurgere*] a variedade dos corpos.[81]

O núcleo da discordância aparece agora: Espinosa afirma, na demonstração da proposição 16 da Parte I, que haverá dedução de tanto mais propriedades "quanto mais realidade a definição da coisa exprime, isto é, quanto mais realidade a essência da coisa definida envolve"; mas Tschirnhaus enfatiza o início da demonstração, portanto, a referência a "uma coisa qualquer" e a identifica com o atributo. Por isso sua indagação é bastante clara: visto que de um atributo considerado apenas em si mesmo não se pode deduzir a infinita variedade das coisas, talvez Espinosa não acredite que essa variedade possa ser deduzida de um único atributo e sim de todos eles tomados juntos, e, se assim for, conclui Tschirnhaus, "gostaria de ser instruído por ti sobre isso e como essa dedução deve ser concebida".

Na realidade, essa questão já havia aparecido antes na correspondência com Espinosa,[82] quando Tschirnhaus indagara se há mais atributos divinos além da extensão e do pensamento; se há tantos mundos quantos atributos de Deus; se criaturas que vivam num mundo inextenso podem ter alguma ideia da extensão (uma vez que, pela proposição 7 da Parte II da *Ética*, a ordem e conexão das coisas é a mesma que a ordem e conexão das ideias); se Deus poderia ser causa de nosso intelecto, visto que entre Seu intelecto e o nosso nada há em comum e que, pela proposição 3 da Parte I, "De coisas que nada tenham em comum entre si, uma não pode ser causa da outra"; se podem ser dados entes com três, quatro ou mais atributos, já que, pelo escólio da proposição 10 da Parte I, todo ente deve ser concebido sob um atributo e um ente possui tanto mais realidade quanto mais atributos possuir; e, finalmente, quais são as coisas imediatamente produzidas por Deus e quais as produzidas pela mediação de alguma modificação infinita. Tschirnhaus julga que extensão e pensamento são coisas imediatamente produzidas por Deus, mas diz não perceber quais seriam as mediatamente produzidas por Ele. Como já observamos, a dificuldade de Tschirnhaus encontra-se na natureza dos atributos, que julga produzidos por Deus (e não como constituintes da essência divina) e não os concebe como potências eternas e infinitas de agir, mas, à maneira cartesiana, como predicados inerentes em substâncias pelos quais são concebidos (donde a pergunta sobre o *número* de atributos como critério do grau de realidade de um ente).

Comecemos pela resposta de Espinosa às primeiras dificuldades de Tschirnhaus para, a seguir, regressarmos àquelas postas por ele acerca da proposição 16 da Parte I da *Ética*.

Em primeiro lugar, escreve Espinosa, Deus é causa da mente humana, sob o atributo pensamento, e causa do corpo humano, sob o atributo extensão; a essência da mente humana é ser ideia de um corpo atualmente existente e seu conhecimento se estende apenas ao que está contido nesse corpo ou ao que se segue disso. O que disso se segue? Mencionando dois axiomas da Parte I da *Ética* — a ideia verdadeira deve convir ao seu ideado e o conhecimento do efeito depende do conhecimento da causa e o envolve — Espinosa explica que a ideia verdadeira do corpo envolve o conhecimento do atributo extensão, sua causa, e a ideia verdadeira da mente envolve o conhecimento do atributo pensamento, sua causa; por conseguinte, a mente humana, sendo ideia de seu corpo, conhece apenas os atributos extensão e pensamento. Em segundo lugar, a afirmação de que quanto mais realidade tanto mais atributos constituem um ente não deriva do número de atributos e sim da ideia verdadeira de um ser absolutamente infinito, ou seja, a questão não é numérica ou quantitativa e sim decorre da qualidade da essência do que é absolutamente infinito porque complexidade absolutamente infinita. Em terceiro, Deus produz imediatamente o intelecto infinito, no caso do atributo pensamento, e o movimento e o repouso, no caso da extensão; mediatamente, é produzida por Deus a fisionomia do universo inteiro, a *facies totius universi*.

Como se observa, Espinosa não explica a Tschirnhaus que Deus não produz imediatamente os atributos pensamento e extensão, pois eles são constituintes de Sua essência e não efeitos dela; em contrapartida, lhe diz quais são as modificações infinitas imediatas e a infinita mediata produzidas por eles (das quais, como se verá, seguem as coisas particulares, isto é, corpos e mentes). Como iremos constatar, as indagações posteriores de Tschirnhaus indicam que não compreendeu a resposta de Espinosa e que o atributo permaneceu enigmático para ele. Passemos, por isso, à resposta às indagações de Tschirnhaus sobre a proposição 16.

Repetindo o que já dissera sobre a diferença entre sua concepção da extensão e a de Descartes, Espinosa afirma que, de fato, na cartesiana é impossível deduzir apenas do conceito de extensão a variedade de todas as coisas, e que por isso Descartes errara definindo a matéria por meio da extensão, pois esta deve ser explicada como "um atributo que exprime uma essência eterna e infinita". A seguir, Espinosa comenta a afirmação de Tschirnhaus sobre a dedução matemática, na qual a definição de cada coisa, considerada em si mesma, permite deduzir uma única propriedade: isso, escreve ele, talvez (*forsam*) se aplique às coisas simplíssimas ou aos entes de razão, como as figuras geométricas, mas não aos entes reais porque aqui não se trata de uma construção *ad libitum* e sim da exposição de uma *essência de coisa* cuja natureza íntima e cuja causa próxima devem ser expressas pela definição. Em outras palavras, na filosofia, ao contrário do que se passa na matemática, o intelecto avém-se com a produção de seres fisicamente reais e a definição deve apresentar a essência de uma coisa real cuja causa eficiente é necessária, sendo imprescindível formar uma essência objetiva (uma ideia) que reproduz intelectualmente a produção física da essência formal (a coisa ideada). No caso da definição de "coisas simplíssimas" e dos entes de razão, *talvez* (*forsam*) se possa admitir que uma única propriedade seja deduzida; entretanto, os corpos reais são sempre complexos e os simplíssimos são abstrações e o "talvez" sugere, como vimos, que mesmo no caso das ideias matemáticas complexas isso não ocorra. De toda maneira, no caso dos seres físicos ou reais, a definição só será verdadeira se for uma ideia adequada que oferece a causa total do definido, e só o será se oferecer a essência íntima da coisa e sua causa próxima e se permitir a dedução de *todas* as propriedades do definido.

Espinosa já dissera a Tschirnhaus que a dedução a priori da variedade das coisas apenas do conceito "da extensão, tal como concebida por Descartes, ou seja, como massa inerte, não é difícil e sim impossível", portanto, com a extensão cartesiana não se pode "demonstrar a existência dos corpos". Mas Tschirnhaus retrucara que Descartes havia recusado a possibilidade de tal demonstração e afirmara que a variedade dos corpos constituídos de movimento e figura só poderia ser demonstrada como efeito do movimento impresso por Deus na extensão. Ora, ao reproduzir a formulação de Descartes, Tschirnhaus supõe que a extensão seja o espaço geométrico (as três dimensões) cujas formas variadas decorrem do movimento e, por conseguinte, não pode se furtar a admitir, tacitamente, a tese metafísica cartesiana de que o movimento é introduzido na matéria por um ato de Deus. E, uma vez que Descartes jamais pretendera demonstrar o que quer que fosse a partir da essência de Deus (cujo conhecimento é impossível para nós), dele não se pode exigir o que se deve exigir de Espinosa, que, este sim, pretende efetuar uma dedução da natureza a partir da essência divina.

No entanto, como se não considerasse a objeção de Tschirnhaus, Espinosa volta a insistir sobre o erro de Descartes. Por que a insistência? Porque Tschirnhaus está formulando *cartesianamente* a objeção a Espinosa. De fato, ao considerar que uma definição matemática permite a dedução de uma única propriedade e ao aplicar essa regra à proposição 16 da Parte I da *Ética*, está tomando a extensão espinosana como se fora a extensão geométrica de Descartes, da qual, evidentemente, estão excluídos o movimento e a produtividade para gerar corpos. Ou, como escreve Espinosa, a matéria é tomada como massa inerte porque reduzida à extensão concebida à maneira cartesiana, carecendo de força para mover-se e diferenciar-se internamente, necessitando que o movimento seja nela introduzido do exterior por um ato da potência divina. Dessa extensão, não se pode, é claro, deduzir a variedade infinita das formas dos corpos existentes. Espinosa contrapõe à extensão geométrica cartesiana, inerte, criada e continuamente criada, a extensão como atributo divino que exprime uma *potência de agir* eterna e infinita.

O que significa passar da substância extensa cartesiana ao atributo extensão espinosano? Significa, em primeiro lugar, tomar a extensão *ut absolute*, portanto, como o que é em si e é concebido por si; em segundo, compreender que um atributo não é coextensivo à substância, como pensara Descartes ao falar em substância extensa, pois a substância é absolutamente infinita e o atributo, infinito em seu gênero. A identidade entre um atributo e a substância encontra-se nas propriedades comuns a ambos (infinitude, eternidade e concepção por si) enquanto a distinção entre ambos decorre de ser o atributo uma essência infinita em seu gênero que o intelecto percebe como constituindo e exprimindo a essência da substância. Todo atributo divino e, portanto, a extensão são uma força infinita ou potência infinita de agir, e os modos extensos infinitos e finitos são também forças ou potências de agir, efeitos imanentes da potência de seu atributo. Em suma, o atributo extensão, como qualquer dos atributos, está investido da causalidade de si, da infinitude e eternidade da essência e da necessidade da potência de agir livre ou da causalidade eficiente imanente. A extensão não é substância criada e continuamente criada pelo concurso de Deus ou, como supusera Tschirnhaus, o atributo não é uma coisa imediatamente produzida por Deus. Como constituinte da essência da substância absolutamente infinita, o atributo extensão é uma potência infinita que age de modo livremente pela necessidade de sua natureza e da qual, por sua autodiferenciação, seguem o movimento e o repouso como seu modo infinito imediato.

Dizer que as coisas são produzidas por *um atributo* é o mesmo que dizer que são produzidas *por Deus*. Ora, pela proposição 21 da Parte I da *Ética*, "tudo o que segue da natureza absoluta de qualquer atributo de Deus deve ter existido sempre e ser infinito, ou, por outras palavras, é eterno e infinito pelo mesmo atributo", isto é, da natureza absoluta do atributo seguem modos infinitos imediatos, e pela proposição 22, "o que segue de qualquer atributo de Deus, enquanto modificado por uma modificação que, pelo atributo, existe necessariamente infinita, deve existir necessariamente e ser infinito", ou seja, da natureza modificada do atributo seguem modos infinitos mediatos. E, por fim, como resultado da proposição 16, o escólio da proposição 25 pode enunciar que "no sentido em que se diz que Deus é causa de si, deve-se também dizer que é causa de todas as coisas", em decorrência da proposição 15 ("Tudo o que é, é em Deus e sem Deus nada pode ser nem ser concebido") e da proposição 25 ("Deus é causa eficiente não só da existência das coisas, mas também de sua essência"). Eis por que o corolário da proposição 25 enuncia que *"as coisas particulares não são mais do que afecções dos atributos de Deus, ou seja, modos pelos quais os atributos de Deus se exprimem de maneira certa e determinada*". O atributo extensão exprime a essência absoluta de Deus, o movimento e o repouso são o modo infinito imediato do atributo extensão, a conexão causal das proporções de movimento e repouso do universo é o modo infinito mediato do atributo extensão, os corpos e "toda a variação das formas das coisas" finitas exprimem de maneira determinada a potência do atributo extensão.

Entretanto, não estaria Espinosa fugindo da dificuldade levantada por Tschirnhaus? Este dissera que de uma definição só se pode deduzir uma propriedade e Espinosa tem razão ao mostrar-lhe que tudo depende da natureza do ser que está sendo definido, pois, se for uma essência absolutamente infinita e complexa, dela serão deduzidas infinitas propriedades. Espinosa, porém, não parece enfrentar a dificuldade crucial, a saber, *a diferença entre deduzir propriedades e deduzir efeitos reais*. Ora, na verdade, Tschirnhaus não estabeleceu essa diferença e sim o próprio Espinosa, ao definir os atributos como essências infinitas e distinguir entre a extensão geométrica e a extensão atributo divino e, por conseguinte, a distinção entre o movimento como deslocamento espacial (à maneira de Descartes) e como potência de agir. Além disso, a Parte I da *Ética* sublinha a diferença entre os *propria* de Deus, tais como eternidade, infinitude, liberdade e as *affectiones* de Deus, isto é, os modos infinitos e finitos entendidos como *res naturales* e, no caso dos modos finitos, também como *res particulares*. Em ambos os casos, de uma essência infinita devem ser *concluídas* infinitas propriedades infinitas e *deduzidos* infinitos efeitos em infinitos modos. Não apenas isso, mas no caso dos corpos ou modos finitos da extensão, o movimento não se reduz, mecanicamente, ao movimento local cartesiano, mas constitui a essência atual de um corpo, pois este não só é constituído por uma proporção determinada de relações de movimento e repouso (relações responsáveis pela infinita variedade dos corpos), mas é também um *conatus* ou potência de autoperseverança no ser, isto é, potência de agir, não sendo apenas esforço de autoconservação, mas sobretudo força para ser e força para existir — a dinâmica espinosana afirma a interioridade do movimento, pois é ele a causa eficiente interna dos indivíduos corporais e de sua força para existir e agir (donde, aliás, a insistência de Espinosa ao explicar a Tschirnhaus que a causa eficiente é interna ao definido).

Em suma, da potência infinita do atributo extensão procedem ou seguem os modos infinitos; portanto, desse atributo procedem ou seguem o movimento e o repouso que, sob proporções determinadas, constituem a infinidade dos corpos singulares como potências operantes e agentes e instituem todas as relações necessárias entre eles. Apenas quando a extensão é compreendida como *causa sui*, concebida em si e por si, potência de existir e de agir infinita e eterna é que se pode efetuar a dedução a priori da variedade das formas dos corpos constituídos de movimento e repouso e dotados de figura, isto é, dos corpos singulares.

É possível observar que as dificuldades de Tschirnhaus possuem um pressuposto que Espinosa não desenvolve em suas cartas, mas que é condição de suas respostas. De fato, as primeiras dificuldades de Tschirnhaus se referem à produção da variedade das mentes humanas pelo atributo pensamento, e as últimas, à dos corpos pelo atributo extensão, mas nos dois casos a dificuldade é a mesma: a imanência dos atributos aos seus modos exigiria que estes e aqueles tivessem as mesmas propriedades ou fossem da mesma natureza. Em outras palavras, seria preciso que *pertencessem* às naturezas de suas modificações. Por isso as respostas de Espinosa a cada uma das dificuldades de seu amigo insistem na distinção ontológica entre atributo e modo cujo fundamento é a distinção entre *constituir* e *pertencer*: um atributo constitui a essência de seus modos, mas não pertence à natureza deles, pois ele é em si e concebido por si e eles são em outro e concebidos por meio de outro e por isso estes *seguem* da potência infinita daquele.[83]

À pergunta: a existência das coisas singulares pode ser demonstrada?, a resposta é afirmativa.

5. NATUREZA NATURADA

Podemos notar que tanto na correspondência com Oldenburg como nessa com Tschirnhaus, o núcleo da posição de Espinosa encontra-se no papel conferido aos atributos. Estes, longe de serem um obstáculo à existência de essências de coisas singulares, são a condição necessária dela.[84]

E não poderia ser de outra maneira quando consideramos, de um lado, a definição do terceiro gênero de conhecimento — apresentado no escólio 2 da proposição 40 da Parte II da *Ética* como o "conhecimento que procede da ideia adequada da essência formal de certos atributos de Deus para o conhecimento adequado das essências das coisas" — e, de outro, o Prefácio à Parte II da *Ética*:

Passo agora a explicar o que deve seguir necessariamente da essência de Deus, ou seja, do ente eterno e infinito. Decerto não tudo, já que na proposição 16 da Parte I demonstramos que dela seguem infinitas coisas em infinitos modos, mas apenas o que nos pode levar, como que pela mão, ao conhecimento da mente humana e de sua suma felicidade (*summae beatitudinis*).

"O que deve seguir necessariamente da essência de Deus": como sabemos, os atributos constituem essa essência. Dessa maneira, ao passarmos da Parte I à Parte II da *Ética*, passamos ao que segue necessariamente da essência dos atributos e que nos levará pela mão ao conhecimento da mente humana e de sua felicidade suprema.

a. Os modos da substância

Na Parte I da *Ética*, Espinosa define a coisa finita e o modo.
Enuncia a Definição I, 2:

É dita finita em seu gênero essa coisa que pode ser limitada por outra de mesma natureza. Por exemplo, um corpo é dito finito porque concebemos outro sempre maior. Assim, um pensamento é limitado por outro pensamento. Porém, um corpo não é limitado por um pensamento, nem um pensamento por um corpo.

Por seu turno, a Definição I, 5 enuncia: "Por modo entendo afecções da substância, ou seja, isso que é em outro, pelo qual também é concebido". Podemos observar que essas definições não se recobrem. A definição da coisa finita salienta a relação com a alteridade entendida como aquilo que, sendo da mesma natureza que a coisa, opera como limite e/ou continente dela, enquanto a do modo enfatiza a relação com a alteridade sob a forma da dependência quanto ao ser e à concepção. Essa diferença decorre do campo conceitual em que se desenvolve a primeira parte da *Ética* como exposição dos fundamentos ontológicos dos quais, nas partes seguintes, serão deduzidas as consequências para os seres finitos.

O grande operador conceitual da Parte I da *Ética* é o axioma 1: "tudo o que é ou é em si ou é outro", núcleo da demonstração de que há duas e apenas duas maneiras de ser, a da substância (com seus atributos) ou daquilo que é em si e por si mesmo concebido, e a dos modos ou daquilo que é em outro ou afecção de um atributo do ser absolutamente infinito que apenas por ele pode ser e ser concebido. Tudo o que é, lemos no corolário da proposição 14, é ou atributo de Deus ou é afecção dos atributos de Deus. Essa afecção segue da natureza absoluta do atributo ou de sua natureza afetada numa modificação infinita (modo infinito) ou numa modificação finita (modo finito). Isto significa que cada atributo (como será demonstrado na Parte II) é uma ordem de realidade distinta ou uma potência de produção de seres reais distintos daqueles produzidos em outras ordens de realidade ou pelos outros atributos. A diferença ontológica entre seres finitos segue, portanto, da distinção real entre os atributos de que procedem.

Modos infinitos e finitos são designados como *res naturales*, coisas naturais, mas os modos finitos também são designados como *res particulares*, coisas particulares, designação que não se aplica aos modos infinitos porque, embora sejam naturais e com maneiras determinadas de existir e operar, não são particularidades finitas. O nome *res* não é empregado apenas para as coisas particulares, mas também para os atributos a fim de assinalar que são ordens de realidade distintas, isto é, não são predicados da substância, mas sim coisas reais infinitas que constituem sua essência absolutamente infinita. Tanto é que o corolário 2 da proposição 14 designa os atributos e as afecções de atributos com as expressões *res extensa* e *res cogitans* (termos que reaparecerão no início da Parte II). Também na Parte I encontramos como equivalentes os termos "modo finito", "coisa finita" e *causa finita*, pois Espinosa escreve: *modus finitus sive res finita sive causa finita* — "modo finito, ou seja, coisa finita, ou seja, causa finita". Em suma, o emprego de *res* e *causa* para se referir aos atributos e aos modos indica, em primeiro lugar, que Espinosa não os concebe como relacionados hierarquicamente, pois os designa com os mesmos termos; e, em segundo, que não os considera predicados essenciais e acidentais da substância, mas seres reais e atividades causais.

Ora, na tradição filosófica, a lógica predicativa ou da inerência de predicados a um sujeito é condição sine qua non dos conceitos de atributo e modo, como é patente, por exemplo, nas objeções de Bayle a Espinosa. Tradicionalmente, um modo podia ser compreendido à maneira de Agostinho como "a perfeita comensuração de uma coisa criada com seus princípios" ou, como escreve Tomás, "modo é o que a medida fixa", isto é, toda determinação ou limitação fixada para cada coisa finita em conformidade com sua medida.[85] Modo era, portanto, toda qualidade/quantidade determinada de uma substância, e seu campo, a finitude. Significando, como exige a etimologia, medida determinada, *modus* era um termo técnico que se opunha a *ratio* quando se tratava de descrever uma denominação ou perfeição de uma substância: enquanto *ratio* era a denominação tomada absolutamente, sem referência às condições de sua realização, *modus* dizia a maneira determinada como, em certas condições, a denominação se realiza concretamente. Por esse motivo, várias substâncias podiam ter a mesma *ratio* e distinguirem-se modalmente, isto é, pela maneira como a realizam em condições determinadas. Enquanto a *ratio* era considerada intrínseca a substâncias, o *modus* era concebido como extrínseco a elas, pois referido às condições e circunstâncias de realização que diferenciam uma mesma *ratio*.

No entanto, ao desenvolver a teoria das três distinções (real, de razão e modal) na Disputa VII,[86] Suárez oferece um conceito novo do modo que Descartes fará seu. De fato, Suárez começa a introduzir paulatinamente a ideia elaborada por Duns Scotus de *modus intrinsecus*, isto é, algo que não é acidente propriamente dito, mas que, sem acrescentar qualquer entidade nova ao ser, permite diferenciá-lo internamente. É assim que a cor é modo intrínseco da luz e o infinito, modo intrínseco de Deus. O modo [intrínseco] é, portanto, a própria *ratio* já determinada. Donde a conclusão suareziana inovadora: modo é "algo que afeta e determina em última instância a existência [de uma entidade] sem acrescentar-lhe entidade própria nova",[87] pois ele próprio não é por si mesmo suficiente para constituir um ente na realidade. A relação do modo com a substância, diz Suárez, e também enfatizará Descartes, é a da inerência e a da dependência. Sabe-se quando algo é modo se "ao separar-se daquilo em que inere e de que depende" ele deixa de existir, uma vez que um modo é algo que de si e por si não é suficiente para constituir uma entidade e "intrinsecamente exige afetar em ato alguma entidade sem a qual lhe é absolutamente impossível existir".[88] Para explicar a peculiar realidade do modo, Suárez o situa como intermediário entre o ente real e o ente de razão e o designa como *modo real do ente* que para existir depende inteiramente do ser ao qual está unido por inerência.[89]

É este o sentido adotado por Descartes, que por isso mesmo fará suas as três distinções suarezianas: distinção real (entre substâncias), distinção modal (entre uma substância e seus modos) e distinção de razão (que não existe nas coisas, mas apenas no intelecto). Na metafísica suareziana, pode-se falar em modo infinito ou do infinito como modo intrínseco da substância divina. No caso de Descartes, porém, as propriedades de uma substância se distinguem em atributos e modos, os primeiros como propriedades essenciais e os segundos como propriedades mutáveis. Agora, a infinitude não é um modo de Deus, mas um atributo e, embora toda substância tenha modos, não há referência a modos divinos nem à ideia de modos infinitos, o conceito de modo aparecendo sempre referido às substâncias cujos atributos principais (ou seja, coextensivos às suas substâncias) são respectivamente a extensão e o pensamento, isto é, referido às substâncias criadas. O silêncio de Descartes sobre modos divinos se explica, aliás, pela própria definição cartesiana do modo como maneira de ser de uma substância que ela pode adquirir, perder ou transformar. Em outras palavras, ainda que o modo não seja extrínseco, à maneira tomista, a variação modal indica que sua substância, imutável quanto à essência, é mutável quanto à existência. Dada a inerência do modo ao sujeito, supor modos em Deus traria o perigo de supô-Lo mutável, precisamente o que será alegado por Bayle contra Espinosa, como vimos.

Nos *Pensamentos metafísicos*, recusando uma concepção analógica do ser que o faz dito de muitas maneiras, Espinosa divide o *ens* em substância e modo, este se distingue do acidente e a descrição do ente diferencia o ente que existe necessariamente (isto é, cuja essência envolve existência) e o ente que pode existir, o poder existir não significando que se trataria de um ente possível, e sim daquele cuja essência não envolve existência e que, tendo sua essência compreendida nos atributos do ente necessário em si e por si, depende de uma causa necessária para existir. A distinção espinosana se resume a afirmar que a substância é necessária pela sua essência e o modo, necessário pela sua causa. A divisão e descrição espinosanas recusam a concepção categorial da substância e do modo, de sorte que ela não é sujeito de inerência de predicados e ele não é um predicado acidental inerente a ela. Por outro lado, o modo também não é, como supusera Suárez, o intermediário entre o *ens realis* e o *ens rationis*, mas uma coisa real, um ente necessário pela causa. Não é um modo *na* substância (Suárez) nem *da* substância (Descartes), no sentido da inerência, mas é simultaneamente modo na e da substância como efeito imanente real causado por ela, que nela existe, por ela existe e por meio dela é concebido. Numa palavra, um modo é um ente real.

No *Breve tratado*, a distinção entre o que é em si e concebido por si e que se define por sua própria essência como causa interna, e o que é em outro e é concebido por meio de outro e se define pela ação necessária da causa próxima, afirma a imanência do modo à substância, afasta sua inerência a ela e permite a formulação da ideia de coisa particular, concebida, como na Carta 32 a Oldenburg, como uma parte da Natureza e como um todo, isto é, como essência perfeita. No entanto, um traço do modo suareziano ainda é mantido nessa obra de juventude. De fato, quando, no Segundo Diálogo, Teófilo explica a Erasmo por que a existência da Natureza não introduz mudança no ser de Deus, afirma que a alteração no ser divino só ocorreria com perda ou aquisição de atributos e que as coisas finitas, porque efeitos de atributos, não poderiam causá-los, produzindo novos ou destruindo existentes. Espinosa conservava, assim, a ideia suareziana de que o modo "não acrescenta entidade nova à substância". No entanto, sob a aparente semelhança, a explicação espinosana já nada deve a Suárez, uma vez que a impossibilidade de alteração da substância pelo modo não decorre da inerência e sim da própria condição modal, isto é, de um efeito que não age sobre a causa e que, como efeito, é parte, todo e essência perfeita.

Na Parte I da *Ética*, a descrição dos *Pensamentos metafísicos* e a distinção do *Breve tratado* são sistematizadas no primeiro axioma: "Tudo o que é, ou é em si ou é em outro"; e as definições distinguem a substância, definida como em si e concebida por si, e o modo, definido como em outro e concebido por meio de outro. Espinosa demonstra que o modo é em outro porque todas as coisas são imanentes a Deus, e que o modo é concebido por meio de outro porque a potência de Deus é causa eficiente imanente a seus efeitos e, como enuncia o quarto axioma da Parte I, "o conhecimento do efeito depende do conhecimento da causa e o envolve".[90]

b. *Natureza Naturada*

Nas proposições finais da Parte I da *Ética*, ao demonstrar que os modos são efeitos imanentes necessários da substância absolutamente infinita, Espinosa demonstra que sua causa é a natureza absoluta do atributo, bem como a natureza do atributo enquanto afetada por uma modificação infinita. Passamos, assim, do que é necessário, infinito e eterno pela essência (a substância e os atributos) ao que é necessário, infinito e eterno pela causa (as modificações produzidas pelos atributos): entramos na Natureza Naturada, isto é, nas leis da Natureza, que seguem as necessidades das leis da natureza de Deus ou da natureza absoluta de seus atributos e da natureza de seus atributos afetada por uma modificação infinita. A necessidade, infinitude e eternidade dos modos infinitos imediatos e do modo infinito mediato (a *facies totius universi*) não lhes podem advir de sua própria essência, pois são modos e não envolvem existência necessária, mas lhes vêm de sua causa, isto é, os atributos, que, imanentes aos efeitos, os fazem ter necessariamente suas propriedades. Em outras palavras, com os modos infinitos, exprime-se a distinção entre o necessário pela essência e o necessário pela causa, e a distinção entre o infinito pela essência e o infinito pela causa, distinção que fora apresentada por Espinosa na Carta 12 a Meijer.[91]

Os atributos infinitos são as infinitas ordens de realidade ou maneiras de existir do ser absolutamente infinito, os modos infinitos são as leis universais da Natureza e os constituintes de sua ordem imanente. Os modos infinitos imediatos são o encadeamento e a conexão necessária das causas, isto é, das proporções de movimento e repouso, que constituem os corpos, e dos pensamentos, que constituem as ideias; o modo infinito mediato (Espinosa se refere a esse modo no singular) é a *facies totius universi*, a fisionomia do universo inteiro, ou seja, a conservação e constância das causas e de suas leis sob a infinita mudança e variação das coisas singulares. Os modos infinitos *não são mediações* (nem emanações) entre o infinito e o finito, mas expressões da infinitude atual da causa eficiente imanente, pois *uma expressão é a autodiferenciação* realizada pela natureza de um agente; assim também, os modos finitos são *expressões determinadas* ou *expressões singulares* das leis universais de proporção de movimento e repouso (como modos finitos da extensão) e das leis universais do encadeamento e conexão necessária dos pensamentos particulares (como modos finitos do pensamento). Não sendo mediações constituintes de uma hierarquia, os modos infinitos não são hipóstases emanadas dos atributos, e sim modalidades diversas de infinitas ordens de existência em que se exprime o ser absolutamente infinito. São *princípios ordenadores* das coisas singulares e exprimem a essência de seus atributos. Estes são a estrutura necessária, infinita, eterna e complexamente diferenciada de um universo infinito, necessário, eterno e internamente diferenciado; os modos infinitos, necessários e eternos pela causa, são as ações autorreguladas e autodeterminadas dessa estrutura constituída pelos atributos. Modos infinitos imediatos e mediato e modos finitos constituem a Natureza Naturada. A ordem causal da Natureza Naturada não é uma série linear de causas e efeitos, mas uma *rede causal* ou uma rede complexa de infinitas conexões, articulações e integrações porque é operação determinada pela ação da Natureza Naturante (ou os nexos e encadeamentos causais que seguem da natureza dos atributos como constituintes da estrutura infinitamente complexa do ser absolutamente infinito).

No caso dos modos finitos, a Parte I da *Ética* se limita a demonstrar que estão necessariamente determinados a existir e a operar de uma maneira certa, mesmo que ainda não saibamos o que são (afora sabermos que são afecções dos atributos divinos) nem qual sua origem (porque desta se encarregará a Parte II). Como modos, são coisas que existem e operam pela necessidade de sua causa eficiente e, justamente por se tratar de operações, essas coisas também devem ser concebidas como causas — *modus finitus sive causa finita*. Por serem coisas finitas, são por natureza limitadas por outras de mesma natureza, de sorte que sua causalidade exige que estejam conectadas em redes causais e encadeadas em séries de causas, que são, cada uma delas, finitas e dispostas em conexões e encadeamentos que se estendem indefinidamente.

A essência do que é finito segue da natureza do ser absolutamente infinito porque a essência do que é finito é essência de modo; e este é afecção de um atributo substancial. A existência e a operação de um modo que é finito seguem de sua determinação por uma causa eficiente positiva que é a potência absolutamente infinita, porém, a determinação dessa existência e dessa operação depende do nexo causal dos modos infinitos, que são as leis de articulação, integração, concordância, constância e conveniência da Natureza Naturada que particularizam em causas finitas suas operações determinadas. Essa determinação particular das redes causais infinitas em causas determinadas ou finitas se dá pela operação dessas causas umas sobre as outras segundo as leis universais dos modos infinitos, isto é, como *cohaerentia*, *convenientia* e *constantia*, ou seja, articulação, concordância e integração constante de causas e efeitos. É evidente, por conseguinte, que os modos infinitos não são causas das essências e existências dos modos finitos (estas seguem da essência e potência dos atributos), mas sim *causas da determinação de suas operações*. Mais do que isso, são causas no sentido de que são as leis universais de operações causais realizadas pelos modos finitos: uma causa finita depende de outra e ambas dependem da rede causal infinita de encadeamentos, articulações e integrações de causas finitas que dependem da ação ou da natureza dos atributos, isto é, da potência estruturante da Natureza inteira. Assim como a relação de um falante com outro não é mediada pela gramática nem pela língua, mas é a atualidade da gramática e da língua, a presença inteira de ambas como princípio e condição do ato de fala, assim também modos infinitos e atributos não são mediações entre a causa particular ou o modo finito e o absolutamente infinito, mas são o que, em plena atualidade, o finito exprime porque está envolvido na e pela causa. Isso significa que os modos infinitos não são emanações[92] nem, como supusera a tradição escolástica, causas segundas postas pela potência ordenada de Deus, mas sim que Deus é causa das existências e operações das causas finitas porque é causa dos modos infinitos que os determinam como singularidades, ou seja, como partes de um todo ou como atualidade particularizada das leis naturais. Consequentemente, os finitos não se somam para produzir uma série infinita (atual ou potencial) de causas, mas, ao contrário, a infinitude atual dos modos infinitos é que condiciona a particularidade determinada das causas finitas, cuja ordem e conexão necessárias as faz serem também determinadas umas pelas outras, pois, do contrário, não haveria conexões e encadeamentos causais, isto é, diferenciação, articulação, comunicação, concordância e integração constante que definem a estrutura complexa da Natureza Naturada.

Os atributos são a estrutura do universo, e suas ações determinam as operações dos modos infinitos (as leis da Natureza) que se particularizam em operações singulares determinadas, os modos finitos; é isto que Espinosa chama de "o atributo enquanto modificado numa modificação finita", ou seja, o atributo exprimindo-se na particularidade de um modo cuja essência está nele compreendida e cuja existência e operação são a singularização ou determinação da atividade dos modos infinitos produzidos pela natureza desse atributo. As essências das coisas particulares estão compreendidas nas essências dos atributos e, por conseguinte, suas existências estão determinadas pelas potências dos atributos. Determinadas quanto à essência e à existência, as coisas particulares estão determinadas pela ação do ser absolutamente infinito a operar de maneira também determinada. Conclui-se, pois, que uma coisa particular, isto é, uma afecção ou um modo finito de um atributo de Deus, só opera determinado pela ação de sua causa eficiente. Numa palavra, como demonstra Espinosa, as coisas particulares nada mais são do que modos pelos quais, num processo de autodiferenciação interna, os atributos de Deus se exprimem de maneira certa e determinada.

Não basta, porém, demonstrar que toda coisa particular opera determinada pela ação da potência absoluta do atributo, é preciso ainda demonstrar que, sendo a causa eficiente uma causa imanente e não transitiva, o efeito se conserva envolvido pela e na causa e por isso mesmo "uma coisa que é determinada por Deus a operar algo não pode tornar-se a si mesma indeterminada".[93] De fato, uma vez determinada a operar, a *coisa* assim determinada se torna uma *causa* determinada que produzirá efeitos também determinados. Somente se essa coisa fosse um efeito de uma causa transitiva que se separa dela teria ela o poder para tornar-

-se indeterminada, o que não acontece quando ela é efeito de uma causa eficiente imanente, pois, neste caso, se se indeterminasse, perderia sua própria natureza porque deixaria de produzir seus efeitos necessários e destruiria a ordem necessária e racional do universo, uma vez que, ao indeterminar-se, seriam aniquilados todos os efeitos que deveriam resultar de suas operações, as quais, por seu turno, deveriam ser causas de outros efeitos que estarão aniquilados com a indeterminação sobrevinda da suas causas. Por isso mesmo, também é preciso demonstrar que a necessidade causal que rege as coisas particulares, isto é, finitas e com existência numa duração determinada, constitui uma rede causal infinita e eterna de coisas finitas e duradouras. Em outros termos, o infinito atual dos atributos e dos modos infinitos se efetua como infinito atual de causas finitas em redes infinitas de causalidade ou de diferenciação, articulação, integração, concordância e comunicação entre os seres:

> Qualquer coisa singular, ou seja, finita e que tem existência determinada, não pode existir nem ser determinada a operar e a existir senão por uma outra causa que também é finita e tem existência determinada; e, por sua vez, esta causa também não pode existir nem ser determinada a operar se não for determinada a existir e a operar por uma outra que também é finita e tem existência determinada, e assim ao indefinidamente.[94]

Tudo o que é determinado a existir e a operar como tal é determinado pela potência da substância absolutamente infinita. Uma coisa finita e com existência determinada na duração não pode ser produzida pela natureza absoluta de um atributo e sim pelas leis produzidas por sua essência e potência; por conseguinte, uma coisa finita deve seguir de Deus, isto é, explica Espinosa, de algum atributo de Deus enquanto considerado afetado por algum modo, visto que nada existe além da substância com seus atributos e dos modos, os quais são afecções dos atributos de Deus; portanto, uma coisa finita só pode seguir de um atributo de Deus enquanto afetado por uma modificação que é finita e tem existência determinada. Donde segue que "esta causa, ou seja, este modo", deve também ter sido determinada a existir e a operar por uma outra causa também finita, com existência determinada e determinada por outra igualmente finita e de existência determinada, e "assim sempre indefinidamente".

Donde o emprego constante e regular do verbo *sequi* por Espinosa: os modos infinitos seguem da natureza absoluta ou modificada do atributo e os modos finitos seguem da natureza do atributo modificada (ou afetada) por uma modificação infinita, ou seja, seguem das leis naturais necessárias ou dos modos infinitos. Sobre os finitos recaem a força e a racionalidade de *duas redes causais necessárias*: a causalidade dos atributos — exercida nas operações dos modos infinitos imediatos e do modo infinito mediato — que, se autodiferenciando, os produz como essências e operações determinadas, isto é, sua existência em Deus sem relação com a duração; e, determinada por essa primeira, a causalidade entre os modos finitos, que determina suas existências na duração e se estende indefinidamente.

Concebida como ordem imanente necessária de conexões de causas, a necessidade afirma que a causa finita existe e opera necessariamente, que é causada necessariamente por outra, a qual é necessariamente determinada por outra a operar como opera e que todas as causas estão articuladas a uma única causa primeira que nelas se exprime. *Nullum contingens, omnia determinata*: nada é contingente, tudo é determinado. A oposição espinosana entre o contingente e o necessário é enunciada precisamente como oposição entre o contingente e o determinado, sublinhando, assim, o sentido preciso da ideia de necessidade pela causa. Em outras palavras, a necessidade de essência, existência e potência, que define o ser absolutamente infinito, vem se exprimir na necessidade que opera em seus efeitos imanentes, e Espinosa distingue entre Natureza Naturante e Natureza Naturada:

> Antes de prosseguir, quero explicar, ou melhor, advertir, o que se deve entender por Natureza Naturante e por Natureza Naturada. Do já exposto até aqui, considero estabelecido que devemos entender por Natureza Naturante isso que é em si e é concebido por si, ou seja, aqueles atributos da substância que exprimem uma essência eterna e infinita, isto é, Deus, enquanto (*quatenus*) é considerado causa livre. Por Natureza Naturada, porém, entendo o que segue da necessidade da natureza de Deus, ou seja, de qualquer dos atributos de Deus, isto é, todos os modos dos atributos de Deus, enquanto (*quatenus*) são considerados como coisas [*ut res*] que são em Deus e que sem Deus não podem ser nem ser concebidas.

A distinção entre a Natureza Naturante e a Natureza Naturada como o que a potência divina produz absolutamente — ou seja, o que decorre absolutamente da potência dos atributos — e o que ela produz de maneira determinada — isto é, o que decorre dos nexos causais entre as coisas produzidas pelos atributos — é a distinção entre a causa livre — Deus age somente pelas leis de Sua natureza porque existe e age somente pela necessidade de Sua natureza — e as conexões causais que decorrem da potência dos atributos e são as leis da Natureza, isto é, os modos infinitos. Causa de si, Deus é causa livre porque existe e age exclusivamente pela necessidade de sua natureza, sem ser determinado por nada nem por ninguém, pois tudo o que é, é em Deus e sem Ele nada pode ser e nada nem ninguém pode constrangê-Lo a agir. *Causa sui, causa libera, causa efficiens immanens*: Deus é natureza naturante. Causa eficiente por si, primeira e imanente de todas as coisas, causa próxima de todas as coisas que Nele existem porque seguem da necessidade de Sua natureza, Deus as determina a existir e operar pelas leis determinadas pela potência de Seus atributos. Efeito imanente da necessidade da natureza divina, efeito necessário da potência infinita e eterna dos atributos e, portanto, de seus modos infinitos, que são as leis necessárias dos modos finitos, Deus é natureza naturada.

O modo finito é a *expressão* certa e determinada de um atributo do ser absolutamente infinito. No pensamento de Espinosa, *exprimere* se refere a uma relação entre homogêneos ou coisas de mesma natureza,[95] significando a autodiferenciação de um *principium* em seus infinitos efeitos imanentes; portanto, as essências ou potências dos modos finitos são homogêneas à essência ou potência de seus atributos, isto é, as coisas particulares exprimem numa existência determinada e em operações determinadas a essência e potência de seus atributos e, por conseguinte, são potências causais singulares. A articulação necessária entre a produção dos modos e a *causa sui* significa, em primeiro lugar, que os atributos da substância absolutamente infinita são causa eficiente imanente da essência e da existência de um modo e, sendo essa causa eficiente uma causa substancial, ela é, por essência, logicamente anterior aos modos, isto é, eles dependem dela para ser, existir e ser concebidos; em segundo lugar, que sendo os atributos a razão da essência e existência dos modos, isto é, a causalidade eficiente imanente é também a relação lógica de implicação entre um princípio e sua consequência, o que garante a inteligibilidade dos modos como afecções dos atributos divinos; em terceiro, que, sendo causa eficiente imanente e razão das essências e existências dos modos, os atributos e eles são de natureza diversa (*in se, in alio*); em quarto lugar que, sendo *causa sui* e absolutamente infinita, anterior logicamente às suas afecções e causa absoluta dos modos, a substância é incomensurável a eles como o princípio e a consequência, a causa e o efeito, o incondicionado e o condicionado; em quinto, que, não sendo causa eficiente transitiva e sim causa eficiente imanente, a substância absolutamente infinita é inseparável de seus modos, que a exprimem de maneira certa e determinada porque neles "se exprimem os atributos de Deus de maneira certa e determinada" e é pela expressividade que os modos são comensuráveis ao absoluto, isto é, são *seus* modos.

As coisas particulares são produzidas pela potência dos atributos do ser absolutamente infinito e seguem da essência dos atributos do ser absolutamente infinito. Com isso, sabemos o que elas não são e o que são. Não são essências possíveis esperando para passar à existência, mas essências atuais ou reais; e não são graus de realidade ou de perfeição numa ordem hierárquica de seres, pois, como será demonstrado na Parte II da *Ética*, são essências singulares que, como será demonstrado nas Partes III e IV, variam quanto à força de suas potências para existir, operar e agir.

Pela dedução efetuada na Parte I da *Ética*, o que são os modos finitos *sive* coisas finitas *sive* causas finitas?

Por essência, são em outro e concebidos por meio desse outro; são *afecções* da substância que exprimem a autodiferenciação real de seus atributos. Por essência, são entes finitos produzidos segundo as leis necessárias dos modos infinitos imediatos e constituem a totalidade natural ou o modo infinito mediato de que são partes determinadas: porque são dependentes das ações dos atributos e das operações dos modos infinitos são *partes* do todo da Natureza Naturada. Que significa exatamente dizê-las *partes*? Além do sentido desse conceito esclarecido pela Carta 32, os conceitos de Natureza Naturante e Naturada nos fazem ver que as partes são *diferenças determinadas* no interior dos atributos do ser absolutamente infinito. São *entes reais* porque são *efeitos reais* da causalidade eficiente imanente dos atributos que os produzem ao produzirem suas leis, isto é, os modos infinitos; são *essências e existências* produzidas por Deus e imanentes a Ele. Por serem modos finitos, é de sua natureza que suas existências na duração sejam duplamente determinadas: como modos, são determinados pela ordem necessária da Natureza; como finitos, são determinados não só pela ordem necessária da Natureza que rege todos os modos, mas também pela ordem comum da Natureza, isto é, pelas relações de alteridade, limitação recíproca e conteúdo/ continente — pela primeira determinação, podem ser o exercício da atividade livre e eterna;

pela segunda, estão submetidas à passividade e à destruição. Como essências finitas existentes ou determinadas a existir e a operar de maneira certa, são *coisas singulares* que exprimem de maneira certa e determinada a potência dos atributos de Deus e por isso são *potências* finitas ou forças internas de perseverança na existência e, pela definição da Natureza Naturada, são forças externas umas às outras que operam entre si em redes causais. Estão determinadas pelo que segue necessariamente da potência da substância a serem *causas* e a produzirem efeitos também de maneira certa e determinada. Enquanto causas externas, sua ação se realiza na ordem comum da Natureza ou como série infinita de causas transitivas e seus efeitos; enquanto causas internas, sua ação se realiza na ordem necessária da Natureza segundo a necessidade interna de suas próprias essências singulares e, neste caso, são partes da Natureza que podem efetuar cada qual como um todo, isto é, como lemos na Carta 32, com autonomia causal.

6. ESSÊNCIA DE UMA COISA SINGULAR

No escólio 2 da proposição 8 da Parte I da *Ética*, Espinosa recoloca o tema da definição verdadeira de uma coisa.

A definição verdadeira "de *cada* coisa"(*uniuscujusque rei*), diz esse escólio, possui quatro marcas características, as duas primeiras negativas e as duas últimas, positivas: 1) não envolve nem exprime senão a natureza da coisa definida; 2) não envolve nem designa um número determinado de indivíduos, pois exprime apenas a natureza da coisa definida; 3) para cada coisa existe uma causa determinada pela qual existe; 4) a causa pela qual a coisa existe deve estar contida na própria natureza e definição da coisa existente, se pertencer à sua natureza o existir, isto é, se for causa de si, ou deve existir fora dela, se ela for uma afecção da coisa definida. As marcas positivas são as que afirmam o que é dito a Tschirnhaus: "observo apenas uma regra, qual seja, é preciso que a ideia ou definição faça conhecer a causa eficiente". As marcas negativas envolvem três críticas: à "falsa lógica", que define por gênero e diferença, portanto, a partir de multiplicidades empíricas reunidas sob uma designação universal única e abstrata; ao emprego das quatro causas aristotélicas para determinar a natureza de uma coisa; e a definição da essência de uma coisa por suas propriedades.

Os alvos dessas críticas ficam explícitos quando, a seguir, Espinosa garante que, respeitando os critérios ou condições da definição verdadeira de cada coisa, pode-se deduzir com ordem que: 1) se na Natureza existir um número determinado de indivíduos ou coisas singulares, deve haver uma causa para que este número determinado e não outro exista; por exemplo, se houver vinte homens, deve haver uma causa determinada para que existam vinte, nem mais nem menos; 2) o exemplo dos vinte homens permite concluir que o número vinte não pode ser deduzido da definição de homem, uma vez que esta, se verdadeira, exprime a natureza determinada do homem e não um certo número de homens existentes; 3) se a causa desse número não puder ser deduzida da essência do definido, então deve encontrar fora dele e, consequentemente, todas as coisas que existem como pluralidade devem ser produzidas por uma causa externa ou, em outras palavras, sua causa não está contida em sua definição ou essência; 4) conclui-se, portanto, por conversão, de um lado, que aquilo que existe por si é causa de si e, de outro, que não pode haver pluralidade de indivíduos que sejam causa de si porque a causa de si está contida na definição ou na essência do definido, o que não acontece com a definição de uma pluralidade de indivíduos. Assim, nem a identidade de cada coisa nem a diferença entre cada coisa e as outras podem ser estabelecidas por uma distinção numérica, mas devem ser estabelecidas pela essência de cada coisa ou pela causa determinada de cada uma delas. Além disso, a distinção entre "homem" e "vinte homens" assinala que uma essência é singular em decorrência da singularidade (ou determinidade) da causa que a produz e não porque seja um "isto" ou um "um". É indiferente para essência do círculo, do triângulo, da aristocracia, da democracia ou do homem que haja dezenas deles empiricamente, pois uma essência não é a unidade de uma coleção empírica.

Podemos, agora, acompanhar a maneira como a Parte II da *Ética* elabora a ideia de essência de uma coisa singular, tomando como ponto de partida a definição 2, que retoma o que vimos ter sido proposto no *Breve tratado*, isto é, uma definição inteiramente nova da noção de essência:

> Digo que pertence à essência de uma coisa aquilo que, sendo dado, faz necessariamente com que a coisa exista e sendo suprimido faz necessariamente com que a coisa não exista; por outras palavras, aquilo sem o qual a coisa não pode existir nem ser concebida e, vice-versa, que sem a coisa não pode existir nem ser concebida.

O fundamental aqui é, evidentemente, o *vice-versa*. Para compreendermos seu alcance, mencionemos apenas um exemplo de como a tradição metafísica afirmara a primeira parte da definição da essência, mas estava impossibilitada de afirmar o vice-versa. Em *O ente e a essência*, Tomás escreve:

> Tudo quanto não é essencial a respeito da compreensão da quididade constitui algo que procede de fora e introduz a composição com a essência, visto que nenhuma essência se pode compreender sem os elementos que constituem partes da essência. Ora, toda essência ou quididade pode ser entendida sem que se compreenda qualquer coisa acerca de seu ser ou de sua existência. Com efeito, posso compreender o que sejam o homem e a fênix ignorando se possuem ou não existência real. É evidente, por conseguinte, que a existência difere da essência ou quididade.[96]

Em contrapartida, com o *vice-versa* Espinosa estabelece a reversibilidade e a reciprocidade entre a essência e a coisa, pois aquela põe esta e seu conceito (sem ela a coisa não pode ser nem ser concebida) ao mesmo tempo que a coisa põe a essência e seu conceito (sem ela, a essência não pode ser nem ser concebida), de tal maneira que, pela essência, a coisa e seu conceito são postos e, pela coisa, a essência e seu conceito são postos — uma coisa não é, portanto, *compositio* de *essentia plus esse*. Estamos diante da essência perfeita sobre o que falava o *Breve tratado*.

Há, porém, uma diferença entre o que se passava no *Breve tratado* e o que ocorre na *Ética*. Embora ali o conceito de essência perfeita como essência de uma coisa singular já fosse apresentado, entretanto, Espinosa considerava que somente a existência da essência pode singularizá-la, pois antes disso não se distingue do seu atributo, no qual está compreendida. Todavia, Espinosa acrescenta na *Ética* II algo que não aparecia no *Breve tratado*, isto é, uma definição da coisa singular em cujo centro se encontra justamente a ideia de existência determinada. Assim, quando passamos à definição 7 da *Ética* II, observamos que Espinosa introduz duas novas precisões em relação à definição 2: por um lado, explicita a ideia de coisa finita, cuja definição geral havia sido oferecida na Parte I e, por outro, explicita o próprio sentido da definição 2 sobre a essência. De fato, a definição 7 enuncia:

> Por coisas singulares entendo coisas que são finitas e têm existência determinada. Se vários indivíduos concorrem para uma única ação de maneira que todos sejam

simultaneamente causa de um único efeito, nesta medida considero-os todos como uma única coisa singular.

Observemos que Espinosa não define a coisa singular como um indivíduo, mas sim como ação conjunta e simultânea de vários indivíduos para produzir um mesmo efeito.[97] É a conjunção e simultaneidade de operação de vários indivíduos que permite tomá-los como uma única coisa singular que tem existência determinada e, portanto, nos termos da Carta 32, como um todo determinado pela concordância, comunicação e constância interna de relações entre seus constituintes.

Notemos que, enquanto, na Parte I da *Ética*, a coisa finita era definida como aquela que pode ser limitada por outra de mesma natureza e como estando contida numa outra mais vasta do que ela, na Parte II, ela é definida pela existência determinada. Em outras palavras, enquanto na Parte I uma coisa finita se define pelo limite e pelo estar contido em outro de mesma natureza — portanto, pela distinção entre coisas finitas e pela inserção do modo finito em seu modo infinito e no seu atributo —, agora a coisa finita é definida pela singularidade, isto é, por um lado, por ter uma existência determinada, e, por outro, por ser causa única de um efeito. Uma coisa singular é, portanto, uma essência finita cuja existência é determinada por uma causa e é uma singularidade porque ela própria é uma causa: assim como a definição 2 estabelece a reciprocidade e reversibilidade entre essência e coisa, a definição 7 estabelece a reversibilidade e reciprocidade entre essência e causa e define o singular como a ação causal única de seus constituintes.

No que concerne às coisas finitas, Espinosa jamais emprega o termo *essentia* sem determiná-lo: os textos espinosanos sempre dizem *essentia rei*, essência da coisa, para marcar que se trata sempre de uma singularidade. *Essentia rei* significa: em primeiro lugar, o ser íntimo da coisa ou aquilo que lhe pertence propriamente e cuja inteligibilidade é trazida por sua definição perfeita ou por sua ideia adequada, isto é, pelo conhecimento de sua gênese; em segundo, a *ratio communis* ou a inteligibilidade da relação interna necessária entre uma coisa e suas propriedades, isto é, o fato de que estas decorrem necessariamente da essência da coisa; em terceiro, a inteligibilidade da relação interna necessária entre uma *natura* e suas ações e operações como o *fundamentum* primeiro e único de uma ação ou operação determinada; em outras palavras, a essência *da coisa* assinala que *a essência de uma coisa é uma causa*, e que *pertence à essência de uma coisa que esta coisa seja uma causa*. Essa causa é uma causa eficiente determinada pela conexão causal de causas eficientes da ordem inteira da Natureza (é uma causa que é efeito de outras conexões causais necessárias); mas essa causa é também uma causa formal, isto é, a própria natureza da coisa singular enquanto potência singular para existir e agir e, portanto, causa formal e eficiente das operações e ações que ela realiza e que são seus efeitos necessários e expressões determinadas de sua natureza determinada.

A natureza causal ou operativa da coisa singular é sublinhada na Parte II com a demonstração de que ela é uma potência para afetar e ser afetada por outras de mesma natureza — se esse modo finito é um corpo — e uma potência causal para produzir ideias dessas afecções e as ideias dessas ideias — se esse modo finito é uma mente. Essa dimensão causal também é enfatizada, ainda na Parte II, com a teoria da ideia inadequada e da ideia adequada, isto é, pela diferença entre as ideias imaginativas das afecções corporais, que desembocam nos universais abstratos, e as ideias da mente enquanto esta é constituída por Deus como uma singularidade pensante que é causa formal de suas próprias ideias, isto é, quando suas ideias seguem exclusivamente de sua natureza pensante.

Na Parte III, a natureza causal da coisa singular surge como uma potência de existir e operar e é demonstrada com a teoria dos afetos, dos quais a coisa singular pode ser a causa inadequada (a passividade) ou a causa adequada (a atividade) e sublinhada com uma nova definição da essência do modo finito como esforço de autoperseverança na existência, isto é, como *conatus*. Em outras palavras, a Parte III enfatiza que uma coisa singular é uma potência para padecer e para agir e que paixão e ação são o esforço de autoperseverança na existência, esse esforço ou causalidade não sendo senão a própria essência atual de uma coisa singular. Ação e paixão, isto é, os afetos, são maneiras de realização da potência atual da essência de uma coisa singular existente na duração ou expressões de sua natureza causal, e a essência da coisa finita ou *conatus* varia conforme varia sua força de existir e operar, força que pode aumentar ou diminuir, pois um afeto, define Espinosa, é o aumento ou a diminuição da potência do *conatus* singular conforme as coisas que o afetem favoreçam ou prejudiquem suas operações.

Desse aumento e diminuição trata a Parte IV, ao demonstrar que é uma lei da natureza que toda coisa singular se encontre rodeada por outras que são causas mais numerosas e mais potentes do que ela, que podem auxiliá-la ou prejudicá-la, conservá-la ou destruí-la. Em outras palavras, a Parte III demonstra que a finitude da coisa singular pode fazê-la causa inadequada ou adequada de suas afecções corporais e de suas ideias e a Parte IV explicita o campo da finitude como relação causal entre essências de coisas singulares existentes que são potências ou causas exteriores umas às outras. Tanto na Parte III como na IV, Espinosa explicita a ideia de *mudança na essência de uma coisa singular existente*. Realidade e perfeição são um só e o mesmo, lemos na definição 7 da Parte III. Se dissermos que uma essência aumenta ou diminui de perfeição não dizemos senão que aumentará ou diminuirá de realidade, mas essa variação se refere à variação da força da potência de existir e operar da essência e jamais a uma hierarquia de essências, que exigiria que o aumento ou a diminuição de perfeição fosse uma mudança *de* essência, como supunha a tradição.[98] Uma essência de uma coisa singular é um ser intrinsecamente positivo e imutável enquanto essência; não passa de uma forma a outra, não sobe nem se desce numa escala de perfeições como escala de seres melhores ou piores. Não há mudança *de* essência: a mudança se dá *na* essência e é determinada pela maneira como acontece a relação de sua potência com todas as outras potências que são causas externas que atuam sobre ela e às quais ela reage.

Finalmente, na Parte V, na qual a mente humana surge como potência reflexiva e causa adequada ou formal de suas ideias, Espinosa demonstra que quanto mais conhecemos as coisas singulares tanto mais compreendemos a Deus. Uma coisa singular (será explicado no escólio da proposição 29 dessa parte final da *Ética*) pode ser concebida como atual ou sob a duração (isto é, existindo com relação a um tempo e a um lugar determinados) e ser imaginada inadequadamente, ou sob a perspectiva da eternidade (isto é, como contida em Deus e seguindo da necessidade da natureza divina) e, neste caso, sempre concebida como verdadeira ou real e sua ideia envolve a essência eterna e infinita de Deus. O conhecimento desse envolvimento chama-se terceiro gênero de conhecimento ou ciência intuitiva, ou seja, o conhecimento da ideia adequada da essência de um ser singular enquanto singular que procede da essência formal de um atributo de Deus e, portanto, é constituída por Deus. Ora, uma ideia adequada, como foi explicado a Tschirnhaus, é a ideia intrinsecamente verdadeira porque oferece a gênese necessária ou a causa total ou razão total do ideado e da qual a mente é a causa formal porque é um modo do pensamento divino. Dizer que a mente humana é a causa formal de suas ideias significa dizer que é de sua essência concebê-las ou produzi-las com autonomia pelo simples fato de ser coisa pensante (ou o *automa spirituale*, de que falava o *Tratado da emenda*) e que essa ideia é assim produzida enquanto Deus constitui a essência dessa mente singular, ou seja, enquanto Deus nela se exprime. A mente humana se conhece como singularidade imanente ao absoluto, conhece a singularidade da essência de seu corpo e as essências das demais coisas singulares como expressões singulares do ser absolutamente infinito; portanto, se conhece e as conhece exatamente como Deus a conhece e as conhece. Esse conhecimento do singular enquanto expressão determinada do absoluto se chama *amor intelectual de Deus*.

2. A gênese do modo humano como ente singular

I. DA NATUREZA NATURANTE À NATUREZA NATURADA:
A ABERTURA DA *ÉTICA* II

Na Parte I da *Ética*, Espinosa demonstra que as coisas produzidas por Deus não são substâncias finitas[1] e que Ele é causa não apenas de suas existências, mas também de suas essências,[2] concluindo por isso que "no sentido em que se diz que Deus é causa de si [*causa sui*] deve-se dizer também que é causa de todas as coisas [*omnium rerum*]", pois, não sendo substâncias finitas, "as coisas particulares [*res particulares*] nada são senão [*nihil sunt, nisi*] afecções dos atributos de Deus, ou seja, modos pelos quais os atributos de Deus se exprimem de maneira certa e determinada [*certo et determinato modo*]". A unicidade substancial e a universalidade da causa eficiente imanente necessária definem a natureza de todas as coisas particulares como afecções ou modos finitos do ser absolutamente infinito porque efeitos por ele produzidos no mesmo sentido em que ele se autoproduz, isto é, quanto à essência e à existência. Assim, mantendo, com Suárez, que modo é uma afecção da substância e, com Descartes, uma afecção de um atributo substancial do qual exprime a essência, entretanto, distanciando-se de ambos, Espinosa não identifica modo e predicado (de uma substância ou de um atributo), uma qualidade ou propriedade[3] inerente a um substrato, mas o define como coisa real, *res particularis* e, como tal, um efeito existente em outro e por meio de outro.

A primeira parte da *Ética*, demonstrando a ontologia do necessário, é a exposição do que é necessário pela essência, enquanto a segunda parte, deduzindo os modos finitos, é a exposição do que é necessário pela causa ou coisas cuja essência não envolve necessariamente a existência, mas são efeitos necessários de causas determinadas e, elas próprias, causas das quais necessariamente seguem efeitos determinados.[4] As coisas particulares não são criaturas contingentes nem sua ação é contingente.

Com a *Ética* II, passamos da Natureza Naturante à Natureza Naturada e a demonstração da gênese das *res particulares* ou afecções dos atributos substanciais ocupa o início da Parte II, no qual se prepara a demonstração da gênese e natureza do modo finito humano como coisa singular.*

Um curioso desequilíbrio parece percorrer a disposição das definições dessa Parte II, que trata "Da natureza e da origem da mente humana". De fato, Espinosa apresenta uma definição do corpo e uma da ideia, mas não oferece uma definição da mente, que é, entretanto, o objeto central dessa segunda parte, cujo título é *De natura et origine mentis*. Mais do que isso, a mente, que não é definida, é, entretanto, invocada para a definição da ideia.

Consideremos, por um momento, o conjunto das definições da *Ética* II, em cujo Prefácio Espinosa declara que explicará "o que deve seguir necessariamente da essência de Deus". Uma vez que a ordem geométrica exige uma dedução contínua, a Parte II, como enuncia seu Prefácio, prossegue o percurso dedutivo realizado na Parte I e por isso suas definições formam o segundo pano de um díptico cujo primeiro pano são as definições da primeira parte.**

Na Parte I, a primeira definição enuncia que é causa de si uma essência que envolve existência e uma natureza que só pode ser concebida existente; a *causa sui*, princípio de realidade e fundamento de inteligibilidade, situa a Parte I no

---

* As proposições da Parte II estão assim distribuídas: II P1 a II P10: fundamentos ontológicos da natureza do corpo e da mente; II P11 a II P13: a natureza da mente; II P13 e II P14: dedução da natureza do corpo; II P14 a II P31: dedução do conhecimento imaginativo ou das ideias inadequadas formadas pela mente; II P32 a II P47: dedução do conhecimento adequado; II P48 e II P49 dedução da natureza das volições; final do escólio de II P49: utilidade da doutrina para o uso da vida.
** Para facilitar a comparação que ora propomos, convém ter diante dos olhos o quadro das definições das duas primeiras partes da *Ética*.

absoluto, isto é, naquilo que se põe a si mesmo como identidade inteligível da essência e da existência. A essa definição corresponde, na Parte II, a definição 2, que enuncia o que significa "pertencer a uma essência": pertence a uma essência o que, sendo dado, a faz necessariamente existir e, sendo tirado, a faz necessariamente não existir, em suma, aquilo sem o que a coisa não pode existir nem ser concebida; e *vice-versa*, isto é, pertence à essência de uma coisa aquilo que sem a

---

Parte I

1. Por causa de si entendo isso cuja essência envolve existência, ou seja, isso cuja natureza não pode ser concebida senão existente.

2. É dita finita em seu gênero essa coisa que pode ser delimitada por outra de mesma natureza. Por exemplo, um corpo é dito finito porque concebemos outro sempre maior. Assim, um pensamento é delimitado por outro pensamento. Porém, um corpo não é delimitado por um pensamento, nem um pensamento por um corpo.

3. Por substância entendo isso que é em si e é concebido por si, isto é, isso cujo conceito não carece do conceito de outra coisa a partir do qual deva ser formado.

4. Por atributo entendo isso que o intelecto percebe da substância como constituindo a essência dela.

5. Por modo entendo afecções da substância, ou seja, isso que é em outro, pelo qual também é concebido.

Parte II

1. Por corpo entendo o modo que exprime, de maneira certa e determinada, a essência de Deus enquanto considerada como coisa extensa (ver corolário da proposição 25 da Parte I).

2. Digo pertencer à essência de uma coisa aquilo que, dado, a coisa é necessariamente posta e, tirado, a coisa é necessariamente suprimida; ou aquilo sem o que a coisa não pode ser nem ser concebida e, vice-versa, que sem a coisa não pode ser nem ser concebido.

3. Por ideia entendo o conceito da mente, que a mente forma por ser coisa pensante. Explicação: Digo conceito, de preferência a percepção, porque o nome percepção parece indicar que a mente padece o objeto. Já conceito parece exprimir a ação da mente.

4. Por ideia adequada entendo a ideia que, enquanto é considerada em si, sem relação ao objeto, tem todas as propriedades ou denominações intrínsecas da ideia verdadeira. Explicação: Digo intrínsecas para excluir aquela que é extrínseca, a saber, a conveniência da ideia com seu ideado.

5. Duração é a continuação indefinida do existir. Explicação: Digo indefinida porque jamais pode ser determinada pela própria natureza da coisa existente, nem tampouco pela causa eficiente, que necessariamente põe a existência da coisa, e não a tira.

coisa não pode existir nem ser concebido. Uma coisa, portanto, não é uma *compositio realitatis*, uma composição de essência mais existência ou ser (*essentia plus esse*) e sim uma unidade de essência e existência, visto que uma essência jamais é um universal que se particulariza numa existência, mas é, como vimos,[5] sempre essência singular. O *vice-versa* da definição indica que essência e coisa são reversíveis necessariamente porque cada uma delas é condição sine qua non da outra. Dessa maneira, à identidade da essência e da existência daquilo que é causa de si (Deus) corresponde a inseparabilidade da essência e da existência daquilo que não existe pela necessidade de sua natureza e não é causa de si (coisa singular). Assim como a *causa sui* é o princípio de inteligibilidade do real, a essência é o ser da coisa e o princípio de sua inteligibilidade. Para as coisas que não são causas de si e são determinadas a existir com uma existência também determinada é preciso marcar o sentido da inseparabilidade entre essência e existência, o que é feito

---

6. Por Deus entendo o ente absolutamente infinito, isto é, a substância que consiste em infinitos atributos, cada um dos quais exprime uma essência eterna e infinita. Explicação: Digo absolutamente infinito, não porém em seu gênero; pois, disso que é infinito apenas em seu gênero, podemos negar infinitos atributos; porém, ao que é absolutamente infinito, à sua essência pertence tudo o que expressa uma essência e não envolve nenhuma negação.

7. É dita livre essa coisa que existe a partir da só necessidade de sua natureza e determina-se por si só a agir. Porém, necessária, ou antes coagida, aquela que é determinada por outro a existir e a operar de maneira certa e determinada.

8. Por eternidade entendo a própria existência enquanto concebida seguir necessariamente da só definição da coisa eterna. Explicação: Tal existência, pois, assim como uma essência de coisa, é concebida como verdade eterna, e por isso não pode ser explicada pela duração ou pelo tempo, ainda que se conceba a duração carecer de princípio e fim.

6. Por realidade e perfeição entendo o mesmo.

7. Por coisas singulares entendo coisas que são finitas e têm existência determinada. Se vários indivíduos concorrem para uma única ação de maneira que todos sejam simultaneamente causa de um único efeito, nesta medida considero-os todos como uma única coisa singular.

pela definição 6 — "por realidade e por perfeição entendo o mesmo" —, que completa a definição 2. Além disso, o "pertencer à essência" da segunda definição afirma para a essência do modo o que a sexta definição da Parte I afirma para Deus, isto é, que a ela assim como a Ele pertence *"tudo* o que exprime uma essência". Ademais, ao "não envolver qualquer negação", que aparece na explicação da definição do atributo, na Parte I, corresponde, para o modo, a identidade entre realidade e perfeição.

A segunda definição da Parte I diz que é finita em seu gênero a coisa que pode ser limitada por outra de mesma natureza, que pode ser ou sua fronteira ou mais vasta do que ela e contê-la. Na Parte II, a definição 7 enuncia, primeiro, que as coisas singulares são coisas finitas e têm uma existência determinada e, a seguir, que quando vários indivíduos concorrem para uma mesma ação e em conjunto são causa do mesmo efeito, todos juntos constituem uma coisa singular. Se reunirmos a definição da essência (o que lhe pertence), a da identidade entre realidade e perfeição e a da coisa singular como causa única de um efeito, é evidente a correspondência entre a sétima definição da Parte II e a sexta definição da Parte I, isto é, a definição de Deus: ao ser absolutamente infinito que define a substância divina constituída por infinitos atributos infinitos corresponde o "todos juntos" que define uma coisa singular e, portanto, a complexidade é constitutiva tanto da essência do ser absolutamente infinito quanto das essências de suas modificações finitas.

A quinta definição da Parte I enuncia que modo é afecção da substância e, por conseguinte, é o que existe em outro e é concebido por meio de outro. A primeira definição da Parte II define o corpo como modo, tendo como referência a explicação oferecida na Parte I de que as coisas particulares não são senão afecções dos atributos de Deus, isto é, modos pelos quais esses atributos se exprimem de maneira certa e determinada. O corpo é, portanto, definido como expressão determinada da essência de Deus "enquanto (*quatenus*) esta é considerada coisa extensa". É enfatizada, agora, a natureza expressiva do modo e que esta é "certa e determinada" porque se trata de uma coisa particular ou singular. A Parte I apanha o modo como o estar em outro e ser concebido por meio de outro, portanto, o modo no interior do ser absoluto; a Parte II apanha o modo finito pelo exprimir o ser absoluto de maneira certa e determinada, portanto, como singularidade.

Enquanto, na Parte I, encontramos a definição da coisa eterna como existência que segue necessariamente apenas da definição da essência da própria coisa, existência que não se explica pela duração nem pelo tempo, na Parte II, encontramos a definição da duração como a continuação indefinida no existir. Espinosa explica o uso do adjetivo "indefinida" esclarecendo que a duração dessa existência não é determinada pela própria natureza da coisa existente, pois então ela seria eterna, nem pela causa eficiente, visto que esta põe necessariamente a existência da coisa e nunca a tira, isto é, a causa eficiente afirma a existência da coisa e não a nega, não lhe retira o existir, ou seja, a coisa é posta na existência pela causa eficiente e persevera na existência por sua própria natureza, de sorte que nada — nem a causa eficiente que a faz existir, nem a natureza da própria coisa que a faz perseverar na existência — determina que sua duração acabe e por isso ela dura indefinidamente. Isto significa que se a coisa acabar, há de ser por algo extrínseco a ela e não por sua causa nem por sua natureza, pois ambas são afirmações de existência. É exatamente nisso que a definição da duração do modo corresponde à da eternidade do ser absoluto: a essência do ser absoluto afirma a necessidade de sua existência sem relação com a duração e a essência da coisa singular afirma a perenidade de sua duração ou que ela é uma positividade que não comporta qualquer negação interna. Se reunirmos as definições da essência e a da duração, notaremos que a identidade entre ser e essência, que, de maneira geral, a tradição reservara apenas para Deus se estende, agora, a todas as coisas.

De fato, apoiando-se nos *Segundos analíticos*, ou na distinção real entre o ser e a essência das coisas investigadas pela ciência e na diferença entre substância simples e composta, a tradição afirmara que, afora Deus, para todas as coisas criadas a existência é complemento da essência (*essentia plus esse*) ou um predicado da essência, algo que se acrescenta a ela no momento de sua criação. A recusa espinosana dessa distinção é atestada pela definição da essência de uma coisa como inseparável da própria coisa. Com o emprego dos verbos *envolver* e *exprimir*, ele evidencia que a diferença entre Deus e as coisas está em que Nele a essência *envolve*, isto é, implica existência necessária, enquanto nelas a essência *exprime* a potência de um atributo divino e por isso sua existência depende de uma causa necessária que não é sua própria natureza, de sorte que a distinção se estabelece entre substância (o que existe pela necessidade de sua essência) e modo (o que existe pela necessidade de sua causa).[6] A diferença se dá no interior do necessário, sem que haja distinção entre essência e existência ou entre essência e ser, distinção que supõe que uma essência seria um possível à espera de receber o ser ou a existência. Assim, tomando em conjunto as definições da Parte I e da Parte II, podemos observar que Espinosa oferece a *ratio* entre as definições da causa de si e de Deus e a definição dos seus efeitos modais como coisas singulares, isto é, a proporção ou comensurabilidade entre o ser absoluto e os seres singulares, portanto, o sentido forte da imanência.

Examinemos, porém, algumas dificuldades que poderiam comprometer o rigor das definições da Parte II. Poder-se-ia indagar, por exemplo, por que a ideia e a ideia adequada são objetos de definição e não se encontram entre os axiomas, isto é, na mesma posição em que a ideia verdadeira se encontra no axioma 6 da Parte I, segundo o qual "a ideia verdadeira deve convir ao seu ideado". Essa dificuldade, porém, se desfaz se considerarmos, em primeiro lugar, o que é um axioma e, em segundo, o que já foi demonstrado na Parte I.

Com efeito, se levarmos em conta que, na Parte I, a ideia verdadeira é descrita por uma propriedade (a conveniência com o ideado), então compreenderemos que, como tal, deve ser objeto de um axioma, uma vez que opera com propriedades gerais e não com essências. Na Parte II, entretanto, a ideia é apresentada por sua causa (formada pela coisa pensante) e a ideia adequada, por sua natureza (intrinsecamente verdadeira sem relação com objeto) e, por conseguinte, ambas devem ser objeto de definição.[7] Na Parte I, o sexto axioma não diz *o que é* uma ideia verdadeira e sim que é propriedade dela convir ao ideado, enquanto na Parte II enuncia-se o que são uma ideia e uma ideia adequada e por isso tais enunciados devem ser definições.

Se, em segundo lugar, considerarmos o que já foi demonstrado na Parte I, veremos que Espinosa pode oferecer as definições da ideia e da ideia adequada porque já demonstrou que: a) a *res cogitans* é ou atributo ou afecção de um atributo de Deus; b) a *cogitatio* é atributo de Deus e, portanto, segue da natureza desse atributo que suas afecções sejam de mesma natureza que ele, isto é, pensamentos ou ideias; c) o intelecto em ato pode ser infinito ou finito e ambos conhecem as mesmas coisas e da mesma maneira porque o ato de intelecção é o mesmo em ambos; d) os intelectos em ato infinito e finito são modos que pertencem à Natureza Naturada, o intelecto não devendo ser confundido com o atributo pensamento, mas ser entendido como um modo do pensamento que, por ser modo, deve ser concebido sob um atributo de Deus sem o qual não pode ser nem ser concebido.

No entanto, se está justificado que a ideia e a ideia adequada podem e devem ser objetos de definição, uma outra dificuldade, maior que a anterior, se coloca justamente a partir dessas duas definições. De fato, uma vez que a ideia e a ideia adequada se definem pela atividade da mente — ideia é "o conceito que a mente forma" — e, mais do que isso, referem-se à natureza da mente —"porque é coisa pensante" —, poderíamos indagar por que Espinosa não propôs uma definição da própria mente nos seguintes termos: "por mente entendo a atividade de formar ideias", acompanhada de uma explicação sobre a ideia adequada. No entanto, sabemos[8] que Espinosa julgaria tal enunciado não uma definição e sim uma proposição, isto é, um enunciado que exige demonstração, pois afirma uma propriedade que decorre da natureza da mente e esta ainda não foi definida. Poderíamos, então, perguntar por que não fazê-la aparecer como axioma, formulado precisamente como: "a mente forma ideias", visto que um axioma se refere a propriedades e operações de alguma coisa. A dificuldade aumenta se observarmos que, tais como estão enunciadas, as definições da ideia e da ideia adequada não definem imediatamente a essência da mente e sim afirmam a propriedade de uma coisa pensante — a de formar ideias —, de sorte que não podemos tomar as definições da ideia e da ideia adequada por substitutas indiretas da definição de mente, uma vez que esta aí aparece sob uma propriedade (formar ideias) e não em sua essência (ainda que Espinosa fale da mente como coisa pensante).

A dificuldade não se encontra, portanto, na presença das definições da ideia e da ideia adequada e sim na definição da ideia como conceito formado pela mente por ser ela coisa pensante sem que a própria mente tenha sido definida. Poderíamos invocar a Parte I — "Segue disso que a coisa extensa e a coisa pensante são ou atributos de Deus ou afecções dos atributos de Deus" (corolário da proposição 14) e "O intelecto em ato, quer finito quer infinito, assim como a vontade, a apetição, o amor etc., devem ser referidos à Natureza Naturada e não à Natureza Naturante" (enunciado da proposição 31) — e supor, em primeiro lugar, que a *res cogitans* é ou um atributo ou uma afecção ou um modo da *cogitatio* e, em segundo, que o intelecto infinito forma ideias de sorte que, nesse caso, não seria preciso definir a mente humana para definir a ideia, bastando referi-la à ação intelectual da Natureza Naturada enquanto intelecto em ato. Ou seja, pode-se definir a ideia referindo-a tanto à natureza de uma afecção do atributo pensamento (a mente como *res cogitans*), quanto ao ato de intelecção infinito ou finito, sem definir a mente humana embora pressupondo-a como intelecto em ato finito ou atividade de intelecção porque é afecção do atributo pensamento, de acordo com o corolário 2 da proposição 14.* Mas, assim sendo, por que não introduzir diretamente a definição da mente humana como modo finito do atributo pensamento e, portanto, como coisa pensante? Em suma, por que não há para a mente uma definição igual à do corpo como modo de um atributo? Por que Espinosa não propõe uma definição do seguinte tipo, equivalente à do corpo: "por mente entendo um modo que exprime de maneira certa e determinada a essência de Deus enquanto esta é considerada coisa pensante"? Essa indagação é pertinente, sobretudo se considerarmos que o escopo da *Ética*, explicitado pelo Prefácio da Parte II, faria supor que a definição real da essência desta coisa singular que é a mente humana deveria encabeçar o conjunto das definições da *Ética* II.

No entanto, aqui a dificuldade também é aparente. Com efeito, por corpo, Espinosa entende toda modificação finita, determinada e singular da essência do atributo extensão cuja contraparte no atributo pensamento *não é uma mente e sim uma ideia*. A melhor prova disso encontra-se na demonstração da primeira proposição da Parte II,** que não demonstra que a mente singular é um modo finito determinado do atributo pensamento e sim que as ideias ou pensamentos singulares são modos finitos desse atributo, os quais devem se equiparar, na demonstração da segunda proposição, aos modos singulares do atributo extensão, isto é, aos corpos.*** Embora todo pensamento singular seja modificação do atributo pensamento e, como tal, uma ideia, nem toda ideia *é* uma mente; ou seja, todas as modificações finitas do atributo extensão são corpos, todas as modificações finitas do atributo pensamento são ideias, mas nem todas as ideias são mentes. Tanto é assim que a sétima proposição dessa Parte II enuncia que a ordem e conexão das ideias é a mesma que a ordem e conexão das coisas, e não que a ordem e conexão das mentes é a mesma que a ordem e conexão dos corpos. É por isso que Espinosa deverá demonstrar (e não apenas definir) que uma mente é uma ideia e que a mente humana é uma ideia determinada, isto é, ideia de seu corpo.[9] Em resumo, geometricamente, na Parte II, após definir o corpo, Espinosa deve

---

* E I proposição 14, corolário: "Daí muito claramente segue, em segundo lugar, que a coisa extensa e a coisa pensante ou são atributos de Deus ou são afecções dos atributos de Deus".
** E II proposição 1: "O pensamento é um atributo de Deus; por outras palavras, Deus é coisa pensante".
*** E I proposição 2: "A extensão é um atributo de Deus; por outras palavras Deus é coisa extensa".

definir a ideia e não a mente e colocar esta última numa proposição que explicita sua natureza e origem, com a demonstração de que ela é uma ideia.

Quatro razões explicam a ausência de uma definição da mente na abertura da *Ética* II: em primeiro lugar, do ponto de vista lógico ou geométrico, o que corresponde à definição do corpo é a ideia; em segundo, na perspectiva ontológica, todo modo finito da extensão é um corpo, mas nem todo modo finito do pensamento é uma mente (o que será evidenciado pelo escólio da proposição 13, no qual Espinosa afirma que para todo corpo há uma ideia, mas que para haver mente é preciso considerar a complexidade das operações e afecções de um corpo); em terceiro, embora haja definição do corpo, corpo e mente *humanos* deverão ser deduzidos porque o corpo humano é uma maneira determinada de ser corpo e a mente humana, uma maneira determinada de ser ideia; em outras palavras, a definição do corpo no início da Parte II ainda não nos diz o que é um corpo humano e por isso mesmo não exige que haja uma definição que nos diga o que é uma ideia humana ou mente; em quarto lugar, sob o prisma de uma atitude polêmica, a ausência da definição da mente indica a recusa espinosana da posição cartesiana, portanto, que a mente seja mais fácil de conhecer do que o corpo e que possa ser conhecida sem ele e antes dele (tanto assim que a mente humana surgirá articulada às demonstrações sobre o corpo humano) e, sobretudo, manifesta recusa de Espinosa de que a mente humana seja considerada à maneira do *cogito*, isto é, um princípio da filosofia. Além disso, a Parte II da *Ética* efetua um percurso que recusa o caminho da Sexta Meditação, demonstrando que a relação entre a mente e seu corpo não é incompreensível e apenas atestada pelo sentimento ou pela inclinação e sim uma união perfeitamente inteligível. Eis por que a Parte II se intitula "Da natureza e origem da mente" e sua tarefa é demonstrar por que e como a mente humana é um modo singular do atributo pensamento, portanto uma ideia que forma ideias, e determinar aquilo de que ela é ideia: ideia das afecções de seu corpo e ideia das ideias dessas afecções.

Se, pois, é compreensível a ausência da definição da mente, entretanto, é inegável que a definição da ideia como aquilo que a mente forma não é a que esperaríamos, pois, como vimos, além de invocar uma propriedade da mente sem tê-la definido, a definição da ideia deveria ser equivalente à do corpo e Espinosa poderia ter escrito: por ideia entendo um modo que exprime de maneira certa e determinada a essência de Deus enquanto considerado coisa pensante. Por que ele não a propôs? Não saberíamos dizer.

Uma nova surpresa nos aguarda se compararmos o conjunto das definições e o dos axiomas, pois a situação parece inverter-se, visto que agora Espinosa propõe como axioma "o homem pensa", mas não apresenta um axioma sobre o homem como corpo, por exemplo, o homem se move.* Porém, muito mais surpreendente do que esse axioma é o primeiro, que enuncia: "A essência do homem não envolve existência necessária, isto é, pela ordem da natureza tanto pode ocorrer que este ou aquele homem exista como não exista". Como pode Espinosa falar em "essência do homem" se "homem" não foi objeto de definição? E o que significa, numa filosofia que expulsou o possível e o contingente no plano ontológico e define a essência de uma coisa como inseparável de sua existência, dizer que este ou aquele homem pode não existir, de sorte que a existência parece referida a uma essência possível que, como tal, pode ou não existir? Indaguemos, porém: o que é um axioma? Em termos geométricos, é um universal — oferece uma propriedade universal (no caso, uma essência que não envolve existência *necessária*); uma verdade eterna, isto é, aquela cujo contraditório é impossível (no caso, é impossível que a essência de um homem envolva existência necessária, uma vez que a Parte I demonstrou que há apenas uma única substância); e um operador ou uma regra de demonstração — permite conectar de maneira necessária uma definição e uma proposição ou teorema no processo dedutivo (no caso, conectar à sua causa necessária uma essência que não envolve existência necessária). Justamente por se tratar de um universal é que o primeiro axioma se refere à essência do homem pela propriedade de não ser causa de si, pois não envolve existência necessária, de maneira que a existência singular de um homem exige a ação de causas necessárias determinadas pela ordem da natureza inteira, uma vez que sem essa ação ele não existirá.

À primeira vista, esse axioma poderia ser lido no interior da tradição do

---

* Eis o conjunto dos axiomas da Parte II:
1. A essência do homem não envolve existência necessária, isto é, pela ordem da natureza tanto pode ocorrer que este ou aquele homem exista como não exista.
2. O homem pensa.
3. Modos de pensar como amor, desejo ou quaisquer outros que sejam designados pelo nome de afeto do ânimo, não se dão caso no mesmo indivíduo não se dê a ideia da coisa amada, desejada etc. Mas a ideia pode se dar ainda que não se dê nenhum outro modo de pensar.
4. Sentimos um corpo ser afetado de muitas maneiras.
5. Não sentimos nem percebemos nenhuma coisa singular além de corpos e modos de pensar.

pensamento judaico-cristão, que sempre considerou o homem como criatura. Todavia, o sentido desse axioma rompe com essa tradição, desde que articulado ao primeiro axioma da Parte I. De fato, o primeiro axioma da Parte II é a contraparte do primeiro axioma da Parte I, pois se, como este enuncia, tudo o que é ou é em si e concebido por si ou é em outro e concebido por meio desse outro, então, tudo o que é ou é substância ou é modo e, visto que, conforme demonstrado pela Parte I, existe uma única substância absolutamente infinita que é por essência causa de si, caberá à Parte II, em ruptura com a tradição, enunciar que a essência do homem não é a de uma substância, e sim uma essência que não envolve existência necessária, isto é, que para existir exige uma causa necessária que não é sua própria essência. Esse axioma não nos oferece — porque não é papel de um axioma fazê-lo — a essência do homem como modo finito da substância. Sua função é encadear o que foi demonstrado na Parte I ao que será demonstrado na Parte II e por isso seu enunciado é negativo, reduzindo-se a negar que o homem seja substância.

Nesse mesmo grau de generalidade geométrica vem inserir-se o segundo axioma: "o homem pensa". Assim como na Parte I o axioma sobre a ideia verdadeira não diz o que ela é e sim dela apresenta uma propriedade ou como ela opera (convém ao seu ideado) e o axioma sobre a relação do efeito com a causa não diz o que são uma causa e um efeito, mas como se comportam (o conhecimento do efeito envolve o da causa, e não havendo causa determinada também não há efeito), assim também, o segundo axioma da Parte II nada nos diz sobre o que o homem é, mas sim como opera (ele pensa) e os axiomas seguintes, também com generalidade, delimitam essa operação dizendo sobre o que ele pensa (modos de pensar e corpos) e do que ele tem experiência (sente que um determinado corpo é afetado de muitas maneiras).

Finalmente, graças à definição da ideia, pode ser enunciado no terceiro axioma que "modos de pensar como amor, desejo ou quaisquer outros que sejam designados pelo nome de afeto do ânimo, não se dão caso no mesmo indivíduo não se dê a ideia da coisa amada, desejada etc. Mas a ideia pode se dar ainda que não se dê nenhum outro modo de pensar". Em outras palavras, sem ideia não há modos de pensar quando estes são afetos do ânimo, porém uma ideia pode não depender desses outros modos de pensar. Na verdade, como veremos adiante, todo modo de pensar é uma ideia e por isso todos os modos de pensar só podem ser dados se houver ideia da coisa ideada; além disso, esse axioma traz uma precisão: os modos de pensar a que se refere são *afetos do ânimo*, de sorte que todo afeto do ânimo depende da ideia da coisa a que o afeto se dirige, mas nem toda ideia é um afeto do ânimo e por esse motivo pode existir sem tal modo de pensar.[10]

2. A GÊNESE DAS COISAS SINGULARES

Na Parte I da *Ética*, Espinosa afirma que o pensamento e a extensão devem ser tomados *ou* como atributos da substância *ou* como afecções de atributos da substância. Cabe à abertura da Parte II demonstrar que ambos são atributos da substância: "O pensamento é atributo de Deus, ou seja, Deus é coisa pensante", enuncia a proposição 1; "A extensão é atributo de Deus, ou seja, Deus é coisa extensa", enuncia a proposição 2.

Para a primeira proposição, Espinosa oferece duas demonstrações, uma delas a posteriori, isto é, do efeito para a causa — da natureza dos pensamentos singulares como modos chega-se à essência do atributo pensamento como causa dos pensamentos singulares —, e, no escólio, uma outra, a priori, isto é, da causa para o efeito — da potência de um ser pensante infinito chega-se ao pensamento como atributo de um ser absolutamente infinito.

A demonstração a posteriori argumenta que o pensamento é um atributo que constitui e exprime a essência de Deus porque todos os pensamentos singulares são modos que exprimem a natureza de Deus de maneira certa e determinada e, por conseguinte, pertence a Deus um atributo cujo conceito é envolvido por todos os pensamentos singulares e por meio do qual todos esses pensamentos são concebidos. As essências de todos os pensamentos singulares implicam (envolvem) o conceito de um pensamento infinito e eterno que exprime (manifesta) a essência infinita e eterna de Deus. Se Deus é *res cogitans*, então o atributo pensamento, sendo *res*, não deve ser tomado como uma propriedade ou um predicado de Deus, mas como essência de Deus e, portanto, uma ordem de realidade infinita e eterna.

A demonstração a priori tem como ponto de partida a própria essência de um ser pensante infinito. Para compreendê-la, precisamos levar em consideração que Espinosa aplica para a essência do pensamento o que demonstrou na Parte I para a substância, isto é: que quanto mais atributos uma coisa possui, mais realidade ela tem; que um atributo da substância deve ser concebido por si; e que da essência de um ser absolutamente infinito seguem infinitas coisas em infinitos modos ou tudo o que pode cair sob um intelecto infinito.[11] Consequentemente, lemos no escólio dessa primeira proposição da Parte II que quanto mais coisas um ser pensante pode pensar, tanto maior é sua realidade ou perfeição, de maneira que um ser que pode pensar infinitas coisas de infinitos modos é necessariamente infinito pela virtude de pensar, isto é, por sua potência; donde se conclui que "atendo-nos ao só pensamento, concebemos um ente infinito, [então] o pensamento é necessariamente um dos infinitos atributos de Deus" ou do ser absolutamente infinito.

Espinosa não demonstra a segunda proposição, declarando que pode ser demonstrada como a primeira. Em outras palavras, demonstra-se que Deus é necessariamente *res extensa* da mesma maneira como se demonstrou que ele é necessariamente *res cogitans*, seja pela consideração de seus efeitos (os corpos), seja pela de sua essência como causa eficiente, isto é, potência infinita de produção de efeitos certos e determinados que exprimem Sua natureza, uma vez que, pela Parte I, sabemos que da potência da extensão seguem como modos infinitos o movimento e o repouso e como modos finitos as *res particulares*, que, agora, sabemos serem os corpos.[12]

As duas primeiras proposições, efetuando a dedução das ideias e dos corpos como efeitos necessários da potência dos atributos, efetuam a passagem da Natureza Naturante à Natureza Naturada e chegam à primeira modificação do atributo pensamento, a ideia infinita de Deus ou o intelecto infinito.

Um atributo exprime uma essência eterna e infinita e se exprime em modificações infinitas e finitas. Ora, se o pensamento é um atributo substancial que se exprime em ideias infinitas e finitas, é preciso concluir que, "em Deus, é dada necessariamente a ideia tanto de sua essência quanto de tudo que dela segue necessariamente", como enuncia a terceira proposição. Deus é potência pensante infinita e, como foi demonstrado na Parte I, "tudo o que está no poder de Deus, necessariamente é", portanto, lemos na demonstração da terceira proposição da Parte II, a ideia da essência de Deus existe necessariamente "e apenas em Deus". Em outras palavras, o atributo pensamento se modifica num modo infinito ou a ideia infinita da essência de Deus e de tudo quanto dela segue, de maneira que a ciência de Deus é sua potência infinita para formar a ideia de si como pensamento e as ideias de todos os efeitos que seguem dessa potência pensante. A ideia de Deus, isto é, formada por Ele, é a ciência de Deus acerca de sua essência, de sua potência e de todos os seus efeitos imanentes.¹³ Reafirma-se, aqui, o que havia sido demonstrado com a proposição 16 da Parte I, isto é, a plena inteligibilidade da essência e ação de Deus e a da realidade inteira.

Por que Espinosa afirma que essa ideia de Deus *necessariamente é*? Para deixar evidente que o intelecto infinito não é constituído por ideias de essências possíveis que a potência divina porá na existência. O atributo pensamento não é um intelecto criador nem a potência divina uma vontade criadora, ou seja, a ideia de tudo o que segue da essência de Deus não é uma ideia possível criada pelo intelecto divino e existente por decisão da vontade divina, mas é a própria potência em ato de Deus, potência idêntica à Sua essência. Eis por que a compreensão da potência pensante infinita como essência pensante infinita de Deus implica na crítica da imagem da potência divina e seu principal predicado, a contingência, sustentáculo da imagem da criação do mundo. Por isso, escreve Espinosa no escólio dessa terceira proposição:

> Por potência de Deus o vulgar entende a livre vontade de Deus e seu direito sobre tudo que é e que, em vista disso, é comumente considerado como contingente. Com efeito, dizem que Deus tem o poder de tudo destruir e reduzir a nada. Ademais, amiúde comparam a potência de Deus com a potência dos reis.

Ora, a primeira parte da *Ética* demonstrou que da necessidade da essência da substância seguem infinitas coisas em infinitos modos ou tudo quanto pode ser entendido por um intelecto infinito e é exatamente isso que é retomado pelo escólio da proposição 3 da Parte II, ou seja,

> que Deus age com a mesma necessidade com que entende a si próprio, isto é, assim como segue da necessidade da natureza divina (como todos sustentam a uma só voz) que Deus entende a si próprio, também com a mesma necessidade segue que Deus faz infinitas coisas em infinitos modos.

Entender e agir são o mesmo e seguem necessariamente da essência de Deus, pois Espinosa já demonstrou que a essência e a potência de Deus são o mesmo, sendo por isso, declara o escólio da terceira proposição, "tão impossível conceber que Deus não age quanto conceber que Deus não é". Na verdade, "aquela potência que o vulgar imputa a Deus não apenas é humana (o que mostra que o vulgar concebe Deus como homem ou à semelhança de um homem), mas também envolve impotência", visto que supõe que Deus poderia não agir ou não exercer Sua potência. Como essa questão foi amplamente discutida no decorrer da Parte I, conclui Espinosa, "não quero, porém, voltar tantas vezes ao mesmo assunto", solicitando ao leitor que releia as demonstrações da primeira parte da obra porque "ninguém poderá perceber corretamente o que quero dizer se não tiver grande cuidado em não confundir a potência de Deus com a humana potência dos reis ou com seu direito".

Em suma, a potência de Deus e a ciência de Deus são o mesmo. Ao contrário do que imaginara a tradição teológico-metafísica, para a qual o poder de Deus seria maior do que Sua vontade (ou que Deus pode mais do que quer), Espinosa demonstra que Ele não pensa mais do que faz nem pode mais do que quer. Ora, como já demonstrado na Parte I, a potência e o poder de Deus são idênticos (são a própria essência da substância absolutamente infinita) e, por conseguinte, tudo que Deus pensa *é necessariamente*. Disso decorre que a ideia de Deus (tudo o que Ele pensa ou o intelecto infinito) ou a ciência de Deus *necessariamente é* e abarca a totalidade de sua essência/ potência e de tudo o que segue necessariamente dela: tudo o que Deus produz é necessariamente (nada há de contingente na Natureza) e é necessariamente inteligível (tudo o que segue da essência/potência de Deus é concebível tanto por um intelecto infinito quanto por um intelecto finito).

A ideia de Deus, isto é, o intelecto infinito ou a ciência de Deus, só pode ser única, enuncia a quarta proposição: "A ideia de Deus, da qual seguem infinitas coisas em infinitos modos, só pode ser única". A demonstração, apoiando-se no já demonstrado na Parte I, explica que "o intelecto infinito nada compreende além dos atributos de Deus e suas afecções. Ora, Deus é único. Logo, a ideia de Deus, da qual seguem infinitas coisas em infinitos modos, só pode ser única". Espinosa começa pelo objeto da ciência divina — os atributos de Deus e suas afecções — e conclui que, sendo Deus único, sua ideia é necessariamente única.

Por que, depois de demonstrar que a ciência ou ideia de Deus existe necessariamente, Espinosa introduz essa quarta proposição com a afirmação de que essa ideia ou ciência é única? Seu escopo é duplo: de um lado, crítico e, de outro, preparação do que virá logo a seguir, na quinta proposição.

Para compreender o aspecto crítico da quarta proposição precisamos recordar como a tradição teológico-metafísica imaginara a ciência de Deus,[14] e, simultaneamente, não perder de vista a caracterização espinosana da ideia de Deus como aquela de que *seguem* infinitas ideias, uma vez que da natureza divina seguem infinitas coisas de infinitos modos, portanto, a imanência de todas as coisas a Deus significa também a imanência de todas as ideias ao atributo pensamento e, por conseguinte, ao modo infinito do pensamento ou o intelecto infinito (a ciência de Deus). A tradição teológica, com exceção de Ockham, e a tradição metafísica, com exceção de Descartes, sempre afirmaram, em primeiro lugar, que o intelecto e a vontade de Deus, ainda que formem uma unidade, são distintos e que a segunda, embora guiada pelo primeiro, pode querer mais do que efetivamente Deus produz em conformidade com Seu intelecto (embora Deus possa mais do que quer, porque Sua potência é maior do que Sua vontade, Ele pode querer mais do que pensa, Sua vontade indo além de seu intelecto); em segundo, que Deus só conhece os universais, concebidos por Seu intelecto, pois, como ensina Aristóteles, só há ciência do universal, e por isso Ele não precisa buscar fora de si o objeto de Sua ciência e, além disso, o conhecimento das coisas particulares se faz por sensação e exige um corpo, mas Deus é puro espírito, de maneira que não conhece coisas singulares enquanto singulares. Ora, desde os *Pensamentos metafísicos* e do *Breve tratado*, Espinosa já criticara essas imagens da ciência divina, como transparece nessa passagem:

> Não se deve, contudo, omitir o erro daqueles que admitem que Deus nada conhece afora as coisas eternas tais como os anjos e os céus, que fantasiam como inengendrados e incorruptíveis por sua própria natureza; e que nada conhece deste mundo, senão as espécies por serem, igualmente, inengendradas e incorruptíveis. Os que professam tal opinião parecem verdadeiramente querer empenhar-se em errar e em excogitar coisas absurdíssimas. Com efeito, o que há de mais absurdo do que subtrair a Deus o conhecimento das coisas singulares, que sem o concurso Dele não podem existir sequer um instante? Nós, pelo contrário, atribuímos a Deus o conhecimento das coisas singulares, negamos o das universais, salvo quando entende a mente humana.[15]

Em outras palavras, de acordo com os *Pensamentos metafísicos*, a ciência de Deus, ou seja, a atividade do intelecto infinito, é prioritariamente o conhecimento das ideias das coisas singulares produzidas pela potência divina; por outro lado, sendo a mente humana um modo do pensamento ou um efeito imanente a ele, tudo quanto ela pensa encontra-se necessariamente na ciência de Deus, isto é, encontra-se no intelecto infinito. Ora, a mente humana produz universais, seja abstrata ou imaginariamente (como os gêneros e as espécies) seja racional e concretamente (como os axiomas e o conhecimento de propriedades comuns a várias coisas singulares) e, por conseguinte, Deus também tem a ciência dos universais tanto como imagens quanto como ideias produzidas pela mente humana. Dessa maneira, a crítica iniciada nos *Pensamentos metafísicos* e prosseguida na Parte I da *Ética* vem completar-se na Parte II. Na primeira parte da obra é demonstrado que tudo o que Deus produz é inteligível, que o intelecto (infinito e finito) é modo de Deus e não atributo da essência divina, que a vontade não é livre, mas um modo determinado e não constitui a essência de Deus, que a essência de Deus é sua própria potência e, evidentemente, que Deus é imanente a todas às suas modificações extensas e pensantes, de sorte que não tem qualquer sentido falar em coisas exteriores a Deus que ele não poderia conhecer. Com isso, podemos compreender o adjetivo "única", que aparece nessa quarta proposição da Parte II: em primeiro lugar, a ideia de Deus ou a ciência de Deus (ou o intelecto infinito, pois estes conceitos dizem o mesmo) é única porque não se divide entre uma ciência das coisas possíveis pensadas pelo intelecto divino e uma outra, das coisas reais criadas pela vontade divina, uma vez que intelecto e vontade não constituem a essência de Deus; em segundo, significa que tal ciência é efeito infinito imanente da essência/ potência de Deus como substância única, de sorte que essa ciência é única porque todas as ideias estão referidas a uma potência pensante única, o atributo pensamento; em terceiro, afirma que Deus se conhece no ato mesmo em que conhece as coisas singulares, pois a ideia de Deus não é outra que a das ideias de todas as coisas singulares cuja gênese, conforme demonstrado na proposição 1, é a potência do atributo pensamento.

Eis por que, como consequência, a quinta proposição enuncia que Deus é a causa do ser formal das ideias enquanto considerado apenas como coisa pensante e não enquanto explicado por outro atributo. Isto significa que as ideias, tanto dos atributos de Deus como as das coisas singulares, não têm como causa eficiente seus ideados (os objetos não são causas das ideias) e sim Deus enquanto pensante ou o atributo pensamento.[16] Graças à demonstração de que a potência pensante de Deus é a causa única de todas as ideias porque estas seguem necessariamente de Sua natureza pensante e não de seus ideados, a demonstração da quinta proposição pode agora explicar que:

Deus pode formar a ideia de sua essência e de tudo que segue necessariamente dela, a partir somente de que Deus é coisa pensante, e não de que seja objeto de sua ideia. Portanto, o ser formal das ideias reconhece como causa Deus enquanto coisa pensante.

Observemos, em primeiro lugar, que Espinosa declara que Deus tem a potência para formar a ideia de sua essência e de tudo que segue necessariamente dela, "a partir somente de que Deus é coisa pensante, e não de que seja objeto de sua ideia", ou seja, a ideia de Deus não tem como causa Deus como um objeto que o intelecto divino representaria e sim a manifestação da potência pensante que constitui o ser de Deus. Observemos, em segundo, que Espinosa escreve "o ser formal das ideias", significando, assim, que as ideias, efeitos da ação do atributo pensamento, são afecções reais do pensamento ou *seres reais* dotados de essências próprias ou, como será dito logo a seguir, o "ser formal das ideias é um modo do pensamento".[17] A gênese da ideia é a gênese de seu ser ou essência formal e, portanto, rigorosamente, uma *ontogênese*.

Espinosa prossegue, declarando que a demonstração dessa proposição, feita anteriormente a priori, também pode ser feita a posteriori, isto é, não partindo da causa (o atributo pensamento), mas do efeito, ou seja, tendo o modo ou a ideia como referência:

> Mas isso é demonstrado também doutra maneira: o ser formal das ideias é um modo do pensar (como é conhecido por si), isto é (pelo corolário da proposição 25 da Parte I), um modo que exprime de maneira certa e determinada a natureza de Deus enquanto coisa pensante, e por isso (pela proposição 10 da Parte I) não envolve o conceito de nenhum outro atributo de Deus, e consequentemente (pelo axioma 4 da Parte I) não é efeito de nenhum outro atributo senão o pensamento; por isso o ser formal das ideias reconhece como causa Deus apenas enquanto coisa pensante.

Numa palavra, uma ideia é um modo do pensamento e, como tal, exprime de maneira certa e determinada a potência pensante de Deus, portanto, é um efeito que envolve apenas o atributo pensamento como causa e nenhum outro, pois, pelo axioma 4 da Parte I, um efeito exprime a natureza de sua causa e a envolve, uma ideia tem como causa o atributo pensamento e não um outro modo produzido por um outro atributo, por exemplo, um corpo. A causa de uma ideia é a essência e potência de uma coisa pensante e não o objeto de que ela é ideia.

Espinosa generaliza essa demonstração com a sexta proposição, pois, assim como os modos do pensar são produzidos exclusivamente pela potência do atributo pensamento, também "os modos de qualquer atributo têm como causa Deus enquanto considerado apenas sob aquele atributo de que são modos, e não enquanto considerado sob algum outro". Em suma, da mesma maneira que as ideias não são causadas pelas coisas ideadas, também as próprias coisas não são produzidas pelas ideias divinas.

De fato, sabemos que cada atributo é infinito em seu gênero, isto é, sua essência e existência não envolvem ou não implicam as de nenhum dos outros atributos; sabemos também que os atributos são os constituintes de um único ser cuja essência e potência são idênticas; sabemos, enfim, que cada atributo exprime uma essência eterna e infinita e que cada um deles é de natureza diversa dos outros, não carecendo destes para ser e agir. Cada atributo é uma ordem de realidade própria que se exprime em seus modos determinados, isto é, cada um deles é uma potência infinita de produção imanente de efeitos certos e determinados. Consequentemente, o universo é uma rede de diferentes ordens de realidade que exprimem numa complexidade infinitamente diferenciada a potência única da substância absolutamente infinita. Donde a demonstração da sexta proposição sublinhar que, sendo os atributos realidades independentes, cada qual concebido por si sem referência a outros, é preciso concluir que

> os modos de cada atributo envolvem o conceito de seu atributo, e não o de outro; por isso (pelo axioma 4 da Parte I) têm como causa Deus enquanto considerado apenas sob aquele atributo de que são modos, e não enquanto considerado sob algum outro.

Assim como as ideias não são causadas por modos de outros atributos, também as coisas que não são ideias não são causadas por estas nem pelo atributo pensamento. A independência causal das potências dos atributos permite que, no corolário dessa sexta proposição, reencontremos a recusa explícita da imagem da criação da realidade extensa a partir de sua ideia como um possível pensado por Deus, imagem afirmada pela tradição teológica, segundo a qual, para existir, as coisas (como os corpos, por exemplo) teriam, primeiro, que ser ideias pensadas pelo pensamento divino e desejadas pela vontade divina:

> Donde segue que o ser formal das coisas que não são modos do pensar não segue da natureza divina por esta ter conhecido antes as coisas; ao contrário, as coisas ideadas seguem e se concluem de seus atributos da mesma maneira e com a mesma necessidade com que mostramos que as ideias seguem do atributo pensamento.

Assim como o ser formal das ideias tem como causa o atributo pensamento, assim também o ser formal das coisas que não são modos de pensar tem como causa outros atributos divinos e não o pensamento. O atributo extensão produz corpos e não ideias; o atributo pensamento produz ideias e não corpos ou coisas que envolvam a natureza de outros atributos. Exatamente como as ideias, também essas coisas "seguem e se concluem" necessariamente de seus respectivos atributos, pois, conforme o quarto axioma da Parte I, o conhecimento do efeito depende do conhecimento da causa e o envolve. A gênese de todas as coisas, exatamente como a das ideias, é a gênese de seu ser formal e, portanto, *uma ontogênese determinada pela ação diferenciada de cada atributo*. A sexta proposição sublinha, assim, a *autonomia causal dos atributos*, de sorte que o pensamento divino não cria a extensão nem qualquer dos outros atributos. Essa autonomia repercute sobre os modos respectivos de cada atributo, de sorte que um modo do pensamento não causa efeitos num modo de outro atributo, nem este opera causalmente sobre aquele. Está preparado o terreno para a demonstração de uma das mais importantes proposições da filosofia de Espinosa, a sétima proposição do *de Mente*:

> A ordem e conexão das ideias é a mesma que a ordem e conexão das coisas.

A demonstração dessa proposição é extremamente breve — "a ideia de qualquer causa depende do conhecimento da causa de que ele é efeito" —, Espinosa limitando-se a invocar, novamente, o quarto axioma da Parte I, isto é, que o conhecimento de um efeito depende do conhecimento de sua causa e o envolve. As coisas são efeitos de causas determinadas e as ideias são o conhecimento dessa causalidade ou da gênese e conexão das coisas como efeitos da ação da potência divina. Porém, Espinosa não explica por que a ordem e conexão das ideias e a das coisas é a mesma. Isso é feito pelo corolário:

Disso segue que a potência de pensar de Deus é igual à sua potência de agir. Isto é, tudo o que segue formalmente da natureza infinita de Deus segue também em Deus objetivamente na mesma ordem e com a mesma conexão da ideia de Deus.

A ordem e conexão das ideias é a mesma que a das coisas porque o que segue formalmente (como essência formal ou real) da natureza de Deus segue também objetivamente (como essência objetiva ou ideia) da natureza divina — coisas e ideias seguem da unidade da potência divina, isto é, seguem da *mesma* potência, que, por ser única e a mesma, causa coisas e ideias numa mesma ordem e conexão. Como a unidade da potência divina é absolutamente complexa, ela se realiza de maneira diferenciada em cada um dos atributos, porém seguindo em todos eles a mesma ordenação e a mesma conexão. Em outras palavras, *existe o universo* ou a ordem e conexão necessárias de todos os efeitos da substância. E, graças à proposição 16 da Parte I, e às proposições 6 e 7 da Parte II, o universo é plenamente inteligível. Ou dito de outra maneira: como já foi demonstrado, sabemos que a potência divina produz ideias e corpos, e que todos os atributos, além do pensamento e da extensão, produzem o ser formal de todas as outras coisas, e agora sabemos que essa produção não é uma dispersão fragmentada e sim uma conexão ordenada em cada um dos atributos que, por serem atributos de uma única e mesma substância, agem em uníssono ou em simultâneo, pois a potência de agir e de pensar de Deus é igual: cada essência produzida por um atributo é, simultaneamente, uma significação compreendida pelo atributo pensamento; as coisas estão imediatamente investidas de sentido porque suas realidades (ou essências formais) são simultaneamente pensadas como ideias (ou essências objetivas).

O enunciado da sétima proposição é cristalino: a ordem e conexão das ideias e a das coisas é que a mesma e não que há ordem e conexão *entre* coisas e ideias. De fato, se houvesse conexões *entre* modos de atributos *realmente diversos* seria preciso dizer, contra o que já foi demonstrado: primeiro, que haveria relação causal entre os atributos, uma vez que se afirma que há essa relação entre seus modos e um efeito exprime a natureza de sua causa; segundo, que os atributos não seriam realmente diversos (isto é, realmente distintos), pois coisas de naturezas diversas não podem ser causas umas das outras; terceiro, que se houvesse relação causal entre atributos e entre modos de atributos diferentes, então dever-se-ia dizer que as ideias causam coisas (como no caso de um intelecto criador) ou que corpos causam ideias (como é imaginado por uma teoria do conhecimento sensualista). Ao igualar ou equiparar as potências dos atributos, Espinosa demonstra que as ideias não são mais reais do que as coisas, nem estas mais reais do que aquelas e que a ordem e conexão das ideias e a das coisas não é determinada pelas primeiras sobre as segundas nem por estas sobre aquelas, mas sim pela potência única da substância. A sétima proposição da *Ética* II é a expressão mais completa da concepção espinosana do absoluto como complexidade infinitamente diferenciada cujas expressões singulares imanentes operam e agem em uníssono e seu fundamento é, evidentemente, a recusa do dualismo substancial cartesiano e do pluralismo substancial aristotélico-escolástico.

No entanto, apesar da simplicidade da proposição 7, seu corolário tem sido objeto de infindáveis controvérsias desde o momento em que se interpretou a igualdade da potência de agir e da potência de pensar da substância como prova da superioridade do pensamento com relação aos outros atributos e que ele seria, afinal, a única e verdadeira potência de agir.[18] Desde então, os comentadores da obra espinosana discutem se o atributo pensamento teria uma amplitude maior que a dos outros atributos porque sua potência seria tripla: em primeiro lugar, como os outros atributos, ele é uma potência de agir que produz modos ou as ideias enquanto seres reais ou essências formais; em segundo, ele é a potência que produz as ideias dos modos produzidos por todos os outros atributos, isto é, produz as essências objetivas (ideias) das essências formais (ou seres reais) de todos os outros atributos; e, finalmente, em terceiro lugar, ele é uma potência reflexiva porque as ideias produzidas enquanto essências formais (ou seres reais) são capazes de pensar a si mesmas como essências objetivas (ideias das ideias). Em resumo, haveria um desequilíbrio no sistema, uma vez que o atributo pensamento, potência de produção de ideias, é também potência para pensar o que os outros atributos produzem e potência de reflexão, sendo, então, mais potente do que os outros, impedindo que a ordem e conexão das ideias e a das coisas seja a mesma.

Que significa, no quadro dedutivo das sete primeiras proposições da *Ética* II, a afirmação de que a potência de agir de Deus é igual à sua potência de pensar? O que sabemos até este momento da dedução, incluindo o que foi demonstrado na *Ética* I? Em primeiro lugar, que os atributos são constituintes da essência de um único ser absolutamente infinito e que esta é idêntica à sua potência; por conseguinte, os atributos são atividades ou potências causais infinitas, eternas e autônomas (cada um deles não mantém relações causais com os outros) produzindo seus modos próprios e não causando modos de natureza diversa da sua; em segundo, que a potência de pensar não é um intelecto criador (que conteria as ideias universais das coisas como essências possíveis) e que a potência de agir não é uma vontade criadora (que faria passar à existência as essências possíveis), mas que tudo o que é segue da necessidade da natureza de Deus (isto é, de seus atributos) e que tudo o que existe opera de maneira certa e determinada porque é assim determinado pela potência de seus respectivos atributos; em terceiro, que, uma vez que o conhecimento de um efeito depende do conhecimento de sua causa e o envolve, então tudo o que a potência de agir dos atributos produz é um efeito cujo conhecimento envolve o da causa, e é isto o que o atributo pensamento pensa e que constitui a ideia ou ciência de Deus. O que o atributo pensamento pensa, portanto, é o que a sua potência de agir produz: ideias das coisas. E como, enquanto modos ou afecções do atributo pensamento, as ideias também são seres reais ou essências formais, o atributo pensamento as pensa como pensa todas as coisas produzidas pela potência de agir dos outros atributos — as ideias das coisas — e pela sua própria potência — as ideias das ideias das coisas. Todas essas ideias são a potência de pensar do atributo pensamento quando referida aos outros atributos e a si mesma. Nada, no corolário da proposição 7, leva a supor que a potência do atributo pensamento, por pensar o que os demais atributos produzem e por ser reflexiva, exceda a dos outros atributos; pelo contrário, Espinosa diz que a potência de pensar e a potência de agir de Deus são *iguais*. Em outras palavras, a potência de pensar é uma potência de agir exatamente como a potência dos demais atributos — em simultâneo com os demais atributos ela produz significações que manifestam a inteligibilidade do universo. Não só isso, até o momento Espinosa nada demonstrou sobre a maneira de agir dos atributos; apenas demonstrou, na Parte I, que deles procedem modos infinitos imediatos e mediatos e modos finitos e, até essa etapa da Parte II, qual é a ação que realizam — causam ideias e coisas na mesma ordem e conexão. Que a potência de agir é a mesma ou igual em todos os atributos, decorre, portanto, de serem eles atributos da *mesma* substância e, certamente, hão de operar de maneiras diferentes porque são ontologicamente diversos e autônomos, de sorte que a operação reflexiva do atributo pensamento simplesmentese refere à sua diversidade e autonomia com relação aos outros atributos. Supor que a potência reflexiva do atributo pensamento o torne "maior" do que os demais atributos é tomá-lo imaginativamente ou aritmetizar a essência desse atributo, aplicando-lhe uma imagem, isto é, o número (realiza 3 atividades e não apenas 1).[19]

Todavia, as controvérsias suscitadas pelo corolário da sétima proposição não se esgotam na equivocada suposição da potência "maior" do atributo pensamento em relação aos demais atributos. Na verdade, elas decorrem de uma outra controvérsia, mais antiga, duradoura e tenaz, vinda da malfadada noção de "paralelismo" aplicada à filosofia de Espinosa, noção que é responsável, ao fim e ao cabo, pela imagem do desequilíbrio do sistema, provocado pela suposta potência "maior" do atributo pensamento. O corolário da proposição 7 da Parte II *equipara* a potência dos atributos (a ordem e conexão das ideias e das coisas é a *mesma*, e a potência divina de pensar e de agir é *igual*); em contrapartida, o "paralelismo" os coloca numa relação de *correspondência de biunívoca*. De onde vem a suposição de que os atributos seriam "paralelos"? Sem dúvida, do emprego de uma ideia leibniziana para a filosofia espinosana — ou a célebre correspondência expressiva leibniziana do "aqui como lá" aplicada à proposição 7. O que teria levado a essa aplicação?

Com a distinção substancial cartesiana, uma metáfora se tornou um *locus communis* para ilustrar a relação não causal entre coisas de naturezas diversas: a de dois relógios que, em uníssono, soam as mesmas horas. Sugerida por Descartes na Parte IV dos *Princípios da filosofia*, quando Deus é comparado a um "relojoeiro engenhoso", ela reaparece, por exemplo, na *Metaphysica Vera* e na *Ethica* de Geulincx para explicar a independência entre o movimento da matéria e as ações da vontade "sem qualquer causalidade ou influência de um sobre a outra e de uma sobre o outro, como quando soam dois relógios"[20] e será celebrizada por Leibniz, no *Journal des Savants*, como metáfora do que viria a ser a harmonia pré-estabelecida. Da metáfora passa-se ao conceito, quando Leibniz propõe a noção de "paralelismo perfeito entre o que se passa na alma e o que acontece na matéria", as funções da primeira acompanhando as dos órgãos da segunda, reciprocamente e sempre.[21]

A aplicação desse conceito à filosofia espinosana provavelmente foi suscitada em vários intérpretes tendo como pano de fundo as discussões entre Tschirnhaus e Leibniz diante das dificuldades do primeiro para compreender e aceitar o escólio da proposição 7 da Parte II juntamente com a proposição 16 da Parte I, isto é, que da natureza da substância seguem infinitas coisas em infinitos modos[22] e que isso se dá com identidade da ordem e conexão das ideias e das coisas.

De fato, levando em conta a proposição 16 da Parte I, ou a produção infinita de infinitos modos, e as duas primeiras proposições da Parte II, ou seja, Deus como coisa pensante e como coisa extensa, Tschirnhaus escrevera a Espinosa que, embora o mundo seja único (*mundum utique unicum esse*), não é menos claro que ele se exprime de infinitos modos (*eum ipsum infinitis modis expressum*), e por isso cada coisa singular é expressa em infinitos modos (*unamquamque rem singularem infinitis modis expressam est*). Consequentemente, embora a modificação que constitui minha mente e a modificação que meu corpo exprime sejam uma só e a mesma, ela é expressa em infinitos modos: em um modo no pensamento, em um outro na extensão, num terceiro em outro atributo que desconhecemos, e assim ao infinito. Por que, então, com o axioma 5 da Parte II, Espinosa declara que "não sentimos nem percebemos nenhuma coisa singular além de corpos e modos de pensar"? Por que afirmar que a mente humana só percebe modificações da extensão e do pensamento e não as de outros atributos, já que as modificações de cada um dos dois atributos também se exprimem em modos de outros atributos?

É significativo que Tschirnhaus considere, em primeiro lugar, que as modificações de um atributo se exprimem nas modificações de outros atributos e, em segundo, que afirme que o mundo (e não Deus) se exprime de infinitos modos, pois isso lhe permite insistir em que cada modificação singular deva exprimir-se em infinitos modos, isto é, que uma mesma coisa singular deva exprimir-se como mente, como corpo e possua outras infinitas expressões que desconhecemos por desconhecermos os outros atributos. Num *mundo expressivo*, julga Tschirnhaus, tudo deve exprimir tudo e cada coisa deve exprimir-se de infinitas maneiras. Podemos observar que, em lugar de compreender que a *substância* se exprime infinitamente em infinitos atributos e que cada *atributo* se exprime em infinitas coisas, Tschirnhaus julga que cada *coisa singular* se exprime de infinitas maneiras porque deve exprimir infinitos atributos, os quais exprimem um único mundo, ou seja, pensa a expressividade das coisas singulares como se fora a expressividade da substância que, esta sim, se exprime em infinitos modos. Por um lado, Tschirnhaus tem razão ao supor a infinidade expressiva das coisas, uma vez que a proposição 7 da *Ética* II não diz ideias e corpos e sim ideias e coisas, portanto, tudo que qualquer dos infinitos atributos produz. Porém, ele se engana ao supor que um modo finito determinado seja como a mônada leibniziana, isto é, exprima-se de infinitas maneiras e que, como cada uma das mônadas, seja um mundo expressivo.[23] Em outras palavras, Tschirnhaus confunde a expressividade de um modo singular determinado com a expressividade infinita de cada atributo e a expressividade absolutamente infinita da substância. Por outro lado, ele confunde a mente humana e o modo infinito do pensamento, ou seja, este conhece as coisas produzidas por outros atributos, mas aquela conhece apenas os modos do pensamento e da extensão, pois (como logo veremos) é isso que a define como *humana*.

Na verdade, cada modo finito ou cada coisa singular exprime *seu respectivo* atributo, ou seja, cada uma das coisas singulares é *constituída* como uma singularidade que exprime seu próprio atributo sem *nenhuma* conexão causal ou expressiva com outras que exprimem outros atributos, os quais, por sua vez, não exprimem uns aos outros e sim se exprimem nos seus modos respectivos; e, no intelecto infinito, cada coisa singular é constituída por sua ideia e está ordenada e conectada a todas as outras ideias concebidas por esse intelecto como potência produtora de significações. Por que isso exclui o "paralelismo"? Em primeiro lugar, como já observamos, porque Espinosa equipara os atributos em vez de afirmar que eles se correspondem de maneira biunívoca. Em segundo, porque distingue entre "exprimir", "ser constituído" e "ter conexão com". Em outras palavras, um atributo é uma potência de existir e de agir que *se exprime* em infinitas coisas em infinitos modos; um modo é de mesma natureza que seu atributo e exatamente por isso *o exprime* — uma expressão é uma relação entre homogêneos e por isso Tschirnhaus se equivoca quando supõe que uma mesma coisa singular possa exprimir-se de infinitas maneiras, pois, nesse caso, estaria exprimindo atributos de natureza diversa da sua; ou seja, ele toma a expressão espinosana, que se dá entre homogêneos por *autodiferenciação* determinada de um atributo, como se fosse a expressão leibniziana, que se realiza entre heterogêneos ou como *representação* ou *espelhamento* de algo diverso (como se um modo fosse "um espelho do universo" inteiro). Além disso, um modo finito é uma coisa singular e é *constituído* como singularidade, sendo, por isso, necessário diferenciar entre "estar contido" no intelecto infinito e "ser constituído" pelo atributo: no primeiro caso, cada ideia singular está contida no intelecto infinito como uma significação que está em conexão com as demais significações, isto é, com as ideias singulares das infinitas coisas que seguem da necessidade da natureza da substância ou da infinita produção de todos os atributos; no segundo, cada ideia singular é constituída pelo intelecto infinito como expressão certa e determinada do atributo pensamento. Finalmente, em terceiro lugar, é preciso lembrar que os modos de um atributo não têm nenhuma conexão expressiva com os de outros atributos, pois a proposição 7 da Parte II enuncia que a ordem e conexão dos modos do pensamento e dos modos dos outros atributos (as coisas) é que é a mesma, e não que os modos do pensamento e os modos dos outros atributos estão em conexão ou em correspondência expressiva; ou seja, os modos de um mesmo atributo possuem conexões entre si, mas não com os modos de outros atributos. A ordem e conexão ser a mesma significa que a produção dos modos de atributos diferentes é *simultânea* porque é ação de uma única substância cuja potência de agir e de pensar são iguais.

Vimos[24] que Tschirnhaus aceita a demonstração espinosana de que não há relação causal entre atributos nem entre modos de atributos diversos, no entanto, em lugar de compreender que os atributos *constituem* a essência da substância, os considera *produzidos* por Deus e, portanto, como substâncias infinitas em seu gênero. Por isso, em vez de considerar que todos os atributos exprimam a essência da substância, é levado a supor, em primeiro lugar, que, dada a origem comum de todos os atributos e de todos os modos (todos são produzidos por Deus), é preciso que cada um deles seja a expressão de todos os outros para que a unidade do princípio seja mantida, isto é, para que haja "um único mundo"; e, em segundo, que, não havendo relações causais entre atributos e modos de atributos diversos, é preciso que haja entre eles alguma relação se se quiser afirmar que há "um único mundo", e essa relação só pode ser a de expressão, entendida como correspondência entre ordens e conexões realmente diversas. São essas suposições que conduzirão Leibniz da noção de paralelismo à de expressão, única que lhe parece dar conta da unidade do princípio, da unidade do mundo e das relações entre modos heterogêneos.

Comecemos indagando se a noção de paralelismo poderia ser aplicada aos atributos de Deus, pois embora seu uso (assim como a metáfora dos relógios) pareça dirigido aos movimentos corporais e às operações mentais, no caso de Espinosa, a imanência dos modos aos atributos exige que a mesma noção seja aplicada a estes últimos. Ora, geometricamente paralelismo significa que há um ponto no infinito — o geometral — no qual se fundem as retas paralelas. Todavia, o ser absolutamente infinito espinosano não é um *ponto* — não é gratuito que a *Ética* não dedique uma única proposição à demonstração da *simplicidade* de Deus, cujo pressuposto é de que os atributos divinos sejam predicados e nomes divinos e não realidades diversas constituintes de um ser absolutamente complexo —, e tampouco é um ponto de *fusão* dos atributos. Não é um ponto situado no infinito porque é a complexidade absolutamente infinita do próprio real que lhe é imanente; não é um ponto de fusão porque não é sujeito de inerência de predicados.

Por outro lado, a noção leibniziana de paralelismo é inseparável da ideia leibniziana de expressão. Para Leibniz, há expressão quando alguma relação regrada se estabelece entre heterogêneos: é assim que o espírito pode exprimir a matéria, a mônada, exprimir o universo, a luz, o decréscimo da sombra e esta, o da luz etc.[25] A expressão leibniziana, fundada no pluralismo substancial, é uma *representação* — a mônada espelha o universo — única relação possível entre heterogêneos. Ora, a marca essencial da expressão espinosana é que é sempre e necessariamente uma relação entre homogêneos: cada atributo exprime a essência de Deus, cada modo exprime a natureza de seu atributo; nenhum atributo exprime um outro e nenhum modo exprime algo que pertença à essência de um outro atributo. A expressão espinosana é uma *diferenciação* no interior da identidade de um único princípio constituinte: a substância *se* exprime em cada um de seus atributos e cada um deles *a* exprime de maneira diversa dos demais. Se a expressão for uma relação entre heterogêneos, nada impede supor que estes sejam séries paralelas que se encontrarão no infinito; se, porém, sabe-se que a expressão é uma relação entre homogêneos, que exprimir não é espelhar um outro (ou representá-lo), mas sim uma ação causal imanente de um princípio único internamente diferenciado, não há como nem por que falar em "paralelismo". Haveria paralelismo se o atributo pensamento exprimisse — representasse / espelhasse — outros atributos (e vice-versa), e se os modos do pensamento exprimissem — representassem / espelhassem — os modos de outros atributos (e vice-versa). Mas Espinosa, tanto na Parte I como na Parte II da *Ética*, enfatiza não ser esse o caso.

É exatamente com isso que se ocupa o escólio da sétima proposição. Nele, Espinosa se refere apenas aos atributos pensamento e extensão, embora conclua a exposição afirmando que o que foi dito desses dois atributos deve ser dito de todos os outros. O ponto de partida do escólio é o conhecimento pelo intelecto infinito, isto é, o que foi demonstrado na proposição 4: tudo o que o intelecto infinito percebe como constituindo a essência da substância "pertence apenas à substância única", consequentemente, "a substância pensante e a substância extensa são uma só e a mesma substância, compreendida ora sob este ou aquele atributo". Da mesma maneira, um modo da extensão e a ideia desse modo "são uma só e mesma coisa, expressa todavia de duas maneiras". Essa declaração tornaria compreensível a suposição de Tschirnhaus de que uma mesma coisa se exprimiria de infinitas maneiras. Todavia, essa suposição se desfaz quando, graças a um exemplo, lemos o esclarecimento oferecido por Espinosa para as afirmações mencionadas acima, explicitando que ordem significa conexão de causas ou encadeamento necessário:

> Por exemplo, um círculo existente na natureza e a ideia do círculo existente, que também está em Deus, são uma só e a mesma coisa, que é explicada por atributos diversos; e, portanto, quer concebamos a Natureza sob o atributo extensão, quer sob o atributo pensamento, quer sob outro qualquer, encontraremos uma só e a mesma ordem, ou seja, uma só e a mesma conexão de causas, isto é, as mesmas coisas seguirem umas das outras.

Para que fique claro que a *mesma coisa* — o círculo — não se exprime de infinitas maneiras (pois a expressão infinita cabe à substância e aos atributos e não aos modos singulares), mas sim que a ordem e conexão das causas é que a *mesma*, e que por isso os atributos se exprimem de maneira determinada em *seus* modos determinados e em conjunto exprimem infinitamente a *mesma substância*, Espinosa esclarece o que pretende significar ao dizer que a ideia do círculo e o círculo são a mesma coisa explicada por atributos diversos:

> E por isso quando eu disse que Deus é causa de uma ideia, da de círculo, por exemplo, somente enquanto é coisa pensante, e do círculo somente enquanto é coisa extensa, não foi senão porque o ser formal da ideia de círculo só pode ser percebido por outro modo de pensar como causa próxima, e este, por sua vez, por outro, e assim ao infinito, de tal maneira que, enquanto as coisas são consideradas como modos de pensar, devemos explicar a ordem da natureza inteira, ou seja, a conexão das causas, pelo só atributo pensamento, e enquanto são consideradas como modos da extensão, também a ordem inteira da natureza deve ser explicada pelo só atributo extensão.

A ideia do círculo e o círculo existente na Natureza não se relacionam porque um seria expressão do outro (como julgaria Leibniz), mas sim porque ambos têm Deus como causa, porém a primeira é causada por Ele enquanto coisa pensante numa ordem e conexão de ideias determinadas e o segundo, enquanto coisa extensa também numa ordem e conexão determinadas — a primeira é o ser formal da ideia do círculo, sua significação; o segundo, o ser formal do círculo existente na extensão ou o círculo como corpo. Isto significa, em primeiro lugar, que tanto a ideia do círculo quanto o círculo corporal são essências formais ou realidades — eis por que Espinosa se refere a ambos com o conceito de *ser formal*;[26] em segundo, como consequência, que a causa próxima de uma ideia é outra ideia ou um outro modo do pensar cuja causa é um outro modo do pensar e assim ao infinito; da mesma maneira, a causa próxima de um círculo corporal é um outro modo da extensão cuja causa é um outro modo extenso e assim ao infinito; em terceiro, que a ideia do círculo não exprime o círculo corporal e sim o conhece; e, em quarto, que, ao oferecer e comentar o exemplo do círculo e de sua ideia, Espinosa não afirma que o círculo poderia também ser produzido por outro atributo que não a extensão e exprimir esse outro atributo (ou infinitos outros atributos que o produzissem), mas, em qualquer caso, exprime somente o atributo que o produz. Aliás, isso explica por que o enunciado da proposição 7 não diz ideias e corpos, mas sim ideias e *coisas*, para que fique claro que se trata, por um lado, do que todos os atributos produzem, pois um círculo é um corpo e como tal produzido somente pelo atributo extensão; e, de outro lado, que de tudo quanto os demais atributos produzem há ideias, pois a ciência de Deus é necessariamente e é única. Em suma, um atributo que não produza corpos não produzirá o círculo (não há um círculo inextenso), mas alguma outra coisa da qual haverá uma ideia no intelecto infinito exatamente como nele há as ideias das coisas produzidas por outros atributos.

O escólio da proposição 7 e o exemplo oferecido explicitam, por conseguinte, que a ordem da Natureza inteira, isto é, *a ordem e conexão das causas*, pode ser explicada pelo só atributo pensamento quando tais causas são ideias ou pelo só atributo extensão, quando são corpos, ou por um só outro atributo quando tais causas forem próprias a esse atributo, uma vez que o que foi dito sobre o pensamento e a extensão também deve ser dito dos outros atributos. Espinosa reafirma, assim, a autonomia causal dos atributos: de cada um deles segue uma ordem e conexão de causas diversas e, por conseguinte, modos determinados que os exprimem. Assim, a noção de paralelismo, não se aplicando aos atributos, necessariamente também não se aplica aos seus modos. A potência da substância não se fragmenta na produção de coisas e ideias, pois os atributos constituem a essência/potência de uma única e mesma substância, e por isso a ordem e conexão de seus modos é a mesma, isto é, a ordem e conexão das coisas é a mesma que a ordem e conexão de suas significações, e a identidade da ordem e conexão das causas é o que permite dizer que o círculo e a ideia do círculo são a mesma coisa sob atributos distintos. A unicidade da substância e a diversidade dos atributos (ou o ser absolutamente infinito em sua complexidade) asseguram a realidade múltipla e plural dos modos finitos singulares, ou seja, como conclui o escólio, que "Deus, enquanto consiste em infinitos atributos, é verdadeiramente causa das coisas como são em si". O primeiro momento da gênese das coisas singulares está, assim, completo: os atributos de Deus são verdadeiramente a causa das coisas tais como são em si mesmas, ou seja, de seu ser formal ou de suas essências formais.

O segundo momento dessa gênese se realiza nas proposições 8 e 9, que introduzem a existência dos modos finitos ou das coisas singulares. A dedução é operada em dois movimentos: no primeiro (na proposição 8), essa existência é referida à causalidade dos atributos e ao intelecto infinito; no segundo (na proposição 9), quando é introduzida a duração, essa existência é referida à causalidade da ordem e conexão dos modos finitos.

Enuncia a proposição 8:

> As ideias das coisas singulares ou dos modos não existentes (*non existentium*) devem estar compreendidos na ideia infinita de Deus tal como as essências formais das coisas singulares ou modos estão contidas nos atributos de Deus.

Já vimos que Espinosa distingue entre "estar contido em" (a totalidade de modos contidos nos seus respectivos atributos) e "ser constituído por" (a singularidade de um modo cuja essência é efeito determinado da potência de seu atributo). A proposição 8, por sua vez, estabelece uma relação entre *estar compreendido* no intelecto infinito e *estar compreendido* num atributo. Na demonstração, Espinosa se limita a dizer que essa proposição decorre da anterior e que se torna mais compreensível à luz do escólio da proposição 7. Em outras palavras, a proposição 8 apenas afirma que a ordem e conexão das ideias das coisas singulares não existentes é a mesma que a ordem e conexão dessas coisas singulares não existentes, ou seja, que tais ideias estão compreendidas no modo infinito do pensamento (ou no intelecto infinito) da mesma maneira que seus ideados ou as coisas singulares pensadas estão compreendidas (ou contidas) nos atributos de Deus. A proposição 8 serve, assim, para afirmar que a proposição 7 tem um alcance universal, pois engloba os modos existentes e os não existentes e, portanto, reforçar a demonstração da ciência infinita de Deus como única e necessária. É o que o corolário explicita:

> Daí segue que, na medida em que as coisas singulares não existem senão enquanto compreendidas nos atributos de Deus, seu ser objetivo, ou seja, suas ideias, não existem senão enquanto a ideia infinita de Deus existe; e quando se diz que as coisas singulares existem não apenas enquanto compreendidas nos atributos de Deus, mas também enquanto são ditas durar, suas ideias também envolvem existência, pela qual se diz que duram.

O corolário introduz, assim, a distinção entre existir compreendido num atributo e existir na duração, mas mantém a exigência posta pela proposição 7 de que, para os modos que estão apenas compreendidos nos atributos de Deus, a ordem e conexão é a mesma que a de suas ideias compreendidas no intelecto infinito de Deus e, além disso, quando essas coisas existem ou duram também suas ideias *envolvem* existência na duração, isto é, o emprego de *involvere* indica que elas e seus ideados formam uma unidade inseparável e, portanto, existem ou duram na mesma ordem e conexão que eles. O significado e o escopo dessa proposição só se tornarão claros na Parte v, pois a distinção entre existir compreendido num atributo e durar será fundamental para a compreensão de algo que, desde já, Espinosa diz ser *único*: a eternidade tanto da ideia da mente humana quanto da ideia da essência do corpo, razão pela qual Espinosa, nessa Parte II, deu grande ênfase à ciência de Deus ou ao intelecto de Deus (como veremos ao chegarmos à quinta parte da *Ética*).

Justamente porque o sentido dessa proposição só se explicitará plenamente na Parte v, Espinosa reconhece, no escólio, que nesta altura do processo dedutivo poderá haver dificuldade para o entendimento do que acaba de demonstrar, pois, escreve ele, aquilo de que falo é único:

> Se alguém precisasse de um exemplo para mais ampla explicação do assunto, nenhum por certo eu poderia dar que explicasse adequadamente aquilo de que falo, dado que é único; esforçar-me-ei, porém, para esclarecê-lo tanto quanto puder.

O esclarecimento é dado por meio do exemplo de infinitos retângulos iguais contidos no círculo:

Sabe-se que o círculo é de natureza tal que os retângulos traçados a partir dos segmentos de todas as linhas retas secantes no mesmo ponto são iguais entre si; por isso estão contidos no círculo infinitos retângulos iguais entre si; porém, nenhum deles pode ser dito existir senão enquanto o círculo existe, nem também a ideia de algum destes retângulos pode ser dita existir senão enquanto compreendida na ideia do círculo. Dentre aqueles infinitos retângulos, conceba-se agora existirem apenas dois, a saber, E e D. Por certo também suas ideias agora não apenas existem enquanto compreendidas somente na ideia do círculo, mas também enquanto envolvem a existência destes retângulos, o que faz que se distingam das outras ideias de outros retângulos.

É da natureza do círculo que nele estejam contidos infinitos retângulos iguais entre si.[27] Esses retângulos só existem se o círculo existir, uma vez que são efeitos da natureza do círculo, ou seja, sua existência não se distingue da dele. Como a ordem e conexão das ideias e das coisas é a mesma, deve-se dizer que as ideias desses retângulos só podem existir se a ideia do círculo também existir, pois tais ideias são efeitos da ideia do círculo. Assim, da mesma maneira que cada retângulo está *contido* na natureza do círculo, também a ideia de cada um desses retângulos está *compreendida* na ideia do círculo. Por hipótese, consideremos que, desses infinitos retângulos, dois são traçados. Pela hipótese e pela proposição 7, deve-se dizer que as ideias desses dois retângulos existem não apenas enquanto compreendidas somente na ideia do círculo, mas também enquanto envolvem a existência destes retângulos na duração. Essa existência distingue suas ideias das dos demais retângulos que só existem compreendidos na ideia do círculo.

Entretanto, toda a questão aberta por essa curiosa proposição 8 consiste em saber o que vieram fazer no percurso demonstrativo as ideias de coisas singulares não existentes e as próprias coisas singulares não existentes, ainda que possamos admitir que sua introdução tivesse como escopo simplesmente assegurar para todas as ideias e todas as coisas a plena abrangência da demonstração de que a ordem e conexão das ideias e a das coisas é a mesma e que o objetivo de Espinosa fosse preparar demonstrações que serão feitas somente na última parte da obra.

Qual a dificuldade dessa proposição? Se a proposição 7 nos colocou na controvérsia do "paralelismo", a proposição 8 parece conduzir-nos à imagem do possível, que Espinosa criticou na Parte I e afastou na Parte II com a definição de essência, que afirma a reversibilidade necessária entre essência e existência ou seu envolvimento recíproco. De fato, qual há de ser o estatuto de ideias e coisas singulares não existentes senão o de ideias e coisas possíveis? As coisas estão em potência nos atributos e suas ideias estão em potência no intelecto infinito? Mas não é isso reintroduzir, com o possível, também o infinito potencial, recusado desde a Carta 12?[28] Além do mais, Espinosa, sem oferecer qualquer explicação, introduz uma distinção entre duas maneiras de existir, uma das quais, pelo enunciado da proposição, paradoxalmente, parece significar inexistência e a outra, introduzida pelo corolário, significar duração. Em outras palavras, existir apenas contido no atributo e compreendido no intelecto infinito é próprio de modos finitos não existentes; em contrapartida, existir na duração é próprio de modos finitos existentes. Ora, essa distinção não nos faria supor que, embora Deus seja a causa eficiente imanente de todas as coisas, estas, ao durar, deixariam de estar contidas e compreendidas Nele, cessando a imanência? Em suma, a proposição 8 parece, de um lado, repor a noção de possível (a maneira como os não existentes existem) e, de outro, justificar toda a tradição interpretativa sobre a impossibilidade de conferir um estatuto inteligível e demonstrável à *existência* das coisas singulares (na duração) sem ferir a imanência.[29] Essa suposição, aliás, se reforça se nos recordarmos do que diz Espinosa no escólio da proposição 8 da Parte I, na qual, ao explicar como entender os conceitos verdadeiros de substância e modo, introduziu, pela primeira vez, a noção de modificações não existentes. Escreve ele que os que entendessem perfeitamente os conceitos de substância e modo

> por substância entenderiam isso que é em si e é concebido por si, isto é, cujo conhecimento não carece do conhecimento de outra coisa. Por modificações, porém, isso que é em outro e cujo conceito é formado a partir do conceito da coisa em que são. Pelo que podemos ter ideias verdadeiras de modificações não existentes, visto que, embora não existam em ato fora do intelecto, todavia a essência delas é de tal maneira compreendida em outro que podem por ele ser concebidas, ao passo que a verdade da substância fora do intelecto não está senão nela própria, já que é concebida por si.

O sentido dessa proposição é claro: a substância jamais está compreendida ou contida em outro, mas seus modos, visto que são em outro e concebidos por meio de outro, estão compreendidos e contidos nela. É da natureza do modo não ser em si nem concebido por si e a ideia de uma modificação dita não existente é aquela ideia cuja existência não ocorre fora do intelecto infinito porque sua essência está compreendida em outro e pode ser concebida por meio desse outro, ou seja, no e pelo atributo pensamento.

Todavia, se é evidente o sentido da proposição 8 da Parte I, o mesmo parece não ocorrer com a proposição 8 da Parte II, pois, agora, os modos finitos são tratados como singularidades ora não existentes ora existentes e é isto que introduz a dificuldade para o entendimento dessa proposição,[30] pois essa distinção pressupõe a explicação da diferença entre eternidade e duração, o que Espinosa ainda não fez nessa altura do percurso dedutivo.

Uma vez que Espinosa julga que, mesmo precário, o exemplo do círculo e seus retângulos pode auxiliar na compreensão dessa proposição, retomemos o exemplo. Para tanto, recordemos, em primeiro lugar o que Espinosa escreve na Carta 12 e, a seguir, o que afirma na segunda demonstração da proposição 11 da Parte I, ou seja, ainda que brevemente, a distinção entre eternidade e duração.

Na Carta 12, ao distinguir entre substância e modos, Espinosa afirma que a primeira é aquela cuja existência pertence à sua essência e explica, "isto é, sua existência segue de sua essência apenas ou de sua definição"; em contrapartida, os modos são afecções da substância e sua definição não pode envolver qualquer existência, tanto assim, prossegue ele, que podemos conceber os modos como não existentes "quando consideramos apenas a essência dos modos e não a ordem da Natureza toda". Ou seja, tomado em sua singularidade, um modo pode ou não existir, dependendo das causas que o colocam na existência, porém, quando tomamos a ordem da Natureza inteira, poderemos conhecer a necessidade da existência desse modo. Dessa distinção, Espinosa conclui pela diferença entre eternidade e duração, declarando que com esta última "podemos explicar somente a existência dos modos", porém a existência da substância "pode ser explicada somente pela eternidade, isto é, como fruição infinita do existir, ou, para usar um barbarismo, como fruição infinita do sendo (*infinitam essendi fruitionem*)". Dessas considerações, segue uma nova distinção, pois quando consideramos a essência dos modos e a da duração, mas não a ordem da Natureza inteira,

> podemos (sem destruir os conceitos que deles temos) determinar à vontade suas existências e duração, concebê-las como maiores ou menores, dividi-las em partes.

Mas no que concerne à eternidade e à substância, visto que só podem ser concebidas como infinitas, não podem ser submetidas a tais operações sem que seus conceitos sejam destruídos.[31]

A eternidade é, portanto, uma propriedade da substância, indissociável de sua infinitude; a duração, propriedade dos modos, indissociável de sua finitude, isto é, ter a existência na dependência de um concurso de causas (além da ação do atributo, a dos modos infinitos e a de outros modos finitos).

Por seu turno, na segunda demonstração da proposição 11 da Parte I, destinada à prova da existência de Deus, Espinosa escreve:

> De toda coisa deve ser assinalada a causa ou razão tanto por que existe, quanto por que não existe. Por exemplo, se existe um triângulo, deve ser dada a razão ou causa por que existe; se, por outro lado, não existe, deve ser dada também a razão ou causa que impede que exista, ou seja, que inibe sua existência. Esta razão ou causa, na verdade, deve estar contida ou na natureza da coisa ou fora dela. Por exemplo, a razão por que não existe um círculo quadrado, sua própria natureza indica; não é de admirar, já que envolve contradição. Ao contrário, só natureza da substância segue também por que existe, a saber, já que envolve existência. A razão, porém, por que um círculo ou um triângulo existem ou por que não existem não segue de sua natureza, mas da ordem da Natureza corpórea inteira; com efeito, disto deve seguir ou que o triângulo existe agora necessariamente ou que é impossível que exista agora.

Espinosa distingue, portanto, entre envolver necessariamente existência (a substância e os atributos) e não envolvê-la necessariamente (coisas singulares), distinção que reafirma a exigência de que para cada coisa é preciso dar a causa ou razão "tanto por que existe quanto por que não existe", de maneira que para as coisas cuja essência não envolve necessariamente a existência é preciso determinar a causa para que existam ou não existam "necessariamente agora" e essa causa é, no caso do círculo e do triângulo, "a ordem da Natureza corpórea inteira". Espinosa retoma aqui uma exigência que apresentara no escólio da proposição 8 da Parte I: para as coisas cuja essência não envolve existência necessária, a causa de sua existência encontra-se fora delas — no caso do triângulo e do círculo, mencionados na proposição 11, essa causa é a potência da extensão e a ordem e conexão de modos extensos numa maneira certa e determinada.

Regressemos ao exemplo apresentado no escólio da proposição 8 da Parte II, mas lembrando o que Espinosa escreve no *Breve tratado* e que ilumina o exemplo desse escólio. Ali, numa nota ao Prefácio da Parte II, lemos que "um pensamento perfeito deve ser o conhecimento, uma ideia ou um modo de pensar de todas e de cada uma das coisas existentes",[32] ou seja, conhecimento da substância, de seus atributos e de todos os modos. Logo a seguir, Espinosa explica o uso da expressão "coisas existentes" porque não se trata

> de um conhecimento, de uma ideia que conhece em sua essência a Natureza inteira, no encadeamento de todos os seres, independentemente de sua existência particular, mas somente de um conhecimento, de uma ideia das coisas particulares que vêm, cada uma delas, a existir.[33]

A distinção, portanto, se refere, de um lado, ao conhecimento da essência da Natureza inteira como ordem necessária do encadeamento de todos os seres sem levar em conta suas existências e, de outro, ao conhecimento das coisas particulares determinadas a existir.

Retomemos o exemplo do círculo e seus retângulos. É da essência do círculo que dela siga necessariamente estarem nele contidos infinitos retângulos iguais e, dado que a ordem e conexão das ideias e das coisas é a mesma, é da essência da ideia do círculo que dela siga necessariamente estarem nela compreendidas as ideias desses retângulos. Evidentemente, para que os retângulos possam estar contidos no círculo e para que suas ideias possam estar compreendidas na ideia do círculo é necessário que o próprio círculo e sua ideia existam e não sejam meros possíveis. Se considerarmos o círculo uma ilustração (precária) do atributo extensão e os retângulos como uma ilustração (precária) dos modos finitos corporais, diremos (fundados na demonstração de que os corpos são modos finitos da extensão) que os retângulos não existentes são corpos singulares *contidos* no círculo; e se considerarmos a ideia do círculo uma ilustração (precária) do atributo pensamento diremos (fundados na demonstração de que as ideias são modos do atributo pensamento) que suas ideias são ideias singulares *compreendidas* na ideia do círculo. A singularidade dos retângulos e a de suas ideias só existe contida e compreendida em outro, que é sua causa (o círculo e a ideia do círculo). É neste sentido que retângulos e ideias de retângulos são ditos não existentes na duração, maneira de existir da coisa singular e de sua ideia como efeitos certos e determinados constituídos pela essência do círculo (extensão) e pela essência da ideia do círculo (pensamento). De fato, uma vez traçados dois retângulos (isto é, se o círculo significa, aqui, a extensão, estamos perante uma operação da "ordem da natureza corpórea inteira"), estes e suas ideias passam a uma outra maneira de existir, a da existência "necessariamente agora" ou na duração. Não podemos dizer que, anteriormente, esses dois retângulos eram meros possíveis, pois são e continuam sendo efeitos necessários da natureza do círculo existente, e nem que suas ideias são meros possíveis, pois são efeitos necessários da ideia do círculo existente — os dois retângulos e suas ideias estão necessariamente contidos e compreendidos nas essências de suas causas, que os constituem. Sua duração também não é um possível, pois depende de uma causa certa e determinada (o traçado) e o possível, como várias vezes explica Espinosa, é a imagem nascida da ignorância da causa de alguma existência. O traçado é a causa eficiente necessária da existência na duração dos dois retângulos e de suas ideias, e graças a essa causa, os dois retângulos traçados se distinguem de todos os outros, que existem apenas contidos no círculo e são não existentes na duração. Por outro lado, os retângulos traçados não deixaram de estar contidos no círculo e compreendidos em sua ideia, mas o estão de maneira diferente da anterior ao seu traçado, isto é, à causalidade imanente do círculo e de sua ideia veio acrescentar-se uma causa eficiente transitiva determinada, o ato de traçá-los, que os põe na duração (ou uma operação que se dá no interior da "ordem da Natureza corpórea inteira", isto é, o traçado, embora causa eficiente transitiva, depende da essência do círculo, pois, sem esta, a causa eficiente não poderia traçar os retângulos). Portanto, seja como não existência na duração, isto é, como existência contida no atributo extensão (figurado aqui pelo círculo) e, enquanto ideia, compreendida no atributo pensamento (figurado aqui como ideia do círculo), seja como existência na duração, os dois retângulos e suas ideias são necessários (por sua causa imanente ou a natureza do círculo e por sua causa transitiva ou a operação do traçado) e não possíveis. E o mesmo deve ser dito de todos os modos finitos ou coisas singulares e suas ideias, seja quando tomados na perspectiva da causa eficiente imanente como contidos necessariamente nos atributos e compreendidos necessariamente nos modos infinitos, seja quando tomados na duração determinada a partir de uma causa eficiente transitiva também determinada, isto é, essa causa pertence ao encadeamento necessário da causalidade imanente (como veremos, a seguir, na proposição 9). Essa dupla perspectiva impede separar essência e existência (separação que destruiria a definição da essência como inseparável da existência), pois simplesmente há duas maneiras de dizer a relação necessária entre ambas. Em suma, *o traçado não engendra os dois retângulos* (pois estes são necessariamente engendrados pela essência do círculo), *ele os faz existir na duração*, por sua ação como uma causa eficiente transitiva. Em ambos os casos, os dois retângulos e suas ideias existem, porém não da mesma maneira e é essa diferença que Espinosa propõe com a distinção entre não existente e existente.[34] O que, aliás, já era anunciado no final do escólio da proposição 8 da Parte I, quando Espinosa escrevera:

> cumpre concluir absolutamente que tudo de cuja natureza podem existir vários indivíduos deve ter necessariamente uma causa externa para que existam.

Em outras palavras, tudo quanto, por essência, pode envolver pluralidade individual exige a determinação de uma causa externa para vir à existência, isto é, uma causa eficiente transitiva para que exista *certo et determinato modo*. Isso esclarece por que Espinosa não diz, na Parte I, modificações *inexistentes* e, na Parte II, coisas singulares *inexistentes*, mas, nos dois casos, usa a expressão *não existentes*. Ou seja, visto que, desde os *Pensamentos metafísicos*, da Carta 21 a Blijenbergh e da Carta 12 a Meijer, os termos negativos (como "inexistente") são imaginativos e indicam mais nossa ignorância do que alguma realidade, pois se referem ao que não pertence à natureza de alguma coisa e, portanto, não nos dão a conhecê-la, Espinosa não emprega um termo negativo para as modificações e as coisas singulares e sim apõe um "não" à existência, cujo sentido deve ser explicitado, e, portanto, ser objeto de proposição e demonstração.

A proposição 8 da *Ética* II, ao reforçar a unicidade da ciência divina, introduzir a generalização da igualdade entre a ordem e conexão das ideias e das coisas e formular a distinção entre estar compreendido no atributo e durar, afirma a distinção entre a existência eterna da essência singular (sua existência no atributo) e sua existência determinada na duração (determinada por causas transitivas na ordem necessária da Natureza). Como observamos, nos dois casos, são mantidas a necessidade e a singularidade da essência, de sorte que não foi introduzida uma cisão entre uma suposta existência possível ou potencial e outra, necessária ou atual. Eis por que Espinosa afirma que o sentido da proposição 8 é de difícil compreensão porque, na verdade, se refere a algo único e só alcançaremos o seu pleno significado ao chegarmos à Parte v quando for demonstrada a eternidade da essência da mente humana e a da essência do corpo humano sem referência à duração, pois, Espinosa explica ali que

> de duas maneiras as coisas são concebidas por nós como atuais (*actuales*): ou enquanto as concebemos existir com relação a um tempo e um lugar precisos, ou enquanto as concebemos estar contidas em Deus e seguir da necessidade da natureza divina. As que são concebidas desta segunda maneira como verdadeiras ou reais, nós as concebemos sob a perspectiva da eternidade (*sub specie aeternitatis*) e suas ideias envolvem a essência eterna e infinita de Deus.[35]

As coisas singulares são sempre atuais, mas sua atualidade não é a mesma conforme as concebamos sob a perspectiva da eternidade ou sob a da duração.[36] Se Espinosa afirma, nesse início da Parte II, que a proposição 8 é de difícil compreensão é justamente porque ainda não fez o percurso dedutivo que permitirá entendermos plenamente o fundamento da distinção apresentada, o que só acontecerá na parte final da *Ética*.

Cabe, entretanto, observar que o corolário e o escólio já trouxeram uma precisão conceitual importante para o que havia sido enunciado nessa oitava proposição. De fato, o corolário explica o sentido de "não existentes" ao esclarecer que se trata de coisas que "não existem senão enquanto compreendidas nos atributos de Deus" e que, ao contrário, elas e suas ideias "são ditas durar" quando não são tomadas apenas na perspectiva de seus atributos, isto é, quando são também tomadas na perspectiva de causas eficientes transitivas na ordem necessária da Natureza. Em outras palavras, *a ontogênese dos seres singulares se realiza de duas maneiras: como ordem e conexão no interior do atributo segundo a causalidade eficiente imanente necessária da Natureza Naturante e segundo a ordem e conexão no interior da Natureza Naturada como causalidade eficiente transitiva necessária*. Observemos, ainda que, para se referir às duas perspectivas, Espinosa emprega os mesmos termos, quais sejam, "coisas singulares" e "ideias de coisas singulares", de maneira que estar contido no atributo e compreendido no modo infinito significa estar juntamente como todos os modos produzidos pelo respectivo atributo e com todas as ideias desses modos produzidas pelo intelecto infinito; não significa, portanto, perder a singularidade, pois, se assim fosse, a crítica à impossibilidade ontológica dos seres singulares seria válida. Estar contido e compreendido num atributo não significa deixar de ser constituído por esse atributo, e a constituição é o cerne da singularidade.

O movimento dedutivo prossegue demonstrando, na proposição 9, a causa da existência atual da ideia de uma coisa singular, ou seja, a ação da causalidade divina na produção de coisas finitas. Por isso convém lembrarmos o que Espinosa demonstrou no final da Parte I.

Deus é causa eficiente imanente das essências e existências de todas as coisas, sejam elas modos infinitos ou finitos; tudo quanto existe e opera é determinado a existir e a operar pela ação da natureza de Deus ou de seus atributos, isto é, Deus é causa eficiente imanente das existências e operações de todas as coisas, sejam elas infinitas ou finitas. Da natureza absoluta do atributo segue o modo infinito imediato, da natureza do atributo modificada num modo infinito segue o modo infinito mediato, o qual, portanto, segue mediatamente da natureza do atributo e imediatamente do modo infinito imediato; o que é finito deve, pois, seguir ou da natureza absoluta do atributo ou da natureza do atributo modificada em uma modificação infinita; mas assim não pode ser porque da natureza do atributo só pode seguir o que é infinito e eterno. Isto significa que a essência do que é finito segue da natureza do absolutamente infinito porque a essência do que é finito é essência de modo e um modo é afecção de atributo; significa também que a existência e a operação de um modo que é finito seguem de sua determinação por uma causa eficiente positiva que é a potência absolutamente infinita, porém, a *determinação* dessa existência e dessa operação depende do nexo causal dos modos infinitos que são as leis da Natureza Naturada e esses modos infinitos particularizam em causas finitas as operações determinadas dos nexos causais infinitos em causas determinadas ou finitas por intermédio da operação dessas causas umas sobre as outras, segundo as leis universais dos modos infinitos. Estes *não são causas do ser dos modos finitos e sim causas da determinação de suas operações* no sentido de que são as leis universais de operações causais determinadas dos modos finitos. Toda coisa finita, isto é, que possui existência determinada e está determinada a realizar certas operações, depende da rede causal infinita de causas finitas que operam de maneira determinada, de sorte que toda coisa finita está causalmente determinada pelas operações dos modos infinitos e pela causalidade finita (e, portanto, transitiva) de cada modo finito operando sobre outros.

À luz dessas considerações, a proposição 9 da Parte II enuncia:

> A ideia de uma coisa singular existente em ato (*actu existentis*) tem como causa Deus não enquanto (*quatenus*)* é infinito, mas enquanto (*quatenus*) considerado afetado por outra ideia de coisa singular existente em ato, cuja causa também é Deus enquanto (*quatenus*) afetado por uma terceira, e assim ao infinito.

Preparada pela sétima e oitava proposições, a nona proposição nos coloca no centro de um percurso dedutivo em que passamos aos modos finitos ou à substância modificada em suas expressões finitas e, por conseguinte, às operações de modos finitos que causam outros de mesma natureza que a sua, todos eles compreendidos nos modos infinitos. Em outras palavras, passamos às operações da própria Natureza Naturada.

A demonstração da proposição 9 começa caracterizando a ideia de uma coisa singular existente em ato como um modo singular do atributo pensamento, distinto dos outros, conforme exposto no corolário e no escólio da proposição 8 da Parte II, ou seja, possui causas singulares para sua existência singular. Como modo do pensamento, essa ideia tem como causa Deus como (*quatenus*) coisa pensante somente. Porém, explica Espinosa, não se trata de Deus considerado como (*quatenus*) coisa absolutamente pensante (ou como atributo), mas sim modificado (afetado) por outro modo de pensar, isto é, por outra ideia. Em outras palavras, a ideia de uma coisa singular é causada por uma outra ideia de uma coisa singular e, por sua vez, é causa de uma outra coisa singular e assim ao infinito. Trata-se, portanto, da gênese das ideias das coisas singulares a partir de outras ou seguindo de outras numa ordem e conexão de causas. Visto que a ordem e conexão das ideias é a mesma que a ordem e conexão das causas, a causa da ideia de uma coisa singular é outra ideia, portanto, essa causa é Deus modificado noutra ideia, e desta também Ele é a causa e assim ao infinito.

A autonomia causal dos atributos se mantém na causalidade de seus respectivos modos; por conseguinte, uma ideia de uma coisa singular é um modo finito e, por ser modo do pensamento, tem como causa outra ideia e não a coisa singular de que é ideia ou um modo singular de outro atributo. Com a ação causal

---

* Lembremos ainda uma vez que *quatenus* não significa "enquanto" em sentido temporal ("quando"), mas sim corresponde a locuções do tipo: "concebido como", "considerado como".

entendida como Deus *quatenus* afetado numa modificação finita é introduzida a ordem e conexão dos modos singulares como causa eficiente necessária da existência desses modos em conformidade com a distinção real de seus atributos. Toda ideia singular é ideia de alguma coisa singular, porém, esta última não é sua causa e sim a ordem e conexão das próprias ideias. Por isso, a demonstração da proposição 9 introduz uma alteração no enunciado da proposição 7, pois em lugar de ordem e conexão das ideias e das coisas, lemos agora *ordem e conexão das causas*. Isso significa, como já fora assinalado no *De emendatione*, que uma ideia é operação causal (produz outras ideias como seus efeitos) e, como todas as outras coisas, se comunica e se articula com outras porque se insere numa ordem infinita de conexões causais que determinam sua gênese e suas relações com outras.

Passamos da gênese pela causalidade eficiente dos atributos e dos modos infinitos à gênese dos modos finitos pelo encadeamento e conexão entre os modos finitos singulares, em conformidade com o estabelecido pela proposição 28 da Parte I.* Essa passagem se explicita no corolário da nona proposição:

> O que quer que aconteça no objeto singular de uma ideia qualquer, disso é dado o conhecimento em Deus somente enquanto (*quatenus*) tem a ideia desse objeto.

O corolário traz duas precisões. Em primeiro lugar, afirma que há em Deus conhecimento de *tudo* o que acontece no objeto singular de uma ideia singular. A ciência de Deus, sendo única e infinita, inclui o conhecimento da ideia singular de uma coisa singular. Em segundo lugar, entretanto, introduz uma restrição ao enunciar o "somente", afirmando que esse conhecimento se dá em Deus "somente enquanto tem a ideia desse objeto", ou, como lemos na demonstração do corolário, Deus tem esse conhecimento "não enquanto (*quatenus*) infinito, mas enquanto (*quatenus*) afetado por outra ideia de uma coisa singular", portanto, ao se exprimir numa modificação finita do pensamento. Retomando os termos da proposição 7, o corolário explica por que Deus modificado num modo finito do

---

* E I proposição 28: "Nenhuma coisa singular, ou seja, nenhuma coisa que é finita e tem existência determinada, pode existir nem ser determinada a operar, a não ser que seja determinada a existir e a operar por outra causa que também é finita e tem existência determinada; por sua vez, essa última tampouco pode existir e ser determinada a operar a não ser por outra, a qual também é finita e tem uma existência determinada, e assim ao infinito".

pensamento tem o conhecimento de tudo quanto acontece no objeto singular de uma ideia singular: visto que a ordem e conexão das ideias é a mesma que a ordem e conexão das coisas, "o conhecimento do que acontece em algum objeto singular será em Deus somente enquanto tem a ideia desse objeto", ou seja, enquanto se exprime numa modificação finita do pensamento como ideia de uma coisa singular todo e qualquer conhecimento tem como referência somente a própria ideia do objeto.[37]

O percurso dedutivo realizado da primeira à nona proposição é a efetuação de uma passagem dos atributos aos seus modos finitos. Como se trata de demonstrar o conhecimento que temos desses modos a fim de determinar a natureza e origem da mente humana, Espinosa, depois de demonstrar a natureza e origem das ideias e dos corpos, fundada na autonomia causal dos atributos, se volta para os modos do atributo pensamento: o intelecto infinito (ciência ou ideia de Deus) e os modos finitos (ideias das coisas singulares). No entanto, porque a ordem e conexão das coisas e das ideias são as mesmas e porque a proposição 21 da Parte I se refere a todos os seres finitos, podemos estender aos corpos o que foi demonstrado para as ideias, isto é, que Deus se modifica ou se modaliza neles e são causas eficientes uns dos outros. A essa gênese das ideias e dos corpos como coisas singulares seguirá a de um modo finito determinado: o ser humano.

3. A GÊNESE DO MODO HUMANO

O ponto de partida da dedução da gênese do modo humano encontra-se na décima proposição, que enuncia:

À essência do homem não pertence o ser da substância, ou seja, uma substância não constitui a forma do homem.

A incompreensão do sentido dessa proposição está na origem da caracterização da filosofia espinosana como panteísmo, monismo e acosmismo e como impossibilidade dos seres singulares. Em outras palavras, os críticos de Espinosa não tiveram o cuidado de se debruçar sobre o sentido dos verbos pertencer e constituir, decisivos para a compreensão da causalidade eficiente imanente da substância. O enunciado da décima proposição da *Ética* II introduz a expressão "forma do homem". Como o conceito de forma é empregado por Espinosa no sentido de essência e natureza determinadas,[38] "forma do homem" aparece aqui com um escopo claro, isto é, criticar diretamente a noção escolástica de forma substancial — "uma substância não constitui a forma do homem" — e, indiretamente, a suposição cartesiana da essência do homem como substância criada. Na demonstração, Espinosa opera com os verbos *pertineo* e *constituo*. Desde a Parte I, esses verbos são empregados com um sentido preciso: pertencer tem o sentido de *involvere* significando, portanto, relação de implicação recíproca ou de unidade indissolúvel; constituir, em seu sentido originário, significa unidade intrínseca de uma totalidade ordenada em si mesma (maneira de ser em que a natureza do agente está conforme a si mesma) e um ato contemporâneo ao ser do agente, exprimindo-o e exprimindo sua natureza.[39] Por conseguinte, se o ser da substância *não pertence* à essência do homem, então uma substância *não constitui* a forma do homem.

A demonstração se realiza por redução ao absurdo, apoiando-se na proposição 7 da Parte I — "À natureza da substância pertence existir" —, isto é, o ser da substância envolve existência necessária. Ora, pela definição da essência de uma coisa sabemos que esta e a própria coisa estão numa relação de reciprocidade e reversibilidade, de maneira que posta a essência da coisa também é posta sua existência e vice-versa, posta a existência da coisa é posta também sua essência. Se, portanto, o ser da substância pertencesse ao homem, então, dada a substância, dar-se-ia também o homem, pois, por essência, este existiria necessariamente, uma vez que a essência da substância envolve a existência necessária. Porém, pelo primeiro axioma da Parte II, "a essência do homem não envolve existência necessária, isto é, pela ordem da Natureza tanto pode ocorrer que este ou aquele homem exista como não exista", de maneira que é absurdo afirmar que o ser da substância pertence à sua essência.

Poderíamos indagar se a definição da essência, proposta no *Breve tratado* e na Parte II da *Ética*, não exigiria que o homem fosse substância, uma vez que, nessa definição, a essência e a existência são indissolúveis. Não é, porém, o caso. Na substância, a essência envolve necessariamente a existência, ou seja, é sua causa; porém, no homem, a essência não envolve a existência, mas esta envolve uma causa que não é sua própria essência e esta, aliás, também necessita de uma causa que não é ela mesma. A substância é necessária por sua essência — é causa de si; um homem é necessário por sua causa — é em outro e concebido por meio de outro. Também é preciso notar que a definição da essência da coisa não diz que ela causa sua própria existência nem que esta causa sua essência, pois ambas são causadas pela substância. O que a definição da essência afirma é que, posta uma delas, a outra é necessariamente posta e, suprimida uma delas, a outra também é necessariamente suprimida.

No escólio dessa décima proposição, uma segunda demonstração, também por redução ao absurdo, é proposta, apoiada na proposição 5 da Parte I — "Pela natureza das coisas não podem ser dadas duas ou várias substâncias de mesma natureza, ou seja, de mesmo atributo" — isto é, a unicidade substancial é contraditória com a multiplicidade de homens que podem existir. Além disso, Espinosa invoca várias propriedades da substância que seria impossível encontrar na essência do homem: infinitude, imutabilidade, indivisibilidade etc.

Se o homem não é substância e visto que tudo o que é ou é em si e concebido por si ou é em outro e concebido por meio de outro, então o homem só pode ser em outro e concebido por meio de outro. Donde, agora numa formulação afirmativa, o corolário enunciar: "Daí segue que a essência do homem é constituída por modificações certas dos atributos de Deus".

O homem é, portanto, um modo finito cuja essência é constituída por modificações determinadas dos atributos de Deus. O emprego de *constituere* já indica que a essência do homem é a unidade ordenada de modificações determinadas de atributos da substância. A demonstração do corolário se apoia em duas proposições da Parte I: na proposição 15 — "Tudo que é, é em Deus, e nada sem Deus pode ser nem ser concebido" — e no corolário da proposição 25 — "As coisas particulares nada são senão afecções dos atributos de Deus, ou seja, modos, pelos quais os atributos de Deus se exprimem de maneira certa e determinada". A essência do homem é uma afecção da substância ou um modo que exprime a natureza de Deus de maneira certa e determinada e essa essência é constituída por modificações dos atributos divinos, ou seja, a essência do homem não é simples, mas sim uma unidade complexa.

O corolário é seguido de um novo escólio, no qual os pontos principais da argumentação se referem à distinção entre pertencer e constituir, à definição da essência de uma coisa e à ordem necessária do filosofar. Essas precisões são fundamentais para que se compreenda que a imanência da substância aos modos finitos não impossibilita a existência destes, mas, pelo contrário, é a condição necessária deles.

Espinosa inicia o escólio supondo que "todos devem, certamente, conceder" que sem Deus nada pode ser nem ser concebido, e dá por estabelecido que "é do consenso de todos" admitir que Deus é a causa única da essência e da existência de todas as coisas. Ora, é exatamente nisso em que todos concordam que residirá a fonte de um engano tenaz. De fato, prossegue Espinosa, quase todos definem a essência de uma coisa como aquilo sem o que a coisa não pode ser nem ser concebida, concluindo ou que a natureza de Deus pertence à essência das coisas criadas (visto que Ele é aquilo sem o qual não podem ser nem ser concebidas), ou que estas podem ser e ser concebidas sem Deus (uma vez que entre Ele e elas deve haver distinção real de essência e elas e Ele são incomensuráveis), "ou, o que é mais certo, não são minimamente coerentes consigo próprios". Como o acordo inicial desemboca em tanto desacordo? Espinosa responde:

> A causa disso creio ter sido que não se ativeram à ordem devida para filosofar (*quod ordinem philosophandi non tenuerint*). Em vez de, como deviam, contemplar antes de tudo a natureza de Deus, uma vez que ela é anterior tanto na ordem do conhecimento como na ordem da Natureza, acreditaram (*crediderunt*) que, na ordem do conhecimento, ela era a última, e que as coisas chamadas objetos dos sentidos eram as primeiras. Donde ocorreu que, enquanto contemplavam as coisas naturais, em nada tenham pensado menos do que na natureza divina e quando depois dirigiram o ânimo (*animum appulerint*) para a contemplação da natureza divina, em nada puderam pensar menos do que em suas primeiras ficções (*figmentis*) sobre as quais haviam construído o conhecimento das coisas naturais, dado que aquelas não lhes poderiam ser de qualquer valia para o conhecimento da natureza divina. E por isso não é de admirar que a cada passo caíssem em contradição.*

Espinosa afirma, portanto, que a ordem do conhecimento é a mesma que a ordem da Natureza e que não observar "a ordem devida para filosofar" é causa do desconhecimento da ordem da realidade.[40] Embora possamos ler nas entrelinhas uma crítica à distinção cartesiana entre a ordem das matérias e a ordem das razões ou à ordem analítica das *Meditações*,[41] que não se inicia com a contemplação da ideia de Deus, todavia, o vocabulário do escólio indica que Espinosa acres-

---

* E II proposição 10, escólio.

centa à crítica a Descartes outra, dirigida à tradição aristotélico-escolástica. Se, como dissemos, no enunciado e na demonstração da proposição 10, a expressão "forma do homem" indica a crítica espinosana às formas substanciais, o escólio volta as armas contra a posição inaugurada por Aristóteles, que parte da diferença entre a ordem do conhecer e a do ser e afirma a anterioridade necessária do conhecimento da ordem empírica ou dos objetos dos sentidos para a chegada ao conhecimento intelectual dos princípios e das causas. Herdeira dessa tradição, a Escola, embora admita que Deus é causa primeira e considere que, na ordem real, Deus é necessariamente anterior às coisas naturais, jamais abandona a distinção aristotélica entre o que é anterior e mais conhecido para nós e o que é anterior e mais conhecido em si mesmo. Ora, prossegue Espinosa, dizer que Deus é anterior às coisas que Dele dependem quanto à essência e à existência e, ao mesmo tempo, acreditar que as essências delas possam ser conhecidas antes de conhecê-Lo e, portanto, independentemente do conhecimento da essência Dele, significa pretender que haja conhecimento sem referência à causa eficiente do conhecido, o que é impossível. Compreende-se, portanto, que as primeiras ideias das coisas assim formadas sejam *figmenta*, ficções. É compreensível também que estas não sejam de qualquer valimento quando se pretende chegar a posteriori à essência de Deus, uma vez que as coisas sensíveis foram pensadas sem qualquer relação com a essência divina. Separar a ordem do conhecer e a ordem do ser, inverter a ordem do conhecimento e com isso tomar o efeito sem a causa (ignorando que o conhecimento do efeito depende do da causa e o envolve) e esperar, assim, conhecer a essência das coisas e a de Deus é condenar-se a ficções. Em primeiro lugar, porque na ausência do conhecimento da causa eficiente verdadeira são forjadas causalidades imaginárias; em segundo, porque é próprio da ficção não permitir uma dedução completa de seu objeto sem ser interrompida por contradições manifestas, mas que, por não serem percebidas como tais, fazem com que a ficção não limite a própria ficção.[42]

Não observar a ordem devida para filosofar é, pois, desordem cognitiva que desemboca em desordem ontológica. Destas, duas consequências são o objeto do escólio. A primeira, como acabamos de ver, é a contradição entre afirmar simultaneamente a dependência e a independência das coisas naturais em relação a Deus; a segunda, a contradição entre afirmar que Deus é a causa única da essência e existência de todas as coisas e definir a essência de tal maneira que se deva concluir que a essência de Deus *pertence* às essências das coisas causadas por Ele quando a verdadeira definição da essência deve levar a concluir que Ele as *constitui*, isto é, lhes dá o ser. Essa segunda contradição é, no fim das contas, inseparável da primeira.

Assim, a função do escólio da proposição 10 é dupla. Em primeiro lugar, mostrar que o fato da essência do homem, em vez de ser uma substância, é constituída por modos dos atributos divinos não significa que a natureza de Deus pertença à essência do homem, e sim que ambas são distintas porque Deus é substância e o homem, um modo. Em segundo, mostrar que tanto a separação quanto a identificação entre a essência de Deus e a do homem decorrem do erro na definição da essência. Espinosa julga o primeiro ponto evidente. Se Deus é a substância absolutamente infinita constituída por infinitos atributos infinito sem seu gênero, causa de si, causa eficiente livre, primeira e imanente de todas as coisas, e se as causa tanto na essência quanto na existência, é evidente que o efeito depende da natureza divina e não pode igualar-se a ela, pois não é absolutamente infinito, não é causa de si e, não tendo a existência envolvida por sua própria essência, não é uma existência necessária. Em suma, nenhuma das propriedades que pertencem à essência da substância pertencem à essência do homem. O centro da argumentação espinosana encontra-se, portanto, na expressão "pertencer à essência de", que, se não for compreendida, leva à suposição de panteísmo ou, hegelianamente, de acosmismo.

Justamente para enfatizar a diferença entre pertencer e constituir, Espinosa passa ao segundo ponto do escólio, retomando a definição da essência:

> meu intento aqui foi apenas dar o motivo por que eu não disse que pertence à essência de uma coisa aquilo sem o que a coisa não pode ser nem ser concebida; não é de admirar, já que, sem Deus, as coisas singulares não podem ser nem ser concebidas, e contudo Deus não pertence à essência delas; mas eu disse que constitui necessariamente a essência de uma coisa aquilo que, dado, a coisa é posta e, tirado, a coisa é suprimida; ou aquilo sem o que a coisa não pode ser nem ser concebida e, vice-versa, que sem a coisa não pode ser nem ser concebido.

Como já observamos, a tradição acostumara-se a definir a essência como aquilo que pertence à natureza de uma coisa de maneira tal que sem ela a coisa não pode ser. Por esse motivo, podia-se ora considerar que a natureza de Deus pertencia à essência de uma coisa (pois sem Ele, ela não pode ser) e ora acreditar que a essência das coisas era independente de Deus (pois haveria distinção real e incomensurabilidade entre criador e criatura). A novidade da definição espinosana da essência, como já vimos, encontra-se, por um lado, na maneira como o "pertencer a" é inseparável da reciprocidade entre essência e existência (ou seu envolvimento recíproco) e, por outro, na distinção entre pertencer e constituir.

De fato, como já observamos, na definição espinosana, pertence à essência da coisa aquilo que, dado, põe essa essência e, retirado, a suprime. Porém, como explica Espinosa, pertence à essência aquilo sem o que a coisa não pode existir nem ser concebida e *reciprocamente* (*et vice versa*), aquilo que sem a coisa não pode ser nem ser concebido. Sem a essência, a coisa é suprimida, porém, sem a própria coisa, não há essência alguma. Em outras palavras, a essência não é um universal abstrato, uma *natura communis*, nem gênero ou espécie que se singularizam numa existência determinada, nem é um possível lógico à espera de passar à existência: é singular em si mesma e indissociável de sua própria existência. A essência pertence à coisa e a coisa pertence à essência, ambas sendo inexistentes e inconcebíveis se uma delas faltar.

A definição espinosana determina o conceito de essência de tal maneira que suplante os equívocos da indeterminação que perpassava a definição tradicional, de sorte que já não se pode pensar que Deus pertença à essência de cada coisa — a essência de Deus *constitui* as essências das coisas de maneira certa e determinada (Ele lhes dá um ser determinado) e elas exprimem a Dele também de maneira certa e determinada (elas seguem da natureza Dele), mas não há pertencimento recíproco. Donde a distinção entre causar (isto é, seguir de) e pertencer. Pela proposição 25 da Parte I, a potência de Deus, eterna e infinita, causa a essência e a existência de todas as coisas como modos de Sua essência, e as coisas estão em Deus porque Ele se exprime nelas enquanto seus efeitos imanentes que seguem necessariamente de Sua natureza; por conseguinte, sendo efeitos e não causas de si, não só elas não são substâncias como ainda a substância não pertence à essência delas. Mais do que isso. Espinosa demonstrou na Parte I que Deus é causa das essências das coisas (estas procedem dos atributos de Deus), causa das existências delas (dependem do nexo causal ou das redes causais da Natureza Naturada, isto é, da ordem da Natureza) e a causa das operações que elas realizam (são determinadas por Ele a operar de maneira certa e determinada), de sorte que, pela definição da essência oferecida na Parte II, é evidente que a essência de Deus não possa pertencer à essência de cada coisa singular porque esta é inseparável da existência e operação da própria coisa, e o primeiro axioma da Parte II nos ensina que a existência do homem não está envolvida na própria essência do homem, ou seja, não é necessária por si mesma, e sim necessária pela sua causa.

A relação entre as duas questões tratadas pelo escólio do corolário da proposição 10 é estabelecida pela ideia de ordem. De fato, quando se imagina iniciar o conhecimento reunindo em universais abstratos os dados dispersos da experiência sensorial, chega-se a uma definição da essência como coleção de propriedades gerais que silencia o principal, isto é, a relação necessária entre uma essência e sua causa determinada, ou entre uma coisa singular e sua causa eficiente determinada. Por outro lado, imagina-se que Deus, puro espírito transcendente, conheceria apenas essências universais e, a partir delas, Sua vontade conferiria existência às coisas particulares. Todavia, como é do consenso de todos que Deus é causa única da essência e da existência das coisas, torna-se forçoso admitir que sem Deus uma coisa não é, porém, pela maneira como se define a essência sem a reciprocidade com a existência, também é forçoso concluir que a natureza de Deus deve pertencer à essência dessa coisa, isto é, ser uma das propriedades dessa essência. A ausência de ordem no conhecimento é causa da definição inadequada e incompleta da essência que, por seu turno, desordena o conhecimento da ordem necessária da Natureza. Donde a articulação necessária entre ordem do conhecimento, definição verdadeira e ordem da realidade, articulação que torna inteligível o vínculo necessário, afirmado na demonstração, entre a proposição 7 da Parte I — há uma única substância — e a proposição 10 da Parte II — o homem não é substância, mas sua essência é constituída por modificações certas dos atributos da substância, o que significa, portanto, que essa essência é uma *res singularis*. O homem é um modo finito da substância e por isso necessariamente sua essência é e só pode ser a de uma coisa singular, como está anunciado na proposição 9.

Ao chegar ao escólio da 11ª proposição, Espinosa escreve:

> Aqui, sem dúvida, os leitores estarão estarrecidos e lhes passará pela cabeça muita coisa que sirva de empecilho; eis por que rogo que prossigam comigo a passos lentos, e que não julguem isso até que tenham lido tudo do começo ao fim.

De que trata a proposição 11 da *Ética* II para que Espinosa escreva essas linhas? Tendo demonstrado que a essência do homem é constituída por modificações determinadas de atributos da substância, Espinosa inicia, na proposição 11, a dedução da natureza de uma das modificações que constitui essa essência, qual seja, a mente. Havíamos observado que Espinosa definira a ideia, mas não a mente e que esta deveria ser objeto de uma proposição. Por isso, após a demonstração de que a substância não pertence à essência do homem, a mente humana será deduzida agora como um tipo determinado de ideia constituída pelo tipo determinado de objeto de que é ideia.

> O que primeiramente constitui o ser atual da mente humana é nada outro que a ideia de alguma coisa singular existente em ato.*

A proposição enuncia qual é a *constituição* da mente humana: ela é a ideia de uma coisa singular existente em ato, ou seja, não é uma alma substancial que pode ser tomada sem aquilo de que ela é a ideia. O emprego do termo *constituição* já indica que estamos perante a unidade intrínseca de um todo ordenado em si mesmo, isto é, o ser atual da mente humana é a unidade intrínseca de uma ideia e de seu ideado. Toda mente é uma mente singular, pois é ideia de uma coisa singular existente em ato: dessa maneira, a proposição 11 oferece o fundamento para que se possa vir a conhecer (sob certas condições precisas) a singularidade de uma mente humana determinada, conhecimento que é o escopo da Parte V da *Ética*.

A demonstração tem como ponto de partida a essência do homem constituída por modos determinados dos atributos de Deus e, conforme o segundo axioma da Parte II, trata-se aqui de modos de pensar, dentre todos os quais, de acordo com o axioma 3, a ideia é anterior por natureza e, sendo dada, esses outros modos de pensar devem ser dados no mesmo indivíduo. Eis por que a proposição afirma que a ideia *é o que primeiramente constitui o ser atual da mente humana*. Ela é, portanto, um modo do atributo pensamento e como tal uma coisa pensante, como enunciado na definição 3.[43]

Ora, toda ideia é ideia de algo ou é a significação de algo, visto que uma ideia, conforme a definição 3, é um conceito que a mente forma por ser coisa pensante. Por isso Espinosa prossegue esclarecendo do que a mente é ideia, explicando primeiro que ela não pode *ser* a ideia de uma coisa não existente, pois,

---

* E II proposição 11.

então, ela não poderia ser dita existir em ato; "logo, será a ideia de alguma coisa existente em ato". Trata-se, porém, de determinar qual é a coisa cuja ideia *constitui* o ser atual da mente humana, isto é, de acordo com o sentido de *constituere*, qual é a coisa à qual a mente está intimamente ligada e unida. Espinosa explica que não há de ser a ideia de uma coisa infinita, "pois uma coisa infinita deve sempre necessariamente existir" e à essência do homem não pertence a existência necessária, uma vez que ele não é uma substância. Por conseguinte, a coisa de que a mente humana é ideia e que constitui seu ser atual é alguma coisa singular existente em ato. Conclui-se, então, que "o que primeiramente constitui o ser atual da mente humana é a ideia de alguma coisa singular existente em ato", em outras palavras, ela é o *conceito* de alguma coisa singular existente em ato.

Dessa demonstração segue o corolário, no qual é enunciado que "a mente humana é parte do intelecto infinito de Deus (*partem esse infiniti intellectus Dei*)". Duas consequências seguem necessariamente: em primeiro lugar, que, "quando dizemos que a mente humana percebe isto ou aquilo, nada outro dizemos senão que Deus, não *quatenus* infinito, mas *quatenus* explicado pela natureza da mente humana, ou seja, como constituindo a essência da mente humana, tem esta ou aquela ideia" — a coisa pensante, modificação finita do atributo pensamento como seu efeito imanente, é uma expressão de Deus enquanto este se explica pela natureza dela; e, em segundo, que,

> quando dizemos que Deus tem esta ou aquela ideia não apenas ao constituir a natureza da mente humana, mas também, em simultâneo com a mente humana, tem a ideia de outra coisa (*alterius rei*), então dizemos que a mente percebe a coisa parcialmente (*ex parte*), ou seja, inadequadamente.

Compreende-se, portanto, por que o escólio afirma que os "leitores estarão estarrecidos". Além de demonstrar que a mente não é uma substância individual e sim modo de um atributo de Deus e, como tal, uma parte do intelecto infinito, Espinosa, depois de concluir que por isso a mente humana é a ideia de alguma coisa singular existente em ato, ainda afirma que, ao constituir a essência da mente humana, Deus, *não como infinito, explica-se pela natureza da mente humana!* E, como se não bastasse, ainda acrescenta que, em determinadas circunstâncias, a mente percebe inadequadamente a coisa de que é ideia, ou seja, ao que parece,

Deus teria ideias inadequadas! Diante disso, Bayle só poderia bradar que estamos perante abominação e blasfêmia.[44]

Retomemos o enunciado da proposição 11: trata-se da apresentação da mente humana em seu ser atual, isto é, considerada não enquanto compreendida no atributo pensamento juntamente com as demais ideias, mas tomada como algo singular porque ideia de alguma coisa singular existente em ato. Em outras palavras, a chave desse primeiro momento da dedução do fundamento da singularidade da mente humana é dada pela referência ao seu *ser atual* e à *existência em ato* daquilo de que ela é ideia. Ademais, pela demonstração, sabemos que, sendo um modo certo e determinado do atributo pensamento, a mente humana é uma afecção particular da essência de Deus ou Deus se explicando ou se exprimindo na essência particular dessa ideia quando tomado como modificado num ser finito, o qual agora é dito singular porque se trata desse ser em ato e de seu ideado como existência atual. Além disso, a mente humana, por ser modo finito do atributo pensamento, é parte do intelecto infinito de Deus, uma vez que este é a ordem e conexão de todas as ideias, e é enquanto parte singular que ela é uma expressão determinada da atividade pensante divina — Deus modificado nela e exprimindo-se nela enquanto ideia de uma coisa singular existente em ato. Ser efeito imanente do pensamento ou parte do intelecto infinito e ser ideia de uma coisa singular existente em ato é o que a *constitui* como coisa pensante singular. Dessa maneira, enquanto a proposição 11 oferece o fundamento da essência singular de uma mente humana, o corolário dessa proposição oferece o fundamento ontológico de todo o conhecimento efetuado pela mente humana, ou seja, sua inserção numa ordem e rede causais de ideias das quais ela é um efeito determinado e nas quais ela também opera como uma causa determinada ou singular.

Se, além disso, levarmos em consideração a definição da ideia, a mente humana, por ser *uma mente*, é um modo do pensar, uma ideia, que forma ideias, isto é, percebe ou concebe ideias, portanto, ela é *um ato cognitivo*, percepção ou concepção de alguma coisa, formação e apreensão de um significado ou de um sentido: ela é um ato de pensar. Visto que, pelo axioma 3, uma ideia é anterior a todos os outros modos de pensar, os quais não existem sem a ideia das coisas a que se referem, é preciso dizer, como lemos no enunciado da proposição, que o que constitui *primeiramente* o ser atual da mente humana é *ser* a ideia de alguma coisa singular existente em ato, portanto, que essa coisa não pode ser inexistente (pois a mente existe) nem infinita (porque esta envolve existência necessária e a mente é um modo). Conclui-se que o que constitui primeiramente o ser atual da mente humana é a ideia de *alguma coisa finita existente em ato*. Numa palavra, a mente humana é uma *noesis* cujo *noema* é alguma coisa singular existente em ato.

A finitude da coisa cuja ideia primeiramente constitui o ser atual da mente humana vem esclarecer as duas afirmações estarrecedoras do corolário, ou seja, que Deus se explica (se exprime) nesse ser de duas maneiras diferentes: em primeiro lugar, pelo fato geral de que Ele tem ideias das coisas conforme a mente humana as tenha; em segundo, que quando, simultaneamente à ideia da coisa singular existente em ato formada por essa mente constituída por Ele, ela tiver outras ideias de outras coisas que não aquela que constitui seu ser atual, estas ideias serão uma percepção ou concepção parcial (*ex parte*) dessas outras coisas e por isso a mente as percebe ou concebe inadequadamente. Espinosa retoma, aqui, o que já dissera no *Tratado da emenda do intelecto*, quando escrevera que

> se é da natureza do ser pensante formar pensamentos verdadeiros ou adequados [...], então é certo que as ideias inadequadas se produzem em nós somente pelo fato de sermos parte de um ser pensante cujos pensamentos constituem nossa mente às vezes no todo, às vezes só em parte.[45]

Dessa maneira, em sua primeira afirmação, o corolário estabelece o fundamento ontológico do conhecimento verdadeiro ou adequado — quando Deus se explica ou se exprime *somente* pela natureza de uma mente humana constituída por Ele como *singular* — e, em sua segunda afirmação, estabelece o fundamento ontológico do conhecimento inadequado — quando a mente tem ideia parcial de si ou da coisa de que é ideia porque essa ideia é alcançada por meio de ideias de outras coisas que não a essência da própria mente singular constituída por Deus. A distinção se estabelece, portanto, entre a ideia que a mente *é* enquanto singularmente constituída por Deus (ideia de uma coisa singular existente em ato) e as ideias que a mente *tem* sobre seu ser e sobre a coisa singular de que é ideia e que podem ser parciais ou inadequadas (quando Deus não se exprime nessa mente singular, mas a concebe juntamente com inúmeras outras, distintas dela e com ela relacionadas parcialmente). Numa palavra, o que Espinosa demonstra é que o fato de a mente humana ser um modo do pensamento, uma parte do intelecto infinito de Deus e singularmente constituída por Deus nela modificado não significa que por isso ela tenha sempre um conhecimento verdadeiro daquilo de que ela é a ideia. Donde dois sentidos distintos do termo *pars* empregado no corolário: *partem intellectus infiniti* ou a mente como parte do intelecto infinito (portanto, capaz de conhecimento adequado) e como ideia parcial ou *ex parte* de uma coisa (portanto, capaz de conhecimento inadequado).[46] Ao pedir ao leitor estarrecido que seja paciente e acompanhe todo o percurso demonstrativo que virá a seguir, Espinosa sabe que essas primeiras afirmações parecerão incompreensíveis até que ele tenha demonstrado, bem mais adiante, a gênese do conhecimento imaginativo, pois é este o conhecimento inadequado.

Espinosa demonstra, a seguir, que se deve dizer da ideia que constitui a mente humana o mesmo que foi dito acerca do intelecto infinito ou ciência de Deus, enunciando na proposição 12 que

> o que quer que aconteça no objeto da ideia que constitui a mente humana deve ser percebido pela mente humana, ou seja, dessa coisa dar-se-á necessariamente na mente a ideia; isto é, se o objeto da ideia que constitui a mente humana for um corpo, nada poderá acontecer nesse corpo que não seja percebido pela mente.

Como vimos, na demonstração da ciência de Deus, há em Deus, enquanto (*quatenus*) intelecto infinito, conhecimento de tudo o que acontece no objeto singular de uma ideia singular, pois sendo a ciência divina única e infinita, inclui o conhecimento total da ideia singular de uma coisa singular enquanto a constitui; portanto, conhece tudo quanto nela acontece quando ela percebe ou concebe tudo o que acontece em seu objeto. Vimos também que, além desse conhecimento infinito, Deus tem o conhecimento da ideia de uma coisa singular existente em ato e de tudo quanto nela acontece não enquanto se exprime na modificação infinita do atributo pensamento, isto é, como intelecto infinito, mas enquanto se exprime numa modificação finita do atributo pensamento. A essas duas conclusões, que haviam sido apresentadas no corolário da proposição 9, a demonstração da proposição 12 pode acrescentar, uma vez que a ideia singular constituída por Deus é a mente humana, que "o que quer que aconteça no objeto da ideia que constitui a mente humana, disso é dado necessariamente o conhecimento em Deus enquanto (*quatenus*) constituindo a natureza da mente humana". Ao constituir a natureza da mente humana, Deus se exprime nessa natureza determinada e, portanto, dizer que o que quer que aconteça no objeto da mente humana é conhecido por Deus ou está em Deus significa simplesmente afirmar que Deus, ao se exprimir numa mente humana singular, tem o conhecimento de tudo quanto se passa no objeto singular de que essa mente é a ideia. Por isso pode-se afirmar que "o conhecimento dessa coisa estará necessariamente na mente, ou seja, a mente a percebe", podendo percebê-la adequada ou inadequadamente. Em outras palavras, por ser parte do intelecto infinito, a mente conhece tudo quanto se passa no objeto de que é ideia, e, por ser uma parte finita, pode conhecer inadequadamente os acontecimentos que ocorrem no objeto de que é ideia.

No escólio dessa proposição 12, Espinosa retoma a afirmação de que a ordem e conexão das ideias e das coisas é a mesma a fim de esclarecer que tudo o que acontece no objeto da ideia e tudo o que acontece na própria ideia são acontecimentos que estão na mesma ordem e conexão e por isso a mente os percebe. Assim, tudo quanto acontece no objeto cuja ideia constitui primeiramente o ser atual da mente humana acontece também na própria mente, visto que ela não é senão a ideia desse objeto e do que nele acontece.

O final do enunciado da proposição 12 introduz, sob a forma de uma oração condicional — "se..." — qual pode ser o objeto da ideia que constitui primeiramente o ser atual da mente humana: um corpo. *Se* este for tal objeto, então "nada poderá acontecer nesse corpo que não seja percebido pela mente". Essa formulação condicional é um signo decisivo do que virá a seguir. De fato, demonstrar que a mente humana é uma ideia e, como tal, um modo finito do pensamento e uma parte do intelecto infinito não determina aquilo de que ela é ideia. Assim sendo, nada, até aqui, nos impediria de supor que o que primeiramente constitui o ser atual da mente humana seja a ideia da própria mente, como, aliás, já dissera Descartes. No entanto, à formulação condicional da proposição 12 segue, anticartesianamente, o enunciado positivo da proposição 13: "O objeto da ideia que constitui a mente humana é o corpo, ou seja, um modo certo da extensão, existente em ato, e nada outro".

A demonstração se realiza em duas etapas: a primeira explicita por que o corpo é o objeto da ideia que constitui a mente humana e a segunda explica o "e nada outro".

Como vimos, "o que quer que aconteça no objeto singular de uma ideia qualquer, disso é dado o conhecimento em Deus ao ter somente a ideia desse objeto". Ora, se nosso corpo não fosse o objeto da mente humana, então as ideias dos acontecimentos desse objeto, isto é, as ideias das afecções do corpo não seriam conhecidas pela mente nem pelo intelecto infinito (do qual ela é parte) e não seriam em Deus ao constituir a nossa mente singular, mas seriam Nele "enquanto constituísse a mente de outra coisa" e não a nossa. Nesse caso, as ideias das afecções do nosso corpo não existiriam em nossa mente, nem existiriam em Deus ao constituir nossa mente singular. Entretanto, pelo axioma 4, "sentimos o corpo ser afetado de muitas maneiras", ou seja, experimentamos os acontecimentos de nosso corpo, sentimos suas afecções porque sua ideia constitui primeiramente o ser atual de nossa mente. O emprego do verbo *sentir* é a afirmação de que a relação da mente com seu corpo ou com as afecções corporais é direta e imediata; é uma *experiência*.

Resta saber por que é este "e nada outro" o objeto da mente. Se, além do seu corpo, houvesse também outro objeto cuja ideia fosse constituinte da mente humana, visto que, conforme demonstrado na Parte I, não existe nada de que não siga algum efeito, e que, pelo já demonstrado na Parte II, a mente percebe tudo o que acontece no objeto de que é ideia, então, se a mente fosse constituída, além da ideia do corpo, também pela ideia de outro objeto, deveria necessariamente dar-se nela uma ideia de algum efeito desse outro objeto. Ora, pelo axioma 4, "sentimos o corpo ser afetado de muitas maneiras", isto é, sabemos que a mente humana tem experiência das afecções corporais e por isso ela é necessariamente ideia dessas afecções; e, pelo axioma 5, "não sentimos nem percebemos nenhuma coisa singular além de corpos e modos de pensar" e, por conseguinte, nenhuma ideia de outro objeto que não a de seu corpo é dada numa mente humana, seja como experiência imediata (sentir) seja como conhecimento (perceber). Donde a conclusão: "Logo o objeto da nossa mente é o corpo existente, *e nada outro*".

O alvo de Espinosa torna-se claro: trata-se de afastar, em primeiro lugar, a afirmação de Aristóteles de que o objeto primeiro e imediato da alma são os sensíveis externos (e não o seu corpo); e, em segundo, a de Descartes de que o objeto primeiro e imediato da mente é ela própria. Contra ambos, Espinosa demonstra que, sendo a ordem do ser e a do conhecer uma só e a mesma, aquilo que a mente conhece primeiramente ou seu primeiro objeto de conhecimento é seu corpo e não sensíveis externos nem si mesma; e o que ela sabe de si, ela o sabe por sua relação originária com seu corpo. O objeto primeiro e imediato da mente humana — aquilo que ela *sente e percebe* — é o corpo humano enquanto *seu* corpo "e nada outro". Dessa maneira, também é afastada a suposição de Tschirnhaus de que a mente humana poderia ser ideia de modos de outros atributos.

O núcleo da demonstração não é, como nos faria supor a definição da ideia, a mente em geral, mas sim a mente como *mente humana* constituída de maneira certa e determinada por Deus como um ser atual ou existente em ato e que, definida como ideia, ou modo do pensamento, é uma *atividade pensante* que possui um objeto determinado, seu corpo existente em ato "e nada outro", e que sente tudo o que acontece nele, isto é, todas as suas afecções. Donde o corolário da proposição 13 enunciar: "Daí segue o homem consistir (*constare*) de mente e corpo, e o corpo humano existir tal como o sentimos".

Espinosa já demonstrou que o homem não é substância e sim modo de certos atributos de Deus. Agora a demonstração se completa com a determinação dos modos que o constituem: o homem é um modo finito do atributo pensamento e do atributo extensão; e como a ordem e conexão das ideias é a mesma que a das coisas, ao *ser* ideia de seu corpo a mente afirma que ele existe tal como ela o sente. Torna-se evidente a razão ontológica que inutiliza a necessidade de demonstrar a existência do corpo. Em outras palavras, não é preciso, à maneira de Descartes, provar a existência do corpo depois de tê-lo afastado pela dúvida metódica e aniquilado pela dúvida hiperbólica postas pela alma considerada somente em si mesma como substância pensante.

As proposições 12 e 13 evidenciam que o corpo é um princípio de singularização: a mente é ideia *deste* corpo ou do *seu* corpo. Entretanto, o corpo não é a causa da singularidade de sua ideia, pois esta segue da ação do atributo pensamento. É da natureza do corpo e da natureza de sua ideia serem coisas singulares (isto é, conforme a definição da coisa singular, causa única de seus múltiplos efeitos), mas a singularidade de cada um deles não é causada por uma ação de um deles sobre o outro (pois não há ação causal entre modos de atributos diferentes) e sim pela ação de seus respectivos atributos.

Eis por que o corolário da proposição 13 é seguido de um escólio que afirma podermos, dessa maneira, "entender que a mente humana está unida ao corpo" — pois ela é ideia dele —, e "também o que se há de entender por união da mente e do corpo", isto é, que não se trata de uma união substancial e sim entre modos finitos de uma única substância. Além disso, visto que as potências de agir e de pensar de Deus são iguais, não havendo hierarquia entre as potências dos atributos, podemos, desde já, compreender que a união da mente e do corpo é união de dois modos que se equiparam, exatamente como seus atributos; assim como não há hierarquia, causalidade e paralelismo entre os atributos, também não os há entre seus modos e, portanto, não vigoram na relação entre a mente e seu corpo. Finalmente, se nos lembrarmos do exemplo do círculo e sua ideia como a mesma coisa sob duas perspectivas distintas, compreenderemos que mente e corpo são o mesmo sob duas perspectivas distintas e, portanto, sua união é realmente uma *unidade* percebida diversamente. Unidade e diversidade seguem necessariamente da causa da essência do modo humano, qual seja, a unidade da substância e a diversidade real dos atributos. É isso que explica o uso do verbo *consistir* (*constare*), que Espinosa emprega para o homem e que empregou, na Parte I, na definição da essência de Deus, a qual consiste em infinitos atributos infinitos em seu gênero. Assim como a substância única consiste em seus infinitos atributos infinitos, assim também o homem consiste em dois modos finitos — são eles a sua essência. O homem não é um bípede sem plumas, nem um animal racional, nem um composto substancial: ele é um modo finito da substância constituído por um modo finito do pensamento e um modo finito da extensão.

Isto posto, o longo escólio do corolário da proposição 13 realiza a dedução da chamada "pequena física" da Parte II da *Ética*, pois, como diz Espinosa, não poderemos compreender adequadamente a união da mente e do corpo se, primeiro, não tivermos um conhecimento adequado da natureza do corpo humano. Em outras palavras, se não compreendermos o que significa definir a mente humana como ideia de seu corpo seremos levados a supor, à maneira platônica, que a mente é uma alma que dirige o corpo, como o piloto dirige o navio; ou, à maneira aristotélica, que ela é o princípio da vida do corpo e de suas diferentes funções e ele, seu instrumento ou *órganon*; ou, enfim, à maneira cartesiana, que ela é uma substância unida a uma outra de natureza diversa da sua e, visto o corpo ser, cartesianamente, um maquinismo ou composição de *partes extra partes* enquanto a alma é espiritualidade pensante, não se entende, afinal, porque o homem é composto de ambos, uma vez que cada um deles pode e deve ser tomado sem qualquer relação com o outro e por isso sua união só pode ser uma ideia obscura e confusa cuja explicação encontra-se no *asylum ignoratiae*, isto é, na vontade insondável de Deus.

O escólio é iniciado com a afirmação de que o que foi demonstrado até aqui pode ser considerado "bastante comum", isto é, não se limita aos seres humanos, uma vez que para cada coisa existente se dá necessariamente uma ideia em Deus da qual Ele é a causa:

Com efeito, as coisas que até aqui mostramos são bastante comuns e não pertencem mais aos homens do que aos demais indivíduos, os quais, embora em graus diversos, são entretanto todos animados (*animata*). Pois, de uma coisa qualquer se dá necessariamente em Deus uma ideia, da qual Deus é causa, da mesma maneira que da ideia do corpo humano; e por consequência, tudo o que dissemos da ideia do corpo humano há de dizer-se necessariamente da ideia de uma coisa qualquer.*

Antes de tudo, observemos que os seres humanos não possuem qualquer privilégio ontológico sobre os demais. De fato, o que é "bastante comum" e pode ser dito dos "demais indivíduos"? Que todos os corpos têm suas ideias, isto é, todos possuem significação, pois de todas as coisas há uma ideia no intelecto infinito e de cada corpo há no intelecto infinito uma ideia exatamente como nele há a ideia de cada corpo humano. Sob a perspectiva da ciência de Deus ou do intelecto infinito, não há corpo algum do qual não haja uma ideia, não só pela infinitude desse intelecto, mas também porque a ordem e conexão das ideias é a mesma que a ordem e conexão das coisas e a potência de agir e de pensar de Deus é igual.

Mas o que foi mostrado até aqui é "bastante comum" também porque, havendo de todos os corpos uma ideia, cabe afirmar que, "embora em graus diversos, todos [os indivíduos] são animados". Essa declaração, à primeira vista surpreendente, foi preparada antes pelo uso do verbo *sentir* como a maneira originária da relação entre mente e corpo, ou seja, Espinosa não usa o verbo *conhecer*, mas mantém o enunciado do axioma 4, "sentimos o corpo ser afetado de muitas maneiras". Essa presença do sentir como primeira manifestação da mente em sua relação com seu corpo é exatamente o que reencontramos na Parte III, no escólio da proposição 57, quando Espinosa emprega o termo *anima* e escreve:

> Daí segue que os afetos dos animais que são ditos irracionais (com efeito, depois de termos conhecido a origem da mente, não podemos duvidar de modo algum que os bichos sentem) diferem dos afetos dos homens tanto quanto sua natureza difere da natureza humana. Certamente o cavalo e o homem são arrastados pela libido de procriar, mas aquele o é pela libido equina, este pela humana. Assim também as li-

---

* E II proposição 13, escólio.

bidos e os apetites dos insetos, peixes e aves devem ser diferentes uns dos outros. Desta maneira, embora cada indivíduo viva contente com sua natureza como ela é e se rejubile com ela, contudo esta vida com que cada um está contente e seu júbilo nada outro são que a ideia ou alma (*anima*) desse mesmo indivíduo, e por isso o júbilo de um se diferencia do júbilo de outro tanto quanto a essência de um difere da essência do outro.

O que é "bastante comum"? Que cada indivíduo e todo indivíduo têm a experiência de sentir o que se passa em seu corpo, pois uma mente sente seu corpo afetado de múltiplas maneiras — em outras, palavras, *todos os corpos são sensíveis em graus diversos*. Todos os corpos individuais são afetados de múltiplas maneiras sentidas por todos os indivíduos, por isso são animados em graus diversos e as almas de todos se rejubilam com suas alegrias. O que é *anima* presente em todos os corpos? É a *sensibilidade* como forma originária da relação do corpo com o mundo e o *sentimento da vida* ou sua *anima*. E "esta vida com que cada um está contente e seu júbilo nada outro é senão a ideia ou alma (*anima*) desse mesmo indivíduo". A alma de um corpo, sua sensibilidade, é a ideia de sua vida, isto é, de seus movimentos e relações com outros corpos, portanto, de suas afecções. A alma não é um princípio vital do corpo, mas sim a experiência ou o sentimento da vida corporal — libido e júbilo do viver —[47] e Espinosa pode empregar essa noção porque em sua física a atividade corporal (o movimento, o repouso, as afecções) é constitutiva de um corpo, que não é máquina nem matéria inerte. Todos os indivíduos são animados em graus diversos significa: todos são sensíveis em graus diversos e de todos eles há no intelecto infinito a ideia, a qual existe em cada um e em todos eles como sentimento vital porque são seres vivos em graus diversos.[48]

Todavia, não se há de negar que "o júbilo de um [indivíduo] se diferencia do júbilo de outro tanto quanto a essência de um difere da essência do outro" justamente porque são indivíduos, isto é, coisas singulares. A diferença entre indivíduos que são todos animados, mas o são em graus diversos, é exatamente o que a sequência do escólio da proposição 13 introduz, quando Espinosa estabelece a distinção entre os corpos animados ou entre suas ideias, de maneira a compreendermos a particularidade da *mente humana* em meio a todas as almas ou ideias de vida, visto que o primeiro axioma da Parte II afirma que "o homem pensa". O escólio prossegue:

Contudo, tampouco podemos negar que as ideias diferem entre si tal como os próprios objetos, e que uma é superior e contém mais realidade do que a outra, conforme o objeto de uma seja superior e contenha mais realidade do que o objeto da outra; por essa razão, *para determinar em que a mente humana difere das demais ideias e em que lhes é superior, nos é necessário, como dissemos, conhecer a natureza do seu objeto, isto é, do corpo humano.**

Afirmada a generalidade das considerações anteriores sobre os modos finitos do pensamento e da extensão e que todos os indivíduos são viventes ou animados em graus diversos, Espinosa introduz, agora, a diversidade entre eles pelas diferenças entre as próprias ideias e entre os próprios corpos — as ideias diferem entre si conforme diferem entre si seus objetos, isto é, os corpos. Evidentemente, Espinosa não concebe essa diversidade e a superioridade de uma mente com relação a outras recorrendo à multiplicação de almas — vegetativa, sensitiva, racional, o homem sendo superior por possuir todas elas. Observemos, em primeiro lugar, que ao definir a mente como ideia de seu corpo e determinar as diferenças entre as mentes conforme as diferenças de seus corpos, Espinosa está afirmando que a singularidade de um modo humano não lhe é dada por sua *anima*, mas sim por seu corpo e sua mente *simultaneamente*; e, em segundo, que não propõe uma distinção de acordo com uma hierarquia de graus de perfeição e sim uma diferenciação conforme o *grau de realidade*, pois realidade e perfeição são o mesmo, uma vez que cada essência singular é perfeita (ou como vimos, cada indivíduo vive contente com sua natureza como ela é e se rejubila com ela), ou seja, não é determinada por seu lugar numa hierarquia de seres nem medida por sua realização menos ou mais completa de um modelo universal abstrato. A diferença pelo grau de realidade será explicitada logo a seguir.

"No entanto", prossegue Espinosa no escólio, "aqui não posso explicar isso, nem é necessário para as coisas que quero demonstrar", ou seja, a explicação do que seja, para os humanos, grau de realidade, intensidade e superioridade dependerá justamente do prosseguimento da Parte II, com a distinção entre os gêneros de conhecimento (como variação na maneira como a mente opera com a pluralidade simultânea das afecções corporais), e da teoria do *conatus*, exposta somen-

---

* Ibid., grifos meus.

te na Parte III, conforme a definição do afeto como aquilo que aumenta ou diminui a potência de agir do corpo e da mente. Por isso, para o que pretende demonstrar aqui, Espinosa julga o bastante explicar

> de maneira geral, que quanto mais um corpo é mais apto do que outros para fazer ou padecer muitas coisas simultaneamente (*plura simul*), tanto mais a sua mente é mais apta do que outras para perceber muitas coisas simultaneamente (*plura simul*); e quanto mais as ações de um corpo dependem somente dele próprio, e quanto menos outros corpos concorrem com ele para agir, tanto mais apta é a sua mente para entender distintamente. E disto podemos conhecer a superioridade de uma mente diante de outras; podemos, ademais, ver o motivo por que não temos senão um conhecimento bastante confuso de nosso corpo, e muitas outras coisas que em seguida daí deduzirei.*

Grau de realidade é aquilo que determina a superioridade de uma ideia e de seu objeto com relação a outras e seus objetos não por uma escala de perfeição, mas sim pela *pluralidade simultânea* maior ou menor de afecções corporais e de suas ideias e pela variação maior ou menor da *intensidade* das afecções corporais e de suas ideias, indo de um máximo de passividade a um máximo de atividade. Podemos observar que Espinosa se referira antes às diferenças entre as mentes, mas, agora, para explicá-las, se refere aos corpos. Assim, o critério da distinção entre os corpos e entre as mentes pelo grau de realidade é determinado pela aptidão de um corpo, comparado com outros, para fazer (agir) ou sofrer (padecer) em simultâneo muitas coisas e de uma mente, comparada com outras, para perceber muitas coisas em simultâneo. *Plura simul* é, portanto, a aptidão de um corpo e de sua mente para a pluralidade simultânea de afecções e ideias, e a aptidão maior ou menor para essa pluralidade é o critério para determinar o grau de realidade de um corpo e de sua mente. A superioridade, por seu turno, é determinada pelo critério da autonomia do corpo e da mente, isto é, pela aptidão de um corpo para agir dependendo apenas de si próprio, sem depender do concurso externo de outros corpos, e de uma mente para entender adequadamente por depender apenas de si própria como causa única e completa de todas as suas

---

* Ibid.

ideias, ou seja, nos termos da Carta 32 a Oldenburg, a aptidão do corpo e da mente para serem, cada um deles, um todo. A superioridade será determinada a partir de um conceito que Espinosa definirá apenas na Parte III, o de *causa adequada*, mas que já vimos operar implicitamente na Carta 32, quando Espinosa explicava sob que condições uma parte pode ser considerada um todo.[49] Em suma, realidade e superioridade se referem ao *grau de complexidade e de autonomia* das operações de um corpo e de sua mente. Isto explica, por exemplo, a afirmação de Espinosa, na Parte III e na V, sobre a superioridade de um humano adulto comparado a um humano bebê, e na Parte IV, o significado do bom como útil exatamente pelo aumento da complexidade corporal e mental, como lemos na proposição 38 da Parte IV:

> É útil ao homem o que dispõe o corpo humano tal que possa ser afetado de múltiplas maneiras ou o que o torna apto a afetar os corpos externos de múltiplas maneiras; e tanto mais útil quanto torna o corpo mais apto a ser afetado e afetar os outros corpos de múltiplas maneiras; e, inversamente, é nocivo o que torna o corpo menos apto a isto.
>
> Demonstração: Quanto mais apto a isto torna-se o corpo, tanto mais apta a perceber torna-se a mente; por conseguinte, o que dispõe o corpo desta maneira e o torna apto a isto é necessariamente bom ou útil e tanto mais útil quanto mais apto a isto pode tornar o corpo; e, inversamente, é nocivo se torna o corpo menos apto a isto.

No escólio da proposição 13 da *Ética* II, que estamos examinando, Espinosa acrescenta uma cláusula cujo significado se explicitará com a dedução da imaginação no prosseguimento da Parte II, qual seja, que a mente humana tem um conhecimento confuso de seu corpo quando, em vez da complexidade e autonomia das afecções corporais e das ideias — ou da aptidão para agir *plura simul* —, as afecções de seu corpo forem determinadas pelas operações de outros corpos sobre ele e, consequentemente, a passividade corporal será também experimentada na passividade das ideias dessas afecções. Em outras palavras, demonstrar que a mente, modo do pensamento e potência pensante, é ideia de seu corpo não significa excluir a passividade mental nem supor que a mente possui, desde sempre, um conhecimento claro e distinto das afecções corporais.

Uma vez que essas afirmações de Espinosa ainda não foram objeto de demonstração, sendo apenas asserções, o escólio da proposição 13 é concluído com a explicação de que para demonstrar o que acaba de apresentar "achei que valia a pena explicar e demonstrar tudo isso com mais cuidado, para o que é necessário antepor umas poucas coisas sobre a natureza do corpo". Tem início a chamada "pequena física", com a qual as noções de grau de realidade e superioridade terão um primeiro esclarecimento.

4. A ONTOGÊNESE DOS SERES SINGULARES COMO COMPLEXIDADE

Composta de cinco axiomas, sete lemas, uma definição e seis postulados,[50] a exposição sobre a natureza do corpo não é um tratado de física (não há teoremas ou proposições), mas a apresentação de um conjunto de propriedades comuns a todos os corpos e das quais será possível deduzir a particularidade do corpo humano. Aqui, não estamos diante de algo comparável ao *Le monde*, de Descartes, ou ao *De corpore*, de Hobbes. Com efeito, assim como o Prefácio da Parte II esclarece que não será deduzido tudo quanto segue necessariamente da natureza de Deus, mas apenas o que é necessário para conduzir a mente humana à felicidade e à liberdade, assim também Espinosa deixa patente por que não pretende oferecer um tratado de física, escrevendo no final dessa exposição que

> Se eu tivesse tido a intenção de tratar do corpo minuciosamente, deveria ter explicado e demonstrado essas coisas de forma mais prolixa.[51] Mas já disse que minha intenção é outra, e não me referi a essas coisas senão porque a partir delas posso facilmente deduzir o que decidi demonstrar.*

A exposição se realiza em três etapas: a primeira se refere aos corpos simplíssimos;** a segunda, aos corpos compostos de partes semelhantes;*** a terceira se refere aos corpos compostos de partes dessemelhantes e, com eles, Espino-

---

* Ibid.
** Axiomas 1 e 2, e lemas 1, 2 e 3.
*** Definição, axiomas 1, 2 e 3 (isto é, o terceiro, o quarto e o quinto, se considerarmos os dois axiomas anteriores), e lemas 4, 5, 6 e 7.

sa chega ao corpo humano.* O percurso expositivo caminha, portanto, do simples ao complexo, do geral ao particular.

Acompanhando Galileu e Descartes, Espinosa concebe o movimento e o repouso como estados de um corpo,[52] porém, no caso de Espinosa, esses estados seguem da natureza do modo infinito imediato da extensão, isto é, o movimento e o repouso dos corpos são ontologicamente constitutivos de suas naturezas. Dessa maneira, Espinosa se afasta, de um lado, da física medieval, em que a extensão é o espaço como continente e lugar dos corpos, e, de outro, da física cartesiana, na qual Deus, enquanto causa eficiente transitiva e eminente, introduz o movimento na extensão, concebida como "matéria inerte";[53] pelo contrário, a extensão é uma potência infinita de agir e o movimento e o repouso são constitutivos da essência da extensão quando esta se exprime em seu modo infinito imediato, ou seja, são expressões da potência extensa. Além disso, o papel conferido ao repouso, distancia a física espinosana da hobbesiana, uma vez que Hobbes recusa ao repouso qualquer operação causal, sendo simplesmente ausência de movimento (em certa medida, podemos dizer que o papel positivo conferido por Espinosa ao repouso anuncia o conceito de massa, desenvolvido apenas num momento seguinte da física do século XVII).[54]

Todos os corpos se movem ou repousam, podendo mover-se mais lenta ou mais rapidamente. Movimento, repouso, velocidade e lentidão determinam, assim, a distinção entre os corpos, pois estes, sendo modos, não poderiam distinguir-se "em razão da substância": os corpos se distinguem por seus ritmos. Todos os corpos convêm (ou concordam) em certas coisas, visto que envolvem o conceito de um só e mesmo atributo e porque, em termos absolutos, todos podem mover-se ou repousar. Os corpos são, pela primeira definição da Parte II, modos do atributo extensão, podendo-se agora acrescentar que se distinguem entre si em razão do movimento e do repouso e que cada um deles, em conformidade com a necessidade da ordem da Natureza, deve ser determinado ao movimento e ao repouso por uma outra coisa singular, isto é, por um outro corpo, o qual, por sua vez, foi determinado ao movimento ou ao repouso por um outro, e assim ao infinito; em outras palavras, o ordenamento causal de movimento-repouso é uma ordem e conexão constitutiva do modo infinito imediato da extensão ou um

---

* Lema 7, e postulados 1 a 6.

ritmo universal. Consequentemente, explica o corolário do lema 3, "um corpo em movimento continua a mover-se até que seja determinado por outro corpo a repousar; e um corpo em repouso também continua a repousar até que seja determinado por outro ao movimento". Após essa breve enunciação do princípio de inércia, o corolário prossegue explicando como opera a determinação ao movimento por um outro corpo:

> Com efeito, quando suponho que um corpo, por exemplo A, repousa, e não presto atenção a outros corpos em movimento, nada poderei dizer sobre o corpo A senão que repousa. Se, depois, acontecer de o corpo A se mover, isso decerto não pôde advir de que repousava; uma vez que daí nada outro podia seguir senão que o corpo A repousasse. Se, ao contrário, se supõe A em movimento, todas as vezes que prestarmos atenção somente a A nada poderemos dele afirmar senão que se move. Se depois acontecer de A repousar, isso decerto também não pôde advir do movimento que tinha; uma vez que do movimento nada outro podia seguir senão que A se movesse; assim acontece por uma coisa que não estava em A, a saber, por uma causa externa, pela qual foi determinado a repousar.

Depois de oferecer o grau mínimo de corporeidade pela referência ao movimento e ao repouso de um corpo considerado apenas nele mesmo, Espinosa acrescenta a primeira complexidade, isto é, a mudança do *estado* de um corpo é determinada por sua relação com uma causa externa. É esse aumento da complexidade que leva Espinosa a introduzir o conceito de *afecção* para designar estados de um corpo:* entrar em movimento ou passar ao repouso são afecções de um corpo determinadas por causas externas, isto é, pela ação ambiental.

Essas causas, porém, devem ser da mesma natureza que a do corpo afetado, pois as maneiras pelas quais um corpo é afetado por outro "seguem da natureza do corpo afetado e simultaneamente da natureza do corpo afetante". Em outras palavras, tudo o que se passa num corpo se explica por suas relações com outros corpos e jamais pela intervenção de uma causa de natureza diversa da corporal, seja ela uma alma vegetativa ou sensitiva (à maneira dos aristotélicos), seja (à maneira cartesiana) a vontade de Deus ou, em certas circunstâncias, a do homem.

---

* Primeiro axioma posterior ao lema 3.

O alcance desse axioma só poderá ser avaliado quando, no decorrer das Partes II e III, Espinosa expuser a variação imaginativa das ideias e dos afetos (o que chamaremos de *sistema das afecções corporais*), que transcorre tal como enunciado por esse axioma, ou seja, "que um só e o mesmo corpo é movido diferentemente conforme a diversidade de natureza dos corpos moventes e, inversamente, diferentes corpos são movidos diferentemente por um só e o mesmo corpo". Introduzindo o conceito de afecção, Espinosa indica, desde já, que um corpo, mesmo simplíssimo, é uma operação e um ser relacional ou uma comunicação com outros que são de mesma natureza que ele, as diferenças entre afetantes e afetados decorrendo de seus movimentos, repousos e velocidades, isto é, de seus ritmos. Numa palavra, um corpo é uma atividade e parte de um todo. Sem essas duas determinações não se poderia passar dos corpos simplíssimos aos compostos.

A seguir,* é enunciado que quando um corpo em movimento atinge outro em repouso e não pode demovê-lo, é refletido de tal maneira que continua a se mover, e o ângulo da linha do movimento de reflexão com o plano do corpo em repouso que foi atingido será igual ao ângulo que a linha do movimento de incidência formou com o mesmo plano. Esse axioma marca a distância com relação a Hobbes, uma vez que um corpo em repouso é causa de uma mudança num corpo em movimento. Também a importância desse axioma só poderá ser avaliada com a exposição da teoria da percepção e da memória na sequência da Parte II e a da permanência ou mudança de certos afetos, na Parte III.

Os corpos simplíssimos, tratados até aqui, são os que se distinguem uns dos outros somente pelo movimento e o repouso, pela rapidez e lentidão; em outras palavras, os simplíssimos não são átomos de matéria e sim um *quantum* mínimo de movimento e repouso, rapidez e lentidão pelos quais se distinguem uns dos outros. Não são partículas inertes que receberiam de fora o movimento, mas *são* movimento/ repouso, isto é, *operações determinadas* cuja causa são outras operações determinadas, ao infinito.

Embora um corpo simplíssimo seja dotado de identidade (por sua proporção ou *ratio* de movimento e repouso), todavia Espinosa não o designa como *indivíduo*, designação que ele reserva para os corpos compostos:

---

* Segundo axioma posterior ao lema 3.

Quando alguns corpos de mesma ou diversa grandeza são constrangidos por outros de tal maneira que aderem uns aos outros, ou se se movem com o mesmo ou diverso grau de rapidez, de tal maneira que comunicam seus movimentos uns aos outros numa proporção certa (*certa ratione*), dizemos que esses corpos estão unidos uns aos outros e todos em simultâneo compõem um só corpo ou Indivíduo, que se distingue dos outros por essa união de corpos (*unione corporum*).

Um corpo composto é um indivíduo corporal que se define como *união de corpos* formada pela aderência de corpos de mesma ou variada grandeza (o que, mais tarde, a física chamará de massa) ou pela comunicação de movimentos uns aos outros numa *proporção certa* (*certa ratione*). Em outras palavras, um indivíduo corporal não é uma unidade indivisível ou uma identidade numérica e sim uma *operação* de articulação, comunicação, concatenação e integração de movimentos e é gerado pela ação ambiental (isto é, por corpos constrangidos por outros) ou, em termos espinosanos, pela cadeia causal de corpos em comunicação. Essa união de corpos e essa proporção determinada de movimento e repouso são *a forma do indivíduo corporal*. A individualidade corpórea ou *unio corporum* define o corpo como unidade complexa em relação contínua com outras de mesma natureza. A unidade decorre da comunidade de ação dos constituintes, seja como ação intracorporal — a complexidade das partes de um só e mesmo corpo agindo umas sobre as outras — seja como ação intercorporal — os constituintes do corpo agindo sobre os corpos exteriores e deles recebendo ações. A conservação da forma do indivíduo corporal decorre dessas duas modalidades de ação quando nelas é conservada a proporção de movimento e de repouso.

Embora Espinosa não esteja expondo um tratado de física, estamos aqui diante de uma dedução. De fato, ao introduzir o conceito de *forma do indivíduo corporal*, Espinosa não só afasta a tradição aristotélica, em que a forma (universal) vem inscrever-se na matéria (particular), mas também respeita a regra geral de dedução de uma *essentia particularis affirmativa* tal como proposta pelo *De emendatione*. Recordemos, por um momento, como o *De emendatione* explica a gênese de uma figura geométrica, no caso, o círculo: no *continuum* da quantidade infinita, o movimento engendra um segmento de reta que gira ao redor de um centro fixo produzindo o círculo, cuja forma é constituída pela composição do movimento do segmento de reta com o centro fixo. O círculo *é* esse ato determinado do movimento que diferencia um corpo no *continuum* da extensão. Uma operação semelhante é o que vemos aqui: corpos simplíssimos aderem uns aos outros e comunicam seus movimentos uns aos outros de maneira que um *quantum* mínimo de movimento e repouso, comunicando-se com outros e aderindo a outros, dá origem a um corpo composto ou ao indivíduo como união de corpos. É esta a gênese da *forma* do indivíduo corporal ou de sua natureza, pois, na filosofia natural, *natura* significa ação ou operação determinada. A física espinosana não é apenas uma cinemática, mas também, uma dinâmica, pois é uma física da composição de potências (ou de forças) no *continuum* infinito da extensão. Por isso mesmo, com o conceito de forma do indivíduo corporal, Espinosa afasta a afirmação de Descartes e de Hobbes de que o corpo é uma substância da qual o movimento é um acidente, mesmo se considerado o primeiro e o principal. O movimento/ repouso não é um predicado inerente à substância corporal, mas a essência do modo corpóreo ou sua natureza.[55]

Um corpo composto ou um indivíduo corporal pode manter sua figura ou mudá-la, isto é, pode ou não manter a mesma aderência de corpos componentes e a mesma proporção de movimento entre eles. A permanência e a mudança podem ser mais fáceis ou mais difíceis, dependendo da natureza dos corpos componentes, que se distinguem em duros, moles e fluidos. Ou como explica Espinosa:

> chamarei duros aqueles corpos cujas partes aderem umas às outras segundo grandes superfícies; moles, aqueles cujas partes aderem umas às outras segundo pequenas superfícies; e, enfim, fluidos, aqueles cujas partes se movem umas por entre as outras.

Com essa tríplice distinção, Espinosa se distancia de Descartes — que pensa em termos de corpos duros, afirma a impenetrabilidade dos corpos e propõe uma física da percussão ou do choque — e de Hobbes — que pensa em termos de corpos fluidos, afirma o antagonismo entre os corpos e propõe uma física da pressão.[56] De fato, Espinosa recusa uma suposta homogeneidade dos corpos componentes que acarretaria a homogeneidade de todos os corpos compostos; em vez disso, concebe o indivíduo corporal como complexidade originária ou diferenciação interna, decisiva para compreendermos, de um lado, que os indivíduos se distinguem em razão de sua complexidade e, de outro, a causa da multiplicidade de variações de suas relações com outros indivíduos conforme diferentes componentes destes afetem diferentes componentes dele e vice-versa.

Nos últimos lemas,⁵⁷ Espinosa se volta para a permanência de um indivíduo corporal ou para o que designa "conservação de sua forma". Trata-se do que poderíamos designar de fisiologia neuro-cerebral e do metabolismo corporal, do crescimento ou diminuição de um corpo, dos diferentes movimentos de suas partes ou de seus membros (digestão, respiração, circulação do sangue, excreções, reprodução etc.) e de sua locomoção. Um indivíduo manterá sua natureza e não mudará de forma se alguns dos corpos componentes forem separados dele, desde que simultaneamente outros de mesma natureza ocuparem seus lugares (podemos tomar a respiração, a nutrição e a excreção como exemplos). A natureza ou forma do indivíduo também se conservará se suas partes componentes se tornarem maiores ou menores, mas em proporção tal que, como dantes, todas conservem umas com as outras a mesma proporção de movimento e de repouso (trata-se do crescimento ou da diminuição de um indivíduo, que permanece ou conserva sua forma sob a mudança de sua massa). A permanência da forma ou natureza do indivíduo ocorrerá também quando alguns de seus componentes são constrangidos a mudar a direção de seu movimento de um lado para outro, mas de maneira tal que possam continuar seus movimentos e comunicá-los entre si com a mesma proporção de antes (ou seja, a movimentação das partes do corpo e de seus membros não altera a forma do indivíduo). Finalmente, um indivíduo corporal composto mantém a sua natureza, quer se mova por inteiro, quer esteja em repouso, quer se mova em direção a este ou àquele lado, contanto que cada parte mantenha o seu movimento e que o comunique às outras como dantes (ou seja, a locomoção completa ou o repouso completo não alteram a forma do indivíduo, desde que se mantenha constante a relação de movimento e repouso entre suas partes). Um indivíduo corporal é comunicação e articulação interna ou concatenação de uma pluralidade de corpos constituintes e relação com outros indivíduos corporais que, de maneiras múltiplas, o afetam e são por ele afetados.

Podemos observar que na exposição espinosana não aparecem os lugares comuns das descrições seiscentistas dos corpos, isto é, as metáforas da máquina⁵⁸ com que os Seiscentos procuravam afastar o animismo das antigas entelequias: a anatomia do corpo não é explicada com o recurso a alavancas, tubos, rodas, polias, válvulas, nem o metabolismo é explicado por uma fonte externa de energia como a corda em um relógio ou o calor de um fogo numa máquina a combustão. Um indivíduo corporal não é uma soma ou justaposição de partes, mas uma configuração constante (do ponto de vista anatômico) e um processo contínuo de comunicação (do ponto de vista fisiológico), tanto assim que ele se conserva sob mudanças nele ocorridas: o corpo dura; ele não é uma sequência de estados exteriores uns aos outros, mas a continuidade de uma duração. Em lugar de uma máquina *partes extra partes*, o corpo é uma potência viva (ritmo, proporção de movimento e repouso entre seus constituintes) dotada de interioridade ou de potência de auto-organização, como será evidenciado com a dedução de sua natureza como *conatus* e a demonstração de que ele é apetite, portanto, vida. Eis por que jamais encontramos na exposição espinosana a figura cartesiana do animal-máquina[59] e por que Espinosa emprega a expressão cunhada por Vesálio, *corporis fabrica*, ou seja, a estrutura do corpo como um tecido de relações internas.

Ainda uma vez, recordemos a Carta 32 a Oldenburg,[60] isto é, a definição da natureza de uma parte pelas leis de sua composição e permanência. Podemos observar que, como naquela carta, agora, com o conceito de *forma do indivíduo corporal*, estamos novamente em presença da *convenientia*, *cohaerentia* e *constantia* entre as partes extensas da Natureza, cada uma delas podendo ser considerada um todo. A *convenientia* aplica-se aos simplíssimos, porém ela e mais a *cohaerentia* e a *constantia* se aplicam ao indivíduo. Este é uma relação de concordância, comunicação, articulação e integração entre componentes que, sob a ação ambiental (a causalidade externa ou as relações entre forças), guardam constante a proporção de movimento e repouso do composto e comunicam seus ritmos interna e externamente. E, como na Carta 32, também aqui Espinosa se refere à complexidade crescente dos indivíduos de maneira tal que a natureza inteira pode ser considerada um único indivíduo:

> Se agora concebermos um outro [indivíduo] composto de muitos indivíduos de naturezas diversas [isto é, composto de corpos duros, moles e fluídos], igualmente descobriremos que pode ser afetado de muitas outras maneiras, conservando contudo a sua natureza. De fato, visto que cada uma de suas partes é composta de muitos corpos, cada uma delas poderá então mover-se ora mais lentamente ora mais rapidamente, e por consequência comunicar os seus movimentos às outras ora mais depressa ora mais devagar, sem nenhuma mutação de sua natureza. Se, além disso, concebermos um terceiro gênero de indivíduos, compostos de indivíduos deste segundo gênero, da mesma maneira descobriremos que podem ser afetados de muitas outras maneiras, sem nenhuma mutação de sua forma. E se continuarmos assim ao infinito, conceberemos facilmente que a natureza inteira é um

indivíduo, cujas partes, isto é, todos os corpos, variam de infinitas maneiras, sem nenhuma mutação do indivíduo inteiro.

Concordância, articulação regrada, comunicação e constância das proporções que constituem e conservam a forma do indivíduo em suas relações com outros permitem alcançar indivíduos cada vez mais complexos (um organismo, um formigueiro, uma colmeia, uma floresta, um oceano, um sistema planetário), pois os componentes do indivíduo são propriedades existentes em todos os corpos e no todo constituído por eles, a Natureza Naturada extensa como indivíduo inteiro ou infinito.[61] E assim como um indivíduo corporal não é uma máquina, também o indivíduo infinito ou a Natureza Naturada extensa não o é: ambos não são somas de *partes extra partes* e sim um ritmo interno e um tecido de relações internas e externas que constituem sua *forma*.[62] Ir da Natureza inteira — a extensão — às suas partes — os modos corporais — ou da causa para efeito, numa ordem a priori ou sintética, é perfeitamente reversível com ir dos indivíduos corporais à Natureza como indivíduo único, isto é, com uma ordem a posteriori ou analítica, que vai do efeito para a causa. Essa reversibilidade, como vimos, foi posta nas duas primeiras proposições da Parte II, quando Espinosa demonstrou que se pode partir dos atributos para chegar aos modos ou partir destes para chegar àqueles.

A exposição sobre o corpo como indivíduo complexo se conclui com seis postulados sobre o corpo humano, portanto com seis asserções que permitirão, na sequência da *Ética*, construir as demonstrações sobre a união da mente com seu corpo tanto do ponto de vista cognitivo quanto afetivo. O corpo humano é composto de muitíssimos indivíduos de natureza diversa — duros, moles e fluidos —, cada um deles também composto de vários outros. Um corpo humano é, portanto, um indivíduo extremamente complexo, constituído por uma diversidade e pluralidade de indivíduos ou corpos duros, moles e fluidos relacionados entre si pelo equilíbrio de suas proporções de movimento e repouso. Seus componentes são afetados de múltiplas maneiras pelos corpos exteriores e o mesmo deve ser dito dele como um todo. Essas afecções decorrem do fato de que, organismo vivo, o corpo humano, para se conservar, precisa de muitíssimos outros corpos, pelos quais é continuamente regenerado, e, além de ser afetado pelos corpos exteriores, ele também os afeta de múltiplas maneiras, isto é, os move e os dispõe de diferentes maneiras.[63] Em outras palavras, não só está exposto à ação de todos os outros corpos que o rodeiam e dos quais precisa para conservar-se, regenerar-se e transformar-se, como ele próprio é necessário à conservação, regeneração e transformação de outros corpos. Donde, na Parte IV, Espinosa identificar o bom ou o útil com o que conserva a *ratio* de movimento e repouso do corpo humano, mau ou nocivo, com o que a destrói, demonstrando, na proposição 39 da *Ética* IV, que

> As coisas que fazem com que se conserve a proporção de movimento e repouso que as partes do corpo humano têm entre si são boas; e más, ao contrário, as que fazem com que as partes do corpo humano tenham entre si outra proporção de movimento e repouso.

Afirmação retomada na demonstração dessa proposição, quando Espinosa, referindo-se ao que foi exposto na "pequena física", escreve:

> O corpo humano precisa, para se conservar, de muitíssimos outros corpos. Ora, o que constitui a forma do corpo humano consiste em suas partes comunicarem seus movimentos umas às outras numa proporção certa. Logo, as coisas que fazem com que se conserve a proporção de movimento e repouso que as partes do corpo humano têm entre si, conservam a forma do corpo humano e, por conseguinte fazem com que o corpo humano possa ser afetado de muitas maneiras e afetar os corpos externos de muitas maneiras (*pluribus modis*); e por isso são boas. Ademais, as coisas que fazem com que as partes do corpo humano obtenham outra proporção de movimento e repouso fazem com que o corpo humano se revista de outra forma, isto é, que o corpo humano seja destruído e, por conseguinte se torne inteiramente inepto para poder ser afetado de múltiplas maneiras (*pluribus modis*), e por isso são más.

Unidade estruturada ou, como escreve Espinosa, *corporis fabrica* ou *forma unionis*, o corpo humano não é um agregado ou soma de partes, mas unidade de conjunto e equilíbrio de ações internas interligadas que lhe permitem realizar por si mesmo novas concatenações entre seus constituintes, isto é, capaz de mudar, crescer, regenerar-se. União de indivíduos, é um sistema dinâmico complexo de movimentos internos e externos que pressupõe e afirma a intercorporeidade porque ele é, enquanto um ser singular, uma união interna de corpos e porque se realiza na comunicação e coexistência com outros corpos externos, conservando-

-se ao mudar e perecendo quando a mudança atinge sua forma, isto é, sua proporção interna. Numa palavra, é interioridade ou um vivente.⁶⁴

Pela definição 8 da Parte II, sabemos que "se vários indivíduos concorrem para uma única ação de maneira que todos sejam simultaneamente causa de um único efeito" devem ser considerados "todos como uma única coisa singular". Pela exposição da "pequena física" sabemos que um indivíduo complexo se define pela *convenientia* ou concordância recíproca de seus componentes, pela *cohaerentia* ou articulação e comunicação regrada entre eles, e pela *constantia* ou permanência de sua *ratio* ou da proporção de movimento e repouso entre seus componentes. Dessa maneira, considerar a união de corpos como um indivíduo e uma coisa singular como o concurso simultâneo de vários indivíduos complexos, enquanto causam um efeito único, significa dizer que uma coisa singular se define como parte expressiva de seu atributo e por propriedades constituintes ou leis de sua natureza, isto é, a *convenientia*, *cohaerentia* e *constantia* de seu ser. Justamente por isso deve ser concebida como uma *essência singular*.

Visto que o objetivo da "pequena física" é oferecer os elementos para o entendimento da *união* da mente e do corpo como constituição de uma coisa singular humana, Espinosa pode, depois de haver explicado o que é um corpo humano, completar o percurso dedutivo demonstrando, nas proposições 14 e 15, o que acontece a uma mente singular quando é mente humana.

Sabemos que o que constitui o ser formal de uma mente é a ideia de um objeto determinado e que o que constitui primeiramente o ser atual da mente humana é a ideia de um corpo singular existente em ato. A mente humana, ideia de seu corpo, "é apta a perceber muitíssimas coisas (*plura*), e é tão mais apta quanto mais pode ser disposto o seu corpo de múltiplas maneiras (*pluribus modis*)", enuncia a proposição 14. Com efeito, lemos na demonstração, visto que o corpo humano é afetado de múltiplas maneiras pelos corpos externos e os afeta ou dispõe também de múltiplas maneiras, a mente humana é apta a perceber todas essas afecções, pois sabemos que o que quer que aconteça no objeto da ideia que constitui a mente humana deve ser percebido por ela e que "se o objeto da ideia que constitui a mente humana for um corpo, nada poderá acontecer nesse corpo que não seja percebido pela mente" (quer ela o perceba adequada ou inadequadamente).

A união da mente e do corpo é efeito da união dos atributos na substância (que acarreta a união de seus modos) e da natureza da ideia, pois toda ideia deve convir ao seu ideado. Essa união é total, visto que a mente percebe tudo o que acontece no objeto da ideia e essa percepção incide na natureza da mente, ou seja, como enuncia a proposição 15, "A ideia que constitui o ser formal da mente humana não é simples, mas composta de muitíssimas ideias".

A ideia que primeiramente constitui o ser formal da mente humana é a ideia do corpo e este é composto de muitíssimos indivíduos bastante compostos que são afetados por outros corpos e afetam estes últimos. Ora, a ideia de cada um dos indivíduos componentes do corpo é necessariamente dada em Deus, isto é, no intelecto infinito; por conseguinte, visto que a ordem e conexão das ideias e das coisas é a mesma, a ideia do corpo humano é composta das muitíssimas ideias das partes componentes de seu corpo. Assim como o corpo é uma união de corpos, a mente é uma conexão de ideias.

Não bastasse ter definido a mente como modo e não como substância, não bastasse tê-la como ideia do corpo e não *in se sola considerata*, Espinosa ainda a define como complexa e não simples, subvertendo o que sempre afirmara a tradição metafísica e a opinião teológica, que fizeram a imortalidade da alma repousar justamente sobre sua simplicidade e substancialidade. A pluralidade constitutiva do corpo é também constitutiva de sua ideia: o corpo é articulação interna de corpos e a mente, conexão interna de ideias, e o exercício crescente dessa pluralidade, vimos, é o critério para definir o grau de realidade ou perfeição de um corpo e de uma mente, assim como servirá, na Parte III, para determinar a diferença entre passividade e atividade, na Parte IV, a distinção entre o bom e o mau e, na Parte V, a definição da liberdade humana.

Se a "pequena física", centrada no corpo, expôs a gênese e a forma do indivíduo corporal humano sem tomar como ponto de partida sua união com a mente, em contrapartida, essa união é o ponto de partida necessário na exposição da natureza da mente. Por isso, efetuando um percurso inverso ao realizado com respeito ao corpo, Espinosa começa demonstrando (da proposição 16 à proposição 19)[65] as formas e consequências da união do corpo e da mente enquanto esta percebe as afecções corporais e apenas depois disso se volta para o que segue da natureza da própria mente enquanto modo do pensamento. Na proposição 20 é demonstrado que, assim como a ideia do corpo existe no intelecto infinito enquanto este constitui a mente humana, nele também existe a ideia da própria mente humana ou o conhecimento da mente humana ou a ideia da ideia do corpo. De fato, na medida em que o pensamento é atributo de Deus, dele e de todas as suas afecções particulares deve haver uma ideia ou um conhecimento no intelecto infinito, por conseguinte, enquanto afecção particular que segue da essência do atributo pensamento a ideia da mente humana existe no intelecto infinito ou na ciência de Deus. Porém, sublinha Espinosa, da mesma maneira que a ideia do corpo, também a ideia da mente (ou a ideia da ideia) existe em Deus "não enquanto (*quatenus*) infinito, mas afetado pela ideia de uma coisa singular", isto é, modificado na essência singular de uma mente singular. Ora, a ordem e conexão das ideias e a das coisas é a mesma, portanto, "o conhecimento da mente humana segue em Deus e a Ele está referido da mesma maneira que a ideia ou conhecimento do corpo". Em outras palavras, a ideia do corpo tem o corpo como objeto e a ideia da mente tem como objeto a própria mente, mas, nos dois casos, a mente se relaciona com seu objeto da mesma maneira, ou seja, segundo uma ordem e conexão necessárias.[66] Como consequência, a proposição 21 enuncia que "esta ideia da mente está unida à mente da mesma maneira que a própria mente está unida ao corpo", uma vez que a mente, ao ser objeto de conhecimento, mantém consigo mesma uma união idêntica à que mantém com seu corpo. Assim como corpo e mente são uma só e mesma coisa singular concebida sob duas perspectivas distintas ou em conformidade com a distinção real entre seus atributos, assim também a mente e a ideia da mente são uma só mesma coisa sob duas perspectivas, porém no interior de um só e mesmo atributo, o pensamento. E, para referir-se à realidade intrínseca da mente, Espinosa emprega para ela a mesma expressão que empregou para o corpo, pois assim como há a *forma do indivíduo corporal*, há também a *forma da ideia*:

> Insisto dar-se que a ideia da mente e a própria mente seguem em Deus com a mesma necessidade da mesma potência de pensar. Pois, em verdade, a ideia da mente, isto é, a ideia da ideia, nada outro é que a *forma da ideia* enquanto esta é considerada como modo de pensar sem relação com o objeto; com efeito, assim que alguém sabe algo, por isso mesmo sabe que sabe isso e, simultaneamente, sabe saber o que sabe, e assim ao infinito.

Ideia da ideia, a ideia da mente é cônscia de si, um saber que se sabe a si mesmo. Não se trata, portanto, daquilo que a mente percebe de seu corpo, mas daquilo que, nessa percepção, ela percebe de si mesma, sua consciência de si. Espinosa diz "insisto". Em que insiste ele? Que a ideia da mente e a própria mente seguem necessariamente da potência do pensamento. Isto significa, em primeiro lugar, que, sendo a ordem e conexão das ideias e a das coisas a mesma, a mente e sua ideia são determinadas, exatamente como o corpo, pela ordem necessária da ação de seu atributo — ela não é, como imagina a tradição teológico--metafísica, uma entidade criada imediatamente por Deus, mas é um modo inserido no tecido de conexões causais da Natureza Naturada; em segundo, que a ideia da mente é a *forma da ideia* tomada no interior de seu atributo, ou seja, ela é um modo de pensar, de sorte que ao ser consciente de si ela não se transforma numa entidade substancial. Parece curioso, porém, que depois de escrever na demonstração da proposição que "a mente está unida ao corpo pelo fato de que o corpo é objeto da mente e por isso, pela mesma razão, a ideia da mente deve estar unida com seu objeto, isto é, com a própria mente, da mesma maneira que a própria mente", Espinosa escreva que a ideia da ideia é a *forma da ideia* quando considerada "como modo de pensar sem relação com o objeto". Ora, toda ideia é ideia de algo e é justamente isso que torna a relação da mente com seu objeto, o corpo, uma relação indissolúvel. Por que a ideia da ideia poderia ser tomada "sem relação com o objeto"? Não seria este ela própria, não só porque é isto que a demonstração da proposição afirma, mas também porque a ordem e conexão da ideia da mente é a mesma que a ordem e conexão da ideia do corpo? Todavia, "sem objeto" é introduzido para marcar a distinção entre essas duas ideias porque, unida ao corpo, a mente não é idêntica a ele, pois ambos são modos de atributos realmente distintos, porém, unida a si mesma, a mente não se distingue de si e por isso não é para si um objeto, mas saber de si, mesmo que este não seja claro e distinto.[67]

Ideia do corpo, mas também ideia de si mesma, a proposição 22 enuncia que "a mente humana percebe não somente as afecções do corpo, mas também as ideias dessas afecções", pois ela percebe tudo o que se passa em seu corpo e tudo o que se passa nela mesma. No entanto, o saber de si ou a consciência de si não desliga nem separa a mente de seu corpo, pois "a mente não conhece a si própria senão enquanto percebe as ideias das afecções do corpo", conforme a proposição 23. De fato, explica Espinosa na demonstração, ainda que a mente não conheça seu corpo nem a si mesma como efeitos necessários da potência de Deus ou como afecções singulares que seguem necessariamente da essência de Deus, entretanto, "as ideias das afecções pelas quais o corpo é afetado envolvem a natureza do próprio corpo humano, isto é convêm com a natureza da mente; por isso o conhecimento dessas ideias necessariamente envolverá o conhecimento da mente; ora, o conhecimento dessas ideias está na própria mente humana; logo, apenas nesta medida a mente humana conhece a si própria". Assim, mesmo que a mente não tenha conhecimento verdadeiro de si e de seu corpo (ignorando a gênese necessária de ambos e a maneira como estão unidos), entretanto, as ideias das afecções do corpo envolvem, isto é, implicam a natureza do próprio corpo, havendo por isso *convenientia* entre essas ideias e a natureza da mente; por conseguinte, essas ideias dependem necessariamente do conhecimento que a mente tem de si e é somente por meio delas que ela sabe de si.[68]

Experimentamos a união de nossa mente e de nosso corpo — "sentimos que um certo corpo é afetado de várias maneiras", diz o quarto axioma da Parte II, completado pelo quinto, "não sentimos nem percebemos nenhuma coisa singular além de corpos e modos de pensar". A separação entre eles, imaginada nas metafísicas e teologias, decorre, portanto, do abandono dessa experiência originária com a imposição de imagens que a condenem ou pretendam sublimá-la "numa natureza humana que não existe em parte alguma".[69] A mente humana é uma mente encarnada: seu acesso ao mundo e a si mesma é seu corpo próprio.

5. A ESSÊNCIA DE UMA COISA SINGULAR COMO POTÊNCIA

A gênese do modo humano é completada na terceira parte da *Ética* com o conceito de potência ou *conatus*.

Na Parte I, a demonstração de que o poder (*potestas*) de Deus é idêntico à sua potência (*potentia*) e esta é idêntica à sua essência afirma que o poder e a potência de Deus são constitutivos de sua essência e o mesmo que ela. Essa identidade, considerando-se a essência, significa que a ação divina é absolutamente livre e necessária porque tudo o que é segue da necessidade da natureza do ser absolutamente infinito, e, considerando-se a potência, significa que a substância é pura atividade ou que sua essência não é senão sua ação livremente necessária. O ser absoluto é potência absoluta de agir.

A identidade entre *potestas*, *potentia* e *essentia* em Deus determina, na Parte III, que os efeitos imanentes necessários do agir divino ou suas expressões finitas sejam também potências de existir e agir, levando à demonstração do *conatus* como potência que constitui o ser de todo modo finito como essência atual de uma coisa singular que, por isso, é uma força de afirmação de sua essência e existência. Corpo e mente, expressões finitas imanentes da potência de seus respectivos atributos, são, portanto, *conatus*.[70]

A física das proporções de movimento e repouso, a definição da coisa singular como ação conjunta dos indivíduos que a constituem e o conceito de afecção como relação do corpo com o exterior e consigo mesmo permitem compreender que, fisicamente, uma singularidade se realiza como ritmo ou variação de intensidade de um sistema de forças centrífugas e centrípetas cuja proporção de movimento e de repouso é conservada (equilíbrio das forças), aumentada (se a força centrípeta for maior) ou diminuída (se a força centrífuga for maior). Desse sistema de forças parte a dedução da essência de uma coisa singular como *conatus*.

Apoiado na física, o primeiro postulado da *Ética* III introduz o conceito de potência corporal, afirmando que "o corpo humano pode ser afetado de muitas maneiras pelas quais sua potência de agir é aumentada ou diminuída". Visto que a mente é a ideia de seu corpo e a ideia dessa ideia, e que já foi demonstrado na Parte II, na proposição 14, que "a mente humana é apta a perceber muitíssimas coisas, e é tão mais apta quanto mais o seu corpo pode ser disposto de múltiplas maneiras", conclui-se que sua potência de agir é aumentada ou diminuída conforme aumente ou diminua a de seu corpo.[71] Tanto o postulado sobre o corpo quanto a demonstração de que a mente percebe a multiplicidade das afecções corporais assinalam que uma coisa singular está sempre articulada a outras e inserida numa rede de conexões que a relacionam necessariamente a outras de maneira tal que sua potência de agir pode aumentar ou diminuir. Em outras palavras, o *quantum* de realidade da essência de uma coisa singular que, na Parte II, foi apresentado como dependente de sua aptidão para uma pluralidade de afecções simultâneas (se for um corpo) e de ideias simultâneas dessas afecções (se for uma mente) é agora apresentado com uma *intensidade* variável conforme as maneiras como ela se relaciona com as outras. A identidade entre potência e essência de uma coisa singular e o tecido de articulações e conexões entre coisas singulares formam o núcleo da dedução do *conatus* como essência atual de uma coisa singular, cuja exposição se realiza da proposição 4 à proposição 8 da *Ética* III.

Espinosa inicia o percurso dedutivo na quarta proposição com um enunciado universal negativo: "Nenhuma coisa pode ser destruída senão por uma causa externa".

O enunciado, pondo a destruição de uma coisa como efeito da ação de uma causa externa, indica que estamos perante a operação de uma potência — no caso, uma potência externa —, mas ainda não sabemos se a própria coisa sobre a qual essa causa age é também uma potência. Sabemos apenas que a destruição de alguma coisa não possui uma causa interna.

Na demonstração, a proposição é considerada evidente ou patente por si, uma vez que "a definição de uma coisa qualquer afirma, e não nega, a essência da própria coisa; ou seja, põe, e não tira, a essência da coisa". Consequentemente, "enquanto prestamos atenção à própria coisa, e não às causas externas, nada nela poderemos encontrar que possa destruí-la". Em termos rigorosamente lógicos, é impossível que a *definição* da essência de uma coisa a afirme e a negue e, por conseguinte, é logicamente impossível que uma coisa tenha nela mesma a causa de sua destruição, pois sua definição a afirma e não a nega. Embora a essência de uma coisa singular não seja causa de si, pois não é uma substância, mas tenha uma causa distinta de sua natureza, essa essência, uma vez posta, é intrinsecamente indestrutível, pois nada, em seu interior, pode negá-la, isto é, destruí-la. Visto que Espinosa definiu a essência de uma coisa singular como aquilo sem o qual a coisa não pode ser nem ser concebida e que sem a coisa também não pode ser nem ser concebida, precisamos admitir que a existência da coisa e sua essência são idênticas e que sua existência deve ser tão indestrutível quanto sua essência, ou seja, uma coisa não pode conter em si mesma a supressão de sua existência, aniquilando-se. Nenhuma coisa singular, portanto, carrega o negativo dentro de si; sua destruição decorre da ação de causas ou potências externas sobre ela. Toda negação é externa e a morte vem do exterior.[72]

A demonstração da indestrutibilidade intrínseca de uma coisa singular prossegue com a proposição 5: "Coisas são de naturezas contrárias, isto é, não podem estar no mesmo sujeito (*in eodem subjecto*),[73] enquanto uma pode destruir a outra".

Como na proposição anterior, a demonstração segue uma lógica:[74] se coisas são de naturezas contrárias e, no entanto, "pudessem convir entre si, ou estar simultaneamente (*simul*) no mesmo sujeito (*in eodem subjecto*), logo poderia dar-se no mesmo sujeito algo que poderia destruí-lo, o que (pela proposição precedente) é absurdo".

Espinosa começa explicando o que são naturezas contrárias: são as que, estando juntas (no *mesmo* sujeito), podem destruir-se reciprocamente, portanto não podem conviver entre si. Ora, vimos que na construção da singularidade Espinosa coloca em primeiro plano a *convenientia* e a *cohaerentia*, de maneira que a ausência de ambas define a contrariedade e a incompatibilidade desta com o ser de uma coisa singular. Mas Espinosa prossegue: coisas são de naturezas contrárias quando, se estiverem *simultaneamente* num mesmo substrato,[75] uma pode destruir a outra, ou seja, destroem-se reciprocamente. Em outras palavras, ao introduzir como pré-requisito da contrariedade as expressões *in eodem subjecto* e *simul*, Espinosa repõe rigorosamente o princípio de contradição em sua formulação clássica, na qual é impossível que *ao mesmo tempo e na mesma relação* algo seja e não seja idêntico a si mesmo. A presença *simultânea* de naturezas contrárias numa *mesma* relação, isto é, num *mesmo* sujeito, introduz a contrariedade ou o negativo no interior da coisa singular ou do substrato onde estariam como propriedades inerentes a ele. Assim, não somente coisas de naturezas contrárias se destroem reciprocamente como ainda são incompatíveis com o ser de uma coisa singular e o destroem se nele estiverem simultaneamente, não podendo, portanto, constituí-lo. Ora, uma vez que nenhuma coisa singular pode ser destruída senão por uma causa externa, é impossível que seja internamente *constituída* por coisas de naturezas contrárias. A contrariedade é uma relação com o exterior.[76]

Essas duas proposições trazem uma primeira apresentação da exterioridade como risco de destruição, seja porque uma coisa singular é uma positividade intrínseca que só pode ser destruída por causas externas, seja porque tal positividade impossibilita logicamente que no seu interior possam coexistir em simultâneo coisas de naturezas contrárias que, por conseguinte, só podem situar-se no exterior. Essa apresentação, feita no plano lógico, é fundamental para compreendermos as proposições seguintes, ontológicas, voltadas propriamente para exposição do conceito de *conatus*[77] como potência de uma coisa singular.

Enuncia a proposição 6: "Cada coisa, tanto quanto está em si (*quantum in se est*), esforça-se (*conatur*) para perseverar em seu ser".

A demonstração explica por que há um esforçar-se para perseverar no ser.[78] Com efeito, a parte inicial da demonstração nos levaria a considerar desnecessário um esforço nesse sentido, pois lemos ali que

> as coisas singulares são modos pelos quais os atributos de Deus se exprimem de maneira certa e determinada, isto é, coisas que exprimem de maneira certa e determinada a potência de Deus, pela qual Deus é e age; e nenhuma coisa tem algo em si pelo qual possa ser destruída, ou seja, que lhe tire a existência.

Em outras palavras, se as coisas singulares são expressões determinadas da potência de Deus e intrinsecamente positivas ou indestrutíveis, devem ser concebidas como potências de existir e, portanto, não se entenderia por que precisariam *esforçar-se* para perseverar no seu ser. Pelo contrário, a perseverança no ser deveria apresentar-se como pura espontaneidade do existir e não como um esforço. Todavia, a parte final da demonstração esclarece que toda coisa singular "opõe-se a tudo que pode tirar-lhe a existência, e por isso, o quanto pode e está em suas forças, esforça-se para perseverar em seu ser". Assim, a finitude do modo singular, o peso da exterioridade e o risco destrutivo que esta pode ter explicam a necessidade do esforçar-se. A finitude do modo singular — indicada como a expressão "tanto quanto está em si" — e o perigo de sua destruição reaparecerão sob a forma de um axioma, o único da Parte IV:

> Não é dada na Natureza nenhuma coisa singular em relação à qual nenhuma outra mais poderosa e mais forte seja dada. Mas, dada uma coisa qualquer, é dada uma outra mais poderosa pela qual aquela dada pode ser destruída.

A essência de uma coisa singular é a afirmação de sua existência, mas toda coisa singular, como demonstram o final da Parte I e a física da Parte II, está determinada pela multiplicidade de relações com as outras. De fato, vimos que um corpo singular está inserido numa rede de afecções ou de relações com outros corpos de que necessita para conservar-se, regenerar-se e transformar-se e que dele necessitam pelos mesmos motivos. Ora, nada garante que a *convenientia*, a *constantia* e a *cohaerentia* do corpo singular sejam preservadas nessas afecções, pois coisas de naturezas contrárias à sua podem afetá-lo. Da mesma maneira, sendo a mente ideia de todas as afecções corporais e ideia dessas ideias, também a *convenientia*, a *constantia* e a *cohaerentia* mentais não estarão preservadas se assim não estiverem as de seu corpo. Nesse sentido, a quinta proposição da Parte III, ao afirmar a impossibilidade da presença simultânea de contrários numa mesma coisa singular, pois isso a destrói, prepara a demonstração da sexta proposição como exigência de que a coisa singular se esforce, tanto quanto está em suas forças (*quantum in se est*), para perseverar em seu ser, isto é, para não ser invadida e destruída por potências externas contrárias à sua, opondo-se a elas. Por isso, a sétima proposição pode, finalmente, enunciar que a essência de uma coisa singular é uma potência de perseveração no seu ser: "O esforço (*conatus*) pelo qual cada coisa se esforça para perseverar em seu ser não é nada além da essência atual da própria coisa".

A tarefa da demonstração será a de realizar para as coisas singulares a mesma dedução realizada no caso de Deus, isto é, demonstrar a identidade entre potência e essência.[79] Por isso, Espinosa começa invocando a Parte I, referindo-se inicialmente à proposição 36 — "Não existe coisa alguma de cuja natureza não siga necessariamente algum efeito" — e, a seguir, à proposição 29 — "Na natureza das coisas nada é dado de contingente, mas tudo é determinado pela necessidade da natureza divina a existir e a operar de maneira certa". Pela proposição 36, conclui-se que "da essência dada de uma coisa qualquer seguem necessariamente efeitos", e, pela proposição 29, que "as coisas não podem nada outro a não ser o que segue necessariamente de sua natureza determinada". Na medida em que o poder de uma coisa é aquilo que segue necessariamente da natureza dessa coisa — o *quantum in se est* —, a potência e a essência de um ser são idênticas. Resta saber o que é essa potência. Conforme o enunciado da sétima proposição da Parte III, que exclui a suposição de que o *conatus* seja uma potencialidade a ser atualizada, a demonstração afirma que

> a potência de uma coisa qualquer, ou seja, o esforço pelo qual, ou sozinha ou com outras, ela faz ou esforça-se para fazer algo, isto é, a potência, ou seja, o esforço pelo qual se esforça para perseverar em seu ser, não é nada além da essência dada da coisa, ou seja, sua essência atual.

A potência de uma coisa singular *é* seu esforço ou o tanto quanto está em suas forças para perseverar em seu ser, esforço que ela realiza sozinha ou com outras coisas singulares. A sétima proposição traz um elemento novo quando comparada à sexta. Com efeito, nesta o *conatus* se apresenta como oposição a todo risco de destruição proveniente da ação de causas externas; em contrapartida, na proposição 7, é demonstrado que o esforço pode realizar-se pela coisa singular não apenas sozinha, mas juntamente com outras. Isto significa, portanto, não só que o *conatus* opera de duas maneiras (a sós ou com outros), mas também que a oposição e a cooperação dependem das condições em que age uma potência singular. Assim, não há apenas a guerra de todos contra todos (a potência ameaçadora das causas externas ou das potências alheias), mas também a *convenientia* e a *cohaerentia* entre potências singulares enquanto partes de um mesmo todo,⁸⁰ como será asseverado no escólio da proposição 18 da Parte IV, quando Espinosa escreve: "nunca poderemos fazer com que não precisemos de nada exterior para conservar o nosso ser e que vivamos sem comércio algum com as coisas que estão fora de nós".

À identidade da potência e da essência, Espinosa dá o nome de *essência atual da coisa* (*rei essentia actualis*), atual não se definindo por oposição a possível ou virtual, mas significando *em ato*, ou seja, como *ação de existir*. A potência é atual e fundamento ontológico da definição da essência de uma coisa singular como inseparável de sua existência, ou aquilo que, nos *Pensamentos metafísicos*, Espinosa denomina *vida*, "a força pela qual as coisas perseveram em seu ser".

Porque é vida, *essência atual* significa que o *conatus* não é uma inclinação nem uma tendência, ou seja, está excluída a noção de finalidade, que atualizaria um possível ou um virtual. Com essa exclusão, uma outra também está dada, qual seja, a suposição de que o *conatus*, por ser esforço, exprimiria uma falta ou uma privação que uma essência se esforçaria para preencher. Ora, tanto o possível quanto a carência, articulados à finalidade, sempre foram pressupostos metafísicos para definir o desejo e opô-lo à potência identificada com a vontade livre ou incondicionada. Compreendemos, então, por que Espinosa funda a identidade da potência e da essência de uma coisa singular nas duas proposições da Parte I em que o necessário afasta o possível e o contingente e, com eles, a tentação de identificar potência e vontade livre. Assim como, na Parte I, a identidade da *potentia* e da *potestas* de Deus afasta a imagem da vontade criadora onipotente, assim também, na Parte III, o *conatus*, identidade da potência e da essência atual de uma coisa singular, afasta a imagem da vontade como livre operação de escolha entre possíveis e movida pela finalidade.

Com o *conatus*, se completa a exposição da gênese e natureza das coisas singulares. De fato, até aqui, havíamos encontrado a essência de uma coisa singular sob três determinações: como modo finito de um atributo de Deus ou afecção particular de um atributo que nela se exprime e que ela exprime; como coisa singular determinada, isto é, como corpo ou união de corpos e como mente ou conexão de ideias; e, no caso do modo humano, como união de um corpo e uma mente. Agora, uma quarta determinação define a essência de um ser singular: ela é uma potência de existir e agir intrinsecamente positiva que por isso se esforça, sozinha ou com outras, para perseverar em seu ser, opondo-se a tudo quanto possa negá-la, isto é, destruí-la.

Não sendo a potência uma possibilidade a ser atualizada, o *conatus* não é determinado pelo tempo. Justamente por isso, Espinosa explicita, a seguir, o que é a duração de uma coisa singular, enunciando na oitava proposição que "o esforço pelo qual cada coisa se esforça para perseverar em seu ser não envolve nenhum tempo finito, mas indefinido". De fato, na Parte I, Espinosa contrapõe eternidade e duração explicando que esta é "a existência determinada", ou seja, que tem um começo; e, na Parte II, define a duração como "a continuação indefinida do existir", o sentido dessa afirmação tornando-se evidente com a demonstração, na Parte III, de que a duração de uma coisa singular só termina pela ação de causas exteriores a ela. As coisas singulares duram porque, não sendo causas de si, sua essência não envolve existência necessária e por isso têm um início determinado, mas, justamente porque duram, enuncia a Parte III, "não envolvem um tempo finito, mas indefinido".

A demonstração da oitava proposição é feita em duas etapas, a primeira por redução ao absurdo e a segunda, afirmativa. Com efeito, explica Espinosa, se a existência da coisa envolvesse um tempo limitado, "então da só potência pela qual a coisa existe seguiria que a coisa não poderia existir depois daquele tempo limitado, mas deveria ser destruída , mas isto é absurdo, pois já foi demonstrado que nenhuma coisa se autodestrói e só pode ser destruída por uma causa externa, ou seja, já foi demonstrado que o risco de aniquilamento vem do exterior. Por conseguinte, a etapa afirmativa da demonstração explica que, sendo uma coisa singular intrinsecamente positiva ou indestrutível, deve-se afirmar que o esforço pelo qual a coisa existe não envolve nenhum tempo definido; e sim o contrário, já que, se não for destruída por uma causa externa, prosseguirá sempre no existir pela mesma potência pela qual agora existe.

Assim como na pequena física da Parte II Espinosa começa pelos corpos em geral para somente depois chegar ao corpo humano e à sua união com a mente humana, também na Parte III, as proposições 4 a 8 se referem às coisas singulares em geral, sem mencionar o modo humano. Este surge na proposição 9, quando Espinosa passa a demonstrar que a mente humana é um *conatus* e se percebe (quer confusa, quer claramente) como tal. Em seguida, visto que a mente humana é a ideia das afecções de seu corpo e percebe todas elas (quer confusa quer claramente), Espinosa examina (da proposição 9 até a proposição 13)[81] como a mente percebe o *conatus* de seu corpo e quais são, nela e para ela, os efeitos necessários dessa percepção.

A nona proposição enuncia:

A mente, tanto enquanto tem ideias claras e distintas como enquanto as tem confusas, esforça-se para perseverar em seu ser por uma duração indefinida e é cônscia deste seu esforço.

A proposição universaliza o *conatus*: quer de maneira inadequada, quer adequada, ele jamais cessa de operar: a mente *sempre* se esforça para perseverar em seu ser e disso tem consciência.

A demonstração se apoia na distinção, feita na Parte II, entre ideias inadequadas e adequadas, isto é, entre aquelas que a mente forma a partir das imagens das afecções de seu corpo e dos corpos exteriores e aquelas que ela forma por si mesma enquanto conhecimento das essências de seu corpo e dos corpos exteriores e das propriedades comuns a todas as coisas da Natureza.[82] Em qualquer um dos casos, explica Espinosa, ela "esforça-se para perseverar em seu ser; e isto por uma duração indefinida". No entanto, é preciso acrescentar, com base no que foi demonstrado na proposição 23 da Parte II, que "pelas ideias das afecções do corpo a mente é necessariamente cônscia de si, logo a mente é cônscia de seu esforço". Em outras palavras, não só a mente é uma potência afirmativa de existência e ação, como também — enquanto ideia das ideias das afecções corporais — é consciente dessa potência que a define (quer seja cônscia disso de maneira inadequada, quer adequada).

Porque agora estamos na região do *conatus* humano, o escólio da proposição esclarece que o esforço de perseveração no ser, "quando referido só à mente, chama-se vontade,[83] mas quando referido simultaneamente à mente e ao corpo, chama-se apetite". Este último é simplesmente "a própria essência de um homem, de cuja natureza necessariamente segue aquilo que serve à sua conservação, e por isso é determinado a fazê-lo". Como havíamos observado, a definição do *conatus* como essência atual de uma coisa singular afasta a imagem da vontade livre, afastamento agora explicitamente posto por Espinosa não só ao identificar vontade e apetite, mas também ao declarar que, sendo *conatus*, ambos são aquilo que um homem *é determinado a fazer* em vista da conservação de seu ser. A Parte II demonstra que não há uma faculdade universal e absoluta da alma chamada vontade (ou livre vontade) e sim volições singulares da mente quando afirma ou nega uma ideia.[84] Na Parte III, as volições são apetites singulares do corpo e da mente. Ora, prossegue o escólio, "entre apetite e desejo não há nenhuma diferença senão que o desejo é geralmente referido aos homens enquanto são cônscios de seu apetite, e por isso pode ser assim definido: o desejo é o apetite quando dele se tem consciência". Em outras palavras, visto que apetite e desejo são o que alguém é determinado a fazer para se conservar, entre ambos não há distinção a não ser aquela comumente estabelecida entre impulso (apetite) e consciência daquilo que se apetece (desejo).[85]

A consequência não se faz esperar. Tradicionalmente, a noção de possível envolve a imagem da essência como privação ou falta a ser preenchida pela consecução de fins e, por sua vez, a imagem da finalidade acarreta a da vontade livre, que pode se dirigir tanto ao bem quanto ao mal, e a do desejo como carência ou falta em busca de preenchimento. Em contrapartida, a definição da vontade como *conatus* e, portanto, como apetite e desejo, significa que aquelas imagens são desprovidas de sentido, pois constatamos agora "que não nos esforçamos, queremos, apetecemos, nem desejamos nada porque o julgamos bom; ao contrário, julgamos que algo é bom porque nos esforçamos por ele, o queremos, apetecemos e desejamos". Conclusão que a Parte IV desenvolverá ao demonstrar que o que se denomina causa final é uma imagem que ignora que o apetite ou o desejo é causa eficiente de uma operação determinada ou aquilo que o *conatus* está necessariamente determinado a fazer, imprimindo os signos do bom e do mau nas coisas.

A união do corpo e da mente compreendida como apetite ou desejo reforça a compreensão da potência singular como afirmação da existência numa duração sem fim, isto é, indefinida. Assim sendo, e visto que coisas são de naturezas contrárias quando, ao se dar simultaneamente num mesmo ser, o destroem, compreende-se que "uma ideia que exclui a existência de nosso corpo não pode dar-se em nossa mente, mas é contrária a ela", conforme enuncia a proposição 10 da terceira parte. Algo que possa destruir o corpo não pode dar-se nele, mas o atinge do exterior e por isso, explica a demonstração, "a ideia desta coisa também não pode dar-se em nossa mente". Mas não só isso. Visto que o que primeiramente constitui a essência da mente é a ideia de seu corpo existente em ato, então deve-se concluir que "o que é primeiro e principal no esforço de nossa mente é afirmar a existência de nosso corpo; e por isso uma ideia que nega a existência de nosso corpo é contrária à nossa mente". Assim como o corpo seria destruído pela presença em seu interior de algo contrário à sua natureza, assim também a mente seria destruída se nela pudesse haver a ideia contrária à sua essência, pois sendo a ideia de seu corpo ou afirmação da existência dele, uma ideia que negasse essa existência seria contrária à essência da própria mente e acarretaria sua destruição. Ora, isso é impossível, pois o *conatus* é intrinsecamente indestrutível (exclui de si a presença simultânea de coisas de naturezas contrárias) e dura indefinidamente sem nenhuma causa externa o destruir.

Ou, como será explicado no escólio da proposição 11, a essência da mente envolve a existência de seu corpo e ela o afirma enquanto ele durar; entretanto,

> a causa por que a mente deixa de afirmar esta existência do corpo não pode ser a própria mente nem tampouco que o corpo tenha deixado de ser, pois a causa por que a mente afirma a existência do corpo não é que o corpo tenha começado a existir; por isso, pela mesma razão, ela não deixa de afirmar a existência do corpo porque o corpo tenha deixado de ser; mas isto se origina de outra ideia, que exclui a existência presente de nosso corpo e, consequentemente, de nossa mente, e que, portanto, é contrária à ideia que constitui a essência de nossa mente.

Para compreendermos essa passagem, precisamos nos referir à proposição 2 dessa Parte III: "Nem o corpo pode determinar a mente a pensar, nem a mente pode determinar o corpo ao movimento, ao repouso ou a alguma outra coisa (se isso existe)".

Modos de atributos realmente distintos, mente e corpo, exatamente como seus respectivos atributos, não se relacionam segundo a causalidade. Como vimos ao examinar a proposição 7 da Parte II, ao demonstrar que a ordem e conexão das ideias e das coisas é a mesma, Espinosa afirma a autonomia causal dos atributos, de maneira que as afecções do corpo são causadas por ele e nele no interior das conexões causais do atributo extensão e as ideias são causadas na e pela mente no interior das conexões causais do atributo pensamento. Vimos também que, sendo constitutivos da essência de uma única substância, os atributos a exprimem em ordens de realidades distintas, isto é, a unidade da substância se exprime na infinita diversidade de seus atributos. Da mesma maneira, o corpo e a mente constituem a essência singular de um modo humano finito e o exprimem de maneira diferenciada. Eis por que, conforme a proposição 2 da Parte III, o corpo não determina as ideias na mente assim como estas não determinam o corpo ao movimento e ao repouso.

Se regressarmos ao escólio da proposição 11, compreenderemos, então, que não é o início da existência do corpo a causa por que a mente afirma a existência dele e isto por duas razões: em primeiro lugar, porque a mente não é uma alma substancial existente antes do corpo vindo a se relacionar com ele a partir do momento em que este passasse a existir, mas a essência mente é *ser* a ideia de seu corpo atualmente existente e ambos iniciam juntos a existência, pois a ordem e conexão das ideias e a das coisas é a mesma, sendo impossível a mente ser a ideia de seu corpo *antes* que ele exista; em segundo, porque o corpo não é a causa das ideias da mente, pois como já foi demonstrado na Parte II, os modos de atributos diversos não mantêm entre si relação de causalidade — a mente é a ideia de seu corpo, mas suas ideias não são causadas nela por uma ação dele sobre ela. Pelas mesmas razões, a causa pela qual a mente afirmaria a inexistência de seu corpo não é o fato de que o corpo teria deixado de existir, mas sim a presença de uma *ideia que exclui a existência do corpo*. A definição da essência de uma coisa afirma que, sendo posta, sua existência é necessariamente posta e, suprimida uma delas, a outra também é necessariamente suprimida; ora, visto que a essência da mente é ser a ideia de seu corpo, uma ideia que exclua a existência do corpo é contrária à essência da mente, por isso a destruiria. Portanto, assim como a existência do corpo é destruída por *outro corpo*, contrário à sua essência, também a causa pela qual a mente deixaria de afirmar essa existência não pode ser a própria mente (pois sua essência é a afirmação dessa existência), mas *outra ideia*, contrária à essência dela, visto que ela não é senão ideia de seu corpo existente em ato.[86]

Essa união total da mente com o seu corpo constitui o enunciado da proposição 11 da Parte III:

> o que quer que aumente ou diminua, favoreça ou coíba a potência de agir de nosso corpo, a ideia desta mesma coisa aumenta ou diminui, favorece ou coíbe a potência de pensar de nossa mente.

A variação da intensidade da potência do corpo, isto é, de sua força para afirmar-se na existência, é da mesma forma a variação na intensidade da potência da mente. Essa isonomia está ontologicamente fundada em duas proposições da Parte II: na proposição 7 — "a ordem e conexão das ideias é a mesma que a ordem e conexão das coisas" — e na proposição 14 — "a mente humana é apta a perceber a pluralidade e tanto mais apta quanto mais seu corpo pode ser disposto pluralmente". Vimos que *plura simul* é o critério para definir o grau de realidade ou perfeição de um corpo e de uma mente, definição que agora se determina como intensidade da potência singular.

6. A ESSÊNCIA DE UMA COISA SINGULAR COMO VIDA

Como essência atual, o modo finito humano é uma potência corporal e mental que se efetua nas afecções corporais, nas ideias dessas afecções e no desejo. Por isso, as formas da união da mente com o corpo são deduzidas por Espinosa em duas etapas: na primeira (realizada da Parte II da *Ética*), pela dedução das duas formas cognitivas dessa união, isto é, as ideias inadequadas e as adequadas; na segunda etapa (realizada na Parte III da *Ética*), a dedução é completada com a distinção entre as duas formas da relação afetiva entre a mente e seu corpo, isto é, a causalidade inadequada e a adequada. O núcleo da articulação entre os tipos de ideia e os de causalidade decorre do vínculo entre ideia e afeto. Nem toda ideia é um afeto, mas todo afeto é uma ideia,[87] sempre que esta exprima o aumento ou a diminuição da potência de existir do corpo e da mente, uma vez que o afeto é assim definido na abertura da Parte III:

> Por afeto entendo as afecções do corpo pelas quais a potência de agir do próprio corpo é aumentada ou diminuída, favorecida ou coibida, e simultaneamente as ideias destas afecções.

O advérbio "simultaneamente" é crucial, pois anuncia a grande inovação espinosana: o laço que prende a dimensão cognitiva e a afetiva como vida de um modo humano singular. Graças à causalidade imanente dos atributos da substância, a mente humana está inscrita no intelecto infinito e por isso Espinosa pode oferecer o fundamento ontológico de *todo* conhecimento de que ela é capaz: ela conhece porque está inserida na ordem e conexão causal das ideias no modo infinito do pensamento, do qual ela é um efeito e uma parte. Como vimos, o conceito de parte possui dois sentidos: na perspectiva da causalidade imanente, significa *ser parte* do intelecto infinito (*pars intellectus infiniti*); na perspectiva da causalidade transitiva entre os corpos e suas ideias, significa conhecer alguma coisa apenas *em parte* (*ex partem*). É exatamente essa distinção que permite a Espinosa apresentar o fundamento ontológico das duas maneiras diversas de conhecer: o *conhecimento adequado*, ou uma ideia na qual a substância, modificada num modo finito do pensamento, se exprime e se explica pela natureza da mente humana ao constituí-la como uma singularidade (a mente como parte inserida na ordem e na conexão das ideias do intelecto infinito), e o *conhecimento inadequado*, quando o atributo pensamento, modificado num modo finito, apreende simultaneamente a ideia da mente humana (a ideia do corpo) e as ideias de outras coisas, não se exprimindo nem se explicando pela natureza de nenhuma delas (a mente como conhecimento parcial de seu corpo e das demais coisas). A primeira maneira de conhecer — ou a adequação — decorre do conhecimento e da ação que dependem exclusivamente do próprio corpo e da própria mente, exprimindo a ação imanente da substância neles modificada — trata-se do que Espinosa descreve como o conhecimento que se efetua quando a mente e o corpo são apreendidos integrados na *ordem necessária da Natureza*. A segunda maneira de conhecer ou a inadequação decorre da causalidade eficiente transitiva, isto é, do concurso fortuito de outros corpos que afetam o nosso e cujas ideias são apreendidas em simultâneo com a ideia do nosso corpo, de modo que nosso corpo, nossa mente, os outros corpos e as ideias das outras coisas, por serem tomados sob a operação da causalidade eficiente transitiva e não sob a ação da causalidade eficiente imanente, não exprimem a ação da substância neles modificada — trata-se do que Espinosa descreve como o conhecimento no qual corpo e mente são percebidos inseridos na *ordem comum da Natureza*.

A causa da distinção entre essas duas maneiras de conhecer é explicada no escólio da proposição 29 da Parte II, com a distinção entre a mente externamente determinada e internamente disposta:

> Digo expressamente que a mente não tem de si própria, nem de seu corpo, nem dos corpos externos conhecimento adequado, mas apenas confuso e mutilado, toda vez que percebe as coisas na ordem comum da natureza, isto é, toda vez que é determinada externamente, a saber, pelo encontro fortuito das coisas, a contemplar isso ou aquilo; mas não toda vez que é determinada internamente, a saber, determinada a entender, quando contempla muitas coisas em simultâneo (*plura simul*), as conveniências, diferenças e oposições entre elas; com efeito, toda vez que está internamente disposta desta ou daquela maneira, então contempla as coisas clara e distintamente [...].[88]

Essa distinção entre as duas formas do conhecimento está enlaçada à distinção entre as duas formas de operação da potência singular conforme seja causa inadequada, isto é, externamente determinada, ou causa adequada, ou seja, internamente disposta, do que se passa no corpo e na mente, como lemos nas duas primeiras definições da Parte III:

> Denomino causa adequada aquela cujo efeito pode ser percebido clara e distintamente por ela mesma. E inadequada ou parcial chamo aquela cujo efeito não pode só por ela ser entendido.*
>
> Digo que agimos quando ocorre em nós ou fora de nós algo de que somos causa adequada, isto é (pela definição precedente), quando de nossa natureza segue em nós ou fora de nós algo que pode ser entendido clara e distintamente só por ela mesma. Digo, ao contrário, que padecemos quando em nós ocorre algo, ou de nossa natureza segue algo, de que não somos causa senão parcial.**

Da mesma maneira que a inadequação cognitiva é efeito da operação de causalidades eficientes transitivas na ordem comum da natureza, também a paixão decorre desse mesmo tipo de causalidade. E da mesma maneira que a adequação cognitiva é efeito da operação imanente da mente como causa completa de suas ideias na ordem necessária da natureza, também, na vida afetiva, a ação exprime a causalidade eficiente imanente da mente como causa completa de seus afetos.

A distinção entre a mente externamente determinada e internamente disposta permite compreender que inadequação cognitiva e afetiva significa passividade; adequação cognitiva e afetiva, atividade. Essa distinção modula as relações entre a mente e o corpo e de ambos com os demais seres da Natureza. Afecções corporais, ideias e afetos são *maneiras de viver* e, por isso, conhecê-los é condição necessária de uma ética.

---

* E III, definição 1.
** E III, definição 2.

Nota complementar n. 1
Intensivo e extensivo: a interpretação do modo finito por Deleuze

Ao propor a ciência transcendental, Duns Scotus[1] considera a existência como *modus intrinsecus* da essência — e cada uma possui a existência que lhe é devida em seu estado, isto é, em seu grau (intensivo) de entidade. Essa ideia acarreta outra de enorme envergadura, qual seja, a entidade da essência se define pelo *gradus intrinsecus* de sua perfeição, e Deus é a essência infinita porque possui em grau máximo e supremo a perfeição entitativa, sendo por isso existência absoluta. Isto significa que o ser se diz univocamente de Deus e das criaturas, porque a diferença entre Ele e elas não é determinada pela diferença entre o *necesse esse* e o *possibilis esse*, mas pela diferença de gradação de realidade ou perfeição que, esta sim, determina a diferença entre o necessário e o possível. É o aspecto intensivo da essência que garante a univocidade e, simultaneamente, condiciona a distinção entre necessário e possível. Essas considerações de Scotus estão presentes na interpretação do modo finito por Deleuze, que se refere explicitamente à posição scotista.

Em *Spinoza et le problème de l'expression*, ao interpretar a realidade dos modos finitos singulares, Deleuze mantém firmemente a ação dos atributos substanciais. Escreve ele:

Se todas as essências [de modos] convêm é precisamente porque não são causas umas das outras, mas todas têm Deus como causa, quando as consideramos concretamente, referindo-as à causa de que dependem, nós as pomos todas juntas, coexistentes e convenientes. [...] Uma essência não pode ser separada de outras senão abstratamente, quando a consideramos independentemente do princípio de produção que compreende todas. [...] Devemos perguntar: como as essências dos modos se distinguem, se são inseparáveis umas das outras? Como são singulares se formam um conjunto infinito? [...] Em que consiste a realidade física das essências enquanto tais? Sabe-se que este problema, ao mesmo tempo da individualidade e da realidade, levanta muitas dificuldades no espinosismo.[2]

A solução consiste em introduzir, para os modos finitos, a distinção entre intensivo e extensivo, a partir da descrição dos atributos substanciais como qualidades e quantidades infinitas. Como qualidade infinita, um atributo é indivisível; como quantidade infinita, é divisível em partes modais, isto é, que não se distinguem realmente dele como substâncias individuais por que são diferenciações internas de intensidade produzidas por ele próprio como potência infinita. Acompanhando Scotus, Deleuze distingue, então, entre dois tipos de divisibilidade: a intensiva ou intrínseca, isto é, a divisibilidade em graus, e a extensiva ou extrínseca, isto é, em partes exteriores umas às outras. Essa dupla divisibilidade lhe permitirá pensar a relação entre a essência do modo e sua existência determinada.

Na *Ética*, diz Deleuze, o conceito de parte possui dois sentidos principais: 1) parte intensiva ou grau de potência ou grau de intensidade — os modos finitos são graus intensivos de potência que exprimem a potência de seus atributos; 2) parte extensiva ou extrínseca às outras, cada qual recebendo do exterior a ação de outras e agindo sobre elas — os modos finitos são partes extensivas da potência de seus atributos. "A extensão (*l'extension*) não é um privilégio da extensão (*l'étendue*)", escreve Deleuze. Em outras palavras, o atributo pensamento comporta também partes extensivas, como é atestado pelas proposições 15 da Parte II da *Ética*: "A ideia que constitui a mente humana não é simples, mas composta de muitíssimas ideias". Como parte intensiva, a essência de modo é simples; como parte extensiva, composta de muitíssimas partes.

Um modo finito é definido como essência particular ou como essência singular e esta, como coisa física ou natural — *res physica, res naturalis* —, portanto como um ente real, uma existência. Embora uma essência de modo seja inseparável daquilo de que ela é essência — jamais um universal abstrato disperso em casos particulares — e embora uma essência de modo seja inseparável da existência da coisa de que ela é essência — jamais um possível à espera de passar à existência —, diz Deleuze, é preciso distinguir entre a essência de modo e a existência de modo, pois Espinosa fala em modos inexistentes. Uma essência de modo está contida ou compreendida na essência de seu atributo e não se distingue dele. Na medida em que um modo é aquilo que não é causa de si, não se pode dizer que ele seja causa de sua essência nem de sua existência — tanto a essência quanto a existência são necessárias, porém o são não por si mesmas e sim por sua causa. A causa de sua essência é seu atributo como qualidade e quantidade intensiva; a de sua existência, seu atributo enquanto quantidade extensiva.

Em outras palavras, é preciso distinguir entre estar contido no atributo e ter uma existência determinada. Estar *contido no atributo* significa que uma essência singular não se distingue da essência de seu atributo nem das demais essências contidas nele senão por uma *distinção de grau*. A individuação da essência é quantitativa e intrínseca, isto é, uma essência intrinsecamente singular é *um grau de intensidade da potência infinita de seu atributo*, pois um atributo é uma qualidade que univocamente permanece sempre a mesma e quantitativamente se diferencia internamente por graus de intensidade, sem jamais se dividir, ou seja, nele as distinções são modais. A essência singular do modo finito é a de uma *pars intensiva*. "As essências de modos são modos intrínsecos ou qualidades intensivas."[3] O atributo se exprime em cada grau de sua potência e sua ação deve ser entendida como *complicatio*, isto é, como um dobrar-se sobre si mesmo. A *complicatio* torna evidente porque as essências de modo singulares são inseparáveis e formam um sistema total e infinito de conveniência recíproca. Por outro lado, *ter uma existência determinada* significa que uma essência singular é singular extrinsecamente, isto é, distingue-se de outras por sua existência. A existência de uma essência de modo é a existência de *uma parte exterior a outras* que afeta e é afetada por outras. A individuação da existência é, portanto, extrínseca e a existência do modo é a de uma *pars extensiva*. O atributo se exprime em cada parte extensiva e sua ação deve ser entendida como *explicatio*, isto é, como um desdobrar-se a si mesmo.

Escreve Deleuze:

Somente a distinção quantitativa dos seres se concilia com a identidade qualitativa do atributo. [...] O finito não é, pois, nem substancial nem qualitativo. Porém, ele não é uma aparência: ele é modal, isto é, quantitativo.[4]

Assim, os modos em sua essência são expressivos: exprimem a essência de Deus, cada um segundo o grau de potência que constitui sua essência. A individuação do finito em Espinosa não vai do gênero à espécie ou da espécie ao indivíduo, do geral para o particular: ela vai da qualidade infinita à quantidade correspondente, que se divide em partes irredutíveis, intrínsecas ou intensivas.[5]

Se levarmos em conta a crítica de Bayle a Espinosa, a posição de Deleuze poderá tornar-se mais clara. De fato, para recusar o modo finito espinosano, Bayle toma como referência a tradição escolástica das distinções e sua reformulação por Descartes: distinção real (entre substâncias), distinção de razão e distinção modal (entre substância e acidente; ou entre substância e modo). A argúcia de Deleuze, porém, está, como vimos, em ir a uma outra fonte escolástica, Duns Scotus, de quem toma a ideia de *distinção formal*, ou seja, uma distinção entre essências (que é a chave deleuziana para interpretar os atributos da substância divina como realmente distintos) e a de *modus intrinsecus*, que será a chave para a interpretação do modo finito como parte intensiva e extensiva.

O conceito scotista de distinção formal (ou de essência) é o que permite a Deleuze explicar como e por que a substância ou Deus é o ser absolutamente complexo, internamente diferenciado, pois a distinção formal afirma a diferença qualitativa entre essências que, juntas, podem constituir um único ser. Essa distinção permitiu a Duns Scotus livrar-se da tradição aristotélico-tomista da analogia do ser e afirmar a univocidade: o ser não se diz em muitos sentidos — ou num sentido para Deus e noutro para as criaturas —, mas em um só. Porém, o ser não é uma identidade vazia e sim diferença qualitativa intrínseca ou pluralidade qualitativa, constituído por distinções essenciais ou formais.

Ora, uma vez o atributo considerado uma qualidade (ou uma distinção formal no interior da substância), um problema precisa ser enfrentado. De fato, na tradição aristotélica, a qualidade e a quantidade são gêneros e os gêneros são incomunicáveis, ou seja, não se pode tratar a qualidade com conceitos próprios à quantidade nem esta com os conceitos próprios àquela. A incomunicabilidade dos gêneros colocou três problemas para os medievais: 1) um problema teológico referente à graça divina, isto é, como diferenciar a graça santificante e a graça plena, se a graça é qualidade e não pode ser expressa quantitativamente?; 2) um problema ético referente ao bem, ou seja, como diferenciar o útil, o honesto e o sumo bem, pois o bem é uma qualidade que não pode ser tratada quantitativamente?; e 3) um problema físico referente ao movimento, isto é, como calcular os diferentes efeitos do movimento se este é uma quantidade que não pode ser tratada qualitativamente? A solução encontrada[6] foi a curiosa teoria conhecida como *intensio et remissio* ou *intensidade e enfraquecimento* por meio da qual introduziu-se na quantidade a ideia do *quantum* como *gradus* e, por meio do grau, a possibilidade de falar qualitativamente da quantidade e quantitativamente da qualidade.[7] É, portanto, a teoria medieval da *intensio et remissio* que está pressuposta pela afirmação de Deleuze de que o atributo é uma qualidade infinita indivisível que possui graus de potência.

Ora, é essa mesma teoria que sustenta a concepção scotista do modo intrínseco.

Modus, explica Scotus, significa medida e pode ser compreendido à maneira de Agostinho como "a perfeita comensuração de uma coisa criada com seus princípios", ou à de Tomás, "modo é o que a medida fixa", isto é, toda determinação ou limitação fixada para cada coisa finita em conformidade com sua medida. Significando medida determinada, *modus* é um termo técnico que se opõe a *ratio*, quando se trata de descrever uma denominação ou perfeição de uma substância: enquanto *ratio* é a denominação-perfeição tomada absolutamente, sem referência às condições de sua realização, *modus* diz a maneira determinada como, em certas condições, a denominação-perfeição se realiza concretamente — um modo é um acidente. Por esse motivo, várias substâncias podem ter a mesma *ratio* e distinguirem-se modalmente, isto é, pela maneira como a realizam em condições determinadas, isto é, por seus acidentes. Enquanto a *ratio* é intrínseca a substâncias, o *modus* lhes é extrínseco, pois referido às condições e circunstâncias de realização que diferenciam uma mesma *ratio*.

No entanto, Scotus propõe também a ideia de *modus intrinsecus*, isto é, algo que não é acidente propriamente dito, mas que, sem acrescentar qualquer entidade nova ao ser, permite diferenciá-lo internamente. É assim que a cor é modo intrínseco da luz e o infinito, modo intrínseco de Deus. O modo intrínseco é a própria *ratio* já determinada. Donde a conclusão que será tirada por Suárez: modo é "algo que afeta e determina em última instância a existência [de uma entidade criada] sem acrescentar-lhe entidade própria nova",[8] pois ele próprio não é suficiente por si mesmo para constituir um ente na realidade. A relação do modo com a substância é a da inerência e a da dependência. Sabe-se quando algo é modo se "ao separar-se daquilo em que inere e de que depende" deixar de existir, uma vez que um modo é algo que de si e por si não é suficiente para constituir uma entidade e "intrinsecamente exige afetar em ato alguma entidade sem a qual lhe é absolutamente impossível existir".[9] Para explicar a peculiar realidade do modo proposta por Scotus, Suárez o situa como intermediário entre o ente real e o ente de razão e o designa como *modo real do ente* que para existir depende inteiramente do ser ao qual está unido por inerência.[10]

É este o sentido adotado por Descartes, que por isso mesmo fará as três distinções suarezianas: distinção real (entre substâncias), distinção modal (entre uma substância e seus modos) e distinção de razão (que não existe nas coisas, mas apenas no intelecto). Na metafísica suareziana, pode-se falar em modo infinito ou no infinito como modo intrínseco da substância divina. No caso de Descartes, porém, as propriedades de uma substância se distinguem em atributos e modos, os primeiros como propriedades essenciais e os segundos como propriedades mutáveis. Agora, a infinitude não é um modo de Deus, mas um atributo e, embora toda substância tenha modos, não há referência a modos divinos nem à ideia de modos infinitos, o conceito de modo aparecendo sempre referido às substâncias cujos atributos principais (ou seja, coextensivos às suas substâncias) são respectivamente a extensão e o pensamento, isto é, substâncias criadas. O silêncio de Descartes sobre modos divinos se explica, aliás, pela própria definição cartesiana do modo, como maneira de ser de uma substância que ela pode adquirir, perder, transformar. Em outras palavras, ainda que o modo seja intrínseco e não extrínseco, à maneira tomista, a variação modal indica que sua substância, imutável quanto à essência, é mutável quanto à existência. Dada a inerência do modo ao sujeito, supor modos em Deus traria o perigo de supô-Lo mutável, o que será exatamente alegado por Bayle contra Espinosa, quando interpreta a substância espinosana como sujeito de predicados e os modos como predicados, à maneira cartesiana.

Por que explicitamente Deleuze recorre ao conceito scotista de *modus instrinsecus* para caracterizar o modo finito espinosano? Por que, ao recusar a concepção analógica do ser e a lógica predicativa ou da inerência de predicados a uma substância, Espinosa recusa que o modo seja um predicado ou um acidente da substância e, além disso, recusa a concepção suareziana do modo como um intermediário entre o ente real e o de razão. O modo não é, no sentido da inerência, um modo *na* substância (como pensavam os escolásticos) nem *da* substância (como pensava Descartes), mas, sem relação predicativa de inerência, ele é simultaneamente modo *na e da* substância como efeito imanente real causado por ela, que nela existe, por ela existe e por ela é concebido.

Nota complementar n. 2
Observações sobre os vários sentidos de *idea* em Espinosa

I. No plano ontológico, uma ideia é:

1) uma realidade ou um ser enquanto modificação infinita imediata do atributo pensamento — é a *idea Dei* ou o *intellectus Dei*;

2) uma realidade ou um ser enquanto modificação finita do atributo pensamento; seu ser ou sua essência formal é a de um modo finito que é em outro (*in alio*) e concebido por meio de outro (*ab alio*) — são os *modus cogitandi*;

3) uma realidade ou um ser enquanto modificação finita certa e determinada do atributo pensamento constituída por uma pluralidade de modos de pensar — é a *Mens humana*, uma singularidade constituída por modos de pensar;

3) é a expressão, no atributo pensamento, de um modo finito do atributo extensão — é a mente humana como *idea corporis*;

4) por ser um modo, uma ideia envolve o conceito do atributo pensamento, ou seja, explica-se pela potência de agir desse atributo, que a produz e determina suas operações. Enquanto tomada apenas em sua relação com seu atributo, ela é a ideia da ideia de seu objeto extenso — é *idea ideae* ou *idea mentis*. Ou seja, enquanto essência formal ou realidade, a ideia (a mente humana) realiza a reflexão e é a ideia da ideia de seu objeto. Em outras palavras, não só conhece o objeto ou a essência objetiva de seu ideado (seu corpo), mas também pode tornar-se essên-

cia objetiva para si mesma ou um saber sobre si mesma (a ideia da ideia do corpo). A ideia da ideia não é uma realidade distinta da ideia do objeto, mas é essa mesma ideia sabendo-se a si mesma;

5) por ser um modo cuja potência exprime de maneira certa e determinada a potência de seu atributo, ela é uma potência pensante, ou seja, uma ação mental — é *actus mentis*, operação que forma ideias.

II. No plano cognitivo, uma ideia é:

1) um conceito que a mente forma por ser coisa pensante ou um ato cognitivo, ou a ação de afirmar ou negar alguma coisa;

2) é inadequada quando sua formação apenas envolve (não explica) a natureza da mente e de seu corpo, assim como apenas envolve, mas não explica, as naturezas dos corpos externos que afetam o seu;

3) é adequada quando sua formação depende exclusivamente da mente como sua causa formal, isto é, quando depende exclusivamente da potência da própria mente — é a ideia concebida pela razão (noções comuns) ou conhecida por intuição (dedução da essência de uma coisa singular a partir da essência de seu atributo) e que, além de envolver a causa e a natureza do objeto conhecido, explica ou exprime essa causa e essa natureza;

4) é a unidade lógica de uma rede de ideias ou de uma conexão de ideias que apresenta a necessidade da natureza da coisa conhecida — é verdadeira quando a conexão é internamente necessária; não é verdadeira quando a conexão não é necessária (é duvidosa quando, em vez de conexão ordenada, há desordem; é fictícia quando a conexão é inventada ou forjada; é falsa quando é privação da verdade, isto é, ignorância quanto à necessidade das conexões que articulam uma ideia a outras).

A mente é uma ideia que forma ideias, e as ideias que a mente forma são a mente em ato — a mente *é* as ideias que ela forma —, de sorte que a mente é a atividade pensante que existe como operação de formação de ideias.

Todavia, uma questão pode ser colocada: a ideia pode ser dita uma representação?

Uma filosofia da representação:

a) tem como pressuposto a dualidade substancial, que exige que se determine como uma substância pode ter acesso a outra sem que entre ambas se estabeleça uma relação causal;

b) tem como consequência do dualismo substancial a separação entre as operações do pensamento e a realidade exterior, precisando de um terceiro termo que os articule e assegure que o que está no pensamento também está nas coisas; metafisicamente, a articulação é feita pelo infinito divino; epistemologicamente é feita pela consciência reflexiva ou o sujeito do conhecimento;

c) tem como exigência demonstrar que as operações intelectuais são capazes de tornar presente em ideia uma realidade externa ao intelecto e que não é ideia.

Ora, em Espinosa não há dualidade substancial nem há separação entre operações mentais e realidade exterior (conforme E II, proposição 7), a diferença entre ideias e corpos exprime a unidade de ação de um só mesmo princípio, e a reflexão não é da consciência, mas da própria ideia, ou a ideia da ideia. Portanto, o aspecto representativo da ideia é secundário para sua verdade: *é derivado da verdade da ideia e não causa ou condição de sua verdade*. Uma ideia pode representar uma coisa, mas não é isso que a faz ser ideia nem a faz ser verdadeira. A ideia é verdadeira porque é adequada.

No entanto, seja nos *Pensamentos metafísicos* seja na *Emenda do intelecto*, Espinosa afirma que a ideia verdadeira reproduz ou representa a configuração das coisas: nos *PM*, a ideia verdadeira representa/reproduz a ordem necessária da Natureza inteira; no *TIE*, a ideia verdadeira é uma narração das coisas na mente que nos dá a conhecer a essência íntima da coisa e uma ideia é tanto mais perfeita quanto mais nos dá a conhecer as conexões com outras e por isso a ideia do Ser Perfeitíssimo nos dá a conhecer a ordem e conexão da Natureza inteira. Porém, na Parte II da *Ética*, Espinosa se refere à ideia imaginativa como aquela que não reproduz a forma (a natureza) da coisa externa imaginada; é evidente, portanto, que a ideia representa algo distinto dela mesma e é exatamente isso uma representação (ter no intelecto uma realidade distinta do próprio intelecto).

A aparente diferença entre as três obras solicitam algumas observações:

1. o aspecto representativo da ideia é inegável, mas não é ele que a define como ideia, muito menos o que a define como verdadeira — nos *PM* e no *TEI a representação é um efeito da ideia verdadeira e não sua causa nem sua essência*;

2. Descartes afirma que a ideia ou realidade objetiva é um conteúdo que se oferece à consciência daquele que pensa, o qual reconhece, com atenção, as quali-

dades de clareza e distinção do que lhe é apresentado e pode afirmar que a realidade objetiva apresentada corresponde perfeitamente à realidade formal que ela representa. Como modo de pensar, a ideia é uma realidade cuja peculiaridade é representar uma outra realidade: uma realidade mental que representa para a consciência uma realidade extramental. Se retomarmos a diferença proposta por Espinosa na *Emenda do intelecto*, entre a ideia do círculo geométrico e o círculo fisicamente existente na natureza (uma coisa é a ideia do círculo, outra é o círculo dado na natureza), podemos apreciar a primeira diferença entre Espinosa e Descartes. De fato, a ideia verdadeira de cada um desses círculos é verdadeira não por representar o círculo, mas sim por narrar como cada um deles é necessariamente produzido. Em outras palavras, a ideia verdadeira não é aquela que resiste ao escrutínio da atenção ou da consciência, que se debruça sobre ela para ver sua clareza e distinção e conferir-lhe valor objetivo, mas é aquela que *narra a produção da própria coisa*, mostrando as conexões ordenadas que necessariamente a produziram.

Numa filosofia do *Cogito* e da ordem das razões, é preciso que a ideia seja um conceito oferecido à consciência para que esta aí encontre as marcas da verdade, isto é, a representação certa. Numa filosofia em que a ideia é uma ação singular de uma modificação de um atributo substancial e cuja ordem e conexão é a mesma que a de outra modificação singular de outro atributo substancial, essa ideia se apresenta a si mesma como narração da gênese necessária de seu objeto porque o fato de pertencerem, ela e ele, a ordens distintas de realidade, não os impede de ser expressões distintas de um único ser (como demonstrado na proposição 7 da Parte II da *Ética*);

3. na Parte II da *Ética*, a ideia é definida como conceito que a mente forma por ser coisa pensante, e a ideia adequada é definida como aquela que possui as propriedades intrínsecas de uma ideia verdadeira. A definição da ideia a apresenta como ação mental; a definição da ideia adequada a apresenta como verdadeira por qualidades internas a ela e são essas qualidades que produzem, como efeito, o aspecto representativo da ideia. Na Parte I, é um axioma que a ideia verdadeira deve convir com seu ideado; convir significa: a) envolver a natureza do ideado; b) exprimir a natureza do ideado — se não envolver nem exprimir o ideado, a ideia será apenas um ente verbal; se envolver, mas não exprimir a natureza do ideado, será uma ideia inadequada ou imaginativa; se envolver e exprimir a natureza do ideado, será adequada. Envolver significa: pressupor o ideado (só sentimos o afeto de alegria porque as afecções de nosso corpo estão pressupostas); exprimir

significa: conhecer a natureza do ideado (sabemos porque sentimos o afeto de alegria e como ele está relacionado com as afecções de nosso corpo). Tanto o envolver quanto o exprimir têm como efeito representar;

4. vale a pena ressaltar que o *Índice Robinet* da *Ethica* mostra que os verbos *exprimire*, *involvere* e *videre* são abundantemente usados por Espinosa nas cinco partes da obra, enquanto o verbo *repraesentare* tem somente quatro aparições: E I, Apêndice (duas vezes), E II, proposição 17, escólio (que trata da imagem); e E III, proposição 55, escólio (também sobre a imagem). Essas quatro aparições se dão significativamente no Apêndice e nos escólios e não nas proposições e suas demonstrações, e todas estão referidas à imaginação e ao conhecimento imaginativo. O *Léxico*, de Emília Giancotti, indica que o verbo *repraesentare* é usado no *TTP* sempre que se trata da imaginação, e o verbete *repraesentare* remete aos verbetes *imago* e *imaginatio*, portanto aos casos em que a ideia se refere às afecções corporais que envolvem a presença de coisas externas.

Nota complementar n. 3
Axiomas, lemas, definição
e postulados da "pequena física"

AXIOMA 1: Todos os corpos se movem ou repousam.

AXIOMA 2: Um corpo qualquer se move ora mais lentamente, ora mais rapidamente.

LEMA 1: Os corpos se distinguem um do outro em razão do movimento e do repouso, da rapidez e da lentidão, e não em razão da substância.

LEMA 2: Todos os corpos convêm em certas coisas.

LEMA 3: Um corpo em movimento ou em repouso foi ser determinado ao movimento ou ao repouso por outro corpo, que também foi determinado ao movimento ou ao repouso por outro, e este por sua vez por outro, e assim ao infinito.

AXIOMA 1: Todas as maneiras como um corpo é afetado por outro corpo seguem da natureza do corpo afetado e simultaneamente da natureza do corpo afetante; tal que um só e o mesmo corpo é movido diferentemente conforme a diversidade da natureza dos corpos moventes e, inversamente, diferentes corpos são movidos diferentemente por um só e o mesmo corpo.

AXIOMA 2: Quando um corpo em movimento atinge outro em repouso e não pode demovê-lo é refletido de tal maneira que continua a mover-se, e o ângulo da linha do movimento de reflexão com o plano do corpo em repouso que foi atingido será igual ao ângulo que a linha do movimento de incidência formou com o mesmo plano.

DEFINIÇÃO: Quando alguns corpos de mesma ou diversa grandeza são constrangidos por outros de tal maneira que aderem uns aos outros, ou se se movem com o mesmo ou diverso grau de rapidez, de tal maneira que comunicam seus movimentos uns aos outros numa proporção certa, dizemos que esses corpos estão unidos uns aos outros e todos em simultâneo compõem um só corpo ou indivíduo, que se distingue dos outros por essa união de corpos.

AXIOMA 3: Quanto mais as partes de um Indivíduo ou corpo composto aderem umas às outras segundo superfícies maiores ou menores, tanto mais difícil ou facilmente podem ser coagidas a mudar sua situação e, por consequência, tanto mais difícil ou facilmente pode ocorrer que o próprio Indivíduo assuma uma outra figura. E, por isso, chamarei duros aqueles corpos cujas partes aderem umas às outras segundo grandes superfícies; moles, aqueles cujas partes aderem umas às outras segundo pequenas superfícies; e, enfim, fluidos, aqueles cujas partes se movem umas por entre as outras.

LEMA 4: Se de um corpo que é composto de vários corpos, ou seja, de um indivíduo, são separados alguns corpos, e simultaneamente tantos outros da mesma natureza ocupam o seu lugar, o Indivíduo manterá a sua natureza de antes, sem nenhuma mutação de sua forma.

LEMA 5: Se as partes componentes de um Indivíduo se tornam maiores ou menores, mas em proporção tal que, como dantes, todas conservam umas com as outras a mesma proporção de movimento e de repouso, da mesma maneira o Indivíduo manterá a sua natureza de antes sem nenhuma mutação de forma.

LEMA 6: Se alguns corpos, componentes de um Indivíduo, são coagidos a mudar a direção de seu movimento de um lado para outro, mas de maneira tal que possam continuar seus movimentos e comunicá-los entre si com a mesma proporção de antes, igualmente o Indivíduo manterá sua natureza sem nenhuma mutação de forma.

LEMA 7: Além disso, um Indivíduo assim composto mantém a sua natureza, quer se mova por inteiro, quer esteja em repouso, quer se mova em direção a este, ou àquele lado, contanto que cada parte mantenha o seu movimento e que o comunique às outras como dantes.

POSTULADOS

1. O corpo humano é composto de muitíssimos indivíduos (de natureza diversa), cada um dos quais é assaz composto.

2. Dos indivíduos de que o corpo humano é composto, alguns são fluidos, alguns moles e, por fim, alguns duros.

3. Os indivíduos componentes do corpo humano e, consequentemente, o próprio corpo humano são afetados pelos corpos externos de múltiplas maneiras.

4. O corpo humano precisa, para se conservar, de muitíssimos outros corpos, pelos quais é continuamente como que regenerado.

5. Quando uma parte fluida do corpo humano é determinada por um corpo externo a atingir amiúde uma outra mole, ela muda a superfície desta última e como que imprime alguns vestígios do corpo externo que a impeliu.

6. O corpo humano pode mover os corpos externos de múltiplas maneiras e dispô-los de múltiplas maneiras.

PARTE II: A UNIÃO DA MENTE COM SEU CORPO

3. A união da mente com seu corpo: a vida cognitiva

Retomemos o escólio da proposição 29 da *Ética* II:

Digo expressamente que a mente não tem de si própria, nem de seu corpo, nem dos corpos externos conhecimento adequado, mas apenas confuso e mutilado, toda vez que percebe as coisas na ordem comum da natureza, isto é, toda vez que é determinada externamente, a saber, pelo encontro fortuito das coisas, a contemplar isso ou aquilo; mas não toda vez que é determinada internamente, a saber, determinada a entender, quando contempla muitas coisas em simultâneo (*plura simul*), as conveniências, diferenças e oposições entre elas; com efeito, toda vez que está internamente disposta desta ou daquela maneira, então contempla as coisas clara e distintamente [...].

Esse escólio é a baliza que nos orienta na compreensão da diferença entre o conhecimento inadequado e o adequado que a mente humana tem de seu corpo, de si e de todas as coisas. O primeiro, nascido do encontro fortuito entre as coisas na ordem comum da natureza, é uma percepção confusa, desordenada, mutilada e inconstante; o segundo, claro e distinto, nasce da disposição interna da mente, portanto, de uma potência ordenada a si mesma para entender a ordem e conexão necessárias de uma pluralidade de coisas percebidas simultaneamente, apreendendo suas concordâncias, diferenças e oposições. À fragmentação cognitiva a que a mente está submetida pelas determinações externas vem contrapor-se a potência cognitiva como disposição psíquica interna e constante para o conhecimento verdadeiro da pluralidade simultânea de afecções corporais e conexões mentais.

I. A MENTE EXTERNAMENTE DETERMINADA

a. Sentir o corpo próprio

A união da mente e do corpo é simultaneamente efeito da união dos atributos na substância, que acarreta a união de seus modos, e da natureza da ideia, visto que toda ideia deve convir ao seu ideado. Uma vez que a união dos atributos constitui a substância, a união do corpo e da mente constitui um modo humano singular e essa união, por ser uma constituição, é total,[1] de sorte que a mente percebe *tudo* o que acontece no objeto da ideia, como enuncia a proposição 12 da *Ética* II:

> O que quer que aconteça no objeto da ideia que constitui a mente humana deve ser percebido pela mente humana, ou seja, dessa coisa dar-se-á necessariamente na mente a ideia; isto é, se o objeto da ideia que constitui a mente humana for um corpo, nada poderá acontecer nesse corpo que não seja percebido pela mente.

Uma vez que a mente humana percebe todas as afecções de seu corpo, deduz-se que ela também deve perceber *tudo* aquilo que as produz, isto é, os corpos externos que o afetam e por isso

> a ideia de cada maneira como o corpo humano é afetado por corpos externos deve envolver a natureza do corpo humano e simultaneamente a natureza do corpo externo.*

Visto que, pelo axioma 4 da Parte I, o conhecimento do efeito depende do conhecimento de sua causa e o envolve, devemos dizer que a ideia do efeito (a

---

* E II, proposição 16.

afecção corporal) depende da ideia de sua causa e a envolve (a ideia do corpo afetado e as ideias dos corpos afetantes), ou seja, a percepção da afecção corporal envolve a percepção tanto do corpo próprio quanto dos corpos exteriores que o afetam. De fato, uma vez que as afecções do corpo dependem de sua natureza e, simultaneamente, da natureza dos corpos afetantes, como consequência a mente percebe estes últimos quando afetam seu corpo. Em outras palavras, a natureza do corpo próprio e a dos corpos externos determinam as afecções corporais e por esse motivo Espinosa pode enunciar que "a mente humana percebe a natureza de muitíssimos corpos juntamente com a natureza do seu corpo".*

Dois aspectos são aqui de grande relevância. Em primeiro lugar, a referência à natureza dos corpos relacionados numa afecção qualquer, pois uma afecção determinada depende da natureza do corpo que a causa e da natureza daquele que a recebe — um cego não é afetado por corpos luminosos nem um surdo por corpos sonoros. Em segundo lugar, o emprego do verbo *envolver* cujo sentido, como vimos,[2] é o de uma relação em que os termos constituem uma unidade necessária ou se implicam necessariamente, portanto as naturezas dos corpos articulados numa afecção se implicam reciprocamente. Embora a mente perceba o que se passa em seu corpo sob a ação dos corpos exteriores, todavia, a ideia formada por ela não é necessariamente o conhecimento verdadeiro da natureza do corpo afetante nem da natureza de seu corpo afetado e é esse o significado assumido aqui pelo verbo *involvere*.[3] As ideias que a mente forma de cada uma das afecções de seu corpo pressupõem ou implicam a natureza de seu corpo e a dos corpos afetantes sem que isto signifique que a percepção das afecções seja em si mesma e imediatamente o conhecimento da natureza do corpo próprio e dos corpos que o afetam, ou, como escreve Espinosa, "as ideias que temos dos corpos externos indicam mais a constituição de nosso corpo do que a natureza dos corpos externos". Não poderia ser diferente, uma vez que a mente é a ideia de *seu* corpo e não dos corpos que o afetam. Ao empregar o verbo *involvere* e demonstrar que a mente percebe as afecções de seu corpo, Espinosa indica que ela, evidentemente, não percebe os processos fisiológicos e neurocerebrais de seu corpo e sim seus efeitos. Estamos diante da maneira como a mente *sente* seu corpo e, por meio

---

* E II, proposição 16, corolário.

desse sentimento, percebe os corpos exteriores, que são para ela aquilo que deles seu corpo experimenta nas sensações.

b. Imaginar e lembrar

Por esse motivo, Espinosa demonstra* que se o corpo humano foi afetado de uma maneira que envolve a natureza de um corpo exterior, sua mente contemplará esse corpo externo como existente em ato ou presente a ela, enquanto a natureza desse corpo afetar o seu e deixará de contemplá-lo tão logo seu corpo seja afetado por uma afecção que exclua a existência ou presença daquele corpo — trata-se da mudança de afecções e de suas ideias conforme se alterem as sensações. Espinosa esclarece que, enquanto seu corpo for afetado, a mente contemplará essa afecção, isto é, terá a ideia do corpo externo e o considerará existente em ato ou presente a si até que outra afecção corporal exclua a anterior. A percepção é a experiência imediata de uma afecção do corpo próprio como presença e existência do corpo afetante, experiência que depende da natureza do corpo próprio, determinando o que ele sente e como sente os corpos afetantes. Por ser uma experiência imediata, compreende-se que a presença do corpo externo depende exclusivamente da afecção causada no corpo próprio, tornando-se ausente tão logo este seja afetado por um outro.

Todavia,** Espinosa acrescenta que a mente "poderá contemplar, como se estivessem presentes, os corpos externos pelos quais o corpo humano foi afetado uma vez, ainda que não existam nem estejam presentes". Essa afirmação funda-se no que foi demonstrado na "pequena física", isto é, no que se passa no interior do corpo a partir de sua relação com outros corpos. No caso, trata-se de processos neurocerebrais. De fato, explica Espinosa, quando os corpos externos determinam as partes fluidas do corpo humano de tal maneira que atinjam muitas vezes as mais moles (ou seja, o cérebro e o sistema nervoso), eles mudam as superfícies destas últimas, fazendo com que "as partes fluidas sejam refletidas diferentemente do que costumavam antes, e que, depois também, ao reencontrar, no seu movimento espontâneo, essas novas superfícies, são refletidas da mesma maneira de quando foram impulsionadas pelos corpos externos para aquelas superfícies";

---

* E II, proposição 17.
** E II, proposição 17, corolário.

como consequência, quando assim refletidas essas superfícies continuam a mover-se, afetando o corpo humano da mesma maneira que antes, e por isso a mente contempla de novo o corpo externo como presente e tal acontecerá "todas as vezes que as partes fluidas do corpo humano reencontrarem, no seu movimento espontâneo, aquelas superfícies". Como se observa, trata-se não apenas da ação da afecção externa sobre o cérebro e o sistema nervoso, mas também, e mais importante, de um processo fisiológico pelo qual um acontecimento corporal se dará sem que um corpo externo esteja a afetar presentemente o corpo próprio, ou seja, trata-se de *uma operação interna realizada pelo próprio corpo*. Isto significa que, graças a uma operação interna ao seu próprio corpo ou a uma afecção corporal internamente produzida, a mente contemplará como presentes corpos externos que, agora ausentes, haviam anteriormente afetado seu corpo. Em suma, como se trata de demonstrar a *total união* da mente e do corpo, Espinosa reforça, aqui, a demonstração de que a mente é a ideia das afecções de seu corpo e, portanto, percepção dessas afecções, quer o corpo externo esteja presente quer ausente, pois já foi demonstrado que a ideia de uma afecção corporal indica muito mais a constituição ou disposição do corpo próprio do que a natureza do corpo externo afetante.

Essas demonstrações conduzem à definição da imaginação.* Espinosa começa afirmando que, pelos postulados da física e por constatações da experiência, podemos compreender a causa de frequentemente tomarmos como presentes coisas ausentes e não podemos duvidar de que isso aconteça da maneira como foi explicado, uma vez que já foi demonstrado "o corpo existir tal como o sentimos",[4] isto é, dele temos experiência direta e imediata. Por isso mesmo, prossegue Espinosa, compreendemos claramente a diferença, por exemplo, entre a ideia de Pedro, que constitui a essência da mente de Pedro, e a ideia de Pedro que está na mente de um outro, digamos, Paulo: enquanto a primeira está referida diretamente à natureza do corpo próprio de Pedro e envolve existência somente enquanto Pedro existe, a segunda indica a constituição do corpo de Paulo (ou a maneira como o corpo de Paulo é afetado pelo de Pedro) e não a natureza de Pedro e por isso, enquanto existir essa constituição do corpo de Paulo, sua mente contemplará Pedro como presente, mesmo que este esteja ausente ou já não

---

* E II, proposição 17, escólio.

exista. Assim, enquanto a experiência que a mente tem do corpo próprio é imediata, a percepção dos outros corpos é mediada pela constituição ou pela natureza de nosso corpo. Uma passagem de Merleau-Ponty na *Fenomenologia da percepção* é aqui esclarecedora: "a coexistência mostra que o luto de outrem e sua cólera nunca têm exatamente o mesmo sentido para ele e para mim. Para ele, trata-se de situações vividas, para mim de situações apresentadas".[5] É, pois, a natureza do corpo próprio que determina a maneira como se realiza a percepção dos corpos externos.

Chegamos, assim, à definição da imaginação:

> Para empregarmos as palavras usuais, chamaremos imagens das coisas as afecções do corpo humano cujas ideias representam os corpos externos como presentes a nós, ainda que não reproduzam as figuras das coisas. E quando a mente contempla os corpos desta maneira, diremos que imagina.

As imagens das coisas no corpo são percebidas pela mente e as ideias imaginativas as representam enquanto percepção das afecções corporais, isto é, percepções de outras presenças corporais que envolvem a constituição do corpo próprio e não exprimem sua natureza nem a dos corpos afetantes. Eis por que a mente pode imaginar como presente um corpo que realmente se encontra ausente e que pode até mesmo ter se tornado inexistente, como se vê no exemplo da ideia de Pedro na mente de Paulo quando o primeiro está ausente ou se tenha tornando inexistente. As imagens, porque decorrem da mediação das afecções corporais segundo a constituição do corpo próprio, são *representações mentais* dos corpos externos como presentes, mesmo que "não reproduzam as figuras das coisas", como atesta um exemplo oferecido mais adiante por Espinosa, qual seja a percepção do Sol como menor que a Terra e muito próximo desta, percepção que decorre da constituição de nosso corpo, no caso, de nossa vista. Essas peculiaridades das imagens levariam a supor que elas são intrinsecamente falsas ou a forma do erro, porém Espinosa imediatamente invalida tal suposição, escrevendo:

> E aqui, para começar a indicar o que seja o erro, eu gostaria que se notasse que as imaginações da mente, consideradas em si mesmas, nada contêm de erro, ou seja, a mente, pelo fato de imaginar, não erra; mas somente enquanto se considera que carece da ideia que exclui a existência das coisas que imagina presentes a si. Pois se

a mente, enquanto imagina coisas não existentes como presentes a si, simultaneamente soubesse que tais coisas não existem verdadeiramente, decerto atribuiria esta potência de imaginar à virtude de sua natureza, e não ao vício; sobretudo se esta faculdade de imaginar dependesse de sua só natureza, isto é (pela definição 7 da Parte I), se esta faculdade de imaginar da mente fosse livre.*

Três aspectos são aqui decisivos: em primeiro lugar, a mente não errava pelo fato de imaginar, ou seja, as imagens enquanto imagens não contêm erro algum, pois são representações de afecções reais do corpo próprio; em segundo, não há positividade alguma no erro, pois este é uma privação ou carência de uma ideia que exclua a existência de coisas imaginadas como presentes (por exemplo, carência da ideia da dimensão real do Sol e da Terra e da distância entre ambos); em terceiro, a imaginação é a *potência da imaginar* da mente, algo próprio à sua natureza, não um vício e sim uma virtude dela.

Examinemos brevemente os dois primeiros aspectos, relativos ao erro. Embora mais adiante Espinosa demonstre a articulação necessária entre imaginação e inadequação ao demonstrar as características da ideia imaginativa que a tornam propensa ao erro (parcialidade, truncamento, confusão, abstração), entretanto em si mesma uma imagem jamais é um erro: ver o Sol como pouco distante da Terra, menor do que ela, surgindo na aurora e desaparecendo no crepúsculo é algo intrínseco à natureza da visão (ou à constituição do corpo próprio) e só haverá erro quando essa imagem se tornar fundamento de um sistema astronômico, isto é, quando a mente carecer da ideia que exclua a suposição de que a constituição de seu corpo é a forma da própria realidade exterior ou de que uma representação sensorial reproduz a figura das coisas. Isso será reafirmado por Espinosa no escólio da proposição 1 da Parte IV:

> A imaginação é uma ideia que indica mais a constituição presente do corpo humano do que a natureza dos corpos externos, não por certo distintamente, mas confusamente; donde dizer-se que a mente erra. Por exemplo, quando olhamos para o Sol, imaginamos que ele dista de nós cerca de duzentos pés; no que nos enganamos por tanto tempo quanto ignoramos a verdadeira distância dele; porém, conhecida

---

* E II, proposição 17, escólio.

a distância, o erro é suprimido, mas não a imaginação, isto é, a ideia do Sol que explica a natureza dele apenas enquanto o corpo é afetado por ele; por isso, embora conheçamos a verdadeira distância dele, não obstante imaginaremos que ele está perto de nós. Pois não imaginamos o Sol tão próximo porque ignoramos sua verdadeira distância, mas porque a mente concebe a grandeza do Sol apenas enquanto o corpo é afetado por ele. Assim, quando os raios do Sol, incidindo na superfície da água, refletem-se em nossos olhos, imaginamo-lo como se estivesse na água, ainda que saibamos seu verdadeiro lugar.*

O terceiro aspecto, ou a imaginação como virtude (isto é, força) da mente quando o ato de imaginar depender apenas da natureza da própria mente, pode parecer curioso e mesmo paradoxal,[6] pois Espinosa supõe que o ato de imaginar poderia depender apenas da natureza da própria mente e, pela definição 7 da Parte I, por ele invocada, é livre aquilo que age exclusivamente pela necessidade de sua própria natureza. Ora, uma vez que o corpo é sempre determinado pelas afecções causadas por outros corpos, como supor que a operação imaginativa possa depender apenas dele e que a ideia imaginativa possa depender apenas da mente? Observemos, porém, sob que condição Espinosa declara que a mente consideraria sua potência de imaginar como virtude: essa consideração ocorre quando a mente *sabe* que imagina, como, por exemplo, depois de conhecer a dimensão e a localização reais do Sol, nossos olhos continuarão a vê-lo menor que a Terra e próximo dela, mas, agora, sabemos que isso decorre da constituição do nosso corpo e, portanto, sabemos que imaginamos. É sob essa perspectiva que, no *De emendatione*, Espinosa se refere às hipóteses científicas como ficções verdadeiras. Da mesma maneira, o poeta sabe que é um "finge dor", nos versos admiráveis de Fernando Pessoa, e o pintor afirma a diferença entre sua obra e o mundo, como atesta o célebre *Isto não é um cachimbo*, de Magritte.

Porém não só isso. Se tivermos presente a descrição espinosana do processo fisiológico pelo qual um acontecimento corporal ocorre sem que um corpo externo esteja a afetar presentemente o corpo de que a mente é ideia, compreenderemos que, nesse caso, se trata de uma operação interna realizada pelo próprio corpo, que se mostra, assim, capaz de produzir internamente e por si mesmo uma

---

* E IV, proposição 1, escólio.

nova afecção. Isto significa que essa afecção depende exclusivamente da natureza do corpo e segue necessariamente de sua natureza e, portanto, a ideia que a mente tem dessa afecção segue apenas da natureza da própria mente. Nesse sentido, o ato de imaginar pode ser dito livre porque a mente tem a ideia dessa afecção cuja causa é exclusivamente a natureza de seu próprio corpo e por isso mesmo ela *sabe* que está imaginando. Isso, por seu turno, esclarece a discussão acerca do erro, pois sendo este apenas privação ou carência de uma ideia que exclua a existência de coisas imaginadas como presentes, então, quando a mente sabe que imagina, ela também sabe que o imaginado lhe está presente apenas em imaginação e por isso não erra.[7]

Resta compreender como se dá a permanência de uma imagem quando o corpo imaginado está ausente ou tornou-se inexistente. Como e por que a ideia de Pedro permanece em Paulo quando Pedro não se encontra presente ou quando desapareceu? Ou seja, o que é a memória? A proposição 18, então, enuncia:

> Se o corpo humano tiver sido afetado uma vez por dois ou mais corpos em simultâneo, quando depois a mente imaginar um deles, imediatamente se recordará dos outros.

A memória é, pois, uma associação de imagens em que uma imagem atualmente presente evoca uma imagem atualmente ausente porque, de início, houve percepção simultânea das duas imagens e porque, como evidenciado pela física do corpo humano, a mente é afetada e disposta da mesma maneira tanto por um corpo externo quanto pelos vestígios deixados em seu corpo pelo corpo externo afetante. Ao ter sido afetado simultaneamente por dois ou mais corpos externos, o corpo próprio fica disposto de maneira tal que sua mente os imagina em simultâneo e, posteriormente, quando ela imaginar um deles imediatamente se recordará do outro ou dos outros. A memória é "alguma concatenação de ideias que envolvem a natureza das coisas que estão fora do corpo humano, a qual ocorre na mente segundo a ordem e a concatenação das afecções do corpo humano".* Espinosa esclarece que essa concatenação é da ordem das afecções corporais, isto é, "apenas daquelas ideias que *envolvem* a natureza das coisas que estão fora do

---

* E II, proposição 18, escólio.

corpo humano, e não das ideias que *explicam* a natureza dessas mesmas coisas",*
uma vez que são ideias que apenas *envolvem* a natureza do corpo próprio e a dos
corpos externos. Isso permite distingui-la de uma outra concatenação, qual seja,
a "concatenação de ideias que ocorre segundo a ordem do intelecto, pela qual a
mente percebe as coisas por suas causas primeiras e que é a mesma em todos os
homens".** Em outras palavras, assim como a imaginação, também a memória
depende da constituição de um corpo individual em suas relações com outros
corpos, de maneira que imagens e lembranças, que dependem da constituição do
corpo próprio, das circunstâncias em que se relaciona com outros e dos costumes
adquiridos, concatenam-se exclusivamente conforme a ordem e conexão das afecções corporais, podendo variar de indivíduo para indivíduo, segundo o estado do
corpo próprio, das circunstâncias ou dos costumes, ao contrário da concatenação
intelectual das ideias, que é sempre a mesma e a mesma para todos, pois é a ordem e conexão, segundo causas necessárias (ou a ordem e conexão de ideias no
intelecto infinito do qual a mente singular é parte). Imaginação e memória *juntam*
e *concatenam* as ideias por associação acidental de imagens que se repetem na
ordem comum da Natureza, produzindo o hábito ou o costume de juntá-las sem
que haja uma relação intrínseca entre elas; em contrapartida, o intelecto *conecta*
as ideias, segundo sua necessidade causal imanente, conforme a ordem necessária
da Natureza, compreendendo suas semelhanças, diferenças e articulações necessárias. Essa distinção, porém, não significa que, em si mesmas, imaginação e
memória não possuam causas necessárias; pelo contrário, são necessariamente
causadas pelas operações das afecções corporais e por isso em si mesmas são
necessárias, embora as ideias imaginativas e as lembranças não alcancem as conexões necessárias entre os corpos e entre suas ideias. É necessário que eu veja o
Sol menor que a Terra; não é necessário que eu conecte a imagem do Sol ao deus
Apolo e a da Terra à deusa Gaia. É necessário que a simultaneidade e repetição
de imagens se grave no corpo e que, na presença de uma delas, a outra se atualize; mas não é necessária a concatenação de ambas, tanto assim que os vestígios
das patas de um cavalo na areia levam um soldado a pensar na guerra e um camponês, num arado. A marca da memória é a ausência de uma necessidade intrínseca que determine a relação entre uma imagem e outra, como transparece na

---

* Ibid.
** Ibid.

linguagem, em que não há relação necessária entre os signos e as coisas por eles convencionalmente designadas. De fato, na memória,

> a mente, a partir do pensamento de uma coisa, incide de imediato no pensamento de outra coisa que nenhuma semelhança possui com a primeira; como, por exemplo, a partir do pensamento da palavra *pomum*, um Romano imediatamente incide no pensamento de um fruto que não possui nenhuma semelhança com aquele som articulado nem algo em comum senão que o corpo do mesmo homem foi muitas vezes afetado por essas duas coisas, isto é, que esse homem muitas vezes ouviu a palavra *pomum* enquanto via este fruto; e, assim, cada um, a partir de um pensamento, incide em outro, conforme o costume de cada um ordenou as imagens das coisas no corpo. Pois um soldado, por exemplo, tendo visto na areia os vestígios de um cavalo, a partir do pensamento do cavalo incide imediatamente no pensamento do cavaleiro e daí no pensamento da guerra etc. Mas um camponês, a partir do pensamento do cavalo, incide no pensamento do arado, do campo etc., e assim cada um, conforme costumou juntar e concatenar as imagens das coisas desta ou daquela maneira, a partir de um pensamento incidirá em tal ou tal outro.*

Com a dedução da gênese da imaginação e da memória, Espinosa conclui a primeira exposição sobre a união da mente e do corpo, ou seja, a vida cognitiva quando a mente humana é ideia das afecções de seu corpo sem conhecer a natureza dele. Essa exposição encerra-se com a demonstração de que

> a mente humana não conhece o próprio corpo humano nem sabe que ele existe senão pelas ideias das afecções pelas quais o corpo é afetado.**

Na demonstração dessa proposição, Espinosa afirma que há em Deus (isto é, no intelecto infinito) a mente humana ou a ideia do corpo humano inserido no sistema das afecções corporais. Visto que o corpo humano precisa de muitos outros corpos para conservar-se, transformar-se ou regenerar-se, e estes igualmente dele precisam, sua ideia se refere à sua mente não enquanto tomada apenas em si mesma como constituída pelo atributo pensamento e inserida no intelecto

---

* E II, proposição 18, escólio.
** E II, proposição 19.

infinito e sim enquanto neste se encontram as ideias de todos os corpos envolvidos nas afecções corporais. Nesse caso, a ideia do corpo humano (a mente) não se dá em Deus quando este a constitui e ao seu corpo como singularidades, mas, ao contrário, a ideia do corpo humano (ou a mente) se dá com a multiplicidade das ideias de outros corpos que afetam o seu e são afetados por ele. Em outras palavras, a multiplicidade de afecções corporais e de suas ideias não se oferecem em sua ordem e conexão necessárias constituindo uma essência singular, mas aparecem dispersas e fragmentadas e essa aparição é o único acesso que a mente tem, não à essência e sim à existência de seu corpo. Por isso, explica Espinosa, a mente humana não conhece seu corpo senão por suas afecções e somente por elas o percebe como existente em ato.[8]

c. O conhecimento inadequado

Depois de referir-se à mente como ideia de seu corpo, Espinosa passa à mente como a ideia da ideia do corpo ou como a ideia de si, demonstrando que a ideia da mente existe em Deus (ou no atributo pensamento) exatamente como nele existe a ideia do corpo, ou seja, a mente como ideia de si está referida a Deus (ou ao atributo pensamento) exatamente da mesma maneira como a Ele está referida como ideia do corpo. Isto significa que o conhecimento de si pela mente humana não é apenas um acontecimento psicológico, mas tem fundamento ontológico, e, além disso, que a ideia da ideia do corpo ou o conhecimento de si não altera o ser da mente humana, isto é, ao se conhecer ela não deixa de ser um modo determinado do atributo pensamento ou Deus modificado num ente singular. Por isso, como veremos, no conjunto de demonstrações sobre a ideia da ideia ou a ideia da mente, Espinosa introduz a expressão "dar-se em Deus" tanto para sublinhar que se trata da mente como modo finito ou determinado do atributo pensamento quanto para explicar qual é a forma de sua inscrição no intelecto infinito, pois dessa inscrição dependem tanto o conhecimento inadequado quanto o adequado.

"Dar-se em Deus" é empregado ainda por um outro motivo. Com essa formulação, Espinosa visa demonstrar que a inadequação *segue necessariamente* da imaginação, não é algo aleatório nem um engano dos sentidos e das ideias, mas a maneira própria de operar do imaginário, uma certa maneira da mente humana inscrever-se passiva e desordenadamente no intelecto infinito (donde ter sido importante, ao definir a imaginação, distinguir entre duas maneiras de imaginar: quando não sabemos que estamos imaginando — a inadequação — e quando o sabemos — a imaginação como virtude da mente humana).

Iniciemos, pois, o percurso dedutivo da gênese do conhecimento inadequado.

> Também se dá em Deus a ideia ou o conhecimento da mente humana, o qual segue em Deus da mesma maneira e a Deus se refere da mesma maneira que a ideia ou o conhecimento do corpo humano.*

Dar-se em Deus, como observamos, significa ser um modo determinado de um atributo ou o atributo modificado num ente singular finito. Uma vez que a mente humana é um modo determinado do atributo pensamento e efeito imanente dele, sua ideia ou seu conhecimento de si deve necessariamente *seguir* de Deus exatamente como Dele *segue* a mente como ideia do corpo. Por que a ideia da ideia do corpo se produz em Deus da mesma maneira em que Nele se produz a ideia do corpo? Porque, como lemos no escólio da proposição 7, "a ordem e conexão das ideias é a mesma que a ordem e conexão das causas" e, por conseguinte, "essa ideia da mente segue em Deus e a Deus se refere da mesma maneira que a ideia do corpo".** Visto que corpo e mente são uma só e mesma coisa singular tomada sob dois atributos realmente diversos, cada um deles segue a ordem das causas de seu respectivo atributo e uma única lei de ordenamento e conexão se aplica a esse único ser singular em conformidade com as operações dos atributos que o constituem. Assim como corpo e mente são um único indivíduo sob a ordem e conexão dos dois atributos que os constituem, assim também no interior de cada atributo há sempre uma mesma e única ordem e conexão e por isso a mente (ideia do corpo) e a ideia da mente (o conhecimento de si) são uma só e a mesma coisa concebida sob um único atributo, isto é, sob o pensamento. Por que Espinosa se refere à ordem e conexão das *causas* (afirmada no escólio da proposição 7) e não à ordem e conexão das ideias e das coisas (afirmada no enunciado da própria proposição 7)?[9] Porque se volta, agora, para uma operação que se efetua apenas no atributo pensamento (a ideia da ideia) sem referência a uma operação que se dê também na extensão (como ocorre com a ideia do corpo) e deve assegurar que

---

* E II, proposição 20.
** Ibid., demonstração.

isso não introduz uma mudança no ser da mente, isto é, ela não deixa de ser ideia do corpo para tornar-se algo outro nem deixa de ser um modo para tornar-se algo outro (uma substância pensante, por exemplo). Em outras palavras, a mente é um modo do pensamento e sua relação consigo mesma é idêntica à sua relação com seu corpo: ela conhece a si mesma exatamente como conhece o seu corpo porque a ordem e conexão das causas no atributo pensamento é a mesma para a ideia do corpo e para a ideia da ideia do corpo, isto é, "seguem em Deus com a mesma necessidade da potência de pensar". Por isso a conclusão desse percurso demonstrativo afirma a união da mente consigo mesma tendo como referência sua união com seu corpo, de maneira que a ideia da ideia do corpo (a ideia da mente) está unida à mente da mesma maneira que ela está unida ao corpo:

> Essa ideia da mente está unida à mente da mesma maneira que a mente está unida ao corpo.*

A demonstração dessa proposição é breve: assim como a mente está unida ao seu corpo porque ele é o objeto de seu conhecimento, da mesma maneira ela está unida a si quando ela própria é o objeto de seu conhecimento. Em outras palavras, a reflexão reitera para a mente como ideia de si o que foi demonstrado para a ideia do corpo: uma vez que a mente percebe tudo o que acontece em seu corpo, é de concluir que, como a ideia da ideia, ela percebe tudo o que nela se passa. E Espinosa é peremptório:

> Insisto dar-se que a ideia da mente e a própria mente seguem em Deus com a mesma necessidade da mesma potência de pensar. Pois, em verdade, a ideia da mente, isto é, a ideia da ideia, nada outro é que a forma da ideia enquanto esta é considerada como modo de pensar sem relação com um objeto; com efeito, assim que alguém sabe algo, por isso mesmo sabe que sabe isso e, simultaneamente, sabe saber o que sabe, e assim ao infinito.**

A ideia da ideia ou o saber de si da mente não é algo distinto da mente unida ao seu corpo, ou seja, a ideia da ideia *é* a ideia da ideia do corpo — em ambos os

---

* E II, proposição 21.
** E II, proposição 21, escólio.

casos ela segue da *mesma potência de pensar* que é o atributo pensamento. Mais do que isso. Assim como a ideia do corpo é um saber imediato que a mente tem de seu corpo, assim também a ideia da ideia é um saber imediato que ela tem de si própria porque saber algo e saber que se sabe algo é o mesmo. Quem sabe, sabe que sabe, quer seu saber seja inadequado ou adequado. No caso da ideia da ideia ou da mente como saber de si, a certeza, pois é desta que se trata, poderá decorrer ou apenas da ausência de dúvida (no conhecimento inadequado) ou de que a *forma* da ideia como ideia da ideia *é* a certeza (no conhecimento adequado), pois o que há de ser a ideia de uma ideia senão o conhecimento de um conhecimento?[10]

Na física, Espinosa introduziu o conceito de *forma do indivíduo corporal*. Agora introduz o de *forma da ideia* para definir o ser da ideia da ideia, e a explicita como saber de si, retomando o célebre adágio do *De emendatione* de que, para saber que sei, primeiro preciso saber e, quando sei, sei que sei, ou como lemos no escólio da proposição 21 da *Ética* II: quando "alguém sabe algo, por isso mesmo sabe que sabe isso e, simultaneamente, sabe saber o que sabe". A *forma* da ideia ou a ideia da ideia ou a reflexão é, portanto, o saber que se sabe a si mesmo sem carecer da correspondência a um objeto que o confirme, pois, aqui, o que a mente sabe é aquilo que ela sabe que sabe — ela é a operação de saber-se ao saber, uma vez que ela segue necessariamente da potência de pensar de Deus, sendo, por isso mesmo, ela própria, um modo do pensar ou uma potência de pensar. A ideia é uma operação cognitiva e por isso a *forma da ideia* ou a ideia da ideia é a operação de uma potência pensante que se sabe a si mesma ao saber. Em suma, visto que a mente está unida à sua ideia exatamente da mesma maneira como está unida ao seu corpo, segue que assim como ela sabe tudo quanto se passa em seu corpo, ela também sabe tudo quanto se passa em si mesma. E o que se passa nela mesma é saber aquilo que ela sabe.

Pode-se, entretanto, argumentar que pelo menos dois problemas são trazidos pelo escólio da proposição 21. O primeiro (que mencionamos brevemente no capítulo 2) é que Espinosa parece introduzir uma contradição, pois, que sentido havemos de dar à explicação de que a ideia da ideia é a forma da ideia quando considerada *sem relação com um objeto*, uma vez que toda ideia é ideia de um objeto determinado e a mente é ideia de seu corpo e a ideia da ideia de seu corpo? Todavia, é possível perceber o que Espinosa pretende aqui. Trata-se da ideia tomada como saber de si e, enquanto tal, inserida na ordem e conexão das ideias no intelecto infinito, tanto assim que Espinosa se refere a ela como modo de pensar e explica que sua forma não é determinada por sua correspondência a um objeto: aquilo que ela é e aquilo que ela conhece é o mesmo, e é nesse sentido preciso que ela não está em relação com um objeto, mas apenas consigo mesma. Ou, para empregarmos a linguagem do *De emendatione*, a essência formal da mente (operação pensante) coincide com sua essência objetiva (saber-se operação pensante). Assim como a física tratou do corpo sem referi-lo à mente, agora Espinosa toma a ideia sem referi-la ao corpo, referindo-a somente a si mesma como modo do pensamento e à causalidade pensante.

No entanto, se esta é a resposta para o problema, é ela que parece acarretar uma segunda dificuldade. A mente humana *é* a ideia de seu corpo e *é* a ideia da ideia sem relação com um objeto que não ela própria. A dimensão ontológica da ideia é inegável, uma vez que ela é o ser da mente humana como modo do atributo pensamento. Sendo assim, deveríamos indagar se estamos perante *duas* ideias (isto é, numericamente distintas) e se, portanto, estamos perante *duas* mentes — a que é a ideia do corpo (a união da ordem e da conexão no atributo pensamento e no atributo extensão) e a que é a ideia da ideia (a ordem e conexão apenas no atributo pensamento). Evidentemente, não é o que Espinosa diz. Ele explica que podemos tomar a mente ou a ideia de *duas maneiras* ou sob *dois aspectos*, de acordo com *duas operações* e não como duas entidades: podemos tomá-la sob o aspecto de sua união com o corpo e sob o aspecto de sua união consigo mesma — a mente percebe e concebe seu corpo e se percebe e se concebe a si mesma como operação de conhecimento. Eis por que ela está unida a si própria *da mesma maneira* que ao seu corpo, isto é, nos dois casos, como modo do atributo pensamento e não, enquanto ideia de si, como uma substância pensante que seria evidenciada pela reflexão.[11]

É exatamente isso que Espinosa enfatiza a seguir. Visto que a mente humana é conhecimento de seu corpo (ou ideia de seu corpo) e conhecimento de seu conhecimento do corpo (ou ideia da ideia de seu corpo), então, "a mente humana percebe não somente as afecções do corpo, mas também as ideias dessas afecções".* Em outras palavras, as afecções do corpo são ideias na mente — a percepção que ela tem de seu corpo próprio — e as ideias dessas ideias — a percepção que a mente tem de si. Ora as ideias das afecções do corpo e as ideias

---

* E II, proposição 22.

dessas ideias *são* a mente humana, modo do pensamento. Por conseguinte todas essas ideias se dão em Deus (no atributo pensamento) enquanto Este constitui a essência da mente humana (a ideia do corpo e a ideia da ideia do corpo) e, por conseguinte, as ideias das ideias das afecções corporais se dão em Deus (sob o atributo pensamento) enquanto conhecimento de si da mente humana, "a qual, por isso, percebe não apenas as afecções do corpo, mas também as ideias delas". Assim como a ideia da ideia não altera o ser da mente humana como modo do pensamento, assim também as ideias das ideias das afecções corporais não alteram seu ser, o que significa que a ideia da ideia (ou o conhecimento de si) não se separa da ideia do corpo (ou conhecimento do corpo) e, como consequência, "a mente não conhece a si própria senão enquanto percebe as ideias das afecções do corpo".* A mente está encarnada em seu corpo e ele é sua via de acesso ao mundo e a si mesma.

A demonstração dessa proposição retoma a afirmação de que as afecções corporais envolvem a natureza do corpo próprio e estão em concordância com a natureza da mente e por isso o conhecimento delas *envolverá* o conhecimento que ela tem de si, de sorte que é por elas que ela se conhece — o que ela sabe de si lhe é dado pelas ideias das afecções de seu corpo. Como havíamos observado, a ideia da ideia ou o conhecimento de si é uma certeza que pode ser imaginativa. É o que aqui se depreende do emprego do verbo *involvere*, indicando que esse conhecimento não alcança a natureza do corpo nem a da mente enquanto essências singularmente *explicadas ou expressas* pela essência de seus atributos, mas apenas *envolvidas ou implicadas* pela natureza do corpo e da mente em suas relações com a multiplicidade de outros corpos e de outras mentes. Em outras palavras, ao saber que sabe, a certeza de si imediata alcançada pela mente é apenas ausência de dúvida mais do que presença da verdade.

Com isso, está anunciado o movimento dedutivo que se seguirá, isto é, *a determinação da causa do conhecimento inadequado*, quando

> o conhecimento do corpo humano não se refere a Deus enquanto [Este] constitui a natureza da mente humana [...] nem o conhecimento da mente se refere a Deus

---

* E II, proposição 23.

enquanto [Este] constitui a essência da mente humana; e, sendo assim, nesta medida a mente humana não conhece a si própria.*

A chave da inadequação encontra-se numa negação: quando o conhecimento do corpo e o da mente *não* estão referidos a Deus enquanto Ele constitui suas naturezas. Nesse caso, a ideia da mente no intelecto infinito é dada no conjunto das ideias de outros corpos e das ideias de outras mentes, assim como o corpo e suas afecções estão dados no modo infinito da extensão no conjunto de outros corpos e das afecções de outros corpos e, por esse motivo, a mente e o corpo não são percebidos como singularidades expressivas de seus atributos, mas como entidades isoladas que se relacionam com outras igualmente isoladas (não sendo de surpreender o aparecimento das imagens do corpo e da mente como substâncias). Estamos na ordem comum da Natureza onde a causalidade eficiente imanente (que constitui a singularidade de uma essência finita) é ocultada pela percepção imediata da causalidade eficiente transitiva entre modos finitos ou pela multiplicidade de encontros fortuitos entre os corpos e entre suas ideias, de maneira que não só o corpo próprio e sua mente estão dados na multiplicidade de outros corpos e mentes, mas também, visto que a ideia da ideia está unida à mente como a ela está unida a ideia do corpo, a ideia da mente está dada nessa multiplicidade de encontros fortuitos com muitas outras ideias e por isso ela não conhece a si própria.

Com efeito, dizer que a mente é ideia das afecções de seu corpo e que só é ideia de si por intermédio delas não significa que ela é imediatamente conhecimento verdadeiro de seu corpo e de si. Seu conhecimento apenas *envolve* ou *implica* a natureza de seu corpo, a sua própria e as naturezas dos corpos exteriores, mas não alcança o conhecimento de nenhuma dessas naturezas enquanto essências constituídas singularmente por Deus, embora as perceba como existências singulares dadas. A mente as conhece como *imagens* — imagem de seu corpo, dos corpos exteriores e de si mesma — e como imagens da *individualidade abstrata* — separação ou isolamento das partes da Natureza enquanto *partes partiales*. Por isso, ela as conhece inadequadamente, pois pensa em seu corpo e em si mesma segundo a ação causal externa exercida sobre seu corpo pelos outros corpos e sobre eles pelo seu, conhecendo-os segundo as imagens que seu corpo forma

* E II, proposição 23, demonstração.

deles a partir das imagens que eles formaram dele, de sorte que há o espelhamento dele neles e deles nele. A ideia inadequada é parcial — não alcança a essência do ideado —, abstrata — não alcança sua causa nem a de seu ideado — e confusa — é uma composição de fragmentos de imagens produzidas pelos encontros fortuitos do corpo próprio com as coisas exteriores. O conhecimento inadequado é a experiência vaga que a mente tem de seu corpo, dos corpos exteriores e de si mesma, pois a abstração, separando um ser de sua essência singular e de sua causa necessária, leva a mente a apreender a realidade segundo concatenações e junções fortuitas de imagens momentâneas, voláteis, fragmentadas e dispersas. A inadequação é a carência de conhecimento do corpo e da mente e de sua união como essência singular, singularidade concreta imanente à substância absolutamente infinita, carência que leva à sua substituição por uma individualidade abstrata num mundo fugaz e volátil.

Tendo demonstrado a causa do conhecimento inadequado, Espinosa passa a deduzir seus vários aspectos, indo da percepção das partes do corpo humano às dos corpos externos, da percepção das afecções corporais à inadequação do conhecimento que a mente tem de si. Esse conjunto de inadequações é demonstrado a partir da proposição 24, que enuncia:

> A mente humana não envolve o conhecimento adequado das partes que compõem o corpo humano.

A demonstração dessa proposição tem em seu centro a complexidade do corpo humano, Espinosa começando por distinguir entre os indivíduos corporais enquanto constituintes de um corpo singular e enquanto considerados fora dessa constituição. No primeiro caso, os indivíduos corporais constituem um único corpo quando comunicam entre si seus movimentos numa proporção determinada (podendo, como explicado na física, ser separados do corpo sem que este perca sua natureza e sua forma, desde que a proporção interna de movimento e repouso seja mantida) e podem comunicar seus movimentos a outros corpos em relações novas (como vimos acerca do metabolismo e dos processos neurocerebrais); há, pois, concordância (*convenientia*), comunicação (*coaherentia*) e constância (*constantia*) entre os constituintes — formam o que, na Carta 32 a Oldenburg, Espinosa denominara um todo. No segundo caso, porém, quando tomados fora da relação constituinte, os indivíduos corporais não são percebidos relacionados a um corpo determinado ou a um todo, mas como componentes isoláveis, soma de *partes extra partes*. Em outras palavras, os indivíduos corporais podem ser tomados como *constituintes* de um corpo singular, determinando intrinsecamente sua natureza, ou como *componentes* que, no encontro com um corpo singular, podem agregar-se a ele ou separar-se dele sem afetar sua natureza intrínseca. Esses dois casos também se aplicam às próprias partes do corpo humano. Como ele, elas também são complexas, constituídas por indivíduos corporais que somente se relacionam com elas enquanto prevalecem as regras de concordância, comunicação e constância, isto é, quando comunicam entre si seus movimentos numa proporção determinada (formando um todo), deixando de constituí-las quando não há comunicação nem conservação dessa proporção. Como os indivíduos constituintes de um corpo são modos extensos, existe no intelecto infinito a ideia de cada um deles bem, como a de cada uma das partes que o constituem como um todo singular e, simultaneamente, existem também as ideias daqueles indivíduos ou daquelas partes que não o constituem, mas o afetam do exterior, ou seja, uma multiplicidade de ideias de coisas que não constituem esse corpo humano singular, mas que, ao afetá-lo, são dadas simultaneamente com ele. Eis por que a mente humana não envolve o conhecimento adequado das partes de seu corpo, pois não as percebe como uma unidade própria ou como sua própria singularidade e sim as percebe em simultâneo com as partes de outras coisas que as afetam, ignorando o que é de seu corpo e o que pertence aos corpos exteriores — não percebendo a constituição de seu corpo e a de suas partes, a mente percebe composições instáveis e inconstantes de elementos exteriores uns aos outros e confunde o que vem de seu corpo e o que vem dos corpos que o afetam. Pelo mesmo motivo, não é apenas de seu corpo que a mente não tem conhecimento adequado, mas também, como enuncia a proposição 25, "a ideia de qualquer afecção do corpo humano não envolve o conhecimento adequado do corpo externo", mas, agora, em sentido inverso ao anterior, as ideias das partes do corpo próprio determinam as ideias das afecções e, portanto, as ideias dos corpos externos.[12] Enquanto, anteriormente, era a precedência dos corpos externos em relação ao corpo próprio que impedia o conhecimento adequado deste, agora é a precedência do corpo próprio com relação aos corpos externos que impede o conhecimento adequado deles. No primeiro caso, a mente confunde o que se passa nas partes dos corpos externos com o que se passa nas partes do seu; no segundo, confunde o que se passa nas partes de seu corpo com o que se passa nas partes dos corpos externos. Mais do que isso. Dada a complexidade do nosso corpo e de cada uma de suas partes, bem como a complexidade dos corpos externos e de cada uma de suas partes, um mesmo corpo externo pode afetar de maneiras variadas nosso corpo, dependendo das partes afetantes e afetadas, assim como diferentes corpos exteriores podem afetar o nosso da mesma maneira também conforme as partes afetantes e afetadas. E o mesmo se passa nas diferentes maneiras como nosso corpo pode afetar um mesmo corpo externo ou afetar da mesma maneira vários corpos exteriores a ele.[13] Corpo e mente estão imersos numa multiplicidade de encontros fortuitos e desordenados, numa indeterminação em que as concatenações das afecções corporais assim como as das ideias dessas afecções não possuem *convenientia*, *cohaerentia* e *constantia* reais e sim imaginárias.

De fato, visto que "a mente humana não percebe nenhum corpo externo como existente em ato senão pelas ideias das afecções do seu corpo"* e que essa percepção é uma imaginação, conclui-se que "enquanto a mente humana imagina um corpo externo, nesta medida não tem dele conhecimento adequado".** Da mesma maneira, enquanto imagina seu corpo, a mente não tem dele e de suas afecções um conhecimento adequado, não porque ele possa ser afetado de inúmeras e variadas maneiras e sim porque, aqui, isso decorre da causa da própria inadequação ou da maneira como essas ideias estão dadas como multiplicidade transitiva e desordenada, pois não são dadas no intelecto infinito enquanto Deus constitui a mente humana, mas como ideias de coisas que apenas envolvem a natureza do corpo próprio ao afetá-lo. Em outras palavras,

> as ideias das afecções do corpo humano envolvem tanto a natureza dos corpos externos como a do próprio corpo humano e devem envolver não apenas a natureza do corpo humano, mas também a de suas partes, pois as afecções são as maneiras pelas quais as partes do corpo humano e, consequentemente, o corpo inteiro são afetados. Ora, o conhecimento adequado dos corpos externos, assim como das partes que compõem o corpo humano, não está em Deus enquanto considerado constituir a mente humana, mas por outras ideias. Logo, estas ideias das afecções, en-

---

* E II, proposição 26.
** Ibid., corolário.

quanto referidas apenas à mente humana, são como consequências sem premissas, isto é (como é conhecido por si), ideias confusas.*

Visto que a mente está unida a si própria exatamente da mesma maneira como está unida ao seu corpo, então é preciso dizer da mente enquanto ideia da ideia o mesmo que foi dito dela como ideia do corpo, ou seja, que ela é também um conhecimento inadequado de si. Assim como o conhecimento da mente como ideia do corpo é inadequado, assim também o é "a ideia da mente humana e as ideias das ideias das afecções do corpo humano enquanto referidas apenas à mente".** Donde a proposição 29 enuncia que "a ideia da ideia de qualquer afecção do corpo humano não envolve o conhecimento adequado da mente humana", à qual se acrescenta um corolário que resume o percurso dedutivo:

> Donde segue que a mente humana, toda vez que percebe as coisas na ordem comum da natureza, não tem de si mesma, nem de seu corpo, nem dos corpos externos conhecimento adequado, mas apenas confuso e mutilado. Pois a mente não conhece a si mesma senão enquanto percebe as ideias das afecções do corpo. E não percebe o seu corpo senão pelas próprias ideias das afecções, e também somente por elas percebe os corpos externos; e por isso, enquanto as tem, a mente não tem de si mesma, nem de seu corpo, nem dos corpos externos conhecimento adequado, mas apenas mutilado e confuso.

Nesse ponto preciso, é introduzido o escólio com que abrimos este capítulo com a distinção entre a mente externamente determinada e internamente disposta.

O que segue necessariamente do perceber o corpo, a mente e o mundo na multiplicidade de encontros fortuitos e fugazes? Entre as várias consequências que examinamos, uma outra sobressai agora: por estar externamente determinada e conhecer seu corpo e os demais corpos na ordem comum da Natureza, a mente só pode ter um conhecimento inadequado tanto da duração de seu corpo quanto da duração das coisas singulares.[14] Por isso, concluindo o percurso de dedução do conhecimento inadequado, na demonstração da proposição 30 Espinosa explica que, em decorrência do primeiro axioma da Parte II — "a essência

---

* E II, proposição 28, demonstração.
** E II, proposição 28, escólio.

do homem não envolve a existência necessária", uma vez que ele não é causa de si — e da proposição 21 da Parte I — os atributos de Deus são infinitos e eternos —, é preciso concluir que "a duração de nosso corpo não depende de sua essência nem da natureza absoluta de Deus".

A definição 5 da *Ética* II enuncia que a duração é a continuação indefinida do existir e Espinosa esclarece: indefinida porque não pode ser determinada pela natureza da coisa existente nem por sua causa eficiente, que necessariamente põe a existência e não a tira. Isto significa que a duração de um corpo não depende de sua essência nem da natureza absoluta de Deus como causa eficiente imanente de que seguem necessariamente a essência e a existência de todas as coisas. Por conseguinte, ao ser percebido como determinado a existir e operar em conformidade com as causas naturais ou causas eficientes transitivas na ordem comum da Natureza, a duração de um corpo depende dessa ordem e da constituição das coisas que o afetam e, por este motivo, o conhecimento dessa duração é extremamente inadequado, uma vez que não alcança a causalidade eficiente imanente que determina a necessidade de uma essência e de sua existência na ordem necessária da Natureza. Observemos que Espinosa não afirma que a duração é inadequada — se assim fosse, ela não poderia ter sido objeto de uma definição —, e sim que o *nosso conhecimento* sobre ela é inadequado porque não conseguimos determinar sua causa verdadeira. De fato, a definição da duração se refere à continuação indefinida na existência, porém a imaginação a toma segundo a imagem do tempo, nascida, como explica a "pequena física", da percepção do movimento mais lento, mais rápido ou igualmente lento ou rápido de um corpo com relação a outros. Ou como Espinosa explicara nos *Pensamentos metafísicos*:

> Para determinar a duração nós a comparamos com a duração daquelas coisas que possuem um movimento certo e determinado. Esta comparação se chama tempo. Assim, o tempo não é uma afecção das coisas, mas apenas um ente de razão. Com efeito, é uma maneira de pensar que serve para explicar a duração. Deve-se notar aqui que a duração é concebida como maior ou menor, como se fosse composta de partes e como um atributo da existência apenas e não da essência.[15]

Dessa maneira, a interioridade contínua da duração é perdida na imagem temporal proveniente da afecção da relatividade externa dos movimentos de maneira que a imagem da duração leva a concebê-la como quantidade de existência e, esta, como descontínua porque externamente determinada. Pela mesma razão, também o conhecimento da duração das demais coisas é inadequado, como Espinosa demonstra na proposição 31, em cujo corolário lemos:

> Donde segue serem contingentes e corruptíveis todas as coisas particulares. Pois da duração delas não podemos ter nenhum conhecimento adequado e é isso que por nós deve ser entendido por contingência e possibilidade de corrupção das coisas. Com efeito, afora isso, não é dado nenhum contingente.

Ao estabelecer uma restrição com o "afora isto", Espinosa indica sob que condição pode-se falar em contingência, possibilidade e corrupção das coisas: quando a mente as imagina porque conhece inadequadamente a duração de seu corpo e das demais coisas singulares, ou seja, quando está externamente determinada e imagina a duração tal como aparece na ordem comum da Natureza, portanto, sem *cohaerentia* nem *constantia*. Para que isto fique claro, ao demonstrar essa proposição, Espinosa remete o leitor à Parte I, à proposição 29, isto é, à demonstração de que na natureza das coisas nada há de contingente, e à proposição 33, isto é, que as coisas não poderiam ter sido produzidas por Deus de nenhuma outra maneira e em nenhuma ordem do que aquelas em que foram produzidas.[16] Numa palavra, Espinosa afasta o leitor da ordem comum da Natureza e o remete à demonstração da ordem necessária da Natureza. Pela proposição 33, o desconhecimento da *necessidade da essência* de uma coisa singular faz com esta apareça como contingente; e pela proposição 29, o desconhecimento da *causa necessária da existência* de uma coisa singular faz com esta apareça como meramente possível. O desconhecimento da necessidade de uma essência desemboca na imagem da contingência; o da necessidade da causa de uma existência, na imagem do possível. As duas proposições da Parte I remetem o leitor à ordem necessária em contraposição à ordem comum tendo como objetivo esclarecer como e por que, percebendo apenas as existências de seu corpo e das demais coisas (cujas essências desconhece) segundo encontros fortuitos (cujas causas também permanecem desconhecidas) e não percebendo a *cohaerentia* e a *constantia* da ordem natural, a mente é levada a imaginar as coisas como contingentes ou possíveis e disso concluir quanto à contingência e à corruptibilidade de todas as coisas e, portanto, de si mesma e de seu corpo.[17]

Externamente determinada, a mente está unida ao seu corpo e a si mesma de forma imaginária, culminando, como já expusera Espinosa no Apêndice da Parte I, na busca de um sentido para o que experimenta como contingência e não senso, acreditando encontrá-lo na imagem das causas finais e na vontade insondável de Deus.[18] Ao ignorar a conexão de causas eficientes necessárias e, por isso, inventar concatenações arbitrárias entre as coisas e seus supostos fins, o imaginário, acorrentado ao "tempo voraz que tudo devora" de que falava Ovídio, fecha o livro da Natureza e abre o livro do desassossego.[19]

2. A MENTE INTERNAMENTE DISPOSTA

Tendo demonstrado, na abertura da Parte II (na sétima proposição), que a ordem e conexão das coisas e das ideias é uma só e a mesma, Espinosa pode demonstrar, na proposição 30, que, enquanto referidas a Deus, todas as ideias são verdadeiras porque, conforme a exigência posta pelo axioma 6 da Parte I, elas convêm totalmente aos seus ideados, e a todas elas se aplica o axioma 4 da Parte I, isto é, que o conhecimento do efeito depende do conhecimento de sua causa e o envolve. De fato, graças à proposição 7, sabemos que a ordem e conexão das ideias e das coisas é uma só e a mesma e, pelo corolário dessa proposição, que a potência de pensar e de agir de Deus é uma só e a mesma, de maneira que o que segue formalmente da potência de agir de Deus segue também objetivamente de Sua potência de pensar, na mesma ordem e conexão: o que a potência de agir produz, a potência de pensar concebe na mesma ordem e conexão das causas. Assim, a conveniência entre uma ideia e seu ideado está fundada gnosiologicamente nos dois axiomas da Parte I e tem seu fundamento ontológico na sétima proposição da Parte II. Por isso, o que acaba de ser dito das ideias referidas a Deus ou das ideias do intelecto infinito, é dito, a seguir, das ideias da mente humana: "toda ideia que em nós é absoluta, ou seja, adequada e perfeita, é verdadeira".*
Em seu sentido primeiro, *absolutum* significa não ser formado a partir de outro, não ser pensado a partir de outro e não ser resultado da reunião de outros, por isso uma ideia é absoluta em nós quando não requer nenhuma outra causa senão a nossa potência pensante, sendo por isso uma ideia adequada (apresenta imediatamente as propriedades intrínsecas de uma ideia verdadeira) e perfeita (ou seja,

---

* E II, proposição 34.

é completa ou total porque apresenta todas as razões e condições do conhecimento de seu ideado).[20] De fato, explica Espinosa, "quando dizemos dar-se em nós uma ideia adequada e perfeita, nada outro dizemos senão que em Deus, enquanto constitui a essência de nossa mente, dá-se uma ideia adequada e perfeita", e, por conseguinte, dizemos que tal ideia é verdadeira, isto é, convém ao seu ideado. Assim como, na inadequação, Deus não constitui a essência singular de nossa mente (o atributo pensamento nela não se exprime), assim também e inversamente, na adequação, Ele constitui a essência singular de nossa mente, o atributo pensamento exprimindo-se nela.

Porém, algo a mais está sendo trazido por Espinosa. Dizer que uma ideia é absoluta em nós significa dizer que ela é *a mesma* em nós e em Deus, pois a mente humana, modo finito do pensamento, é uma parte finita do intelecto infinito e nele toma parte quando concebe ideias verdadeiras. Significa ainda, e sobretudo, compreender o sentido gnosiológico da imanência ou Deus constituindo a essência singular de nossa mente: ao concebermos as ideias absolutas ou adequadas, somos a causa total delas, isto é, assim como as ideias seguem necessariamente da potência pensante de Deus, assim também, em nós, elas seguem necessariamente de nossa natureza e se explicam apenas pela natureza de nossa mente e, portanto, *nós conhecemos exatamente como Deus conhece* — assim como o intelecto infinito concebe ideias finitas, a mente finita concebe as ideias do infinito e do absolutamente infinito — e a diferença entre nosso intelecto e o intelecto infinito é apenas de grau e não de natureza.[21] É este o sentido de ser singularmente constituída pelo atributo pensamento e exprimi-lo de maneira certa e determinada. Dois interditos erguidos pela tradição são, assim, derrubados: aquele que negava que o intelecto divino pudesse conhecer coisas singulares finitas e aquele que negava que o intelecto finito pudesse conhecer o infinito atual.[22]

O percurso da dedução do conhecimento adequado esclarece a retomada do tema da falsidade na proposição 33: "Nada há de positivo nas ideias pelo que sejam ditas falsas" e na proposição 35: "A falsidade consiste na privação de conhecimento que as ideias inadequadas, ou seja, mutiladas e confusas, envolvem", em cuja demonstração lemos que "nada de positivo é dado nas ideias que constitua a forma da falsidade". Não há positividade alguma na falsidade e, portanto, não existe a *forma* do falso, ou o falso por essência ou como essência, pois ele é uma maneira de pensar que não realiza a conveniência entre a ideia e seu ideado e por isso mesmo não pode ser dado em Deus nem fora de Deus, uma vez que a Parte I da *Ética* já demonstrou que "tudo que é, é em Deus, e nada sem Deus pode ser nem ser concebido" e o falso, se fosse algo positivo, teria que ser dado ou em Deus ou fora de Deus, o que é absurdo. Por isso Bayle enganou-se redondamente quando supôs que a imanência traria como consequência inevitável que Deus teria positivamente as ideias inadequadas e, abominação e blasfêmia, erraria positivamente. O falso é uma ausência, carência de uma ideia verdadeira, reduzindo-se à privação de conhecimento envolvida pelas ideias inadequadas. No entanto, esclarece a demonstração da proposição 35 que

> a falsidade não pode consistir na privação absoluta (com efeito, não os corpos, mas as mentes são ditas errar e se equivocar), nem também na ignorância absoluta, pois ignorar e errar são diversos; logo, consiste na privação de conhecimento que o conhecimento inadequado, ou seja, as ideias inadequadas e confusas das coisas envolvem.

A privação de conhecimento não pode ser dita absoluta, mas relativamente à mente, pois não se pode dizer que o um corpo erra ou falseia, visto não ser um modo do pensamento — verdadeiro e falso são relativos apenas ao pensamento, isto é, somente ideias, e não coisas, podem ser ditas verdadeiras ou falsas.[23] Também a ignorância não pode ser dita absoluta, visto que ignorar e errar são distintos, distinção que decorre da natureza das ideias inadequadas, que são mutiladas, parciais, confusas e truncadas. Essa distinção é o tema do escólio da proposição 35, que retoma o que antes havia sido dito sobre o erro como privação, mas agora fazendo com que este encontre sua origem na ignorância das causas de uma ideia:

> No escólio da proposição 17 desta parte expliquei de que maneira o erro consiste numa privação de conhecimento; mas, para uma explicação mais ampla de tal coisa, darei um exemplo: os homens equivocam-se ao se reputarem livres, opinião que consiste apenas em serem cônscios de suas ações e ignorantes das causas pelas quais são determinados. Logo, sua ideia de liberdade é esta: não conhecem nenhuma causa de suas ações. Com efeito, isso que dizem, que as ações humanas dependem da vontade, são palavras das quais não têm nenhuma ideia. Pois todos ignoram o que seja a vontade e como move o corpo; aqueles que se jactam do contrário e forjam uma sede e habitáculos da alma costumam provocar ou o riso ou a náusea. Da mesma maneira, quando olhamos o Sol, imaginamo-lo distar de nós cerca de duzentos pés, erro que não consiste nessa imaginação em si mesma, mas no fato

de que enquanto assim o imaginamos ignoramos a verdadeira distância dele e a causa dessa imaginação. Com efeito, mesmo se depois conhecemos que ele dista de nós mais de seiscentos diâmetros da Terra, não obstante imaginamo-lo perto; já que não imaginamos o Sol tão próximo porque ignoramos sua verdadeira distância, mas porque uma afecção de nosso corpo envolve a essência do Sol enquanto o próprio corpo é afetado por ele.

Observemos que os dois exemplos de ignorância oferecidos por Espinosa não recebem o mesmo tratamento.

Comecemos pelo exemplo da percepção do Sol, que já mencionamos algumas vezes. Sua imagem como algo distante de nós apenas por duzentos pés não é falsa enquanto imagem, pois ela decorre das leis físicas e ópticas, que determinam a maneira como sua imagem se forma em nossos olhos, tanto assim que continuaremos a percebê-lo dessa maneira, mesmo depois de conhecermos sua verdadeira distância. Se, portanto, afirmarmos a distância de duzentos pés isto se deve simplesmente ao fato de estarmos privados do conhecimento de sua distância verdadeira e por ignorarmos as causas necessárias que nos fazem percebê-lo tal como o percebemos. Em suma, como foi explicado no escólio da proposição 17, imaginar é uma força do corpo e da mente e só nos equivocamos quando não sabemos que estamos imaginando.

O exemplo da liberdade não é tratado da mesma maneira, pois agora Espinosa se erguerá criticamente contra os efeitos da ignorância. Os homens se imaginam livres porque são cônscios de suas ações, mas ignoram as causas que os determinam a agir. De que ignorância se trata? Responde Espinosa: "sua ideia de liberdade é esta: não conhecem nenhuma causa de suas ações". Assim, concebem a liberdade com ação incausada em vez de concebê-la como aquilo cuja causa é a natureza do próprio agente, ou seja, aquilo que segue necessariamente da essência e da potência do agente. Ora, essa ignorância da causa das ações produz um erro preciso: a invenção da ideia da vontade livre, sem que se saiba o que ela é, nem como ela moveria o corpo — a privação de uma ideia verdadeira da liberdade e da vontade se apresenta na afirmação da livre vontade. Esse erro, por seu turno, produz uma falsidade: aqueles que se jactam de saber o que é a vontade, porque ela é livre e como age sobre o corpo "forjam uma sede e habitáculos da alma" e "costumam provocar ou o riso ou a náusea".

Ora, os dois exemplos oferecidos por Espinosa não aparecem casualmente:

ambos são também apresentados por Descartes, mas enquanto o do Sol é mantido por Espinosa nos termos cartesianos, o da liberdade é completamente subvertido por ele, como aliás atesta, de um lado, a suposição de que a vontade move o corpo e, de outro, a referência a "uma sede e habitáculos da alma", isto é, à glândula pineal. A definição do erro como privação de conhecimento é cartesiana, mas Espinosa traça a linha que o separa de Descartes exatamente ao apresentar anticartesianamente o exemplo da livre vontade, uma vez que é ao "mau uso do livre-arbítrio" que a Quarta Meditação atribui a causa dessa privação, enquanto Espinosa se refere a uma privação de conhecimento por privação de uma ideia verdadeira. Ou seja, Descartes pensa na privação como um ato de privar realizado pela vontade (no ato do juízo), enquanto Espinosa a pensa como uma ausência, um vazio de saber.

Dessa maneira, embora ambas sejam privação de conhecimento verdadeiro, a ideia inadequada do Sol e a da liberdade não são de mesmo teor. De fato, o conhecimento verdadeiro das leis da visão (ou de algo próprio à essência do corpo humano) nos fará saber por que temos a imagem do Sol e esse saber não a eliminará enquanto acontecimento corporal — a ideia verdadeira do Sol eliminará a ideia inadequada do Sol, mas não sua imagem enquanto afecção corporal. Entretanto, o mesmo não poderá ser dito quando tivermos as ideias verdadeiras da liberdade e da vontade, pois elas dissolverão suas ideias inadequadas, fazendo-as desaparecer, como os primeiros raios de sol na madrugada fazem desaparecer a treva — *sane sicut lux seipsam manifestat et tenebras sic veritas norma sui et falsi est.*[24]

O exemplo do livre-arbítrio da vontade não é apenas criticado, mas definitivamente afastado por Espinosa* com a demonstração de que tanto as ideias inadequadas quanto as adequadas possuem causas necessárias: "as ideias inadequadas e confusas se sucedem (*consequuntur*) com a mesma necessidade que as ideias adequadas, ou seja, claras e distintas". A demonstração resume o percurso realizado até aqui, explicando que todas as ideias, porque modos do atributo pensamento, estão em Deus e, portanto, enquanto referidas Deus são verdadeiras e adequadas, somente sendo inadequadas e confusas quando referidas a alguma mente singular. Isto significa que tanto as ideias adequadas quanto as inadequadas são *consequências necessárias* (*consequuntur*) das *condições* em que a mente singular

---

* E II, proposição 36.

as produz: adequadas quando produzidas pela mente internamente disposta na ordem necessária da Natureza, portanto enquanto Deus (sob o atributo pensamento) a constitui como singularidade e nela se exprime de maneira certa e determinada; inadequadas quando produzidas pela mente externamente determinada na ordem comum da Natureza, portanto enquanto Deus (sob o atributo pensamento) não a constitui como uma singularidade e nela não se exprime de maneira certa e determinada. A inadequação não suprime a necessidade — ela é uma consequência necessária da operação mental — e não introduz uma escolha contingente feita por uma vontade incondicionada no ato do juízo.

a. O conhecimento do comum

O primeiro passo da dedução do conhecimento adequado consistirá em afastar a abstração, isto é, a percepção que a mente tem de si e de seu corpo como entidades isoladas que se relacionam com outras igualmente isoladas: a percepção inadequada do corpo e de si pela mente os separa do todo, os apreende como partes separadas de outras e sem conexão necessária com elas, lançadas nas concatenações fortuitas da ordem comum da Natureza. Assim, a primeira tarefa da dedução da adequação consistirá em encontrar vínculos pelos quais o corpo e a mente possam ser percebidos como partes de um todo em simultâneo com outras partes. Essa tarefa será cumprida pela razão, como conhecimento de propriedades comuns às partes, porque igualmente presentes nelas e no todo a que pertencem. A comunidade de propriedades é o primeiro passo que, ao afastar a abstração imaginativa, encaminha a mente para a entrada na ordem necessária da Natureza. Espinosa poderá, agora, demonstrar o que não tinha condições de fazer quando escrevera a Carta 32 a Oldenburg.[25]

Seguindo a distinção feita no *De emendatione* entre essência e propriedade, Espinosa começa marcando a diferença entre o comum e a essência singular ao enunciar na proposição 37 que "o que é comum a todas as coisas e está igualmente na parte e no todo não constitui a essência de nenhuma coisa singular", pois, explica a demonstração, uma vez que pertence à essência de uma coisa singular aquilo sem o qual a coisa não pode ser nem ser concebida, então, se o comum *constituísse* uma essência singular, pertenceria apenas a ela e não poderia ser aquilo que está *igualmente* na parte e no todo e é comum a *todas as coisas*, o que é absurdo. O comum introduz o universal: aquilo que se encontra *igualmente* na parte e no todo e pertence a *todas* as coisas.

Ora, os universais foram objeto constante da crítica espinosana desde os *Pensamentos metafísicos* e o *Tratado da emenda do intelecto*, crítica que reencontraremos no primeiro escólio da proposição 40 desta segunda parte da *Ética*. Todavia, entre as críticas anteriores e a que Espinosa formula nesse escólio há uma diferença significativa, pois agora ele está em condições de apresentar "as *causas* das quais tiraram sua origem os termos ditos transcendentais, como Ser, Coisa, Algo". Enquanto nas obras anteriores o que interessava a Espinosa era indicar, no *De emendatione*, a inconsistência teórica dos universais e, nos *Cogitata metaphysica*, a inconsistência metafísica dos transcendentais,[26] na *Ética* ele pode deduzir suas causas a partir da natureza da mente humana e das afecções corporais. Embora considere que várias causas possam explicar a origem dos termos transcendentais e universais, Espinosa menciona apenas duas, decorrentes diretamente da natureza finita do corpo e da mente sob a ação de uma multiplicidade de afecções simultâneas. A primeira é a abundância excessiva de imagens simultâneas que ultrapassam o limiar de clareza e distinção de que o corpo é capaz, confundindo-se por completo, confusão que a mente estenderá de seu corpo aos demais corpos; a segunda, o fato de que as imagens não possuem todas o mesmo vigor, algumas sobressaindo mais do que outras e impondo-se às demais. Essas duas causas terão como efeito o aparecimento de imagens unificadoras como esforço da mente para ordenar a desordem imaginativa, produzindo, no fim das contas, "termos [que] significam ideias confusas em sumo grau".

No caso dos termos transcendentais (ser, uno, coisa, algo), é preciso compreender que

> estes termos se originam do corpo humano, visto que é limitado, ser capaz de formar em si distintamente e em simultâneo apenas um certo número de imagens, excedido o qual, estas imagens começam a se confundir; e, se este número de imagens que o corpo é capaz de formar em si distintamente em simultâneo é excedido grandemente, todas se confundirão por completo entre si. Sendo assim, é patente [...] que a mente humana poderá imaginar distintamente em simultâneo tantos corpos quantas imagens possam ser formadas simultaneamente em seu próprio corpo. Ora, quando as imagens se confundirem completamente no corpo, também a mente imaginará confusamente todos os corpos sem qualquer distinção e os compreen-

derá como que sob um único atributo, a saber, sob o atributo do Ser, da Coisa etc. Isso pode também ser deduzido de que as imagens nem sempre têm o mesmo vigor e de outras causas análogas a estas, que não é preciso explicar aqui [...].*

No caso dos universais, embora as mesmas causas sejam apontadas por Espinosa, a ênfase recai sobre a força ou fraqueza de uma afecção corporal e a incapacidade da mente para imaginar diferenças e semelhanças entre as coisas, escapando-lhe a singularidade delas. O que há de paradoxal na formação imaginativa dos universais é o fato de que a singularidade das imagens é perdida embora uma afecção corporal seja sempre a relação de um corpo singular com outros corpos singulares. Essa perda decorre tanto do excesso de imagens simultâneas produzidas numa afecção, quanto daquelas imagens que afetam o corpo próprio mais intensa e repetidamente:

> Ademais, aquelas noções que são chamadas de Universais, como Homem, Cavalo, Cão etc. originaram-se a partir de causas semelhantes, a saber, porque se formam em simultâneo no corpo humano tantas imagens, por exemplo de homens, que a força de imaginar é superada, decerto não inteiramente, mas a tal ponto que a mente não pode imaginar as pequenas diferenças dos singulares (a cor, o tamanho etc. de cada um), nem o número determinado deles, e ela imagina distintamente apenas aquilo em que todos convêm enquanto o corpo é por eles afetado; pois o corpo foi por aquilo afetado maximamente, isto é, mediante cada singular; e a mente exprime aquilo pelo nome de homem e o predica de infinitos singulares. Pois não pode, como dissemos, imaginar o número determinado dos singulares.**

Ora, todo corpo é um ser singular distinto de todos os outros, de maneira que suas afecções estão articuladas às condições particulares em que se realizam, variando de corpo para corpo. No caso dos seres humanos, a singularidade corporal, suas disposições (ou seus hábitos e costumes), as condições aleatórias em que se dão os encontros com outros corpos e a repetição de certas afecções determinam a variação da força ou da fraqueza de uma imagem e, portanto, das ideias imaginativas na mente, de sorte que, ao fim e ao cabo, cada um imagina o

---

* E II, proposição 40, escólio.
** Ibid.

universal de maneira diversa dos outros e, em lugar da ordenação da desordem imaginativa, acrescentam-se desordens metafísicas e intermináveis controvérsias filosóficas:

> Por exemplo, os que mais frequentemente contemplaram com admiração a estatura dos homens, entendem sob o nome de homem o animal de estatura ereta; os que, porém, se acostumaram a contemplar outra coisa, formarão outra imagem comum dos homens, a saber, o homem é um animal que ri, um animal bípede sem penas, um animal racional; e assim quanto ao restante, cada um formará imagens universais das coisas de acordo com a disposição de seu corpo. Por isso não é de admirar que, entre os filósofos que quiseram explicar as coisas naturais só pelas imagens das coisas, tenham nascido tantas controvérsias.*

Nenhum nominalista discordaria de Espinosa, quer considere, como Ockham, que os universais são a posição de substitutos para o particular, ou, à maneira de Hobbes, como imposições arbitrárias de nomes gerais, nem, como dirá Hume, uma operação da memória e da imaginação induzindo o hábito à ilusão da generalidade. Todavia, para considerar o universal um substituto do particular percebido, a posição nominalista coloca no ponto de partida a semelhança como um dado constitutivo da diversidade percebida sem, entretanto, determinar a causa do semelhante e do diverso.[27] Se o nominalismo dá conta dos universais imaginativos ou abstratos, entretanto não tem como dar conta de seu próprio ponto de partida. É aqui que o nominalismo de Espinosa toma um outro rumo para demonstrar que há também um conhecimento adequado do universal, introduzindo o conceito de *propriedade comum* ontologicamente fundado. Essa demonstração precisa ser feita porque não podemos esquecer que, no *De emendatione*, ao propor a distinção entre os modos de percepção, ele considerara que o terceiro modo de percepção, que alcança as propriedades das coisas, embora não contivesse erro, era um conhecimento não adequado por dois motivos principais: em primeiro lugar, porque vai do efeito para a causa, de maneira que "nada entendemos da causa senão aquilo que compreendemos no efeito, pois a causa é

---

* Ibid.

explicada em termos muito gerais";[28] em segundo, porque não alcança "nada além das propriedades, nada que seja verdadeiramente a essência particular da coisa".[29]

Já observamos que, na *Ética*, Espinosa mantém a distinção entre essência e propriedade, porém a definição desta última como o comum abre uma via para a demonstração de que dela há conhecimento adequado, como enuncia a proposição 38: "O que é comum a todas as coisas e está igualmente na parte e no todo não pode ser concebido senão adequadamente". Introduzindo a adequação, Espinosa afirma que o conhecimento do comum é uma ideia absoluta em nós, perfeita e necessária. Por isso, a demonstração dessa proposição é longa, pois é preciso explicar que, embora o comum não constitua a essência de uma coisa singular e exista simultaneamente em muitas coisas, essa multiplicidade não é do mesmo tipo daquela própria à inadequação dos termos transcendentais e universais.

> Seja A algo que é comum a todos os corpos e que está igualmente na parte e no todo de qualquer corpo. Digo A não poder ser concebido senão adequadamente. Pois a sua ideia (pelo corolário da proposição 7 desta Parte) será necessariamente adequada em Deus, tanto enquanto tem a ideia do corpo humano, como enquanto tem as ideias das afecções do mesmo, as quais envolvem parcialmente tanto a natureza do corpo humano, como a dos corpos externos, isto é, essa ideia será necessariamente adequada em Deus enquanto constitui a mente humana, ou seja, enquanto tem as ideias que estão na mente humana; portanto, a mente necessariamente percebe A adequadamente, e tanto quanto percebe a si mesma, como quanto percebe o seu ou qualquer corpo externo, e A não pode ser concebido de outra maneira.

A demonstração invoca o corolário da proposição 7, portanto, a identidade da potência de agir e de pensar de Deus, de maneira que a adequação da ideia decorre do fato de que tudo o que é produzido formalmente por Deus (a ação dos atributos produzindo um ente real e suas propriedades) encontra-se objetivamente em Deus (sua ideia é produzida pelo pensamento e encadeada a outras no intelecto infinito). Por isso, no caso do modo humano, tanto a ideia de seu corpo como as ideias de suas afecções, que envolvam partes da natureza do corpo humano e das naturezas dos corpos externos, são conhecidas adequadamente pela mente humana quando Deus a constitui singularmente, isto é, quando a substância se exprime modificada num modo finito humano singular. Assim sendo, a ideia de A como algo comum a todos os corpos e que se encontra igualmente na parte e no todo de qualquer corpo é uma ideia adequada na mente humana seja quando ela percebe seu corpo, seja quando percebe os corpos externos. Entretanto, podemos observar que a demonstração não se encerra nesse ponto. Com efeito, não basta invocar o corolário da proposição 7 para que o fundamento dessa adequação na mente humana seja dado, isto é, para que a necessidade do que é comum se distinga de imagens juntadas por semelhanças aleatórias, mas é preciso ir da causa para o efeito (como exigia o *De emendatione*). Esse fundamento se encontra na física e na dedução da *convenientia, cohaerentia* e *constantia* dos corpos: o que há de comum entre todos corpos e se encontra igualmente nas partes e no todo de cada corpo são relações de concordância, comunicação e constância entre seus movimentos, portanto, *propriedades universais necessárias* deduzidas da natureza dos corpos e que determinam as afecções corporais, cujas ideias podem ser conhecidas adequadamente pela mente de cada um e de todos os seres humanos. Por isso essas ideias são denominadas por Espinosa *noções comuns a todos os homens* e são *os fundamentos de nosso raciocínio*, portanto, fundamento concreto ou real dos axiomas e postulados das ciências, das leis físicas e, como veremos na Parte IV, da sociabilidade e da vida política.[30] A gênese dessas ideias explica por que sua universalidade é completamente diversa das abstrações produzidas por costumes e hábitos diferentes de diferentes homens quando tentam ordenar e unificar a abundância e variação das imagens de suas experiências individuais.

A referência à física esclarece o que Espinosa escrevera a Oldenburg na Carta 32, isto é, o que entende por parte e por todo. Algo é uma parte quando entra numa relação determinada e constante com outros e opera sob a causalidade do conjunto; e é um todo quando determina tudo o que se passa nos seus constituintes sem ser determinado a mudanças pela ação de causas externas. A causalidade única que define a natureza de um todo (aquilo que Espinosa designa como coisa singular, isto é, como unidade de ação de seus constituintes para juntos produzir um efeito) determina a *convenientia*, a *cohaerentia* e a *constantia* entre as suas partes. Ser parte, portanto, é estar numa relação concordante, comunicante e constante com outras que possuem as mesmas propriedades que ela — é este o sentido do "comum a todas as coisas". Por outro lado, tomada como um todo, a parte é constituída por propriedades comuns às suas partes, que mantêm entre si relações de concordância, constância e comunicação, pois ser um todo é determinar-se a si mesmo e determinar todas as operações das partes constituintes —

é este o sentido de estar "igualmente nas partes e no todo". Dessa maneira, podemos determinar a diferença entre a percepção da parte pela imaginação e pela razão: a primeira a percebe como independente e separada de outras, tomando-a abstratamente como *pars partialis*, isolada das demais, e busca unificá-las em imagens universais; a razão apanha a parte como conexão necessária com outras de mesmas propriedades ou como *pars communis*. Aquilo que Espinosa dissera a Oldenburg, isto é, que ainda não podia explicar-lhe porque há partes e todos,[31] é agora explicado porque, graças à física, conhecemos as causas da existência de partes e todos e do que possuem em comum.

Dizer que o conhecimento da gênese necessária das propriedades comuns a todos os corpos difere da construção imaginativa dos universais não significa que estes, embora abstrações confusas, também não tenham uma gênese necessária. Mais do que isso, o objeto dos universais abstratos e das noções comuns é o mesmo, isto é, as relações entre afecções corporais. Todavia, a gênese do conhecimento não é a mesma nos dois casos: enquanto os universais abstratos se originam necessariamente da mente externamente determinada, submetida passivamente à multiplicidade confusa das ideias das afecções corporais, as noções comuns necessariamente dependem de que ela esteja internamente disposta, e, por sua atividade interna, conheça *a causa* das concordâncias e diferenças entre as coisas (donde a distinção feita anteriormente entre imaginar e saber que se imagina). Por isso, tendo apresentado o fundamento ontológico e físico do que é comum, Espinosa prossegue o percurso dedutivo referindo-se, agora, diretamente ao conhecimento do comum pela mente humana:

> A ideia do que é comum e próprio ao corpo humano e a alguns corpos externos, pelos quais o corpo humano costuma ser afetado, e está igualmente na parte de qualquer um deles e no todo, será adequada na mente.*

Introduzindo a ideia do comum acrescida de "próprio", Espinosa indica que há propriedades que se referem apenas aos corpos humanos, ainda que se refira aos corpos externos como "alguns", sem determiná-los como humanos.[32] A demonstração da proposição retoma o exemplo de uma propriedade própria e co-

---

* E II, proposição 39.

mum ao corpo humano e a alguns corpos externos, encontrando-se igualmente na parte de cada um deles e no todo, para, a seguir, explicitar o que se passa na mente quando o corpo próprio é afetado por outros que, como ele, possuem uma mesma propriedade:

> Seja A o que é comum e próprio ao corpo humano e a alguns corpos externos e está igualmente no corpo humano e nesses mesmos corpos externos e, por fim, igualmente na parte de qualquer desses corpos externos e no todo. A ideia adequada do próprio A será dada em Deus (pelo corolário da proposição 7 desta Parte) tanto enquanto tem a ideia do corpo humano, como enquanto tem as ideias dos corpos externos supostos. Suponha-se agora o corpo humano ser afetado por um corpo externo mediante o que tem em comum com ele, isto é, por A; a ideia desta afecção envolve a propriedade A, e por isso (pelo mesmo corolário da proposição 7 desta Parte) a ideia desta afecção, enquanto envolve a propriedade A, será adequada em Deus enquanto afetado pela ideia do corpo humano, isto é, enquanto constitui a natureza da mente humana; e por isso esta ideia é adequada também na mente humana.

A demonstração dessa proposição, de um lado, reafirma o corolário da proposição 7 (a igualdade da potência de agir e de pensar de Deus), sempre mencionada por Espinosa para explicar por que a ideia de partes do corpo humano ou de partes dos corpos externos é uma ideia adequada, portanto, verdadeira, necessária, perfeita e absoluta em nós, isto é, internamente produzida pela potência da mente; mas, de outro lado, avança em relação às proposições anteriores ao retomar a afirmação de que uma afecção corporal implica ou envolve a natureza do corpo próprio e a dos corpos externos afetantes e que a ideia dessa afecção implica ou envolve a natureza do corpo próprio e a dos corpos externos. Se a ideia da afecção envolve uma propriedade comum ao corpo próprio e ao corpo externo, sua ideia será adequada em Deus enquanto afetado pela ideia do corpo humano, isto é, pela mente humana, e será também adequada na mente humana porque já foi demonstrado que é adequada a ideia do que é comum a todos os corpos e se encontra igualmente na parte e no todo de cada corpo.

É possível observar, portanto, que Espinosa oferece uma dupla fundamentação para o conhecimento adequado das noções comuns: a primeira é dada pela referência ao corolário da proposição 7, isto é, à adequação do conhecimento daquilo que é formalmente e objetivamente produzido por Deus, conhecimento de que a mente humana é capaz quando sua essência exprime de maneira singular a essência de seu atributo ou quando este se exprime nela enquanto modo singular; a segunda é dada pela referência à física, pois se a mente humana é ideia de seu corpo e percebe todas as afecções corporais é preciso que o que ela conhece como comum às partes de seu corpo e a todos os corpos decorra ou siga necessariamente das propriedades universais de todos os corpos. Isto significa que a relação da mente com seu corpo não se limita nem se esgota na relação imaginativa, mas também se realiza no conhecimento adequado e que as afecções corporais são condição necessária do conhecimento tanto inadequado (a percepção fragmentada das propriedades dos corpos) quanto adequado (a concepção ordenada da comunidade de propriedades entre os corpos). E não poderia ser diferente, pois o que constitui o ser formal da mente humana é a ideia de seu corpo e ela ficaria despojada de sua essência se o conhecimento adequado a separasse de seu corpo. Aliás, é exatamente o contrário que Espinosa propõe ao demonstrar (retomando o que dissera quando explicitara o sentido da união da mente e do corpo) que a potência cognitiva da mente humana cresce na razão direta do crescimento da potência de seu corpo para afetar e ser afetado por outros quando ele e eles possuem coisas em comum:

> Daí segue que a mente é tanto mais apta para perceber adequadamente muitas coisas, quanto mais seu corpo tem muitas coisas em comum com outros corpos.*

Sabemos agora que a ideia adequada de uma noção comum a todos os corpos, assim como a que é própria a vários deles têm como causa, simultaneamente, a igualdade da potência de agir e de pensar de Deus (o que Deus produz formalmente Ele também produz objetivamente) e a física ou as leis universais necessárias das afecções corporais. Resta, porém, determinar como e por que a mente é apta a formar ideias adequadas.

b. Os gêneros de conhecimento

No *De emendatione*, Espinosa afirma que ao examinar cuidadosamente um pensamento para dele deduzir em boa ordem as consequências que dele se podem

---

* E II, proposição 39, corolário.

deduzir, se esse pensamento for falso, a mente o descobrirá e, se for verdadeiro, "com felicidade continuará sem nenhuma interrupção a deduzir dele ideias verdadeiras".[33] Para isso, escrevia ele, será preciso encontrar a definição perfeita da mente humana ou sua essência particular. Esta, porém, buscada no tratado pela apresentação de suas propriedades, não chegara a ser definida no *De emendatione*, que se interrompe nesse ponto. O prosseguimento da busca espinosana se realiza na Parte II da *Ética* e por isso não há de surpreender que, após referir-se ao conhecimento adequado das noções comuns como fundamento de nossos raciocínios, Espinosa possa, na proposição 40, demonstrar agora, graças ao conhecimento da essência da mente como modo finito do pensamento, aquilo que o *De emendatione* afirmara, isto é, que "quaisquer ideias na mente que seguem de ideias que nela são adequadas são também adequadas". De fato, lemos na demonstração dessa proposição que

> quando dizemos que na mente uma ideia segue de ideias que nela são adequadas, nada outro dizemos senão que no próprio intelecto divino é dada uma ideia da qual Deus é causa, não enquanto é infinito, nem enquanto é afetado pelas ideias de muitíssimas coisas singulares, mas apenas enquanto constitui a essência da mente humana.

Encontramos, assim, o fundamento ontológico do conhecimento adequado porque sabemos, agora, o que significa a mente internamente disposta e porque ela pode conhecer adequadamente. De fato, ao explicar o que significa dizer que uma ideia adequada *segue* de outras ideias adequadas, Espinosa apresenta, pela primeira vez, a mente como *causa* e, enquanto tal, *tomando parte* na atividade do intelecto infinito, na medida em que a causa da ideia adequada é Deus não enquanto é infinito (como atributo pensamento), nem enquanto afetado pelas ideias de muitíssimas coisas singulares (na inadequação), "mas apenas enquanto constitui a essência da mente humana". A causa da ideia adequada e da conexão de ideias adequadas é a própria mente que, exprimindo singularmente a potência pensante da substância, está internamente disposta e apta a formar ideias de maneira absoluta, perfeita e necessária. Sob esta perspectiva, a referência contínua de Espinosa ao corolário da proposição 7 (o que Deus produz formalmente Ele também produz objetivamente porque Sua potência de agir e de pensar é igual) ganha um novo significado e ilumina a potência pensante da mente: a mente é uma ideia que produz ideias e, na medida em que ela é expressão singular da potência de agir e de pensar de Deus, ela é a causa das ideias que produz, as quais nela se encontram objetivamente tais como existem formalmente na natureza. Em outras palavras, essas ideias são adequadas porque formalmente dependem absolutamente da própria potência da mente e são verdadeiras porque objetivamente (como ideados) convêm às naturezas dos ideados (às próprias coisas). Encontramos, portanto, a causa ou a gênese daquilo que o *De emendatione* afirmara[34] e restava demonstrar, isto é, que a mente é o único fundamento das ideias verdadeiras ou, na linguagem da *Ética*, a ideia adequada é absoluta em nós.

É possível perceber que a demonstração da mente como causa das ideias adequadas abrange *todo* conhecimento adequado, pois Espinosa não limita a demonstração da causalidade mental ao caso das noções comuns. Isso é evidenciado pela continuação do percurso dedutivo, não só pelo aparecimento da ciência intuitiva na exposição dos gêneros de conhecimento e a retomada da distinção entre o verdadeiro e o falso, mas também pela demonstração de que a mente humana é capaz de conhecer a essência eterna e infinita de Deus. Dessa maneira, o percurso demonstra por que, afinal, a mente humana é capaz de realizar as deduções efetuadas na Parte I, as que se realizam na Parte II e as que serão realizadas nas próximas partes da obra.

Tendo estabelecido a distinção entre duas maneiras de conhecer o universal, Espinosa apresenta os gêneros de conhecimento[35] (e os ilustra com o exemplo, já clássico, das diferentes maneiras de conhecer a quarta proporcional).[36]

> De tudo o que foi dito acima transparece claramente que percebemos muitas coisas e formamos noções universais: 1º a partir de singulares, que nos são representados pelos sentidos de maneira mutilada, confusa e sem ordem para o intelecto, por esse motivo costumei chamar essas percepções de conhecimento por experiência vaga; 2º a partir de signos, por exemplo, de que, ouvidas ou lidas certas palavras, nos recordamos das coisas e delas formamos ideias semelhantes àquelas pelas quais imaginamos as coisas. Chamarei daqui por diante uma e outra maneira de contemplar as coisas de conhecimento do primeiro gênero, opinião ou imaginação. 3º Finalmente, porque temos noções comuns e ideias adequadas das propriedades das coisas a isto chamarei de razão e conhecimento do segundo gênero. Além destes dois gêneros de conhecimento, é dado, tal como mostrarei na sequência, um terceiro, que chamaremos de ciência intuitiva. E este gênero de conhecimento procede da

ideia adequada da essência formal de certos atributos de Deus para o conhecimento adequado da essência das coisas.*

O núcleo da distinção entre os dois primeiros gêneros do conhecimento encontra-se na maneira como são formados os universais: na imaginação (ou primeiro gênero do conhecimento) são formados seja pela associação e junção desordenada de imagens confusas e fragmentadas, seja pela operação da linguagem quando articula signos e memória, ajuntando ideias por semelhança entre imagens presentes e passadas; na razão (ou conhecimento do segundo gênero), são noções comuns e ideias adequadas das propriedades necessárias das coisas. Justamente porque o terceiro gênero de conhecimento ou ciência intuitiva não opera com universais, Espinosa explica que trata de *uma outra maneira de conhecer* distinta dos gêneros anteriores, embora opere com singulares (como a imaginação) e adequadamente (como a razão). Distinta da imaginação, a ciência intuitiva não opera com existências singulares imediatamente dadas pelas afecções corporais, mas conhece as essências das coisas singulares; distinta da razão, não opera com propriedades comuns deduzidas da natureza das coisas, mas com o conhecimento da essência destas conforme "procedem da ideia adequada da essência formal de certos atributos de Deus". Assim, o que distingue o raciocínio e a intuição não é (à maneira platônica, aristotélica ou cartesiana) que o primeiro proceda dedutivamente e a segunda por visão intelectual instantânea, pois ambos realizam operações cognitivas (uma vez que toda ideia adequada, seja de uma noção comum seja da essência de uma coisa singular, é aquela que apresenta a causa necessária de seu ideado),[37] a diferença entre eles se encontra no ponto de origem do processo de conhecimento, o primeiro realizando-se a partir do conhecimento da natureza do corpo e da mente para determinar as causas das noções comuns, a segunda, a partir da imanência de uma essência singular à essência de seu atributo de maneira que a mente veja não somente a relação necessária entre a essência e sua causa, mas também, e sobretudo, a unidade indissolúvel entre elas.[38]

Podemos, assim, compreender a diferença entre o *Breve tratado*, a *Emenda do intelecto* e a *Ética* na formulação do exemplo da quarta proporcional no conhecimento intuitivo. O primeiro o define como visão instantânea da relação entre o

---

* E II, proposição 40, escólio.

quarto número e os três primeiros; o segundo, como percepção intelectual dessa relação "sem fazer qualquer operação"; e a terceira estipula sob quais condições as duas definições anteriores podem ser mantidas, isto é, quando se trata de "números simplíssimos", o que não é o caso das essências das coisas singulares, que são complexas, donde a definição da ciência intuitiva como conhecimento que procede das essências formais dos atributos às essências das coisas singulares. Trata-se, como no *Breve tratado* e na *Emenda do intelecto*, da visão da essência da própria coisa, porém, agora numa relação complexa decorrente da potência do atributo.

Pudemos observar anteriormente que, com frequência, Espinosa emprega a expressão *plura simul* para referir-se às afecções corporais e às suas ideias. Essa expressão subjaz à exposição dos gêneros de conhecimento e tem um papel decisivo para distingui-los. Cada gênero de conhecimento é uma estrutura cognitiva que se distingue das outras pela maneira como a mente opera com a pluralidade simultânea: na imaginação, a gênese do conhecimento está referida à pluralidade simultânea e excessiva das afecções corporais e de suas ideias, cuja limitação e unificação é tentada inadequadamente por meio dos universais e dos transcendentais; na razão, essa pluralidade simultânea é efetivamente estabilizada e unificada adequadamente, graças às noções comuns ou aos universais concretos trazidos pelo conhecimento do que há de comum nas afecções tanto no corpo afetado quanto nos corpos afetantes ou as propriedades comuns ao todo e às partes e nas ideias dessas propriedades; na intuição, a mente alcança a unidade da pluralidade simultânea das afecções corporais e de suas ideias, isto é, da ideia da essência de seu corpo e a de sua própria essência, unidade que não é senão sua singularidade e a de seu corpo.[39] Se a imaginação alcança a mente, seu corpo e todas as coisas como *pars partialis* e a razão os conhece como *pars communis*, a intuição os apreende como *pars singularis*. O fato de que todos os gêneros de conhecimento operem com o *plura simul* indica que não são graus sucessivos nos quais os anteriores são abandonados pelos superiores (à maneira platônica) nem graus cumulativos (à maneira aristotélica) e sim ora simultâneos (como, por exemplo, quando a mente ao imaginar sabe que imagina), ora indicativos da predominância de um deles em relação aos outros (como é, por exemplo, o caso do profeta, cuja imaginação é mais forte do que sua razão), ora excludentes (como, por exemplo, na demonstração realizada na Parte v de que a mente só imagina e lembra enquanto seu corpo existe na duração, a imaginação deixando de operar quando a mente, ideia da essência de seu corpo, conhece *sub specie aeterniatis*).

Ao iniciar a dedução do conhecimento adequado, Espinosa opusera o verdadeiro e o falso, definido como privação de uma ideia verdadeira. Essa oposição é retomada agora, porém sob a perspectiva de suas causas, isto é, dos gêneros de conhecimento. Assim, a proposição 41 demonstra que "o conhecimento do primeiro gênero é a única causa da falsidade, o do segundo e do terceiro, por outro lado, é necessariamente verdadeiro", uma vez que o primeiro conhece inadequadamente e o segundo e o terceiro conhecem adequadamente. Como consequência, a proposição 42 demonstra que "o conhecimento do segundo e do terceiro gênero, e não o do primeiro, nos ensina a distinguir o verdadeiro do falso", porque, explica Espinosa, quem distingue o verdadeiro do falso deve possuir a ideia adequada de ambos, conhecendo-os, portanto, pelo segundo ou terceiro gênero de conhecimento. Em outras palavras, é verdadeira uma ideia que reconhece a falsidade de uma outra porque distingue intrinsecamente a diferença entre ambas. Como é isto possível? A resposta se encontra na demonstração da causa da certeza e do afastamento da dúvida, pois, como enuncia a proposição 43, "quem tem uma ideia verdadeira sabe simultaneamente ter uma ideia verdadeira e não pode duvidar da verdade da coisa". Passando da ideia verdadeira à ideia da ideia verdadeira, passamos ao plano da reflexão ou ao saber do saber, quando a mente, porque tem uma ideia verdadeira, sabe reconhecê-la como tal: saber a verdade de uma ideia é saber com certeza que ela é verdadeira. Saber que uma ideia é verdadeira significa simplesmente saber com certeza que, graças à sua verdade, ela convém ao seu ideado (e não o contrário, isto é, que por convir ao ideado seria verdadeira, como ocorre quando uma ideia é confundida com uma representação).

A demonstração da proposição 43 se realiza em duas etapas. A primeira reafirma o fundamento ontológico da ideia verdadeira: uma ideia verdadeira em nós é aquela que é adequada em Deus ou no atributo pensamento quando este se exprime ou se explica modificado na natureza de nossa mente, de maneira que essa ideia, que é absoluta e perfeita em nós ou conforme à natureza da mente, é necessariamente conforme à natureza de seu ideado (pois a potência de pensar de Deus e sua potência de agir são idênticas e o que é produzido formalmente por um atributo é objetivamente concebido pelo pensamento). A segunda etapa reafirma o fundamento ontológico da ideia adequada para explicar por que não se pode duvidar da verdade dessa ideia, ou seja, por que podemos ter certeza de estarmos certos. O saber que temos de uma ideia é a ideia que dela formamos, ou seja, é a ideia dessa ideia. Ora, uma vez que a ideia adequada que formamos de alguma coisa deve se dar no atributo pensamento modificado na natureza de nossa mente, então a ideia dessa ideia deve igualmente se dar no intelecto infinito do qual nossa mente é uma parte e por isso "quem tem uma ideia adequada, ou seja, quem conhece verdadeiramente uma coisa, deve simultaneamente ter uma ideia adequada de seu conhecimento, ou seja, um conhecimento verdadeiro de seu conhecimento, isto é (como é por si manifesto), deve simultaneamente estar certo".* Uma ideia verdadeira em nós é adequada em Deus: o fundamento ontológico da ideia verdadeira e o da ideia adequada asseguram a certeza intrínseca da ideia da ideia verdadeira.

Por seu turno, o longo escólio dessa proposição se ocupa com o fundamento gnosiológico da certeza e se debruça sobre a natureza da própria ideia verdadeira como norma da certeza para responder à pergunta: como temos certeza de que estamos certos? Espinosa, agora, deduz da natureza dessa ideia o que é a certeza da certeza e a causa da distinção entre o verdadeiro e o falso. O centro da argumentação encontra-se na recusa da ideia verdadeira como representação e, ao contrário, sua afirmação como *ato de intelecção*:

> ter uma ideia verdadeira não significa nada outro que conhecer uma coisa perfeitamente, ou seja, da melhor maneira; nem decerto pode alguém duvidar disso, a não ser que acredite uma ideia ser algo mudo, ao feitio de uma pintura num quadro, e não um modo de pensar, quer dizer, o próprio entender (*ipsum intelligere*).**

É significativo, portanto, que Espinosa empregue o verbo *intelligere*, marcando assim o traço fundamental da ideia verdadeira e adequada como ação intelectual ou ato cognitivo — *ipsum intelligere* —, razão pela qual não pode ser confundida com uma representação que, como vimos, é a marca da imagem e o traço da passividade mental. É por ser um ato de intelecção adequado e não uma representação, que a ideia verdadeira não é a mera ausência de dúvida, mas exclusão necessária de toda dúvida, pois duvidar é consequência do hiato ou da brecha entre a ideia e o ideado, próprio da representação. Porque alcança a causa neces-

---

* E II, proposição 43, demonstração.
** E II, proposição 43, escólio.

sária ou a gênese necessária do ideado (seja este uma propriedade comum ou uma essência), a ideia adequada, como explica a definição 4 desta Parte II, possui "todas as denominações intrínsecas de uma ideia verdadeira" e é exatamente isto que funda a certeza da certeza. Estão afastadas tanto a dúvida metódica como condição da certeza quanto a certeza da certeza como acontecimento psicológico, pois a reflexividade da ideia da ideia é um processo simultâneo no atributo pensamento e na mente.

De fato, prossegue Espinosa, "quem pode saber se entende (*intelligere*) alguma coisa a não ser que antes entenda (*prius intelligit*) a coisa? Isto é, quem pode saber-se certo de alguma coisa a não ser que antes esteja certo da coisa?".* A condição lógica (e não cronológica) da certeza da certeza é a certeza da ideia verdadeira: somente quem conhece a verdade de uma coisa pode estar certo dela e se saber certo disso. Em outras palavras, é o próprio ato de intelecção que funda a certeza da certeza, pois é a sua condição. Diferentemente de uma representação, que precisa de um critério extrínseco para afirmar sua verdade, a ideia verdadeira, ato de intelecção, é a norma de sua certeza e igualmente da certeza dessa certeza, pois "o que pode se dar mais clara e certamente como norma da verdade do que uma ideia verdadeira?".** A adequação é condição da verdade e esta, critério da certeza. A ideia verdadeira é garantia de si como certa (sobre o ideado) e do saber dessa certeza (sobre si mesma como ideia verdadeira), ou como lemos no *De emendatione*, "provei que o raciocínio é bom racionando bem", pois a ideia verdadeira não requer qualquer sinal exterior para sua certeza.[40] Para deixar patente que a ideia verdadeira não é uma representação e que sua dupla certeza (estar certo de conhecer algo e estar certo de que se tem esse conhecimento) é simultânea, Espinosa, numa passagem digna dos melhores versos de Catulo, escreve:

> Assim como a luz manifesta a si própria e às trevas, assim também a verdade é norma de si e do falso (*sane sicut lux se ipsam et tenebras manifestat sic veritas norma sui et falsi est*).***

---

* Ibid.
** Ibid.
*** Ibid.

A verdade não carece de um elemento externo que a confirme, isto é, a ilumine: a ideia verdadeira é sua própria luz.⁴¹

Com isso, Espinosa afirma ter superado as dificuldades que transparecem nas questões tradicionalmente levantadas acerca do verdadeiro e do falso. É costume indagar:

> Se a ideia verdadeira, enquanto é dita apenas convir ao seu ideado, distingue-se da falsa, então, a ideia verdadeira nada tem de perfeição ou de realidade a mais que a falsa (visto que se distinguem só por uma denominação extrínseca), e consequentemente tampouco o homem que tem ideias verdadeiras supera aquele que as tem falsas?

Ora, responde Espinosa, o que distingue a ideia verdadeira da falsa não é a conveniência extrínseca ao ideado (a correspondência entre uma representação e a coisa representada) e sim as propriedades intrínsecas da ideia adequada (absoluta em nós, porque segue apenas da força pensante da mente; necessária, porque conhece a causa do ideado; e perfeita, porque conhece inteiramente a essência do ideado) e, mais do que isso, o fato de que a ideia falsa é privação de conhecimento e por isso a verdadeira está para a falsa "como o ser para o não ser", exatamente como a luz está para a treva. Aquele que tem ideias verdadeiras supera aquele que as tem falsas porque este se encontra imerso na ignorância e somente aquele não está privado de conhecimento e de certeza.

Pergunta-se: "donde ocorre que os homens tenham ideias falsas?" e "enfim, donde alguém pode saber certamente que tem ideias que convêm com seus ideados?". Responde Espinosa: os homens têm ideias falsas porque têm ideias inadequadas, cuja causa necessária foi demonstrada. Finalmente, alguém sabe com certeza que suas ideias convêm aos seus ideados porque a ideia verdadeira é inseparável de sua certeza, como acaba de ser demonstrado.

Conclui Espinosa com o argumento ontológico que funda o argumento gnosiológico: "Nossa mente, enquanto percebe verdadeiramente uma coisa, é parte do intelecto infinito de Deus e por isso é tão necessário que as ideias verdadeiras da mente sejam claras e distintas como as ideias de Deus", isto é, conhecemos exatamente como Deus conhece porque somos parte do intelecto infinito e tomamos parte em sua ação.⁴²

c. O necessário e eterno

Na conclusão do percurso dedutivo das ideias inadequadas, Espinosa se referira ao conhecimento inadequado da duração de nosso corpo e dos demais corpos do qual decorre a imagem de todas as coisas como contingentes e corruptíveis. Agora, porém, reencontramos o necessário e o percurso dedutivo se inicia com a demonstração de que a razão não conhece as coisas como contingentes e sim como necessárias, prossegue explicando a origem da imagem da contingência e conclui passando da imagem do tempo à ideia de eternidade e ao conhecimento verdadeiro da essência de Deus.[43]

Conforme a proposição 44, "não é da natureza da razão contemplar as coisas como contingentes, mas como necessárias", pois as conhece como são em si e, portanto, como necessárias, pois como foi demonstrado na Parte I, "na natureza das coisas nada é dado de contingente, mas tudo é determinado pela necessidade da natureza divina a existir e operar de maneira certa".* Por esse motivo, depende apenas da imaginação "que contemplemos as coisas, tanto a respeito do passado quanto do futuro como contingentes".**

Espinosa já havia demonstrado que, por termos conhecimento inadequado da duração das coisas singulares, as concebemos como possíveis, contingentes e corruptíveis, pois ignoramos tanto suas essências quanto a causa de suas existências. Agora, explicará por que isso acontece e a explicação consiste em apresentar a gênese psicológica da experiência imaginativa do tempo e, com ela, a da contingência. De fato, como demonstrado na dedução da imaginação, a mente imagina como presentes a si coisas que não existem desde que nenhuma causa exclua essa presença e, como demonstrado na dedução da memória, se seu corpo foi afetado simultaneamente por dois corpos externos quando, depois, a mente imaginar um deles, de imediato se recordará do outro e o imaginará presente a si se nenhuma causa excluir sua presença. Esse jogo de presença e ausência é inseparável da experiência psicológica do tempo. Essa é uma imagem e, como tal, efeito das afecções corporais, portanto, da percepção do movimento, e, no caso, decorre das imagens formadas pela variação da sucessão mais rápida ou mais lenta dos movimentos dos corpos comparados uns aos outros. Assim, por exem-

---

* E I, proposição 29.
** E II, proposição 44, corolário.

plo, o movimento do Sol, da aurora ao crepúsculo, nos permite distinguir manhã, tarde e noite, fixar a imagem do dia completo e, com a sucessão dos dias, separar presente, passado e futuro, ordenando as séries dos acontecimentos. Será a quebra da sucessão destes na sequência temporal ou a quebra da linha do tempo a causa da imagem da contingência, efeito da experiência psicológica da flutuação imaginativa perante o inesperado.

> Suponhamos, pois, um menino que pela primeira vez ontem pela manhã tenha visto Pedro, ao meio-dia, Paulo, e ao entardecer, Simeão, e que hoje de novo pela manhã tenha visto Pedro. [...] é patente que tão logo veja a luz matutina, imaginará o sol percorrendo a mesma parte do céu que no dia anterior, ou seja, um dia inteiro, e simultaneamente com o amanhecer imaginará Pedro, com o meio-dia, Paulo, e com o entardecer, Simeão, isto é, imaginará a existência de Paulo e de Simeão com relação ao tempo futuro; e pelo contrário, se ao entardecer vir Simeão, relacionará Paulo e Pedro ao tempo passado, a saber, imaginando-os simultaneamente com o tempo passado; e isto com tanto mais constância quanto com mais frequência os tenha visto nesta ordem.*

O menino percebe *simultaneamente* o momento do dia e o passante que lhe corresponde e conecta as imagens de ambos. O que acontecerá, entretanto, se a concomitância dos dois acontecimentos não ocorrer? O que sucederá se, num outro entardecer, o menino vir Jacó, em vez de Simeão? Sua percepção do futuro se desordenará, pois imaginará o entardecer ora com Simeão, ora com Jacó, "mas não ambos em simultâneo", uma vez que se supõe que à tarde viu apenas um deles, de maneira que a relação entre a tarde e um dos passantes não se mantém. Perdida a concomitância ou simultaneidade dos dois acontecimentos, sua imaginação flutuará a respeito do tempo por vir e ele terá a experiência da contingência do futuro ou a imagem dos futuros contingentes. E se, num outro amanhecer, o menino vir Simeão, em vez de Pedro, imaginará a manhã ora com Pedro, ora com Simeão; novamente a ausência de simultaneidade entre os acontecimentos impede que se mantenha a relação entre eles, isto é, esse momento do dia não assegura a presença de um passante determinado e a imaginação do menino flutuará,

---

* E II, proposição 44, escólio.

mas, agora, com respeito ao tempo passado. E, por fim, ele terá a experiência da contingência do próprio presente se ninguém aparecer pela manhã, ao meio-dia e no entardecer. Para o leitor do Apêndice da Parte I da *Ética*, não há de surpreender que o menino possa tornar-se supersticioso, partindo em busca de causas finais que expliquem a inconstância do mundo. Também não há de surpreender o leitor do *De emendatione* que o menino possa tornar-se cético e acreditar que a ideia de causalidade é uma ficção baseada na simples esperança psicológica de que se repitam as mesmas sequências temporais.

Ao contrário da imaginação, porém, a razão conhece o necessário e por isso "é da natureza da razão perceber as coisas sob alguma perspectiva de eternidade (*sub quadam aeternitatis specie*)".⁴⁴* A imagem da contingência das coisas e dos acontecimentos decorre da imagem do tempo; em contrapartida, a ideia verdadeira das coisas e dos acontecimentos os conhece sob alguma perspectiva de eternidade. Na *Ética* I, Espinosa define a eternidade como a existência daquilo que segue necessariamente da definição da coisa eterna e explica que isso se dá porque "tal existência, assim como a essência da coisa, é concebida como verdade eterna e por isso não pode ser explicada pela duração ou pelo tempo, mesmo que se conceba a duração carecer de princípio e fim".** É eterno aquilo cuja existência segue da natureza da própria coisa eterna, sem relação com o tempo ou com a duração, pois eternidade não é totalidade do tempo nem duração sem começo e sem fim, mas o existir necessário por essência. Ora, pela proposição 16 da Parte I, "da necessidade da natureza divina devem seguir infinitas coisas em infinitos modos (isto é, tudo que pode cair sob o intelecto infinito)" e é isto que lhes confere necessidade. A substância é necessária e eterna por sua essência; o que segue dessa essência, isto é, seus modos (infinitos e finitos) são necessários por sua causa e por isso eternos como efeitos da causalidade imanente da substância que os produz, uma vez que o conhecimento de um efeito depende do de sua causa e o envolve.⁴⁵ Visto que é da natureza da ideia verdadeira conhecer seu ideado tal como é em si, dela se deduz que conhece as coisas tais como efetivamente são; visto também que é da natureza da razão ter conhecimento adequado, de sua natureza se deduz que, conhecendo as coisas tais como são em si, ela as conhece como necessárias; e, finalmente, visto que é da natureza da substância que as

---

* Ibid.
** E I, definição 8.

coisas sigam necessariamente de sua essência eterna, se deduz que é da natureza da razão conhecer as coisas sob alguma perspectiva de eternidade. O núcleo do conhecimento das coisas sob alguma perspectiva de eternidade é, pois, conhecê--las como o que *segue necessariamente da essência de um ser eterno* e não pelo tempo de sua duração.

Resta saber por que Espinosa usa a expressão "alguma perspectiva de eternidade" (*quadam aeternitatis specie*) e não simplesmente "sob a perspectiva da eternidade" para se referir ao conhecimento racional. A definição da eternidade, como vimos, se refere à relação intrínseca e necessária entre existência e essência dada pela definição de um ser eterno: é eterno aquilo que, por sua definição, existe por essência ou aquilo cuja essência só pode ser concebida como existente, isto é, sua existência segue necessariamente de sua essência.[46] Ora, a razão não conhece essências de coisas singulares e sim propriedades comuns às partes de um todo, que existem igualmente em cada uma delas e nele. Como ideias adequadas, as noções comuns são concebidas como necessárias, mas a elas não pode aplicar-se inteiramente a definição da eternidade, porque esta é referida à essência. Se nos voltarmos para o enunciado da proposição 44, observaremos que ali Espinosa sublinha que a razão conhece as coisas como necessárias e não como contingentes e é apenas no segundo corolário dessa proposição que ele introduz a fórmula *sub quadam aeternitatis specie*, concluindo que as noções comuns "devem ser concebidas sem relação alguma com o tempo, mas sob alguma perspectiva de eternidade", pois elas seguem necessariamente da essência das coisas das quais são propriedades. Além disso, o tempo é a imagem de uma duração aberta à contingência e por isso dizer que a razão não conhece as coisas como contingentes significa também que não as conhece segundo a ordem imaginária do tempo, mas "sob alguma perspectiva de eternidade", pois na explicação da definição da coisa eterna Espinosa insistira na exclusão de qualquer referência à temporalidade, mesmo que suposta sem começo e sem fim. Assim, é para sublinhar a necessidade das noções comuns que Espinosa invoca a eternidade, ou melhor, "uma certa eternidade", tanto no sentido de que elas seguem necessariamente das essências das coisas de que são propriedades, quanto no de afastamento da imagem do tempo e da contingência trazida por ela.

O conhecimento da eternidade das noções comuns é conhecimento da existência e operação dos modos infinitos.[47] Espinosa passará, a seguir, ao conhecimento da eternidade dos modos finitos. A passagem das noções comuns às ideias das essências das coisas singulares é efetuada quando rumamos para a ciência intuitiva com o enunciado da proposição 45:

> Cada ideia de qualquer corpo, ou de coisa singular, existente em ato, envolve necessariamente a ideia da essência eterna e infinita de Deus.

O ponto de partida da demonstração apoia-se no corolário da proposição 8, isto é, na demonstração de que as coisas singulares só existem enquanto compreendidas nos atributos de Deus e suas ideias só existem enquanto existe a ideia infinita de Deus, isto é, o intelecto infinito. Ainda de acordo com o corolário da proposição 8, quando as coisas singulares são tomadas em suas existências atuais na duração, também suas ideias envolverão essa existência. Na medida em que toda essência é singular e não um universal possível que se particulariza numa existência determinada, conclui-se que tanto compreendidas nos atributos de Deus quanto existindo atualmente na duração, a essência e a existência de uma coisa singular são inseparáveis e por conseguinte a ideia da essência de uma coisa singular é também ideia de sua existência. Por isso, a demonstração da proposição 45 se inicia afirmando que "a ideia de uma coisa singular existente em ato envolve necessariamente tanto a essência como a existência da própria coisa". Por que Espinosa escreve *envolve*? Porque, retomando agora o sentido positivo de *involvere* como relação de unidade e implicação recíproca, explica ele, as coisas singulares não podem ser nem ser concebidas sem Deus e, como já foi demonstrado, Deus deve ser tomado como causa sob aquele atributo de que elas são modos, uma vez que os atributos, na medida em que são diferentes ordens de realidade, são potências causais realmente diversas. Assim sendo, continua Espinosa, as ideias dessas coisas singulares "devem necessariamente envolver o conceito de seu atributo", devendo, portanto, estar implicadas necessariamente nele, uma vez que o conhecimento do efeito depende do conhecimento de sua causa e o envolve. Um atributo é uma essência eterna e infinita que constitui a essência absolutamente infinita da substância e, portanto, referir uma coisa singular ao seu atributo significa afirmar que a ideia dessa coisa *envolve* a essência eterna e infinita de Deus ou a potência eterna e infinita de seus atributos, pois tanto a ideia como a coisa seguem necessariamente dessa potência. Além disso, referir uma coisa singular e sua ideia aos atributos indica que estamos no terceiro gênero de conhecimento, uma vez que a ciência intuitiva procede do conhecimento adequado da essência formal dos atributos de Deus às essências das coisas singulares. Ora, ao tomar o atributo como causa, um outro conceito de existência atual pode ser alcançado, longe da duração imaginada como quantidade de tempo ou a existência percebida inadequadamente:

> Pois falo da própria natureza da existência, que se atribui às coisas singulares porque da necessidade eterna da natureza de Deus seguem infinitas coisas em infinitos modos. Falo, insisto, da própria existência das coisas singulares enquanto são em Deus. Pois, ainda que cada uma seja determinada por outra coisa singular a existir de maneira certa, todavia a força pela qual cada uma persevera no existir segue da necessidade eterna da natureza de Deus.*

"Falo da própria natureza da existência." "Falo, insisto, da própria existência das coisas singulares enquanto são em Deus." Essas duas afirmações têm como fundamento a *imanência da potência divina* aos seus modos singulares, determinando a existência deles como perseverar no existir, portanto, como *potência de existir*, pois, embora uma coisa singular seja determinada a existir pela ação de uma outra coisa singular na série infinita de causas finitas da Natureza Naturada, todavia a *força* pela qual cada uma persevera na existência "*segue* da necessidade eterna da natureza de Deus" ou da potência da Natureza Naturante. As coisas singulares, diversamente da substância, não são *causa sui* e sua essência não envolve existência necessária. No caso dos modos humanos, isto é posto pelo primeiro axioma da *Ética* II ("a essência do homem não envolve existência necessária") e pela proposição 10 ("a substância não constitui a forma do homem"). Todavia, se sua existência não segue necessariamente de sua essência, isto é, sua existência não é necessária por sua essência, nem por isso ela é contingente, pois sua necessidade decorre de sua causa, isto é, ela *segue necessariamente* da potência de Deus. Para um modo finito ou coisa singular, ter uma existência determinada depende, portanto, de duas causalidades simultâneas: a causalidade eficiente transitiva, em que uma coisa singular determina outra à existência, suscitando na imaginação a ideia abstrata da duração como tempo; e a causalidade eficiente imanente, em que a potência de um atributo da substância determina a força ou

---

* E II, proposição 45, escólio.

a potência do existir singular do modo no qual ele se exprime, permitindo não só conceber a ideia adequada da duração concreta de um ser singular, mas também a de sua existência *sub specie aeternitatis*.

Se cada ideia de cada coisa singular envolve necessariamente a essência eterna e infinita de Deus, então é preciso demonstrar que "o conhecimento da essência eterna e infinita de Deus envolvido por cada ideia é adequado e perfeito", conforme enuncia a proposição 46. Observemos que Espinosa se refere a *cada ideia* de cada coisa singular e não às coisas singulares em geral. Isto significa que a referência será a um dos atributos de Deus, no caso, ao atributo pensamento. Eis por que Espinosa não escreve a essência *absolutamente infinita* de Deus, pois isso implicaria uma referência a todos os atributos, e sim escreve *essência eterna e infinita* de Deus, pois é esta a definição de um atributo. Como a ciência intuitiva se refere à causalidade imanente que une uma essência singular ao seu atributo como causa imanente necessária, ao delimitar a proposição a *cada ideia* de cada coisa singular e à *essência eterna e infinita* de Deus, Espinosa situa a proposição no interior da potência do atributo pensamento apenas. Por outro lado, como cada coisa singular tanto pode ser uma mente, um corpo ou a união de uma mente e um corpo, a ideia de cada coisa singular há de referir essa coisa singular ao seu respectivo atributo (à extensão, se for um corpo) e, novamente, a referência será à essência eterna e infinita de Deus e não à essência absolutamente infinita de Deus.

À primeira vista, a demonstração da proposição 46 é paradoxal, pois Espinosa parece retomar a proposição 45 sobre as noções comuns, em lugar de prosseguir com o conhecimento das essências das coisas singulares. De fato, escreve ele:

> A demonstração da proposição precedente [proposição 45] é universal, e que se considere a coisa seja como parte, seja como todo, sua ideia, seja do todo, seja de uma parte, envolverá a essência eterna e infinita de Deus. Por conseguinte, o que dá o conhecimento da essência eterna e infinita de Deus é comum a todas as coisas e está igualmente na parte e no todo, e por isso este conhecimento será adequado.

O paradoxo se encontra no fato de que o conhecimento da essência eterna e infinita de Deus parece tomá-la como uma noção comum (o que está presente na parte e no todo), o que é absurdo, pois essa essência (como toda essência) não é uma propriedade comum a todas as coisas. Acompanhemos, porém, os passos da demonstração. Ela se inicia afirmando que a proposição 45 é universal, sendo, portanto, verdadeira para qualquer coisa singular seja esta tomada como parte de um todo seja tomada ela própria como um todo, isto é, seja como uma parte na cadeia de modos finitos inscritos nos modos infinitos da Natureza Naturada, seja como um todo causado diretamente por seu atributo quando este se explica e se exprime numa modificação singular. Lembremos, ainda uma vez, o que Espinosa dissera a Oldenburg: algo é tomado como parte quando depende das operações do todo a que pertence; e é tomado como um todo quando suas operações dependem apenas de sua própria natureza. É este o sentido de parte e todo na proposição 46. Assim, a primeira etapa da demonstração afirma que a ideia de cada coisa singular, quer tomada como parte quer como um todo, envolve a causalidade de seu atributo, que é a mesma para todos os seus modos. Donde a segunda etapa da demonstração afirmar que aquilo que propicia o conhecimento da essência eterna e infinita de Deus é o que é comum a todas as coisas e está igualmente na parte e no todo, pois o que propicia esse conhecimento é o atributo entendido como *causa* que opera igualmente na parte e no todo de cada coisa singular e por isso esse conhecimento é adequado, ou seja, absoluto, necessário e perfeito. Por que se trata do conhecimento da essência eterna e infinita de Deus (no caso, sob o atributo pensamento) envolvida pela ideia da essência de cada coisa singular, passamos da comunidade de propriedades (conhecida pela razão) à *comunidade da causa* (conhecida pela ciência intuitiva).

Resta demonstrar que a mente humana é capaz desse conhecimento, ou como enuncia a proposição 47: "A mente humana tem conhecimento adequado da essência eterna e infinita de Deus". A demonstração é breve, recapitulando o que havia sido demonstrado sobre a mente humana: ela tem ideias pelas quais percebe as afecções de seu corpo e a si mesma; percebe seu corpo e os corpos exteriores como existentes em ato; como cada uma dessas percepções é um conhecimento que envolve como causa a essência eterna e infinita de Deus (o atributo pensamento), conhecimento que só pode ser adequado, a mente humana tem conhecimento adequado dessa essência. Espinosa deixa implícito que a mente *sabe* que possui esse conhecimento. Ele não precisa mencioná-lo porque já demonstrou que toda ideia envolve certeza e que toda ideia verdadeira envolve a certeza de sua certeza.

Essa proposição impõe duas conclusões, explicitadas por Espinosa. A primeira é que a essência eterna, infinita e necessária de Deus pode ser conhecida por todos e, lemos no escólio, "como tudo é em Deus e é concebido por Deus, segue podermos deduzir desse conhecimento muitíssimas coisas que conheceremos adequadamente [...] e de cuja excelência e utilidade caberá falar na quinta parte". A segunda conclusão, porém, se apresenta sob a forma de uma questão: se é assim, por que quase nunca os seres humanos têm esse conhecimento? Por que a presença, ontologicamente fundada, da ideia da essência infinita e eterna de Deus em todas as mentes humanas, por serem modos do pensamento e efeitos da causalidade imanente desse atributo, não é suficiente para que, psicologicamente, os humanos se deem conta disso? Por que tantas disputas e controvérsias sobre Deus? Por que os humanos são capazes de criar as ciências sob a condução da razão e apenas muito raramente alguns alcançam o terceiro gênero de conhecimento?

Na Carta 12, Espinosa sublinhara a diferença entre as operações da imaginação e as do intelecto, explicando que as coisas podem ser percebidas por ambos, mas de maneiras opostas, ou apenas por um deles excluindo o outro, ou, enfim, por ambos, mas em graus diversos de compreensão. Assim, ora imaginação e intelecto se opõem, ora se excluem e ora colaboram. O problema do erro encontra-se articulado a essas distinções, pois, explicava Espinosa a Meijer, "facilmente podem cair em grandes erros os que não distinguem cuidadosamente entre imaginar e entender", como se vê com a noção de infinito, que aparece na imaginação como infinito potencial ou o ilimitado no espaço e no tempo enquanto sua ideia somente pode ser concebida pelo intelecto, que o alcança como infinito atual.[48] O contraponto entre imaginar e entender fora reafirmado numa carta a Boxel, quando Espinosa escrevera: "Se me perguntas se tenho uma imagem de Deus, digo-te que não; se me perguntas se tenho uma ideia de Deus, digo-te que sim". Tanto o que fora discutido na Carta 12, como a resposta a Boxel reaparecem no escólio da proposição 47, quando Espinosa apresenta a causa geral da dificuldade para o conhecimento adequado da essência eterna e infinita de Deus:

> Que os homens não tenham de Deus um conhecimento tão claro quanto o das noções comuns, isso vem de não poderem imaginar Deus, como aos corpos, e de terem juntado o nome Deus às imagens das coisas que costumam ver; o que os homens mal podem evitar, porque são continuamente afetados pelos corpos externos.

Embora os universais da imaginação e da razão sejam realmente diversos, entretanto entre ambas pode haver colaboração porque a razão é capaz de depurar, dar consistência e estabilidade à multiplicidade percebida pela imaginação, pois uma e outra lidam com os corpos e a razão encontra sob as imagens uma ordem e uma conexão necessárias que permitem o aparecimento das ciências, que operam com noções comuns e leis universais dos corpos, das quais deduzem as essências particulares de seus objetos, como se vê na matemática ou na física. Não é o caso daquelas ideias para as quais não temos imagens e para as quais justamente a Carta 12, assim como o *De emendatione*, alertavam quando afirmavam a necessidade de distinguir entre imaginar e entender. Mas se na carta e no tratado Espinosa simplesmente alertara para a necessidade dessa distinção, agora ele explica por que a confusão acontece: somos corpo e somos continuamente afetados pelos outros corpos e por isso a única realidade a que parecemos ter acesso é aquela que se oferece em imagem.[49] É, pois, inevitável que tentemos imaginar Deus a partir das imagens das coisas, juntando a palavra "Deus" ao que costuma afetar continuamente nossos corpos. Donde os problemas examinados no início da Parte II (na proposição 10), quando Espinosa se voltara criticamente para os que não seguem a ordem necessária do filosofar, indo dos efeitos para as causas e, portanto, começando pelas imagens das coisas para com elas chegar, ao fim e ao cabo, à imagem de Deus como se fora Sua ideia. A novidade do escólio da proposição 47 com relação a essa crítica encontra-se na explicitação da causa de juntarmos a palavra "Deus" e as imagens que naturalmente percebemos, ou seja, o lugar dado, agora, à linguagem. Passamos da ideia aos nomes de Deus — criador, legislador, juiz, governante — e aos adjetivos que enunciam suas qualidades — bom, justo, onipotente, onisciente, incriado, imortal, insondável, incognoscível —, caminhando rumo à teologia negativa e em busca do "Nome de Deus", escondido nas letras do texto sagrado.

Recordemos o que Espinosa escrevera no *De emendatione*:

> Como as palavras são parte da imaginação, isto é, como forjamos muitos conceitos na medida em que, vagamente, em virtude de uma disposição qualquer do corpo, elas se compõem na memória, não é de duvidar que, assim como a imaginação, as palavras também possam ser a causa de muitos e grandes erros, a não ser que com grande cuidado nos guardemos deles. Ajunte-se que as palavras são formadas ao capricho e segundo a compreensão do vulgo, de modo que são sinais das coisas na medida em que existem na imaginação e não na medida em que existem na inteligência; isso se vê claramente pelo fato de a todas as coisas que só existem

no intelecto e não na imaginação impuserem-se muitas vezes nomes negativos, tais como incorpóreo, infinito etc., e também porque muitas coisas que são realmente afirmativas se exprimem negativamente e por oposição, tais como incriado, independente, infinito, imortal etc.; sem dúvida porque imaginamos muito mais facilmente seus contrários, por isso ocorreram primeiro aos primeiros homens e usurparam o lugar dos nomes positivos. Afirmamos e negamos muitas coisas porque a natureza das palavras e não a natureza das coisas permite afirmá-lo ou negá-lo. Ora, ignorando-se a natureza das coisas, facilmente tomaremos o falso pelo verdadeiro.[50]

Esta passagem ecoa no final do escólio da proposição 47:

E seguramente a maioria dos erros consiste só em não aplicarmos corretamente os nomes às coisas. Com efeito, quando alguém diz que as linhas traçadas do centro do círculo até sua circunferência são desiguais, ele decerto entende por círculo, ao menos nesta ocasião, outra coisa que os matemáticos. Assim, quando os homens erram no cálculo, têm na mente uns números, no papel outros. Pois se se prestar atenção a suas mentes, decerto não erram; parecem, todavia, errar porque pensamos que têm na mente os números que estão no papel. Se não fosse isto, creríamos que não erram em nada; como não cri errar aquele que ainda há pouco ouvi gritando que sua casa voara para a galinha do vizinho, já que seu pensamento me parecia suficientemente perspícuo. E disto se origina a maioria das controvérsias, a saber, porque os homens não explicam corretamente seu pensamento ou porque interpretam mal o pensamento de outrem. Pois, na realidade, enquanto se contradizem ao máximo, eles pensam ou as mesmas coisas ou coisas diversas, de forma que aquilo que pensam ser erros e absurdos em outrem na verdade não são.

"Suas mentes não erram": o intelecto nunca se engana, pois a verdade é *norma sui et falsi*. Eis por que referir-se ao círculo falando da desigualdade de seus raios indica que se *fala* de outra coisa e não do círculo definido pela matemática; da mesma maneira, um erro de cálculo indica que se calcula sobre números diferentes dos que estão *escritos* no papel; e é óbvio o que *quis dizer* aquele que gritou que seu telhado voou sobre a galinha do vizinho. Ora, o mal-entendido entre os falantes só se torna problemático quando se transforma em mal-entendido entre pensantes, dando origem à maioria das controvérsias, seja porque dão o mesmo nome a coisas diferentes ou nomes diferentes à mesma coisa, seja porque não explicam seu pensamento, seja porque interpretam mal o pensamento de outrem, disso resultando não só que, frequentemente, pensam o mesmo quando, por palavras, julgam opor-se, mas também que, pela confusão das palavras, tomam como errado e absurdo um pensamento que não o é.

Dessa maneira, Espinosa respondeu a duas questões: pode a mente humana ter o conhecimento da essência eterna e infinita de Deus e, em caso afirmativo, por que, então, a maioria dos homens não alcança esse conhecimento? A resposta é uma só: a mente alcança esse conhecimento quando não confunde imagens e ideias e, portanto, não junta à ideia de Deus nomes trazidos pela imaginação. Essa resposta explica a importância da teoria da boa definição, no *De emendatione*, da definição real, nas cartas a Vries, e da definição perfeita, na proposição 8 da Parte I da *Ética*.[51] Ela também retoma a posição de Espinosa na abertura dos *Pensamentos metafísicos*, quando afirma que é preciso encontrar a *prima significatio* das palavras, antes que tenha sido agarrada pelos retóricos e pelos metafísicos. Não estamos condenados ao silêncio, mas sim convidados a encontrar instrumentos que harmonizem palavra e ideia ou uma colaboração entre intelecto e imaginação, quando esta é guiada por aquele.[52]

3. DA VONTADE ÀS VOLIÇÕES SINGULARES

Observamos anteriormente que as partes I e II da *Ética* formam um díptico, quando comparamos as definições e o arranjo dos axiomas de ambas.[53] O díptico se completa quando articulamos as últimas proposições de cada uma delas, isto é, as proposições 31 a 36 da Parte I e as proposições 48 e 49 da Parte II.

De fato, assim como, no final da Parte I, Espinosa demonstra que intelecto e vontade não são atributos de Deus, demolindo o alicerce sobre o qual se erguera a distinção tradicional entre a *potentia* necessária de Deus e a livre *potestas* da vontade divina para criar contingentemente um mundo concebido como possível pelo intelecto divino e afirmando, pelo contrário, a identidade entre *potentia* e *potestas* divinas, assim também, no final da Parte II, desmonta a imagem da vontade livre como faculdade absoluta da mente humana e distinta do intelecto. O contradiscurso espinosano se volta, portanto, contra o imaginário da livre vontade.

Na tradição teológico-metafísica, a distinção entre *potentia* e *potestas* era decisiva para marcar a presença da vontade divina como ação livre e por isso possível ou contingente. De fato, para a tradição, a *potentia* divina é necessária (por essência, Deus é onipotente), porém uma *potestas* é uma *facultas* e como tal pode ou não exercer-se. Enquanto faculdade, a vontade, era exatamente uma *potestas*. Essa imagem permitia o aparecimento da noção de causa voluntária como causa inteligente que, por ser voluntária, age contingentemente (ou, como dizia Duns Scotus, uma causa inteligente é voluntária e uma causa voluntária causa contingentemente). Disso resultava a afirmação de que tudo o que se encontra na potência de Deus não é necessariamente tudo o que o poder de Deus quer, ou seja, Deus pode mais do que aquilo que Ele quer, e por isso o possível é mais vasto do que o necessário, pois este decorre de uma escolha contingente pela qual a *potestas Dei* elege um dentre infinitos possíveis contidos em sua *potentia* e o faz passar à existência. Assim, ao identificar *potentia* e *potestas*, depois de haver demonstrado que a vontade não é um atributo de Deus, Espinosa demonstra que tudo o que está no poder (*potestas*) de Deus é necessário porque esse poder não é senão a potência (*potentia*) divina idêntica à essência de Deus, da qual tudo segue necessariamente. Porque nada há de contingente na Natureza, porque tudo segue necessariamente da essência/ potência/ poder de Deus, e porque tudo o que dela segue é determinado a operar e a agir de maneira certa e determinada, o *De Deo* pode concluir com a demonstração de que não existe nada de cuja natureza não siga um efeito determinado. Em outras palavras, todas as modificações da substância, sejam elas infinitas ou finitas, também são potências de agir ou causas determinadas que produzem efeitos necessários ou determinados.

Essa demonstração prepara as duas demonstrações finais da Parte II, isto é, que a vontade não é uma faculdade livre e absoluta de querer e não querer, diversa e independente do intelecto, nem é o poder de suspender o juízo, mas é a volição singular contida na própria ideia singular como afirmação ou negação. Assim como, em Deus, a distinção entre *potestas* e *potentia* pressupunha um poder voluntário que age contingentemente, assim também, no homem, a distinção entre intelecto e vontade pressupõe um poder voluntário que age contingentemente. Por isso mesmo cabe demonstrar que a vontade não é uma causa livre (quando o livre se identifica à ação contingente e à escolha entre possíveis) e que a mente é a ideia que afirma e nega ideias, seja quando está externamente determinada seja quando está internamente disposta. Portanto, assim como Deus não é um intelecto e uma vontade criadora cujos efeitos são uma escolha contingente, assim também, na mente humana, querer e entender não são faculdades distintas cujas operações teriam efeitos contingentes; e assim como nada há de contingente na Natureza, assim também não há contingência no conhecimento humano, ou seja, as ideias inadequadas são tão necessárias quanto as adequadas e a causa do erro não se encontra na liberdade da vontade, como supusera Descartes depois de Agostinho.

A proposição 48 enuncia:

> Na mente não há nenhuma vontade absoluta, ou seja, livre; mas a mente é determinada a querer isso ou aquilo por uma causa, que também é determinada por outra, e esta de novo por outra, e assim ao infinito.

Observemos que Espinosa não diz que a mente humana não é livre, pois se o dissesse não só teria destruído o escopo de sua filosofia, mas também dado razão aos que afirmaram nela ser impossível a liberdade humana. O que ele diz é que na mente humana não há uma vontade livre ou uma faculdade incondicionada de querer e não querer.

O ponto de partida da demonstração é a mente humana como um modo de pensar certo e determinado, cujo ser atual é constituído pela ideia de uma coisa singular existente em ato, isto é, seu corpo. Não sendo a mente humana substância e sim modo determinado da substância absolutamente infinita, não pode ser causa livre de suas ações se por causa livre se entender uma faculdade absoluta de querer e não querer.[54] Com efeito, porque somente Deus é causa absolutamente livre, pois nenhuma causa intrínseca ou extrínseca o constrange a agir, como demonstrado na proposição 17 da Parte I — "Deus age somente pelas leis de sua natureza e por ninguém é coagido" —, conclui-se que, por existir e agir somente pela necessidade de sua natureza apenas Ele é causa absolutamente livre, em conformidade com a definição da coisa livre.* Ora, sendo um modo finito, a mente humana está determinada a querer isso ou aquilo por uma causa, que

---

* E I, definição 7: "É dita livre a coisa que existe a partir só da necessidade de sua natureza e determina-se por si só a agir. Porém, necessária, ou antes coagida, aquela que é determinada por outro a existir e a operar de maneira certa e determinada".

também é determinada por outra, e esta de novo por outra, como foi demonstrado na proposição 28 da Parte I:

> Qualquer singular, ou seja, qualquer coisa que é finita e tem existência determinada, não pode existir nem ser determinado a operar a não ser que seja determinado a existir e a operar por outra causa, que também seja finita e tenha existência determinada, e por sua vez esta causa também não pode existir nem ser determinada a operar a não ser que seja determinada a existir e a operar por outra que também seja finita e tenha existência determinada, e assim ao infinito.

A demonstração sobre a determinação necessária da vontade pode ser reiterada para o intelecto, como lemos no escólio: "Demonstra-se da mesma maneira que não se dá na mente nenhuma faculdade absoluta de entender, desejar, amar etc.".

A ideia de faculdades absolutas da mente não tem fundamento. Na realidade, são ou inteiramente fictícias ou "nada além de entes metafísicos", universais abstratos imaginados por reunião, soma ou associação de particulares, "de maneira que o intelecto e a vontade estão para essa ou aquela ideia, ou para essa ou aquela volição, da mesma maneira que a pedridade para essa ou aquela pedra, ou que o homem para Pedro e Paulo".* Numa palavra, essas faculdades não são simplesmente imagens, mas ficções, "entes metafísicos". Quanto à causa que leva os homens a imaginar a liberdade da vontade, diz Espinosa, já foi mencionada no Apêndice da Parte I, isto é, encontra-se no fato de que são cônscios de suas ações e ignorantes das causas delas:

> Todos os homens nascem ignorantes das causas das coisas, e todos têm o apetite de buscar o que lhes é útil, sendo disto conscientes. Daí segue, primeiro, que os homens conjecturam serem livres porquanto são conscientes de suas volições e de seus apetites e nem por sonho cogitam das causas que os dispõem a apetecer e querer, pois delas são ignorantes.[55]

---

* E II, proposição 48, escólio.

Não sendo uma faculdade absoluta ou livre de querer e não querer, o que é a vontade?

> Por vontade entendo a faculdade de afirmar e negar, mas não o desejo (*cupiditas*); entendo, repito, a faculdade pela qual a mente afirma ou nega algo ser verdadeiro ou falso, e não o desejo pelo qual a mente apetece ou tem aversão às coisas.*

É desfeito, assim, o laço que prendia vontade — querer ou não querer — e desejo — apetecer ou ter aversão —, laço que, desde Aristóteles, definira a virtude como o desejo determinado pela vontade guiada pela razão ao julgar quanto ao bem ou ao mal das coisas desejadas. A vontade, insiste Espinosa ("repito", escreve ele) é o ato de afirmar ou negar algo como verdadeiro ou falso e não o de querer um bem e não querer um mal. Como ato, ela é singular ou uma volição singular. Ora, uma ideia é um ato singular de afirmação ou de negação e por isso resta saber se os atos singulares de volição e os atos singulares de ideação são distintos, isto é, se "as próprias volições são algo além das próprias ideias das coisas".** Por isso, cabe inquirir "se se dá na mente outra afirmação e negação além daquela envolvida pela ideia enquanto é ideia".*** Em outras palavras, deve-se, acompanhando a tradição e Descartes, distinguir entre ideia e juízo? Dessa questão, prossegue Espinosa, tratará a proposição 49, mas desde já, nesse escólio da proposição 48, invocando a terceira definição da Parte II, ele alerta para o que se deve entender por ideia: o conceito que a mente forma por ser coisa pensante; conceito e não percepção, esclarece ele, porque enquanto esta *indica* que a mente é passiva relativamente ao objeto (como na imaginação), aquele, ao contrário, *exprime* uma atividade da mente ou a essência da mente como causa da ideia. E, imediatamente, ele apresenta o motivo para trazer essa definição:

> Para que o pensamento não descaia em pinturas. Com efeito, por ideia não entendo imagens tais quais as que se formam no fundo do olho e, se quiseres, no meio do cérebro, mas conceitos do pensamento.****

---

* Ibid.
** Ibid.
*** Ibid.
**** Ibid.

Assim, enquanto a demonstração da proposição se ocupa com o ser da mente como potência pensante na qual entender, afirmar e negar não se distinguem, o escólio se ocupa com o ser da ideia ou com a natureza da ideia como ato de afirmação ou negação. Uma ideia não é uma representação, uma imagem formada pelas operações do corpo, mas um ato de pensar, mesmo que seja uma ideia imaginativa. Justamente por não ser uma representação, ela não carece de um segundo ato que afirme ou negue sua verdade ou falsidade, isto é, o ato do juízo como operação da vontade. Recusar que a ideia seja uma representação marca claramente a ruptura com Descartes, como aliás atesta a referência ao fundo dos olhos e ao meio do cérebro. Com efeito, no *Tratado do homem*, Descartes designara com o nome de ideia a imagem produzida pelos espíritos animais na glândula pineal[56] e, no *Tratado das paixões*, explicara que a imagem de uma coisa é como que pintada em cada um dos olhos e conduzida pelo nervo ótico ao cérebro, onde a dupla imagem visual se converte numa única e a glândula pineal, ao agir imediatamente sobre a alma, a faz ter a figura única da coisa vista.[57] Essa ruptura se consuma com o enunciado da proposição 49:

> Na mente não é dada nenhuma volição, ou seja, afirmação e negação afora aquela envolvida pela ideia enquanto é ideia.

Uma ideia é, portanto, imediatamente um juízo e a volição singular está envolvida nela e por ela, não podendo ser sem ela. Na demonstração, Espinosa esclarece o enunciado da proposição por meio de um exemplo:

> Concebamos, pois, uma volição singular, a saber, um modo de pensar pelo qual a mente afirma serem os três ângulos do triângulo iguais a dois retos. Esta afirmação envolve o conceito, ou seja, a ideia de triângulo, isto é, não pode ser concebida sem a ideia de triângulo. É o mesmo, com efeito, se eu disser que A deve envolver o conceito de B ou que A não pode ser concebido sem B. Além disso, esta afirmação (pelo axioma 3 desta Parte) também não pode ser nem ser concebida sem a ideia de triângulo. Ademais, essa ideia de triângulo deve envolver esta mesma afirmação: seus três ângulos igualam-se a dois retos. Por isso, inversamente, essa ideia de triângulo, sem tal afirmação, não pode ser nem ser concebida e, portanto (pela definição 2 desta Parte), esta afirmação pertence à essência do triângulo e não é outro

senão ela própria. E o que dissemos desta volição (visto que a tomamos ao nosso gosto) cumpre dizer também de qualquer volição, a saber, que nada é senão a ideia.

A argumentação de Espinosa se realiza em dois movimentos, tendo como ponto de partida a declaração de que afirmar algo do triângulo envolve o conceito do triângulo, pois o que é afirmado segue necessariamente da natureza do triângulo, portanto, como exige o emprego de *involvere*, implica reciprocidade e unidade entre a afirmação e o conceito. O primeiro movimento da argumentação invoca o axioma 3, isto é, a ideia é um modo de pensar logicamente anterior a qualquer outro, de sorte que não há qualquer modo de pensar que não envolva a ideia do que é pensado (não pode haver amor sem a ideia da coisa amada, por exemplo), e por isso o ato de afirmar algo do triângulo implica necessariamente sua ideia — não se pode ter o modo de pensar "afirmar ou negar algo" sem a ideia do que é afirmado ou negado. Ora, a própria ideia é um ato de afirmação ou negação e, portanto, a volição é inseparável da ideia afirmada ou negada. O segundo movimento argumentativo invoca a definição 2, isto é, a reversibilidade entre essência e coisa, pois pertence à essência de uma coisa aquilo sem a qual esta não pode ser nem ser concebida e, inversamente, que sem a coisa não pode ser nem ser concebida, de maneira que, dada a essência, a coisa é imediatamente dada e, retirada a essência, a coisa é imediatamente retirada. Ora, que a soma dos ângulos internos de um triângulo seja igual a dois ângulos retos é algo que pertence à essência do triângulo e é essa própria essência (a soma dos ângulos internos igual a dois ângulos retos é a definição real do triângulo), de maneira que essa afirmação envolve necessariamente a ideia do triângulo. Assim, pelo primeiro movimento demonstrativo, a volição envolve a ideia do triângulo (pois toda ideia é logicamente anterior a qualquer outro modo de pensar); pelo segundo, a volição é envolvida pela ideia do triângulo (pois a essência e a coisa são inseparáveis e afirmar uma delas é imediatamente afirmar a outra).

A unidade ou inseparabilidade do ato de ideação e de volição (seu envolvimento recíproco) leva à conclusão necessária do que significa uma ideia envolver afirmação ou negação, conclusão enunciada pelo corolário da proposição 49: "Vontade e intelecto são um só e o mesmo". Visto que vontade e intelecto são termos universais que, na realidade, reúnem atos singulares pelo emprego de uma só palavra, é evidente que ambos "nada são senão as próprias volições e ideias singulares", as quais, como demonstrado, são um só e o mesmo.

A proposição 49, que conclui a Parte II, é seguida de um longo escólio, comparável ao Apêndice da Parte I, em que, como ali, mas sob outra perspectiva, Espinosa se debruça sobre a imagem da vontade como livre-arbítrio e a refuta. O percurso se desdobra em cinco movimentos: no primeiro, é efetuada a refutação da concepção tradicional do erro como ato do juízo (vigente desde Platão e Aristóteles até Descartes); no segundo, Espinosa faz algumas recomendações prévias ao leitor; no terceiro, o alerta para o fato de que a doutrina exposta nas proposições 48 e 49 será alvo de objeções e estas são apresentadas; no quarto, as objeções são refutadas; e no último, são mencionadas as contribuições da doutrina para o uso da vida.

O primeiro resultado das proposições 48 e 49 é a supressão da causa do erro tal como se costuma imaginá-la:

> Com isso, suprimimos a causa que comumente se estabelece para o erro. De fato, mostramos acima a falsidade consistir só na privação que as ideias mutiladas e confusas envolvem. Por isso a ideia falsa, enquanto é falsa, não envolve certeza. Quando, pois, dizemos que um homem aquiesce ao falso e não duvida dele, nem por isso dizemos estar ele certo, mas somente não duvidar, ou então que aquiesce ao falso porque não é dada nenhuma causa que faça sua imaginação flutuar. [...] Portanto, por mais que se suponha que um homem adere ao falso, jamais diremos, contudo, estar ele certo. Pois por certeza entendemos algo positivo e não privação de dúvida. E por privação de certeza entendemos a falsidade.*

Assim, tendo demonstrado a identidade entre ideia e volição, Espinosa volta a explicar o que é a ideia falsa, usando como critério a diferença entre ausência de dúvida e presença da certeza — "por certeza entendemos algo positivo e não privação de dúvida", uma vez que a certeza é reflexiva, ou o saber que se sabe como saber. A diferença entre privação de dúvida e positividade da certeza explica por que Espinosa invoca nesse momento o escólio da proposição 44, isto é, o exemplo do menino que vê os passantes numa determinada sequência tempo-

---

* E II, proposição 49, escólio.

ral e o que lhe acontece quando a sequência é quebrada: a repetição da percepção da simultaneidade entre a hora do dia e o passante que lhe correspondia levava o menino a não duvidar da sequência dos acontecimentos, porém, quando esta se quebra, descobrimos que, na realidade, a ausência de dúvida não significava presença de certeza, conduzindo-o por isso ao estado de *fluctuatio animi* perante a incerteza dos acontecimentos. Ora, o falso não é senão "a privação de certeza". Espinosa vincula, portanto, erro, falso, ausência de dúvida e ausência de certeza, visto que a presença desta última é uma propriedade intrínseca à ideia verdadeira. Em outras palavras, verdadeiro e falso não se referem ao juízo, mas à natureza da própria ideia e visto que nesta nada há de positivo pelo que possa ser chamada de falsa, nela a privação de verdade é privação de certeza. Com isso, Espinosa critica não só a Quarta Meditação, mas também a concepção cartesiana da ideia materialmente falsa, crítica que se conclui com a afirmação de que a adesão ao falso não é um ato positivo da vontade no juízo, mas mera ausência de dúvida.[59]

À refutação, segue-se a recomendação. Espinosa explica ao leitor que a doutrina exposta nas proposições 48 e 49 pede algumas observações suplementares para que seja perfeitamente compreendida, pois disso depende a compreensão de sua utilidade para o uso da vida. Duas são suas principais recomendações: não confundir ideia e imagem nem ideia e palavra. Essas distinções, que já foram feitas no correr das demonstrações da Parte II, são necessárias tanto no plano especulativo como no plano prático, uma vez que delas depende a nova concepção da vontade e, por conseguinte, a da liberdade.

Uma ideia não é uma representação formada a partir de imagens corporais. Confundi-la com uma representação é ignorar que ela é um *ato da mente* e não "pintura muda". Mais importante ainda, confundi-la com as imagens implica, em primeiro lugar, tomá-la como ficção produzida pelo livre-arbítrio da vontade quando não possuir semelhança com alguma imagem — portanto, tudo aquilo que conhecemos apenas pelo intelecto sem a presença da imaginação se transforma em ficção, cuja causa não é atribuída à própria imaginação, mas a um suposto ato voluntário livre; em segundo, recusar que se possa conhecer aquilo de que não se pode formar alguma imagem — os casos exemplares são a suposição da impossibilidade de formar a ideia do infinito atual (como explicado na Carta 12) ou a de Deus (como explicado na carta para Boxel). De onde vem a transformação em ficção de tudo quanto não nos seja dado em imagem? Da própria concepção da ideia como iconografia, "pintura muda", que precisa do ato da vontade para afirmar ou negar alguma coisa. Assim, não só imagem da vontade livre é inseparável da ideia como representação e da ficção como decisão voluntária, mas as próprias imagens da vontade e da ideia são ficções, em sentido espinosano.[59]

Por seu turno, a distinção entre ideia e palavra é indispensável para que não se imagine ser possível afirmar por palavras o que se nega em pensamento ou vice-versa, como se isso fosse prova da independência da vontade em relação às ideias e como se ela fosse a faculdade de querer ou não querer algo diverso do que é pensado na ideia. Ora, observa Espinosa, uma afirmação ou uma negação por palavras não envolvem nem afirmação ou negação de ideias senão em dois casos: ou quando alguém sabe perfeitamente o que está pensando, mas se equivoca nas palavras ("o telhado subiu na galinha do vizinho") ou quando tem ideias inadequadas, que não envolvem certeza e flutuam, segundo as afecções corporais. Tanto num caso como noutro, estamos na imaginação, de maneira que podemos usar uma imagem (uma palavra) para negar outra (uma percepção) porque a relação entre elas é extrínseca e não necessária — a palavra *pomum* associada à repetição de outras percepções levará o soldado à imagem da guerra e o camponês, à do arado. Não se trata, portanto, de um ato voluntário livre (a vontade sendo responsável pelo engano cometido ou pela associação de um signo a uma coisa) e sim da ausência de articulação necessária entre imagens e signos que podem ser juntados de variadas maneiras, conforme as variações das afecções corporais. Além disso, como os homens são cônscios de seus desejos e ignorantes das causas que os fazem desejar, essa ignorância, que os leva a se imaginarem livres, os faz acreditar que, por meio de palavras, "podem querer contra o que sentem". Ora, o fato de que possam negar em palavras o que sentem não significa que possam negar que sentem o que sentem. A relação extrínseca entre palavra e sentimento leva à imagem da liberdade do desejo, confundido com a faculdade da livre vontade. Donde a conclusão da primeira recomendação:

> Destes preconceitos, todavia, poderá desembaraçar-se facilmente aquele que prestar atenção à natureza do pensamento, o qual não envolve de jeito nenhum o conceito de extensão, e por isso entenderá claramente não consistir a ideia (visto que é modo de pensar) nem na imagem de alguma coisa nem em palavras; pois a essência

das palavras e das imagens é constituída só por movimentos corporais, que não envolvem de jeito nenhum o conceito de pensamento.*

A confusão entre ideia e imagem supõe a redução da primeira a uma afecção corporal; e aquela entre ideia e palavra supõe que a primeira seja um movimento corporal sinalizado pela segunda. A ideia, porém, é um modo do pensamento, um conceito da mente enquanto a imagem e a palavra, afecções corporais, não envolvem "nenhum conceito do pensamento". Como conceito, a ideia é um *ato* de pensamento e não uma iconografia (à maneira de Descartes) ou um discurso (à maneira de Ockham ou de Hobbes).

Iniciam-se, então, o segundo e o terceiro movimentos sob a forma de objeções de respostas.

A primeira objeção é de proveniência cartesiana, qual seja, a finitude do entendimento e a infinitude da vontade:

> Dão como certo que a vontade se estende para além do intelecto e por isso é diversa dele. E a razão por que consideram a vontade estender-se para além do intelecto é que, dizem, para assentir a outras infinitas coisas que não percebemos, experimentaram não carecer de uma faculdade de assentir, ou seja, de afirmar e negar, maior do que a que já temos, mas antes uma maior faculdade de entender. Logo, a vontade se distingue do intelecto, o qual é finito enquanto ela é infinita.**

Responde Espinosa: concedo que a vontade se estende para além do intelecto, "se por intelecto entenderem apenas ideias claras e distintas; mas nego a vontade estender-se para além das percepções, ou seja, da faculdade de conceber". Essa concessão parece paradoxal. Entretanto, se a articularmos ao que foi demonstrado, seu sentido é claro e irônico. De fato, visto que a vontade não é senão a volição singular envolvida por uma ideia, dado que temos ideias adequadas e inadequadas e considerarmos que o intelecto se ocupa apenas com as primeiras, mas que toda ideia é uma volição, então há volições adequadas e inadequadas e, sob este aspecto, "concedo a vontade estender-se mais do que o intelecto". Nem por isso, entretanto, se vê por que a vontade, suposta como a faculdade de querer,

---

* Ibid.
** Ibid.

deveria, mais do que a de perceber, ser infinita, "pois, assim como com essa faculdade de querer podemos afirmar infinitas coisas (contudo, uma depois da outra, já que não podemos afirmar infinitas coisas simultaneamente), assim também com essa faculdade de sentir podemos sentir, ou seja, perceber infinitos corpos (mas um depois do outro)".* O objetor pode continuar: e se forem dadas infinitas coisas que não podemos perceber? Retruca Espinosa: neste caso, não teríamos qualquer ideia delas e, portanto, nenhum querer a respeito delas. Mais cartesiano do que Descartes, o objetor poderia prosseguir: mas "se Deus quisesse fazer que também as percebêssemos, certamente deveria dar-nos uma faculdade de perceber maior, porém não uma faculdade de querer maior do que a que nos deu".** Ora, replica Espinosa, como acreditam que a vontade como faculdade absoluta é um ente universal que é a soma de volições singulares ou que é comum a todas elas, se imaginarem infinitas volições somadas "não é de admirar de jeito nenhum que digam que essa faculdade se estende ao infinito ultrapassando os limites do intelecto. Com efeito, o universal é dito igualmente de um, de muitos e de infinitos indivíduos".***

A segunda objeção, também de proveniência cartesiana, afirma como prova da distinção entre intelecto e vontade a suspensão do juízo, confirmada pela experiência, já que ninguém se engana enquanto percebe algo, mas apenas enquanto dá ou não seu assentimento.

> Por exemplo, quem forja um cavalo alado, nem por isso concede dar-se um cavalo alado, isto é, nem por isso se engana, a menos que simultaneamente conceda dar-se um cavalo alado; portanto, a experiência nada parece ensinar mais claramente do que ser a vontade, ou seja, a faculdade de assentir, livre e diversa da faculdade de entender.****

Responde Espinosa: negamos que temos o livre poder para suspender o juízo. De fato, contrariamente ao que diz o objetor, "quando dizemos que alguém suspende o juízo nada dizemos senão que vê não perceber a coisa adequadamen-

---

* Ibid.
** Ibid.
*** Ibid.
**** Ibid.

te. Portanto, a suspensão do juízo é, na verdade, uma percepção e não uma livre vontade".* Assim como o juízo não é um ato livre da vontade, também a suspensão do juízo não o é. Suspendemos o juízo somente quando temos dúvida sobre uma percepção ou quando a percepção não é adequada. Uma vez que o objetor invocou a experiência como prova, Espinosa também recorre a ela:

> Concebamos uma criança imaginando um cavalo alado e não percebendo nenhuma outra coisa. Visto que essa imaginação envolve a existência do cavalo e que a criança não percebe o que quer que seja que suprima a existência do cavalo, ela necessariamente o contemplará como presente; e não poderá duvidar da existência dele, ainda que não esteja certa disso. E o mesmo experimentamos diariamente nos sonhos e não creio que haja alguém que considere ter, enquanto sonha, o livre poder para suspender o juízo sobre o que sonha, fazendo que não sonhe com o que sonha ver; e no entanto acontece que também nos sonhos suspendamos o juízo, quando sonhamos que estamos a sonhar.**

Uma vez que a suspensão do juízo se dá quando há dúvida sobre uma percepção e como não há dúvida e sim certeza no conhecimento racional e no intuitivo, compreende-se que Espinosa traga exemplos que pertencem ao primeiro gênero de conhecimento (e aqui, como no escólio da proposição 44, o exemplo é uma percepção infantil), indicando que a suspensão do juízo, longe de indicar a potência da vontade perante o intelecto, ocorre na imaginação e, mais do que isso, em suas duas formas limites: na ficção e no sonho. O menino que imagina o cavalo alado afirmará asas do cavalo e não duvidará dessa imagem até que uma outra percepção a exclua — ou seja, na realidade, não suspenderá o juízo e sim duvidará da ficção ou a substituirá por uma outra imagem. O caso do sonho é ainda mais forte: evidentemente, ninguém se considera livre para suspender o juízo durante o sonho e, no entanto, quando sonhamos que sonhamos, o primeiro sonho é suspenso como realidade pelo segundo, isto é, quando é percebido como sonho por um outro sonho e qualquer um (cartesiano ou não) sabe que no sonho não há qualquer exercício da vontade, portanto, a suspensão do juízo não define uma vontade livre, pois pode ocorrer involuntariamente.

* Ibid.
** Ibid.

A terceira objeção vem diretamente da argumentação de Descartes na Quarta Meditação, isto é, o entendimento não precisa de mais potência para afirmar que é verdadeiro o que é verdadeiro do que para afirmar que o verdadeiro é falso, mas, em contrapartida,

> percebemos uma ideia ter mais realidade, ou seja, mais perfeição do que outra; com efeito, quanto mais excelentes do que outros são alguns objetos, tanto mais perfeitas devem ser suas ideias do que as dos outros; também a partir disso parece ficar estabelecida a diferença entre vontade e intelecto.*

Espinosa a refuta com dois argumentos. O primeiro aponta a imagem da vontade como abstração: enquanto um universal que se predica de todas as ideias, a vontade é simplesmente "o que é comum a todas as ideias, isto é, a afirmação" e deve encontrar-se em cada ideia e "apenas por essa razão ser a mesma em todas"; todavia, esse universal é abstrato ou um ente de imaginação, pois, visto que cada ideia é singular e se distingue das demais, cada uma delas é uma afirmação distinta das outras e, portanto, cada uma delas envolve uma volição singular — "a afirmação que a ideia de círculo envolve difere daquela que a ideia de triângulo envolve tanto quanto a ideia de círculo difere da ideia de triângulo".** O segundo argumento se volta para a diferença de potência para afirmar o verdadeiro e o falso, pois, sendo o falso privação e ausência de verdade, "considerando-se a mente, essas duas afirmações estão uma para a outra como o ser e o não ser, visto que nas ideias nada há de positivo que constitua a forma da falsidade",*** ou seja, não há ideias materialmente falsas ou positivamente falsas. Donde a conclusão peremptória:

> Por isso, antes de tudo, chegou o momento de notar aqui quão facilmente nos enganamos quando confundimos universais com singulares e entes de razão e abstratos com entes reais.****

---

* Ibid.
** Ibid.
*** Ibid.
**** Ibid.

Finalmente, a quarta objeção é de proveniência escolástica:

Se o homem não operar pela liberdade da vontade, que acontecerá, então, se estiver em equilíbrio como o asno de Buridan? Perecerá de fome e de sede? Se eu o conceder, parecerá que concebo não um homem, mas um asno ou a estátua de um homem; e se eu o negar, então ele se determinará a si próprio e, por conseguinte, tem a faculdade de ir e fazer tudo que quiser.[60]*

A resposta de Espinosa parece desconcertante:

Digo que concedo inteiramente que um homem posto em tal equilíbrio (a saber, que nada percebe senão a sede e a fome, tal comida e tal bebida a igual distância dele) perecerá de fome e de sede. E se me perguntam se tal homem não há que ser considerado mais um asno do que um homem, digo que não sei, como também não sei como considerar aquele que se enforca e como estimar as crianças, os estultos, os insanos etc.**

Na verdade, a primeira parte da refutação é clara: sim, um homem colocado nessa situação perecerá, mas não porque não saiba o que escolher ou porque não possa escolher e sim porque "nada percebe senão a sede e a fome", isto é, porque, em lugar do *plura simul* das afecções e das ideias, pluralidade simultânea que exprime a potência do corpo e da mente, suas afecções corporais são mínimas (estão referidas a uma única parte de seu corpo) e as ideias delas também, de maneira que sua potência corporal e pensante, sob a ação das condições externas, está reduzida ao mínimo e por isso perecerá. Em outras palavras, não perecerá por falta de escolha ou por impossibilidade de escolha e sim pelas condições em que se encontra e que o determinam necessariamente a não tomar esta ou aquela decisão. A segunda parte do argumento esclarece a primeira. De fato, o homem faminto e sedento, o suicida, a criança, o estulto e o insano se encontram na mesma situação de redução das percepções e, portanto, de pobreza das afecções corporais e das ideias delas, sendo por isso determinados por impulsos decorrentes das limitações impostas por sua situação corporal e mental e não por escolhas livres.

* Ibid.
** Ibid.

4. PARA O USO DA VIDA

Falamos em *vida cognitiva*, isto é, na imaginação, razão e ciência intuitiva como maneiras em que transcorre nossa existência. Por isso não há de surpreender-nos que Espinosa conclua o escólio da proposição 49 indicando "quanto o conhecimento dessa doutrina contribui para o uso da vida" e que aponte quatro ensinamentos trazidos por ela. Como se observará, estes se referem ao que foi demonstrado no todo da Parte II e antecipam o que será demonstrado nas partes seguintes da obra.

Seu primeiro ensinamento é que "agimos pelo só comando de Deus e que somos partícipes da natureza divina, e tanto mais quanto mais perfeitas são as ações que efetuamos e quanto mais conhecemos Deus". Qual sua utilidade? Além de tornar o ânimo tranquilo de todas as maneiras, também nos ensina "em que consiste nossa suma felicidade, ou seja, beatitude, a saber, no só conhecimento de Deus", induzindo-nos "a fazer somente aquilo que o amor e a piedade aconselham". Esse ensinamento, explica Espinosa, mostra o engano da imagem da virtude como corretivo da culpa pelos desvios da vontade que, por isso, deveria submeter-se a mandamentos divinos para a mortificação do corpo e da alma, pondo o ânimo em estado de contínuo desassossego e esperando dessa "suma servidão" receber de Deus "supremas recompensas, como se a própria virtude e o serviço a Deus não fossem a própria felicidade e a suma liberdade".[61]

A segunda utilidade da doutrina está em nos ensinar "como devemos proceder quanto às coisas da fortuna, ou seja, aquelas que não estão em nosso poder, isto é, quanto às coisas que não seguem de nossa natureza". Espinosa se põe, portanto, a responder à pergunta clássica, vinda de Aristóteles — o que está e o que não está em nosso poder? —, ou em sua formulação estoica — o que depende de nós?

Contingência e acaso, explica Aristóteles, são acontecimentos produzidos pelo encontro de duas séries causais independentes cujos fins eram diversos daquele que efetivamente acabou por se realizar.[62] Por isso o primeiro nome da contingência é encontro inesperado. Em contrapartida, necessário é o que acontece sempre e não pode deixar de acontecer tal como acontece, assim como o impossível é o que nunca acontece e jamais pode acontecer. Necessário e impossível se referem à ação regular e normal das causas naturais — o necessário é a sequência imutável de séries causais e seus efeitos, e o impossível, a ausência de tais séries. Todavia, à distância do contingente e situado entre o necessário e o impossível está o possível, isto é, aquilo que, como o contingente, pode ou não acontecer, mas que, diferentemente deste, resultante de um encontro inesperado, é aquilo que acontece se houver um agente com o poder para fazê-lo acontecer. O possível é o que está em poder de um agente dotado de livre vontade para escolher entre alternativas contrárias e deliberar sobre o sentido, o curso e a finalidade de uma ação. Embora o possível seja, como o contingente, o que pode ou não acontecer, no contingente, o acontecimento se dá independentemente da deliberação do agente e da finalidade que este dera à sua ação, enquanto no possível o acontecimento resulta da escolha deliberada feita pelo agente, que avalia meios e fins de sua ação. Uma escolha, lemos no terceiro livro da *Ética a Nicômaco*, "será um desejo deliberado das coisas que estão em nosso poder". Eis por que, declara Aristóteles, não deliberamos sobre aquilo que não temos o poder de fazer acontecer, isto é, não deliberamos sobre o necessário, o impossível e o contingente, mas somente sobre o possível:

> Deliberamos sobre as coisas que dependem de nós e que está em nosso poder realizar por nós mesmos [...] e [a deliberação] acontece nas coisas que, embora se produzam com frequência, permanecem incertas quanto ao seu cumprimento, bem como naquilo cujo desenlace é indeterminado.[63]

Nas *Tusculanas*, seguindo os passos do estoicismo romano, Cícero designa a fortuna como *domina*, "senhora das coisas externas" e "das coisas que pertencem ao corpo", reservatório das opiniões da *multitudo* sobre bens e males. Retoma, assim, o que dissera Epicteto, quando este distinguira entre o que depende e o que não depende de nós. Dependem de nós a opinião correta (a *recta ratio*) e o livre assentimento da vontade em conformidade com a necessidade da Providência; não depende de nós o que depende de outros e dos caprichos da incerta fortuna, que nada mais é do que a composição de causas parasitárias que ocultam as verdadeiras causas eficientes necessárias.

Recolhendo os ensinamentos da tradição, no *Tratado das paixões da alma*, Descartes considera que "o erro mais comumente cometido no tocante aos desejos é o de não distinguirmos suficientemente as coisas que dependem inteiramente de nós das que não dependem de nós de modo algum".[64] Dependem tão somente de nós aquelas que dependem de nosso livre-arbítrio e por isso "basta saber que são boas para não desejá-las com demasiado ardor, porque é seguir a virtude fazer as coisas boas que dependem de nós".[65] Contra os desejos vãos, devemos

> refletir sobre a Providência divina e nos representar que é impossível que aconteça alguma coisa de maneira diferente da determinada desde toda eternidade por essa Providência, que é como uma fatalidade ou necessidade imutável que cumpre opor à fortuna, para destruí-la como uma quimera que provém apenas do erro de nosso entendimento.[66]

Após essa declaração de tonalidade estoica, Descartes retoma o ensinamento aristotélico. De fato, escreve ele, "só podemos desejar o que consideramos possível e, portanto, não podemos considerar possíveis as coisas que dependem só de nós se pensarmos que dependem da fortuna".[67] Resultante de não conhecermos todas as causas que produzem um efeito, a fortuna, erro do entendimento e quimera, é simplesmente "a opinião vulgar [*multitudo opinionis*, dissera Cícero] de que há fora de nós uma fortuna, que faz com que as coisas sobrevenham ou não sobrevenham a seu bel-prazer".[68]

Espinosa parece seguir a tradição estoica e cartesiana, pois escreve que "devemos esperar e suportar com ânimo igual as duas faces da fortuna, visto que todas as coisas seguem do decreto de Deus com a mesma necessidade com que da essência do triângulo segue que seus três ângulos são iguais a dois retos". Todavia, o leitor perceberá, logo a seguir, que Espinosa subverte a resposta tradicional declarando exatamente o oposto do que dizem seus antecessores ao explicar o que são "as coisas da fortuna". De fato, estas não estão em nosso poder porque escapam à *liberdade da vontade* para escolher entre possíveis (como suporiam um aristotélico ou um cartesiano) nem porque são um erro próprio da opinião vulgar (como suporiam estoicos e cartesianos). "Coisas da fortuna" são aquelas que *não seguem da necessidade de nossa natureza*. Ora, o que não segue da necessidade de nossa natureza é o que não se explica apenas por ela e das quais não podemos ser causa plena ou adequada, mas apenas causa parcial ou inadequada. A fortuna não é uma quimera que o entendimento pode desfazer por uma decisão do livre-arbítrio da vontade e sim, como será explicado na Parte IV, um efeito imaginativo necessário cuja causa necessária é a nossa finitude e, por esse motivo, afastada nas três primeiras partes da *Ética*, ela ressurgirá na quarta parte, quando somos arrastados no jogo imprevisível entre a face benfazeja e a face malfazeja da fortuna. Porque somos finitos, não temos como conhecer a totalidade infinita das redes causais que determinam o ser e a operação cada uma das coisas singulares e não temos como escapar do *sentimento* da contingência. Espinosa nos coloca diante de um oximoro: *a experiência da contingência é necessária*. É exatamente por isso que o ensinamento trazido pela dedução dos gêneros de conhecimento é decisivo para o uso da vida porque não nos leva simplesmente a *aceitar* o inevitável e sim a *conhecer* como e por que "todas as coisas seguem do decreto de Deus com a mesma necessidade com que da essência do triângulo segue que seus três ângulos são iguais a dois retos". Por que esse saber é decisivo para o uso da vida? Para responder, recordemos brevemente o Prefácio do *Tratado teológico-político*.

Se, escreve Espinosa, os homens pudessem governar suas vidas seguindo uma deliberação segura ou se a fortuna lhes fosse sempre favorável, jamais seriam vítimas da superstição. Porém, amiúde reduzidos à angústia, não sabem qual resolução tomar e, arrastados por um desejo desmedido dos bens incertos da fortuna, oscilam miseravelmente entre o medo e a esperança, com o ânimo inclinado à mais extrema credulidade. Quando em dúvida, o mais leve impulso os faz pender ora num sentido, ora noutro, tal oscilação crescendo quando suspensos entre o medo e a esperança. Ao contrário, nos momentos de confiança, tornam-se jactanciosos e cheios de si. Se, nos dias de prosperidade, não ouvem conselho algum, nos dias de adversidade ouvem tudo quanto se lhes diga, por mais inepto, absurdo ou vão. Qualquer coisa lhes serve de motivo para esperar o retorno da boa fortuna ou para deixá-los abismados em terríveis temores. Basta que lhes venham à lembrança ocasiões passadas que imaginam semelhantes à presente para que nisso vejam bons ou maus presságios e, "ainda que mil vezes enganados", não cessam de buscar no pretérito o conhecimento do porvir. E quando não conseguem encontrar auxílio na memória, correm a procurá-lo nas entranhas dos animais, no voo dos pássaros, no rodopiar das estrelas e dos planetas. Declarando a razão cega e vã, confiando em adivinhos, que tomam por profetas divinamente inspirados, os humanos imaginam conjurar o pavor apelando para signos de potências desconhecidas e atentas ao curso de nossas vidas. Porque o que temem ou esperam parece-lhes não depender deles mesmos, imaginam entidades caprichosas de cuja cólera ou benevolência tudo dependeria e lançam apelos a poderes transcendentes. Essa crença numa potência distante e separada, capaz de bens e males incompreensíveis e prodigiosos, essa alienação, no sentido rigoroso do termo, é o que Espinosa chama de *superstição*.

O Prefácio do *Tratado teológico-político* reencontra, assim, o Apêndice da Parte I da *Ética* e explica por que, na conclusão da Parte II, a verdadeira tranquilidade de ânimo só pode ser encontrada no conhecimento da ordem e conexão necessária das coisas e das ideias, pois, se não podemos conhecer todas em sua singularidade, podemos, entretanto, conhecer seu fundamento e princípio: a causalidade eficiente imanente da substância absolutamente infinita. Internamente disposta, a mente humana é capaz desse conhecimento e, com ele, ser causa adequada de suas ideias e ações, que seguem necessariamente de sua própria natureza.

À luz do segundo ensinamento trazido pela doutrina para o uso da vida, compreendemos os dois últimos:

> Essa doutrina contribui para a vida social enquanto ensina a não ter por ninguém ódio, desprezo, zombaria, cólera ou inveja. Ademais, enquanto ensina cada um a contentar-se com o que tem e a auxiliar o próximo, não por misericórdia feminina, nem por parcialidade, nem por superstição, mas pela só condução da razão, segundo o que exigem o tempo e o assunto, como mostrarei na quarta parte.
>
> Finalmente, essa doutrina também contribui muito para a sociedade comum, enquanto ensina de que maneira devem ser governados e conduzidos os cidadãos, a saber, para que não sejam servos, mas para que façam livremente o que é melhor.[69]

4. A união da mente com seu corpo: a vida afetiva

Forma originária de nossa relação com o mundo, os outros e nós mesmos, as afecções do corpo e as ideias dessas afecções na mente não são representações cognitivas desinteressadas e fragmentadas. Se o fossem, seriam apenas experiências dispersas e sem sentido. São modificações da vida do corpo e significações psíquicas da vida corporal e mental fundadas no desejo de perseverar na existência, força vital que faz o corpo se mover (afetar e ser afetado por outros corpos) e a mente, pensar. Com a vida afetiva, a união da mente com seu corpo se exprime na singularidade do *ingenium*, temperamento ou índole de cada indivíduo na relação com as coisas, os outros e consigo mesmo, aquilo que os gregos designavam como éthos.

I. A CIÊNCIA DOS AFETOS

Aristóteles ensina que só há ciência teorética do necessário, exigindo a permanência e a identidade do que deve e pode ser conhecido. Para aquilo de que não pode haver conhecimento apodíctico, ele propõe um substituto: a dialética, que trata do possível, do provável e do verossímil ou do que poderia acontecer. Esse lugar especial ocupado pela dialética a coloca como referência obrigatória daqueles discursos e práticas que lidam com um tipo particular de contingente: as disposições acidentais que individualizam aqueles que pertencem à espécie humana e, entre elas, uma é privilegiada no que toca aos afetos, o *páthos*, disposição passageira e extremamente móvel que afeta o corpo e a alma do homem. Para lidar com essa disposição contingente existem duas artes: a retórica, vinda da dialética, e a medicina. Não há ciência teorética do páthos. Sobre ele há apenas a intervenção certeira do médico no momento oportuno ou a opinião certa do retor, pois a retórica "não visa apenas à persuasão [como suporia um sofista], mas dar a ver o estado provável das coisas acerca de uma questão".[1]

Diferentemente do páthos, o *éthos* é a disposição natural, a constância, aquilo que Aristóteles diz constituir a semelhança de si consigo ou o caráter de alguém (o que os latinos chamavam de *ingenium* e nós, de índole), variável de indivíduo para indivíduo segundo sua constituição. Como caráter ou índole natural, o éthos é o temperamento, a maneira como em cada um dos humanos se temperam ou se combinam os constituintes do corpo e da alma, identificados pela medicina antiga aos quatro elementos (quente, frio, seco, úmido) e aos quatro "sucos" ou humores (sangue, fleuma, bílis amarela e bílis negra).[2] O páthos é um predicado variável do éthos, um movimento não deliberado, um acontecimento imprevisível que nos faz ora tristes ora alegres, ora benevolentes ora vingativos, ora generosos ora orgulhosos, ora avarentos ora perdulários, ora sensuais ora frígidos. Sob seu impacto, a índole natural pode se tornar contrária a si mesma e perder seu télos, o bem.

Contingência, conflito, contrariedade e diferença no interior do indivíduo e entre os indivíduos, o páthos é inconstante e oscilante. Por isso mesmo é reversível, sempre podendo ser contrariado ou invertido, forçado a seguir outro curso e a ir noutro rumo, levado a outros fins. Essa inversão é obra da ética e da retórica; a primeira, ciência prática, educa o éthos para que submeta o páthos à vontade refletida, criando nele disposições constantes, isto é, a virtude como hábito; a segunda, despertando e adormecendo paixões, o comove e o persuade a emitir um juízo correto sobre um fato passado, tomar uma decisão adequada para um acontecimento futuro, louvar ou vituperar o que o orador lhe mostra no presente como belo ou feio.

Um novo passo é dado por Cícero ao definir a filosofia como *medicina animi*, medicina do ânimo, pois o *animus* é a sede das emoções e dos sentimentos. Seguindo as pegadas dos estoicos, nas *Tusculanas*, Cícero considera que, advindas do destempero e da discórdia entre os humores, duas são as mais graves doenças do ânimo: a angústia crônica (*aegritudo*) e o desejo (*cupiditas*). São elas as afecções (*affectiones*) passionais que atacam o *appetitus*, tendência natural à autoconservação. *Morbus*, a doença, lembra Cícero, em grego se diz *pathê*, mas as *Tusculanas*, afirmando que o latim é mais preciso do que o grego, distinguem entre *morbus*, doença do corpo, e *perturbatio*, a enfermidade da alma. Angústia e desejo, os afetos são perturbações que roubam a saúde do ânimo. O vocabulário de Cícero é sugestivo. *Perturbatio* é agitação violenta e desordenada, vinda de *turbo*, agitar desordenadamente, mover com violência; *affectio*, derivando-se de *afficio* e de *facio*, remete a *factio*, facção, sedição, guerra interna entre partidos opostos. As paixões, perturbações e afecções do ânimo, escreve Cícero, são sediciosas e tornam o ânimo inimigo de si mesmo. Vício e doença, a paixão contraria a natureza do agente porque lhe rouba a luz natural da razão e a vontade livre, rebaixa-o a mero paciente, afasta-o da autarquia imperturbável, a *tranquilitas*, saúde que é virtude e ideal do sábio. Se a virtude está ausente na maioria, turba perturbada e turbulenta, que fazer com esses que, fracos de vontade e de entendimento, não conseguem se curar das paixões? Para auxiliá-los, a ética torna-se moral: arte para regular e normalizar hábitos e costumes das gentes, tão poderosos quanto as leis da própria Natureza. À moral cabe criar uma medicina segunda, ou menor do que a medicina própria à filosofia: enquanto esta última visa abolir a paixão, a outra opera no sentido de simplesmente controlá-la, oferecendo ao ânimo objetos de satisfação menos efêmeros e capazes de lhe dar algum repouso. Essa medicina reguladora é aquela que, operando com as palavras, age sobre a opinião, movendo o ânimo do ouvinte: chama-se oratória e o médico, orador, ou, como dissera Catão, o Velho, o "homem bom, perito na arte da palavra" e completara Quintiliano, "o homem de bem",[3] isto é, virtuoso.

Postos os afetos como vício e doença, abre-se a via que o cristianismo percorrerá. A paixão, que Agostinho chama de *libido*, movimento irracional da alma que o homem compartilha com os animais selvagens, particulariza-se nos humanos por meio da *concupiscentia* que desnatura a natureza original do homem ao transformar a vontade boa em má, contrariando a vontade de Deus. Mais do que uma disposição passageira, a concupiscência e seu cortejo de paixões é a maneira de ser da criatura desnaturada. Causa e efeito da caída originária, a concupiscência não é apenas doença e vício, mas queda, *lapsus*, o pecado que, doravante, habita em nós. O cristão, médico das almas, capaz de vituperar o vício, maldizer o pecado e religar o humano e o divino, recorrendo para isso ao mistério da palavra sagrada, inventa um novo gênero literário, o sermão, e institui seu autor, o pregador. Seguindo a lição de Lutero de que somente a dor nos torna inteligentes, os pastores da Reforma e os pregadores da Contrarreforma concebem a *medicina animi* como arte da dor e da pena, que deve vituperar as paixões porque é preciso detestá-las para alcançar o sumo bem, isto é, a salvação.

Também desde Aristóteles e dos latinos, sabe-se que as ações humanas são determinadas por dois fins: o bom/ belo ou o honesto e o prazer/ agradável ou o útil. A ética consiste em obter a coincidência desses dois fins por meio de uma disposição constante ou o hábito em que essa coincidência se concretiza, isto é, a virtude. A retórica, discurso dirigido ao éthos do ouvinte pela comoção de seu páthos, pode realizar suas três ações discursivas — comover (*movere*), ensinar (*docere*) e deleitar (*delectare*) — tanto pelo recurso às imagens positivas do bom/ belo/ honesto e do útil/ agradável, quanto usando as imagens negativas, isto é, o horrendo e o nocivo, imagens do vício. O discurso na filosofia moral seiscentista (de matriz teológica reformada e contrarreformista) dá preferência ao horrendo para referir-se às paixões. O elogio do bom/ belo/ útil ou da virtude é feito indiretamente, pois diretamente o moralista se dedica ao vitupério do mau/ feio/ nocivo ou do vício. Para isso, a retórica seiscentista determina as funções das três partes do discurso, isto é, a invenção, a disposição e a elocução. A função teórica, que compete à *inventio* (escolha dos tópicos que definem a natureza do argumento e o gênero a ser desenvolvido segundo as exigências do assunto), corresponde ao *docere* e é realizada como representação do verossímil. A função terapêutica, que compete à *dispositio* (ou seja, à ordem e ao arranjo dos argumentos), corresponde ao *movere* e é realizada pelo éthos edificante do orador ou do escritor, agitando e impelindo o ânimo do ouvinte. E a função hedonística, que compete à *elocutio* (isto é, às figuras de linguagem e de pensamento que ornamentam o discurso), corresponde ao *delectare* e é realizada pela surpresa, admiração e entusiasmo provocados no ânimo do leitor ou do ouvinte. Como o prazer deve coincidir com o bom/ honesto, a função hedonística é controlada pelas funções teórica e terapêutica por meio do *decorum*, isto é, pela obediência ao que é ou está conforme à opinião estabelecida e aos bons costumes; e o deleite é provocado pela conveniência entre o preceito e a representação correta do que deve ser. Dessa maneira, a filosofia moral seiscentista identifica a *recta ratio* estoica e a afirmação de Quintiliano, segundo a qual a *recta honestaque ratio*, ou as regras da vida reta e honesta, devem ser propostas e expostas pelo *sapiens*, conhecedor de todas as ciências, e *honestus*, o homem de bem, "dotado de excepcional aptidão para a palavra e de todas as virtudes do ânimo": o orador.

É, pois, a súmula da filosofia moral que o contradiscurso de Espinosa oferece no Prefácio da Parte III da *Ética*, em cuja abertura lemos:

> Na maioria, os que escreveram sobre os afetos e a maneira de viver dos homens parecem ter tratado não de coisas naturais, que seguem as leis comuns da Natureza, mas de coisas que estão fora da Natureza. Mais ainda, parecem conceber o homem como um império num império (*imperium in imperio*). Acreditam, com efeito, que o homem perturba a ordem da Natureza, mais do que a segue, que tem sobre suas ações potência absoluta e que não é determinado por outra coisa senão por si mesmo. Além disso, atribuem a causa da impotência e inconstância humanas não à potência comum da Natureza, mas não sei a que vício da natureza humana, e por isso mesmo a lamentam, riem-se dela, a desprezam, ou, o que acontece mais amiúde, a detestam; e aquele que mais eloquente ou mais argutamente souber censurar a impotência da mente humana é tido por divino.*

Escrevendo sobre os afetos, a maioria tratou o natural como se fora prodígio. Com isso, já dispomos de uma primeira pista para delinear o perfil dos filósofos morais: são retóricos no sentido barroco do termo, isto é, aqueles que julgam aumentar o poderio persuasivo do discurso na proporção exata em que este consegue transformar o natural em artifício e, em seguida, artificializar o próprio artifício para produzir o efeito da admiração ou do maravilhamento diante do prodígio que acabam de realizar. É sobre essa dupla operação que a retórica barroca assenta a *agudeza de engenho*. Agudo é o engenho que cria conceitos pela aproximação máxima e inesperada entre termos extremos concordantes ou discordantes, cuja distância, na linguagem comum, torna insuspeitada a possibilidade de juntá-los, junção que é um feito da linguagem culta.[4] O engenho agudo valoriza o oximoro — doce martírio, amarga liberdade, "fogo que arde sem se ver", como no verso de Camões — e o paradoxo necessário ou de essência, do qual os exemplos mais célebres são o *"muero porque non muero"* de

---

* E III, Prefácio, G II, p. 137.

santa Teresa D'Ávila, o *"roseau pensant"*, de Pascal, e o *"cuerdo loco"*, de Cervantes. A proximidade repentina de extremos distantes surpreende e maravilha e por isso persuade tanto mais fortemente quanto mais forte o artifício para obter o efeito agudo, quanto mais distante estiver da natureza das coisas e quanto mais souber metaforizar as próprias metáforas. A metáfora se torna o núcleo da concepção do discurso e, uma vez que, como ensina Tesauro, a metáfora não é ser, os homens engenhosos são divinos, porque sua agudeza transforma o não ente em ser.

Espinosa, porém, permanece um clássico. Nele a elocução tem importância menor (ainda que não seja desprezada), enquanto a invenção e a disposição funcionam como instrumentos principais do texto. Em outras palavras, é a escolha do argumento e a maneira de ordená-lo que estruturam o contradiscurso: sua agudeza está na escolha dos argumentos; seu engenho, na maneira de voltá-los contra a própria retórica. É exatamente o recurso retórico da agudeza como produção de surpresa e maravilha pelo uso do artifício que a abertura do Prefácio sublinha: os que trataram dos afetos humanos e da maneira de viver dos homens escreveram como se não estivessem diante de coisas naturais, mas contrárias à Natureza, e ao tratar o que é natural com engenho agudo o tornaram excepcional e espantoso, pretendendo, com metáforas de metáforas, dar ente ao nada e com isso, como supostos criadores *ex nihilo*, parecer divinos.

Como é produzida a transformação do natural em escândalo e violência contra a Natureza e a razão? Ela é realizada por uma operação cujo pressuposto (silencioso sob a grandiloquência do discurso moral) é teológico-metafísico e concerne à posição do homem na Natureza. De fato, ao considerar que o afeto contraria a ordem natural em vez de seguir dela e segui-la, os moralistas conceberam o homem como "um império num império". Essa expressão é empregada por Espinosa numa tríplice significação: em seu sentido teológico, provém da Cabala e designa o lugar do homem antes da queda, quando Deus lhe teria dado o império do mundo; em seu sentido político, encontra-se nos autores que discutem a indivisibilidade da soberania (tem o *imperium* quem tem o poder de mando, o de fazer e promulgar as leis e usar a espada tanto para guerra quanto para punir crimes) e por isso mesmo atacam as igrejas e as corporações como sediciosas, pois pretendem dividir a soberania, instituindo poderes rivais que a disputam; finalmente, em seu sentido metafísico e moral, é empregada para indicar a soberania da vontade no domínio absoluto sobre todas as paixões e ações.

Que o homem seja um *imperium* significa que não segue a ordem natural, mas "tem sobre suas ações potência absoluta e não é determinado por outra coisa senão por si mesmo". E que ele seja *imperium in imperio* significa que a filosofia moral julga haver dois poderes soberanos — o da Natureza e o do homem — que são necessariamente rivais, uma vez que a marca do *imperium* é a indivisibilidade. Assim, o poder humano, embora situado na Natureza, é, em si mesmo, extranatural ou tem sua origem fora da Natureza. *Imperium in imperio* significa que à soberania da necessidade natural contrapõe-se a soberania da vontade humana ou a liberdade, entendida como poder para determinar-se apenas por si mesmo, independentemente da ordem necessária da Natureza.

Ora, juntamente com *imperium*, Espinosa introduz *perturbatio* — "acreditam que o homem perturba a ordem da Natureza, mais do que a segue". Como vimos, *perturbatio* fora palavra empregada por Cícero, nas *Tusculanas*, para traduzir o grego *páthos*, dando-lhe, porém, uma precisão que não possuía na língua grega, pois nesta referia-se indiferentemente às doenças do corpo e da alma, e Cícero pretende separá-las, distinguindo entre *morbus* (doença do corpo) e *perturbatio* (doença do ânimo). O afeto é *perturbatio* (doença do ânimo, movimento violento incontrolável), ou seja, paixão. Além disso, como *affectus*, o afeto é *factio* (sedição do ânimo contra uma ordem que não seja a sua, portanto, contra a ordem da Natureza). Em outras palavras, na paixão, a relação do homem com a Natureza é causa de desordem; Desgoverno, dirá o Padre Vieira.

Reunidos *imperium* e *perturbatio*, o quadro pintado pela maioria figura o homem como um ser prodigioso que faz para si mesmo suas próprias leis e, ao mesmo tempo, figura sua maneira de viver como sedição contra o *imperium* da Natureza, agindo contra ela. Causa antinatural e contranatural, o efeito da soberania humana é previsível: perturba a ordem natural, impondo uma outra, contrária à primeira.

Tendo chegado a esse prodígio maravilhoso, os moralistas se vêm diante de um problema. Depois de terem dado ao homem a condição de soberano autodeterminado, dotado de pleno poder sobre seus atos e cuja potência rivaliza com a da Natureza, não têm como explicar "a impotência e a inconstância humanas". Em outras palavras, a filosofia moral está submetida a dois preceitos contraditórios de *decorum*: num deles, a regra da verossimilhança ou a opinião reta convencionada afirma que o homem é um poder imperial de autodeterminação, exterior à necessidade da ordem natural; no outro, a regra da verossimilhança ou a opinião reta convencionada afirma que, sob a pressão dos afetos, o homem é impotente e inconstante. Do homem imperial, poderosamente senhor de si e perturbador da ordem natural passamos ao homem perturbado e fraco. A solução não se fará esperar: "procuram a causa da impotência e da inconstância humanas, não na potência comum da Natureza, mas não sei em que vício da natureza humana e por isso mesmo a lamentam, riem-se dela, a desprezam, ou, o que acontece mais amiúde, a detestam".

Glorificada há pouco pela *ars laudandi* dos moralistas, eis a natureza humana posta sob a *ars vituperandi*. Essa passagem do louvor ao vitupério não é simplesmente retórica, mas tem um claro pressuposto teológico, qual seja, a imputação de pecado ao homem e de um pecado original, pois o vício é "da *natureza* humana", agora detestável e detestada. Em outras palavras, a retórica dos moralistas seiscentistas está embebida no desafio imposto por uma heresia, o pelagianismo, pois somente um herege há de afirmar que o *imperium* recebido pelo homem antes da queda se conservou intacto após o pecado e que a natureza humana é capaz, por si mesma, de praticar o bem e salvar-se. Assim, depois de elevá-lo ao ápice do poder, os mais eloquentes e mais agudos transformam o homem em objeto de irrisão e de ódio.

Se prestarmos atenção no desenvolvimento da argumentação espinosana, perceberemos que Espinosa usa o recurso engenhoso da agudeza e reúne numa única imagem duas imagens antagônicas, fazendo aparecer de uma só vez os opostos: a glorificação da soberania do homem (senhor absoluto de sua vontade) simultânea à vituperação da impotência do homem, essencialmente vicioso e sedicioso (dominado pelos afetos). Ora, é evidente que, de acordo com o preceito retórico de que o éthos do orador deve servir de modelo moral e de fonte de enunciados persuasivos, os detratores da natureza humana julgam-se acima dela — são tidos por divinos. Consequentemente, se o homem antes da queda ou depois da graça está fora da Natureza e se o homem passional é contraNatureza e contrassantidade, seus censores imaginam-se acima da condição humana e acima da Natureza. São eles, portanto, os detentores do *imperium*. Quem maldiz a natureza humana o faz porque deseja subjugá-la, dominando os homens. Nas mãos dos filósofos morais e dos teólogos, a retórica é máquina de poder.

Depois de desenhar os principais traços da filosofia moral, Espinosa oferece o contraponto:

Sem dúvida, não faltaram homens eminentes (a cujo esforço e habilidade confessamos dever muito) que escreveram muitas coisas belas sobre a reta norma de vida e deram aos mortais conselhos cheios de prudência.

Esse contraponto tem uma função retórica determinada: Espinosa emprega o recurso da amplificação da prova que, segundo o preceito aristotélico para o gênero epidíctico, deve ser a apresentação de exemplos que fortaleçam o argumento do autor. No caso, Espinosa emprega o exemplo como contra-argumento, apresentando os "homens eminentes" em contraposição aos vituperadores, que se pretendem divinos. Esse recurso é retoricamente adequado, pois Espinosa o emprega pela oposição de uma tese (a dos vituperadores) a uma tese alheia (a dos eminentes), da qual ele próprio não é o autor, usando, assim, o princípio da autoridade, próprio da amplificação por meio de exemplos ou da contraprova baseada numa antítese da qual o escritor não é o autor. O argumento espinosano consiste em contrapor à autoridade dos "divinos" a autoridade dos "eminentes", aos quais, diz o Espinosa, "confessamos dever muito".

Que fizeram os "homens eminentes"? Escreveram coisas belas (*praeclara*) e deram "conselhos prudentes" (*prudentes consilia*). Com os "homens eminentes", entretanto, ainda permanecemos na região da moral como arte prudencial do aconselhamento, porém com uma mudança significativa, isto é, passamos agora da *ars laudandi et vituperandi* à *ars deliberandi*, uma vez que, em lugar de louvor e censura, entramos no campo do aconselhamento prudente cujo objeto é o bom/ útil/ honesto. Por não termos ainda saído do campo da arte moral, os argumentos dos "eminentes" podem ser contrapostos aos dos vituperadores, mas isso também significa que ainda não entramos no campo de uma ciência dos afetos humanos. Eis por que, embora afirmando muito dever aos homens eminentes, Espinosa pode chegar ao centro do Prefácio declarando:

Mas ninguém (*nemo*), que eu saiba, determinou a natureza (*naturam*) e as forças (*vires*) dos afetos e, inversamente, o que pode a mente para moderá-los (*in iisdem moderandis*).

De um lado, está a "maioria" que vitupera os afetos, de outro, os "homens eminentes" que dão conselhos cheios de prudência, mas o saldo é negativo: *nin-*

guém explicou o que *são* os afetos, nem o que *podem*, nem o que *pode nossa mente* para moderá-los. Nem mesmo os homens eminentes ofereceram essa explicação:

> Sei, sem dúvida, que o celebérrimo Descartes, embora também tenha crido que a mente tem uma potência absoluta sobre suas ações, tentou explicar os afetos humanos por suas primeiras causas e, ao mesmo tempo, mostrar o caminho pelo qual a mente pode alcançar um império absoluto sobre eles. Na minha opinião, porém, nada mostrou senão a agudeza de seu engenho, como mostrarei noutro lugar.[5]

Assim, embora Descartes tenha buscado uma ciência dos afetos (ou seja, tenha procurado conhecê-los e explicá-los por suas primeiras causas e como governá-los), não realizou seu intuito. Dessa maneira, o "ninguém" que antecede a referência a Descartes, e a referência ao propósito cartesiano fracassado constituem um segundo recurso à amplificação da prova, mas agora não mais pela referência a exemplos e sim pelo procedimento retórico de redefinição do objeto: os vituperantes, os eminentes e o celebérrimo Descartes não souberam definir o objeto *affectus*, pois ninguém determinou sua natureza, origem e força, assim como ninguém determinou o que pode a mente humana para moderá-lo. A redefinição do objeto passa pela distinção entre *imperium* e *moderatio*. Ou seja, todos (a maioria, os eminentes, Descartes) buscam o império dos homens sobre seus afetos, mas ninguém explicou qual a potência da mente humana para moderá-los.

Como *imperium*, *moderatio* também pertence ao campo jurídico-político. Todavia, o sentido do verbo *moderare* se distancia de *imperare* e se refere a uma outra região da ação: a moderação se refere à autoridade sábia capaz de encontrar uma medida para o desmedido, encontrando uma solução especial para uma dificuldade particular para a qual não há uma regra preestabelecida. Moderar é encontrar na desordem uma ordem imanente que permite conduzir à norma uma perturbação definida. Na origem, refere-se à ação que define a figura do magistrado como aquele que põe fim a um litígio encontrando uma medida adequada às partes litigantes. Diferentemente de *imperium*, *moderare* não cria nem impõe leis, mas encontra medidas para regular, conter e resolver um conflito particular ou um litígio determinado. Assim, ao afirmar que *ninguém* explicou as forças dos afetos nem a potência de nossa mente para moderá-los, Espinosa dá a *moderare* duas funções principais: em primeiro lugar, a de desfazer a imagem do homem como *imperium in imperio* substituindo-a pela ideia de regulação e governo de algo que existe na natureza humana no interior da ordem da Natureza, de sorte que o agente moderador (ou a mente humana) não é um soberano contra-fora-acima da Natureza; em segundo, a de conservar a ideia de que os afetos podem ser contrários, que seu conflito é natural e precisa ser regulado.

Deixando para "outro lugar" a crítica a Descartes, Espinosa diz ser preciso "retornar aos que preferem detestar e ridicularizar os afetos e as ações dos homens, em vez de entendê-los". Regressamos, portanto, à *ars vituperandi* dos moralistas e, visto que estes se recusam a entender os afetos, devemos considerá-los exatamente como são, isto é, ignorantes. Ora, ao colocá-los como ignorantes (usando, portanto, o procedimento epidíctico de redefinir o adversário, mudando-lhe a qualidade),[6] Espinosa volta contra eles uma arma que não podem desconhecer. De fato, tanto Crisipo como Posidônio e, depois deles, Cícero e Sêneca, definem a ignorância como a pior de todas as doenças do ânimo e a ignorância de estar doente como a pior de suas paixões, pois essa ignorância se chama precisamente alienação, um estar alheio a si mesmo, um estar fora de si que os gregos chamam de *mania* e as *Tusculanas*, de *furor*, isto é, loucura. Os ignorantes, certamente, reagirão furiosamente contra a obra espinosana:

> Estes, sem dúvida, hão de admirar-se que eu me proponha a examinar os vícios e as inépcias dos homens à maneira geométrica e queira demonstrar com uma razão certa aquilo que proclamam ser contrário à razão, vão, absurdo e horrendo.

A redefinição do objeto do discurso (anunciada na amplificação da prova) prossegue, agora, com a indicação da maneira de conhecê-lo. Assim, de um lado estão os que preferem ignorar a verdade do objeto sobre o qual discorrem, e de outro, a afirmação de que esse objeto pode ser racional e corretamente conhecido.

Os moralistas, que se imaginam divinos, são realmente ignorantes porque preferem considerar irracionais ou loucos os afetos, de sorte que aqueles que se julgam detentores da razão e se tomam por juízes dos demais são exatamente os que ignoram que há "uma razão certa" para demonstrar o que imaginam ser "contrário à razão". Visto também que a ignorância de si é alienação, é loucura julgar loucos os demais homens dizendo-lhes que seus afetos são vãos, absurdos e horrendos, e imaginar que não se explicam por razões certas e sim por algum vício da natureza humana.

A construção é retoricamente primorosa, pois Espinosa propõe um oximoro — demonstrar racionalmente o que é proclamado irracional, vão, absurdo e horrendo — e este é um dos tropos mais eficazes do engenho agudo para provocar surpresa e admiração, que serão tanto maiores porque a "razão certa" que será empregada para demonstrar "inépcias e vícios" não é uma razão qualquer, mas a da ciência paradigmática, a geometria. Desse modo, o que pareceria uma empreitada insensata — a razão tratando do que seria sua própria negação — é realmente racional e, em contrapartida, o que parecia uma atitude sensata — condenar os vícios e inépcias dos homens — é verdadeiramente insano.

Produzida a surpresa, Espinosa oferece seus argumentos ao leitor admirado, explicando-lhe qual é a "razão certa" a partir da qual poderá demonstrar geometricamente a natureza, a origem e as forças dos afetos:

> Porém, eis minha razão: nada acontece na Natureza que possa ser atribuído a um vício seu. Porque a Natureza é sempre a mesma, e uma e a mesma em todas as partes é sua virtude e potência de agir; ou seja, as leis e regras da Natureza conforme às quais se fazem todas as coisas e mudam de uma forma em outra, são em todo tempo e lugar as mesmas; e, portanto, uma e a mesma deve ser também a maneira de entender a natureza das coisas, sejam quais forem, isto é, por meio das leis e regras universais da Natureza.

"Eis minha razão", eis meu argumento: *nada* acontece na Natureza por algum vício dela, mas *tudo* acontece por sua virtude, que não é senão sua potência de agir, ou seja, as leis e regras naturais necessárias, unas e sempre as mesmas em toda parte, que determinam o aparecimento de *todas* as coisas e suas mudanças. Ou seja, o argumento afirma a necessidade e universalidade das operações naturais e da ordem natural, já demonstradas nas partes I e II, pois se a potência de agir ou virtude da Natureza é una e sempre a mesma *em todas as suas partes*, não pode haver partes da Natureza contrárias a ela ou independentes dela: o homem, portanto, não pode ser *imperium in imperio* nem seus afetos podem ser considerados vícios de sua vontade.

Dessa razão ou desse argumento segue a conclusão: a necessidade, unidade, identidade e universalidade das operações naturais exigem que seja uma só e a mesma a maneira de conhecer a natureza das coisas, *sejam elas quais forem*. Em outras palavras, a natureza humana, os afetos, as paixões e as ações humanas são parte da Natureza e devem ser conhecidos, entendidos e explicados pelas mesmas lei e regras (ou da mesma maneira) com que são entendidas e explicadas *todas* as coisas naturais.

Disso seguem dois novos argumentos:

> Assim, pois, os afetos de ódio, ira, inveja etc., considerados em si mesmos, seguem da mesma necessidade e virtude da Natureza que as demais coisas singulares; e admitem, portanto, causas certas pelas quais são entendidos e possuem propriedades certas tão dignas de nosso conhecimento como as propriedades de qualquer outra coisa cuja contemplação nos deleita.

Um primeiro argumento desembaraça os afetos da carga valorativa que pesava sobre eles e impedia seu conhecimento. Todos os afetos, sejam quais forem, seja qual for o valor que a eles se atribua, seja qual for seu significado na vida dos indivíduos, são, considerados em si mesmos, naturais e necessários porque seguem da atividade necessária da causalidade natural. Espinosa é radical: os afetos *seguem da mesma necessidade e da mesma força* da Natureza de que seguem *todas as coisas singulares*. Essa dupla afirmação é o ponto decisivo para o argumento. De fato, ao apresentar os afetos como coisas singulares, Espinosa os apresenta ontologicamente como efeitos necessários de causas naturais determinadas e eles próprios como causas de efeitos determinados e os insere na ordem e rede necessária de conexões causais da Natureza. Dessa maneira, os afetos negativamente valorados não são vícios, nem os positivamente valorados são virtudes; não são modelos universais de má ou de boa conduta: são coisas singulares, isto é, efeitos singulares necessários de causas singulares necessárias e eles próprios causas determinadas de efeitos determinados. Os afetos não são naturais porque empiricamente constatamos sua existência, mas porque, ontologicamente, são coisas singulares, portanto possuem causas naturais determinadas e eles próprios, por serem coisas singulares, são também causas naturais determinadas. Exprimem a potência ou a virtude da Natureza e por isso não são contraNatureza, não estão fora ou acima dela nem a perturbam.

A esse argumento acrescenta-se um segundo: porque efeitos singulares de causas naturais singulares, os afetos possuem causas certas ou determinadas e, por conseguinte, podem ser perfeitamente conhecidos, pois conhecer é conhecer pela causa. Afastado o pressuposto que dera à retórica seu lugar no interior da ética — a impossibilidade de determinar as causas do que é contingente e inconstante — pela afirmação de que os afetos são coisas singulares — portanto, efeitos necessários de causas determinadas e causas necessárias de efeitos determinados — é afastada também sua imagem como algo vão, absurdo e horrendo. Sua naturalidade e, portanto, sua necessidade os fazem inteligíveis quando considerados em si mesmos e deles é possível conhecimento apodíctico. Espinosa enuncia, então, o trabalho que realizará:

> Tratarei, pois, da natureza e das forças dos afetos e da potência da mente sobre eles com o mesmo método com que tratei anteriormente de Deus e da mente, e considerarei as ações humanas e os apetites como se tratasse de linhas, planos ou corpos.

Desfeito o laço que prendia o páthos e o éthos à retórica e à *medicina animi*, o contradiscurso espinosano inaugura a *ciência dos afetos*. Visto que só há ciência pelo conhecimento das causas, o ponto de partida de Espinosa é a determinação da causalidade afetiva, distinguindo entre causa adequada e inadequada: a primeira é aquela cujos efeitos podem ser explicados e compreendidos apenas por ela mesma, pois é a causa completa de um efeito; a segunda, ao contrário, aquela que não pode ser a explicação total do efeito porque é apenas sua causa parcial. Essas definições são simultaneamente ontológicas (essas causas produzem efeitos) e lógicas (o efeito pode ou não ser conhecido a partir de sua causa). Da distinção entre as duas formas de causalidade resulta a diferença intrínseca entre ação e paixão:

> Digo que agimos quando ocorre em nós ou fora de nós algo de que somos causa adequada, isto é, quando de nossa natureza segue em nós ou fora de nós algo que pode ser entendido clara e distintamente só por ela mesma. Digo, ao contrário, que padecemos quando em nós ocorre algo, ou de nossa natureza segue algo, de que não somos causa senão parcial.

Compreende-se, então, por que, a seguir, rompendo com a filosofia moral, Espinosa oferece, em lugar de uma definição da paixão, a do afeto:

Por afeto entendo as afecções do corpo pelas quais a potência de agir do próprio corpo é aumentada ou diminuída, favorecida ou coibida, e simultaneamente (*simul*) as ideias destas afecções.*

A paixão é introduzida somente na explicação dessa definição, com a distinção entre afeto ativo e passivo, Espinosa esclarecendo que, "se podemos ser causa adequada de alguma destas afecções, então por afeto entendo ação; caso contrário, paixão". Essa, portanto, não coincide com a totalidade da vida afetiva, mas apenas com os efeitos da causalidade inadequada.[7] Por esse motivo, enquanto a primeira definição da *Ética* III é a do afeto, no final do percurso dedutivo, após a distinção entre afetos passivos e ativos, a última definição será a da paixão como ideia e causa inadequadas:

> O afeto que é dito *pathema*** do ânimo é uma ideia confusa pela qual a mente afirma de seu corpo ou de uma de suas partes uma força de existir maior ou menor do que antes e, dada [esta ideia], a mente é determinada a pensar uma coisa de preferência a outra.

Uma vez que o afeto é a simultaneidade de afecções corporais e ideias que, em simultâneo, aumentam ou diminuem a potência de agir do corpo e da mente, após definir o afeto e as duas formas da causalidade, Espinosa introduz dois postulados (fundados na física) sobre a multiplicidade e variabilidade das afecções corporais. Pelo primeiro, se confirma corporalmente a definição do afeto, na medida em que "o corpo humano pode ser afetado de muitas maneiras pelas quais sua potência de agir é aumentada ou diminuída"; pelo segundo, é indicado que o aumento ou a diminuição da potência de agir do corpo são mutações que ele pode padecer, "retendo, contudo, as impressões ou os vestígios dos objetos e, consequentemente, as mesmas imagens das coisas". Em outras palavras, as mesmas imagens podem ora indicar a atividade, ora a passividade corporal, dependendo das condições nas quais se dão as afecções.

Definições e postulados explicam por que a distinção entre a origem da

---

* E III, definição 3.
** Em grego no texto.

atividade e da passividade abre o percurso demonstrativo da *Ética* III, cuja primeira proposição enuncia:

> Nossa mente age em algumas coisas e padece outras, a saber, enquanto tem ideias adequadas, nesta medida necessariamente age em algumas, e enquanto tem ideias inadequadas, nesta medida necessariamente padece outras.

Ter ideias adequadas significa que a mente, por sua potência pensante, é a causa completa ou perfeita da ideia e, por conseguinte, causa adequada ou agente, na medida em que o efeito segue necessariamente apenas de sua natureza e se explica apenas por ela; ao contrário, ter ideias inadequadas significa que a mente é causa parcial da ideia e, por conseguinte, causa inadequada ou passiva, pois o efeito não segue apenas de sua natureza, mas de um concurso de causas externas. Como a inadequação possui causas tão necessárias quanto a adequação, a passividade não é contingente nem um desvio da "boa natureza" humana por intervenção da "má vontade" e sim algo tão natural e próprio da natureza de um modo finito como o calor, o frio e a tempestade são propriedades naturais do ar.

Poderíamos, entretanto, indagar se não estamos diante de uma aporia com a afirmação de que a mente "age em algumas coisas e padece em outras". De fato, corpo e mente são determinados pela ordem e conexão de causas finitas na ordem necessária da Natureza. Portanto, o que se passa neles não poderia ser explicado apenas pelas leis de sua natureza, mas pela potência das causas externas, de maneira que a passividade não é apenas originária, mas a única maneira de existir de um modo finito. Não é o caso. É preciso manter a distinção, feita desde a Parte II, entre estar externamente determinado e internamente disposto, mas agora compreendendo que essas duas maneiras de existir são acrescidas de novos sentidos. Na ordem necessária da Natureza, estar externamente determinado se refere à produção de um modo finito pela ordem e conexão de causas eficientes transitivas finitas, enquanto na ordem comum da Natureza significa estar sob a ação desordenada e fragmentada de uma multiplicidade de causas externas. Em contrapartida, estar internamente disposto se refere sempre e unicamente à ordem necessária da Natureza, mas essa referência é dupla porque considera, por um lado, a causalidade imanente dos atributos que constituem uma essência singular, e, por outro, a essência singular enquanto potência cujos efeitos lhe são imanentes, isto é, seguem exclusivamente de sua natureza. Por isso Espinosa reúne causa e ideia inadequadas e causa e ideia adequadas, podendo demonstrar que são inseparáveis inadequação cognitiva e passividade, de um lado, e, de outro, adequação cognitiva e atividade.

Donde o enunciado do corolário dessa primeira proposição da *Ética* III explicitar o sentido do "age em algumas coisas e padece em outras":

> Daí segue a mente estar submetida (*esse obnoxiam*) a tanto mais paixões (*pluribus passionibus*) quanto mais (*plures*) tem ideias inadequadas e, ao contrário, tanto mais agir (*plura agere*) quanto mais (*plures*) tem ideias adequadas.

Espinosa emprega a expressão *esse obnoxiam* para descrever a situação da mente sob a paixão: ela está submetida à paixão e fica tanto mais exposta a ela quanto mais suas ideias forem inadequadas. *Obnoxius/ obnoxia* é estar submetido ou exposto ao poderio de algo externo ou ser arrastado por um outro; refere-se a uma dominação violenta ou a uma submissão que deixa o submetido à mercê de um poder alheio que o lança na direção que lhe aprouver. O emprego desse vocábulo por Espinosa esclarece a diferença entre a definição da causa adequada e a da inadequada. De fato, a causalidade adequada se refere ao que se passa *em nós e fora de nós*, isto é, a atividade não fecha nossa natureza sobre si mesma e sim tem a potência para abri-la ao mundo; em contrapartida, a definição da causalidade inadequada se refere ao que se passa *em nós* apenas, pois nossa natureza está *obnoxia* à paixão, habitada pela potência externa, não tendo potência interna para sair de si. Isto não significa, evidentemente, que a paixão não produza efeitos externos e sim que esses efeitos dependem da operação das causas externas sobre o corpo e a mente, não seguindo, portanto, apenas de nossa natureza.[8] Essa diferença entre as causalidades é exatamente a distinção enunciada na definição do afeto como o que pode aumentar ou diminuir a potência de agir do corpo e da mente. Mas, além disso, *esse obnoxiam* articula-se ao emprego do aumentativo *plus* de sorte que a primeira proposição esclarece a definição do afeto como aumento ou diminuição da potência singular introduzindo, agora, a ideia de crescimento da paixão e da ação: quanto mais as ideias são inadequadas, tanto mais a mente é arrastada pelas paixões, isto é, sua potência diminui; ao contrário, quanto mais as ideias são adequadas, tanto mais a mente é ativa, isto é, sua potência aumenta. Há, pois, um acontecer afetivo ou uma *vida afetiva*.

Sendo um afeto o aumento ou a diminuição da potência de agir do corpo e da mente em simultâneo, e como, pelo primeiro postulado, o corpo ora é ativo ora passivo e, pela primeira proposição, a mente ora é ativa ora passiva, é preciso demonstrar que a atividade e a passividade da mente, simultâneas às de seu corpo, não decorrem de causas corporais, assim como as do corpo não decorrem de causas mentais, ou seja, corpo e mente são passivos ou ativos conjunta e simultaneamente, sendo absurdo supor que a um corpo ativo corresponda uma mente passiva e, inversamente, que a uma mente ativa corresponda um corpo passivo. Disso se ocupa a segunda proposição, que enuncia:

> Nem o corpo pode determinar a mente a pensar, nem a mente determinar o corpo ao movimento ou ao repouso, ou a qualquer outra coisa, se outra coisa houver.

O enunciado dessa proposição poderia perfeitamente ser lido em chave cartesiana, não fosse a restrição posta em suas últimas palavras: "ou a qualquer outra coisa, se outra coisa houver". Que significa essa curiosa restrição? Seu sentido é claro. Descartes já havia demonstrado ser racionalmente absurda uma relação causal entre o corpo e a alma; todavia, a teoria cartesiana da paixão e da ação exigia que houvesse alguma comunicação entre as duas substâncias que compõem a "minha natureza". Embora a alma não fosse causa dos movimentos do corpo, no *Tratado das paixões*[9] ela fora considerada causa da alteração da direção e velocidade dos movimentos do corpo, graças à vontade, cuja intervenção interrompe os automatismos corporais e produz efeitos novos. O "alguma outra coisa" de que fala a proposição 2 refere-se, portanto, a essa operação da vontade como poder da alma sobre o corpo ou como causa de acontecimentos corporais, ou, como explica Descartes, como ação indireta da alma sobre o corpo e deste sobre ela, na medida em que não causam efeitos um no outro, mas modificam, alteram e mesmo contrariam o curso desses efeitos.

A segunda proposição da *Ética* III reafirma, portanto, que, modos de atributos realmente distintos, corpo e mente são modos realmente distintos e assim como não há relações causais entre atributos, também não há relações causais entre seus modos. A mente não move o corpo nem mesmo indiretamente, e o corpo não a determina a pensar nem mesmo indiretamente.

A suposição de que haveria relações causais (diretas ou indiretas) entre a mente e o corpo sustenta a distinção tradicional entre ação e paixão segundo a reversibilidade dos dois termos de uma operação, isto é, uma *mesma* operação é denominada ação quando considerada o *terminus a quo* ou ponto de origem da operação, e paixão quando tomada como *terminus ad quem* ou ponto de incidência da operação, de maneira que uma ação do corpo é uma paixão da mente e uma ação desta, uma paixão daquele.[10] Mas não só isso, essa suposição é condição para que se afirme uma relação hierárquica entre a mente e o corpo, um deles dominando o outro conforme seja o ponto de partida da operação: a um corpo ativo corresponderia uma mente passiva e a uma mente ativa, um corpo passivo. Ora a definição espinosana do afeto invalida essa suposição ao enunciar que as afecções corporais que aumentam ou diminuem a potência de agir do corpo são simultâneas às suas ideias na mente, aumentando ou diminuindo sua potência de agir. No caso da filosofia moral, a suposição de uma causalidade entre corpo e alma introduz uma outra, qual seja, a imagem tradicional da liberdade da vontade como ação da mente sobre o corpo, condição da virtude. Desfazer essas suposições é a tarefa do escólio da segunda proposição.[11]

De fato, depois de haver desfeito a imagem dos afetos perpetuada pela tradição, o contradiscurso ainda precisa desfazer uma outra imagem tradicional que se ergue como obstáculo à compreensão da natureza e origem dos afetos e da força da mente humana para moderá-los: a da liberdade da vontade.[12]

Como o Prefácio, o escólio da segunda proposição da *Ética* III é uma peça retórica construída com engenho e arte, porém, enquanto o primeiro está escrito no gênero epidíctico, o segundo se desenvolve no gênero demonstrativo,[13] pois voltado para a distinção entre o verdadeiro e o falso e por isso sua intenção persuasiva é mais forte.[14]

O escólio se abre com um *exordium* direto, que rememora as teses expostas desde a Parte II, e é seguido de uma *expositio*, também breve, que esclarece seu motivo, qual seja, que embora a tese demonstrada na proposição 2 seja indubitável racionalmente, entretanto a maioria dos leitores se persuadirá de sua verdade apenas se puder reconhecê-la pela experiência e esta será, então, trazida à cena. Após o *exordium* e a *expositio*, Espinosa realiza a *dispositio* ou a argumentação, que trabalha com as oposições entre o ensinamento verdadeiro da experiência — *experientia docet*, a experiência ensina — e a vivência empírica — *experiri*, experimenta-se —, e refuta esta última graças à primeira, chegando, no final da argumentação, à harmonia entre o verdadeiro ensinamento da experiência e o ensinamento da razão, tornando plenamente compreensível a demonstração racional efetuada pela proposição 2. Passa, então, à refutação dos opositores, e chega ao *epilogus*, invocando a proposição 49 da Parte II e referindo-se aos opositores como os que "sonham de olhos abertos". Sendo uma peça retórica, o escólio visa à persuasão do destinatário, mas Espinosa dá maior peso à capacidade intelectual do leitor, dirigindo-se menos à sua emoção e mais à sua razão.

O *exordium* ou prólogo afirma que a demonstração da proposição 2 será mais claramente entendida se o leitor se recordar do que foi demonstrado em duas proposições da Parte II, a proposição 7* e a proposição 12:**

> A saber, que a mente e o corpo são uma só e a mesma coisa que é concebida ora sob o atributo do pensamento, ora sob o da extensão. Donde ocorre que a ordem, ou seja, a concatenação das coisas seja uma só, quer a natureza seja concebida sob um ou outro atributo, e que, consequentemente, a ordem das ações e paixões de nosso corpo seja, por natureza, simultânea à ordem das ações e paixões da mente. O que também é patente pela maneira como demonstramos a proposição 12 da Parte II.

Com a referência à sétima proposição da Parte II, Espinosa recapitula aquilo que o leitor é suposto já saber, isto é, que corpo e mente são um mesmo ser singular percebido sob duas perspectivas diversas em razão da diversidade real dos atributos de que são modos e que a ordem e conexão das coisas é a mesma em qualquer dos atributos, reafirmando, assim, a independência e simultaneidade causal das operações do corpo e da mente, em conformidade com a autonomia causal das potências de seus respectivos atributos. Assegura, por conseguinte, que a união do corpo e da mente não pressupõe uma hierarquia entre ambos, visto que da igualdade das potências dos atributos segue necessariamente a igualdade das potências de seus respectivos modos. Em outras palavras, não há uma relação de comando e obediência entre ambos, pois, dado que a ordem e conexão das coisas e das ideias é a mesma, disso segue necessariamente que a concatenação das ações e paixões do corpo é simultânea às paixões e ações da mente, uma vez

---

* E II, proposição 7: "A ordem e conexão das ideias é a mesma que a ordem e conexão das coisas".
** E II, proposição12: "O que quer que aconteça no objeto da ideia que constitui a mente humana deve ser percebido pela mente humana, ou seja, dessa coisa dar-se-á necessariamente na mente a ideia; isto é, se o objeto da ideia que constitui a mente humana for corpo, nada poderá acontecer nesse corpo que não seja percebido pela mente".

que já foi demonstrado, na proposição 12, que tudo quanto se passa no objeto de que a mente é ideia é percebido por ela, pois

> o que quer que aconteça no objeto da ideia que constitui a mente humana deve ser percebido pela mente humana, ou seja, dessa coisa dar-se-á necessariamente na mente a ideia; isto é, se o objeto da ideia que constitui a mente humana for o corpo, nada poderá acontecer nesse corpo que não seja percebido pela mente.

Numa palavra, mente e corpo são passivos ou ativos conjuntamente, como se depreende, aliás, da própria definição do afeto, que afirma a simultaneidade das afecções corporais e de suas ideias, e também das definições das causas adequada e inadequada, nas quais Espinosa se refere à *nossa natureza* e não apenas à mente (na primeira) e ao corpo (na segunda), como se esperaria tradicionalmente.

Espinosa passa então à *expositio*, cuja função é esclarecer o motivo do escólio:

> Ora, embora estas coisas se deem de tal maneira que não resta nenhuma razão de duvidar, contudo não creio, se não comprovar pela experiência (*experientia*), que eu possa induzir os homens a sopesá-las de ânimo (*animo*) imparcial, tão persuadidos estão de que o corpo se move ou repousa pelo só comando da mente e faz muitíssimas coisas que dependem da só vontade da mente e da arte de excogitar.

Ainda que a proposição 2 seja evidente — "não resta nenhuma razão de duvidar" —, entretanto, sua aceitação pelos leitores parece requerer mais do que compreensão intelectual e solicita o recurso à experiência para sua comprovação. A referência ao *animus* dos leitores e àquilo de que estão persuadidos possui dois objetivos: o primeiro é a indicação de que o escólio opera no campo da retórica e trata de vencer a hostilidade do ânimo dos leitores por meio de uma outra persuasão; o segundo, a referência ao lugar de onde parte o ânimo dos leitores, isto é, a experiência como fonte do que julgam saber. O recurso à experiência é compreensível, pois, quando tratara da imaginação, Espinosa escrevera que não se pode duvidar da experiência, isto é, que "sentimos o próprio corpo existir" e que ele "existe tal como o sentimos". Ora, justamente por isso o leitor, ao experimentar a existência de seu corpo, não pode deixar de se persuadir de que há relações causais entre este e sua mente. Além disso, se algum leitor tiver conhecimento das *Meditações*, com certeza ficará de sobreaviso, uma vez que a Sexta Meditação recorre à experiência para afirmar a união da alma e do corpo porque a ideia da união substancial não é uma ideia clara e distinta concebível pelo entendimento e sim algo experimentado na forma de um sentimento impossível de ser negado. Como sublinhara Descartes, que uma dor no corpo seja experimentada como uma tristeza na alma, eis algo racionalmente absurdo (pois entre duas substâncias de natureza diversa não há relação causal) e, no entanto, experimentamos isso verdadeiramente; ou seja, que tenhamos ideias formadas a partir das sensações, eis um paradoxo para o entendimento, mas que a experiência desconsidera porque, efetivamente, as formamos assim.[15] Dessa maneira, tanto o leitor desavisado quanto aquele que conhece as *Meditações* ficarão de atalaia: o que Espinosa pretende exatamente ao invocar a experiência? Ora, Espinosa parece colocar os leitores diante de um paradoxo. De fato, esclarece que recorre à experiência porque ela os persuade "de que o corpo se move ou repousa pelo só comando da mente e faz muitíssimas coisas que dependem da só vontade da mente e da arte de excogitar"; ou seja, a experiência parece ter sempre servido para produzir e conservar a persuasão de que o corpo age sobre a mente e esta sobre ele, quer isso seja tomado como um dado indubitável da vida cotidiana quer seja considerado uma aporia metafísica insolúvel. Donde o paradoxo: como pode Espinosa invocar a experiência para que ela produza uma persuasão oposta a essa? A resposta virá no correr do escólio, à medida que se explicita a diferença entre duas formas da experiência.

Espinosa inicia a *dispositio*, a argumentação discursiva, desdobrando-a em quatro argumentos e referida a um interlocutor indeterminado — ninguém, todos. O núcleo da argumentação é uma distinção, ainda implícita e que se explicitará no correr do escólio, entre a experiência vaga e a experiência ensinante, isto é, entre uma experiência errante e fragmentada e uma outra, que está em concordância com a razão.[16] O primeiro argumento suspende o papel que se costuma dar à experiência:

> Com efeito, ninguém até aqui determinou o que o corpo pode, isto é, a ninguém até aqui a experiência ensinou (*experientia docuit*) o que o corpo pode fazer só pelas leis da Natureza enquanto considerada apenas corpórea, e o que não pode fazer senão determinado pela mente.

Como se observa, Espinosa não diz que não sabemos tudo quanto pode um corpo e sim que *a experiência não ensinou* a ninguém o que o corpo pode fazer "só pelas leis da Natureza enquanto considerada apenas corpórea" nem "o que não pode fazer senão determinado pela mente".[17] Trata-se, portanto, da experiência vaga, que nada ensina a quem quer que seja sobre as operações corporais determinadas apenas pelas leis da Natureza corpórea (ou seja, pelo movimento e repouso que constituem o modo infinito da extensão e os corpos), assim como nada ensina sobre o que ele só pode fazer quando determinado pela mente, como querem a tradição e o senso comum. De fato, prossegue Espinosa,

> até aqui ninguém conheceu a estrutura do corpo (*corporis fabrica*) tão acuradamente que pudesse explicar todas as suas funções, para não mencionar o fato de que nos animais são observadas muitas coisas que de longe superam a sagacidade humana, e que os sonâmbulos fazem no sono muitíssimas coisas que não ousariam na vigília; o que mostra suficientemente que o próprio corpo, só pelas leis de sua natureza, pode fazer muitas coisas que deixam sua mente admirada.

O ensinamento empírico sobre o poder de um corpo inexiste porque a ninguém, até o presente, a experiência deu a conhecer a *corporis fabrica* de maneira suficientemente acurada para explicar "todas as suas funções". O argumento recebe, de acordo com a exigência retórica, uma amplificação pela prova, oferecida com os exemplos dos animais (que em muitas coisas superam a sagacidade humana) e dos sonâmbulos (que não ousariam fazer na vigília o que fazem no sono), isto é, experiências que deixam patente a capacidade do corpo, apenas pelas leis de sua natureza, de fazer coisas que causam admiração à mente. Assim, se a experiência é invocada pelos que afirmam que o corpo é dirigido pela mente, então é preciso invocá-la para que ela mesma contradiga o senso comum: os animais e os sonâmbulos indicam o que realmente a experiência *ensina*, isto é, que os corpos realizam operações que surpreendem a própria mente.

No entanto, depois de haver ensinado sobre as operações surpreendentes dos corpos dos animais e dos sonâmbulos, a experiência ensinante é desperdiçada e o desperdício alcança, agora, também as operações da mente. O primeiro argumento é, então, completado com a identificação entre a experiência, tal como alegada por todos, e a ignorância de todos quanto ao conhecimento que supostamente essa experiência lhes teria trazido:

Ademais, ninguém sabe de que maneira e por quais meios a mente move o corpo, nem quantos graus de movimento pode atribuir ao corpo, nem com que rapidez pode movê-lo. Donde segue que quando os homens dizem que esta ou aquela ação se origina da mente, a qual tem império (*imperium*) sobre o corpo, não sabem o que dizem, e nada outro fazem senão confessar, por belas palavras, que ignoram a causa daquela ação sem admirar-se disso.

Assim como a experiência *não ensinou* a ninguém o que pode um corpo que opera apenas com causas corpóreas, também *não ensinou* a ninguém como e com que meios a mente moveria o corpo. Essa ausência de ensinamento significa, simplesmente, ignorância. Por conseguinte, todos os que, supostamente fundados na experiência, afirmam que a mente tem o império sobre o corpo, "não sabem o que dizem". A palavra empregada por Espinosa é forte: *imperium*, termo jurídico e político que designa quem tem o poder absoluto e indivisível de mando, de fazer e promulgar leis, usar a espada para punição de crimes e declarar a guerra e a paz. Imaginada como *imperium*, a mente comanda e legisla absolutamente o corpo, guerreia contra ele e o pune. Eis por que os que assim falam, "não sabem o que dizem" e usam belas palavras para confessar sua ignorância quanto à suposta causa da ação da mente sobre o corpo. Se, anteriormente, o corpo provocava admiração na mente, agora, os que falam sem saber o que dizem, não se admiram de sua própria ignorância. A ignorância das verdadeiras causas das operações corporais e das operações mentais dá origem à fantasmagoria do império da mente sobre o corpo.[18]

Espinosa inicia o segundo argumento pondo em cena um interlocutor hostil e teimoso, que passa a invocar a experiência contra a razão e ao qual Espinosa contrapõe, como no primeiro argumento, o ensinamento real trazido pela experiência:

> Ora, dirão que, quer saibam quer não saibam por quais meios a mente move o corpo, contudo experimentam (*experiri*) que o corpo seria inerte caso a mente não fosse apta a excogitar. Em seguida, dirão que experimentam estar no só poder da mente tanto falar quanto calar e muitas outras coisas que por isso creem depender do decreto da mente.

"Quer saibam quer não saibam." Os interlocutores, indiferentes ao saber e à ignorância, hostis ao que possa contradizê-los e fundados no que experimentam, fazem duas afirmações: o corpo seria inerte se a mente não fosse capaz de excogitar; e está no poder da mente falar ou calar e muitas outras coisas que dependem apenas de decretos dela. Endereçando-se a esses interlocutores, mas agora substituindo o "ninguém" do primeiro argumento por "todos", Espinosa se volta, inicialmente, ao que todos dizem a respeito do corpo:

> Todavia, quanto ao primeiro [o corpo inerte], pergunto-lhes se a experiência (*experientia*) também não ensina (*doceat*) que, inversamente, se o corpo fosse inerte, a mente seria simultaneamente inepta para pensar. Pois, quando o corpo repousa no sono, a mente permanece adormecida junto com ele e não tem o poder de excogitar, como na vigília.

Em outras palavras, a experiência *ensina* exatamente o contrário do que todos alegam: a inércia da mente para pensar quando o corpo está inerte, fato comprovado por todos na experiência do sono.

Da mesma maneira, prossegue Espinosa, há experiências que *ensinam* exatamente o oposto do alegado no tocante à mente:

> Creio terem todos experimentado (*expertos sunt*) que a mente não é sempre igualmente apta a pensar sobre o mesmo objeto; porém, conforme o corpo é mais apto para que nele se excite a imagem deste ou daquele objeto, assim a mente será mais apta a contemplar um ou outro.

Todos já experimentaram que a mente é inquieta, não se fixa num único objeto por muito tempo, mas, ao contrário, conforme o corpo seja mais apto a esta ou àquela afecção, a imagem do objeto afetante é contemplada por ela, que, como o corpo, passa de uma para outra sem se fixar em nenhuma. Em outras palavras, a experiência não mostra um domínio da mente sobre o seu corpo, mas que, exatamente como ele, junta e simultaneamente com ele, ela passa de um objeto a outro, segundo ele passe de uma afecção a outra.

Todavia, essa dupla refutação parece inoperante. Por isso, no terceiro argumento, Espinosa apresenta interlocutores que já não são indiferentes a saber ou não saber como se dá a relação entre a mente e o corpo e pretendem oferecer uma explicação racional para o comando que ela teria sobre ele:

Ora, dirão que só das leis da Natureza enquanto considerada apenas corpórea não podem ser deduzidas as causas dos edifícios, pinturas e outras coisas deste tipo que se fazem somente pela arte humana, e que o corpo humano, se não fosse determinado e conduzido pela mente, não seria capaz de edificar um templo.

Estamos, pois, diante de interlocutores que julgam realizar uma dedução. Deixando de lado experiências mais comezinhas, voltam-se para uma explicação supostamente racional da experiência de algo que ultrapassaria o meramente natural, isto é, a produção humana do artificial. Dizem eles que as causas da arte humana não podem ser dadas pela mera natureza do corpo, de maneira que essa arte não pode ser deduzida apenas das leis da Natureza corpórea, mas deve ser deduzida da determinação e da condução do corpo pela mente, sem a qual ele nada seria capaz de construir.
Replica Espinosa:

> Na verdade, já mostrei que eles não sabem o que pode o corpo e o que pode ser deduzido só da contemplação de sua natureza, e que experimentam (*experiri*) ocorrer só pelas leis da natureza muitíssimas coisas que jamais teriam acreditado poder ocorrer senão pela direção da mente, como são aquelas que fazem os sonâmbulos durante o sono e que os deixam admirados na vigília. Acrescento aqui a própria estrutura do corpo humano (*humani corporis fabrica*), que de muito longe supera em artifício tudo o que é fabricado pela arte humana, para não mencionar, como mostrei acima, que da natureza considerada sob qualquer atributo seguem infinitas coisas.

A réplica não só retoma o que fora dito no primeiro argumento, mas agora faz um acréscimo importante: se por meio da experiência não sabemos tudo o que pode o corpo, pois ela *não ensina quais são as leis de sua natureza*, isso não significa que ele não possa fabricar outros corpos, como edifícios e pinturas, pois "da natureza considerada sob qualquer atributo seguem infinitas coisas". Enquanto nas argumentações anteriores Espinosa limitou-se a contrapor a experiência vaga, que nada ensina, e a experiência ensinante, que contradiz a primeira, agora o argumento realiza uma mudança de nível, provocada pelos próprios interlocutores, quando pretenderam oferecer uma dedução racional do império da mente sobre o corpo: a experiência, mesmo a ensinante, nos deixa imersos na imaginação, isto é, *enquanto experiência*, ela não tem como nos ensinar o que pode a potência infinita de um atributo da substância e, portanto, no caso do corpo, o que pode a extensão infinita. A experiência não tem como alcançar a determinação ontológica das operações corporais e, portanto, do saber empírico não podem partir deduções racionais sobre a potência corporal, de maneira que ao tentar fazê-lo desemboca-se na imagem da impotência corporal, uma vez que todas as obras de arte são postas como efeitos da ação da mente sobre a incapacidade do corpo de agir por si mesmo (sem que se compreenda, como escreveu certa vez Merleau-Ponty, que "o pintor traz seu corpo [...] com efeito, não vemos como um espírito poderia pintar").[19]

Assim como, anteriormente, animais e sonâmbulos serviram para fortalecer o argumento espinosano, assim também agora a referência à estrutura do corpo humano vem fortalecer o argumento apresentado sobre os limites do saber empírico. A estrutura do corpo humano, "que de muito longe supera em artifício tudo o que é fabricado pela arte humana", evidencia não só que a experiência não ensinou a ninguém o que pode um corpo apenas operando com as leis da Natureza corpórea, mas, sobretudo, que ela não pode ensinar a ninguém as causas da complexidade de nosso corpo, que vai muito além de qualquer artifício por nós fabricado. Em suma, o critério empregado pelos interlocutores havia sido a complexidade do artifício do qual o corpo sozinho não seria capaz, mas Espinosa replica afirmando que se for esse o critério, então, o próprio corpo humano o rebate, pois, em sua complexidade, ultrapassa todo artifício de que a arte humana seria capaz e a complexidade corporal é obra do atributo infinito da extensão ou da Natureza corpórea enquanto potência infinita de produção de corpos.

O quarto argumento, o mais longo, retoma o que fora deixado em silêncio até aqui, a saber, o império da mente ou aquilo que dizem os que afirmam que experimentam "estar no só poder da mente tanto falar quanto calar e muitas outras coisas que por isso creem depender do decreto da mente". Esse quarto argumento é, na verdade, o motivo do escólio: nele se desenha a imagem da liberdade, que o interlocutor confunde com a própria liberdade, ignorada por ele.

Depois de haver contraposto os limites da experiência perante a potência infinita da Natureza, Espinosa volta a se referir ao ensinamento que ela pode trazer, pois este contraria o suposto saber dos interlocutores, que, em lugar de aproveitá-la, dela retiram conclusões ineptas. Uma vez que os interlocutores colocam em cena a liberdade imaginada como *imperium*, portanto, como poder incondicionado de mando, Espinosa começa afirmando que, de fato, seria ótimo "se os homens tivessem igualmente o poder tanto de calar quanto de falar", no entanto, se há algo que "a experiência ensina mais do que suficientemente (*experientia satis docet*)" é "que os homens nada têm menos em seu poder do que a língua, e que nada podem menos do que moderar seus apetites". Como conciliar a impotência para controlar a fala, o silêncio e os apetites e o *imperium* da mente sobre o corpo? Responde Espinosa:

> Daí decorre que a maioria creia (*credant*) fazermos livremente apenas o que apetecemos de leve, já que o apetite destas coisas pode ser facilmente diminuído pela memória de outra coisa que frequentemente recordamos; mas de jeito nenhum crê fazermos livremente aquilo que apetecemos com um grande afeto e que não pode ser acalmado pela memória de outra coisa.[20]

Curioso *imperium*, visto que só se exerce sobre aquilo que é fracamente apetecido e jamais sobre o "que apetecemos com um grande afeto"! Donde o verbo usado agora por Espinosa: crer. Ao desperdiçar o ensinamento trazido pela experiência, não se passa à razão e sim à crença. De fato, uma vez que se imagina que a mente tem o poder de livremente escolher falar ou calar e uma vez que isso é desmentido pela experiência, a conciliação entre o imaginar (a liberdade como império) e o experimentar (a impossibilidade de domínio) se faz por meio da crença, da qual Espinosa oferece novos exemplos, marcando, agora, o que a experiência efetivamente ensina e o descaso que se tem pelo seu ensinamento:

> A bem da verdade, se não tivessem experimentado (*experti essent*) que fazemos muitas coisas das quais depois nos arrependemos, e que frequentemente, ao enfrentarmos afetos contrários, vemos o melhor e seguimos o pior, nada os impediria de crer que tudo fazemos livremente. Assim o bebê crê (*credit*) apetecer livremente o leite, o menino irritado, querer vingança, e o medroso, a fuga. Por sua vez, o embriagado crê (*credit*) falar por livre decreto da mente aquilo que depois de sóbrio preferiria ter calado; assim o delirante, a tagarela, o menino e muitos outros de mesma farinha creem (*credunt*) falar por livre decreto da mente, quando na verdade não podem conter o ímpeto que têm de falar [...].

O arrependimento, de um lado, e, de outro, a intemperança ou *akrasía* (sob afetos contrários, seguir o pior quando se vê o melhor) são experiências que poderiam colocar um freio na crença de que somos livres em tudo. Ora, quem tem essa crença? O bebê faminto, o menino irado ou intimidado, o ébrio, o delirante, a tagarela e "muitos outros da mesma farinha". Espinosa equipara, portanto, os interlocutores teimosos com as crianças e os incontinentes arrependidos, pois, como estes, aqueles confundem "livre decreto da mente" e ímpeto incontrolável. Os exemplos escolhidos por Espinosa (o arrependimento, a *akrasía*, as crianças, os incontinentes e o delirante) são exatamente aqueles nos quais a mente não tem o menor domínio sobre si e sobre seu corpo, prevalecendo a passividade de ambos (o ímpeto incontrolável) imaginada como prova de liberdade.

Chegamos, agora, ao núcleo do escólio, quando experiência e razão ensinam o mesmo:

> A própria experiência (*ipsa experientia*), não menos claramente que a razão, ensina (*doceat*) que os homens creem-se livres só por causa disto: são cônscios de suas ações e ignorantes das causas pelas quais são determinados; e, além disso, ensina que os decretos da mente não são nada outro que os próprios apetites, os quais, por isso, são variáveis de acordo com a variável disposição do corpo. Pois cada um modera tudo por seu afeto, e aqueles que enfrentam afetos contrários não sabem o que querem, ao passo que os que não lidam com nenhum são impelidos para um lado ou outro pelo menor impulso.

A gênese da imagem da liberdade encontra-se, pois, numa única causa ensinada pela experiência e pela razão: os seres humanos são cônscios de suas ações, mas ignorantes das causas que as determinam. É por privação de conhecimento, portanto, que essa imagem se forma. Ora, os decretos da mente são os próprios apetites, cuja variação depende das disposições do corpo, uma vez que os apetites são afetos e estes, afecções corporais que aumentam ou diminuem a potência de agir do corpo e *simultaneamente* as ideias dessas afecções que aumentam ou diminuem a potência de agir da mente, e, visto que tanto as afecções corporais quanto as ideias possuem causas necessárias e determinadas, tudo o que se passa afetivamente na mente e no corpo tem como causa os próprios apetites e não o conflito entre cegos impulsos corporais e livres decretos mentais. Por isso, dependendo das disposições do corpo e da mente, alguém pode moderar os afetos ou enfrentar afetos contrários sem conseguir decidir-se, impelido de um lado para outro ao menor impulso.

Espinosa pode, então, concluir o quarto argumento retomando o início do escólio, quando afirmara que a proposição 2 é evidente para quem sabe que o corpo e a mente são uma só e mesma coisa considerada sob atributos distintos:

> Sem dúvida, tudo isso mostra com clareza que tanto o decreto da mente quanto o apetite e a determinação do corpo são simultâneos por natureza, ou melhor, são uma só e a mesma coisa que, quando considerada sob o atributo pensamento e por ele explicada, denominamos decreto e, quando considerada sob o atributo extensão e deduzida das leis do movimento e do repouso, chamamos determinação.

Uma vez que corpo e mente são uma só e mesma coisa sob perspectivas distintas e que a ordem e conexão das ideias é a mesma que a das coisas, compreende-se que "decreto da mente" e "determinação do corpo" são simultâneos por natureza e, portanto, não indicam uma oposição entre o livre e o necessário, mas duas maneiras de operação da necessidade, segundo a ação de seus respectivos atributos. Chegamos ao epílogo, que se realiza em três movimentos: no primeiro, Espinosa explica o que é um decreto da mente ou sob quais condições ela pode realizá-lo; no segundo, restringe esse poder da mente descrevendo o que se passa no sonho, propondo a oposição entre fantástico e livre, que permite, no terceiro movimento, o aparecimento da figura do opositor como demente, que sonha de olhos abertos.

O primeiro movimento se inicia de maneira enfática como um *nada*: "nada podemos fazer por decreto da mente (*nihil ex mentis decreto*) se não o recordamos. Por exemplo, não podemos falar uma palavra se não a recordamos". Ora, "não está no livre poder da mente lembrar-se ou esquecer-se de uma coisa", mas, como a dedução da causa da memória já ensinou, isso depende das disposições corporais que fixaram, ou não, uma relação entre imagens percebidas simultaneamente ou entre uma imagem e uma palavra, de tal maneira que, diante de uma delas, a mente imediatamente se recorda da outra.[21] Por conseguinte, se por decreto da mente entender-se uma decisão incondicionada (como a de falar ou calar), então não se pode afirmar que esse decreto seja livre, uma vez que, neste caso, se "crê estar no poder da mente apenas isto: podemos, pelo só decreto da mente, falar ou calar sobre a coisa que recordamos", sem que se indague qual a causa da recordação (ou do esquecimento), isto é, sem que se indague se é por um livre decreto que a mente recorda ou esquece alguma coisa, pois somente se ela tivesse esse poder ela teria o *imperium* sobre o corpo. O uso do verbo crer, como já observamos, indica que, de fato, ignoramos o que seja efetivamente um livre decreto que dependa apenas da mente.

Essa ignorância é o tema do segundo movimento, que, mantendo o verbo crer, se inicia com um *entretanto*:

> Entretanto, quando sonhamos falar, cremos fazê-lo por livre decreto da mente, e contudo não falamos, ou, se falamos, é pelo movimento espontâneo do corpo. Também sonhamos ocultar algo aos homens, e isso pelo mesmo decreto da mente pelo qual, na vigília, calamos sobre o que sabemos. Sonhamos, enfim, que por um livre decreto da mente fazemos aquilo que, despertos, não ousamos fazer. E por isso eu bem gostaria de saber se na mente dão-se dois gêneros de decretos, os fantásticos e os livres (*an in mente duo decretorum genera dentur phantasticorum unum et liberorum alterum*).

Há diferença entre sonho e vigília, prova disso é que sonhamos falar sem estar efetivamente falando. Mais ainda. Se cremos ser por um livre decreto da mente que sonhamos falar é porque confundimos o que se passa na mente com um "movimento espontâneo do corpo". O argumento de Espinosa é admirável: se há *espontaneidade* no corpo e é esta a definição da liberdade, então seria preciso dizer que, no sonho, é o corpo falante que é livre e não a mente, de fato, silenciosa. Não bastasse isso, ainda sonhamos por decreto da mente não fazer algumas coisas que também não ousamos fazer na vigília, porém, ao contrário, também sonhamos fazer no sonho aquilo que na vigília não ousaríamos fazer, de maneira que será preciso admitir que a mente ora decreta no sonho o mesmo que decreta na vigília e ora decreta nele o oposto do que decreta nela, havendo dois gêneros de decretos, os fantásticos e os livres, restando saber se, afinal, os decretos fantásticos, e não os livres, são os da vigília, uma vez que se crê que a liberdade da mente se manifesta no sonho.

De fato, apesar da identidade entre vigília e sonho quando contrapostos à loucura (isto é, ao despertar, deixamos de sonhar, mas não temos como "despertar" da loucura), o interlocutor se verá obrigado a examinar duas alternativas se quiser distinguir entre decretos livres e fantásticos ou entre a experiência perceptiva e a onírica: 1) ou na percepção estamos determinados por causas externas, de tal maneira que não podemos deixar de querer algo determinado, enquanto no sonho temos a vontade livre para escolher *simultaneamente* dois apetites contrários — falar e calar, por exemplo; 2) ou, ao contrário, na percepção temos a liberdade de escolher entre duas possibilidades *simultâneas* enquanto no sonho somos determinados a uma delas apenas. Em outras palavras, as alternativas seriam: ou a liberdade da vontade se exerce apenas na experiência da vigília e a da necessidade ocorre no sonho, ou a necessidade opera apenas na experiência da vigília e a da liberdade da vontade acontece no sonho. São essas alternativas que Espinosa rejeita.

Com efeito, o que ensina a experiência do sonho? Que justamente ali onde se imaginaria o poder absoluto da mente para querer e não querer, ali mesmo, em decorrência da simultaneidade dos acontecimentos corporais e mentais, ela está determinada pelas imagens corporais a afirmar ou a negar algo. E afirmar ou negar não é uma escolha ou um ato do juízo realizado pela vontade, mas simplesmente a identidade entre ideia e volição. O sonho não é, pois, uma exceção às regras da vigília ou uma ruptura da estrutura da relação mente-corpo, pois, do contrário, teríamos que supor que a mente possui duas liberdades, a da fantasia onírica e a da vigília. É preciso pôr um paradeiro nessa fantasmagoria,

> porque se não queremos ensandecer (*insanire non libet*) a este ponto, cumpre necessariamente conceder que este decreto da mente tido por livre não se distingue da própria imaginação, ou seja, da memória, e não é nada além daquela afirmação que a ideia, enquanto é ideia, necessariamente envolve.

Se a prova da liberdade da mente for a escolha da palavra ou do silêncio, visto só podermos falar e calar aquilo que recordamos, então é preciso concluir que o suposto livre decreto da mente é apenas o exercício da memória, portanto, determinado pela imaginação. Ora, uma ideia (seja ela imaginativa ou intelectual) é um ato de afirmação ou de negação de alguma coisa, de sorte que é uma volição determinada envolvida pela própria ideia e não um decreto livre e, se não quisermos ensandecer, precisamos concluir que "estes decretos da mente se originam nela com a mesma necessidade que as ideias das coisas existentes em ato". Portanto, "se não quisermos enlouquecer", precisamos compreender que a identidade entre volição e ideia e a causalidade necessária que as determina excluem a imagem fantasiosa do livre decreto mental. Livre decreto da mente é sandice, pois a mente é determinada a imaginar, lembrar, sonhar, pensar, apetecer, fazer algo, falar, calar por causas necessárias e

> por isso aqueles que creem falar, ou calar, ou fazer o que quer que seja, por livre decreto da mente, sonham de olhos abertos.

Espinosa pode, então, completar a determinação da origem da atividade e da passividade e concluir o primeiro movimento dedutivo da Parte III demonstrando que a mente não é ativa ou passiva por causa de seu corpo, mas sim por aquilo que segue de sua natureza, isto é, por causa de suas próprias ideias ou pela maneira como se relaciona com as imagens das afecções corporais. A terceira proposição enuncia:

> As ações da mente se originam (*oriuntur*) apenas das ideias adequadas; já as paixões dependem apenas das inadequadas.

Na demonstração dessa proposição, Espinosa parte da distinção entre a mente *constituída* pela ideia de seu corpo e *composta* de muitas outras ideias, conforme conheça, no primeiro caso, ou imagine, no segundo, as afecções corporais, isto é, as múltiplas relações de seu corpo com os demais corpos. Por isso, segue de sua natureza pensante que algumas dessas ideias sejam adequadas (sob a perspectiva da constituição, isto é, de um todo internamente disposto e autorregulado) e outras, inadequadas (sob a perspectiva da composição, isto é, da junção desordenada de multiplicidades externamente determinadas). "Ora, enquanto a mente tem ideias inadequadas, nesta medida necessariamente padece; portanto as ações da mente seguem apenas das ideias adequadas, e por isso a mente padece apenas porque tem ideias inadequadas."* O núcleo da demonstração é a distinção indicada pelo emprego dos verbos ter e seguir: embora paixão e ação sigam da natureza da mente, dela não seguem da mesma maneira quando a mente é apenas causa parcial do afeto — quando *tem* ideias inadequadas — e quando é sua causa perfeita ou completa — quando somente de sua natureza *seguem* ideias adequadas. Há, pois, afetos passivos e ativos.

---

* E III, proposição 3, demonstração.

Essa distinção é explicitada no escólio, que introduz uma explicação sobre a origem da paixão ou a causa de sua articulação necessária com as ideias inadequadas e cujo sentido se esclarecerá no decorrer da Parte III e sobretudo na IV, quando essa explicação se transformar num axioma que será a chave para a compreensão da servidão humana: a finitude do modo humano, evidenciada pela paixão. Lemos no escólio da terceira proposição:

> Assim vemos que as paixões não se referem à mente senão enquanto tem algo que envolve negação, ou seja, enquanto considerada como parte da Natureza (*pars Naturae*) que não pode ser clara e distintamente percebida por si sem as outras; e assim eu poderia mostrar que as paixões se referem às coisas singulares da mesma maneira que à mente, e não podem ser percebidas diferentemente; mas meu intuito é tratar só da mente humana.*

Na Parte I, na explicação da definição de Deus como o ente absolutamente infinito, Espinosa emprega a expressão "envolver negação" para distinguir entre o que é infinito em seu gênero e o que é absolutamente infinito.

> Digo absolutamente infinito, não porém em seu gênero; pois, disso que é infinito apenas em seu gênero, podemos negar infinitos atributos; porém, o que é absolutamente infinito, à sua essência pertence tudo o que exprime a essência, e não envolve nenhuma negação.

Infinito em seu gênero é aquilo de que se podem negar infinitos atributos — é assim que se pode negar que o pensamento seja um atributo da extensão ou que esta seja um atributo daquele. Em contrapartida, é absolutamente infinito aquilo cuja essência não envolve nenhuma negação, isto é, cuja essência é constituída por infinitos atributos, infinitos em seu gênero, nenhum deles podendo ser-lhe negado. Enquanto o infinito em seu gênero seria destruído se um outro atributo infinito fosse afirmado de sua essência, o absolutamente infinito teria sua essência destruída se algum atributo infinito não fosse afirmado de sua essência. Em outras palavras, o infinito em seu gênero é aquele no qual o atributo é coextensivo à sua

---

* E III, proposição 3, escólio.

essência enquanto nenhum atributo, tomado separado dos demais, poderia ser coextensivo à essência do ser absolutamente infinito à qual, portanto, nenhum atributo infinito pode ser negado.

Podemos observar que na explicação do absolutamente infinito, Espinosa introduz uma cláusula aparentemente enigmática: "tudo o que exprime a essência". Essa cláusula, porém, torna-se compreensível se nos lembrarmos que em várias ocasiões, como por exemplo na Carta 21 a Blijenbergh, Espinosa explica que a negação consiste em negar a alguma coisa aquilo que não pertence à sua essência. Por isso, é absolutamente infinito aquilo que exprime *tudo* o que pertence a uma essência que não envolva nenhuma negação. Negação, portanto, não se refere a algo interno a uma essência, mas ao que não lhe pertence de fato e de direito, isto é, ao que lhe é exterior; e um ser absolutamente infinito não possui nada que lhe seja exterior, isto é, realmente distinto de sua essência, e por isso pertence-lhe *tudo* o que exprime sua essência absolutamente infinita.

Ora, a segunda definição da Parte I enuncia:

> É dita finita em seu gênero aquela coisa que pode ser delimitada (*terminari*) por outra de mesma natureza. Por exemplo, um corpo é dito finito porque concebemos outro sempre maior. Assim, um pensamento é delimitado por outro pensamento. Porém, um corpo não é delimitado por um pensamento, nem um pensamento por um corpo.

A coisa finita em seu gênero é delimitada por outra de mesma natureza, isto é, literalmente terminada por outra de mesma natureza: um corpo delimita ou termina outro; uma ideia delimita ou termina outra. Por definição, portanto, uma coisa finita envolve negação, isto é, possui um limite externo ou o que, de direito e de fato, não pertence internamente à sua essência. Todavia, cláusula importante: um corpo não é delimitado por uma ideia nem esta por um corpo, ou seja, a finitude não rompe a distinção real entre modos da extensão e do pensamento. Assim como a mente não determina o corpo ao movimento e ao repouso, nem ele a determina a pensar, assim também um deles não é delimitado pelo outro e sim pelo que é de mesma natureza que a sua.[22]

O escólio da terceira proposição da Parte III, introduzindo a ideia de "envolver negação", explica por que a mente é passiva: "enquanto tem algo que envolve negação, ou seja, enquanto considerada como parte da Natureza (*pars naturae*) que não pode ser clara e distintamente percebida por si sem as outras". Se nos lembrarmos da distinção, feita na Carta 32 a Oldenburg, entre a parte como parte e a parte como um todo e articularmos essa distinção à definição da coisa singular e à diferença entre a causa inadequada e a adequada, o sentido de "envolver negação" se torna compreensível. Pela Carta 32, uma parte tomada como parte depende de outras partes para se conservar, pois não pode fazê-lo sem elas, e uma parte tomada como um todo é apta a autodeterminar suas operações e a coexistir com outras sem ser por elas determinada; ademais, tomada como um todo, a parte coincide com a definição da coisa singular como ação simultânea e conjunta de seus constituintes para produzir um efeito determinado. Além disso, pela distinção das formas de causalidade, uma parte opera como causa inadequada quando o efeito produzido não depende apenas de sua natureza, mas das operações de causas externas a ela; e opera como causa adequada quando o efeito segue somente de sua natureza como aptidão para se autodeterminar. Dessa maneira, compreendemos por que Espinosa escreve que a mente é passiva somente "enquanto tem *algo* que envolve negação", em lugar de escrever que a mente é passiva porque envolveria negação. O "algo que envolve negação" e por isso determina a passividade é a dependência da parte da Natureza daquilo que *não é* ela mesma, isto é, daquilo que *não pertence* à sua essência e que, do exterior, a delimita e determina. Por isso mesmo, a paixão é experimentada como carência e privação, como experiência de uma falta que só pode ser suprida e suprimida pelo exterior. Eis por que dissemos anteriormente que, como *modo singular*, a mente internamente disposta é necessariamente uma potência de agir e, como *coisa finita* externamente determinada, tem essa potência diminuída porque está necessariamente submetida à paixão como as demais coisas naturais. O modo humano, por sua potência, é naturalmente ativo e, por sua finitude, naturalmente passivo. A finitude, isto é, o envolver negação, determina o núcleo da experiência passional como dependência e carência.

2. O FUNDAMENTO DA VIDA AFETIVA

Ao encerrar a dedução da gênese do modo humano, havíamos chegado à sua definição como potência de existir e agir, isto é, ao *conatus* como essência atual de uma coisa singular:[23]

O esforço pelo qual cada coisa se esforça para perseverar em seu ser não é nada além da essência atual da própria coisa.*

Potência intrinsecamente indestrutível, o *conatus* é essência atual[24] de uma coisa singular finita, isto é, de uma parte da Natureza limitada por outras de mesma natureza e afetada pelas potências das demais coisas singulares, que podem determinar o aumento ou a diminuição de sua potência. Ora, a mente humana, ideia de uma coisa singular existente em ato, é, como todas as coisas singulares, um *conatus*, cuja peculiaridade, entretanto, é ser consciente de si. Por isso a nona proposição da Parte III enuncia:

> A mente, tanto enquanto tem ideias claras e distintas como enquanto as tem confusas, esforça-se para perseverar em seu ser por uma duração indefinida e é cônscia deste seu esforço.

Quer tenha ideias adequadas, quer inadequadas, a mente é sempre e necessariamente operação do *conatus*, do qual ela é sempre consciente, mesmo que inadequadamente (pois o *conatus* não é sempre e necessariamente causa adequada); portanto, paixões e ações, efeitos da causalidade inadequada ou adequada, são esforço para perseverar na existência.

Visto que a mente é consciente de seu esforço, é possível nomeá-lo:

> Este esforço, quando referido só à mente, chama-se vontade (*voluntas*); mas quando é referido simultaneamente à mente e ao corpo chama-se apetite (*appetitus*), que portanto não é nada outro que a própria essência do homem, de cuja natureza necessariamente segue aquilo que serve à sua conservação; e por isso o homem é determinado a fazê-lo. Em seguida, entre apetite e desejo não há nenhuma diferença senão que o desejo é geralmente referido aos homens enquanto são cônscios de seu apetite, e por isso pode ser assim definido: *o desejo (cupiditas) é o apetite quando dele se tem consciência*. De tudo isso, constata-se então que não nos esforçamos, queremos, apetecemos, nem desejamos nada porque o julgamos bom; ao contrário, jul-

---

* E III, proposição 7.

gamos que algo é bom porque nos esforçamos por ele, o queremos, apetecemos e desejamos.*

O percurso desse escólio é curioso, pois, iniciando-se com a vontade e concluindo-se com o desejo, veremos que, sob a perspectiva do afeto, a primeira é, em última instância, identificada ao segundo. Na verdade, ocorre aqui o mesmo que se dera na Parte II, quando a vontade se desfaz como faculdade absoluta da mente sob a realidade da volição singular e esta se identifica com a própria ideia como ato cognitivo. Ora, é exatamente graças a isso que, na Parte III, esse escólio pode realizar seu percurso. De fato, na medida em que a mente, graças às suas ideias, é consciente de seu esforço de autoperseverança na existência, o primeiro nome desse esforço é exatamente a identidade entre ideia e volição e por isso recebe o nome de vontade. Todavia, quando a referência do *conatus* é à *união* da mente com seu corpo enquanto um "fazer algo", seu nome não é volição e sim apetite. Finalmente, visto que a mente é consciente do que se passa em seu corpo e nela mesma, a consciência do apetite se chama desejo. Vimos, no escólio da proposição 2, que Espinosa, retomando o que dissera no Apêndice da Parte I, assevera que os homens são cônscios de seus desejos, mas ignoram o que os causa; e, por seu turno, o enunciado da proposição 9 afirma que a mente efetua seu *conatus* quer tenha ideias claras distintas quer as tenha confusas, de maneira que a definição do desejo como consciência do apetite não significa *ipso facto* presença de uma ideia adequada, pois, se assim fosse, ele jamais seria uma paixão.

O ponto central do escólio é a identidade entre apetite e desejo. Definidos como "a própria essência do homem, de cuja natureza necessariamente segue aquilo que serve à sua conservação, e por isso o homem é determinado a fazê-lo", apetite e desejo, expressões determinadas do *conatus*, estão ontologicamente fundados na potência atual de autoperseverança na existência presente em todos os modos finitos da substância, que, como explicado na Parte II, são todos animados em graus diversos.

Ora, essa potência é a essência atual de uma coisa singular e por isso apetite e desejo são "a própria essência do homem", enquanto uma coisa singular existente. Dessa potência segue necessariamente o que serve para a conservação de

---

* E III, proposição 9, escólio.

um homem e por isso o determina a fazê-lo. Em outras palavras, apetite e desejo, determinados a *fazer algo* pela causalidade eficiente do *conatus*, são eles próprios causas eficientes. Assim como a dedução do *conatus* como potência atual afasta a imagem da potencialidade a ser atualizada em direção a um fim, da mesma maneira a dedução do apetite e do desejo como o que nos determina a fazer algo afasta suas imagens como operações determinadas por causas finais. Em outras palavras, apetite e desejo não são a consecução de um fim e sim a causa eficiente das operações realizadas pelo corpo e pela mente. Donde a conclusão do escólio: "Não nos esforçamos, queremos, apetecemos, nem desejamos nada porque o julgamos bom; ao contrário, julgamos que algo é bom porque nos esforçamos por ele, o queremos, apetecemos e desejamos". Desfeita a distinção entre apetite, desejo e vontade e desfeito o laço que os enlaçava a uma finalidade externa, a tradição da filosofia moral acaba de perder seu centro.

Na verdade, isto já estava anunciado desde o *Breve tratado*, quando Espinosa escrevera que tudo o que existe na Natureza são ou coisas ou ações e o bem e o mal, não sendo nem umas nem outras, "não existem na Natureza".[25] O esvaziamento ontológico do bom e do mau, efetuado pelo *Breve tratado* e prosseguido na *Ética*, estava preparado nos *Pensamentos metafísicos*, quando do exame crítico do transcendental *bonum*, definido por Tomás como o que é relacionado a outro (ao apetite, nos animais, e à vontade, nos humanos) e por Scotus como disposição de um ente com relação a outro que o exige e o completa.[26] Nos dois casos, era estabelecida uma distinção entre uma essência e sua operação (seja esta uma tendência, uma inclinação ou uma disposição), pois a segunda é determinada por um outro que lhe é exterior e que a inclina ou dispõe, fazendo-a dirigir-se para esse outro como seu fim, o *bonum*, cuja atualidade impulsiona as coisas, prenhes de potencialidade, a buscá-lo como um fim naturalmente apetecível ou voluntariamente escolhido porque desejável. A crítica ao *bonum* transcendental, realizada nos *Pensamentos metafísicos*, centra-se na distinção feita pela Escola entre "a própria coisa e o esforço (*conatum*) que existe em toda coisa, pelo qual ela se esforça para conservar-se em seu ser".[27] A separação entre a própria coisa, ou sua essência, e sua potência operante permitia à Escola distinguir entre apetite, ou inclinação *ex necessitate naturae*, e vontade, ou disposição livre para decidir *sub ratione boni*. Compreendemos, assim, o percurso de Espinosa no escólio da proposição 9 da *Ética* III, no qual, depois de definir a potência como a própria essência e referir o apetite simultaneamente ao corpo e à mente, estabelece sua identidade com o desejo (já identificado com a volição, visto ser ideia do apetite) e os define como a "própria essência do homem" que o determinam necessariamente a fazer algo, isto é, afirma que ambos são causas eficientes, podendo por isso concluir, recusando que sejam determinados pelo bom como seu fim.

Mas não apenas isso, a separação entre uma essência e sua natureza, de um lado, e a definição de sua operação como consecução de um fim, de outro, tinham como pressuposto a imagem da privação: a natureza de uma coisa seria seu movimento em direção a um fim que completaria e realizaria sua essência, preenchendo-a com aquilo que lhe faltava e por isso apetite e desejo eram vistos como inclinações para a supressão de uma falta ou de uma carência. Apesar do esvaziamento ontológico do bom e do mau e da recusa do possível ontológico assim como do finalismo, entretanto a figura do desejo como carência ainda pode ser encontrada no *Breve tratado*, quando, enlaçando desejo e amor, enquanto paixões, Espinosa escrevia:

> Sobre o desejo, que ele consista unicamente, como querem alguns, no apetite ou atração por obter aquilo de que se carece, ou como querem outros, para manter aquilo de que já gozamos, é certo que jamais pode ser encontrado em alguém senão sob a aparência do bom. [Em nota, Espinosa acrescenta: A primeira definição é a melhor, pois quando se goza de uma coisa cessa o desejo dessa coisa e a disposição para conservá-la que se manifesta então em nós não é um desejo, mas o temor de perder a coisa amada.][28]

Na *Ética*, porém, a imagem da privação como definição do apetite e do desejo, recusada explicitamente por Espinosa, embora reconheça a presença dessa *imagem* como constitutiva da experiência passional, que sempre envolve negação, pois a paixão é determinada pelo que *não é* nós.[29] Todavia, como não se trata, ainda, dessa experiência e sim da definição da essência do apetite e do desejo, trata-se, aqui, de deduzi-la das definições do *conatus* como atualidade e positividade intrínseca e do afeto como aumento ou diminuição da potência de existir e agir.

Finalmente, pode-se notar que, nesse percurso, o escólio também assinala a distância de Espinosa em relação a Descartes, uma vez que o desejo não tem como ponto de partida a representação de algo bom, mas, inversamente, é ele que produz essa representação.

Espinosa completa a dedução do *conatus* como fundamento das operações da mente na proposição 10, ao demonstrar que vale para a mente o que foi demonstrado para todas as coisas singulares na proposição 5,[30] isto é, que coisas de naturezas contrárias, quando dadas simultaneamente num mesmo sujeito, o destroem e por isso não podem ser dadas nele. A décima proposição nega a contrariedade entre as ideias como forma da relação entre a mente e seu corpo:

> Uma ideia que exclui a existência de nosso corpo não pode dar-se em nossa mente, mas é contrária a ela.

Em princípio, poderíamos considerar essa proposição evidente, embora seu enunciado seja a afirmação de algo gigantesco: ontologicamente, a mente nunca pode ser desejo de supressão de seu corpo, desejo que sustenta o platonismo e as metafísicas da imortalidade da alma, assim como as religiões da salvação ascéticas, em particular, a cristã. É exatamente por isso que Espinosa precisa demonstrá-la e, para tanto, invocar proposições referidas ao intelecto infinito de Deus.

A demonstração se realiza em duas etapas, a primeira referindo-se ao corpo e a segunda, à sua ideia. De fato, como já observamos, pela proposição 5, coisas são de naturezas contrárias quando não podem dar-se simultaneamente num mesmo sujeito porque o destroem e por isso, explica a demonstração da proposição 10, "o que quer que possa destruir nosso corpo não pode dar-se nele". Ora, pelo corolário da proposição 9 da Parte II, há no intelecto infinito o conhecimento de tudo o que se passa no objeto de uma ideia singular e, portanto, nele não pode dar-se uma ideia que exclua existência desse objeto e, pela proposição 13 da Parte II, o que constitui primeiramente a essência de nossa mente é a ideia do nosso corpo existente em ato, portanto, conclui-se que nela não pode dar-se uma ideia que exclua a existência dele ou afirme sua inexistência. Ademais, como foi demonstrado que essência e *conatus* são o mesmo, a mente se esforça para perseverar em seu ser e sendo este a ideia de seu corpo, o primeiro e principal esforço dela é afirmar a existência dele; portanto, uma ideia que negue essa existência é contrária à essência de nossa mente e não pode dar-se nela sem destruí-la. Esforçar-se para perseverar no ser significa, para nossa mente, rejeitar tudo quanto seja contrário à existência de nosso corpo, pois o que é contrário a ele é também contrário a ela.

Para esclarecer o que possa ser a contrariedade entre as ideias, no final do escólio da proposição 11, Espinosa retorna à proposição 10, escrevendo que "antes de prosseguir, gostaria de explicar mais longamente a proposição 10 para que se entenda com mais clareza de que maneira uma ideia é contrária a uma ideia". Por que esse esclarecimento? Porque, na sequência demonstrativa da dedução das paixões, Espinosa exporá a contrariedade entre afetos e a flutuação do ânimo quando experimenta afetos contrários, isto é, enquanto causa inadequada a mente é habitada por contrariedades afetivas. Por esse motivo, é preciso esclarecer que a impossibilidade de uma ideia contrária a outra deve-se entender, aqui, uma ideia contrária à *existência presente* do corpo, ou seja, contrária àquilo que define o ser ou a essência da própria mente e que ela naturalmente rejeita.

A explicação retoma a relação da mente com a existência presente de seu corpo como relação imaginativa. Dessa maneira, enquanto a proposição 10 se refere ao princípio geral da afirmação da existência do corpo pela mente, o escólio indica, como consequência, a validade desse princípio quando a mente imagina a existência presente de seu corpo, pois o *conatus* opera tanto quando a mente é causa adequada, quanto quando é inadequada.

Pelo escólio da proposição 17 da Parte II, no qual a imaginação foi definida e fora feita a distinção entre a ideia de Pedro em Pedro e sua ideia na mente de Paulo, Espinosa explicara que a ideia que constitui a essência da mente envolve a existência de seu corpo por tanto tempo quanto este existir e, por conseguinte, envolve todas as suas afecções. Dessa maneira, a ideia de Pedro na mente de Paulo existirá enquanto o corpo de Paulo existir, mesmo que o próprio Pedro já não exista, e essa ideia permanecerá até que o corpo de Paulo tenha uma afecção que exclua a existência do corpo de Pedro e, consequentemente, sua mente formará uma ideia que exclua a dessa existência. Em outras palavras, a mente imagina a existência ou a inexistência de um outro corpo, porém ela jamais imagina a inexistência de seu próprio corpo e por isso o imaginará existente por todo tempo em que ele existir.[31] Pelos corolário e escólio da proposição 8 da Parte II, a existência presente da mente significa que ela envolve a existência atual do corpo; e pela proposição 18 também da Parte II, a imaginação e a memória decorrem de a mente envolver a existência atual de seu corpo. Desse conjunto de proposições, corolários e escólios, Espinosa conclui, no escólio da proposição 11 da Parte III, que "a existência presente da mente e sua potência de imaginar são suprimidas assim que a mente deixa de afirmar a existência presente do corpo". Cabe, portanto, determinar sob que condições isso poderia ocorrer, isto é, qual poderia ser a ideia que excluiria a existência presente do corpo.

Visto que todas as coisas singulares são *conatus*, potências de existir intrinsecamente positivas, nenhuma podendo ser destruída senão por causas externas, compreende-se que a mente não pode ser a causa de deixar de afirmar a existência atual de seu corpo, uma vez que isso seria simultaneamente deixar de afirmar sua própria existência. Mas não só isso. Espinosa já demonstrou* que as coisas singulares existem enquanto compreendidas nos atributos de Deus e suas ideias existem no intelecto infinito e que, quando as coisas singulares são tomadas em suas existências atuais na duração, também suas ideias envolverão essa existência. Na medida em que toda essência é singular e não um universal possível que se particulariza numa existência determinada, conclui-se que tanto compreendidas nos atributos de Deus, quanto existindo atualmente na duração, a essência e a existência de uma coisa singular são inseparáveis e, por conseguinte, a ideia de uma essência singular é também a ideia de sua existência. A causa da essência e existência do corpo é a potência da extensão e a de sua existência *atual* na duração, a ordem e conexão dos corpos singulares na natureza; e a da sua inexistência *atual* na duração é a operação de causas corporais externas. Uma vez que não há relação causal entre a mente e o corpo, este não pode ser a causa para que ela o afirme ou deixe de afirmá-lo como atualmente existente, isto é, ela não afirma a existência atual dele por ele ter começado a existir, pois as existências atuais de ambos na duração são simultâneas, nem deixa de afirmar essa existência por ele ter deixado de existir, pois as inexistências atuais de ambos também são simultâneas. Por conseguinte, explica Espinosa, a afirmação da inexistência atual do corpo "se origina de outra ideia, que exclui a existência presente de nosso corpo e, consequentemente, de nossa mente, e que, portanto, é contrária à ideia que constitui a essência de nossa mente".** O ponto fundamental da explicação espinosana encontra-se na afirmação de que se trata de uma "outra ideia". De fato, sendo uma *outra ideia*, é externa à essência de nossa mente e, enquanto tal, contrária à essência desta. Assim como somente corpos exteriores contrários ao nosso podem destruí-lo, assim também somente as ideias desses corpos, exteriores à essência de nossa mente, podem ser contrárias a ela e destruí-la. A contrariedade se estabelece entre a ideia que a

---

* E II, proposição 8.
** E III, proposição 11, escólio.

mente *é* (a ideia de seu corpo) e as ideias que ela possa *ter* que contrariem seu ser; trata-se, pois, da ideia de um outro corpo que, afetando o seu, é imaginada pela mente como se fosse expressão de seu corpo próprio. A mente confunde a ideia de seu corpo (aquilo que ela é) com a imagem que dele forma um outro corpo ao afetá-lo, uma ideia imaginativa que pode ora concordar ora contrariar a ideia que a mente *é*. Isto possui um nome: chama-se paixão.

3. A GÊNESE DAS PAIXÕES

Fundada em duas proposições da Parte II, a proposição 7 — "a ordem e conexão das ideias é a mesma que a ordem e conexão das coisas" — e a proposição 14 — "a mente humana é apta a perceber muitíssimas coisas, e é tão mais apta quanto mais pode ser disposto o seu corpo de múltiplas maneiras" —, a *Ética* III enuncia a proposição 11:

> O que quer que aumente ou diminua, favoreça ou coíba a potência de agir de nosso corpo, a ideia desta mesma coisa aumenta ou diminui, favorece ou coíbe a potência de pensar de nossa mente.

"O que quer que": o enunciado da proposição não especifica o que pode aumentar ou diminuir a potência de agir do corpo e de pensar da mente; portanto, seu alcance é universal, significando *tudo* que cause esse aumento ou essa diminuição. Espinosa oferece, assim, um complemento à definição do afeto, pois se este se refere ao aumento ou à diminuição da potência do corpo e da mente, então, tudo o que cause um desses efeitos no corpo os causa em simultâneo na mente, de maneira que não há afetos que aconteçam apenas no corpo ou apenas na mente, mas acontecem simultaneamente em ambos, ainda que possam receber nomes distintos quando referidos a ele ou a ela. Disso resulta, como lemos no escólio, "que a mente pode padecer grandes mutações e passar seja a uma perfeição maior, seja a uma menor e certamente estas paixões nos explicam os afetos de alegria e tristeza".

Do *conatus* vieram as definições do apetite e do desejo e sua identidade; dele decorrem, agora, as definições dos afetos que Espinosa, juntamente com o desejo (*cupiditas*), designa como "afetos primários", dos quais se derivam todos os outros: a alegria (*laetitia*) e a tristeza (*tristitia*). Esses afetos são designados paixões da mente:

> Por *alegria*, entenderei na sequência a paixão pela qual a mente passa (*transit*) a uma maior perfeição. Por *tristeza*, a paixão pela qual ela passa (*transit*) a uma menor perfeição.*

Alegria, portanto, é o aumento da potência da mente; tristeza, sua diminuição. Duas observações cabem desde já. Ao definir o afeto como aumento ou diminuição da potência singular, Espinosa já indica algo que será nuclear para a compreensão das paixões: a contrariedade, apresentada na própria definição de alegria e de tristeza como afetos primários dos quais todos os outros se derivam. Isso esclarece por que, via de regra, as paixões são apresentadas como pares de opostos, conforme derivem da alegria ou da tristeza — amor e ódio, esperança e medo, soberba e abjeção, e assim por diante. Observemos, em segundo lugar, que, no final da Parte III, ao apresentar as Definições dos Afetos, Espinosa esclarece o emprego da noção de *passagem* (*transitio*) a uma perfeição maior ou menor, explicando que a alegria não é a própria perfeição da mente nem a tristeza, privação de maior perfeição, e sim o *quantum* do aumento ou da diminuição da perfeição, isto é, são *estados* pelos quais passa a essência da mente com a variação da intensidade de sua potência. Se nos lembrarmos de que, para Espinosa, perfeição é o mesmo que realidade e significa o que é completo e não um grau numa hierarquia de seres, toda essência é *perfecta*. Entretanto, tomada nela mesma, uma essência singular varia quanto ao acabamento ou à completude de sua realidade e essa variação é aqui indicada com a noção de passagem. Isso se comprova mais claramente, escreve Espinosa, a partir do afeto de tristeza,

> pois ninguém pode negar que a tristeza consiste na passagem a uma menor perfeição, e não na própria perfeição menor, visto que o homem, enquanto participa de alguma perfeição, não pode entristecer-se. E também não podemos dizer que a tristeza consiste na privação de uma maior perfeição; pois a privação nada é,[32] ao passo que o afeto de tristeza é um ato, que por isso não pode ser nenhum outro senão o

---

* E III, proposição 11, escólio.

ato de passar a uma menor perfeição, isto é, o ato pelo qual a potência de agir do homem é diminuída ou coibida.*

Não há, pois, passagem de uma perfeição a uma outra (maior ou menor) e sim aumento ou diminuição *da* perfeição, isto é, da realidade de uma essência, de maneira que a mudança quantitativa (aumento ou diminuição) é também qualitativa. A noção de passagem indica ainda que a essência de uma coisa singular passa por mudanças — há mudanças *na* essência dela —, porém ela não se transforma em outra — não há mudança *de* essência.[33]

Uma vez que o afeto ocorre em simultâneo na mente e no corpo, Espinosa explica que

> o afeto de alegria simultaneamente relacionado ao corpo e à mente, chamo carícia (*titillationem*) ou hilaridade (*hilaritatem*); o de tristeza, por sua vez, dor (*dolorem*) ou melancolia (*melancholiam*) [...] a carícia e a dor são referidas ao homem quando uma das partes dele é afetada mais do que as outras; já a hilaridade e a melancolia, quando todas as partes são igualmente afetadas.[34]**

O corpo humano é uma singularidade complexa constituída por uma multiplicidade de indivíduos igualmente complexos (ou suas partes) e a mente é tão complexa quanto seu corpo. A física demonstrou que um corpo pode ser afetado por outros de inúmeras maneiras simultâneas ou sucessivas e pode afetar outros de inúmeras maneiras simultâneas ou sucessivas; demonstrou também que, dependendo da parte afetada, um mesmo corpo exterior pode afetar o nosso de maneiras diferentes e diversos corpos exteriores podem afetá-lo da mesma maneira e, inversamente, dependendo das partes de nosso corpo que afetam determinadas partes dos corpos exteriores, nosso corpo pode afetá-los da mesma maneira ou de maneiras diferentes. Assim, a primeira referência ao que podemos designar como *sistema das afecções*[35] aparece com a distinção entre a carícia e a dor, de um lado, e entre a hilaridade e a melancolia, de outro, cujas diferenças decorrem da amplitude da afecção: nas primeiras, somente algumas partes do corpo são afetadas e a mente é afetada apenas parcialmente; nas segundas, o corpo e a

---

* E III, Definições dos Afetos, explicação das definições de alegria e tristeza.
** E III, proposição 11, escólio.

mente são afetados por inteiro.³⁶ A multiplicidade de afecções ou o sistema das afecções será, mais adiante, tematizado pela proposição 51:

> Homens diferentes podem ser afetados de diferentes maneiras por um só e o mesmo objeto, e um só e o mesmo homem pode ser afetado de diferentes maneiras por um só e o mesmo objeto em tempos diferentes.

Isso explica, lemos na demonstração, por que "dois homens podem, ao mesmo tempo, ser afetados de diferentes maneiras; e por isso podem ser afetados de diferentes maneiras por um só e o mesmo objeto". Não só isso, também o corpo de cada um "pode ser afetado ora desta ora doutra maneira e, consequentemente pode ser afetado de diferentes maneiras por um só e o mesmo objeto em tempos diferentes".

No escólio da proposição 11 (que estamos examinando), Espinosa menciona o desejo como afeto primário e envia o leitor à definição oferecida na proposição 9 (quando identificara apetite, desejo e vontade). Todavia, não passa desapercebido que essa definição confere ao desejo uma posição mais ampla do que a conferida à alegria e à tristeza, pois estas são definidas como *passagens* de um estado a outro da mente e do corpo, mas o desejo se apresenta como a *essência* do homem, tanto assim que haverá desejos alegres e tristes. Por esse motivo, convém, desde já, mencionar a definição completa da *cupiditas*, apresentada na primeira definição das Definições dos Afetos, no final da Parte III.

> O desejo (*cupiditas*) é a própria essência do homem enquanto é concebida determinada a fazer algo (*ad agendum*) por uma dada afecção sua qualquer.

Nota-se, de imediato, que essa definição não recobre totalmente aquela que fora dada na proposição 9. Tal diferença esclarece por que Espinosa julga necessário oferecer uma explicação dessa nova definição, desdobrando-a em duas etapas. Na primeira, apresenta o motivo para ter, na proposição 9, feito referência ao desejo como apetite de que se tem consciência e à identidade entre vontade, apetite e desejo, de maneira a esclarecer que o desejo é o próprio *conatus*, fazendo-nos compreender por que, nas Definições dos Afetos, vontade e apetite não aparecem.

"Não reconheço nenhuma diferença entre o apetite humano e o desejo",* começa Espinosa, pois, quer um homem seja ou não consciente de seu apetite, "o apetite permanece um só e o mesmo". Todavia, prossegue ele, para não parecer cometer uma tautologia, "não quis explicar o desejo pelo apetite, mas tentei defini-lo de tal maneira que compreendesse de uma só vez todos os esforços da natureza humana que designamos pelos nomes de apetite, vontade, desejo ou ímpeto".** Em outras palavras, referido aos seres humanos, o desejo é o esforço vital de que a mente é consciente e, nesse sentido, abrange "todos os esforços da natureza *humana*" (especificação necessária, uma vez que todos os indivíduos são animados em graus diversos e são *conatus*). Na segunda etapa, Espinosa esclarece o acréscimo feito à definição apresentada na proposição 9. Nessa explicação evidencia-se o desejo como uma conduta ou um comportamento, um "fazer algo" e, portanto, como causa eficiente:

> Com efeito, poderia ter dito que o desejo é a própria essência do homem enquanto é concebida determinada a fazer algo (*ad agendum*); mas desta definição não seguiria que a mente pode ser cônscia de seu desejo, ou seja, apetite. Então, para que eu envolvesse a causa desta consciência, foi necessário acrescentar *enquanto é concebida determinada a fazer algo por uma dada afecção sua qualquer*. Pois por afecção da essência humana entendemos uma constituição qualquer desta essência, seja ela inata ou adquirida, seja concebida só pelo atributo do pensamento, seja pelo da extensão, seja enfim referida a ambos simultaneamente.***

A definição completa do desejo como a própria essência do homem apresenta, portanto, a causa pela qual se pode concebê-lo como o apetite do qual a mente é consciente, na medida em que se trata de um "fazer algo" ou realizar uma operação (*ad agendum*) pela determinação de uma dada afecção qualquer e é desta exatamente que a mente é consciente, pois é ideia das afecções de seu corpo e de suas próprias afecções e essa consciência se manifesta em condutas e comportamentos dirigidos a si, aos outros e a todas as coisas.

Com a demonstração da identidade entre a essência, a potência e o desejo,

---

* E III, definição do desejo, Definições dos Afetos, explicação.
** Ibid.
*** Ibid.

Espinosa completa a dedução do modo humano. Além disso, embora haja três afetos primários, podemos observar que há uma distinção entre o desejo, de um lado, e a alegria e a tristeza, de outro, pois as duas últimas se referem ao aumento ou diminuição da potência do *conatus* singular enquanto o primeiro é idêntico ao próprio *conatus*, definindo a essência de um homem quando sua potência é determinada por afecções que o levam a fazer algo. Esse lugar ocupado pelo desejo explicará por que há desejos alegres e tristes, isto é, que o aumento ou a diminuição da potência de uma essência singular é inseparável do desejar.

As definições dos três afetos primários — desejo, alegria e tristeza — indicam que a gênese das paixões decorre do cruzamento de duas causalidades eficientes — a causalidade interna do *conatus* e a causalidade externa ou operação das coisas exteriores — e do entrecruzamento dos três afetos primários, de maneira que a definição de cada paixão deverá explicitar em que condições e como se dão aquele cruzamento causal e esse entrecruzamento afetivo, Espinosa demonstrando para isso as operações imaginativas realizadas pela mente. Assim, começará com a demonstração da relação com as coisas externas;* em seguida, introduzirá o tempo, fazendo intervir a memória e os processos cognitivos de associação de ideias ou imagens;** prosseguirá com a dedução*** das paixões conforme as diferentes maneiras como se dão os encontros fortuitos do corpo e da mente com as coisas externas, fazendo aparecer a complexidade crescente da vida passional. O crescimento dessa complexidade colocará em cena**** as diferentes maneiras como acontece a relação com a alteridade, o outro podendo ser uma coisa ou um ser humano, relação inicialmente dual e, posteriormente, triádica; finalmente,***** introduzirá relações entre as próprias paixões, que se alteram reciprocamente, reforçando-se mutuamente ou contrariando-se.

a. Nós e as coisas

Tendo o *conatus* como referência fundante, a proposição 12 enuncia:

---

* E III, proposição 12.
** E III, proposição 13.
*** A partir de E III, proposição 14.
**** A partir de E III, proposição 19.
***** A partir de E III, proposição 35.

A mente, o quanto pode, esforça-se para imaginar coisas que aumentam ou favorecem a potência de agir do corpo.

De fato, durante o tempo em que o corpo é afetado de uma maneira que envolve a natureza do corpo externo, a mente contemplará esse corpo como presente, isto é, ela o imaginará como presente e, se ele aumentar a potência de agir do corpo, ela se esforçará para conservar essa imagem, pois esta também aumenta sua potência de pensar. Por isso, "a mente, o quanto pode, esforça-se para imaginar tais coisas", isto é, conservar presente aquilo que envolve a natureza de seu próprio corpo, de sorte que, relacionando-se com as coisas externas, relaciona-se, realmente, consigo mesma. O que é confirmado, em sentido inverso, pela proposição 13:

Quando a mente imagina coisas que diminuem ou coíbem a potência de agir do corpo, esforça-se, o quanto pode, para recordar coisas que excluem a existência daquelas.

Podemos observar que Espinosa não diz apenas que a mente se esforça para excluir as imagens das coisas que diminuem sua potência de agir e a de seu corpo, mas ainda apresenta a operação pela qual ela as exclui ao se esforçar, por meio da memória, para recordar coisas que excluem a presença daquelas que causam tal diminuição. Dessa maneira, é o esforço de afirmação da potência que determina a maneira como a mente encontra um caminho para excluir o risco da diminuição da potência; por esse motivo, o corolário dessa proposição assegura que "a mente tem aversão a imaginar coisas que diminuem ou coíbem a potência dela e do corpo".

A reunião do esforço da mente para imaginar o que aumenta sua potência e a de seu corpo com o esforço para excluir o que as diminui determina a maneira como se efetua a relação com o exterior pela gênese de duas novas paixões: o amor e o ódio, pois "o amor é nada outro que a alegria conjuntamente à ideia de causa externa, e o ódio é nada outro que a tristeza conjuntamente à ideia de causa externa".* Uma vez que a mente, o quanto está em seu poder, esforça-se para

---

* E III, proposição 13, escólio.

imaginar coisas que aumentam ou favorecem a potência de agir do corpo e, inversamente, esforça-se para excluir o que a diminui, procurando recordar-se daquelas que a aumentam, segue que "aquele que ama esforça-se necessariamente para ter presente e conservar a coisa que ama; e, inversamente, aquele que odeia esforça-se para afastar e destruir a coisa de que tem ódio".* Amor e ódio trazem uma precisão à alegria e à tristeza: trata-se de afetos conjugados à presença de uma causa externa à qual se atribui o aumento ou a diminuição da potência do corpo e da mente.

Como, no amor, a mente busca a proximidade com a coisa amada, pois, sendo esta a causa da alegria, é causa do aumento da potência de pensar, nas Definições dos Afetos, Espinosa retoma uma definição do amor que atribui a alguns autores, para os quais o amor é "a vontade do amante de unir-se à coisa amada". Embora Espinosa não esclareça quem são os autores, sabemos que essa definição se encontra em Leão Hebreu, nos *Diálogos do amor*,[37] de maneira que se trata da concepção platônica e neoplatônica que, entretanto, "não exprime a essência do amor",** e sim uma propriedade dele, também mal conhecida, acrescenta Espinosa. Sem recusar essa definição,[38] Espinosa, a altera, esclarecendo que não entende por "vontade do amante" o consentimento ou a deliberação do ânimo, "ou seja, o decreto livre (pois já demonstramos que isto é fictício), tampouco o desejo de unir-se à coisa amada quando ela está ausente, ou de perseverar na presença dela quando está lá; pois o amor pode ser concebido sem este ou aquele desejo".*** Em outras palavras, o amor não é uma livre deliberação do ânimo, pois isso é ficção nascida da imagem do livre-arbítrio da vontade, nem é anelar o ausente, pois isto o transformaria em tristeza, nem é fundir-se com a coisa amada e jamais saciar-se com sua presença, pois o desejo não é carência. Por vontade de unir-se à coisa amada, há que se entender "o *contentamento* que se dá no amante diante da presença da coisa amada e que corrobora, ou pelo menos fomenta, a alegria do amante".****

Uma vez que em si mesmas as coisas não são boas nem más, amáveis ou odiosas, pois "as imaginações da mente indicam mais os afetos do nosso corpo

---

* Ibid.
** E III, Definições dos Afetos, explicação da definição do amor.
*** Ibid.
**** Ibid.

do que a natureza dos corpos externos",* podemos indagar sob que circunstâncias amamos algumas coisas e odiamos outras. A primeira resposta encontra-se, evidentemente, no efeito de aumento ou diminuição da potência da mente produzido pelas coisas que nos afetam e determinam nossa relação com elas sob a forma do afeto. Todavia, a força e a constância que caracterizam a alegria enquanto esforço para aumentar a potência e afastar o que a enfraqueça não significa que por isso afetos alegres ou tristes não possam ser fugazes e inconstantes, tanto assim que amor e ódio podem nascer de circunstâncias variáveis e desaparecer conforme estas mudem. Assim, por exemplo, sendo a memória a operação da mente realizada quando uma afecção reaviva no corpo os vestígios nele deixados pelas afecções de dois corpos externos que o afetaram em simultâneo, se essas afecções forem afetos, a mente, tendo sido "uma vez afetada simultaneamente por dois afetos, quando depois for afetada por um deles o será também pelo outro".** No entanto, como uma imagem diz respeito à constituição do nosso corpo e não à da própria coisa que o afeta, a simultaneidade das afecções corporais pode ter uma nova consequência, qual seja, *"qualquer coisa* pode ser, por acidente, causa de alegria, tristeza ou desejo".*** De fato, uma coisa pode afetar nosso corpo e sua ideia afetar nossa mente sem que seja a causa efetiva de aumento ou diminuição de suas potências; entretanto, a simultaneidade de duas afecções faz com que a mente, ao ser afetada efetivamente pela imagem de um corpo sem que essa afecção aumente ou diminua sua potência de pensar, imediatamente seja afetada pela imagem do outro corpo que afetara em simultâneo o seu e esse segundo corpo, na medida em que "lhe aumenta ou diminui a potência de pensar", a fará ser afetada de alegria ou tristeza pelo primeiro corpo que, "não por si, mas por acidente, será causa de alegria ou de tristeza; e pela mesma via pode-se facilmente mostrar que aquela coisa pode ser, por acidente, causa de desejo".**** Basta, portanto, que um dos corpos dados em simultaneidade cause um afeto para que o outro, que em si mesmo não o causa, o produza por acidente. Os encontros fortuitos com outros corpos na ordem comum da Natureza determinam, portanto, que *qualquer coisa* possa causar acidentalmente um afeto pela transferência de

---

* E III, proposição 14.
** Ibid.
*** E III, proposição15. Grifos meus.
**** Ibid.

sua imagem à de uma outra a ela assemelhada em decorrência da associação de imagens retidas na memória. Por isso,

> só por termos contemplado uma coisa com um afeto de alegria ou tristeza de que ela própria não é causa eficiente, podemos amá-la ou odiá-la.*

Eis por que se torna compreensível que possamos amar ou odiar "algumas coisas sem nenhuma causa que nos seja conhecida, mas apenas (como dizem) por *simpatia* e *antipatia*".** Embora essas palavras tenham sido empregadas por autores que com elas pretendem significar qualidades ocultas das coisas, escreve Espinosa, "contudo creio ser-nos lícito entender por tais nomes também qualidades conhecidas ou manifestas".*** Por esse motivo, a simpatia será definida como *propensão* (uma alegria conjuntamente à ideia de uma coisa que por acidente é causa de alegria) e a antipatia como *aversão* (uma tristeza conjuntamente à ideia de uma coisa que por acidente é causa de tristeza).

Ora, simpatia e antipatia indicam que, além da simultaneidade das afecções, uma outra causa da transferência de imagens pode ser responsável pelo surgimento acidental de um afeto de amor ou ódio, qual seja, a associação de imagens por semelhanças imaginadas entre elas quando uma delas afeta a mente de alegria ou tristeza, "ainda que aquilo em que a coisa se assemelha ao objeto não seja a causa eficiente destes afetos". De fato,

> só por imaginarmos que uma coisa tem algo semelhante ao objeto que costuma afetar a mente de alegria ou tristeza, ainda que isso em que se assemelhem não seja a causa eficiente destes afetos, contudo a amaremos ou odiaremos.

Todavia, não é apenas esta a consequência da associação de imagens e da transferência afetiva. Uma outra, mais complexa, é também causada por elas porque, ao imaginarmos que uma coisa que costuma nos afetar de tristeza tem algo semelhante a outra que, com a mesma intensidade, costuma nos afetar de

---

* E III, proposição 15, corolário.
** Ibid., escólio.
*** Ibid.

alegria, "nós a odiaremos e a amaremos simultaneamente".* Assim, o efeito de uma semelhança e da transferência afetiva entre imagens que produzem afetos contrários simultâneos será uma situação que percorre toda a vida passional: a flutuação do ânimo (*fluctuatio animi*).

> Esta constituição da mente, a saber, a que se origina de dois afetos contrários, é chamada flutuação do ânimo, a qual, por conseguinte, está para o afeto, assim como a dúvida está para a imaginação; e a flutuação do ânimo e a dúvida não diferem entre si a não ser segundo o mais e o menos.**

Por que dúvida e flutuação do ânimo são o mesmo? Retomemos por um momento a experiência do menino[39] que, pela repetição dos acontecimentos, imaginava a linha do tempo definida pela simultaneidade entre a série sucessiva dos momentos do dia e a presença de um passante determinado em cada um deles e ficara desorientado com a ruptura dessa simultaneidade que dava sentido à sequência temporal, de maneira que sua imaginação flutuara e ele duvidara dos acontecimentos tanto passados quanto futuros. Da mesma maneira, também o ânimo flutua sob a ação de afetos contrários simultâneos e essa flutuação afetiva é mais intensa do que a cognitiva, pois poderá desencadear efeitos cognitivos, isto é, a contrariedade dos afetos atuará sobre a dúvida quanto aos acontecimentos. No entanto, Espinosa introduz uma advertência: a flutuação do ânimo não se limita aos casos do surgimento acidental de um afeto, pois não há como negar que "as flutuações do ânimo se originem o mais das vezes de um objeto que seja causa eficiente de ambos os afetos". Como um mesmo objeto pode ser causa eficiente não acidental de afetos contrários? A resposta se encontra no que designamos acima como *sistema das afecções corporais*,[40] isto é, que, por sua complexidade, nosso corpo pode afetar e ser afetado por outros de variadas maneiras, conforme as partes afetantes e afetadas e por isso "podemos facilmente conceber que um só e o mesmo objeto pode ser causa de múltiplos e contrários afetos",*** dependendo das partes de nosso corpo afetadas por ele, seja a um só tempo, seja em outras circunstâncias. Dessa maneira, algo acariciante a uma parte de nosso

---

* E III, proposição 17.
** Ibid., escólio.
*** Ibid.

corpo pode, simultaneamente, ser dolorosa a uma outra; ou uma coisa acariciante a uma parte de nosso corpo pode, noutras circunstâncias, ser-lhe causa de dor; e as imagens dessas coisas serão, simultaneamente ou em variadas circunstâncias, causas, a uma só vez, de alegria *e* tristeza na mente, que pende para essa imagem ao lhe ter aversão, amando-a ao odiá-la. A advertência de Espinosa é decisiva porque, na verdade, a flutuação do ânimo é a marca mais profunda da inconstância e fragilidade das paixões, aparecendo na definição do desejo passivo e oferecendo (na Parte IV) uma das chaves para compreendermos a servidão humana, recolhida em sua tonalidade trágica no verso de Ovídio, *video meliora proboque deteriora sequor* ("vejo o melhor e o aprovo; sigo o pior"):

> Entendo aqui pelo nome desejo quaisquer esforços, ímpetos, apetites e volições de um homem que, segundo a variável constituição do mesmo homem, são variáveis e não raro tão opostos uns aos outros que ele é arrastado de diversas maneiras e não sabe para onde voltar-se.*

Não poderia ser diferente. A naturalidade dos afetos implica afirmar que a contrariedade entre eles é constitutiva da experiência afetiva imaginária, que não apenas oscila entre afetos contrários, como também pode vivenciá-los em simultâneo, como será demonstrado a seguir.⁴¹

A rede imaginária, tecida pela simultaneidade e semelhança ou associação de imagens, pela transferência afetiva e a flutuação do ânimo e pelo sistema das afecções corporais, recebe o acréscimo de um novo fio para sua tecelagem: a relação do afeto com o tempo, já anunciada quando Espinosa aproximara flutuação cognitiva (a dúvida) e flutuação afetiva.

> Um homem, a partir da imagem de uma coisa passada ou futura, é afetado pelo mesmo afeto de alegria ou de tristeza que a partir da imagem de uma coisa presente.**

O percurso realizado por Espinosa nessa proposição é curioso, pois, na demonstração, praticamente neutraliza a diferença dos tempos em nome do privilégio conferido ao presente, porém, nos dois escólios, repondo a articulação entre

---

* E III, Definições dos Afetos, explicação da definição do desejo.
** E III, proposição 18.

flutuação cognitiva e flutuação do ânimo, dá relevância à diferença temporal, que será responsável pela gênese de novas paixões.

De fato, a demonstração, fundada na definição da imaginação, afirma que

> durante o tempo em que o homem é afetado pela imagem de alguma coisa, contemplará a coisa como presente, ainda que não exista, e não a imagina como passada ou futura, senão enquanto sua imagem está unida à imagem do tempo passado ou futuro.

Consequentemente, a imagem da coisa, considerada apenas em si, é a mesma, quer referida ao tempo futuro ou passado, quer ao presente porque "a constituição do corpo, ou o afeto, é a mesma, quer a imagem seja de uma coisa passada ou futura, quer de uma coisa presente", de maneira que em qualquer um dos casos o afeto de alegria ou de tristeza será o mesmo.

O primeiro escólio dessa proposição começa esclarecendo a causa da permanência de um afeto independentemente da diferença dos tempos, pois uma coisa passada ou futura, ao ser imaginada afetando o corpo sem que qualquer outra imagem a exclua, será imaginada como presente e o corpo é afetado por ela como se ela estivesse em sua presença. Alegria e tristeza, amor e ódio se dirigem ao passado e ao futuro como se fossem o presente, indiferentes ao que passou ou ao que passará, pois a imagem é sempre contemplada como presença. Todavia, a diferença temporal não poderá ser ignorada pela mente porque, com frequência, aqueles que experimentam muitas coisas "flutuam durante o tempo em que contemplam a coisa como futura ou passada, e duvidam muito da ocorrência dela", incerteza que decorre de que "os afetos que se originam de semelhantes imagens das coisas não são tão constantes mas, ao contrário, são o mais das vezes perturbados pelas imagens de outras coisas até que os homens estejam mais certos da ocorrência da coisa".* A diferença dos tempos experimentada imaginariamente leva a mente ao sentimento da contingência das coisas e à incerteza sobre elas.[42]

Tendo, assim, articulado flutuação cognitiva e flutuação afetiva e ambas à relação com tempo futuro ou passado, Espinosa poderá, no segundo escólio dessa proposição, oferecer a gênese de um novo conjunto de paixões alegres e tristes:

---

* Ibid., escólio.

Pelo que assim foi dito, entendemos o que são esperança, medo, segurança, desespero, júbilo e remorso. Pois a *esperança* é nada outro que a alegria inconstante originada da imagem de uma coisa futura ou passada, de cuja ocorrência duvidamos. O *medo*, ao contrário, é a tristeza inconstante originada da imagem de uma coisa duvidosa. Além disso, caso a dúvida seja suprimida desses afetos, da esperança faz-se a *segurança*, e do medo, o *desespero*; a saber, a alegria ou a tristeza originadas da imagem de uma coisa que temos ou esperamos. O *júbilo*, ademais, é a alegria originada da imagem de uma coisa passada, de cuja ocorrência duvidáramos. O *remorso*, enfim é a tristeza oposta ao júbilo.*

Retomemos as definições dessas paixões tal como aparecem nas Definições dos Afetos, quando Espinosa escreve:

A esperança (*spes*) é uma alegria inconstante nascida da ideia de uma coisa futura ou passada de cujo desenlace duvidamos em certa medida.

O medo (*metus*) é uma tristeza inconstante nascida da ideia de uma coisa futura ou passada de cujo desenlace duvidamos em certa medida.

Essas definições são complementadas por uma explicação:

Segue dessas definições que não há esperança sem medo, nem medo sem esperança. Aquele que está suspenso na esperança e duvida que advenha algo esperado, começou a imaginar algo que exclua a existência do esperado e, por conseguinte, passa da alegria instável à tristeza. Quem está suspenso na esperança tem medo de vê-la frustrada. Aquele, ao contrário, que é vítima do medo, isto é, duvida que advenha algo odiado, imagina alguma coisa que exclua a existência do temido e, por conseguinte, alegra-se na esperança de que não ocorrerá.

Essa explicação nos permite falar no *sistema medo-esperança*, uma vez que essas paixões são complementares e uma não surge sem a presença da outra: tristeza e alegria inconstantes, medo e esperança são expressões máximas de nossa finitude e de nossa relação com a contingência, tempo descontínuo, imprevi-

---

* E III, proposição 18, escólio.

sível e incerto, encontros acidentais na ordem comum da Natureza. Incerteza tanto maior visto que qualquer coisa pode ser por acidente causa de alegria ou de tristeza e por isso "qualquer coisa pode ser, por acidente, causa de esperança ou de medo".* A experiência da contingência e da dúvida torna o medo e a esperança intercambiáveis não apenas em momentos sucessivos, mas também na simultaneidade: numa metamorfose interminável, cada uma dessas paixões habita e perpassa a outra, pois quem está suspenso na esperança e duvida do desenlace, teme *enquanto* espera, e quem está suspenso no medo e duvida do que possa acontecer, espera *enquanto* teme.

Medo e esperança não se separam senão quando suprimida a dúvida, ainda que permaneça insuperável o sentimento da contingência — a incerteza quanto ao curso das coisas singulares. Com a ausência de dúvida, passamos do medo ao desespero e da esperança à segurança:

> A segurança (*securitas*) é a alegria nascida de uma coisa passada ou futura sobre a qual já não existe dúvida.
>
> O desespero (*desperatio*) é a tristeza nascida de uma coisa passada ou futura sobre a qual já não existe dúvida.

Explica Espinosa:

> A segurança, portanto, nasce da esperança e o desespero, do medo, quando já não existem dúvidas sobre a ocorrência de algo. Isto decorre de que o homem imagina algo passado como estando presente ou imagina a existência daquilo que o fazia duvidar do desenlace. Assim, mesmo sem ter certeza sobre as coisas singulares, podemos não duvidar que ocorram ou deixem de ocorrer e essa ausência de dúvida é a causa da segurança ou do desespero.[43]

Embora a operação imaginativa consista em dar ao presente a predominância sobre os outros tempos, entretanto esse presente em si mesmo é um vazio (o evento será ou já foi) preenchido pelos afetos, que presentificam o que ainda não é ou o que já não é. Todavia, o fato de que o acontecimento tenha ocorrido e a

---

* E III, proposição 50.

segurança e o desespero tenham substituído a esperança e o medo, a ausência de dúvida nestes casos não significa presença da certeza: simplesmente a imaginação traz o passado e o futuro para o presente, excluindo imagens de tudo quanto possa impedir essa presença, mas sem qualquer garantia de que o contrário não teria sido possível, uma vez que tudo é experimentado como contingente. Essa presentificação, que não elimina a contingência, é mais evidente no caso do júbilo e do remorso, também determinados pela ausência de dúvida, pois no primeiro, o afeto nasce do fato de que algo esperado como bom poderia não ter acontecido e, no segundo, o inverso, ou como lemos nas Definições dos Afetos:

> O júbilo (*gaudium*) é a alegria conjuntamente à ideia de uma coisa passada que ocorreu contra toda esperança.
>
> O remorso (*conscientia mosrus*) é a tristeza conjuntamente à ideia de uma coisa passada que ocorreu contra toda esperança.

Embora as paixões possam ser causadas por acidente e mergulhar a mente na experiência da contingência e da contrariedade afetiva, entretanto é uma lei necessária da Natureza que a alegria aumenta a potência de agir da mente e do corpo e que a tristeza as diminui. Por isso "quem imagina aquilo que ama ser destruído, se entristecerá; porém se alegrará se o imagina ser conservado"* e, inversamente, "quem imagina aquilo que odeia ser destruído, se alegrará".** Visto que a mente emprega todas as suas forças em imaginar o que aumente ou favoreça a potência de agir de seu corpo, alegrando-se com o que cause esse efeito e sentindo amor por causa dessa alegria, seu esforço se dirige às imagens das coisas que ponham e conservem a existência da coisa amada e afastem as que a excluam, pois essa exclusão ou destruição é a causa da tristeza. E inversamente, o que é objeto de ódio, sendo causa da tristeza, enfraquece a potência da mente e do corpo e por isso a destruição daquilo que é odiado causa alegria; é a mente se esforçando para imaginar essa exclusão.

A paixão estende o corpo e a mente para além da coisa amada ou odiada, pois seu esforço se propaga para as imagens de outras coisas que, afetando a coisa amada ou a odiada, favorecem a alegria, devendo ser conservadas, ou provo-

---

* E III, proposição 19.
** E III, proposição 20.

cando tristeza, devem ser destruídas. Ora, se reunirmos as diversas causas de uma paixão (encontro acidental; semelhança e associação entre imagens; transferência afetiva; incerteza e flutuação do ânimo; contingência dos objetos de alegria; e tristeza e propagação) podemos antever como se realizará o esforço para conservar a coisa amada e destruir a odiada, uma vez que a primeira causa alegria (o aumento da potência de autoconservação) e a segunda, tristeza (a diminuição da potência de agir do corpo e da mente), e ambas estão enlaçadas às outras paixões. Assim, a propagação e a transferência afetivas fazem com que

> quem imagina aquilo que ama afetado de alegria ou de tristeza, também de alegria ou de tristeza será afetado; e cada um destes afetos será maior ou menor no amante conforme cada um seja maior ou menor na coisa amada.*

O que se passa no amante não se limita à presença do amado, mas envolve também o que se passa neste último, ou seja, "a imagem de alegria da coisa amada favorece no amante o esforço de sua mente, isto é, afeta o amante de alegria, e esta é tanto maior quanto maior tenha sido este afeto na coisa amada". O amante deseja a alegria crescente da coisa amada, pois esta faz crescer a sua. Inversamente, uma coisa afetada de tristeza tende à destruição de quem se entristece e "por isso quem imagina aquilo que ama ser afetado de tristeza, também será afetado de tristeza, e esta é tanto maior quanto maior tenha sido este afeto na coisa amada". O amante será tanto mais afetado de destruição quanto maior a tristeza que se apoderar da coisa amada. Assim, a vida do amante e a do amado são indissociáveis e o primeiro amará ou odiará aquilo que afetar o segundo de alegria ou de tristeza. Dessa maneira, aquilo que, em outras circunstâncias, não afetaria alguém de alegria ou de tristeza passa a ter esse efeito por uma transferência do afeto do amante ao que afeta o amado. Podemos antever o que sucederá diante do medo de perder a coisa amada com a esperança de que isso jamais aconteça e o júbilo que a ausência dessa dúvida há de causar no amante, ou diante da esperança de conservá-lo com o medo de não consegui-lo e o desespero que a ausência dessa dúvida suscitará no amante.

Nota-se, portanto, que a paixão não é apenas uma relação dual entre alguém

---

* E III, proposição 21.

e algo que o alegra ou o entristece, mas é também uma relação triádica, na qual um terceiro termo (ou uma outra causa externa) produz efeitos sobre o objeto de alegria ou de tristeza que repercutem sobre aquele que deseja conservá-lo ou destruí-lo. Essa dimensão triádica acrescenta um novo fio na tecelagem da rede afetiva e abre um novo percurso, que se inicia com a afirmação de que "se imaginamos alguém afetar de alegria a coisa que amamos, seremos afetados de amor a ele. Se, ao contrário, o imaginamos afetá-la de tristeza, inversamente também seremos afetados de ódio contra ele".* Com efeito, agora, Espinosa se refere a *alguém* que afeta a coisa amada de alegria ou de tristeza e nos faz imaginá-la afetada dessa maneira; sendo esse alguém ou esse terceiro uma causa externa que, por transferência afetiva, nos afeta da mesma maneira, nós o amaremos ou o odiaremos, experimentando por esse outro os mesmos afetos que imaginamos experimentados pela coisa amada. Essas relações determinam a gênese de um novo conjunto de paixões: a *comiseração*, tristeza nascida do dano feito a outro; o *apreço*, amor por aquele que fez um bem a outro e, ao contrário, a *indignação*, ódio por aquele que fez um mal a outrem.

    Podemos observar que, a partir de agora, a coisa amada aparece como capaz de afetos de alegria e de tristeza, e o terceiro, que assim a afeta, é designado como alguém; por conseguinte, Espinosa sugere que tanto ela quanto o terceiro são humanos. Todavia, Espinosa continua se referindo ao objeto de amor como "coisa amada" e será preciso aguardar o momento em que esse objeto também será *alguém*. Espinosa antecipa brevemente o momento em que isso acontecerá ao observar que "não nos comiseramos apenas da coisa que amamos, mas também daquela pela qual nunca tivemos nenhum afeto, contanto que a julguemos semelhante a nós [como adiante mostrarei]. E, por isso, também temos apreço por aquele que fez bem ao semelhante e, ao contrário, nos indignamos com aquele que trouxe dano ao semelhante".** Será, portanto, a percepção da coisa amada (ou da odiada) como *semelhante a nós* que dará sua passagem à condição de alguém, o que ocorrerá quando o desejo entrar em cena.

    Até aqui, o percurso efetuado voltou-se para a relação como uma coisa amada; trata-se, agora, de efetuá-lo como relação com uma coisa odiada. Donde a proposição 23 enunciar:

---

* E III, proposição 22.
** Ibid.

Quem imagina aquilo que odeia afetado de tristeza, se alegrará; se, ao contrário, imagina-o ser afetado de alegria, se entristecerá; e cada um desses afetos será maior ou menor conforme o seu contrário seja maior ou menor naquilo que ele odeia.

Com efeito, uma coisa afetada de tristeza tende à destruição e tanto mais quanto mais triste for; por consequência, quem imagina uma coisa odiada afetada de tristeza, se alegrará; e a alegria será tanto maior quanto mais intensa a tristeza da coisa odiosa. Inversamente, quem imagina a coisa odiada afetada de alegria, se entristecerá; e sua tristeza será tanto maior quanto a intensidade da alegria do que é odiado. Ora, assim como Espinosa já indicara que as relações afetivas se tornam mais complexas quando passamos de uma "coisa" e a "alguém", isto é, um outro semelhante a nós, da mesma maneira, no final do escólio da proposição 23, ele alerta:

> Dificilmente esta alegria pode ser sólida e sem conflito do ânimo. Pois (como logo mostrarei na proposição 27 desta parte) enquanto imagina a coisa a si semelhante afetada por um afeto de tristeza, deve nesta medida entristecer-se; e, o contrário, se imaginá-la afetada de alegria. Mas aqui só ao ódio prestaremos atenção.

Visto que, no momento, se trata da contrariedade entre alegria e tristeza relativas ao ódio e ao amor, Espinosa prossegue* afirmando a transferência afetiva ou a transitividade dos afetos e esclarece que se imaginarmos alguém afetar de alegria a coisa que odiamos, seremos afetados de ódio por esse outro e, inversamente, nós o amaremos se afetar de tristeza a coisa odiada. Disso nasce uma nova paixão, a *"inveja,* que em vista disso é nada outro que o próprio ódio, enquanto é considerado dispor o homem de tal maneira que se jubile com o mal de outro e, ao contrário, se entristeça com o bem dele".**

Chegamos, assim, a duas consequências: por amor, nós nos esforçamos para afirmar de nós e da coisa amada tudo quanto imaginamos que a afete e nos afete de alegria e a negar tudo quanto imaginamos que a afete e nos afete de tristeza;*** inversamente, por ódio, nós nos esforçamos por afirmar tudo quanto imaginemos

---

* E III, proposição 24.
** E III, proposição 24, escólio.
*** E III, proposição 25.

que cause tristeza na coisa odiada e por negar tudo quanto imaginamos afetá-la de alegria.* Essa teia imaginativa leva a amores e ódios desmedidos e a tomar por realidade delírios de onipotência:

> Disso vemos facilmente acontecer que o homem estime além da medida a si e à coisa amada e, ao contrário, aquém da medida à que odeia; imaginação que, quando diz respeito ao próprio homem que se estima além da medida, é chamada *soberba*, e é uma espécie de delírio, porque o homem sonha de olhos abertos poder todas as coisas que alcança pela só imaginação e que, por isso, contempla como se reais, e com elas exulta durante o tempo em que não pode imaginar outras que excluem a existência destas e limitam sua própria potência de agir. *Soberba* é, pois, a alegria que se origina de o homem estimar-se além da medida. Ademais, a alegria que se origina de o homem estimar outrem além da medida chama-se *superestima*; e, enfim, *despeito* o que se origina de estimar outrem aquém da medida.**

b. Nós e os outros: o espelhamento

As paixões estão referidas à relação consigo mesmo e com outrem. Por isso, a partir de agora, Espinosa introduzirá a percepção da semelhança de uma coisa conosco, ou seja, o outro como alguém. Essa percepção (ou essa afecção) nos determina a *fazer algo*, portanto, a desejar, de maneira que, sob o desejo, se entrecruzam não apenas alegria, tristeza, amor e ódio, mas também as paixões geradas por eles. A semelhança com outrem, pondo em operação o desejo, cerra e esgarça o tecido da vida afetiva passional.

Que se passa quando nos imaginamos afetados por um afeto presente nalguma coisa semelhante a nós e pela qual não nutríamos afeto algum? "Somos então afetados por um afeto semelhante",*** ou seja, escreve Espinosa, há uma "imitação dos afetos", cuja causa é a imagem de outrem. De fato, sendo as imagens afecções de nosso corpo cujas ideias representam a presença dos corpos externos e envolvem tanto a natureza do nosso corpo quanto a do corpo externo, então, se

---

* E III, proposição 26.
** E III, proposição 26, escólio.
*** E III, proposição 27.

a natureza do corpo externo for semelhante à do nosso corpo, então a ideia do corpo externo que imaginamos envolverá uma afecção do nosso corpo semelhante à afecção do corpo externo; por conseguinte, se imaginarmos alguém semelhante a nós afetado por algum afeto, essa imaginação exprimirá uma afecção do nosso corpo semelhante àquele afeto e, assim, por imaginarmos afetada por algum afeto uma coisa semelhante a nós, seremos afetados junto com ela por um afeto semelhante.*

Todavia, Espinosa completa de imediato: "Mas se odiarmos a coisa semelhante a nós, seremos afetados junto com ele por um afeto contrário, e não semelhante".** Em outros termos, compartilhamos um mesmo afeto, se este for de alegria ou de amor, mas, por tudo quanto já foi demonstrado, experimentaremos um afeto contrário, se houver tristeza e o que sentirmos por outrem for ódio. Numa palavra, a semelhança com outrem não significa necessariamente compartilhar um mesmo afeto. Tudo seria simples se estivéssemos sempre diante de duas equações: a alegria de outrem aumenta a nossa porque ele é nosso semelhante e esse aumento será tanto maior se o amarmos; a tristeza de outrem aumenta a nossa porque ele é nosso semelhante e esse aumento será tanto maior se o amarmos. Mas a teia afetiva não possui essa simplicidade: a alegria de quem odiamos diminui a nossa e nos entristece, a tristeza de quem odiamos diminui a nossa e nos alegra; a alegria causada em quem amamos por outro que odiamos nos força a amá-lo e odiá-lo simultaneamente; a tristeza causada em quem amamos por um outro que também amamos nos força a odiá-lo e amá-lo simultaneamente; e, por fim, podemos amar ou odiar quem nos era completamente indiferente pelo simples fato de ser nosso semelhante, por alegrar ou entristecer a quem amamos ou alegrar ou entristecer a quem odiamos. Essa complexidade (que terá um de seus momentos mais impressionantes na análise do ciúme) aparece, por exemplo, no exame da relação entre a comiseração e a benevolência.

A imitação dos afetos, quando referida ao desejo, chama-se *"emulação*, que assim nada outro é que o desejo de alguma coisa gerado em nós por imaginarmos outros semelhantes a nós tendo o mesmo desejo".*** Essa definição recebe

---

* Ibid., demonstração.
** Ibid.
*** Ibid., escólio.

uma explicação na Definição dos Afetos, quando Espinosa a distingue da imitação escrevendo:

> Quem foge porque vê os outros fugirem, ou teme porque vê os outros temerem, ou também quem, por ter visto alguém que queimou a mão, contrai a sua própria e move o corpo como se esta se incendiasse, diremos que certamente imita o afeto do outro, mas não que o emula; não porque saibamos que a causa da emulação é uma e a da imitação é outra; mas porque pelo uso ocorreu que chamássemos êmulo somente aquele que imita o que julgamos ser honesto, útil ou belo.

Embora imitação e emulação tenham a mesma causa, sua distinção decorre apenas da qualidade daquilo que é imitado: emular é imitar o que imaginamos honesto, útil ou belo. Por que Espinosa fala em emulação para se referir à comiseração e à benevolência? Porque as imaginamos honestas, úteis e belas.

Na emulação, por transferência afetiva, sentiremos amor ou ódio por aquilo ou aquele que nos era indiferente, se afetar nosso semelhante de alegria ou de tristeza, suscitando a paixão de *misericórdia*, "o amor enquanto afeta o homem de tal maneira que se rejubila com o bem do outro e, inversamente, entristece-se com o mal do outro".* Todavia, o cruzamento do desejo com um afeto de tristeza — a *comiseração* causada pela tristeza de outrem ou por um dano que lhe foi feito —, que, por ser triste, deveria suscitar ódio em nós, não pode tomar essa direção, pois isso nos levaria a nos alegrarmos com a miséria do outro (alegria que imaginamos ser desonesta e feia); ao contrário, o desejo nos levará a fazer algo para libertá-lo de sua miséria, isto é, voltaremos nosso desejo e nosso ódio para a destruição daquele que a causou, pois assim, além de fazer um bem ao miserável, também nos libertamos de nossa própria tristeza. Esse desejo de fazer o bem ou de beneficiar aquele por quem sentimos comiseração é a paixão da *benevolência*, que, como se observa, não consiste em apenas condoer-se com a miséria alheia e mergulhar em sua tristeza, mas, por ser desejo, nos leva a fazer algo para minorá-la, dirigindo a tristeza e o ódio para um terceiro, afastando ou destruindo aquele que a provocou. Assim, enquanto a comiseração é um sentimento interior, a benevolência, suscitada por ela, é uma atitude, uma conduta que envolve o bem de outrem pela

---

* E III, Definição dos Afetos, definição 24.

ação contra quem o maltratou e, nesse sentido, ela se articula a uma outra paixão, a *ira* ou a *cólera*, desejo que fazer um mal a quem odiamos.

Os afetos não se limitam à relação com as coisas e os outros, mas também são maneiras de nos relacionarmos conosco mesmos. A demonstração de que somos *conatus* ou a potência de agir simultânea do corpo e da mente — de que a alegria o favorece e a tristeza o enfraquece e de que o desejo é nossa própria essência quando determinada por uma afecção a fazer algo — permite a Espinosa deduzir o que podemos designar como *a primeira lei da operação desejante* enquanto relação de cada um consigo mesmo: nós nos esforçamos para imaginar ou manter presente tudo quanto imaginamos conduzir à alegria e para afastar e nos opor a tudo quanto imaginamos poder contrariar esse esforço e conduzir à tristeza. Espinosa acrescenta: nós nos esforçamos absolutamente para fazer com que isso aconteça. *Absolutamente*, isto é, incondicionalmente e sempre. Ao acrescentarmos a imitação dos afetos, ou a presença de outrem, *uma segunda lei* pode ser deduzida: nós nos esforçaremos "para fazer tudo aquilo que imaginamos que os homens veem com alegria e, ao contrário, teremos aversão a fazer aquilo que imaginamos dar aversão aos homens".* Desse desejo nascem paixões em que a relação consigo mesmo é perpassada pela relação com os outros, conforme imaginemos os afetos que supomos eles experimentarem por nós:

> Este esforço de fazer e também de se abster de fazer algo só para agradar os homens se chama *ambição*, sobretudo quando nos esforçamos tão imponderadamente para agradar o vulgo que, com dano para nós ou para outro, fazemos ou nos abstemos de fazer alguma coisa; não havendo dano, costuma chamar-se *humanidade*. Em seguida, chamo de *louvor* a alegria com que imaginamos uma ação de outro pela qual se esforçou para nos deleitar e, ao contrário, chamo de *vitupério* a tristeza com que temos aversão à ação do outro.**

A ambição, "desejo imoderado de glória"*** e a humanidade, "desejo de fazer o que agrada aos homens e de abster-se do que lhes desagrada",**** possuem a mes-

---

* E III, proposição 29. Espinosa, numa nota, explica: "Por homens, entenda-se aqui e na sequência homens por quem jamais nutrimos afeto algum".
** Ibid., escólio.
*** E III, Definição dos Afetos, definição 44.
**** Ibid., definição 43.

ma origem — agradar ao outro —, porém essa identidade se desfaz e as duas paixões se tornam contrárias pela direção tomada pelo desejo, pois, na primeira, o desejo se dirige ao que agrada ao vulgar, levando-nos a fazer algo ou a nos abster de fazê-lo "com dano para nós ou para outro". Espinosa oferece, assim, um primeiro sinal para definir o desejo passional como causa de efeitos opostos, conforme a direção e o conteúdo desejados. Essa instabilidade não se limita à relação com outrem, mas incide também na relação que mantemos conosco mesmos.

De fato, uma vez que a imaginação é determinada por aquilo que envolve a natureza de nosso corpo e a dos corpos exteriores e vice-versa, isto é, por aquilo que, envolvendo a natureza de um corpo externo, envolve também a natureza do nosso, a relação consigo mesmo é mediada pela imagem de si formada pelas imagens dos afetos que atribuímos aos outros, ou o que aqui chamaremos de *espelhamento*.[44] Por isso,

> se alguém fez algo que imagina afetar os outros de alegria, será afetado de alegria conjuntamente a uma ideia de si como causa, ou seja, contemplará a si próprio com alegria. Se, ao contrário, fez algo que imagina afetar os outros de tristeza, inversamente contemplará a si próprio com tristeza.*

Na demonstração dessa proposição, Espinosa explica que "como o homem é cônscio de si através das afecções pelas quais é determinado a fazer algo, logo quem fez algo que imagina afetar outros de alegria será afetado de alegria tendo consciência de si próprio como causa, ou seja, contemplará a si próprio como causa de alegria; e também o contrário". Uma vez que o amor é a alegria conjuntamente com a ideia de uma causa externa, e o ódio, a tristeza conjuntamente com a ideia de uma causa externa, essa alegria e essa tristeza são espécies de amor e ódio, mas podem, em decorrência do espelhamento afetivo, ser designadas com outros nomes, e explica Espinosa que

> chamaremos *glória* a alegria conjuntamente à ideia de causa externa e *vergonha* a tristeza contrária a ela; entenda-se: apenas quando a alegria ou a tristeza se origi-

---

* E III, proposição 30.

nam de o homem crer que é louvado ou vituperado. Diferentemente, chamarei *contentamento consigo mesmo (acquiescentia in se ipso)* a alegria conjuntamente à ideia de causa interna, e a tristeza contrária a ela, *arrependimento*.*

Glória e vergonha, crenças no louvor ou no vitupério, nascem do que imaginamos ser o olhar do outro sobre nós; contentamento consigo mesmo e arrependimento, de nosso olhar sobre nós mesmos.[45]

Assim como o contentamento consigo mesmo pode ser desfeito pelo arrependimento, assim também a glória pode se transformar em soberba. De fato, sendo imaginária a alegria com que alguém imagina afetar os outros e como cada um se esforça para imaginar sobre si tudo o que imagina afetar a si mesmo de alegria, facilmente pode acontecer que "o glorioso seja soberbo e imagine ser digno da gratidão de todos quando, na verdade, é para todos molesto". Dessa maneira, o desejo desmedido de glória produz o efeito contrário ao desejado, pois o amor dos outros passa ao ódio que sentem pelo soberbo. No entanto, embora produza nos outros o contrário do que o soberbo deseja, Espinosa esclarece que, diferentemente dos demais afetos, a soberba não possui um contrário. Com efeito, a soberba é uma forma do amor de si e do contentamento consigo mesmo que leva alguém a estimar-se além da medida. Todavia, o ódio a si mesmo leva alguém a estimar-se aquém da medida quando imagina não poder fazer alguma coisa ou envergonhar-se pela debilidade que lhe impede ousar o que seus semelhantes ousam, desprezando-se e sentindo-se desprezado. Desse ódio pela imagem da própria impotência nasce a *abjeção*, a humildade imoderada. Por que a abjeção não é o contrário da soberba? Porque a diferença entre ambas não provém de que tenham a mesma causa (isto é, para ser contrárias, ambas deveriam ser ou formas de amor ou de ódio), mas apenas de que suas imagens são, para os outros, contrárias, o soberbo vangloriando-se de suas virtudes, o abjeto envergonhando-se de seus vícios. Mas não só isso; com a agudeza de quem sabe o que se esconde sob essa virtude tão cara ao cristianismo e à sua ideia de santidade, Espinosa afirma serem humildade e abjeção raríssimas, praticamente impossíveis, pois contrariam o próprio *conatus*:

* Ibid., escólio.

Pois a natureza humana em si considerada empenha-se, o quanto pode, contra eles [esses dois afetos] e por isso aqueles que maximamente se creem serem abjetos e humildes são em geral maximamente ambiciosos e invejosos.

A soberba, portanto, não tem contrário não tanto porque sua causa é distinta da humildade e da abjeção, mas porque, no final das contas, o *conatus* nos ensina que não são contrárias à soberba e sim expressões dela sob disfarces. A imitação dos afetos realiza um movimento no qual a proximidade (alegria e amor) se inverte em distância (tristeza e ódio). Ou, como lemos no escólio da proposição 31:

> Este esforço de fazer com que os outros aprovem o que cada um ama ou odeia é, na verdade, *ambição*; vemos assim que cada um por natureza apetece que os outros vivam conforme sua própria índole, e vemos também que, enquanto todos igualmente o apetecem, igualmente são impedimento uns para os outros e, enquanto todos querem ser louvados ou amados por todos, são odiados uns pelos outros.

O soberbo, em seu desejo de glória e louvor, se comporta de maneira a produzir o efeito exatamente oposto, tornando-se desprezado e vituperado por todos os outros, que, em lugar de amá-lo incondicionalmente, o odeiam. Esse ódio não é incausado. De fato, a ambição não se limita ao desejo de aprovação incontestavel por todos os outros, mas, articulada à inveja, é também esforço para privar alguém de alegria ou de júbilo, privando-o de algo que se imagina um só poder possuir.* Com efeito, a emulação afetiva faz com que "só por imaginarmos alguém rejubilar-se com uma coisa, amá-la-emos e desejaremos rejubilar-nos com ela".** Ora, se a coisa for tal que causa júbilo apenas se puder ser possuída por um só, então o desejo por ela leva a fazer algo para que o outro não a possua. Na verdade, porém, esse desejo, que se encontra exacerbado no ambicioso, não se encontra apenas nele, mas, em graus variados, está presente em todos nós, pois a posse exclusiva de uma coisa por um outro e por nós também desejada nos entristece. É interessante observar que Espinosa não dá a essa paixão o nome que tradicionalmente lhe é dado, qual seja, egoísmo. Se evita essa denominação é porque, imediatamente, ele adverte que não se trata de tomar numa perspectiva

---

* E III, proposição 32.
** Ibid., demonstração.

condenatória esse esforço contra o bem de um outro e sim de compreendê-lo como constitutivo da natureza humana, pois

> por natureza, a maioria dos homens está constituída de maneira tal que se comisera dos que estão mal e inveja os que estão bem, e com um ódio tanto maior quanto mais amam a coisa que imaginam ser possuída pelo outro. Vemos, ainda, que da mesma propriedade da natureza humana da qual segue os homens serem misericordiosos, segue também que sejam invejosos e ambiciosos.*

"Da mesma propriedade da natureza humana": comiseração, inveja e ambição (como, aliás, a contrariedade entre as paixões examinadas até agora) são contrários porque possuem uma só e mesma causa, a constituição da natureza humana. Ora, vimos, ao examinar o longo escólio da proposição 2 da *Ética* III, que Espinosa afirma a concordância entre o ensinamento da razão e o da experiência quando ambas assinalam a necessidade das afecções corporais e de suas ideias e, portanto, dos afetos, desfazendo a imagem da livre vontade ou do livre-arbítrio. Essa concordância é aqui invocada para reforçar a afirmação de que se trata de compreender a necessidade natural das paixões em vez de condená-las como mau exercício da vontade (condenação que o nome egoísmo conota). Visto que as demonstrações estão referidas à natureza humana, Espinosa indica a concordância entre elas e a experiência, oferecendo dados empíricos que apanham essa natureza de maneira originária nos comportamentos afetivos das crianças pequeninas, quando o esforço vital e a passividade são um dado inegável da experiência e esses comportamentos não podem ser objeto de juízos de valor, mas simplesmente juízos de fato:

> Se quisermos consultar a própria experiência, experimentaremos que ela nos ensina todas essas coisas; sobretudo se prestarmos atenção aos primeiros anos de vida. Pois experimentamos que as crianças, uma vez que seu corpo está continuamente como que em equilíbrio, riem ou choram só de ver outros rindo ou chorando e, além disso, o que quer que vejam os outros fazendo, de pronto desejam imitar e, enfim, desejam para si tudo que imaginam deleitar os outros; não é de admirar,

---

* Ibid., escólio.

visto que as imagens das coisas, como dissemos, são as próprias afecções do corpo humano, ou seja, as maneiras como o corpo humano é afetado por causas externas e disposto a fazer isso ou aquilo.*

A experiência infantil como desejo de tudo quanto deleita os outros ilumina a gênese da glória e da benevolência, do louvor e do vitupério, da ambição e da inveja. Sua origem se encontra naquilo que fazemos por amor, ódio e desejo na relação com nossos semelhantes, porém não apenas no esforço para que desejem o mesmo que desejamos, amem ou odeiem o que amamos ou odiamos, e sim para que experimentem por nós o mesmo afeto que experimentamos por eles. A imitação afetiva não se limita, portanto, a espelhar os outros, mas também nos coloca como espelho para eles. Por isso, Espinosa prossegue demonstrando que:

> Quando amamos uma coisa semelhante a nós, esforçamo-nos o quanto podemos para fazer com que também nos ame.**

Sermos amados por quem amamos significa que somos causa de sua alegria: afetamos de alegria quem de alegria nos afeta. Ora, sentir-se causa da alegria de outrem nos leva a contemplarmos a nós mesmos com alegria e a experimentarmos a glória. Eis por que "quanto maior o afeto por nós com que imaginamos ser a coisa amada afetada, tanto mais nos glorificaremos".*** Por esse motivo, a conservação da glória exige que o amante imagine o amado "estreitissimamente ligado a ele". Que sucederá, porém, se essa relação amorosa for estilhaçada na trama de uma relação triangular?

> Se alguém imaginar que a coisa amada se une a outro por um vínculo de amizade igual ou mais estreito do que aquele com que ele próprio a possuía sozinho, será afetado de ódio pela coisa amada e invejará aquele outro.****

No triângulo amoroso, alegria se torna tristeza, o amor se perde no ódio, a glória cede lugar à inveja. Nasce o *ciúme*. À primeira vista, poderíamos supor,

---

* Ibid., escólio.
** E III, proposição 33.
*** E III, proposição 34.
**** E III, proposição 35.

pelo que foi demonstrado anteriormente, que o fato de um outro afetar de alegria a quem amamos nos levaria a amá-lo. Entretanto, o amante imaginara o amado "estreitissimamente ligado a ele", portanto, como aquilo que um só pode possuir; como consequência, sua posse por um outro, que se deleita com o amado, o torna odioso, entristece ao amante e o enche de inveja. A contrariedade entre as paixões define o ciúme como flutuação do ânimo "originada simultaneamente do amor e do ódio conjuntamente à ideia do outro ao qual se inveja".*
Todavia, a trama do ciúme não se detém nas paixões dirigidas ao terceiro, mas se volta também para o amado, que se torna, em simultâneo, amado e odiado, causa de tristeza, pois causa alegria naquele que é odiado e invejado pelo amante. Não só isso; o "ódio à coisa amada será maior em proporção à alegria com que o ciumento costumava ser afetado pelo amor recíproco da coisa amada e também em proporção ao afeto que tinha por aquele outro ao qual imagina a coisa amada unir-se. Pois, se o odiava, por isso mesmo odiará a coisa amada porque a imagina afetar de alegria aquilo que ele próprio odeia; e também porque é coagido a unir a imagem da coisa amada à imagem daquele que ele odeia".** O ciúme, diz Espinosa, aparece sobretudo "no amor pela mulher", que o transforma em aversão por ela. Pela primeira vez, a sexualidade é explicitamente mencionada e esclarece o sentido do estar "estreitissimamente ligado" ao amado, isto é, a libido, "desejo e amor de misturar os corpos" ou de copular,*** desejo que, sendo amor, é uma alegria e um aumento da potência vital, mas que, no ciúme, se transforma em aversão e tristeza, diminuição da potência de existir.[46] Donde a crueza da linguagem empregada por Espinosa para se referir à imaginação transtornada do ciumento, que vê a mulher amada como prostituta, oferecendo sua genitália à genitália de um outro e dele recebendo excreções:

> Com efeito, quem imagina a mulher que ama prostituir-se com um outro (*alteri sese prostituere*) não só se entristecerá por ter o seu próprio apetite coibido, mas ainda terá aversão a ela por ser coagido a unir a imagem da coisa amada às partes íntimas (*pudenda*) e secreções (*excrementa*) do outro; ao que, por fim, se acrescenta

---

* Ibid., escólio.
** Ibid.
*** E III, Definição dos Afetos, definição 48.

que o ciumento não é recebido pela coisa amada com o mesmo rosto com que ela costumava recebê-lo e também por isso o amante se entristece.*

Ao concluir o exame do ciúme como tristeza causada pela mudança da fisionomia da mulher amada ao receber o amante, Espinosa escreve "como mostrarei a seguir". Trata-se, agora, de uma outra paixão, quando se consuma a perda do amado. Para compreendê-la, Espinosa começa explicando que "quem recorda uma coisa com que se deleitou uma vez deseja possuí-la com as mesmas circunstâncias em que pela primeira vez deleitou-se com ela".** Como já foi demonstrado, as imagens de afecções simultâneas àquelas que causam uma paixão podem, por acidente (isto é, por contiguidade espacial e temporal, associação e transferência), ser causas de alegria ou de tristeza e surgem unidas à causa efetiva da paixão. Dessa maneira, uma paixão alegre leva a desejar que todas as afecções e imagens que a suscitaram estejam presentes para que o desejo seja satisfeito, isto é, que se repita a cena total do acontecimento primeiro. Em outras palavras, na primeira vez, embora o ato sexual seja *titillatio* (uma carícia numa parte do corpo), o amante a experimenta como *hilaritas*, seu corpo e sua mente estão afetados de alegria por inteiro e, exatamente por isso, quem se deleitou uma vez com uma coisa, desejará que todas as circunstâncias em que isto se deu se repitam e quando uma delas faltar ou a cena estiver incompleta o desejo não se realizará. Essa falta da cena total, privando o desejante da *hilaritas*, entristecerá aquele que buscava o deleite ou satisfazer um desejo de alegria, pois é levado a imaginar que aquilo que o deleitou na primeira vez não está presente e a exclusão de sua existência é causa de tristeza. "Essa tristeza pela ausência do que amamos se chama *desiderium*",*** escreve Espinosa, palavra que alguns traduzem por frustração ou carência e, em português, por saudade. Na verdade, Espinosa conserva a *prima significatio* de *desiderium*, seu sentido originário expresso no latim: deixar de ver, perder e se perder.⁴⁷ Frustração, se o peso recair sobre a ideia de deleite; carência, se recair sobre a falta de algumas circunstâncias; saudade, se recair sobre a lembrança do amor que se perdeu. Nos três casos, porém, o núcleo da paixão de *desiderium* é mantido: é um desejo triste nascido da impossibilidade de repetição

---

* Ibid.
** E III, proposição 36.
*** E III, proposição 36, escólio.

de um momento de fruição imaginado como pleno e, agora, perdido. A articulação com a lembrança, aliás, é o que aparece na Definição dos Afetos:

> *Desiderium* é o desejo, ou seja, o apetite de possuir uma coisa, alimentado pela memória desta coisa e simultaneamente inibido pela memória das outras coisas que excluem a existência da coisa apetecida.[48]*

c. Proporção e desproporção: metamorfoses do amor e do ódio

Instáveis, as paixões são fugazes. O desejo passional, que nos arrasta em direções opostas, a flutuação do ânimo e os movimentos em que uma paixão se transforma em sua contrária encontram sua manifestação mais forte naquilo que é seu pressuposto: as metamorfoses do amor e do ódio, demonstradas, agora, segundo uma geometria da proporção ou desproporção entre essas duas paixões como expressões do *conatus*, que lhes serve de medida. Em outras palavras, o esforço de perseverança na existência pelo aumento da potência de agir do corpo e da mente pressupõe um centro permanente e estável que torna inteligível a fugacidade, a instabilidade e as metamorfoses das paixões.

Espinosa começa com a regra universal da proporção afetiva, pondo em cena o desejo alegre ou triste e suas expressões fundamentais nas paixões de amor e ódio:

> O desejo originado por tristeza ou alegria, por ódio ou amor, é tanto maior quanto maior é o afeto.**

Visto que a tristeza diminui a potência de conservação no ser, aquele que por ela está afetado deseja afastá-la e esse esforço será tanto maior quanto maior ela for. Inversamente, sendo a alegria o que aumenta e favorece a potência de existir e agir, aquele por ela afetado nada mais deseja senão conservá-la e seu desejo é tanto maior quanto maior ela for. Sendo ódio e amor afetos de tristeza e alegria, "o desejo originado do ódio ou do amor será maior conforme a proporção de ódio e amor".[49]*** Como consequência da regra universal, segue que

---

* E III, Definição dos Afetos, definição 32.
** E III, proposição 37.
*** Ibid., demonstração.

> se alguém tiver começado a odiar a coisa amada de tal maneira que o amor seja plenamente abolido, irá nutrir-lhe, mantidas as mesmas condições, um ódio maior do que se nunca a tivesse amado, e tanto maior quanto maior tenha sido antes o amor.*

Que se trata de mudança, o início da proposição é claro: ter começado a odiar o que era amado. Três cláusulas condicionam a metamorfose: que o amor tenha desaparecido completamente, que as condições do ódio tenham sido mantidas e que o ódio seja medido pelo amor que o antecedeu. Por que Espinosa introduz essas cláusulas? A primeira indica que não há flutuação do ânimo e sim mudança total do afeto; a segunda, que a causa da mudança está mantida; a terceira, que a proporção do ódio depende da proporção do amor que o antecedeu.

Que se passa quando alguém começa a odiar o que amava? A quantidade de desejos inibidos é muito maior do que se não o tivesse amado porque o ódio coíbe tanto a alegria quanto o desejo de que o amor seja retribuído e o amante será afetado de uma tristeza

> tanto maior quanto maior tenha sido o amor, isto é, além da tristeza que foi causa de ódio, outra se origina por ter amado a coisa; e, por consequência, contemplará a coisa amada com um maior afeto de tristeza, isto é, nutrir-lhe-á um ódio maior do que se nunca a tivesse amado, e tanto maior quanto maior tenha sido o amor.**

Sendo amor e ódio expressões do desejo, não se limitam ao sentimento interior, mas são compelidos a fazer algo, pois desejar é ser determinado a realizar alguma ação. Uma segunda regra universal da proporção é, então, enunciada:

> Quem odeia alguém esforçar-se-á para fazer-lhe mal, a não ser que tema originar-se daí um maior mal para si; ao contrário, quem ama alguém esforçar-se-á, pela mesma lei, para fazer-lhe bem.***

Essa regra universal é uma lei da Natureza, segundo a qual ninguém faz um mal se disso lhe vier um mal maior e todos fazem um bem se disso lhes vier um

---

* E III, proposição 38.
** Ibid.
*** E III, proposição 39.

bem maior.⁵⁰ O ódio consiste em imaginar alguém como causa de tristeza e por isso desejamos afastá-lo ou destruí-lo, porém, se do mal que lhe pretendemos fazer advier uma tristeza ainda maior, evidentemente não o faremos, pois aumentaremos nossa tristeza. Inversamente, o amor consiste em imaginar alguém como causa de alegria e, portanto, fazer-lhe um bem aumentará nossa alegria.

Tendo enunciado uma lei natural, Espinosa imediatamente esclarece o que entende por bem e mal, para que não se tome um caminho normativo, em que ambos seriam imaginados como fins e determinariam uma classificação de condutas aceitáveis ou condenáveis:

> Por bem, entendo aqui todo gênero de alegria e, além disso, o que quer que conduza a ela, sobretudo o que satisfaz a carência, seja ela qual for. Por mal, entendo todo gênero de tristeza, sobretudo o que frustra a carência. Com efeito, acima mostramos que não desejamos nada porque o julgamos bom, mas, ao contrário, chamamos bom ao que desejamos; e, consequentemente, denominamos mau aquilo a que temos aversão; portanto cada um, por seu afeto, julga, ou seja, estima o que é bom, mau, melhor, pior e, por fim, o que é ótimo e o que é péssimo. Assim, o avaro julga a abundância de dinheiro ser o ótimo, e sua escassez, o péssimo. Já o ambicioso nada deseja tanto quanto a glória e, ao contrário, nada o aterroriza tanto quanto a vergonha. Ademais, ao invejoso nada é mais agradável que a infelicidade do outro, e nada mais molesto que a felicidade alheia; e assim cada um, por seu afeto, julga uma coisa boa ou má, útil ou inútil.*

A singularidade do afeto e do juízo sobre o que aparece a cada um como bom e mau e a lei natural do bem maior e do mal menor determinam a gênese de três paixões segundo a proporção do mal imaginado: o *temor*, o *pudor* e a *consternação*. O primeiro dispõe um homem a não querer o que quer e a querer o que não quer no esforço para evitar, por meio de um mal menor, o que julga ser um mal maior vindouro; o segundo é o temor quando o mal imaginado for uma vergonha; e o terceiro, quando o desejo de evitar um mal futuro é inibido pelo temor de um outro mal e, sendo ambos os maiores que possa imaginar, não consegue saber o que quer.

---

* E III, proposição 39, escólio.

Vimos que, em decorrência dos encontros fortuitos na ordem comum da Natureza, qualquer coisa pode, por acidente, causar um afeto simplesmente por se associar casualmente à causa que efetivamente o produziu, como acontece com a simpatia e a antipatia. Por isso, alguém pode se tornar objeto da paixão de um outro sem ter sido efetivamente a causa dessa paixão. Assim, "quem imagina ser odiado por alguém e crê não lhe ter dado nenhuma causa de ódio também o odiará"* e inversamente, "se alguém imagina ser amado por alguém e não crê ter dado nenhum motivo para isso, também o amará".** Essa reciprocidade afetiva decorre do desejo de afastar ou destruir a causa de uma tristeza e conservar ou aumentar a de uma alegria.

Comecemos pelo ódio. A menos que alguém se imagine causa da tristeza do outro e, triste, sinta *vergonha* (o que raramente acontece, diz Espinosa), no mais das vezes, ao se sentir objeto do ódio de alguém a quem nunca fez um mal, "se esforçará para inventar tudo que possa afetá-lo de tristeza" e o desejo o impelirá a responder com a *ira* contra o assim odiado e, se julgar ter sido por ele maltratado, responderá com a *vingança*, retribuindo o mal com o mal.*** Evidentemente, a flutuação do ânimo fará sua aparição se o ódio imotivado provier do próprio amado, de maneira que o amante experimentará ódio e amor em simultâneo, "pois, enquanto imagina ser odiado por aquele, é determinado a também odiá-lo. Não obstante (por hipótese) o ama, logo enfrentará ódio e amor simultaneamente".**** Se o ódio prevalecer contra o amor, "esforçar-se-á para fazer mal àquele que o ama, afeto que se denomina *crueldade*, principalmente se crer que aquele que ama não deu nenhum motivo comum de ódio".*****

Se, no caso do ódio, a vergonha é muito rara e a vingança e a crueldade muito frequentes, em contrapartida, a glória predomina no caso do amor:

> Pois, se alguém crê ter fornecido justo motivo de amor, glorificar-se-á, o que certamente acontece com mais frequência [...]. Além disso, este amor recíproco, e con-

---

* E III, proposição 40.
** E III, proposição 41.
*** E III, proposição 40, corolário 2: "O esforço de fazer mal a quem odiamos é chamado ira; e o esforço de retribuir o mal que nos foi feito é denominado vingança".
**** E III, proposição 40, corolário 1.
***** E III, proposição 41, corolário.

sequentemente o esforço de fazer o bem àquele que nos ama e que se esforça para nos fazer bem chama-se *reconhecimento* ou *gratidão*; por isso se revela que os homens estão bem mais dispostos à vingança do que a retribuir o benefício.*

Essa curiosa conclusão, que reafirma que o ódio produz ódio, mas não afirma que o amor necessariamente produza amor, é reforçada a seguir, pois, no amor, em lugar da reciprocidade gloriosa, prevalece, com frequência, a ingratidão[51] e aquele que "movido por amor ou esperança de glória, beneficiou alguém, entristecer-se-á se vir o benefício ser recebido com ânimo ingrato".** Assim, por amor e desejo de glória, quem ama tudo faz para também ser amado, pois busca para si o aumento da alegria causada pelo outro, alegrando-o também. Ora, a ingratidão de quem recebeu o benefício torna inexistente a causa externa da alegria e, em seu lugar, surge como causa de tristeza, não sendo surpreendente que o amor rume para o ódio e, como vimos, quem começa a odiar o amado, o odeia mais do que se por ele não tivesse sentido amor.

Todavia, se é verdade que o ódio é aumentado pelo ódio recíproco, não menos verdade é que possa ser apagado pelo amor. Visto que, até aqui, a natureza humana é tal que a tristeza e o ódio tendem a anular a alegria e o amor, essa afirmação surpreendente exige explicação e Espinosa a oferece:

> Quando alguém imagina aquele a quem odeia ser afetado de ódio contra ele, por isso mesmo se origina um novo ódio, durando ainda o primeiro. Mas se, ao contrário, imaginá-lo ser afetado de amor para consigo, enquanto imagina isto contempla a si próprio com alegria e, nesta medida, esforçar-se-á para agradá-lo, isto é, nesta medida se esforça para não odiá-lo nem afetá-lo de nenhuma tristeza; esforço que certamente será maior ou menor na proporção do afeto do qual se origina; e, por isso, se for maior do que aquele que se origina do ódio e pelo qual se esforça para afetar de tristeza a coisa odiada, prevalecerá sobre ele e apagará do ânimo o ódio.***

Se o ódio pelo amado aumenta numa proporção maior do que o amor que o antecedera, também "o ódio plenamente vencido pelo amor converte-se em

---

* Ibid., escólio.
** E III, proposição 42.
*** E III, proposição 43, demonstração.

amor; e por causa disso o amor é maior do que se o ódio não o tivesse precedido".*
A desproporção do ódio precedido de amor e do amor precedido de ódio decorre do fato de que, no primeiro caso, a tristeza de perder o amado se acrescenta à tristeza do esforço para afastar a alegria e, no segundo, a alegria de amar se acrescenta à alegria do esforço para afastar a tristeza.

Espinosa sabe, porém, o quanto a moral ascética e as religiões da salvação exploram a experiência do crescimento desproporcional do amor quando este começa pelo ódio (no caso, ódio ao corpo e ao mundo e elogio do martírio). Lembremos de Lutero afirmando que somente a dor nos torna inteligentes, Agostinho maldizendo a libido, o Padre Vieira declarando que a pregação que frutifica é aquela que dá pena. Por isso, Espinosa prossegue:

> Ainda que seja assim, ninguém, todavia, se esforçará por odiar uma coisa, ou ser afetado de tristeza, para que frua desta alegria maior; isto é, ninguém desejará infligir-se um dano na esperança de recuperar-se dele, nem carecerá estar doente na esperança de convalescer. Pois cada um se esforçará sempre para conservar seu ser e afastar, o quanto pode, a tristeza. Caso se pudesse, ao contrário, conceber que um homem pode desejar odiar alguém para depois nutrir-lhe um amor maior, então ele careceria sempre odiar a este alguém. Pois quanto maior tiver sido o ódio, tanto maior será o amor, e por isso carecerá sempre que o ódio aumente mais e mais, e pelo mesmo motivo o homem se esforçará por ficar mais e mais doente para depois fruir da recuperação da saúde; portanto se esforçará por estar sempre doente, o que, pela proposição 6 desta Parte [o *conatus* como essência de um ser singular] é absurdo.**

Por que a comparação com a doença? Porque Espinosa apresenta aqui uma patologia do desejo quando se imagina que o aumento do ódio presente aumentará o amor futuro: aquele que assim espera não só odeia o que ama, mas também, alimentando a expectativa de um ódio que se transforme em amor maior, fará o ódio crescer desmedidamente e nele permanecerá indefinidamente. Torna-se melancólico, pois seu corpo e sua mente estão mergulhados na mais profunda tristeza e a potência do *conatus* ruma para a completa impotência. Se no *desiderium*

---

* E III, proposição 44.
** Ibid., escólio.

a impossibilidade da repetição é causa de tristeza, agora a repetição é a própria tristeza.

Resta saber o que se passa com o amor e o ódio sob a imitação dos afetos. Os dois casos examinados por Espinosa indicam que há o que chamamos anteriormente de *propagação dos afetos*. No primeiro caso, visto que quem ama é afetado pelas mesmas paixões que o amado, ao imaginar que o amado é odiado por outro e responde com ódio a esse ódio; por imitação, o amante odiará esse outro que afeta o amado de tristeza e se entristecerá também — o ódio se propaga. É interessante observar que Espinosa não apresenta, inversamente, a propagação do amor, embora a imitação afetiva ocorra também com essa paixão. Essa ausência, porém, é compreensível, pois a gênese da ambição, da soberba e do ciúme indica que nem sempre o amor se propaga como amor. O segundo caso examinado por Espinosa amplia o alcance da propagação afetiva:

> Se alguém tiver sido afetado de alegria ou tristeza por algo de uma classe ou nação diferente da sua, conjuntamente à ideia disto, sob o nome universal da classe ou nação, como causa, ele amará ou odiará não apenas aquilo, mas todos os de mesma classe ou nação.*

Na demonstração dessa espantosa proposição, Espinosa envia o leitor à proposição 16, na qual demonstrou que por imaginarmos que uma coisa tem algo semelhante a uma outra que, de hábito, afeta a mente de alegria ou de tristeza, sem que essa outra seja causa efetiva desses afetos, entretanto ela será amada ou odiada. Observemos, porém, que no enunciado da proposição 46 (comparado ao da proposição 16) houve um deslocamento da noção de semelhança: esta não se refere ao objeto de amor ou de ódio, pois tal objeto é "uma classe ou nação *diferente* da sua", e sim à semelhança imaginada entre *todos* os membros da classe ou da nação — a paixão se propaga sem diferenciação dos indivíduos que as compõem. Tanto as alianças internacionais e entre classes quanto a xenofobia, o racismo e o ódio de classe encontram aqui sua gênese. Ninguém melhor do que Espinosa poderia tê-la determinado.

Finalmente, as metamorfoses do amor e do ódio também são causa de flu-

---

* E III, proposição 46.

tuação do ânimo. Com efeito, imaginar destruída ou afetada de um mal uma coisa semelhante a nós que odiamos é causa de alegria; esta, porém, "não se origina sem alguma tristeza do ânimo",* pois imaginar o semelhante afetado de tristeza também nos entristece. Para esclarecer por que isso acontece, a memória é invocada por Espinosa. De fato, quando recordamos uma coisa, ainda que não exista em ato, todavia é percebida como presente e o corpo é afetado da mesma maneira que antes. Dessa maneira, enquanto permanece a memória da coisa odiada, um homem é determinado a contemplá-la com tristeza, pois mesmo que sua lembrança seja coibida, a imagem da coisa não é inteiramente suprimida pela lembrança daquelas coisas que excluem a existência dela porque, sendo memória, seus vestígios estão inscritos no corpo. Como não se pode apagar a lembrança da coisa tal como existia e a tristeza que ela envolve, a alegria consiste em lembrar-se daquelas coisas que a destruíram, de maneira que essa alegria possa minorar uma tristeza que não pode ser completamente suprimida. Eis por que

> os homens se alegram todas as vezes que recordam um mal já passado, e por que se rejubilam em narrar os perigos de que foram libertados. Já que, quando imaginam algum perigo, contemplam-no como se ainda futuro e são determinados a temê-lo, determinação que é de novo coibida pela ideia de liberdade, que eles uniram à ideia do perigo quando dele foram libertados e que os torna de novo seguros; por isso se alegram novamente.**

Depois deduzir as relações de proporção e desproporção entre o amor e o ódio, Espinosa as deduz referidas à imagem da coisa amada ou odiada, conforme seja imaginada livre ou necessária, singular ou comum.

Algo é livre quando sua ação depende exclusivamente de sua natureza sem que nada outro a determine a agir. Por isso, quando imaginamos uma coisa ser livre, nós a imaginamos sem as outras e "se então imaginarmos que ela é causa de alegria ou de tristeza, por isso mesmo a amaremos ou odiaremos, e isso com o sumo amor ou ódio que pode originar-se do afeto dado".*** É a espontaneidade da ação de outrem, imaginada por nós como uma livre escolha de sua vontade

---

* E III, proposição 47.
** Ibid., escólio.
*** E III, proposição 49, demonstração.

para nos alegrar ou entristecer, que torna supremos o amor ou o ódio por ela. Ao contrário, nosso afeto será menor se a coisa for imaginada necessária, pois, sendo dependente de outras, estará relacionada a muitas outras que nos alegram ou entristecem, sem que tenham escolhido fazê-lo. A imagem da necessidade tem menor força afetiva do que a da liberdade porque, nesta última, imagina-se que em si e por si mesma a coisa livre deseja alegrar-nos ou nos entristecer. Donde, conclui Espinosa, "os homens, por se estimarem livres, nutrem uns aos outros amor ou ódio maiores do que às outras coisas; ao que se acrescenta a imitação dos afetos". A imagem da liberdade e o sentimento da semelhança, fazendo com que as mais fortes paixões entre os humanos sejam o amor e o ódio, tornam compreensível que entre eles inveja, ciúme, glória, soberba, comiseração, cólera e vingança sejam naturalmente inescapáveis.

Assim como a imagem da liberdade da causa do afeto o fortalece, também é maior o afeto causado por uma coisa que imaginamos singular e nada tem em comum com outras. De fato, quando imaginamos uma coisa que tem algo em comum com muitas outras, ao percebê-la nos recordamos de outras que já havíamos percebido em simultâneo com ela e nada novo é trazido pela percepção. Ao contrário, quando imaginamos algo singular num objeto que nunca vimos, não há interferência de outras percepções e sentimos *admiração*, que traz consigo um novo cortejo de paixões: se a coisa assim imaginada for temida, a admiração se torna *consternação*, pois quem está suspenso no que admira com temor não consegue pensar em outras coisas com que poderia evitar o mal temido; no entanto, se a admiração se volta para a qualidade de um homem, como a prudência ou a indústria, torna-se *veneração* e, se à admiração unir se o amor, torna-se *devoção*; porém, ao contrário, se admiramos sua ira, inveja, vingança, torna-se *horror*. Oposto à admiração encontra-se o *desprezo*, nascido da distância entre a admiração sentida por outros e a "contemplação mais acurada da própria coisa", nela não vendo motivo para ser admirada. Se da admiração pode surgir veneração e, por amor, devoção a alguém cuja prudência é estimada, do desprezo pelo que odiamos nascem o *escárnio* e o *desdém* pela tolice alheia.

Curiosamente, entretanto, contrariando uma tradição que se estende de Platão e Aristóteles a Descartes e Hobbes, Espinosa não considera a admiração uma paixão propriamente dita. Ela é um ato cognitivo, um espanto diante de algo supostamente nunca antes percebido e esse espanto — unido à alegria ou à tristeza, ao amor ou ao ódio, à esperança ou ao medo — causará paixões. Por isso, escreve Espinosa, "os nomes dos afetos foram descobertos mais por seu uso vulgar do que por um conhecimento acurado deles".

Na verdade, a rede afetiva, na qual os afetos se mesclam dando origem a novas paixões, indica algo mais geral que abrange a totalidade dos afetos, isto é, que "há mais afetos do que nomes encontrados vulgarmente para eles". As convenções da linguagem vulgar estão aquém da riqueza e complexidade da vida afetiva. Afirmação que é retomada na conclusão desta Parte III, quando, no escólio da proposição 59, Espinosa escreve:

> Mais ainda, creio constar claramente a cada um, a partir do já dito, que os afetos podem compor-se uns com os outros de tantas maneiras, e daí podem originar-se tantas variações, que não podem ser definidas por nenhum número. Todavia, para meu intuito, basta ter enumerado apenas os principais, pois os restantes, que omiti, atenderiam mais à curiosidade do que à utilidade.

d. A mente às voltas consigo mesma

Até aqui, a dedução das paixões considerou em simultâneo as afecções do corpo e suas ideias na mente. Agora, porém, Espinosa se volta para a própria mente para investigar o que nela se passa quando imagina a si mesma. Em outras palavras, assim como na Parte II Espinosa vai da mente como ideia do corpo à mente como ideia da ideia do corpo, agora também passamos à ideia da ideia.

Quando a mente contempla a si própria e a sua potência de agir alegra-se, e tanto mais quanto mais distintamente imagina a si e a sua potência de agir.*

Quando a mente contempla a si própria, o conhecimento de si exprime sua essência como potência pensante e por isso, quanto mais distintamente contemplar sua potência ela se alegrará, passando, assim, a uma perfeição maior. Ora, essa alegria é uma paixão, tendo, portanto, uma causa externa e por esse motivo, "é tanto mais fomentada quanto mais o homem imagina ser louvado por outros",** pois, por espelhamento, imagina ser-lhes causa de alegria juntamente com a ideia

---

* E III, proposição 53.
** Ibid., corolário.

de si. A junção da ideia de si com a imagem de si alegre e amável percebida e estimada pelos outros aumenta a alegria psíquica, cujo nome é *amor-próprio* ou *contentamento consigo mesmo*.

A consequência é imediata: "a mente se esforça para imaginar apenas o que põe sua potência de agir".* O que interessa a Espinosa é o "apenas". A potência da mente é sua essência e esta afirma apenas o que a mente é e pode e não o que ela não é e não pode e "por isso se esforça para imaginar apenas o que afirma, ou seja, põe sua potência de agir". Uma nova consequência também é imediata: "quando a mente imagina sua impotência, por isso mesmo se entristece",** o que acontece quando, ao imaginar algo que põe sua potência de agir, seu esforço é inibido e ela se entristece. Assim como sua alegria é fomentada pela imagem do louvor alheio, essa tristeza o é pela do vitupério, isto é, ao imaginar-se causa da tristeza alheia. A junção da ideia de si com a imagem de si débil e triste é a *humildade* (pela qual, como vimos, Espinosa não nutre a menor estima).

Ora, a alegria do amor-próprio ou do contentamento consigo mesmo se repetirá tantas vezes quantas alguém contemple sua potência de agir, "daí, portanto, também ocorre que cada um anseie por narrar seus feitos e exibir as forças tanto de seu corpo quanto de seu ânimo, e que os homens, por este motivo, sejam molestos uns aos outros",*** pois, por natureza, são invejosos, rejubilando-se com a debilidade de seus iguais e se entristecendo com suas virtudes. Como a alegria de cada um aumenta quanto mais perfeição imaginar em suas ações, sobretudo quando as imagina como singulares e pelas quais se distingue de todos os outros, negando-lhes aquilo que contempla apenas em si, "cada um rejubilar-se-á maximamente com a contemplação de si quando contemplar em si algo que nega dos restantes". Em contrapartida, ninguém se rejubila com o que imagina ser comum a todos os outros e todos se entristecem se imaginam suas ações débeis quando comparadas às de outros. Visto, porém, que cada um se esforça para afastar a tristeza, "certamente se esforçará para a afastar interpretando erradamente as ações de seus iguais ou adornando, o quanto pode, as suas próprias", o que é reforçado pela educação familiar, pois os pais incitam os filhos à virtude usando como estímulo a honra e a inveja.[52]

---

* E III, proposição 54.
** Ibid., demonstração.
*** Ibid., escólio.

Todavia, muitos terão escrúpulo em aceitar o que Espinosa expõe, objetando ser inegável que, muitas vezes, em lugar de invejar, admiramos as virtudes de alguém e o veneramos. Espinosa, porém, recusa a objeção, declarando que "ninguém inveja a virtude de alguém que não seja um igual".* A inveja é um ódio dirigido a um semelhante; por conseguinte, só invejamos aqueles que imaginamos semelhantes a nós e por isso, se "veneramos um homem por admirarmos sua prudência, fortaleza etc., isso ocorre porque imaginamos que estas virtudes estão nele singularmente, e não como comuns à nossa natureza, e por isso não as invejaremos nele como não invejamos a altura nas árvores ou a força no leão".** Invejamos o que é comum a todos; veneramos o que é singular e nos parece excepcional.

Em decorrência do entrecruzamento dos afetos, de sua múltipla composição e da geração de uns pelos outros, Espinosa dissera que há mais afetos do que nomes para designá-los. Agora, porém, ele introduz a causa dessa multiplicidade: visto que na paixão somos causa e ideia inadequadas de um afeto, que depende da maneira como as coisas externas afetam nosso corpo e sua ideia, a multiplicação das paixões decorre das espécies de objetos pelos quais somos afetados, disso advindo a multiplicidade de espécies de desejos, alegrias, tristezas, amores e ódios, esperanças e medos, e assim por diante. Em outras palavras, "a natureza de cada paixão deve necessariamente ser explicada de tal maneira que seja expressa a natureza do objeto pelo qual somos afetados". Assim sendo, a alegria que se origina, por exemplo, do objeto A envolve a natureza do próprio objeto A, enquanto a que se origina do objeto B envolve a natureza do próprio objeto B, e "por isso estes dois afetos de alegria são diferentes por natureza, já que se originam de causas de natureza diferente". O mesmo deve ser dito dos objetos que causam tristeza, amor, ódio, esperança, medo, flutuação do ânimo. "Por isso são dadas tantas espécies de alegria, tristeza, amor, ódio etc. quantas são as espécies de objetos pelos quais somos afetados."*** A imagem da singularidade do objeto multiplica tanto quanto singulariza as paixões, multiplicando sua propagação, transferência e metamorfose, tecendo uma vida singular imersa na incessante variação do ânimo.

* Ibid., corolário.
** Ibid., escólio do corolário.
*** E III, proposição 56, demonstração.

O sistema das afecções corporais e suas ideias introduz a diferença entre homens singulares e um mesmo homem. Todavia, a multiplicidade afetiva não decorre apenas da causalidade externa, mas está fundada em nossa *essência singular*. Com efeito, o desejo é a própria essência ou natureza de cada um enquanto concebida determinada a fazer algo por uma dada afecção sua, seja esta qual for. Assim sendo, conforme cada um seja afetado por causas externas com esta ou aquela espécie de afeto, este se torna determinante ou constituinte da natureza singular de cada um e seu desejo será necessariamente um afeto determinado, que diferirá da natureza de outro tanto quanto diferem entre si os afetos de que cada um se origina. A referência ao sistema de afecções e à singularidade do desejo evidencia que "qualquer afeto de cada indivíduo difere do afeto de outro tanto quanto a essência de um difere da essência do outro".* Haverá, portanto, tantos desejos, alegrias, tristezas e afetos deles derivados quantas forem as variações das afecções corporais e suas ideias, e quantas forem as essências singulares que os experimentam.

Espinosa, porém, considera não ser necessário examinar essa multiplicidade porque "para aquilo que pretendemos, a saber, determinar as forças dos afetos e a potência da mente sobre eles, basta-nos ter uma definição geral de cada afeto. Basta, quero dizer, conhecer as propriedades comuns dos afetos e da mente para que possamos determinar qual e quão grande seja a potência da mente para moderar e coibir os afetos".**

4. DA PAIXÃO À AÇÃO

Ao concluir o escólio da proposição 57, Espinosa declara ter tratado até aqui dos "afetos que se referem ao homem enquanto padece" e conclui: "Resta ainda acrescentar algo sobre aqueles que se referem a ele enquanto age".

A primeira exposição da atividade afetiva é feita brevemente nessa conclusão da Parte III, que retoma as teses do Prefácio e cujo tom é claramente antiestoico porque não identifica afeto e paixão, mas, graças à diferença entre causa inadequada e adequada, distingue os afetos em passivos e ativos e afirma que a ativida-

---

* E III, proposição 57.
** Ibid., escólio.

de não exclui os afetos, mas os experimenta de uma outra maneira. Não poderia ser diferente, uma vez que *somos* desejo.

A exposição da atividade afetiva é exigida pelo próprio movimento dedutivo da *Ética* III, em cuja conclusão Espinosa afirma considerar

> ter explicado e mostrado por suas primeiras causas os principais afetos e flutuações de ânimo que se originam da composição dos três afetos primitivos, desejo, alegria e tristeza. Donde revela-se sermos agitados por causas externas de muitas maneiras e flutuarmos, tal qual ondas do mar agitadas por ventos contrários, ignorantes dos desenlaces e do destino.*

A penúltima proposição começa, justamente, pela distinção entre afetos passivos e ativos:

> Além da alegria e do desejo que são paixões, dão-se outros afetos de alegria e desejo que se referem a nós enquanto agimos.**

A demonstração se volta para a mente como ideia da ideia:[53] ao conceber-se a si mesma e à sua potência de agir, a mente experimenta alegria. Se, como vimos, isto ocorre quando ela imagina, deve com mais razão ocorrer quando suas ideias são adequadas, pois aqui ela é plenamente reflexiva, conhecendo sua própria potência como origem das ideias das ideias de seu corpo. Assim, ao conceber sua potência, a mente passa a uma perfeição maior, portanto, se alegra — conhecer-se como causa adequada de ideias adequadas é aumento da potência de agir e seu nome é alegria. Não somente a alegria pode ser uma atividade, mas também o desejo. Com efeito, a potência de pensar é o *conatus* da mente e este é desejo, portanto, se a mente se esforça para perseverar em seu ser tanto quando tem ideias inadequadas quanto ao tê-las adequadas; então o desejo se refere não apenas ao que imaginamos, mas também ao que conhecemos verdadeiramente e, por conseguinte, nos define quando agimos.

É possível notar que a proposição 58 omite a tristeza, omissão esclarecida com a última proposição:

---

* E III, proposição 59, escólio.
** E III, proposição 58.

Dentre todos os afetos que se referem à mente enquanto age, não há nenhum senão os que se referem à alegria ou ao desejo.*

Começa Espinosa: todos os afetos se referem ao desejo, à alegria ou à tristeza, como mostram suas definições. Prossegue ele: ora, a tristeza é passagem a uma perfeição menor e nela a potência de pensar da mente é diminuída ou impedida; por conseguinte, nenhum afeto de tristeza pode ser referido à mente enquanto age, mas apenas os afetos de alegria e desejo. A ação necessariamente exclui a tristeza.

Por enquanto, Espinosa não explica como se dá a passagem da passividade à atividade — isto será o objeto das partes IV e V —, mas apenas indica que nesses dois estados a mente está mergulhada na afetividade por ser desejo. No entanto, aquilo que será demonstrado na quarta parte, ao tratar dos afetos ativos sob a condução da razão, está anunciado na conclusão da terceira, pois, nesta, a ação é colocada em afetos que se realizam sob a direção da razão, sem que, por enquanto Espinosa esclareça o que isso significa precisamente. Por outro lado, embora no início da Parte V Espinosa demonstre que todo afeto que é uma paixão pode tornar-se uma ação quando a mente não o refere a uma causa externa e sim a si mesma como causa, de maneira que paixões de alegria e desejo se tornam afetos ativos, no entanto, já na conclusão da Parte III tais afetos são nomeados com um único nome: *fortitudo animi*, fortaleza ou força de ânimo, oposta à *fluctuatio animi*, e que se realiza como *firmeza*, desejo de favorecer o próprio agente (de que a temperança, a sobriedade e a presença de espírito diante do perigo são espécies) e *generosidade*, desejo de favorecer os outros e uni-los por laços de amizade (e de que a modéstia e a clemência são espécies).

Tendo realizado seu escopo — determinar a origem e natureza dos afetos — e feito o périplo pelo mar tempestuoso das paixões, o *De affectibus* termina placidamente. A *Ética* IV nos lançará ainda uma vez no turbilhão passional.

---

* E III, proposição 59.

Nota complementar n. 4
A relação entre a mente e o corpo no *Breve tratado*

Podemos dizer que o escólio da segunda proposição da Parte III da *Ética* é a resposta de Espinosa a si mesmo, se levarmos em conta como essa questão era colocada no *Breve tratado*, Parte II, capítulo 20, no qual a presença de Descartes é marcante. Por isso vale a pena mencionarmos esse capítulo.

Escreve Espinosa:

1) Do que dissemos no capítulo anterior, seria possível objetar as seguintes dificuldades: a) se o movimento não é a causa das paixões, como é possível que logremos expulsar a tristeza mediante certos procedimentos, como com o vinho?

2) A isso é preciso responder que se deve distinguir entre a percepção da mente quando ela primeiro percebe o corpo, e o juízo a que ela chega instantaneamente de que ele é bom ou mau para ela.[1] Estando a mente disposta mediatamente, tal como dito, já apontamos que tem o poder de mover para onde quer os espíritos animais; porém igualmente pode ser-lhe retirado esse poder quando esta sua forma assim disposta é retirada ou alterada por outras causas que provêm do corpo em geral. E, percebendo nela esta mudança, nasce uma tristeza conforme a alteração que os espíritos receberam; tristeza[2] que é causada pelo amor e

pela união que a mente tem com o corpo. Isso pode ser facilmente deduzido do fato de que se pode remediar a tristeza de duas maneiras: 1) pelo restabelecimento dos espíritos animais em sua primeira forma, isto é, liberando-o da dor e 2) convencendo-se por boas razões a não se inquietar deste corpo; a primeira é temporária e sujeita a recaída; a segunda é eterna, constante e inalterável.

3) b) a segunda objeção poderia ser esta:

Como vemos que a mente, embora nada tenha em comum com o corpo, pode fazer que os espíritos animais, que se moveriam em certa direção, se movam agora em outra; por que não poderia também fazer que um corpo completamente imóvel se pusesse em movimento? Ademais, por que não poderia mover para onde quisesse todos os demais corpos que já têm movimento?[3]

4) Porém recordemos o que já dissemos da coisa pensante, e poderemos afastar assaz facilmente essa dificuldade. Dissemos que *a Natureza, embora tenha diversos atributos, é contudo um só ser, do qual são afirmados todos esses atributos*. A isso acrescentamos que *a coisa pensante também era única na Natureza, e que se expressa em infinitas ideias, conforme as infinitas coisas que há na Natureza*.

Pois, se o corpo recebe um tal modo, por exemplo o corpo de Pedro, e logo outro, por exemplo o corpo de Paulo, daí decorre que na *coisa pensante* há duas ideias diferentes: uma ideia do corpo de Pedro que faz a mente de Pedro, e uma ideia do corpo de Paulo que faz a mente de Paulo. Logo, a coisa pensante pode mover o corpo de Pedro mediante a ideia do corpo de Pedro, porém não mediante a ideia do corpo de Paulo; assim, a mente de Paulo pode mover seu próprio corpo, porém de maneira nenhuma o corpo de outro, por exemplo o de Pedro.[4]

Essa é a razão por que ela também não pode mover uma pedra que esteja em repouso ou imóvel, pois a pedra, por sua vez, faz uma outra ideia na mente. E por isso não é menos claramente impossível que um corpo que está em completo repouso possa ser posto em movimento por algum modo de pensamento, pelas razões já anunciadas.

5) A terceira objeção seria esta: parece-nos podermos ver claramente que podemos causar algum repouso no corpo. Pois, depois de haver movido por bastante tempo nossos espíritos animais, sentimos que estamos fatigados, o que não é outra coisa que um repouso que provocamos nos espíritos animais.

6) Respondemos que é verdade que a mente é a causa desse repouso, porém só indiretamente; pois não provoca o repouso imediatamente no movimento, mas só por intermédio de outros corpos que haja movido, e que então necessariamente deverão perder tanto repouso quanto comunicaram aos espíritos. Por conseguinte, é evidente que existe na natureza uma só e mesma espécie de movimento.

Nota complementar n. 5
O escólio da proposição 2 da Parte III da *Ética*

Dada a importância desse escólio por sua crítica à imagem da liberdade, julgamos valer a pena colocá-lo integralmente para os leitores.

Antes de apresentá-lo, porém, mencionaremos a maneira como Espinosa o organiza porque sua montagem retórica é relevante para a argumentação espinosana.

O escólio se organiza em quatro argumentos principais entrecruzados ou em quiasma, formando entimemas perfeitos: o primeiro argumento — o corpo movido pela arte de pensar da mente — cruza-se com o terceiro argumento — a mente sem poder sobre o corpo; o segundo argumento — o tecido ou a estrutura do corpo (a *fabrica corporis*) e "não sabemos tudo o que pode um corpo" — cruza-se com o quarto argumento — a ilusão de liberdade da mente como liberdade da vontade. O enlace e quiasma ou entrecruzamento dos quatro argumentos é feito exatamente na metade do texto (com a afirmação de que é da natureza dos atributos da substância produzir infinitas coisas em infinitas maneiras), dividindo-o em duas partes simétricas, de acordo com a regra retórica da *dispositio* vigorosa, que opera com a bipartição do argumento: a primeira parte argumentativa se volta para o corpo; a segunda, para a mente. Como *dispositio interna*, este escólio é um discurso e por este motivo obedece à tripartição discursiva em que o início e o fim estabelecem contato com o leitor, enquanto o meio é dedicado à argumentação propriamente dita. Como *dispositio externa* ou *persuasio*, o escólio opta pela atividade intelectual, dirigindo-se menos à emoção do leitor (ânimos agitados, diz o texto) e mais ao seu intelecto (que deve sossegar o ânimo). Todavia, faz intervir, além da argumentação intelectual, alguns elementos afetivos, colocando-os, porém, do lado do opositor hostil.

ÉTICA III, PROPOSIÇÃO 2, ESCÓLIO

Isto é mais claramente entendido pelo que foi dito no escólio da proposição 7 da Parte II, a saber, que a mente e o corpo são uma só e a mesma coisa que é concebida ora sob o atributo do Pensamento, ora sob o da Extensão. Donde ocorre que a ordem, ou seja, a concatenação das coisas seja uma só, quer a natureza seja concebida sob um ou outro atributo, e que, consequentemente, a ordem das ações e paixões de nosso corpo seja, por natureza, simultânea com a ordem das ações e paixões da mente. O que também é patente pela maneira como demonstramos a proposição 12 da Parte II.

Ora, embora estas coisas se deem de tal maneira que não resta nenhuma razão de duvidar, contudo não creio, se não comprovar pela experiência, que eu possa induzir os homens a sopesá-las de ânimo imparcial, tão persuadidos estão de que o corpo se move ou repousa pelo só comando da mente e faz muitíssimas coisas que dependem só vontade da mente e da arte de excogitar. Com efeito, ninguém até aqui determinou o que o corpo pode, isto é, a ninguém até aqui a experiência ensinou o que o corpo pode fazer só pelas leis da natureza enquanto considerada apenas corpórea, e o que não pode fazer senão determinado pela mente. Pois até aqui ninguém conheceu a estrutura do corpo tão acuradamente que pudesse explicar todas as suas funções, para não mencionar o fato de que nos animais são observadas muitas coisas que de longe superam a sagacidade humana, e que os sonâmbulos fazem no sono muitíssimas coisas que não ousariam na vigília; o que mostra suficientemente que o próprio corpo, só pelas leis de sua natureza, pode fazer muitas coisas que deixam sua mente admirada. Ademais, ninguém sabe de que maneira e por quais meios a mente move o corpo, nem quantos graus de movimento pode atribuir ao corpo, nem com que rapidez pode movê-lo. Donde segue que quando os homens dizem que esta ou aquela ação se origina da mente, a qual tem império sobre o corpo, não sabem o que dizem, e nada outro fazem senão confessar, por belas palavras, que ignoram a causa daquela ação sem admirar-se disso.

Ora, dirão que, quer saibam quer não saibam por quais meios a mente move o corpo, contudo experimentam que o corpo seria inerte caso a mente não fosse apta a excogitar. Em seguida, dirão que experimentam estar no só poder da mente tanto falar quanto calar e muitas outras coisas que por isso creem depender do decreto da mente. Todavia, quanto ao primeiro, pergunto-lhes se a experiência também não ensina que, inversamente, se o corpo fosse inerte, a mente seria simultaneamente inepta para pensar. Pois, quando o corpo repousa no sono, a mente permanece adormecida junto com ele e não tem o poder de excogitar, como na vigília. Em seguida, creio terem todos experimentado que a mente não é sempre igualmente apta a pensar sobre o mesmo objeto; porém, conforme o corpo é mais apto para que nele se excite a imagem deste ou daquele objeto, assim a mente será mais apta a contemplar um ou outro. Ora, dirão que só das leis da natureza enquanto considerada apenas corpórea não podem ser deduzidas as causas dos edifícios, pinturas e outras coisas deste tipo que se fazem somente pela arte humana, e que o corpo humano, se não fosse determinado e conduzido pela mente, não seria capaz de edificar um templo. Na verdade, já mostrei que eles não sabem o que pode o corpo e o que pode ser deduzido da só contemplação de sua natureza, e que experimentam ocorrer só pelas leis da natureza muitíssimas coisas que jamais teriam acreditado poder ocorrer senão pela direção da mente, como são aquelas que fazem os sonâmbulos durante o sono e que os deixam admirados na vigília. Acrescento aqui a própria estrutura do corpo humano, que de muito longe supera em artifício tudo o que é fabricado pela arte humana, para não mencionar, como mostrei acima, que da natureza considerada sob qualquer atributo seguem infinitas coisas. O que também é patente pela maneira como demonstramos a proposição 12 da Parte II.

Ora, embora estas coisas se deem de tal maneira que não resta nenhuma razão de duvidar, contudo não creio, se não comprovar pela experiência, que eu possa induzir os homens a sopesá-las de ânimo imparcial, tão persuadidos estão de que o corpo se move ou repousa pelo só comando da mente e faz muitíssimas coisas que dependem da só vontade da mente e da arte de excogitar. Com efeito, ninguém até aqui determinou o que o corpo pode, isto é, a ninguém até aqui a experiência ensinou o que o corpo pode fazer só pelas leis da natureza enquanto considerada apenas corpórea, e o que não pode fazer senão determinado pela mente. Pois até aqui ninguém conheceu a estrutura do corpo tão acuradamente que pudesse explicar todas as suas funções, para não mencionar o fato de que nos animais são observadas muitas coisas que de longe superam a sagacidade humana, e que os sonâmbulos fazem no sono muitíssimas coisas que não ousariam na vigília; o que mostra suficientemente que o próprio corpo, só pelas leis de sua natureza, pode fazer muitas coisas que deixam sua mente admirada. Ademais, ninguém sabe de que maneira e por quais meios a mente move o corpo, nem quantos graus de movimento pode atribuir ao corpo, nem com que rapidez pode movê-lo. Donde segue que quando os homens dizem que esta ou aquela ação se origina da mente, a qual tem império sobre o corpo, não sabem o que dizem, e nada outro fazem senão confessar, por belas palavras, que ignoram a causa daquela ação sem admirar-se disso.

Ora, dirão que, quer saibam quer não saibam por quais meios a mente move o corpo, contudo experimentam que o corpo seria inerte caso a mente não fosse apta a excogitar. Em seguida, dirão que experimentam estar no só poder da mente tanto falar quanto calar e muitas outras coisas que por isso creem depender do decreto da mente. Todavia, quanto ao primeiro, pergunto-lhes se a experiência também não ensina que, inversamente, se o corpo fosse inerte, a mente seria simultaneamente inepta para pensar. Pois, quando o corpo repousa no sono, a mente permanece adormecida junto com ele e não tem o poder de excogitar, como na vigília. Em seguida, creio terem todos experimentado que a mente não é sempre igualmente apta a pensar sobre o mesmo objeto; porém, conforme o corpo é mais apto para que nele se excite a imagem deste ou daquele objeto, assim a mente será mais apta a contemplar um ou outro. Ora, dirão que só das leis da natureza enquanto considerada apenas corpórea não podem ser deduzidas as causas dos edifícios, pinturas e outras coisas deste tipo que se fazem somente pela arte humana, e que o corpo humano, se não fosse determinado e conduzido pela mente, não seria capaz de edificar um templo. Na verdade, já mostrei que eles não sabem o que pode o corpo e o que pode ser deduzido da só contemplação de sua natureza, e que experimentam ocorrer só pelas leis da natureza muitíssimas coisas que jamais teriam acreditado poder ocorrer senão pela direção da mente, como são aquelas que fazem os sonâmbulos durante o sono e que os deixam admirados na vigília. Acrescento aqui a própria estrutura do corpo humano, que de muito longe supera em artifício tudo o que é fabricado pela arte humana, para não mencionar, como mostrei acima, que da natureza considerada sob qualquer atributo seguem infinitas coisas.

Além disso, quanto ao segundo, as coisas humanas dar-se-iam muito mais felizmente se nos homens estivesse igualmente o poder tanto de calar quanto de falar. Ora, a experiência ensina mais que suficientemente que os homens nada têm menos em seu poder do que a língua, e que nada podem menos do que moderar seus apetites; daí decorre que a maioria creia fazermos livremente apenas o que apetecemos de leve, já que o apetite destas coisas pode ser facilmente diminuído pela memória de outra coisa que frequentemente recordamos; mas de jeito nenhum crê fazermos livremente aquilo que apetecemos com um grande afeto e que não pode ser acalmado pela memória de outra coisa. A bem da verdade, se não tivessem experimentado que fazemos muitas coisas das quais depois nos arrependemos, e que frequentemente, ao nos defrontarmos com afetos contrários, vemos o melhor e seguimos o pior, nada os impediria de crer que tudo fazemos livremente. Assim o bebê crê apetecer livremente o leite, o menino irritado, querer vingança, e o medroso, a fuga. Por sua vez, o embriagado crê falar por livre decreto da mente aquilo que depois de sóbrio preferiria ter calado; assim o delirante, a tagarela, o menino e muitos outros de mesma farinha creem falar por livre decreto da mente, quando na verdade não podem conter o ímpeto que têm de falar, de tal maneira que a própria experiência, não menos claramente que a razão, ensina que os homens creem-se livres só por causa disto: são cônscios de suas ações e ignorantes das causas pelas quais são determinados; e, além disso, ensina que os decretos da mente não são nada outro que os próprios apetites, os quais, por isso, são variáveis de acordo com a variável disposição do corpo. Pois cada um modera tudo por seu afeto, e aqueles que se defrontam com afetos contrários não sabem o que querem, ao passo que os que não lidam com nenhum são impelidos para um lado ou outro pelo menor impulso. Sem dúvida, tudo isso mostra com clareza que tanto o decreto da mente quanto o apetite e a determinação do corpo são simultâneos por natureza, ou melhor, são uma só e a mesma coisa que, quando considerada sob o atributo pensamento e por ele explicada, denominamos decreto e, quando considerada sob o atributo extensão e deduzida das leis do movimento e do repouso, chamamos determinação; o que será patente de maneira ainda mais clara a partir do que se vai dizer. Pois há outra coisa que eu aqui gostaria de observar antes de tudo: nada podemos fazer por decreto da mente se não o recordamos. Por exemplo, não podemos falar uma palavra se não a recordamos. Ademais, não está no livre poder da mente lembrar-se ou esquecer-se de uma coisa. Portanto crê-se estar no poder da mente apenas isto: podemos, pelo só decreto da mente, falar ou calar sobre a coisa que recordamos. Entretanto, quando sonhamos falar, cremos fazê-lo por livre decreto da mente, e contudo não falamos, ou, se falamos, é pelo movimento espontâneo do corpo. Também sonhamos ocultar algo aos homens, e isso pelo mesmo decreto da mente pelo qual, na vigília, calamos sobre o que sabemos. Enfim, sonhamos fazer por decreto da mente algumas coisas que não ousamos na vigília, e por isso eu bem gostaria de saber se na mente dão-se dois gêneros de decretos: os fantásticos e os livres. Porque se não queremos enlouquecer a este ponto, cumpre necessariamente conceder que este decreto da mente tido por livre não se distingue da própria imaginação, ou seja, da memória, e não é nada além daquela afirmação que a ideia, enquanto é ideia, necessariamente envolve (ver proposição 49 da Parte II). E por conseguinte estes decretos da mente se originam nela com a mesma necessidade que as ideias das coisas existentes em ato. Por isso aqueles que creem falar, ou calar, ou fazer o que quer que seja, por livre decreto da mente, sonham de olhos abertos.

PARTE III: A LIBERDADE

5. Da vida servil à vida virtuosa

Depois de haver demonstrado a ciência dos afetos, Espinosa passa ao campo ético propriamente dito com as partes IV e V, voltando-se para a servidão e liberdade humanas para oferecer uma resposta nova à indagação clássica: o que está em nosso poder?

Na *Ética* IV, a finitude humana é tensionada até o limite máximo, pois a servidão não é uma inadequação qualquer, e sim a maneira total de ser e existir, sentir e pensar sob a forma da impotência e da ilusão de onipotência que obscurece nossa fraqueza real. Servos é o que somos quando possuídos pela exterioridade, cujo nome a filosofia jamais cessou de pronunciar: a caprichosa Fortuna, *imperatrix mundi*, mutável como a lua, volúvel e vã, entoam os *Carmina Burana*. "Inconstância é meu nome", diz ela na *Consolação da filosofia*, ao ser trazida à cena por Boécio:

> *Quando, orgulhosa, muda o curso das coisas*
> *E, como o Euripo tempestuoso, gira seu fuso,*
> *[...]*
> *Não ouve o lamento dos infelizes ou não lhes dá atenção,*
> *Até se ri, cruel, dos gemidos que provoca.*

Assim ela brinca, assim ela dá a prova de seu poder
E oferece aos seus súditos um grande espetáculo: o de um homem
Que em uma hora passa da desgraça à glória.[1]

Submetida às forças das paixões, a finitude nos separa do todo da Natureza, nos põe isolados, indefesos, arrastados em direções contrárias. Agora, qualquer coisa pode ser por acidente, causa ou efeito de qualquer outra. Agora, cada parte da Natureza encontrará sempre outras mais fortes e mais poderosas do que ela, contrárias a ela e capazes de destruí-la. Agora, ideias que haviam sido deduzidas e explicadas nos momentos anteriores da obra — parte da Natureza, determinação, negação, privação, contrariedade — são retomadas noutro registro para o qual somos alertados já nas definições, nas quais, para nosso espanto, reaparecem, com qualidade de conceitos, imagens que, até esse momento, haviam sido despojadas de significado ontológico: bom e mau, perfeito e imperfeito, contingente e possível.

A *Ética* IV retoma o percurso das partes II e III, assim como as ideias apresentadas a Oldenburg na Carta 32.[2] De fato, enquanto a *Ética* V dará primazia à essência singular, a Parte IV se volta para o modo humano como *pars naturae*. Se *convenientia*, *cohaerentia* e *constantia* são propriedades fundamentais de uma parte singular, contrariedade, fragmentação e inconstância marcam a parte finita em estado de servidão. Porém, assim como a Carta 32 introduzira a ideia do indivíduo complexo pela composição crescente de seus constituintes e a Parte II sublinhara a noção de *plura simul* como crescimento da potência do corpo (pela aptidão para a pluralidade simultânea de afecções) e da mente (pela aptidão para a pluralidade simultânea de ideias), assim também a tarefa da Parte IV será encontrar um caminho pelo qual uma parte humana da Natureza, necessariamente submetida a paixões, será capaz de encontrar a *convenientia* e a *constantia* com outras partes, fortalecendo-se na companhia delas, e, no exercício da razão, agir no esforço para aumentar sua aptidão para o múltiplo simultâneo, alcançando a vida virtuosa.

I. A ABERTURA DA *ÉTICA* IV

O Prefácio da Parte IV é um exercício sobre a linguagem tanto douta quanto vulgar. Com efeito, seguindo uma regra proposta nos *Pensamentos metafísicos*, segundo a qual o ponto de partida de uma investigação sobre ideias recebidas deve ser a *prima significatio* das palavras que as indicam em seu uso comum, Espinosa se debruça sobre a primeira significação de um conjunto de termos que constituem o vocabulário tradicional sobre a servidão. Por isso, o Prefácio se inicia com a definição nominal da servidão, cuja definição real será construída à medida que se efetua a dedução de sua gênese necessária, isto é, o embate entre a força do *conatus* singular e o conjunto de forças externas com que ele necessariamente se relaciona.

> Chamo servidão (*servitutem voco*) à impotência humana (*humanam impotentiam*) para moderar e refrear os afetos; com efeito, o homem submetido (*obnoxius*) aos afetos não é senhor de si (*sui juris*), mas a senhora dele é a fortuna (*fortunae juris*), em cujo poder (*potestate*) ele está de tal maneira que frequentemente é coagido (*coactus sit*), embora veja o melhor para si, a seguir, porém, o pior. A causa disto e, ademais, o que os afetos têm de bom ou de mau, foi o que me propus a demonstrar nesta Parte.*

A servidão é definida por um negativo: impotência humana para impor medida e freio aos afetos, pois, em lugar de submetê-los, o homem está submetido a eles. Humana, a impotência não é apenas do corpo ou da mente, mas de ambos em simultâneo, tendo como contrapartida um poderio externo que os domina, a fortuna, contingência desagregadora, que, como no verso de Ovídio, nos obriga a dizer: "Vejo o melhor e o aprovo; sigo o pior".

Rigorosamente jurídica, por que a *prima significatio* da servidão pertence ao campo jurídico, operando com as expressões *sui juris, obnoxius, moderandis, coercendis* e *coactus sit*, cuja articulação decorre do embate entre *impotentia humana* e *fortunae juris, fortunae potestas*, a definição espinosana traduz para a linguagem do direito os conceitos ontológicos de causa inadequada e passividade: não estar sob seu próprio direito (*sui juris*) é estar submetido (*obnoxius*) ao direito ou poder de um outro (*alterius juris*) pelo qual se é coagido (*coactus sit*). Essa tradução jurídica, exigida pela *prima significatio* da servidão, possui uma causa precisa: a servidão transcorre num campo mediado pelas coisas e pela posse ou perda delas. Com efeito, o direito romano que o século XVII conhece é aquele que já sedimentou

---

* E IV, Prefácio.

três transformações conceituais que o separam de sua origem propriamente romana.³ Em primeiro lugar, aquela que identifica *jus* e *dominium*, de sorte que *jus* é o controle absoluto que a pessoa portadora de direitos exerce sobre as coisas corporais e incorporais que constituem seu mundo (*vita, membra, res corporales, fama, honor, libertas*); em segundo, aquela pela qual o homem, enquanto pessoa jurídica, tem poder absoluto sobre tudo quanto em seu mundo lhe permita conservar o que é de seu direito; em terceiro, aquela que considera a liberdade um *dominium* da pessoa jurídica, de maneira que ser *sui juris* é ser *dominus*, senhor de seu corpo, seus bens, sua honra, sua fama e liberdade. No centro dessa concepção do *jus* encontram-se três *facultates*: a propriedade, a vontade e a liberdade. Visto que uma *facultas* é algo que pode ou não ser exercido seja por coação seja por alienação a um outro; a liberdade, sendo uma faculdade, pode ser retirada da pessoa tanto por transferência voluntária quanto por transferência forçada ou violenta a um outro. Nos dois casos, seja por servidão voluntária, seja por escravidão, a pessoa jurídica perde seus direitos, torna-se *alienus juris*, ficando sob o direito de um outro. A servidão define-se como perda de *jus* e *dominium* sobre o corpo, os bens, o mundo circundante, a vontade e a liberdade (e, com ela, a fama e a honra). Na definição espinosana, a servidão é *de facto* e *de jure* a situação daquele que, por impotência sobre seus afetos, perdeu o *jus* e o *dominium* sobre si e seu mundo circundante.

Não estando *sui juris*, sob qual poder se encontra um homem? Encontra-se *obnoxius affectibus*. *Obnoxius*, termo jurídico que indica aquele que está exposto a um poderio externo que o inclina independentemente de seu desejo, significa, literalmente, ser arrastado por outro. Refere-se a uma dominação violenta cuja causa é uma violência anterior cometida por quem, agora, está à mercê de um poder que o lança na direção que lhe aprouver. A servidão é impotência humana de quem, não estando sob seu próprio poder e direito, está sob o domínio de um poderio impetuoso e violento, exposto e arrastado por ele: as forças dos afetos. Ora, quem não está *sui juris* é causa inadequada ou parcial do que se passa em seu interior e do que realiza externamente porque o que nele acontece depende do poder de causas externas. Passiva, a servidão reencontra a distinção clássica dos discursos éticos entre o que está e o que não está em nosso poder. Assim, *obnoxius affectuum viribus* significa: *fortunae juris* e *fortunae potestas*, ou seja, na servidão, a potência de um homem singular encontra-se sob o direito e o poder da fortuna, submetida ou exposta ao poder da contingência, como escreve Shakespeare:

Quando nos faltam os favores da Fortuna, com frequência pelos excessos de nossa conduta, culpamos de nossos desastres o Sol, a Lua, as estrelas; como se fôssemos patifes por fatalidade, tolos por compulsão celeste, velhacos, ladrões, traidores por predomínio esférico; bêbedos, mentirosos, adúlteros, por força da obediência a influências planetárias![4]

Entretanto, afastando-se da tradição, Espinosa (como Shakespeare) não concebe esse poderio como uma entidade transcendente que se abate sobre os homens e sim o considera efeito da impotência para dominar as forças dos afetos. Por isso, a expressão de Tácito, *obnoxius fortunae*, é reescrita por Espinosa como *obnoxius affectuum viribus*: submetido às forças dos afetos.

Temos o quadro inicial da servidão humana. Aquele que, por impotência, deixa de estar *sui juris* para ficar sob o poderio de uma outra força experimenta quatro situações simultâneas: a da alienação (está *alienus juris*, ou, como prefere Espinosa, *alterius juris*); a da contrariedade (vendo o melhor, sente-se coagido a fazer o pior para si); a da violência (estando sob a força dos afetos, é arrastado ao pior mesmo que imagine desejar o melhor); e a da fraqueza (perda de direitos e poderes, sujeição).

No entanto, o Prefácio parece sofrer uma interrupção, pois, em lugar de prosseguir com a definição da servidão, Espinosa introduz uma longa digressão sobre o uso de duas outras palavras, perfeita e imperfeita:

> Quem decidiu fazer alguma coisa e a perfez, dirá que sua obra é perfeita (*perfectam*); e não só esse, mas também todo aquele que soubesse exatamente o que tinha em mente o autor (*auctoris*) e o escopo dessa obra, ou acreditasse sabê-lo. Por exemplo, se alguém vir uma obra, que suponho não estar concluída (*peractum*) e souber que o escopo de seu autor é edificar uma casa, dirá que a casa está imperfeita (*imperfecta*); pelo contrário, dirá que está perfeita (*perfecta*) quando vir que a obra chegou ao fim que lhe propusera o autor. Mas se alguém vê uma obra, não tendo nunca visto outra semelhante e, além disso, não está ciente do que o artífice tinha em mente, não saberá se a obra é perfeita ou imperfeita. Tal parece ter sido a primeira significação (*prima significatio*) desses vocábulos.*

---

* Ibid.

A interrupção, porém, é aparente. A continuidade é dada pela presença da figura do *auctor*, historicamente articulada a duas outras na tradição jurídica: à pessoa jurídica *sui juris* e ao poder de *moderare*.

Moderare pertence ao vocabulário técnico e jurídico por sua derivação de *modus*, uma medida que não é própria das coisas, mas imposta a elas por um senhor ou mestre que refletiu, deliberou e decidiu. A medida não é mensuração, mas moderação, "medida aplicada a quem ou ao que ignora toda medida",[5] uma limitação ou um constrangimento (no texto de Espinosa, *moderandis et coercendis*). *Modus* é, antes de tudo, medida moral e não medida material; é a deliberação de ordenar uma situação em si desordenada, envolvendo não só a ideia de uma medida diretriz, mas também a de uma autoridade sábia que medita, aconselha, domina, cuida e governa. *Moderare* refere-se a uma decisão soberana e a uma medida técnica, isto é, a uma solução eficaz conhecida graças ao exame detido de um problema particular: é "tomar com autoridade a medida apropriada para uma dificuldade dada",[6] reconduzindo à normalidade uma determinada perturbação ao introduzir uma proporção (*ratio*) no desproporcionado. *Moderandum* é o poder para conhecer e aplicar a medida, indicando o agente que tem o direito para isto: a *auctoritas*, que profere a *ratio* ou medida que põe fim a um litígio, e o *auctor*, que responde pela medida imposta. Eis por que, no texto espinosano, "perfeita" e "imperfeita" são palavras proferidas pelo autor, que conhece sua própria intenção e seu escopo ao realizar a obra.

Auctor, porém, não está articulado apenas a *moderandum*, mas também a *sui juris*. Uma longa tradição, que vai de Averróis e Maimônides a Ockham, passa por Belarmino e Grotius e chega a Hobbes e Espinosa, afirma que somente é *sui juris* aquele que possui o conhecimento do que faz e, portanto, somente o autor pode ser ou estar *sui juris*. Aquele que, numa situação desordenada, medita e delibera impondo-lhe uma medida (*auctoritas*) e aquele que sabe o que faz (*auctor*) estão *sui juris*, contrariamente ao que está submetido ao desordenado e não sabe o que faz, vendo o melhor e fazendo o pior para si. Entretanto, Espinosa introduz uma novidade nessa tradição, pois articula o termo *auctor* à ideia de causa eficiente enquanto causa adequada que encontra em si mesma seu próprio sentido, dando--lhe o significado daquilo que responde por alguma coisa ou é responsável por alguma coisa porque esta segue necessariamente da essência do agente. Com isso, Espinosa rompe, por um lado, com a tradição que concebe a deliberação articulada à livre vontade, e, de outro, com a tradição normativa da medida concebida como um valor e uma norma preexistentes à ação do autor e que lhe serviriam de guia e modelo. Para compreendermos a ruptura espinosana, precisamos acompanhar o exame da *prima significatio* de perfeição e imperfeição.

Perfectio, derivando-se de *perficere* (que, por sua vez, deriva-se de *facio*), é um fazer que carrega consigo os vários significados técnicos de seus termos de origem. *Facio*: preparar, desenhar, representar, construir, erguer e fabricar; *perficio*: concluir, acabar, terminar o que foi iniciado, perfazer a construção, ter o efeito completo da ação. Assim, perfeito se diz do realizado, completo ou acabado, uma obra concluída. Espinosa rearticula *auctor* aos dois sentidos do verbo *augeo*,[7] o sentido clássico de aumentar e crescer, e o arcaico de fazer surgir ou produzir algo do interior de si mesmo. O autor é aquele que, em todas as situações, toma uma iniciativa que o faz ser o primeiro a produzir alguma atividade e o garantidor ou responsável pelo produzido ou pela obra. Ele é causa eficiente como princípio do ser de alguma coisa ou como origem do fazer ser alguma coisa, e por isso ele, e somente ele, pode responder por ela e julgá-la perfeita ou imperfeita, isto é, acabada ou inacabada. Dessa maneira, Espinosa articula *auctor* a *moderare*, tanto quando o que faz surgir é uma medida, como quando usa sua própria medida para julgar o que foi feito. Ora, ter autoridade sobre alguma coisa — medida ou obra — é ter direito sobre ela, permitindo que o autor seja referido à expressão jurídica *rem suam*, coisa sua, que pode usar, controlar e dispor segundo seu desejo. Dessa maneira, Espinosa indica que o campo semântico de perfeição/ imperfeição é técnico (medida, fazer), jurídico (*auctoritas*, *auctor*) e inseparável da ideia de *sui juris*.

O autor nunca está só. Sua obra, produto de sua ação, oferece-se ao olhar e ao juízo de outrem, sobretudo se for um artífice que faz a obra para um outro. Se, para o autor, sua ação e sua obra são inseparáveis, para quem a vê e julga, ele e ela aparecem como duas realidades separadas, particularmente se a obra for vista na ausência do autor e com o desconhecimento de sua intenção e de seu escopo. Nessas condições, julgá-la perfeita ou imperfeita não deveria ser possível (o espectador "não poderá saber se está perfeita ou imperfeita", escreve Espinosa), pois o juízo seria uma conclusão com ausência das premissas. Todavia, a obra é julgada. Resta saber como perfeição — estado de acabamento de uma ação ou de um fazer — e imperfeição — estado de inacabamento de uma ação ou de um fazer — puderam transformar-se de descrições daquilo que é em padrões normativos do que deve ser:

Mas depois que os homens começaram a formar ideias universais, a inventar modelos (*exemplaria*) de casas, edifícios, torres etc., e a preferir uns modelos a outros, aconteceu que cada um veio a chamar perfeito o que via convir com a ideia universal que formara desta maneira sobre a coisa, e imperfeito, ao contrário, o que via convir menos com o modelo que concebera, ainda que, na opinião do artífice, a obra estivesse plenamente acabada.*

A significação primeira de *perfectus* e *imperfectus* se perde com o esforço da imaginação para suplantar a fugacidade das imagens, valendo-se de suas repetições, que lhe permitem associá-las por semelhança, contiguidade espacial, repetição e sucessão temporal, chegando a generalidades ou universais abstratos, os modelos. A síntese abstrata da diversidade das afecções corporais e de sua retenção na memória cristaliza-se nos *exemplaria*. A isso vem acrescentar-se a fraqueza da memória, que a faz esquecer a própria origem dos modelos, levando a imaginação a tomá-los como realidades externas que orientam a ação e o juízo. Quanto mais fraca a imagem (isto é, quanto mais abstrata a síntese e quanto mais desmemoriada a lembrança de sua aparição), mais imperioso o exemplar e mais imperativo o juízo. Separando autor e obra, menosprezando o juízo do autor, perdendo a singularidade da ação produtora e de seu efeito singular, a imaginação realiza três operações que Espinosa analisa no *Compêndio de gramática hebraica* ao mostrar como se dá a passagem de um verbo ou significado de ação à cristalização imóvel de um adjetivo que, a seguir, será substantivado. No caso presente, a imaginação começa por perder o significado verbal de *perfectus/ imperfectus* como particípios passados de *perficere*, transformando-os em adjetivos (cristaliza-os em qualidades separadas da ação) e, a seguir, substantiva os adjetivos nos substantivos *perfectio/ imperfectio* (o modelo). Ao substantivar abstratamente as qualidades, separando-as da ação concreta e particular que nomeavam, a imaginação separa agente e ação, sedimenta o efeito da ação num modelo e impõe este último como norma e valor para julgar o agente, sua ação e sua obra. A medida e a norma, agora universais abstratos, fazem com que a imaginação aliene o autor de sua obra, ponha esta última não como efeito da causa eficiente singular que a produziu, mas como obediência (ou desobediência) a um padrão finalizado da ação, ela

* Ibid.

própria imaginada como finalista. Inventado o modelo, passa-se do saber do autor sobre sua ação e sua obra ao juízo do espectador, que as julga perfeitas ou imperfeitas segundo sigam os modelos ou deles se desviem. Quebra-se o vínculo entre ser ou estar *sui juris* e ser *auctor/ opfices*: entre o autor e a obra, interpõe-se o modelo, que o comanda de fora; entre o autor e a ação, interpõe-se o juízo daquele que conhece o modelo e os fins da ação. Rigorosamente, o autor se torna *alterius juris*.[8] Todavia, os *exemplaria* ganham independência não só em face do autor/ artífice e da obra, mas também em face do próprio avaliador, que ignora as operações imaginativas que lhes deram origem.

Esses deslizamentos semânticos preparam um outro, inevitável: as coisas naturais, "que não são feitas pela mão humana", também são vulgarmente chamadas de perfeitas ou imperfeitas,

> pois os homens costumam, tanto das coisas naturais como das artificiais, formar ideias universais, que eles têm como modelos das coisas, e creem que a Natureza (que estimam nunca agir senão por causa de algum fim) as observa e propõe para si mesma como modelos. E assim, quando veem ocorrer algo na Natureza que convém menos com o que concebem como modelo das coisas, creem então que a própria Natureza falhou ou pecou e deixou essa coisa imperfeita.*

Do artefato à Natureza, a abstração imaginativa vai deixando seu rastro. Começa como preconceito do vulgar e termina como teoria do filósofo: a Natureza é artesã que opera em vista de fins.[9] Antropocêntrica, a imaginação projeta os *exemplaria* na ação da Natureza, tornando indistintos o autor humano e a ação natural, ambos artífices submetidos à finalidade normativa. Os termos que a primeira significação de *perficere/ perfecta* sintetiza — autor, ação, obra — encontram-se separados tanto para as obras artificiais quanto para aquelas que "não são feitas pela mão do homem", separação que permite o juízo de valor finalista sobre as coisas naturais.

Espinosa atribui ao costume e ao preconceito o chamar as coisas naturais de perfeitas ou imperfeitas, pois a ignorância das causas eficientes necessárias faz com que a finalidade atribuída à Natureza decorra daquela atribuída às ações

* Ibid.

humanas, o que, por seu turno, introduz a finalidade na ação divina. Eis por que, imediatamente, Espinosa se refere ao Apêndice da Parte I,[10] em que demonstrou que "a Natureza não age em vista de um fim, pois aquele ente eterno e infinito que chamamos Deus ou Natureza, pela mesma necessidade por que existe, age", de maneira que sua existência e ação são idênticas e, portanto, "como não existe por causa de nenhum fim, também não age por causa de nenhum fim; assim como para existir não tem nenhum princípio ou fim, assim também para agir não os tem".

Como o Prefácio da Parte IV, também o Apêndice da Parte I ocupa-se com os preconceitos do vulgar tidos por ciência. A diferença entre os dois textos decorre do lugar em que a dedução geométrica os insere. No caso do Apêndice, a crítica ao preconceito finalista se faz por referência à essência e potência de Deus, enquanto no Prefácio da Parte IV ela se realiza a partir da natureza humana, cujo conhecimento foi obtido nas partes anteriores. No entanto, uma vez que o preconceito finalista equipara a imagem da ação humana à da ação natural e divina, tanto no Prefácio como no Apêndice, o centro da argumentação é dado pela proposição 16 da Parte I — "Da necessidade da natureza divina devem seguir infinitas coisas em infinitos modos, isto é, tudo o que pode cair sob um intelecto infinito" —, cujos corolários dão início à dedução da causalidade divina ou potência de Deus, o primeiro concluindo que Deus é causa eficiente de todas as coisas, o segundo, que é causa por si e não por acidente, e o terceiro, que é causa absolutamente primeira. Causa eficiente imanente de todos os seus efeitos, "Deus ou a Natureza", como explica o escólio da proposição 25, significa que no mesmo sentido em que Deus é dito causa de si, deve ser dito causa de todas as coisas, pois, como é explicado no corolário dessa proposição, "as coisas particulares não são senão afecções dos atributos de Deus, ou seja, modos em que os atributos de Deus se exprimem de maneira certa e determinada". Esse movimento dedutivo prepara a culminância da dedução da necessidade ontológica na proposição 34 — "A potência de Deus é sua própria essência". Por conseguinte, se as coisas seguem necessariamente da essência de Deus, se a essência de Deus e sua potência são idênticas, então, as coisas seguem necessariamente da potência de Deus e por isso, diz o Prefácio da Parte IV, a causa pela qual Deus existe e a causa pela qual age é uma só e a mesma, isto é, a necessidade de sua essência absolutamente infinita.[11]

Se a finalidade inexiste na Natureza, resta completar a crítica ao preconceito finalista com a recusa da causa final para as ações humanas. De fato, prossegue Espinosa no Prefácio da *Ética* IV, "a causa que é dita final nada mais é que o próprio apetite humano (*humanum appetitum*), enquanto considerado como princípio ou causa primeira de uma coisa". Espinosa oferece um exemplo:

> quando dizemos que a habitação foi a causa final desta ou daquela casa, certamente não entendemos nada outro senão que um homem, por ter imaginado as comodidades da vida doméstica, teve o apetite de edificar uma casa. Por isso, a habitação, enquanto considerada como causa final, nada outro é que este apetite singular, que na realidade é a causa eficiente, considerada como primeira porque os homens comumente ignoram as causas de seus apetites. Pois são, como eu já disse muitas vezes, certamente cônscios de suas ações e seus apetites, mas ignorantes das causas pelas quais são determinados a apetecer algo.*

A *imagem* do apetite leva à suposição de ser ele determinado por uma causa final porque se supõe que ele seja a causa primeira de uma operação, quando, conforme demonstrado na Parte III, ele (ou o desejo) é determinado a fazer algo por uma afecção que assim o determina a conceber ou a fazer alguma coisa. Em contrapartida, sua *ideia* afirma que se trata de uma causa eficiente determinada por outras causas e que tem em si mesma seu próprio fim. Em outras palavras, quando o apetite é imaginado como causa primeira da ação, essa imagem o supõe, do ponto de vista da causalidade eficiente, como incausado (um impulso espontâneo), e causado pela causalidade final (no exemplo de Espinosa: a habitação como causa final de sua construção); ao contrário, quando é concebido verdadeiramente, compreende-se que é uma causa eficiente causada ou determinada por uma outra (as afecções sobre as comodidades da habitação) e que sua efetivação é seu próprio fim, pois este é apenas a exteriorização do apetite do agente. Por isso, Espinosa retoma o que dissera no Apêndice da Parte I e no escólio da proposição 2 da Parte III, isto é, que os homens são cônscios de suas ações e apetites, mas ignoram as causas que os determinam a agir e apetecer. Eis por que a definição 7 da *Ética* IV enunciará: "Por fim, por cuja causa fazemos alguma coisa, entendo o apetite". Em suma, enquanto a tradição metafísica considerara

---

* Ibid.

a causa final uma causa externa que, à distância, move o agente, Espinosa concebe uma finalidade interna que é a operação da própria causa eficiente determinada por uma outra, isto é, por uma afecção.

Espinosa completa o exame de *perfectio/imperfectio* afirmando que são modos de pensar, "noções que costumamos forjar por compararmos indivíduos de mesma espécie ou do mesmo gênero". Por que as imagens de gêneros e espécies sustentam o imaginário da perfeição ou imperfeição das coisas? Porque temos o costume de "remeter todos os indivíduos da Natureza a um gênero, que é chamado generalíssimo, a saber, à noção de ente, que pertence a absolutamente todos os indivíduos da Natureza". Disso resulta que

> enquanto remetemos todos os indivíduos da Natureza a esse gênero e os comparamos uns aos outros, e descobrimos que uns têm mais entidade ou realidade que outros, nesta medida dizemos que uns são mais perfeitos que outros; e enquanto lhes atribuímos algo que envolve negação, como termo, fim, impotência etc., nesta medida os chamamos imperfeitos, porque não afetam nossa mente da mesma maneira que aqueles que denominamos perfeitos, e não porque lhes falte algo que seja deles ou porque a Natureza tenha pecado.*

O Prefácio retoma a crítica aos universais abstratos depois que a Parte II deduziu a natureza da imaginação e as formas de suas operações e demonstrou como e por que ela é levada a tais generalizações. Perfeição, imperfeição, gênero, espécie, termos envolvendo privação e negação são universais abstratos ou entes de imaginação, modos de pensar inadequados resultantes da comparação entre os indivíduos e simples consequências da fraqueza da imaginação para manter a diferenciação da multiplicidade das coisas singulares que afetam o corpo. Dentre as abstrações mais tenazes estão o gênero e a espécie e aquilo que a tradição escolástica designou com o vocábulo "transcendentais" (ente, coisa, uno, verdadeiro, bom, infinito-finito, perfeito-imperfeito), entendidos como afecções universais do Ser (o generalíssimo de que fala Espinosa) que não lhe acrescentam realidade, mas o denominam como entidade, realidade, unidade, verdade, bondade, ilimitação ou limitação, perfeição ou imperfeição.[12] Ora, esse procedimento abstrato, que

---

* Ibid.

conduz à distinção entre gêneros e espécies e à imagem do generalíssimo, culmina na maneira com que a tradição teológico-metafísica apresenta a ordem universal ou a ordem da Natureza como hierarquia de entes segundo graus de realidade e de perfeição, tendo como pressuposto a ideia de que Deus concebeu para cada grau o máximo de realidade e de perfeição possíveis para seu gênero e para sua espécie, graus que servem de medida para cada essência singular conforme sua proximidade ou distância com respeito à essência universal (gênero ou espécie) concebida pelo intelecto divino, e da qual um particular é a realização na existência. O universal que serve de medida e de termo de comparação é o modelo concebido pelo intelecto do Ser Primeiro e desejado por sua vontade, e a existência das coisas singulares criadas é a passagem ao ser de uma essência universal possível (o modelo) concretizada numa existência particular, cujo grau de realidade e perfeição depende de que se aproxime ou se distancie da essência universal que lhe serve de modelo e de fim. Dessa maneira, a ordem universal da Natureza é pensada como passagem do possível ao ser (a Criação) e cada existência singular é avaliada segundo sua aproximação ou distância do universal que lhe serve de parâmetro, levando à imagem da imperfeição como privação quando uma coisa singular não se realiza conforme o exigido por seu grau, como ocorre quando o homem ou a Natureza pecam, privando-se da perfeição que lhes caberia.

A esse imaginário, Espinosa contrapõe, em primeiro lugar, a demonstração, feita nas partes I e II, de que "nada pertence à natureza de alguma coisa a não ser o que segue da necessidade da natureza da causa eficiente, e o que quer que siga da necessidade da natureza da causa eficiente, acontece necessariamente";* e, em segundo, voltando-se contra a imagem da imperfeição como privação de perfeição, retoma a definição positiva da ideia de perfeição, isto é, a sexta definição da Parte II — "por realidade ou perfeição entendo o mesmo". Graças à relação necessária entre a causa eficiente e seu efeito e a identidade entre realidade e perfeição, Espinosa afasta as imagens da privação e da negação referidas à essência de uma coisa singular.

Qual a diferença entre a ideia da perfeição e a sua imagem? A ideia da perfeição é a própria realidade de um ser, sua natureza integral ou completa, seja porque conhecemos sua essência (que é sempre singular, não havendo essências univer-

* Ibid.

sais), seja porque conhecemos sua causa necessária (pois não há essências possíveis, toda essência sendo uma singularidade certa e determinada inseparável de sua existência). A imagem da perfeição, ao contrário, nasce da comparação entre indivíduos abstratamente reunidos no mesmo gênero ou na mesma espécie, hierarquizados "segundo a maneira como afetam nossa mente". Donde os "imperfeitos" aparecerem como os que estão privados de perfeição ou cuja natureza envolve negação. Ora, sendo a negação o juízo que nega à coisa o que não pertence à sua natureza, é um vazio de pensamento preenchido com imagens. Perfeito e imperfeito não se referem a graus de realidade entre essências pertencentes a um mesmo gênero, mas, como Espinosa já explicara a Oldenburg, dizem respeito à variação dos graus da potência de existir e agir de uma mesma essência. É exatamente isso que estabelece o vínculo entre *perfectio/ imperfectio* e o campo afetivo, no qual essa potência pode aumentar ou diminuir, esclarecendo por que a discussão desses termos é feita no Prefácio sobre a servidão humana. De fato, a paixão é uma ideia confusa pela qual a mente afirma a potência de existir maior ou menor de seu corpo e a sua própria e pela qual é levada a desejar uma coisa mais do que outra. A oscilação da realidade-perfeição do corpo e da mente depende, no caso da paixão, da força com que ambos são afetados e dominados pela força das causas exteriores, isto é, decorre de *affectuum viribus*, das forças dos afetos.

Dada a naturalidade dos afetos, ou seu fundamento na natureza do corpo e da mente, e dado que alguns são paixões e outros, ações, é necessário, como é dito na abertura do Prefácio, determinar "o que há de bom e mau nos afetos".

Espinosa começa reafirmando o que já dissera no *Breve tratado* e nas partes anteriores da *Ética*: assim como perfeição e imperfeição são modos de pensar nascidos de comparações imaginativas, bom e mau

> também não indicam nada de positivo nas coisas consideradas em si mesmas, e não são nada além de modos de pensar ou noções que formamos por compararmos as coisas entre si. Pois uma e a mesma coisa pode, ao mesmo tempo, ser boa e má e também indiferente. Por exemplo, a música é boa para o melancólico, má para o lastimoso, no entanto, nem boa nem má para o surdo.*

---

* Ibid.

A distinção entre bom, mau e indiferente pareceria situar Espinosa na tradição estoica (aí estão de volta as coisas boas, más e indiferentes), todavia a distância com relação aos estoicos é imediata. De fato, o estoico afirma que há coisas sempre boas ou sempre más ou sempre indiferentes, enquanto Espinosa se refere a uma mesma coisa como podendo ser boa, má ou indiferente, pois tais qualificações não dependem da própria coisa (que é sempre a mesma) e sim das disposições do corpo e da mente de alguém, que determinam como são afetados por ela. Bom e mau são modos de pensar nascidos da comparação entre as coisas e das variadas maneiras como nos afetam.

Embora perfeição, imperfeição, bom e mau sejam meros modos de pensar ou de imaginar, "temos de conservar esses vocábulos", prossegue Espinosa:

> Pois, porque desejamos formar uma ideia de homem (*ideam hominis*) que observemos como modelo da natureza humana (*naturae humanae exemplar*), nos será útil reter estes mesmos vocábulos no sentido em que disse. E assim, por bem entenderei, no que se segue, o que sabemos certamente ser meio para nos aproximarmos mais e mais do modelo de natureza humana que nos propomos. Por mal, porém, isso que certamente sabemos que nos impede de reproduzir o mesmo modelo. Ademais, diremos que os homens são mais perfeitos ou mais imperfeitos enquanto aproximam-se mais ou menos desse modelo.*

Esta passagem do Prefácio é desconcertante. Não está Espinosa a trazer de volta tudo quanto fora objeto de sua crítica? Não fica perplexo o leitor? Se os vocábulos serão mantidos, se com eles retornamos às imagens do exemplar, da perfeição e da imperfeição como comparação com o modelo, do bom e do mau como qualidades dos afetos, então por que as críticas anteriores? Para responder, precisamos, em primeiro lugar, considerar o que há de se passar com esses vocábulos à luz do que já vimos acontecer com os de perfeição e imperfeição, e, em segundo, acompanhar o final do Prefácio para, a seguir, examinar as definições do bom e do mau.

Com efeito, logo depois de introduzir o "modelo da natureza humana", Espinosa afirma que este permitirá dizer quando os homens são mais perfeitos

---

* Ibid.

ou mais imperfeitos, conforme "aproximam-se mais ou menos desse modelo". Que significam esse "mais" e esse "menos"?

> Efetivamente, deve-se notar antes de tudo que quando digo que alguma coisa passa de uma perfeição maior a outra menor, ou inversamente, não entendo por isso que mude de essência ou de forma, passando a uma outra. De fato, um cavalo, por exemplo, tanto se destrói se se mudar em homem, como se se mudar em inseto. É sua potência de agir (*agendi potentiam*), enquanto entendida como sua própria natureza (*per ipsius naturam intelligitur*), que concebemos como aumentada ou diminuída.*

Perfeição e realidade são um só e o mesmo, de sorte que o "mais" e o "menos" não se referem a uma mudança *de* essência (passar de uma natureza ou forma a uma outra), pois isto significaria a desaparição dela, uma vez que toda essência é singular. Trata-se, portanto, de mudanças *na* essência, porém não como busca e realização de uma finalidade e sim enquanto aumento ou diminuição de sua potência de existir e agir. Em outras palavras, Espinosa retoma a explicação que oferecera na Parte III quando definira a alegria e a tristeza como *transitio*, passagem a uma perfeição maior ou menor, determinada pela variação na intensidade do *conatus*. O "modelo da natureza humana", portanto, não será um ponto de partida posto como *télos*, e sim, como veremos, uma construção efetuada pelo próprio percurso da Parte IV e feita em conformidade com o aumento da potência de existir e agir de uma *natura* que comporta aumento ou o mais (o bom) e diminuição ou o menos (o mau), dependendo de suas relações com outras potências. Essa medida determina também o emprego de perfeição, idêntica à realidade, sem referência à duração de uma essência, ou seja, à "essência de uma coisa qualquer enquanto ela existe e age de uma determinada maneira, sem qualquer referência à sua duração", uma vez que, esclarece Espinosa, "nenhuma coisa singular pode dizer-se mais perfeita por perseverar mais tempo na existência", retomando o que dissera na Parte II, isto é,

> que a duração das coisas não pode ser determinada pela essência, visto que a essência de uma coisa não envolve nenhum tempo certo e determinado de existência;

---

* Ibid.

mas uma coisa qualquer, quer ela seja mais perfeita quer menos, poderá perseverar na existência com a mesma força por que começou a existir, de tal sorte que, sob este ponto, todas as coisas são iguais.*

Observemos que Espinosa, embora diga que conservará os vocábulos, não emprega, aqui, o termo "imperfeição" e sim menos ou mais perfeição. Isso decorre da afirmação de que "todas as coisas são iguais", quer se diga que uma delas é mais perfeita, quer menos perfeita, porque o critério da igualdade é dado pela força pela qual vem existência e com a qual permanece existindo (ou seja, pela potência de seu atributo). Isto significa que, além de não haver mudança de essência, também a variação (menos ou mais perfeição) não pode ser determinada temporalmente, pois a duração, lemos na *Ética* II, é a continuação indefinida da existência e, como demonstra a proposição 8 da Parte III, "se o esforço de perseverança na existência envolvesse um tempo limitado que determinasse a duração da coisa, então resultaria da própria potência em virtude da qual a coisa existe que ela já não poderia existir depois desse tempo limitado, mas deveria destruir-se, o que é absurdo".[13] Por que absurdo? Porque uma essência singular é um *conatus* e este é uma positividade intrinsecamente indestrutível que só pode ser destruída ou desaparecer sob a ação de causas externas mais poderosas do que ele e contrárias a ele. Em outras palavras, a perfeição maior ou menor depende da força do *conatus* e por isso a quantidade de duração não só não constitui o ser de uma essência singular, como ainda tentar conhecer a perfeição de uma essência por meio da quantidade de sua duração levaria a contundir, de um lado, realidade e quantidade de tempo de existência, e, de outro, perfeição e permanência indefinida no tempo, confusão que leva a imaginação a afirmar que a mente é mais perfeita do que o corpo porque seria imortal e ele, mortal.

Afirmar que perfeição e quantidade de duração são diferentes significa dizer que a perfeição está referida à potência de existir e de agir e, portanto, vincular internamente a perfeição da coisa singular à perfeição de sua causa (no caso, à potência divina, tal como demonstrada na proposição 16 da Parte I), pois, ainda que cada essência singular venha à existência pela mediação de outras existências singulares na ordem e na conexão das causas naturais, entretanto, como explica-

---

* Ibid.

do no escólio da proposição 45 da Parte II, "a força com a qual uma coisa persevera na existência decorre da necessidade eterna da natureza de Deus". Em suma, a relação da essência com a existência só pode ser concebida como uma relação interna necessária quando a duração deixa de ser apreendida externamente (como quantidade de tempo) para ser apreendida internamente como atualidade do próprio *conatus*. Aumento e diminuição da perfeição ou da realidade referem-se, pois, ao aumento ou diminuição da força ou intensidade da potência do *conatus* em sua relação com as causas exteriores, de sorte que a força ou fraqueza das afecções corporais e a força ou fraqueza dos afetos do corpo e da mente determinam a perfeição maior ou menor de uma essência humana singular. Mas, se assim é, por que Espinosa introduziu a referência à duração? Porque é necessário, desde já, separá-la da imagem do tempo, pois, além de perfeição, imperfeição, bom e mau, veremos dois outros vocábulos provenientes da imaginação ser conservados na *Ética* IV, o possível e o contingente, uma vez que a servidão é inseparável da imagem temporal de nossa existência e a das coisas, cujo curso necessário ignoramos, dando sentido à expressão empregada por Espinosa, *fortunae potestas*.

Assim como a manutenção de perfeição e imperfeição não se dá sem uma profunda mudança de seu sentido, assim também acontece com o bom e o mau, cujas imagens nascem da comparação entre coisas investidas de tais qualidades, mas cujas ideias, tanto no Prefácio como nas definições 1 e 2, são definidas como um saber certo.[14]

Enuncia a primeira definição:

Por bom entenderei o que sabemos com certeza (*certo scimus*) ser-nos útil.

A segunda definição completa:

Por mau, ao contrário, aquilo que sabemos com certeza (*certo scimus*) impedir que sejamos possuidores (*compotes*) de algum bem.

Podemos observar que essas definições não são simétricas, pois a segunda não declara que mau seria o que sabemos com certeza ser-nos prejudicial ou nocivo, mas o que sabemos com certeza que nos impede de nos tornarmos senhores de algum bem, pois *compotes*, derivado de *potio* (colocar sobre o poder de) e de *potior* (assenhorar-se, ser senhor de), é aquele que consegue um bem, torna-

-se senhor dele e pode fruí-lo. O mau é, assim, definido como obstáculo à fruição de um bem, ou seja, a definição é afirmativa e não simplesmente negativa (mau é o que não é bom), pois o mau já está indicado como uma força que se opõe à posse e fruição de um bem.

Em que essas definições nos permitem alcançar o sentido espinosano do "modelo de natureza humana"? O uso da expressão "o que sabemos com certeza" indica por onde passa a resposta.

Na *Ética* II, ao expor a teoria dos gêneros de conhecimento, Espinosa demonstra que o segundo gênero, isto é, a razão, é um conhecimento certo, um saber certo cujo objeto são as ideias adequadas das propriedades gerais que seguem necessariamente das essências das coisas naturais e que são comuns às partes de um todo, encontrando-se igualmente nelas e nele. A razão é o saber certo tanto das noções comuns das coisas, em geral, quanto das que são comuns às partes humanas da Natureza. Na proposição 37 da Parte II, lemos que "o que é comum a todas as coisas e existe igualmente no todo e nas partes, não constitui a essência de nenhuma coisa singular"; na proposição 38 da Parte II é enunciado que "as coisas que são comuns a todas as coisas e existem igualmente no todo e nas partes só podem ser concebidas adequadamente"; por sua vez, a proposição 39 da Parte II demonstra que "aquilo que é comum e próprio ao corpo humano e a certos corpos exteriores, pelos quais o corpo humano é habitualmente afetado, e é comum e próprio a cada uma de suas partes assim como ao todo, sua ideia existe adequada na mente"; e, finalmente, na proposição 40 da Parte II lemos: "todas as ideias que resultam na mente das ideias que nela existem adequadas, são também adequadas". A razão é o saber certo do que há de comum nas afecções tanto do corpo afetado quanto dos corpos afetantes ou as propriedades comuns ao todo e às suas partes e o que há de comum nas ideias dessas propriedades. A noção comum não é ideia da essência de uma coisa singular, mas um sistema de relações necessárias entre as partes com seu todo, delas entre si e dele com elas. Trata-se do conhecimento racional da comunidade ontológica entre as partes da Natureza e das relações de concordância ou conveniência e comunicação entre elas, conhecimento que, demonstra a Parte II, se realiza "sob algum aspecto de eternidade", uma vez que eterno é o que *segue necessariamente* da definição de uma coisa eterna: a razão conhece as propriedades das coisas como necessárias e não como contingentes porque sabe que seguem necessariamente de suas essências e por isso as noções comuns devem ser concebidas sem relação alguma com o tempo, mas sob algum aspecto de eternidade por seguirem necessariamente das essências das coisas de que são propriedades. Assim, o *naturae humanae exemplar* de que fala o Prefácio não é uma imagem, nem uma ideia universal de uma essência universal (pois não existem essências universais), assim como não é um transcendental (pois não é uma afecção geral e abstrata dos seres) nem um gênero ou uma espécie (pois não é uma imagem nascida da comparação imaginativa de coisas particulares numerosas que a imaginação confunde e generaliza numa abstração), nem um fim exterior e anterior ao agente (pois é o que segue necessariamente da essência ou da natureza do agente). É uma *noção comum*, ideia adequada das propriedades comuns que seguem necessariamente das essências das partes humanas da Natureza e que existem em cada uma delas e igualmente em todas elas, pelo que elas concordam e se comunicam.[15] Assim como a física oferece as leis universais do movimento e do repouso que constituem a natureza de todos os corpos e das quais são deduzidas as propriedades necessárias de todos eles, também a ética oferece as leis universais da paixão e da ação que constituem o *conatus* humano do qual são deduzidas as propriedades gerais que permitem a construção do modelo da natureza humana como noção comum. O modelo é ponto de chegada concreto de uma dedução e não ponto de partida abstrato.

Quando articulado às definições do bom e do mau, o modelo da natureza humana a ser construído ou deduzido se refere não apenas à dedução das relações de conveniência e comunicação entre as partes humanas da Natureza, mas também à das relações de contrariedade entre elas, uma vez que coisas só podem concordar ou discordar se possuírem propriedades comuns. Bom se diz do conhecimento certo das relações entre as partes que contribuem para que uma parte humana da Natureza aumente sua potência de existir e agir tomando parte no sistema de conveniências, concordâncias e comunicações que a constituem como parte desse sistema relacional e que o constituem como um todo. É o saber certo dessas relações que é útil. Mau se diz do conhecimento certo das relações entre partes humanas que são contrárias ou discordantes entre si e impedem o aumento da potência de existir e agir de uma parte humana da Natureza, pondo obstáculos para que ela tome parte no sistema necessário das relações com as outras. Mau é ser impedido de ter parte nesse sistema, mantendo-se como parte isolada e abstrata, *pars partialis*, impedida de tornar-se *pars communis*.

Porque bom e mau são o saber certo do que convém ao aumento da potência de uma parte humana da Natureza ou do que o impede, Espinosa pode afirmar, no Prefácio, que "bom e mau não indicam nada de positivo nas coisas consideradas em si mesmas", isto é, não são propriedades intrínsecas de essências singulares, mas as maneiras como se dão as relações necessárias entre partes humanas singulares. Em suma, como dissera o *Breve tratado*, na Natureza só há coisas e operações; não sendo coisas nem operações, bom e mau são expressão das relações concordantes ou discordantes entre as partes humanas da Natureza. Com efeito, enquanto imagens das coisas, bom e mau são modos de pensar ou de imaginar, e Espinosa é nominalista. Porém, enquanto saber certo do que nos é útil e do que nos impede de sermos *sui juris*, bom e mau, sem indicar nada de positivo nas próprias coisas, indicam formas de relações que mantemos com elas e com os outros humanos e, nessa perspectiva, Espinosa não é nominalista nem relativista, pois, como vimos, as noções comuns são a correção espinosana da aporia nominalista,[16] e bom e mau se referem à qualidade dos afetos segundo nos permitam ou nos impeçam de realizar ações que nos liberem do isolamento belicoso e enfraquecedor em que vivemos enquanto *partes partiales*.

Espinosa, portanto, não regride ao que fora objeto de sua crítica, mas avança na explicitação do que dissera na abertura do Prefácio: determinar o que há de bom ou mau nos afetos, conhecimento que tem como baliza a noção comum de natureza humana — o que temos em comum com outras partes humanas da Natureza, existindo igualmente nelas e em nós —, graças à qual podemos determinar o que concorda conosco e fortalece nosso *conatus* e o que nos é contrário e nos enfraquece. O sistema de conveniências, concordâncias e comunicações entre as partes humanas e delas com as coisas é exatamente o que o Prefácio designa como *exemplar humanae naturae*, ou o modelo. Graças a essa noção comum, saberemos com certeza o que está em nosso poder (como e quando somos *sui juris*) e o que está sob o poderio da fortuna (como e quando somos *alterius juris*). Providos de um critério de medida — aumento ou diminuição da potência do *conatus*, segundo a qualidade e força dos afetos — poderemos determinar, como diz o Prefácio, quando os homens são mais ou menos perfeitos.

Se Espinosa transforma por completo o sentido dos vocábulos que decidiu conservar, podemos esperar que o mesmo aconteça com o possível e o contingente, que as partes I e II rejeitaram inteiramente, para eles não havendo lugar numa ontologia do necessário.[17]

Lemos na definição 3:

> Chamo contingentes as coisas singulares, enquanto, ao prestarmos atenção à só essência delas, nada encontramos que ponha necessariamente sua existência ou que necessariamente a exclua.

E na definição 4:

> Chamo possíveis as mesmas coisas singulares, enquanto, ao prestarmos atenção às causas a partir das quais devem ser produzidas, não sabemos se estas são determinadas a produzi-las.

Essa definição é seguida de uma explicação em que Espinosa declara que na Parte I não distinguira esses termos "porque ali não era preciso distingui-los de maneira acurada", pois ele os rejeitara por completo. Agora, a distinção se refere ao foco de cada um dos termos: o contingente está referido às essências das coisas singulares, o possível, às suas causas. Todavia, não nos escapa que tanto um como outro são ignorâncias, o primeiro quanto à necessidade da existência de uma essência, o segundo quanto à de sua causa. Em outras palavras, Espinosa reafirma o que demonstrara na proposição 31 da Parte II, isto é, que a ausência de conhecimento adequado de nossa duração e a das coisas é "o que por nós deve ser entendido por contingência e possibilidade de corrupção das coisas". Por isso, na abertura da *Ética* IV, a explicação de Espinosa não é imotivada. De fato, o leitor poderia indagar: como uma filosofia da necessidade absoluta poderia dar algum lugar ao contingente e ao possível? Como a liberdade, cuja ideia os momentos anteriores da obra afirmam ser evidente sob o ponto de vista da necessidade, poderia ser formulada e concebida sob o império da fortuna? Não estaria Espinosa retomando a distinção clássica entre o que está sob nosso poder e o que está sob o poderio da fortuna? Em suma, o desenvolvimento das partes anteriores da *Ética* não obrigaria a admitir que o surgimento do possível e do contingente comprometeria a cadeia dedutiva, uma vez que pressupõem aquilo que a Parte I havia destruído, ou seja, a imagem de uma vontade cósmica onipotente e insondável em seus fins, e o que a Parte II demonstrara, a saber, que a vontade não é uma faculdade da mente humana para escolher entre possíveis, não é livre e sim causada necessariamente? No entanto, o reaparecimento do contingente e do possível possui um sentido preciso: estamos passando da *ordem necessária da Natureza* — na qual operam as leis necessárias que determinam a essência, existência e potência de todas as coisas singulares, bem como suas relações e conexões — à *ordem comum da Natureza*, região de encontros e desencontros imprevisíveis. Assim, embora Espinosa tenha reescrito *obnoxius fortunae potestate* como *obnoxius affectuum viribus*, a imaginação e a paixão vivenciam o embate afetivo no desconhecimento da ordem e conexão necessárias dos acontecimentos e das coisas singulares e, sob a imagem do tempo, são naturalmente levadas à crença no possível e na fortuna.

Desprovidos de sentido ontológico, o contingente e o possível possuem realidade psicológica: o homem que aparece na Parte IV é o modo finito na duração quando a experimenta como sequência temporal imprevisível e vive sua própria finitude cercado por forças superiores às suas imaginando dominá-las e controlá-las sem se dar conta de estar sendo arrastado por elas. Dessa maneira, Espinosa nos leva a compreender um oximoro: o contingente e o possível são necessários. De onde vem sua necessidade? Da experiência de nossa finitude como impossibilidade de conhecer o curso total das coisas singulares, a concatenação completa dos acontecimentos, a conexão plena das causas naturais. Eis por que a temporalidade (imagem fragmentada e descontínua da duração)[18] assume importância e se torna objeto da definição 6, referida ao "afeto para com uma coisa futura, presente e passada". Uma explicação acompanha essa definição retomando a noção de limiar imaginativo, demonstrada na Parte II, ou seja, ultrapassada uma certa distância espacial ou temporal, as imagens perdem nitidez, de tal maneira que "objetos cujo tempo de existência imaginamos que está afastado do presente por um intervalo maior do que aquele que costumamos imaginar distintamente, imaginamos distarem todos igualmente do presente e os remetemos como que a um só momento do tempo".* De fato, nas partes II e III, Espinosa demonstrou a prevalência do presente sobre os instantes do tempo de maneira que os afetos presentes determinam tanto a memória quanto a expectativa, um "mesmo" passado ou um "mesmo" futuro podendo mudar de sentido conforme os afetos presentes.[19] Além disso, vistos do presente, tanto o passado quanto o futuro distantes se tornam indistintos e, com eles, se confundem, no presente, tanto os afetos sentidos pelo que já não é quanto os que estão suspensos ao que ainda está por vir. Esquecimento memorioso e expectativa presentificada fazem com que a instabilidade afetiva cubra a totalidade do tempo, embaralhando presente,

---

* E IV, definição 6, explicação.

passado e futuro, confusão em que transcorre a experiência do contingente e do possível.

A definição do bom e do mau prepara a definição 5 sobre a contrariedade entre afetos:

> Por afetos contrários entenderei, na sequência, os que arrastam os homens em sentidos diversos, ainda que sejam do mesmo gênero, como a gula e a avareza, que são espécies de amor; e eles não são contrários por natureza, mas por acidente.

Como pode ser isto possível, se Espinosa insiste, na Parte III, em que coisas são de naturezas contrárias quando não podem coexistir no mesmo sujeito, pois sua simultaneidade faz com que uma possa destruir a outra e o *conatus* é uma positividade ou uma potência afirmativa intrinsecamente indestrutível que afasta ou exclui toda contrariedade interna? Em suma, se a indestrutibilidade intrínseca do *conatus* exige que o *contrarium* lhe seja sempre externo, como explicar sua interiorização? Como a servidão pode comportar contrariedade se, ainda que seja a máxima inadequação, é uma forma de afirmação do *conatus* na existência e, portanto, deveria expulsar a contrariedade em vez de ser habitada por ela?

Regressemos por um momento à Parte III. Tendo demonstrado, na proposição 4, a positividade e indestrutibilidade intrínsecas de uma essência, que em si mesma e por si mesma permanece indefinidamente na existência, nenhuma destruição podendo vir de seu interior e sim da ação de causas externas, na proposição 5, Espinosa demonstra que "coisas são de naturezas contrárias, isto é, não podem estar no mesmo sujeito, enquanto uma pode destruir a outra", pois se tal acontecesse, algo poderia destruir internamente o sujeito, o que é impossível.[20] Podemos observar que o termo sujeito é empregado por Espinosa em seu sentido clássico de suporte de propriedades, portanto, referido ao que é próprio desse conceito, isto é, a inerência de qualidades. Assim, não pode haver simultaneamente num mesmo sujeito inerência de coisas cujas naturezas se destroem reciprocamente se estiverem juntas num mesmo substrato, o qual se torna contraditório e por isso se autodestrói. Por coisas de naturezas contrárias Espinosa entende, portanto, aquelas que introduzem uma contradição numa essência singular, tanto assim que, na Parte III, na proposição 10, demonstra que uma ideia contrária à existência presente do corpo não pode ter a mente como causa, mas é contrária a ela, uma vez que a essência da mente é ser a ideia de seu corpo existente em ato e ela se destruiria se causasse uma ideia que negue essa existência. Em contrapartida, porém, já na *Ética* III, Espinosa introduz o conceito de contrário para se referir a um tipo determinado de ideias, os afetos, que aumentam ou diminuem a potência da mente e a de seu corpo: é *exatamente enquanto aumento ou diminuição que os afetos são contrários*, sua simultaneidade dando origem à flutuação do ânimo. A causa da contrariedade afetiva encontra-se no que denominamos o sistema das afecções,[21] isto é, na variação contínua das afecções corporais e de suas ideias porque diferentes partes de um corpo podem ser afetadas da mesma maneira pelas partes de um outro, ou vice-versa, as mesmas partes de um corpo podem ser afetadas de maneiras diferentes por vários corpos exteriores. Ou, como explicara Espinosa na proposição 51, "homens diferentes podem ser afetados de diferentes maneiras por um só e o mesmo objeto, e um só e o mesmo homem pode ser afetado de diferentes maneiras por um só e o mesmo objeto em tempos diferentes". Na paixão, essa multiplicidade variável das afecções corporais e de suas ideias explica a presença simultânea de afetos contrários. Donde a definição da paixão do ânimo como uma ideia confusa e a demonstração da variação do desejo num mesmo homem conforme a das condições de seu corpo, dos corpos exteriores e de sua mente, dando origem à pluralidade de desejos simultâneos, não raro opostos, que arrastam um homem de diversas maneiras e ele já "não sabe para onde voltar-se". Em suma, referido aos afetos, *contrário se diz da diferença de intensidade nas forças dos afetos de alegria e tristeza e dos desejos a elas articulados*. A novidade trazida pela Parte IV, já anunciada na definição da servidão, consistirá em *medir a força de afetos contrários*.

Se regressarmos, agora, à definição 5 da *Ética* IV, observaremos que Espinosa distingue entre afetos contrários por natureza (como alegria e tristeza) e por acidente (afetos alegres contrários; afetos tristes contrários), ou seja, a contrariedade entre afetos de gêneros diversos é necessária (a alegria e a tristeza são necessariamente contrárias, bem como os desejos ligados a elas), enquanto a que acontece entre os de mesmo gênero é acidental. Essa distinção segue da demonstração, realizada na Parte III, de que qualquer coisa pode por acidente ser causa de um afeto, tanto em decorrência do estado de nosso corpo e dos corpos exteriores que o afetam, quanto da variação das partes afetadas e afetantes, dependendo de como se realiza o sistema das afecções corporais e suas ideias. Em outras palavras, é necessário que, afetado de uma determinada maneira por um ou vários corpos exteriores, nosso corpo experimente um determinado afeto e, em simultâneo, nossa mente experimente o mesmo afeto; todavia, é por acidente que um ou vários corpos afetam de determinada maneira esta ou aquela parte de nosso corpo. Sendo o afeto uma imagem corporal e sua ideia na mente uma ideia imaginativa, os afetos se organizam à maneira da imaginação por associações causadas por semelhança, repetição da contiguidade espacial ou da sucessão temporal, transferência afetiva e perda de clareza após um certo limiar no espaço e no tempo. Esse conjunto de circunstâncias determina tanto a necessidade quanto a acidentalidade de um afeto no plano da experiência imaginativa, ou seja, como paixão.

Porque a servidão se define pela impotência interior, pela contrariedade afetiva e pela passividade, vencê-la significa passar da contrariedade ao contentamento consigo mesmo, da flutuação à firmeza do ânimo, da passividade à autodeterminação, como enuncia a definição 8:

> Por virtude e potência entendo o mesmo; isto é (pela proposição 7 da Parte III), a virtude, enquanto referida ao homem, é a própria essência ou natureza de um homem, enquanto tem poder de fazer algumas coisas que só pelas leis de sua natureza podem ser compreendidas.

A definição 8, remetendo à dedução do *conatus* na Parte III, enuncia a identidade entre *virtus* e *potentia*, força e potência, quando a essência ou natureza de alguém é causa adequada de suas ações, ideias e afetos. A virtude é o *ingenium* de cada um quando seu corpo e sua mente são causas adequadas. Despojada de imperativos normativos, virtude significa, simplesmente, atividade, a aptidão do corpo para múltiplas afecções simultâneas das quais ele é a causa interna e a da mente para ser a causa total da pluralidade simultânea das ideias dessas afecções e das ideias dessas ideias. A potência que define a virtude, isto é, o poder de fazer algumas coisas que seguem apenas das leis da natureza de alguém, é o poder para estar *sui juris* e ser o *auctor* que modera a força dos afetos.

No entanto, uma indagação ser torna inevitável: como alcançar a virtude quando lemos o axioma da *Ética* IV, que apresenta o pleno sentido da contrariedade afetiva, enunciando sua causa necessária?

Na Natureza (*in rerum naturae*), não é dada nenhuma coisa singular tal que não se dê outra mais potente e mais forte do que ela. Mas, dada uma coisa qualquer, é dada uma outra mais potente pela qual aquela pode ser destruída.*

O axioma oferece uma visão da Natureza como conjunto de coisas singulares articuladas num sistema de forças e poderes desiguais em conflito, as mais fracas podendo ser destruídas pelas mais fortes e potentes. Finitude e passividade caminham juntas: a potência de cada coisa singular enfrenta necessariamente a potência mais forte de uma outra singularidade que pode apossar-se dela, invadi-la, tornando-a serva e podendo destruí-la.

O axioma traz uma precisão ao escólio da proposição 51 da Parte III, quando Espinosa explicara a presença de afetos contrários em um ou em dois homens, mas se limitara a descrever uma diferença: "Assim, vemos que pode ocorrer que o que um ama, o outro odeie, e o que um teme, o outro não tema, e que um só e o mesmo homem ame agora o que antes odiava, e que ouse agora o que antes temia etc. Ademais, como cada um, a partir de seu afeto, julga o que é bom e mau, melhor e pior, segue que os homens podem variar tanto pelo juízo quanto pelo afeto; e disso sucede que, quando os comparamos uns com os outros, distingam-se pela só diferença de afetos". O axioma da *Ética* IV, porém, afirma que essa diferença abriga uma outra, aquela que torna as potências contrárias e destrutivas. Por isso a distinção entre diferente e contrário será central na Parte IV para a compreensão do papel da índole (*ingenium*) individual e para a distinção entre razão e imaginação.

Na medida que o *conatus* é a essência atual de um indivíduo, este é, por essência, uma singularidade realmente distinta das demais por sua individualidade e pela diferença de suas potências — cada indivíduo é um *ingenium* singular. Os diferentes podem convir ou ser contrários. Convêm entre si pelo que possuem em comum (são todos modos da mesma substância e possuem propriedades comuns). São contrários quando, embora possuam propriedades comuns, se enfrentam segundo a diferença de intensidade de suas potências. Assim, por suas índoles singulares, os humanos podem ser concordantes ou contrários. *Contrarium* se diz do embate entre forças afetivas externas e internas cuja intensidade varia em cada

* E IV, axioma.

parte humana da Natureza, que, isolada, é incomensuravelmente mais fraca do que as potências externas, lutando com elas para afirmar-se na existência e continuamente ameaçada de destruição. Se o modelo da natureza humana funda-se no que há de comum entre os diferentes tomados como *partes communes*, a servidão humana tem seu alicerce na contrariedade entre as forças e os poderes das potências das *partes partiales*.

O axioma é a chave operatória da Parte IV, ordenando as definições e estruturando a sequência das proposições.

De fato, à primeira vista, as definições parecem desordenar a demonstração geométrica efetuada nas partes anteriores. Na verdade, porém, como indica o axioma, elas se reordenam segundo um princípio novo que não operara até aqui: a potência (fraca ou forte) da imaginação e a potência (fraca ou forte) da razão. Se considerarmos a força ou fraqueza das potências imaginativa e racional, teremos a percepção clara da rigorosa ordenação proposta pelas definições. Estas se distribuem aos pares: às definições de bom-mau, que estão referidas à razão, se contrapõem as definições do contingente e do possível, referidas à imaginação; às definições dos afetos contrários e a das afecções determinadas temporalmente, que estão referidas à imaginação, contrapõem-se as definições do apetite e da virtude, referidas à razão.

À indagação de como alcançar a virtude perante o axioma da *Ética* IV, podemos responder encontrando a maneira como ambos se articulam, pois, além de ordenar as definições, o axioma exige a definição da virtude como mudança na correlação de forças entre a potência do agente e a das potências externas. Eis por que, reunidos, o axioma e a virtude estruturam o percurso demonstrativo da Parte IV em três séries: a primeira* se refere à finitude da parte humana da Natureza, isolada das demais e em conflito com elas; a segunda,** ao conhecimento imaginativo e ao limite imposto à razão perante a paixão; e a terceira,*** à virtude, cuja ação, transformando a correlação de forças, dá início ao percurso da razão como desejo e poder para avaliar o que há de bom e mau nos afetos.

A *Ética* IV é a parte mais longa da obra e seu percurso, sinuoso, um vaivém entre imaginação e razão, paixão e ação. Para o leitor, a dificuldade encontra-se

---

* Abrange as proposições 2-13 e 18.
** Abrange as proposições 1, 8, 14-7.
*** Da proposição 19 em diante.

também no contradiscurso que a sustenta, pois, ao manter os vocábulos costumeiros, Espinosa subverte todas as imagens tradicionais da filosofia moral, de maneira a que compreendamos por que essas imagens surgem e o que é preciso fazer para desconstruí-las para que em seu lugar despontem ideias novas.

Antevendo a dificuldade do leitor, Espinosa proporá um Apêndice final, explicando que assim procede porque

> O que apresentei nesta Parte sobre a reta maneira de viver (*recta vivendi ratione*) não está disposto de modo que possa ser visto de uma só vez, mas foi demonstrado por mim de maneira dispersa, a saber, de maneira que eu pudesse deduzir mais facilmente uma coisa de outra. Propus-me aqui, portanto, recolher tudo e resumir em capítulos principais.[22]

2. TRAVESSIA: DINÂMICA DAS FORÇAS AFETIVAS OU A LÓGICA DA AFETIVIDADE

Comecemos pelo que denominamos série da finitude, cujo percurso se inicia com a retomada da causa da paixão, na proposição 2:

> Nós padecemos apenas enquanto somos uma parte da Natureza que não pode ser concebida por si sem as outras.

A proposição demarca sob que circunstância padecemos: apenas enquanto somos uma parte da Natureza que não pode ser concebida sem as outras. A demonstração, embora retome a distinção entre causa adequada e inadequada, sublinha nossa condição de partes finitas da Natureza que não podem ser concebidas sem as outras e nos fazem ser apenas causa parcial do que em nós se origina. Paixão, finitude e estar externamente determinada é a condição necessária da parte humana da Natureza, levando à demonstração, efetuada na Parte III, de que a paixão envolve privação e negação, pois cada parte humana da Natureza carece de outras e, sob a potência das outras, é determinada pelo que não é ela. Além disso, porém, fundada no axioma, a terceira proposição pode agora enunciar:

A força pela qual um homem persevera no existir é limitada e é infinitamente superada pela potência de causas externas.

Em outras palavras, não se trata apenas de carência e dependência, mas também da gigantesca desproporção entre a força do *conatus* individual e a das causas externas, portanto, ausência de medida ou da moderação como *ratio*, isto é, proporção. E Espinosa assegura que isso é necessário sob dois aspectos, conforme a quarta proposição:

> Não pode acontecer que um homem não seja parte da Natureza e que não possa padecer outras mudanças a não ser as que podem ser entendidas por sua só natureza e das quais é causa adequada.

A demonstração distingue os dois aspectos contidos no enunciado da proposição, isto é, a condição de parte e a de causa inadequada. Essa distinção é fundamental porque, como parte, um homem é parte da potência divina enquanto esta se exprime numa modificação finita ou numa essência singular atual. Como explica Espinosa: "A potência de um homem, enquanto é explicada pela essência atual dele, é parte da potência infinita de Deus ou da Natureza, isto é, da sua essência infinita". Mas se assim é, o leitor objetará: como uma parte da potência infinita de Deus pode padecer? Não deveria ser necessariamente ativa sempre? Não teriam razão os estoicos, cuja filosofia da imanência não exclui a má vontade que, sob o *páthos*, se desvia de sua natureza? Longa, a resposta de Espinosa se encontra no exame do segundo aspecto da proposição, que, num outro registro, volta a afastar a imagem do homem como *imperium in imperio*.

Nesse segundo movimento, a demonstração se faz por redução ao absurdo. Se pudesse acontecer que um homem só sofresse mudanças que seguem apenas de sua natureza, visto que o *conatus* é intrinsecamente afirmativo e indestrutível, dever-se-ia concluir que tal homem "não pode perecer, mas existiria sempre necessariamente" em decorrência de uma causa cuja potência seria finita ou infinita. Em outras palavras, ou decorreria apenas da potência desse homem, que teria o poder para afastar todas as mudanças originadas em causas externas, ou seguiria da potência infinita da Natureza, "que dirigiria todos os singulares de tal maneira que um homem não pudesse sofrer outras mudanças a não ser as que estão a serviço da conservação dele". As duas hipóteses são absurdas: a primeira porque a força com que um homem (e toda coisa singular) se mantém na existência é infinitamente ultrapassada pela potência das causas externas; a segunda porque, para afirmar que um homem existe sempre necessariamente, visto que tudo o que é segue necessariamente da essência da substância ou de sua potência infinita, seria preciso dizer que "da necessidade da natureza divina enquanto afetada pela ideia de algum homem deveria ser deduzida a ordem da Natureza inteira, enquanto concebida sob os atributos da extensão e do pensamento", portanto não apenas com exclusão de todos os demais atributos, mas também exigindo que se concluísse que tal homem seria eterno e infinito, pois já foi demonstrado que tudo o que segue da natureza absoluta de um atributo deve ter existido sempre e ser infinito. O pressuposto dessa redução ao absurdo é claro: o homem seria sempre ativo e causa adequada se fosse atributo ou substância, portanto, causa de si, causa de todas as coisas, eterno e infinito.

Afastado o duplo absurdo, o corolário da quarta proposição reafirma que todo homem, por natureza, está sempre e necessariamente submetido a paixões, "segue a ordem comum da Natureza e a obedece, acomodando-se a ela tanto quanto exige a natureza das coisas", em conformidade com o que foi enunciado na Parte II pelo postulado 4 da física, de que o corpo humano, para se conservar, tem necessidade de muitos outros corpos pelos quais é continuamente regenerado e ninguém pode viver sem relacionar-se com o mundo circundante. Disso seguem duas consequências, demonstradas na quinta e sexta proposições, que introduzem a força da paixão. Uma vez que esta não se explica apenas por nossa essência, mas pela operação de causas externas, cuja potência é superior à nossa, conclui-se, em primeiro lugar, que

> A força e o crescimento de uma paixão qualquer e sua perseverança no existir não são definidas pela potência pela qual nos esforçamos para perseverar no existir, mas pela potência da causa externa comparada à nossa.*

E, em segundo, que a potência de agir de um homem pode ser superada pela força de uma paixão:

---

* E III, proposição 5.

A força de uma paixão ou afeto pode superar as demais ações ou a potência de um homem, de tal maneira que o afeto adira pertinazmente ao homem.*

Se a força de uma paixão não depende de nosso *conatus*, mas da potência das causas externas, se uma paixão adere pertinazmente a alguém e se as mudanças que ocorrem em nós não se explicam apenas por nossa natureza, mas pela força das paixões, então é preciso concluir que a mudança dos afetos há de depender deles próprios. A mudança afetiva é introduzida por uma proposição que determinará o curso da *Ética* IV e marca a inovação sem precedentes da filosofia espinosana, a proposição 7:

> Um afeto não pode ser contido nem suprimido a não ser por um afeto contrário e mais forte que o afeto a ser contido.

No corpo, um afeto é uma afecção que aumenta ou diminui sua potência de existir e agir; em simultâneo, na mente, o mesmo afeto é uma ideia pela qual ela afirma de seu corpo uma força de existir maior ou menor que antes. Ora, explica a demonstração da proposição, "essa afecção do corpo recebe a força para perseverar em seu ser de sua causa [externa]; por conseguinte, não pode ser suprimida a não ser por uma causa corpórea que afete o corpo com uma afecção contrária àquela e mais forte". Quando isso ocorre, simultaneamente, a mente é afetada pela ideia de uma afecção mais forte e contrária à primeira, isto é, "por um afeto mais forte e contrário ao primeiro, que excluirá ou suprimirá a existência do primeiro". Consequentemente, um afeto não pode ser suprimido nem reprimido a não ser por um afeto contrário e mais forte. Retomando, na demonstração, a definição do afeto como aumento ou diminuição da potência de existir e agir do corpo e, em simultâneo, da mente, Espinosa sublinha a origem corporal do afeto, pois disso depende a mudança afetiva, que decorre da mudança nas afecções corporais, interditando, portanto, que a mudança seja efeito de uma operação puramente cognitiva ou racional (para sequer mencionarmos a suposição tradicional de uma operação voluntária). Tanto assim que, sublinhando que tal afeto é uma paixão, o corolário da sétima proposição enuncia:

---

* E III, proposição 6.

Um afeto, enquanto referido à mente, não pode ser contido nem suprimido a não ser pela ideia de uma afecção do corpo contrária e mais forte que a afecção que padecemos. Pois um afeto que padecemos não pode ser contido nem suprimido a não ser por um afeto mais forte que ele e contrário, isto é, a não ser pela ideia de uma afecção do corpo mais forte e contrária à afecção que padecemos.

O corolário deixa evidente que a mudança afetiva não é uma ação da mente sobre ou contra a passividade de seu corpo, mas uma alteração que atinge a ambos enquanto passivos. Eis por que tanto na demonstração da proposição quanto no corolário, Espinosa inicia com a expressão "um afeto enquanto referido à mente" para marcar que o que se passa nela se passa simultaneamente em seu corpo e vice-versa.

A origem corpórea do afeto o insere no sistema das afecções corporais e na imaginação, o que significa que, temporalmente, o presente tem mais peso do que o passado e o futuro[23] na determinação da força de um afeto e, portanto, na maneira como a mente imagina o curso afetivo do tempo ou sua relação com o dado e o ausente, o necessário, o possível e o contingente. Em outras palavras, visto que uma imagem não exprime a natureza da própria coisa imaginada e sim a constituição presente de nosso corpo, envolvendo a natureza dele e a do corpo externo percebido como presente sem que nada exclua sua existência, então, conforme a proposição 9, "um afeto cuja causa imaginamos estar agora presente é mais forte do que se imaginássemos a mesma não estar" e, em contrapartida, explica o corolário, a imagem de uma coisa passada ou futura,

> isto é, de uma coisa que contemplamos com relação ao tempo futuro ou passado, excluído o presente, é mais fraca (sendo iguais as outras condições) do que a imagem de uma coisa presente; e, consequentemente, o afeto por uma coisa futura ou passada é mais brando (sendo iguais as outras condições) do que um afeto por uma coisa presente.[24]

Pelo mesmo motivo, explica a proposição 10,

> por uma coisa futura que imaginamos que logo acontecerá, somos afetados mais intensamente do que se imaginássemos que seu tempo de existir dista mais do presente; e também somos afetados mais intensamente pela memória de uma coisa

que imaginamos não ter passado há muito tempo do que se imaginássemos que a mesma passou há muito.

E também a contrapartida, isto é, nossos afetos são mais brandos quando os objetos distam do presente por um intervalo de tempo superior ao que podemos imaginar.

O jogo temporal de presença e ausência determina a força dos afetos por coisas imaginadas como necessárias, possíveis ou contingentes. Assim, "o afeto por uma coisa que imaginamos necessária é mais intenso (sendo iguais às outras condições) do que por uma coisa possível ou contingente, ou seja, não necessária",* pois sua existência presente está dada e não pode deixar de ser imaginada e afirmada. Por seu turno, "o afeto por uma coisa que sabemos não existir no presente e que imaginamos como possível é mais intenso (sendo iguais às outras condições) do que por uma coisa contingente",** pois ao imaginarmos uma coisa como contingente não somos afetados por nenhuma outra imagem que a ponha na existência e o somos por muitas que excluem sua existência presente, enquanto a imagem de uma coisa possível no futuro nos leva a imaginar algumas outras que a colocam na existência e, por esperá-la ou temê-la, o afeto por ela é mais intenso. Em suma, o acaso não possui a mesma força que o possível. De fato, como a contingência se refere à ignorância quanto à própria essência da coisa imaginada, enquanto o possível está referido à ignorância da causa que a faria existir, compreende-se que a imagem da coisa contingente seja mais fraca do que a da possível, o mesmo ocorrendo com os afetos suscitados por elas.

Até aqui, podemos considerar que os afetos se dirigem a imagens de coisas diferentes em diferentes tempos, porém Espinosa também insiste que o afeto por uma mesma coisa varia de intensidade segundo o tempo: o afeto por uma coisa existente no presente é mais forte do que por essa mesma coisa imaginada como futura e ainda mais intenso se o tempo futuro for imaginado muito distante; além disso, o afeto por essa mesma coisa imaginada possível no futuro é mais forte do que aquele experimentado por ela se imaginada contingente. Além da referência ao futuro, é preciso referir um afeto ao passado e neste caso, "o afeto por uma coisa contingente que sabemos não existir no presente é mais brando (sendo

---

* E III, proposição 11.
** E III, proposição 12.

iguais às outras condições) do que o afeto por uma coisa passada",* pois a imagem da coisa passada é restituída como presente pela memória e por isso o afeto é mais forte do que por uma coisa imaginada no presente como contingente.

Assim, do ponto de vista da força, o presente suscita afetos mais fortes do que o futuro e o passado; a imagem da necessidade, afetos mais fortes do que as do possível e do contingente; e a imagem do possível, afetos mais fortes do que a do contingente. Dessa maneira, esse conjunto de proposições oferece as condições de efetuação da proposição 7, pois um afeto só pode ser mudado, contido ou suprimido pela força maior e contrária de um outro e isso depende do sistema das afecções corporais ou da condição presente de nosso corpo e dos corpos que o afetam.

Na verdade, como já observamos, a proposição 7 é o núcleo da *Ética* IV, não sendo outro o motivo pelo qual, embora esteja tratando das paixões, nela Espinosa se refira não a estas e sim a afetos contrários e mais fortes, pois o que a proposição enuncia é uma lei natural universal que abrange tanto afetos passivos quanto ativos: somente um afeto tem poder sobre outro.[25] Porque se trata das forças dos afetos, a proposição 7 introduz a dinâmica afetiva ou o que podemos designar como a *lógica da afetividade*. No caso da paixão, a força e a mudança dependem da potência das causas externas e da lógica afetiva, tornando-se evidente que a razão, enquanto conhecimento verdadeiro, não tem qualquer poder para moderar, conter ou suprimir os afetos passivos.

Para compreendermos esse momento de subversão da tradição da filosofia moral, examinemos o que designamos como a segunda série demonstrativa, referida ao conhecimento.

A primeira proposição da Parte IV enuncia:

Nada do que uma ideia falsa tem de positivo é suprimido pela presença do verdadeiro, enquanto verdadeiro.

Pela Parte II, essa proposição é evidente. De fato, Espinosa demonstrou que a falsidade é pura ausência, consistindo apenas na privação de conhecimento envolvida pelas ideias inadequadas e, portanto, "estas não têm nada de positivo

---

* E III, proposição 13.

pelo que sejam ditas falsas". Mais do que isso, pois "enquanto referidas a Deus são verdadeiras", isto é, exprimem necessariamente as operações da mente quando externamente determinada e a necessidade que rege as afecções corporais. Assim sendo, se o que uma ideia falsa tem de positivo (isto é, de verdadeiro) fosse suprimido pela presença do verdadeiro, enquanto verdadeiro, "então uma ideia verdadeira seria suprimida por si mesma, o que é absurdo", bastando para tanto examinarmos, ainda uma vez, o exemplo da imagem do Sol menor do que a Terra e próximo dela. Com efeito, como explicado no corolário da proposição 16, a imagem é uma ideia que indica mais a constituição presente do corpo humano do que a natureza dos corpos externos, "não por certo distintamente, mas confusamente; donde dizer-se que a mente erra". No caso do Sol, conhecida a distância real, o erro é suprimido, mas não a imagem solar, pois esta, efeito das leis ópticas e da fisiologia do corpo humano, enquanto imagem, é positiva e verdadeira. A prova disso está no fato de que "quando os raios do sol, incidindo na superfície da água, refletem-se em nossos olhos, imaginamo-lo como se estivesse na água, ainda que saibamos seu verdadeiro lugar". Por conseguinte, "as demais imaginações, pelas quais a mente se engana, quer indiquem a constituição natural do corpo, quer indiquem um aumento ou uma diminuição da potência de agir, não são contrárias ao verdadeiro, nem evanescem pela presença deste". Nada impede que, sob determinadas condições, uma imaginação evanesça, "mas as imaginações não evanescem pela presença do verdadeiro, enquanto verdadeiro, e sim porque ocorrem outras mais fortes que excluem a existência presente das coisas que imaginamos". Em suma, uma imagem é excluída ou suprimida por outra e não por uma ideia verdadeira. Ora, isso que é dito da imagem, na Parte II, é exatamente o que é dito da supressão ou mudança de um afeto, na Parte IV, e por isso a proposição 8 introduz o vínculo entre afeto e conhecimento:

> O conhecimento do bom e do mau nada outro é que o afeto de alegria ou de tristeza, enquanto dele somos cônscios.

Com efeito, lemos na demonstração, "chamamos bom ou mau o que serve ou obsta à conservação de nosso ser, isto é, o que aumenta ou diminui, favorece ou coíbe nossa potência de agir". Por isso, chamamos boa ou má uma coisa quando nos afeta de alegria ou de tristeza, de maneira que o conhecimento do bom e do mau não é senão a ideia de alegria ou de tristeza que segue necessariamente desses próprios afetos. Ora, prossegue Espinosa, esta ideia de alegria ou tristeza está unida ao afeto da mesma maneira que a mente está unida ao corpo, portanto, não se distingue do próprio afeto, ou seja, não se distingue "da ideia da afecção do corpo, a não ser pelo só conceito",[26] visto que a única distinção entre a afecção de alegria e a ideia do bom ou a de tristeza e a ideia do mau é o fato de que os conceitos de bom e mau designam a consciência que temos desses afetos e, como tais, não se distinguem da própria mente "senão pelo conceito", ou seja, por uma distinção de razão e não por uma distinção real. Que pretende Espinosa? O fato de sermos cônscios desses afetos significa que bom e mau são *ideias das ideias* da alegria e da tristeza e justamente por isso não se distinguem da própria mente. E não poderia ser de outra maneira, uma vez que bom e mau não são qualidades das próprias coisas nem causas finais de uma operação, mas a consciência ou ideia da ideia do aumento ou diminuição da potência de existir e agir.

Ora, visto que bom e mau foram definidos como saber certo, nossa expectativa é que já indiquem o poder da razão para agir sobre os afetos. Todavia, a proposição 7, demonstrando que uma ideia verdadeira, só por ser verdadeira, não suprime nem refreia um afeto, interdita essa conclusão, agora reforçada pela proposição 14:

> O conhecimento verdadeiro do bom e do mau, enquanto verdadeiro, não pode conter nenhum afeto, mas apenas enquanto é considerado como afeto.

O fundamental aqui é a cláusula introduzida por Espinosa: "apenas enquanto é considerado um afeto", pois é ela que, mantendo a proposição 7, mas articulando-se com a proposição 8, isto é, com a introdução da ideia da ideia do afeto ou da consciência do bom e do mau, afirma, pela primeira vez na história da filosofia, que o conhecimento verdadeiro do bom e do mau pode ser um afeto e somente sob esta condição pode atuar sobre os afetos. E, na demonstração da proposição 14, Espinosa acrescenta a exigência trazida pela proposição 7, isto é, esse poder só opera desde que seja contrário e mais forte do que o afeto a conter, pois "apenas nesta medida poderá contê-lo". Respeitadas a cláusula e a condição, o saber certo, na qualidade de afeto, é agora integrado à lógica da afetividade.

Curiosamente, porém, a razão ainda não entra em cena. Antes que faça sua aparição, a lógica afetiva é posta sob a condução do desejo. O que é compreensível. Em primeiro lugar, porque o desejo é um tipo de conhecimento, pois sua primeira definição é ser consciência ou ideia do apetite; em segundo, porque, por sua definição como essência de um homem enquanto determinado a fazer algo por uma afecção que nele se encontra, ele tem o poder para operar com as afecções e os afetos de alegria e tristeza enquanto aumento ou diminuição da potência de existir e agir, isto é, com o bom ou o mau de que somos cônscios; em terceiro, porque, pelas definições do bom e do mau como saber certo, o desejo é conhecimento verdadeiro e, como tal, depende apenas de nossa natureza e neste caso, portanto, como demonstrado no final da Parte III, não é apenas uma paixão e sim uma ação, constituindo o primeiro momento em que a atividade pode penetrar no campo da passividade; entretanto, em quarto lugar, como *conatus*, o desejo é uma causa eficiente cuja potência é desproporcional às de outros que o cercam e o determinam, impondo-lhe limites ou mesmo podendo extingui-lo enquanto saber certo — um desejo ativo encontra-se cercado de desejos passivos que, juntos, possuem potência para destruí-lo. Esses quatro aspectos do desejo constituem o objeto da proposição 15 e de sua demonstração:

> O desejo que se origina do conhecimento verdadeiro do bom e do mau pode ser extinto ou reprimido por muitos outros desejos que se originam de afetos com que nos defrontamos.

Pela proposição 8, do conhecimento verdadeiro do bom e do mau, enquanto é afeto, origina-se necessariamente um desejo, isto é, a ideia de uma afecção que nos determina a fazer algo, e é tanto maior quanto maior é o afeto do qual se origina, como vimos pelas demonstrações da Parte III. Ora, no caso em pauta, o desejo "se origina do conhecimento verdadeiro", ou, como lemos na demonstração dessa proposição, "de entendermos algo verdadeiramente" e, por conseguinte, "segue em nós enquanto agimos e por isso deve ser entendido só por nossa essência". Isto significa que, neste caso, o desejo é uma ação e, sendo uma causa eficiente adequada, "sua força e crescimento devem ser definidos pela só potência humana" sem referência à força das causas externas. Ou como será explicado no capítulo 8 do Apêndice, no qual, pressupondo a distinção entre estar internamente disposto e externamente determinado, ou seja, entre ideia e causa adequadas e ideia e causa inadequadas, Espinosa repõe a diferença entre paixão e ação, escrevendo:

Os desejos que seguem de nossa natureza de tal maneira que podem ser entendidos só por ela são aqueles que se referem à mente enquanto é concebida constituída de ideias adequadas; os outros desejos não se referem à mente senão enquanto concebe as coisas inadequadamente, e a força e o crescimento deles devem ser definidos não pela potência humana, mas pela potência das coisas que estão fora de nós. E assim aqueles desejos são corretamente chamados de ações e estes de paixões; pois aqueles sempre indicam nossa potência e estes, ao contrário, indicam nossa impotência e um conhecimento mutilado.*

No entanto, prossegue a demonstração da proposição 15, estamos mergulhados numa multiplicidade de desejos originados dos demais afetos com que nos defrontamos, desejos que "são também tanto maiores quanto mais veementes forem estes afetos", cuja força e crescimento dependem das potências das causas externas, incomparavelmente mais poderosas do que a nossa, de maneira que "os desejos que se originam de semelhantes afetos podem ser mais veementes do que aquele que se origina do conhecimento verdadeiro do bom e do mau, e por isso poderão contê-lo ou extingui-lo". Estamos, assim, perante duas alternativas: a primeira afirma a força de um desejo como ação, mas a segunda o coloca em confronto com a multiplicidade de vários desejos que são paixões e diminuem sua força. Em outras palavras, Espinosa demonstrou não ser cabível supor que sejamos sempre e exclusivamente ativos (nossa finitude interdita essa suposição), de maneira que a presença de um desejo ativo não significa ausência de desejos passivos que, somados, são mais potentes. É exatamente isso que exprime o verso de Ovídio, várias vezes mencionado por Espinosa: "Vejo o melhor e o aprovo; sigo o pior".

Uma vez que a proposição 7 afirma que um afeto só pode ser destruído ou refreado por um outro mais forte e contrário, estamos agora em busca do desejo mais forte e contrário a outros. Para isso é preciso medir sua força em comparação com as dos desejos passionais para determinar quais destes são os mais veementes e quais os mais brandos. Isso nos conduz, de um lado, à dimensão temporal do desejo passivo, com prevalência do presente sobre os demais momentos

---

* E IV, Apêndice, capítulo 8.

do tempo e à sua relação com o contingente, e, de outro, à sua determinação pela alegria ou pela tristeza.

Donde, em primeiro lugar,

> O desejo que se origina do conhecimento do bom e do mau, enquanto este conhecimento se reporta ao futuro, pode ser mais facilmente contido ou extinto do que o desejo de coisas que são agradáveis no presente.*

Em segundo,

> O desejo que se origina do conhecimento verdadeiro do bom e do mau, enquanto versa acerca de coisas contingentes, pode ser ainda mais facilmente contido pelo desejo de coisas que são presentes.**

E, em terceiro,

> O desejo que se origina da alegria é mais forte (sendo iguais às outras condições) do que o desejo que se origina da tristeza.***

Sendo o desejo a própria essência de um homem enquanto *conatus* ou esforço para perseverar na existência, é evidente, lemos na demonstração da proposição 18, que o desejo nascido da alegria "é favorecido ou aumentado pelo próprio afeto de alegria, e aquele que, ao contrário, que se origina da tristeza é diminuído pelo próprio afeto de tristeza". Todavia, enquanto a força do desejo que se origina da alegria deve ser definida pela potência humana e simultaneamente pela potência da causa externa, a do desejo nascido da tristeza deve ser definida apenas pela potência humana, "e assim aquela é mais forte do que esta".

À primeira vista, a demonstração da proposição 18 é desconcertante, pois suporíamos exatamente o contrário, isto é, que o desejo alegre dependeria apenas de nossa potência, enquanto o triste dependeria da causa externa. No entanto, Espinosa está examinando a *força* de um desejo passivo e, sob esta perspectiva,

---

* E IV, proposição 16.
** E IV, proposição 17.
*** E IV, proposição 18.

um desejo alegre compõe nossa potência com a da causa externa, pois esta o favorece (como ocorre, por exemplo, no amor), enquanto o triste é uma potência solitária que precisa excluir a causa externa, opondo-se a ela (como no caso do ódio); ou seja, no caso da tristeza, o desejo encontra-se cindido entre a potência interna de autoconservação e a externa, que a impede. Tanto imaginariamente quanto realmente, há uma soma de potências no caso do desejo alegre e uma subtração no do desejo triste.

Sabemos, assim, que os desejos passivos mais fracos se referem ao futuro, ao passado, ao contingente e à tristeza, enquanto os mais fortes se referem ao presente, ao atualmente dado e à alegria. No entanto, embora o desejo possa ser ativo, seguindo apenas de nossa natureza, ele ainda não foi encontrado como o afeto mais forte, mesmo que já saibamos que um desejo será mais forte se alegre e dirigido ao necessário e ao presente.

Até aqui, podemos concluir que a razão, enquanto conhecimento verdadeiro, não tem poder sobre as paixões e que o desejo, como afeto ativo, é diminuído, contido e mesmo suprimido pelas paixões. Por isso, no escólio da proposição 17, Espinosa conclui a travessia da impotência humana, escrevendo:

> Com isso creio ter mostrado a causa por que os homens são comovidos mais pela opinião do que pela verdadeira razão, e por que o conhecimento verdadeiro do bom e do mau excita comoções do ânimo e frequentemente cede a todo gênero de lascívia; donde o dito do poeta: "Vejo o melhor e o aprovo, sigo o pior". O que é também o mesmo que o Eclesiastes parece querer dizer com: "Quem aumenta o conhecimento, aumenta a dor". Porém, não digo isto com o intuito de concluir que seja preferível ignorar em vez saber, ou que o inteligente em nada difira do estulto na moderação de seus afetos; mas sim porque *é necessário conhecer tanto a potência como a impotência de nossa natureza para que possamos determinar o que a razão pode e o que não pode na moderação dos afetos.**

3. O DESEJO MAIS FORTE: A RAZÃO COMO DESEJO

O que denominamos terceira série demonstrativa da *Ética* IV tem como centro a identidade entre a virtude e a razão como desejo, expressamente formulada

---

* E IV, proposição 17, escólio. Grifos meus.

graças à identidade da mente com a razão e com o desejo, constitutivos de sua essência, e exigida pela proposição 14, isto é, encontrar um conhecimento que seja um afeto mais forte e contrário aos afetos passivos. A entrada em cena da razão está preparada desde o Prefácio, o axioma e as proposições das duas séries demonstrativas anteriores, pois a servidão está indissolúvel e necessariamente articulada à ausência de proporção (*ratio*) entre a força da potência singular e as forças das potências externas, portanto à ausência de uma medida com que opere a *moderatio*, e a razão, sob a condição expressa de ser um afeto, será a portadora dessa medida (poderíamos cunhar uma expressão para dizê-lo: *rationis ratio*, proporção trazida pela razão).

Enquanto o escólio da proposição 17 se realiza como conclusão do que denominamos a série do conhecimento, o escólio da proposição 18 opera como uma espécie de prólogo ao percurso dedutivo seguinte, que designamos como terceira série demonstrativa da *Ética* IV, referida à virtude e à razão. Esse longo escólio se realiza em três movimentos: o primeiro contrapõe a impotência servil e os preceitos da razão; o segundo toma distância da demonstração em ordem geométrica e resume em linhas gerais o sentido dos ditames da razão; e o terceiro os apresenta, desenhando o esboço do modelo da natureza humana procurado pela *Ética* IV.

O primeiro movimento resume o percurso realizado — "com estas poucas palavras, expliquei as causas da impotência e da inconstância humana e por que os homens não observam os preceitos da razão" — e antecipa o percurso seguinte — "falta agora mostrar o que a razão nos prescreve e quais afetos convêm com as regras da razão humana, quais lhes são contrários". Tratar-se-á, portanto, de operar com a concordância e a contrariedade entre afeto e regras da razão. Ao empregar os termos "preceitos" e "regras" da razão, o texto espinosano parece assumir um tom normativo que esteve ausente na Parte III bem como no Prefácio e nas proposições da Parte IV que examinamos até aqui. Todavia, essa suposição se desfaz quando passamos aos dois movimentos seguintes do escólio.

Espinosa começa o segundo movimento declarando que antes de iniciar a demonstração geométrica ("nossa prolixa ordem geométrica") das prescrições da razão, explicará o que se há que se entender por ditames da razão (*rationis dictaminia*), para ser "facilmente percebido por todos o que quero dizer". Diz ele:

> Como a razão nada postula contra a Natureza, ela postula, portanto, que cada um ame a si mesmo, busque o seu útil, o que deveras é útil, apeteça tudo que deveras

conduz o homem a uma maior perfeição e, falando absolutamente, que cada um, o quanto está em suas forças, se esforce por conservar o seu ser. O que decerto é tão necessariamente verdadeiro quanto que o todo é maior que sua parte.*

A razão nada postula contra a Natureza, não só porque tudo o que segue da potência infinita de Deus ou Natureza é necessário e inteligível, mas também porque a razão é constitutiva da natureza do modo finito do pensamento, isto é, da mente humana, de maneira que, se postulasse algo contraNatureza, postularia algo contra si mesma, o que é absurdo. Um ditame da razão, portanto, não se ergue contra a natureza humana nem propõe algo acima da força humana. Pelo contrário, ele é simplesmente a condução do próprio *conatus* mental para que este se realize "com maior perfeição", isto é, sendo perfeição e realidade o mesmo, o preceito racional apenas afirma aquilo que, *de fato*, efetua a realidade ou essência do *conatus*, cada qual amando a si mesmo (sendo para si causa de alegria), buscando o que lhe é deveras útil (o bom) e, em termos absolutos, isto é, incondicionais, esforçando-se tanto quanto pode por conservar seu ser. Em outras palavras, o preceito racional de buscar o útil próprio não é uma norma prescrita aos homens porque, sendo essa busca constitutiva da natureza da razão, que "nada postula contra a Natureza", ela não poderia operar como instância que, do exterior, formularia regras aos homens, pois, neste caso, ela seria uma potência externa a eles e segui-la seria, no final das contas, uma passividade ou paixão, o que é absurdo.[27] A naturalidade e necessidade desses preceitos racionais exprimem simplesmente a natureza do *conatus*, sendo, portanto, evidentes e "tão necessariamente verdadeiro quanto o todo ser maior que sua parte". O preceito racional, afirmação do *conatus* mental enquanto causa adequada, explicita simplesmente o fato de um homem ser capaz de por si mesmo como causa tornar-se efetivamente aquilo que ele é. Podemos resumi-lo numa frase: ser a causa do que temos a potência para ser.

Se assim é, podemos indagar por que Espinosa emprega a ideia de preceito ou prescrição da razão. Seu sentido só se torna compreensível quando consideramos a esfera de operação de razão no tocante aos afetos: ela estabiliza e reordena aquilo que é trazido pela imaginação de maneira instável e desordenada, de sorte

---

* E IV, proposição 18, escólio.

que o preceito se refere à relação da razão com a imaginação a partir da própria natureza da mente humana e não por algo que a determinasse do exterior. Assim, os *dictamia rationis*, que em si mesmos exprimem a natureza da própria mente no exercício da razão, só podem ser percebidos e experimentados pela imaginação como regras e normas e mesmo, como alguma vezes escreve Espinosa, usando uma ideia clássica dos tratados de moral, remédios.

A razão nada postula contra a Natureza, denotando o caráter não normativo do ditame racional tomado em si mesmo, é exatamente reforçada pelo terceiro movimento do escólio, que se inicia retomando a definição da virtude como "agir pelas leis da sua própria natureza", uma vez que "ninguém se esforça por conservar o seu ser senão pelas leis de sua própria natureza", pois a virtude é a atividade da causa adequada como potência perfeita do *conatus*, isto é, de sua potência completa: "O fundamento da virtude é o esforço mesmo de conservar o próprio ser e a felicidade consiste em poder um homem conservar o seu ser". Sendo a virtude a realização racional da autoconservação ditada pela natureza humana, ela é uma causa eficiente que não carece de uma causa final para dirigi-la: "Cumpre apetecer a virtude em vista dela própria e nada nos é dado de preferível ou mais útil por causa do qual a virtude deveria ser apetecida". Finalmente, da definição da virtude "segue que aqueles que se matam são impotentes de ânimo e vencidos pelas causas externas que repugnam à sua natureza".[28]

O contraponto entre a máxima *fortitudo* da virtude e a extrema *impotentia* do suicida, vencido pelas causas externas, poderiam levar à suposição de que, para evitar a segunda, a primeira nos convidaria a renunciar ao mundo, escolher o isolamento e uma vida ascética. Tal suposição é imediatamente recusada por Espinosa, em primeiro lugar, com relação ao corpo, pois, como demonstrado na física, "nunca podermos fazer com que não precisemos de nada exterior para conservar o nosso ser e que vivamos sem comércio algum com as coisas que estão fora de nós"; e, em segundo, com relação à mente, porque "decerto nosso intelecto seria mais imperfeito se ela fosse sozinha e não entendesse nada além de si própria". A virtude não é fechamento, mas abertura ao mundo, pois há, fora de nós, coisas que nos são úteis e "que por isso são a apetecer".

Tanto na Parte II como na III, Espinosa se refere ao *plura simul* ou à aptidão do corpo e da mente para a pluralidade simultânea de afecções, ideias e afetos como expressão do aumento da potência de existir e agir. Essa referência está pressuposta no que foi dito acima e na continuação do escólio. De fato, escreve

Espinosa, dentre as coisas que nos são úteis, não podemos encontrar "nenhuma mais excelente do que as que convêm inteiramente com nossa natureza". Convir inteiramente com nossa natureza significa que a virtude se insere na concordância (*convenientia*) entre as partes humanas da Natureza, pois, como também foi demonstrado na física e retomado neste escólio, quando "dois indivíduos que têm exatamente a mesma natureza se unem, compõem um indivíduo duplamente mais potente do que cada um em separado". Vemos, assim, por que o desejo de alegria é mais forte do que o de tristeza, isto é, a composição de potências concordantes dá origem a um indivíduo mais potente, uma vez que um ser singular é a unidade causal de uma pluralidade de indivíduos que operam conjuntamente para produzir um mesmo efeito. A articulação entre o útil e o concordante significa que, para as partes humanas da Natureza, nada é melhor do que a relação com outras igualmente humanas, ou o ditame da razão que, operando com as noções comuns, preceitua que a sociabilidade é o útil por excelência, pois a condição humana de modo finito e parte da Natureza não apenas impossibilita a autossuficiência do indivíduo isolado, mas também introduz a sociabilidade como natural e necessária. Em outras palavras, passando da *pars partialis* às *partes communes*, isto é, articulando *conatus* singular, finitude e noções comuns, a vida social possui fundamento ontológico e significação ética:

> Nada, pois, mais útil ao homem do que o homem. Nada, insisto, os homens podem escolher de preferível para conservar o seu ser do que convir todos em tudo de tal maneira que as mentes e os corpos de todos componham como que uma só mente e um só corpo,[29] e que todos simultaneamente, o quanto possam, se esforcem para conservar o seu ser, e que todos busquem simultaneamente para si o útil comum a todos. Disso segue que os homens governados pela razão, isto é, os homens que buscam o seu útil sob a condução da razão, nada apetecem para si que não desejem também para os outros e, por isso, são justos, confiáveis e honestos.*

Não é por serem justos, confiáveis e honestos que os homens seguem a razão, mas, ao contrário, porque a exercem são virtuosos nas relações com os outros. Visto que seguir ou exercer a razão é concretizar as duas faces da *fortitudo*,

---

* Ibid.

buscando o útil para si (a firmeza) e, simultaneamente, o útil comum a todos (a generosidade), Espinosa alerta o leitor para que não dê adesão a um preconceito tenaz, qual seja, a crença de que é "fundamento de impiedade, não de virtude e piedade, este princípio segundo o qual cada um tem que buscar seu útil", pois foi mostrado "que é justamente o contrário". A imagem do útil como egoísmo e a da virtude como ascetismo ou renúncia ao mundo são, na verdade, contrárias aos ensinamentos da razão.[30]

Findo o escólio, Espinosa retoma a dedução geométrica, começando pela virtude,* passando à sociabilidade,** desta, à avaliação racional do bom e do mau nos afetos,*** para chegar ao homem livre pelo exercício da razão.****

a. A virtude: alegria de viver

Espinosa retoma a definição do desejo como causa eficiente de maneira a demonstrar que "cada um, pelas leis de sua natureza, necessariamente apetece ou tem aversão ao que julga ser bom ou mau".***** Na medida que o conhecimento do bom e do mau é o próprio afeto de alegria ou de tristeza enquanto dele somos cônscios, cada um necessariamente deseja o que julga ser bom e, ao contrário, tem aversão ao que julga ser mau. O emprego do verbo "julgar" é decisivo aqui. De fato, quer ativo, quer passivo, o desejo, por ser consciência da alegria ou da tristeza, é um julgamento sobre o bom e o mau, portanto, um conhecimento, quer imaginativo, quer intelectual. Visto o desejo ser a própria essência ou natureza de um homem, segue que cada um, só pelas leis de sua natureza, necessariamente deseja o que julga bom ou tem aversão ao que julga mau. O ponto central dessa proposição encontra-se na referência às leis da natureza de um homem como causa necessária do que deseja ou a que tem aversão. Isto significa que, no caso do bom e do mau, diferentemente da paixão, a referência principal não é à potência das causas externas, mas à potência interna do *conatus*. Por isso, a consequência é clara: sendo a virtude a potência humana definida exclusivamente

---

* E IV, proposições 19-28.
** E IV, proposições 29-40.
*** E IV, proposições 41-61.
**** E IV, proposições 62-73.
***** E IV, proposição 19.

pela essência de um homem como esforço para conservar-se na existência, então, "quanto mais cada um se esforça para buscar o seu útil, isto é, para conservar o seu ser, e pode fazê-lo, tanto mais é dotado de virtude e, ao contrário, enquanto negligencia o seu útil, isto é, a conservação de seu ser, nesta medida é impotente".*
A virtude introduz o *desejo racional*, saber certo sobre o bom e o mau, segundo as leis necessárias da natureza de um homem.

Nesse ponto, Espinosa retoma a explicação do suicídio. De fato, escreve ele no escólio da proposição 19, "ninguém, portanto, a não ser vencido por causas externas e contrárias à sua natureza, negligencia apetecer o seu útil, ou seja, conservar o seu ser". Espinosa é enfático: "Ninguém, insisto, tem aversão aos alimentos ou se mata pela necessidade de sua natureza, mas apenas coagido por causas exteriores". Como, então, explicar o suicídio, isto é, que um homem, pela necessidade de sua natureza, possa se esforçar para não existir ou para mudar de forma, pois isso é algo "tão impossível quanto que do nada se faça algo, como cada um pode ver com um pouco de meditação"? Em que circunstâncias alguém se suicida?

> [...] alguém se mata coagido por um outro que lhe torce a mão que por acaso empunhava a espada, obrigando-o a dirigi-la contra seu próprio coração. Ou então alguém que, como Sêneca, por ordem de um tirano é obrigado a cortar os pulsos, isto é, deseja evitar um mal maior por um menor. Ou, enfim, por causas externas latentes de tal maneira dispõem a imaginação e afetam o corpo, que este se reveste de uma outra natureza contrária à anterior e cuja ideia não pode dar-se na mente.**

O primeiro caso é um suicídio acidental e, na verdade, um assassinato em que o assassinado carregava a arma que o matou. O segundo segue a lei universal da Natureza de que, entre dois males, escolhe-se o menor:[31] no caso de Sêneca, entre ser publicamente desgraçado morrendo pelas mãos do carrasco ou morrer a sós sob seu próprio teto, o segundo mal é menos desonroso e lança sobre o tirano o peso dessa morte. Aqui, também, podemos falar em suicídio acidental, pois é, na verdade, pena de morte decretada pelo tirano. Resta o último caso. Este se desdobra em duas possibilidades, embora em ambas se trate da operação de causas externas latentes (isto é, conservadas na memória ou pelos processos neurocerebrais) fazen-

---

* E IV, proposição 20.
** E IV, proposição 19, escólio.

do com que o corpo sofra uma alteração de tal maneira profunda que se torna contrário à sua ideia e, justamente por isso, contrário à essência de sua mente, que é destruída porque, por essência, não pode ser ideia de um corpo que não é o seu, como foi longamente explicado no escólio da proposição 10 da Parte III.[32] A primeira possibilidade é a eutanásia originada da melancolia ou da tristeza máxima: por exemplo, uma doença, efeito de causas externas latentes, consome e corrói o corpo e sua mente sem cura possível; entre o sofrimento corporal e mental de uma morte prolongada, ou uma morte em vida, e uma morte rápida, a imaginação, na tristeza máxima, se volta para esta última como supressão do mal, isto é, de dois males, acredita escolher o menor. A segunda possibilidade é o suicídio como efeito de uma alucinação ou da loucura, isto é, da alteração total da imagem do corpo: a imaginação é disposta por causas externas latentes a revestir o corpo de uma outra forma, contrária à anterior e à sua ideia na mente. Isso indica, em primeiro lugar, que se trata de uma operação inconsciente que afeta o corpo internamente, pois, assim como do nada não surge algo, também é impossível que alguém se esforce para mudar-se numa forma contrária à sua — é impossível que, por si mesmo, o *conatus* busque o contrário de si mesmo; e, em segundo, como consequência, indica que o suicida não suporta sua nova imagem e deseja livrar-se dela, de tal maneira que não deseja morrer e sim, tendo alucinado, busca uma outra imagem de si, uma outra mente, e se mata para encontrá-la imaginando poder reencontrar o que perdeu.[33] Em todos os casos examinados, a conclusão é sempre a mesma, ou seja, o mal vem do exterior, como sublinha o capítulo 6 do Apêndice:

> Já que todas as coisas de que o homem é causa eficiente são necessariamente boas, nada de mau, portanto, pode sobrevir ao homem senão por causas externas, a saber, enquanto é parte do todo da natureza, cujas leis a natureza humana é coagida a obedecer e ao qual é coagida a se adaptar quase que de infinitas maneiras.

O contraponto ao suicídio é enunciado pela proposição 21:

> Ninguém pode desejar ser feliz, agir bem e viver bem se, simultaneamente, não deseja ser, agir e viver, isto é, existir em ato.

Essa proposição, cujo sentido não normativo é evidente, é considerada por Espinosa patente por si (um axioma) e também pela definição do desejo como essência de um homem, que o leva a conservar seu ser, fortalecendo sua potência e por isso vivendo e agindo bem ou felizmente. Se a paixão confirma os versos do poeta — "Essa felicidade [...] Existe, sim: mas não a alcançamos/ Porque está sempre apenas onde a pomos/ E nunca a pomos onde nós estamos."[34] —, a virtude, ao contrário, não está além do ser, agir e viver em ato, jamais posta numa finalidade que nos levaria a uma felicidade e a um bem situados além de nós. A virtude é, simplesmente, a alegria de viver.

Uma vez que viver e agir bem ou felizmente não é senão desejar existir em ato, a proposição 22 enuncia que "não pode ser concebida nenhuma virtude anterior a esta, a saber, o esforço para se conservar". A suposição da antecedência da virtude com relação ao *conatus* é absurda porque, sendo ele a essência atual de um ser e sendo uma essência logicamente anterior às suas afecções, seria preciso dizer que a precedência da virtude transformaria o *conatus* numa afecção dela, ou como explica Espinosa, "se pudesse ser concebida uma virtude anterior a esta, então a própria essência de uma coisa seria concebida anterior a si mesma, o que é absurdo", visto que toda essência é atual ou idêntica à sua existência e logicamente anterior às suas afecções ou, como enuncia o corolário da proposição 22, a virtude é deduzida do *conatus* e não o contrário:

> O esforço para se conservar é o primeiro e o único fundamento da virtude. Pois não pode ser concebido nenhum outro princípio anterior a este e sem ele nenhuma virtude pode ser concebida.*

As proposições 21 e 22 são, pois, a súmula de uma ética não normativa. No entanto, o corolário da proposição 22 traz de volta a indagação que fizéramos diante da definição da virtude na abertura da *Ética* IV. De fato, se o *conatus* é o primeiro e único fundamento da virtude, como enfrentar o que foi posto pelo axioma — a potência de cada coisa singular é desproporcional à força da potência das causas exteriores que podem contrariá-la e destruí-la — e pela proposição 7 — um afeto só pode ser contido ou suprimido por outro mais forte e contrário? A resposta aqui é a mesma que encontramos na *Ética* II e III, isto é, a distinção entre estar externamente determinado e internamente disposto ou a diferença

---

* E IV, proposição 21, corolário.

entre inadequação e adequação. Por isso a proposição 23 explicita sob que condição há virtude:

> Um homem não pode absolutamente ser dito agir por virtude enquanto é determinado a fazer algo por ter ideias inadequadas, mas apenas enquanto é determinado [a fazer algo] porque compreende.

Ser determinado a fazer algo por ter ideias inadequadas é padecer, portanto, fazer algo que não pode ser explicado só pela nossa essência e que por isso não segue da nossa virtude. Ao contrário, enquanto determinado porque compreende, alguém age, isto é, faz algo que é explicado só pela sua essência, "ou seja, algo que segue adequadamente da sua virtude". Esta não é senão a *atividade da mente*. De fato, compreender o que se faz e por que se faz é ter a ideia adequada de uma afecção corporal e da ideia dessa ideia e ser a causa adequada da ação de compreender por que esta segue necessária e exclusivamente das leis da natureza da própria mente. Por isso, a proposição 23 introduz uma diferença entre o conceito de *conatus* e o de virtude: o primeiro, porque pode operar tanto inadequada quanto adequadamente, é mais amplo do que a segunda, operação da causa adequada apenas; porém, enquanto no primeiro a potência pode ser apenas parcialmente explicada por ele porque também pode ser determinada pela potência das causas externas, somente a segunda o exprime por completo porque nela ele se explica total e inteiramente por sua própria potência. Por isso,

> agir absolutamente por virtude nada outro é em nós senão agir, viver e conservar o seu ser (os três significam o mesmo) sob a condução da razão, e isso pelo fundamento de buscar o útil próprio.*

Agir incondicionalmente por virtude é agir, viver e conservar seu ser exercendo a razão, porém, cabe indagar: por que a busca do útil próprio é o fundamento da ação? Porque o fundamento da virtude é o desejo. Ou, como explicado na proposição 25: "Ninguém se esforça para conservar o seu ser por causa de outra coisa". Com efeito, explica Espinosa na demonstração, "o esforço pelo qual

---

* E IV, proposição 24.

cada coisa se esforça para perseverar em seu ser é definido pela só essência da coisa e, dada esta, segue necessariamente só dela, e não da essência de outra coisa, que cada um se esforce para conservar o seu ser". Mas não só isso. Pelo corolário da proposição 22, se um homem se esforçasse para conservar seu ser por causa de outra coisa, então esta seria o primeiro fundamento da virtude e antecederia a essência desse homem, o que já vimos ser absurdo. O que Espinosa entende por "outra coisa"? A imagem da finalidade, segundo a qual o virtuoso agiria em vista de um fim que antecede e dirige sua ação. Em outras palavras, a finalidade exclui a ideia de que a ação virtuosa segue necessária e exclusivamente da própria natureza do agente e supõe o desejo como carência dirigida a um télos normativo que o preencheria.

O que significa exatamente "condução da razão"? Qual a relação entre ela e o útil próprio? Ora, "tudo aquilo pelo que nos esforçamos pela razão nada outro é senão compreender, e a mente, enquanto usa a razão, nada outro julga ser-lhe útil senão o que conduz a compreender".* O esforço de autoconservação é a própria essência de uma coisa e sua força para perseverar na existência, fazendo o que segue de sua natureza; visto que a essência da razão é nossa própria mente quando conhece adequadamente, então esforçar-se pela razão é *ser* esse conhecimento adequado, o qual, sendo uma ação cuja causa total e completa, *é* a própria mente, cuja essência, portanto, é o primeiro e único fundamento da virtude. Primeiro, porque é a própria essência da mente e não algo que a antecederia; único porque não introduz a vontade como causa nem o desejo como carência e, por conseguinte, não suspende a mente a um fim separado dela. A identidade da essência e da potência da mente significa a identidade da razão e do desejo ativo: eis o laço que prende o desejo à razão, fazendo-o desejo racional; mas é também o laço que prende a razão ao desejo, fazendo-a razão desejante. Encontramos, assim, o afeto mais forte que buscávamos, pois "não nos esforçaremos para compreender as coisas por causa de algum outro fim, mas, ao contrário, a mente, enquanto raciocina, não poderá conceber nada de bom para si senão o que conduz a compreender".** Pensar é seu útil próprio, visto que "nada sabemos

---

* E IV, proposição 26.
** Ibid., demonstração.

ao certo ser bom ou mau senão o que deveras conduz a compreender ou o que pode impedir que compreendamos".*

Se o útil próprio da mente ou o "deveras bom" é o conhecimento adequado, se este segue da própria natureza da mente como potência para conhecer as coisas por suas causas conhecendo sua gênese, ordem e conexões necessárias, então certamente o saber mais alto que a mente pode desejar é conhecer a origem necessária de todos os seres e dela própria. Por isso,

> O sumo bem da mente é o conhecimento de Deus e a suma virtude da mente é conhecer Deus.**

A demonstração dessa proposição se realiza em dois movimentos. No primeiro, Espinosa explica por que o conhecimento de Deus é o sumo bem ou o sumo útil da mente, pois ela conhece "o ente absolutamente infinito e sem o qual nada pode ser nem ser concebido", isto é, sem Deus, a própria mente não seria nem seria concebível, pois Ele é a causa da essência e da existência dela e de sua ação, isto é, o conhecimento verdadeiro. No segundo, Espinosa tira a consequência desse conhecimento: se somente ao compreender a mente age absolutamente por virtude e se o sumo conhecimento de que é capaz é o de Deus, então "a suma virtude da mente é compreender Deus, ou seja, conhecê-Lo". Conhecer é a potência da mente; conhecer Deus, sua potência suprema. Conhecer é a atividade da mente; realizar incondicionalmente essa atividade, sua virtude suprema. Por isso, no capítulo 4 do Apêndice, Espinosa afirma que o sumo desejo de um homem conduzido pela razão, "isto é, o sumo desejo pelo qual se empenha em moderar todos os outros, é aquele que o conduz a conceber adequadamente a si e a todas as coisas que podem cair sob sua inteligência".***

É preciso, agora, demonstrar como a mente pode concretizar sua virtude concebendo adequadamente "todas as coisas que podem cair sob sua inteligência". Ora, dentre estas, duas são decisivas: seu corpo e as relações com as partes da Natureza com as quais tenha algo em comum. Sendo ideia de seu corpo, vivendo este na companhia de outros, afetando-os e sendo por eles afetado, e a

---

* E IV, proposição 27.
** E IV, proposição 28.
*** E IV, Apêndice, capítulo 4.

lógica da afetividade determinando que a mudança afetiva seja mudança no sistema das afecções corporais, a virtude da mente é inseparável da de seu corpo e das condições para o aumento da potência corporal. Por isso é preciso demonstrar o que acontece a uma parte humana da Natureza quando vive na companhia de outras com as quais compartilha propriedades comuns, pois a finitude e a desproporção entre a potência singular e as potências externas pareceriam erguer um obstáculo à virtude.

b. A sociabilidade: o comum e o aumento da potência

O percurso inicial desse momento da dedução retoma o que vimos na carta 32 a Oldenburg,[35] mas enquanto naquela carta Espinosa dizia não poder demonstrar a necessidade do que apresentara, demonstração que só pode realizar na *Ética* II,[36] agora estão dadas as condições para que sejam demonstradas as consequências éticas da necessidade que determina a *convenientia*, a *cohaerentia* e a *constantia* das partes humanas da Natureza.

Sabemos que *diversum* se diz de coisas cujas naturezas são realmente distintas e entre as quais não pode haver relação de causalidade — os atributos da substância são realmente diversos, o corpo e a mente são realmente diversos e entre eles não se estabelecem relações causais. Em contrapartida, coisas singulares produzidas por um mesmo atributo são de mesma natureza e mantêm relações de causalidade, isto é, entre suas potências — corpos causam e recebem afecções; mentes causam e recebem ideias. Como consequência, Espinosa demonstra na proposição 29 que

> uma coisa singular qualquer cuja natureza seja inteiramente diversa da nossa não pode favorecer nem coibir nossa potência de agir e, absolutamente, nenhuma coisa pode ser-nos boa ou má a não ser que tenha algo em comum conosco.

Assim sendo, explica a demonstração, "nossa potência de agir, de qualquer maneira que se a conceba, pode ser determinada e, consequentemente, favorecida ou coibida pela potência de outra coisa singular que tenha algo em comum conosco", de sorte que uma coisa singular cuja natureza é inteiramente diversa da nossa não aumenta nem diminui nossa potência de agir e não é boa nem má para nós e, ao contrário, o será se tiver uma natureza que possui algo em comum com a nossa.

Sabemos, pela *Ética* II, que os corpos, assim como as mentes, possuem propriedades comuns e por isso as partes humanas da Natureza possuem propriedades comuns, assim como sabemos que um indivíduo singular tem sua potência aumentada quando se relaciona com outros com os quais compartilha algo de comum. Disso segue, conforme a proposição 30, que

> nenhuma coisa pode ser má pelo que tem de comum com nossa natureza, mas, enquanto nos é má, nesta medida nos é contrária.

Na proposição 29, Espinosa demonstrou que uma coisa só pode ser qualificada como boa ou má se tiver algo em comum conosco. Ora, o enunciado da proposição 30 parece contradizer aquela demonstração. Não é, todavia, o caso. Na proposição 29, trata-se da distinção entre o diverso e o comum, isto é, entre coisas de natureza diversa (entre as quais não há relação alguma) e coisas de mesma natureza (entre as quais há necessariamente relações), mas, na proposição 30, trata-se da distinção entre o comum e o contrário, isto é, entre coisas de mesma natureza e somente elas podem ser ditas concordantes ou contrárias. Uma coisa de mesma natureza que a nossa, lemos na demonstração dessa proposição, é dita má quando causa de tristeza, coibindo ou diminuindo nossa potência de agir. "Portanto, se uma coisa nos fosse má pelo que tem de comum conosco, então poderia diminuir ou coibir isto mesmo que ela tem de comum conosco, o que é absurdo", isto é, o comum se tornaria algo de natureza contrária a si próprio. Por conseguinte, uma coisa de mesma natureza que a nossa é má para nós não pelo que tem em comum conosco, mas pelo que tenha de contrário à nossa potência, pois, como demonstrado na Parte III, a contrariedade se estabelece entre potências singulares cujos afetos se contrariam reciprocamente, embora suas naturezas possuam algo em comum.

Todavia, é preciso dar mais um passo e assegurar que "enquanto uma coisa convém com nossa natureza, nesta medida é necessariamente boa".* Depois de ter se referido ao diverso, ao comum e ao contrário, Espinosa introduz, agora, a

---

* E IV, proposição 31.

convenientia. De fato, poderíamos supor que nada impediria que uma coisa que convém com nossa natureza nos pudesse ser indiferente e que dela nada seguiria para a conservação de nossa própria natureza. Ora, o comum propicia a conservação de coisas singulares cujas naturezas concordam e precisam umas das outras para se conservar, de maneira que supor a indiferença seria o mesmo que supor que uma coisa é indiferente à sua própria conservação, o que é absurdo. Assim, se, na proposição 30, o comum não impede que uma coisa nos seja má e contrária, em contrapartida, na proposição 31, não sendo má nem indiferente, uma coisa que concorda com nossa natureza é necessariamente boa. Por isso o corolário dessa proposição articula o bom e o útil que seguem da *convenientia*:

> Daí segue que quanto mais uma coisa convém com nossa natureza, tanto mais nos é útil ou boa e, inversamente, quanto mais uma coisa nos é útil, nesta medida tanto mais convém com nossa natureza.

O aumento da *convenientia* é também o da utilidade e, reciprocamente, o aumento desta, aumento daquela. De fato, prossegue Espinosa na demonstração, uma coisa não convém com nossa natureza quando é diversa (pois não nos afetaria de maneira nenhuma) ou quando nos é contrária, isto é, ao que nos é bom, e "por conseguinte, nada pode ser bom a não ser enquanto convém com nossa natureza, e por isso, quanto mais uma coisa convém com nossa natureza, tanto mais é útil, e inversamente". Na medida em que o bom é o que sabemos com certeza nos ser útil, aumentando nossa potência de existir e agir, e o mau o que nos impede desse aumento e provoca diminuição da potência, é preciso concluir que o comum pode ter como efeito tanto a concordância quanto a contrariedade, restando determinar por que e quando esta última acontece.

No polo oposto ao da *convenientia* ou concordância, situa-se, portanto, o *contrarium* ou a discordância. Sabemos que a paixão é o cerne da contrariedade entre os afetos tanto num homem singular quanto entre os homens. Por isso, depois de haver determinado sob que condições os homens concordam por natureza (isto é, sob o necessariamente bom ou útil a cada um e a todos), Espinosa introduz a discordância entre eles determinada pelas paixões, pois "enquanto os

homens estão submetidos às paixões, não podem ser ditos convir em natureza".*
A demonstração dessa proposição reintroduz a paixão como o que envolve negação. Visto que *natura* significa operação determinada, convir em natureza, explica Espinosa, significa convir em potência, ou seja, pela positividade e afirmação intrínsecas do *conatus*, e não em impotência ou negação. Ora, a paixão envolve negação, na medida em que nela um homem é determinado pela força do que não é ele, ou seja, pela potência de causas externas. Por conseguinte, na paixão pode não haver *convenientia* entre as potências, pois cada uma delas é definida e determinada pelo que não é ela. O esclarecimento é dado pelo escólio, que retoma o que Espinosa escrevera a Wilhelm Blijenberg, na Carta 21,[37] explicando-lhe que a negação consiste em negar que pertença à essência de uma coisa o que de fato e de direito não lhe pertence, sendo por isso um termo vazio de sentido. No escólio, Espinosa sublinha que toda negação permanece na exterioridade de um ser[38] e por isso "coisas que convêm apenas na negação, ou seja, naquilo que não têm, na verdade não convêm em coisa nenhuma", pois a *convenientia* entre as coisas se dá conforme ao que lhes é intrinsecamente positivo:

> A coisa também é patente por si; com efeito, quem diz que o branco e o negro convêm tão somente em que nenhum deles é vermelho, afirma absolutamente que branco e negro não convêm em coisa nenhuma. Assim também, se alguém diz que a pedra e o homem convêm apenas em que ambos não são infinitos, que são impotentes ou que não existem pela necessidade de sua natureza, ou enfim que são superados indefinidamente pela potência de causas externas, na verdade afirma simplesmente que a pedra e o homem não convêm em coisa nenhuma; com efeito, as coisas que convêm na só negação, ou seja, naquilo que não têm, na verdade não convêm em coisa nenhuma.**

No entanto, a proposição 32 parece introduzir uma dificuldade pela maneira como Espinosa a demonstra e, a seguir, a reforça nesse escólio: como coisas de mesma natureza podem ter e não ter conveniência alguma? Na verdade, porém, a dificuldade não se encontra no fato de que uma mesma e única causa — a existência de propriedades comuns em coisas singulares de mesma natureza — deter-

---

* E IV, proposição 32.
** E IV, proposição 32, escólio.

mine efeitos opostos nas relações entre as partes humanas da Natureza e sim no fato de que Espinosa declare que na paixão, tornando-se contrários, os homens não convêm em coisa alguma. Devemos supor que a contrariedade traz o *diversum*? Mas não é a contrariedade uma forma de relação enquanto o *diversum* é ausência de relação? Todavia, o escólio já indica que a negação é exterior aos termos porque o que cada um deles é não se explica por sua natureza e sim pela comparação de suas imagens e, no caso da paixão, pela potência das causas externas. Se podemos considerar que o vermelho não nos diz por que o branco é branco e o negro, negro, se a finitude corporal não nos diz por que a pedra é pedra e o homem, homem, é porque não encontramos nenhuma propriedade de essência que possa determinar a presença de algo comum que os faça positivamente concordar ou discordar. Mas poderia isso ser dito dos seres que possuem propriedades comuns, como é o caso dos homens? Em que a contrariedade passional levaria a dizer que, por suas paixões, dois homens não convêm em coisa alguma? Como fazer tal afirmação se Espinosa já demonstrou a imitação dos afetos? Essas questões estão malpostas, pois pressupõem que a comunidade é idêntica à concordância, quando Espinosa está afirmando que se trata da ausência da *convenientia* e não da perda do comum: "não convém em coisa nenhuma" não significa, portanto, nada possuem em comum. Isso ficará evidente nas proposições seguintes, nas quais Espinosa enfrenta essa dificuldade explicitando as relações passionais de contrariedade com o emprego do verbo *discrepare*, diferir, dissentir e discordar. Discrepância é dissenso, a diferença como ausência de consonância e presença de dissonância, como um som desafinado que não convém em nada com a melodia, embora ambos tenham em comum o fato de serem sons.

Na medida em que a paixão envolve privação e negação e nela o que se passa num homem é determinado pela potência das causas externas e pela variabilidade incessante do sistema das afecções corporais e da imaginação, de tal maneira que um mesmo objeto afeta de diferentes maneiras vários homens e um mesmo homem, assim como diferentes objetos podem afetá-los da mesma maneira, conclui-se, em primeiro lugar, que "enquanto se defrontam com afetos que são paixões, os homens podem discrepar em natureza e, nesta medida, também um só e o mesmo homem é variável e inconstante",* e, em segundo, que "en-

---

* E IV, proposição 33.

quanto se defrontam com afetos que são paixões, os homens podem ser contrários uns aos outros".* A paixão pode ser um dissenso num mesmo homem ou entre vários homens que os torna contrários seja às suas próprias naturezas, seja às dos outros. De fato, exemplifica Espinosa, Pedro pode ser causa de tristeza para Paulo por ter algum traço semelhante a uma coisa odiada por este último (portanto, por transferência afetiva das imagens) ou por possuir sozinho algo que Paulo também ama (como no ciúme ou na soberba). Nos dois casos, o ódio de Paulo por Pedro desencadeará o ódio deste por aquele, e ambos, tornando-se contrários, se esforçarão por fazer mal um ao outro. No entanto, visto que Pedro e Paulo convêm por natureza (porque possuem propriedades comuns) e, ao mesmo tempo, são contrários um ao outro, não podendo convir em coisa alguma, Espinosa reconhece que o leitor poderia identificar contrariedade e ausência do comum e por isso escreve no escólio da proposição 34:

> Eu disse que Paulo odeia Pedro porque imagina que este possui o que o próprio Paulo também ama; donde, à primeira vista, parece seguir que estes dois sejam danosos um ao outro por amarem o mesmo e, consequentemente, por convirem em natureza; por conseguinte, sendo isto verdadeiro, seriam falsas as proposições 30 e 31 desta Parte.

A dificuldade está explicitamente colocada tratando-se, agora, de "examiná-la com uma justa balança" para verificar que se resolve sem contradição. Na verdade, Paulo e Pedro "não são molestos um ao outro enquanto convêm em natureza, isto é, enquanto ambos amam o mesmo, mas enquanto discrepam um do outro". Assim, enquanto amam o mesmo, "o amor de ambos é fomentado e por isso a alegria de ambos é fomentada" e, por conseguinte, "estão longe de ser molestos um ao outro enquanto amam o mesmo e convêm em natureza". Quando, portanto, se poderá dizer que deixam de ser convenientes?

> A causa disto, como eu disse, não é outra senão que se supõe que discrepam em natureza. Pois supomos que Pedro tem a ideia da coisa amada possuída agora, e Paulo, ao contrário, tem a ideia da coisa amada perdida. Donde ocorre que este

---

* E IV, proposição 34.

seja afetado de tristeza e aquele, ao contrário, de alegria; e nesta medida são contrários um ao outro. Desta maneira podemos mostrar facilmente que as outras causas de ódio dependem somente de que os homens discrepem em natureza, e não daquilo em que convêm.*

Espinosa desenvolve dois argumentos articulados. O primeiro se volta para a conveniência ou concordância de natureza entre Pedro e Paulo porque amam a mesma coisa e se alegram igualmente; o segundo, para a discrepância entre ambos em decorrência das condições do amor de cada um deles, isto é, Pedro se alegra porque possui no presente a coisa amada, enquanto Paulo se entristece porque, no presente, a coisa amada está perdida. Assim, é justamente por terem naturezas comuns que amam a mesma coisa e é exatamente a diferença nas circunstâncias desse amor que os torna contrários, porque se nada tivessem em comum não poderiam tornar-se contrários, pois, neste caso, um deles não afetaria o outro e ambos seriam indiferentes. Porque são de mesma natureza amam o mesmo e exatamente por isso as condições desse amor os tornam contrários, a *discrepantia* fazendo com que entre eles não possa haver *convenientia* alguma, pois o útil próprio ou o bom para um deles é exatamente o mau para o outro (a alegria de Pedro é a tristeza de Paulo), e o mau, por definição, é contrário à natureza de um *conatus*. Não convir em natureza significa, portanto, uma relação na qual um *conatus* é enfraquecido por outro; ou seja, não se trata da desaparição do que é comum a suas naturezas (tornando-os diversos e irrelativos) e sim de que a paixão é um tipo determinado de discórdia — a contrariedade originária entre alegria e tristeza e entre as paixões delas derivadas —, uma discrepância que estilhaça a concórdia entre suas naturezas porque o aumento da potência de alguém significa a diminuição da de outros, o bom de um é o mau de outro, e por isso não podem ser úteis um ao outro. Na *convenientia*, as potências individuais se somam, fortalecendo-se reciprocamente; na *discrepantia*, se repelem e se enfraquecem, como escreve Espinosa no capítulo 7:

> Não pode acontecer que o homem não seja uma parte da natureza e que não siga a sua ordem comum; mas se se encontrar entre indivíduos que convêm com sua na-

---

* E IV, proposição 34, escólio.

tureza, a potência de agir de um homem será favorecida e fomentada. Se, ao contrário, estiver entre indivíduos que convêm pouquíssimo com sua natureza, mal poderá se adaptar a eles sem sofrer uma grande mutação.

Espinosa passa, a seguir, à dedução da concórdia. Nas proposições 32 e 34, ao introduzir a contrariedade passional, Espinosa emprega o verbo *potio*: "não podem ser ditos convir em natureza", "podem ser contrários uns aos outros". Essa formulação condicional contrasta com a da proposição 35, apodíctica:

> Enquanto os homens vivem sob a condução da razão, apenas nesta medida necessariamente convêm sempre em natureza.

A diferença dos enunciados dessas três proposições se justifica: nas paixões derivadas da alegria, os homens convêm em natureza e podem não ser contrários uns aos outros. Todavia, uma paixão, mesmo alegre, é efêmera, fugaz, depende da variação das afecções corporais e de suas ideias, está submetida à potência das coisas exteriores de que depende e pode transformar-se em paixão de tristeza, desencadeando a contrariedade entre vários homens ou no interior de um mesmo homem. Em contrapartida, no exercício da razão eles "necessariamente convém sempre em natureza". De onde vem essa necessidade sem exceção? Da diferença entre paixão e ação, isto é, entre o que depende de causas externas e o que segue necessariamente da natureza do agente, isto é, o que depende da razão, pois "tudo que segue da natureza humana enquanto definida pela razão deve ser compreendido pela só natureza humana como sua causa próxima". Transcorrendo na ordem comum da Natureza, região de encontros e desencontros experimentados como contingentes, na paixão o que acontece em cada um depende do que não é ele, e a variação das condições externas determina que ora um homem concorde consigo mesmo e com outros, ora discorde de si mesmo e dos outros, e por isso os homens podem ser contrários uns aos outros. Na ação, cada um sendo a causa adequada (portanto completa ou perfeita) do que se passa nele e fora dele, depende apenas e necessariamente do que segue de sua própria natureza internamente disposta e por isso não pode ser contrário a si mesmo. Tanto na paixão como na ação, "cada um, pelas leis de sua natureza, apetece o que julga ser bom e se esforça para afastar o que julga ser mau", todavia, diferentemente da inconstância passional, que nos leva a variar e a oscilar quanto ao que julgamos bom ou mau, a razão, saber certo sobre o útil próprio e o útil comum, traz a necessidade e a constância do juízo e por isso "é necessariamente bom ou mau aquilo que julgamos ser bom ou mau pelo ditame da razão". Mas por que isso permite afirmar que no exercício da razão não apenas um homem convém a si a mesmo e sim que os homens convêm necessariamente? Por ser ação e não paixão, a razão traz a *constantia* afetiva que mantém e aumenta a *cohaerentia* interna de cada parte humana singular e por isso o preceito racional primordial da *convenientia* é um afeto ativo, a *fortitudo*: cada um, ao esforçar-se para conservar seu ser buscando o útil próprio (firmeza), busca o útil para outrem (generosidade), isto é, coisas que convêm com a natureza de cada um e dos demais e que por isso são necessariamente boas. Ou, como explica Espinosa, "enquanto vivem sob a condução da razão, apenas nesta medida os homens necessariamente agem", por conseguinte,

> fazem coisas que são necessariamente boas para a natureza humana, e consequentemente para cada homem, isto é, coisas que convêm com a natureza de cada homem; e por isso, enquanto vivem sob a condução da razão, os homens necessariamente convêm sempre também entre si.*

Visto que coisas que compartilham inteiramente a mesma natureza e convêm necessariamente entre si são as mais úteis a cada uma e a todas, compreende-se que os homens que exercem sua razão convêm necessariamente em natureza e são os mais úteis uns aos outros e por isso, na Natureza, "não é dado nada de singular que seja mais útil ao homem do que o homem que vive sob a condução da razão",** uma vez que "o que é utilíssimo ao homem é o que convém maximamente com sua natureza, isto é (como é conhecido por si), o homem".*** Exercendo sua razão, ao buscar seu útil próprio cada homem é útil ao máximo aos outros porque, dotado de virtude, "tanto mais é dotado de potência para agir pelas leis de sua natureza",**** e todos, buscando seu útil próprio, serão ao máximo úteis aos

---

* E IV, demonstração da proposição 34.
** E IV, proposição 35, corolário 1.
*** Ibid.
**** E IV, proposição 35, corolário 2.

demais.³⁹ O mais útil para cada um é um outro homem que exerce a razão e, reciprocamente, o mais útil para todos é que cada um exerça a razão.

Na verdade, prossegue Espinosa, isso "a própria experiência também atesta cotidianamente com tantos e tão luminosos testemunhos que está na boca de quase todo o mundo: o homem é um deus para o homem".* Na boca de toda a gente: retomando a sentença de Cecílio, Cícero e Plínio — *homo homini deus est* —⁴⁰ e na de Sêneca — *homo res sacra hominis* —,⁴¹ Espinosa se contrapõe ao "homem lobo do homem", de Hobbes. Porém, não totalmente. Com efeito, "é raro que os homens vivam sob a condução da razão, estando de tal maneira dispostos que, na sua maioria, são invejosos e molestos uns aos outros".** Espinosa não poderá, portanto, esquivar-se de enfrentar o enigma posto pela naturalidade da paixão e da razão. Antes de fazê-lo, porém, conclui o escólio da proposição 35 afirmando que, em conjunto, a razão demonstra e a experiência mostra os benefícios da vida em comum, dando ensejo à definição costumeira do homem como animal social:

> Por outro lado, dificilmente [os homens] podem passar a vida na solidão, de modo que a quase todos agrada bastante aquela definição de que o homem é um animal social; e de fato a coisa se dá de tal maneira que da sociedade comum dos homens se originam muito mais comodidades do que danos.

Espinosa é veemente e, num tom que reencontraremos na abertura do *Tratado político*, conclui o escólio escrevendo:

> Portanto, que os satíricos ridicularizem o quanto quiserem as coisas humanas, que os teólogos as amaldiçoem e que os melancólicos louvem o quanto puderem a vida inculta e rústica, desprezem os homens e admirem os animais;⁴² ainda assim experimentarão que os homens, com o auxílio mútuo, podem prover-se muito mais facilmente das coisas de que precisam, e só com as forças reunidas podem evitar os perigos que em toda parte os ameaçam; para nem mencionar o quão preferível e mais digno de nosso conhecimento é contemplar os feitos dos homens do que os dos animais.⁴³

---

* E IV, proposição 35, escólio.
** Ibid.

As proposições 36 e 37 concluem o percurso da dedução da *convenientia* racional retomando para todos os homens conduzidos pela virtude o mesmo que foi demonstrado para cada indivíduo singular virtuoso, isto é, as ideias do sumo bem e da suma virtude como conhecimento de Deus.

Pela proposição 36, "o sumo bem daqueles que seguem a virtude é comum a todos, e todos podem igualmente gozar dele", pois, explica Espinosa na demonstração, agir por virtude ou pela razão é compreender, e por isso "o sumo bem daqueles que seguem a virtude é conhecer Deus, isto é, o bem que é comum a todos e que pode ser possuído igualmente por todos os homens enquanto são de mesma natureza". A chave da proposição se encontra no advérbio "igualmente", que caracteriza o bem: o bem comum é o mesmo bem igualmente compartilhado ou, como Espinosa escrevera no *De emendatione*, "um bem capaz de comunicar-se a todos". Porque esse bem é igualmente possuído por todos, a alegria é o afeto igualmente compartilhado: a virtude necessariamente faz os homens convenientes, compartilhando a mesma natureza.

Todavia, algum objetor poderia indagar: e se o sumo bem dos que seguem a virtude não for comum a todos? Não seria o caso de admitir que, sendo todos virtuosos, concordam e, no entanto, enquanto convém em natureza poderiam ser contrários uns aos outros? De maneira nenhuma. Se assim fosse, seria preciso dizer que, exercendo a razão, os homens podem ser contrários, o que é absurdo, pois isso seria o mesmo que identificar razão e paixão, quando sabemos que, exercendo a razão, necessariamente concordam entre si. Com efeito, o sumo bem dos homens é comum a todos *não por acidente*, podendo variar de um homem para outro, mas é comum *por necessidade*, deduzido da própria essência humana enquanto constituída pela razão, e "um homem não poderia ser nem ser concebido se não tivesse o poder de gozar deste sumo bem, pois pertence à essência da mente humana ter conhecimento adequado da essência eterna e infinita de Deus".* Donde a conclusão, formulada com a proposição 37: "O bem que cada um que segue a virtude apetece para si, ele também o desejará para os outros homens, e tanto mais quanto maior conhecimento de Deus ele tiver". Espinosa oferece duas demonstrações: a primeira, ontológica, tem como fundamento o desejo como a própria essência da mente, a qual consiste "num conhe-

---

* E IV, proposição 36, escólio.

cimento que envolve o conhecimento de Deus", sem o qual a mente e, portanto, o desejo não podem ser nem ser concebidos, uma vez que a *Ética* I demonstra que tudo o que é, é em Deus e sem Ele não pode ser nem concebido, e que o conhecimento do efeito depende do conhecimento de sua causa e o envolve. Por isso, "quanto maior o conhecimento de Deus que a essência da mente envolve, também tanto maior será o desejo pelo qual aquele que segue a virtude deseja para o outro o bem que apetece para si". Essa primeira demonstração visa reafirmar a identidade entre razão e desejo, condição para que este seja um afeto mais forte do que os afetos passivos, contrário a estes e capaz de vencê-los ou moderá-los. A segunda demonstração, psicológica, toma como apoio a imitação dos afetos. De fato, o bem que alguém apetece será amado com mais constância quanto mais vir que os outros também o amam e se esforçará para que isso sempre aconteça. No caso do sumo bem, sendo este comum a todos e podendo todos fruí-lo, cada um "esforçar-se-á para que todos o fruam e tanto mais quanto mais ele fruir esse bem". A primeira demonstração, portanto, sustenta a segunda, isto é, o que os homens experimentam afetivamente é consequência de uma necessidade operante no real.

É chegado o momento de Espinosa enfrentar o enigma posto pela naturalidade tanto da submissão à paixão (ou a discórdia) quanto da autodeterminação que define a razão (ou a concórdia). De fato, que do exercício da razão seja deduzida a racionalidade da vida social não significa, de maneira nenhuma, que, empiricamente, a sociabilidade seja efeito desse exercício, passando ao largo das paixões.[44] Todavia, porque somos passionais *e* racionais,[45] Espinosa busca o ponto de interseção entre o desejo passional e o racional. Esse ponto é determinado de duas maneiras: pela avaliação do que há de bom e de mau nos afetos* e pela instituição da *Civitas*.**

O primeiro dos escólios da proposição 37 propõe esclarecer a afirmação feita no escólio da proposição 18 sobre a compatibilidade entre a busca do útil próprio pelo exercício da razão e a *fortitudo*, isto é, a firmeza e a generosidade. Para tanto, Espinosa, repondo o contraponto entre a impotência servil e a potência virtuosa, contrasta a relação inter-humana fundada exclusivamente no ímpeto passional e aquela nascida do desejo racional. No primeiro caso, a paixão do-

---

* Proposições 41-58.
** Escólios da proposição 37, proposições 38-40.

minante é a ambição daquele que se "esforça para que os outros amem o que ele próprio ama e vivam conforme sua índole (*suo ingenio*)", tornando-se odioso "principalmente para os que se comprazem com outras coisas e por causa disso também tentam, e se esforçam com o mesmo ímpeto, para fazer com que os outros, ao contrário, vivam conforme a índole deles próprios (*ipsorum ingenio*)". Ora, no mais das vezes, o sumo bem desejado passionalmente pelos homens costuma ser aquilo que apenas um deles pode desfrutar, de tal maneira que cada um deseja, a um só tempo, que todos amem o que ele ama e que não possam fruir a coisa amada, disso resultando "que os que amam perdem a cabeça, pois, ao se regozijarem tecendo louvores à coisa amada, temem ser acreditados". A essa sandice contrapõe-se que "quem se esforça para conduzir os outros pela razão, não age por ímpeto, mas humana e benignamente, e tem a cabeça no lugar". É isto que torna os homens piedosos, honestos, justos e confiáveis, capazes de vida em comum. De fato, a piedade é "o desejo de fazer o bem, desejo engendrado por vivermos sob a condução da razão", e a honestidade, "o desejo que toma o homem que vive sob a condução da razão, levando-o a unir-se aos outros por amizade", pois o honesto é o que homens conduzidos pela razão louvam, enquanto o torpe é tudo quanto repugne à união das amizades. Numa palavra, Espinosa, cumprindo o que prometera no escólio da proposição 18, define agora a piedade e a honestidade como virtudes que sustentam a *amicitia* ou os laços de sociabilidade.[46] Isso explica por que a definição da piedade parecer coincidir com a da generosidade (desejar o bem do outro), mas a distinção entre ambas consiste no fato de que esta é virtude privada enquanto aquela é virtude pública. Por isso, Espinosa declara que, com a *amicitia* e a *pietas*, mostrou "quais são os fundamentos da Cidade (*civitatis fundamenta*)".[47]

Restará definir duas outras virtudes públicas, a confiança (*fides*) e a justiça (*justitia*), tarefa do segundo escólio, no qual Espinosa se propõe a dizer "umas poucas palavras sobre o estado natural e o estado civil do homem".

O escólio 2 da proposição 37 tem como escopo refutar as teorias do direito natural objetivo (ou a imagem da Natureza como uma ordem jurídica decretada por Deus) e do direito natural subjetivo (fundado no sentimento inato de justiça). Mas não apenas isso. Vimos em várias ocasiões que Espinosa sempre busca a concordância entre o que a experiência mostra e o que a razão demonstra. Por esse motivo, o escólio 2 ocupa um lugar estratégico na argumentação espinosana ao situar-se depois do escólio da proposição 35 — o testemunho luminoso da experiência quanto à utilidade da vida em comum — e a proposição 40 — a demonstração racional dessa utilidade. Como veremos, o percurso desse escólio nos faz compreender que é racional instituir a Cidade, mesmo que os homens a instituam movidos por causas passionais.

O conjunto das proposições 35 a 40 reata as questões com que se abrira o Prefácio ao definir as figuras do *auctor sui juris* e do *servus alterius juris*, porém, graças ao percurso dedutivo efetuado em direção ao significado real dessas figuras, não o faz na perspectiva jurídica da *prima significatio* desses termos (donde a crítica das tradições jurídicas do direito natural objetivo e subjetivo) e sim na perspectiva concreta da política ou da relação dos indivíduos com a *Civitas*, segundo o ensinamento da experiência e as noções comuns da razão.

Como será essa a primeira vez que Espinosa introduz na *Ética* as ideias de estado de Natureza e direito natural e as de estado civil e direito civil, convém lembrarmos o que escrevera no *Tratado teológico-político*:

> Por direito e instituição natural entendo unicamente as regras da natureza de cada indivíduo, segundo as quais concebemos qualquer ser como naturalmente determinado a existir e agir de uma certa maneira. [...] É, com efeito, evidente que a Natureza, considerada em absoluto, tem direito a tudo o que está em seu poder, isto é, o direito de Natureza estende-se até as suas potências, pois a potência da Natureza é a própria potência de Deus, o qual tem pleno direito a tudo. [...] segue-se que cada indivíduo tem pleno direito a tudo o que está em seu poder, ou seja, o direito de cada um estende-se até onde se estende sua exata potência. [...] Tudo o que uma coisa faz segundo as leis da sua natureza fá-lo com todo direito, pois age conforme o que foi determinado pela Natureza e não pode fazê-lo de outra maneira. [...] *O direito natural de cada homem determina-se, portanto, não pela reta razão, mas pelo desejo e pela potência.* [...] conclui-se que o direito e aquilo que foi instituído pela Natureza, direito sob o qual todos nascem e sob o qual vive a imensa maioria, não proíbe nada a não ser o que ninguém deseja e ninguém pode: conflitos, ódios, cólera, ardis, seja o que for que o desejo aconselha, nada disso lhe repugna. Nem, aliás, é para admirar, porquanto *a Natureza não se confina às leis da razão humana, as quais só visam aquilo que é verdadeiramente útil e a conservação dos homens* [...].[48]

Ecoando o *Tratado teológico-político*, o escólio 2 da proposição 37 se inicia afirmando que

> cada um existe por sumo direito da Natureza e, consequentemente, por sumo direito da Natureza faz aquilo que segue da necessidade de sua natureza; e por isso por sumo direito de natureza cada um julga o que é bom, o que é mau, e cuida do que lhe tem utilidade conforme sua índole, vinga-se e esforça-se para conservar o que ama e destruir o que odeia.*

A declaração do *Tratado teológico-político* de que "o direito natural de cada homem determina-se, portanto, não pela reta razão, mas pelo desejo e pela potência", isto é, a célebre fórmula espinosana *jus sive potentia* é retomada no escólio da proposição 37 da *Ética* IV com a afirmação de que "por sumo direito da Natureza [cada um] faz aquilo que segue da necessidade de sua natureza", isto é, cada um segue sua própria índole, que lhe dita o que julga útil, pois, como explicado no *Tratado teológico-político*, "a Natureza não se confina às leis da razão humana, as quais só visam àquilo que é verdadeiramente útil à conservação dos homens". Por isso o escólio pode prosseguir:

> Se os homens vivessem sob a condução da razão, cada um possuiria este seu direito sem nenhum dano para outro. Porém, como estão submetidos aos afetos, que de longe superam a potência ou virtude humana, por isso frequentemente são arrastados em direções diferentes e são contrários uns aos outros exatamente quando precisam de auxílio mútuo. Portanto, para que os homens possam viver em concórdia e auxiliar uns aos outros, é necessário que cedam seu direito natural e tornem uns aos outros seguros de que nada haverão de fazer que possa causar dano a outro.**

Se os homens vivessem no exercício da razão — cujas regras visam ao que é verdadeiramente útil para cada um e para todos —, seriam virtuosos e cada um exerceria seu direito natural sem dano para os outros; mas como são naturalmente perpassados pelas paixões, que ultrapassam em muito a potência de sua virtu-

---
* E IV, proposição 37, escólio.
** Ibid.

de, são contrários uns aos outros mesmo quando precisariam de auxílio mútuo. Em outras palavras, se pelo sumo direito de Natureza exercessem a razão, suas naturezas sempre concordariam, pois, possuindo qualidades e propriedades comuns que os tornam de mesma natureza e semelhantes, sua concórdia seria natural, imediata e espontânea, e, sendo todos virtuosos, cada um desejaria para os outros o mesmo bem a que aspira, visto que o que é de natureza completamente diversa da nossa não pode favorecer nem prejudicar nossa potência de agir e, em absoluto, nenhuma coisa pode ser para nós boa ou má se não tiver algo em comum conosco. Todavia, é também por natureza que os homens são contrários uns aos outros e, habitados pelas paixões, a discórdia lhes é igualmente natural, imediata e espontânea. A única maneira de passar da contrariedade à concordância, da discórdia à concórdia é cada um ceder seu direito natural enquanto desejo natural de prejudicar os outros,[49] cada um e todos assegurando reciprocamente que não farão danos uns aos outros. Como pode isso ocorrer?

> Mas de que maneira pode ocorrer que os homens, que são necessariamente submetidos aos afetos, inconstantes e variáveis, possam tornar seguros uns aos outros e ter confiança uns nos outros, é patente pela proposição 7 desta Parte e pela proposição 39 da Parte III. A saber, nenhum afeto pode ser contido a não ser por um afeto mais forte e contrário ao afeto a ser contido, e cada um abstém-se de causar dano por temor de um dano maior. É, portanto, por esta lei que a sociedade poderá firmar-se, desde que reivindique para si o direito que cada um tem de se vingar e de julgar sobre o bem e o mal; e por isso tenha o poder de prescrever uma regra comum de vida, de fazer leis e firmá-las não pela razão, que não pode conter os afetos, mas por ameaças. E esta sociedade, que se firma pelas leis e pelo poder de se conservar, é denominada cidade, e aqueles que são defendidos pelo direito dela, cidadãos.*

A mudança da discórdia em concórdia se realiza em dois níveis. O primeiro, cujo efeito será o desejo de não prejudicar os outros, é uma *passagem*: da discórdia à concórdia, passa-se de uma paixão ontologicamente fraca, isto é, uma tristeza — o medo que todos têm de todos —, a uma outra, ontologicamente forte, isto é,

---

* Ibid.

uma alegria — a esperança dos benefícios decorrentes da utilidade recíproca — e ao fortalecimento dessa segunda paixão por aquela dela derivada, isto é, a segurança. Em outras palavras, o primeiro nível opera com a lógica da afetividade como embate entre afetos fracos e fortes. O segundo nível, porém, cuja causa é a cessão do direito natural de causar dano a outrem, é uma *mutação*, ocorrendo quando a sociedade reivindica para si o direito natural que cada um tem de se vingar e de julgar sobre o bem e o mal e quando ela tem o poder de prescrever uma regra comum de vida, instituindo o direito civil por meio das leis "e firmá-las não pela razão, que não pode conter os afetos, mas por ameaças". Em outras palavras, embora seja racional instituir o direito civil, sua conservação dependerá da lógica afetiva desdobrada pelas paixões.

Por que mutação? Porque estamos diante do surgimento do espaço público. De fato, retomando o que dissera no *Tratado teológico-político*, Espinosa escreve:

> Nada é dado no estado natural que seja bom ou mau pelo consenso de todos, visto que cada um que está no estado natural cuida apenas do que lhe tem utilidade, e discerne o que é bom ou mau por sua índole e enquanto tem por princípio apenas sua utilidade, e por nenhuma lei é obrigado a obedecer a ninguém senão a si mesmo.*

Por isso não podemos rigorosamente falar em passagem para dar conta do surgimento do estado civil e não sem motivo Espinosa emprega o verbo *cedere* para explicitar a mudança, verbo que denota uma decisão prática e assinala uma mutação na lógica afetiva sob a percepção do aumento do útil próprio pela decisão de articulá-lo ao útil comum. Trata-se de uma operação pela qual a sociedade e a política surgem como *instituições propriamente humanas*.[50] Não se trata de mudança na essência da natureza humana (que já vimos ser um absurdo) nem de desaparição do direito natural (que Espinosa julga impossível)[51] e sim de uma transformação da relação dos homens com aquilo que lhes é natural. Essa transformação é o que o escólio 2 da proposição 37 designa com a ideia de *lei* que, embora consensual, só pode ser obedecida por temor dos males advindos de sua infração. Aqui encontramos o que buscávamos: o ponto de interseção entre a razão e a paixão.

* Ibid.

De fato, visto que Espinosa afirma que a política deve ser deduzida da condição natural dos homens, que estes são naturalmente passionais e racionais e que a paixão pode dividi-los enquanto a razão necessariamente os une, compreende-se que para chegar à instituição da *Civitas* é preciso encontrar um ponto de interseção entre a razão e a paixão, uma vez que o surgimento da Cidade é obra simultânea de ambas. Esse ponto é o que recebe o nome de *lei*, igualmente válida para ambas. No que concerne à paixão, trata-se da lei natural segundo a qual nos abstemos de causar dano por medo de receber dano maior. No que concerne à razão, vale exatamente a mesma lei (embora, como veremos, formulada de maneira nova), pois, como será demonstrado na proposição 65, "sob a condução da razão, escolhemos de dois bens o maior e de dois males o menor" e, na proposição 66, "sob a condução da razão desejamos um bem maior futuro de preferência a um bem menor presente, e um mal menor presente de preferência a um mal maior futuro". Graças a essa lei natural, que a um só tempo rege a paixão e a razão, a vida social poderá ser estabelecida como alicerce da instituição da *Civitas* ou o consenso sobre as leis civis e o temor de infringi-las, isto é, a instituição da potência maior do espaço público (o direito civil) em comparação com a do espaço privado (o direito natural). Para marcar que se trata da instituição de uma nova potência, Espinosa distingue entre o estado natural e o civil do ponto de vista da relação com a lei:

> Por isso não pode ser concebido o pecado no estado natural, mas certamente no estado civil, onde o que é bom ou mau é discernido pelo consenso comum e cada um tem que obedecer à cidade. Portanto, o pecado não é nada outro que a desobediência, a qual, por conseguinte, é punida só pelo direito da cidade e, inversamente, a obediência é creditada ao cidadão como mérito, porque por esse motivo é julgado digno aquele que goza das comodidades da cidade.*

Finalmente, por recusar tanto a ideia do direito natural objetivo como ordem jurídica da Natureza que atribuiria a cada um o que lhe é devido, quanto a do direito natural subjetivo como sentimento inato de justiça (a distinção racional espontânea entre o meu e o teu), Espinosa conclui o escólio afirmando que justo

---

* Ibid.

e injusto, mérito e pecado são instituídos pelos humanos e não exprimem quaisquer predicados intrínsecos à natureza da mente.

> Ademais, no estado natural ninguém é senhor de coisa alguma por consenso comum, nem na Natureza é dado algo que possa ser dito deste homem e não daquele, mas tudo é de todos; e por isso no estado natural não pode ser concebida nenhuma vontade de atribuir a cada um o que é seu ou de arrancar de alguém o que é seu, isto é, nada pode ser dito justo ou injusto no estado natural, mas certamente no estado civil, onde o que é deste ou daquele é discernido pelo consenso comum. Disso transparece que o justo e o injusto, o pecado e o mérito são noções extrínsecas, e não atributos que expliquem a natureza da mente.*

Tendo afirmado a utilidade da vida social e política, mostrada pelo luminoso testemunho da experiência, Espinosa passa, agora, a demonstrá-la como preceito racional. Essa demonstração, cujo momento final se encontra na proposição 40, tem como ponto de partida a união do corpo e da mente e como núcleo a ideia do *plura simul*.

A proposição 38 enuncia:

> É útil ao homem o que dispõe o corpo humano tal que possa ser afetado de múltiplas maneiras (*pluribus modis*) ou o que o torna apto a afetar os corpos externos de múltiplas maneiras (*pluribus modis*); e tanto mais útil quanto torna o corpo mais apto a ser afetado e afetar os outros corpos de múltiplas maneiras (*pluribus modis*); e, inversamente, é nocivo o que torna o corpo menos apto a isto.

A demonstração afirma que o aumento da aptidão do corpo para a pluralidade de afecções é simultaneamente o aumento da aptidão da mente para perceber e "por conseguinte, o que dispõe o corpo desta maneira e o torna apto a isto é necessariamente bom ou útil e tanto mais útil quanto mais apto a isto pode tornar o corpo; e, inversamente, é nocivo se torna o corpo menos apto a isto". Donde lemos no capítulo 27:

---

* Ibid.

A utilidade que extraímos das coisas que existem fora de nós, além da experiência e do conhecimento que adquirimos por observá-las e por mudá-las de forma, é principalmente a conservação do corpo; por esta razão as coisas mais úteis são aquelas que podem alentar e nutrir o corpo para que todas as suas partes consigam cumprir corretamente suas funções. Pois quanto mais apto é o corpo para poder ser afetado de múltiplas maneiras e afetar os corpos exteriores de múltiplas maneiras, tanto mais apta é a mente para pensar.

O aumento da aptidão corporal tem como fundamento, de um lado, a forma do corpo humano como indivíduo complexo constituído por uma pluralidade de corpos ou partes inter-relacionadas segundo uma proporção determinada de movimento e repouso e, de outro, o *conatus*, portanto, a potência de autoconservação. Por isso a proposição 39 completa a proposição 38 explicando que

> as coisas que fazem com que se conserve a proporção de movimento e repouso que as partes do corpo humano têm entre si são boas; e más, ao contrário, as que fazem com que as partes do corpo humano tenham entre si outra proporção de movimento e repouso.

De fato, explica Espinosa na demonstração, para conservar-se, o corpo humano precisa de muitíssimos outros corpos. Ora, como demonstrado pela física da Parte II, "o que constitui a forma do corpo humano consiste em suas partes comunicarem seus movimentos umas às outras numa proporção certa". Por conseguinte, são boas as coisas que conservam a forma do corpo humano e fazem com que possa ser afetado numa pluralidade de maneiras e afetar outros corpos também de maneira plural. Ao contrário, são más aquelas "que fazem com que as partes do corpo humano obtenham outra proporção de movimento e repouso fazendo com que o corpo humano se revista de outra forma, isto é, que o corpo humano seja destruído, e por conseguinte se torne inteiramente inepto para poder ser afetado de múltiplas maneiras". Revestir uma outra forma que torna o corpo humano incapaz de afetar e ser afetado de múltiplas maneiras simultâneas significa que uma forma corporal é destruída pela perda da *ratio* que a constitui como singularidade. Essa destruição é a morte: "Entendo que o corpo morre quando suas partes são dispostas de tal maneira que obtenham entre si outra proporção de movimento e repouso".⁵²*

Se são boas as coisas que propiciam a conservação da vida e o aumento da aptidão para a pluralidade simultânea, então é preciso concluir não apenas que é útil a vida em comum, pois amplia os sistema das afecções corporais e das conexões mentais, mas também que são úteis as coisas que asseguram a vida em comum e, inversamente, más as que a impedem. Na medida em que as coisas mais úteis são as que possuem a mesma natureza e que nada é mais útil ao homem do que o próprio homem, chegamos à proposição 40:

> As coisas que conduzem à sociedade comum dos homens, ou seja, que fazem com que os homens vivam em concórdia, são úteis; e más, ao contrário, as que introduzem discórdia na Cidade.

Sem dúvida, sob as paixões, os homens tanto podem concordar (pela imitação dos afetos) quanto discordar (pela contrariedade entre a força da potência interna e as forças das potências externas), pois a concórdia e a discórdia lhes são igualmente naturais. Todavia, a concórdia passional é efêmera e instável. Em contrapartida, segue da natureza da razão, graças às noções comuns, que os homens necessariamente concordam e por isso, "as coisas que fazem com que os homens vivam em concórdia fazem simultaneamente com que vivam sob a condução da razão e por isso são boas, e, ao contrário, são más as que incitam as discórdias".** No capítulo 15, Espinosa explica que

> as coisas que geram a concórdia são aquelas que se referem à justiça, à equidade e à honestidade. Pois os homens, além do que é injusto e iníquo, também suportam com dificuldade aquilo que é tido por torpe, ou seja, que alguém afronte os costumes aceitos na Cidade.

No capítulo 12, lemos que é preceito da razão, isto é, do que ela reconhece em si mesma como aumento de sua potência, que "aos homens é primordialmente útil estabelecer relações e estreitar aqueles vínculos pelos quais, de maneira

---
* E IV, proposição 39, escólio.
** E IV, proposição 40, demonstração.

mais apta, fazem-se todos eles um só e, absolutamente, fazer tudo aquilo que serve para firmar as amizades". No entanto, como foi dito no escólio 2 da proposição 37 e no *Tratado teológico-político*, os homens não vivem sempre e apenas no exercício da razão, e alguns vivem quase apenas sob o domínio das paixões. Por isso, no capítulo 13, adotando uma atitude prudencial, Espinosa alerta sobre as dificuldades da vida em comum na concórdia, contrapondo a *fortitudo* e a prudência do virtuoso à intolerância passional do moralista:

> Mas para isto é preciso arte e vigilância. Com efeito, os homens são variáveis (pois raros são os que vivem segundo o prescrito pela razão), no mais das vezes invejosos e mais inclinados à vingança do que à misericórdia. E assim é preciso uma especial potência de ânimo para suportar cada um com a respectiva índole e conter-se para não imitar tais afetos. Porém, são molestos para si e para os outros aqueles que aprenderam mais a censurar os homens e reprovar os vícios do que a ensinar-lhes as virtudes, e mais a abalar os ânimos dos homens do que a firmá-los.[53]

c. O bom e o mau nos afetos

Tudo quanto favoreça a aptidão do corpo e da mente para a pluralidade simultânea de afecções e ideias é útil à vida e, portanto, bom. Tudo quanto impeça a efetuação dessa pluralidade é nocivo e, portanto, mau. Essa determinação geral do bom e do mau incide diretamente sobre os afetos, uma vez que respondem pelo aumento ou diminuição da potência corporal e mental. Torna-se, pois, necessário, como foi indicado no Prefácio, determinar o que neles há de bom e de mau.

Moderare, vimos, é trazer uma medida capaz de conter e, sob certas condições, afastar a desmedida. O trabalho da *Ética* IV é construção dessa medida, tendo Espinosa determinado dois critérios para defini-la: o aumento ou a diminuição da potência singular ou da aptidão do corpo e da mente para o *plura simul*, portanto, a distinção entre alegria e tristeza; e a avaliação racional da qualidade dos afetos, que permite à razão medir-lhes as forças. A medida leva, em primeiro lugar, a demonstrar que, do ponto de vista da razão, a alegria é diretamente boa, embora sob certas condições possa ser indiretamente má, a tristeza é diretamente má, e o desejo pode ser bom ou mau, dependendo de sua articulação com a alegria ou a tristeza; em segundo, a distinguir entre afetos passivos e ativos, diferenciando entre aqueles que, via de regra, tendem ao excesso (motivo pelo qual paixões alegres podem ser indiretamente más) e os que nunca são excessivos; e, em terceiro, como consequência, a diferenciar um homem submetido à paixão daquele, virtuoso, que age por desejo racional, conduzindo-se a si mesmo.

Espinosa demonstrou que a mente é ativa em algumas coisas e passiva noutras e que o *conatus* se efetua tanto inadequada quanto adequadamente. Essas demonstrações explicam a frequência de uma oração condicional — "se os homens sempre fossem conduzidos pela razão" — e de sua contraparte categórica — "os homens raramente são conduzidos pela razão". Por isso, na *Ética* IV, como já observamos, o percurso demonstrativo é sinuoso, num contínuo vaivém entre imaginação e razão, paixão e ação, atestado, agora, pela dupla avaliação dos afetos conforme sejam passivos ou ativos, uma vez que tanto num caso como noutro são designados pelos mesmos nomes, mas sua avaliação difere conforme as circunstâncias, isto é, afetos e desejos alegres podem ser bons ou maus e o mesmo ocorre com afetos e desejos tristes. Em outras palavras, porque por natureza necessariamente somos ativos em algumas coisas e passivos noutras e a força de uma paixão pode superar a de muitas ações, a razão busca o que é útil também numa paixão. É assim que a dor, paixão triste, pode ser útil, e a esperança, paixão alegre, pode ser má, ou que aquilo que a razão julga ser mau, como a comiseração, pode ser útil para uma convivência benigna entre os que vivem sob as paixões.

Retomando as definições e a sequência dos afetos conforme sua gênese e ordenação deduzidas na Parte III, agora, como se trata de sua avaliação ou de medir a força de cada um deles, Espinosa incluirá a ausência ou a presença de um excesso porque este, introduzindo a desmedida, altera o bom de um afeto e muda o sentido de uma paixão. Assim, depois de demonstrar, na proposição 41, que a alegria é diretamente boa e a tristeza, diretamente má, Espinosa demonstra, na proposição 42, que a hilaridade, nunca tendo excesso, é sempre boa, e a melancolia, sendo puro excesso, é absolutamente má. Todavia, conforme a proposição 43, a carícia, embora alegre, pode ter excesso e ser má, enquanto a dor, embora triste, pode ser boa sob certas condições. De fato, enquanto na hilaridade todas as partes do corpo estão igualmente afetadas de alegria, a proporção de movimento e repouso entre elas é conservada e a potência é aumentada pela pluralidade simultânea de afecções, na carícia, uma ou apenas algumas partes do corpo estão afetadas de alegria, e a potência dessa paixão "pode ser tanta que supere as outras ações do corpo e adira a ele com pertinácia, impedindo, portanto, que o corpo esteja apto a ser afetado de outras múltiplas maneiras, e por isso pode ser má". Ora, isto leva a considerar a dor sob uma nova perspectiva: visto que a força e o crescimento de uma paixão são definidos pela potência da causa externa comparada à nossa, "podemos conceber infinitos graus e modos das forças deste afeto [a dor], podemos concebê-lo tal que possa coibir a carícia para que não tenha excesso e, nesta medida, fazer com que o corpo não se torne menos apto" à pluralidade das afecções. Sob esta perspectiva, a dor será boa.

Essa análise da carícia e da dor indica algo notável no pensamento espinosano: situando o excesso na operação das afecções corporais, Espinosa, entretanto, concebe uma autorregulação corporal dessas afecções, decorrente da essência do corpo como *conatus*, isto é, esforço de um vivente para o aumento de sua potência de autoconservação. Em outras palavras, o corpo é capaz de moderação ou de medida. E não poderia ser diferente, pois a união da mente com o corpo afirma que se ela é capaz de moderação, o corpo também o é. Numa palavra, não podemos conceber a virtude da mente sem compreendermos que o corpo também é apto à moderação, caso contrário teríamos que supor um comando da mente sobre o corpo.

A simultaneidade entre o acontecimento corporal e o psíquico é imediatamente evidenciada: a análise da carícia incide na do amor (ideia da alegria conjuntamente a uma causa externa) e do desejo (ideia do apetite), pois, como enuncia a proposição 44, ambos podem ter excesso. De fato, lemos na demonstração que "o amor é a alegria conjuntamente à ideia de causa externa, portanto a carícia conjuntamente à ideia de causa externa é amor; e por isso o amor pode ter excesso". Da mesma maneira, visto que "o desejo é tanto maior quanto maior é o afeto de que se origina", como foi demonstrado na Parte III,* e que, pelo demonstrado nesta Parte IV,** a força de uma paixão pode superar as outras ações de um homem, assim também o desejo que se origina dessa paixão "pode superar os outros desejos, e por isso poderá ter o mesmo excesso que mostramos ter a carícia".

O escólio explicita o implícito da proposição 44, isto é, a simultaneidade do

---

* E III, P37 enuncia: "O desejo originado por tristeza ou alegria, por ódio ou amor, é tanto maior quanto maior é o afeto".
** E IV, P6 enuncia: "A força de uma paixão ou afeto pode superar as demais ações ou a potência do homem, de tal maneira que o afeto adira pertinazmente ao homem".

que se passa no corpo e na mente e a causa do excesso em ambos. Espinosa aqui retoma, para a lógica afetiva, o que demonstrara no plano cognitivo na proposição 13 da Parte II, isto é, "que quanto mais um corpo é mais apto do que outros para fazer ou padecer muitas coisas simultaneamente, tanto mais a sua mente é mais apta do que outras para perceber muitas coisas simultaneamente" e na proposição 14, isto é, que "a mente humana é apta a perceber muitíssimas coisas, e é tão mais apta quanto mais pode ser disposto o seu corpo de múltiplas maneiras". Por isso lemos no escólio dessa proposição 44:

> A hilaridade, que eu disse ser boa, é mais fácil de conceber do que de observar. Pois os afetos que defrontamos cotidianamente referem-se, em sua maioria, a uma parte do corpo que é afetada mais do que as outras, e por isso os afetos têm frequentemente excesso, detendo a mente de tal maneira na só contemplação de um objeto, que não pode pensar nos outros; e embora os homens estejam submetidos a muitos afetos, e sejam raros os que se defrontem sempre com um só e mesmo afeto, não faltam aqueles a quem um só e mesmo afeto adira com pertinácia.

Todavia, o escólio avança com relação ao que foi posto pela proposição, assinalando o aparecimento da patologia afetiva ou o excesso como obsessão e delírio, perda da aptidão do corpo e da mente para o múltiplo simultâneo:

> Com efeito, vemos às vezes homens serem afetados por um objeto de tal maneira que, embora não esteja presente, creem tê-lo diante dos olhos; e, quando isto acontece a um homem que não está dormindo, dizemos que delira ou endoidece; e aqueles que ardem de amor e sonham dia e noite com a mesma amante ou meretriz, não é porque costumam causar-nos riso que deixamos de considerá-los doidos. E quando o avaro não pensa em outra coisa além de lucro ou dinheiro, e o ambicioso em glória etc., não se crê que deliram, já que costumam ser molestos e julgados dignos de ódio. Mas, na verdade, a avareza, a ambição, a lascívia são espécies de delírio, ainda que não sejam enumeradas entre as doenças.

Podemos observar a reviravolta produzida por Espinosa em expressões correntias e costumeiras como "louco de amor", "louco por dinheiro" ou "louco por poder": não são metáforas, mas precisam ser tomadas em sentido literal, pois ao designá-las como delírio, Espinosa toma a palavra *delirium* em sua significação originária, isto é, como perda da *lira*, ou seja, do caminho traçado na terra pelos sulcos cavados pelo arado no momento do plantio. O delírio é perda do rumo, descaminho. No caso dos afetos, perda da contenção, desmedida. Assim, o excesso não acarreta apenas a mudança de sentido de um afeto, mas também abre as comportas da servidão, pois com ele um homem, ensandecido, se torna impotente por completo ou completamente *obnoxius affectuum viribus*.

Por isso, explica Espinosa, a alegria e o amor são bons, desde que não sejam arrastados pelo excesso. Em contrapartida, assim como a tristeza é diretamente má, também "o ódio nunca pode ser bom", conforme enuncia a proposição 45 e, completa o corolário 1, são maus os afetos a ele relacionados, como a inveja, o escárnio, o desprezo, a ira e a vingança. Por que o ódio é sempre mau? Porque leva ao esforço para destruir aquele que odiamos e nisto está o mal, uma vez que, "tudo que apetecemos por ódio, é torpe e, na Cidade, injusto", pois, pela proposição 40, é útil tudo o que conduz à vida em sociedade, sendo bom tudo o que leva à concórdia na Cidade e mau tudo quanto nela leva à discórdia e, pela proposição 37, quem busca a virtude desejará para os outros o mesmo bem que deseja para si, e tanto mais quanto mais conhecer Deus. O ódio nunca pode ser bom porque, injusto, é contrário à vida em comum sob a lei e, torpe, é contrário à virtude.

À proposição 45, Espinosa acrescenta um escólio que, numa das mais belas passagens da *Ética*, se ergue contra a torpeza do escárnio, da inveja e da tristeza sombriamente propalada pela superstição, a eles opondo a virtude do corpo e a da mente, perfeição trazida pela alegria com o aumento da aptidão de ambos para a pluralidade simultânea. O escólio se inicia com a afirmação de há grande diferença entre o escárnio e o riso e o gracejo, pois estes "são pura alegria" e bons desde que sem excesso. Prossegue Espinosa:

> Certamente nada proíbe que nos deleitemos a não ser uma superstição ameaçadora e triste. Pois em que matar a fome e a sede é melhor do que expulsar a melancolia? Esta é minha regra e assim me orientei. Nenhum deus e nem ninguém senão o invejoso se deleita com minha impotência e desgraça, nem toma por virtude nossas lágrimas, soluços, medo e outras coisas de mesmo teor, que são signos de impotência do ânimo; mas, ao contrário, quanto maior é a alegria com que somos

afetados, tanto maior é a perfeição a que passamos, isto é, tanto mais é necessário que participemos da natureza divina.*

Efeito do ódio à razão e ao corpo, defensora de sua mortificação e da censura ao pensamento, a superstição está próxima da melancolia e da loucura. Assim como o excesso da paixão alegre pode endoidar o apaixonado, assim também o excesso da tristeza é uma loucura, pois afirma ser boa a impotência do ânimo ou tudo quanto diminua a potência corporal e mental. Sob este aspecto, o escólio da proposição 63 retoma a mesma crítica feita no escólio da proposição 45:

> Os supersticiosos, que entendem mais de censurar os vícios do que de ensinar as virtudes, e se aplicam não em conduzir os homens pela razão, mas em contê-los pelo medo, para que fujam do mal mais do que amem as virtudes, nada outro intentam que tornar os demais tão miseráveis quanto eles próprios; e assim não é de admirar se no mais das vezes são molestos e odiosos aos homens.**

Ao contrário dessa miséria, que maltrata o corpo e a mente, a alegria é própria do homem sábio, que usa as coisas e com elas se deleita com moderação, pois

> é do homem sábio, insisto, refazer-se e gozar moderadamente de comida e bebida agradáveis, assim como cada um pode usar, sem qualquer dano a outrem, dos perfumes, da amenidade dos campos verdejantes, do vestuário, da música, dos jogos esportivos, do teatro e de outras coisas como estas. Pois o corpo humano é composto de muitíssimas partes de natureza diversa, que continuamente precisam de alimento novo e variado para que o corpo inteiro seja igualmente apto a todas as coisas que podem seguir de sua natureza e, por conseguinte, para que a mente também seja igualmente apta a compreender muitas coisas em simultâneo. E, assim, esta maneira de viver convém otimamente com nossos princípios e com a prática comum; por isso, se não é a única, esta regra de vida é a melhor e cabe recomendá-la de todas as maneiras, e nem é preciso tratar disso mais clara nem detalhadamente.***

---

* E IV, proposição 45, escólio.
** E IV, proposição 63, escólio.
*** E IV, proposição 45, escólio.

"Esta maneira de viver convém otimamente com nossos princípios", conclui Espinosa, portanto, nenhuma dissonância separa teoria e prática, razão e experiência: a alegria aumenta a perfeição do corpo e da mente, e a virtude é a alegria de viver.

Aqui, Espinosa escreve que se trata de "uma regra de vida" e que "cabe recomendá-la de todas as maneiras". O tom normativo é explícito e exatamente por isso essa regra é dita não só convir com os "nossos princípios", mas também com "a prática comum". Em outras palavras, aquilo que espontânea e necessariamente a razão põe para si é o mesmo que a própria imaginação pratica e por isso, conclui Espinosa, ela é tão óbvia que "nem é preciso tratar disso mais clara e detalhadamente". Por quê? Porque exprime algo que se evidencia, por exemplo, nos tratados políticos espinosanos: o ponto de interseção ou de confluência entre a razão e a experiência. Em outras palavras, essa excelente regra de vida é *concluída* tanto da razão como da experiência e por isso pode ser recomendada a todos. Recomendada, escreve Espinosa, e imposta aos homens, opondo-se, portanto, à imposição dos supersticiosos, que pretendem tornar os demais tão miseráveis quanto eles próprios. É, portanto, esse contraponto entre razão e superstição e a exigência racional de combatê-la que esclarece o tom normativo aqui assumido por Espinosa.

Essa maneira de viver sabiamente tem como pressuposto a exigência de mudança nos afetos que a impedem. Na *Ética* III, a dedução da lógica da afetividade conduz à demonstração das metamorfoses das paixões segundo causas igualmente passionais. Agora, porém, como se trata da virtude, a metamorfose se realiza graças ao exercício da razão, portanto da ação mais forte do que a paixão, de tal maneira que um homem virtuoso "se esforça o quanto pode para compensar com amor, ou seja, com generosidade, o ódio, a ira, o desprezo etc. do outro para consigo". Por que a generosidade? Porque é preciso considerar a natureza destrutiva do ódio. Se a conveniência entre coisas de mesma natureza é útil, pois aumenta a potência de cada uma delas, então todos os afetos de ódio, movidos pelo desejo de destruir ou diminuir um outro, são nocivos; além disso, o ódio é aumentado pelo ódio recíproco, e somente um afeto contrário mais forte poderá extingui-lo, isto é, o amor, como foi demonstrado na Parte III.* De que amor se

---

* E IV, proposição 46.

trata? Da fortaleza do ânimo, a *fortitudo animi* quando dirigida ao outro, isto é, a generosidade, força de ânimo para fazer o bem a outrem. Ora, a *fortitudo* não é uma paixão e sim uma ação da mente, o que a faz não apenas contrária mas também mais forte do que as paixões de ódio e por este motivo, "quem vive sob a condução da razão se esforçará o quanto pode para fazer com que não se defronte com afetos de ódio, e consequentemente se esforçará para que também o outro não padeça dos mesmos afetos".* De fato, escreve Espinosa no escólio da proposição 46, basta considerar as definições do amor e do intelecto para compreender que "quem quer vingar as injúrias com ódio recíproco, decerto vive miseravelmente", pois o amor é alegria, aumento da potência, e o intelecto, máxima potência da mente. Ao contrário, quem se empenha "em bater o ódio pelo amor, certamente combate alegre e com segurança, resiste com igual facilidade a muitos homens e a um só, e de jeito nenhum precisa do auxílio da fortuna. Já aqueles que ele vence, rendem-se alegres, e decerto não pela falta, mas pelo crescimento das forças". O processo de mudança descrito por Espinosa consiste em demonstrar que o aumento da potência daquele que odeia, em decorrência da presença ativa da generosidade naquele que é odiado, afasta duplamente a causa do ódio: em primeiro lugar, porque todo aumento de potência é experimentado como afeto alegre, afastando a tristeza, e, em segundo, porque se o generoso for odiado, será suprimida a causa da alegria. A supressão do ódio não é um gesto de humildade por parte daquele que odeia nem de soberba naquele que o vence, mas um ato de utilidade recíproca, pois como veremos, a primeira não é virtude e a segunda é ignorância de si, contrária à força do ânimo.

Se os afetos de ódio são maus por si mesmos, "os afetos de esperança e medo não podem ser bons por si".** Duas indagações são suscitadas pelo enunciado dessa proposição: sendo a esperança um afeto alegre, por que Espinosa declara que não é bom por si? E sendo o medo um afeto de tristeza, por que não seria mau por si mesmo? A resposta também é dupla. Em primeiro lugar, embora a esperança seja um afeto de alegria, ela não se separa do medo e muitas vezes se origina dele, pois, como explicado na Parte III, quem espera um bem teme que ele não aconteça; há um fundo de tristeza na esperança. Em segundo, embora esses dois afetos não sejam bons por si, contudo, podem ser bons "apenas enquanto

---

* Ibid., demonstração.
** E IV, proposição 47.

podem coibir um excesso de alegria", tornando-se úteis sob este aspecto preciso, isto é, com função moderadora. A essa dupla resposta, o escólio oferece ainda um esclarecimento, acrescentando a esses dois afetos aqueles que deles se derivam — segurança e gozo, no caso da esperança, desespero e remorso, no caso do medo —, que "indicam defeito do conhecimento e impotência da mente; e por este motivo são sinais de impotência do ânimo".* Defeito do conhecimento: medo, esperança e seus derivados se originam da dúvida sobre o futuro, imaginado como contingente. Impotência da mente: esses afetos são paixões, portanto, ideias inadequadas. Impotência do ânimo: bens e males temidos e esperados dependem do desejo determinado pela potência das causas externas cuja operação permanece desconhecida, submetendo o ânimo ao que imagina ser a força da fortuna, tornando-o *obnoxius fortunae potestas*. Por isso, "quanto mais nos esforçamos para viver sob a condução da razão, tanto mais nos esforçamos para depender menos da esperança, para nos libertar do medo, para comandar (*imperare*), o quanto pudermos, a fortuna, e para dirigir nossas ações pelo conselho certo da razão".**

Na sequência, outros afetos serão avaliados pela razão segundo se refiram à relação de alguém consigo mesmo ou com outrem. É interessante observar que nesse percurso Espinosa dará grande ênfase à avaliação da soberba, que ele oporá à glória e ao apreço, e à do contentamento consigo mesmo, que ele oporá à abjeção, à humildade e ao arrependimento. Enquanto a soberba e a abjeção são formas da ignorância de si e a humildade e o arrependimento repugnam à razão (pois nascem quando um homem contempla sua própria impotência), a glória, o apreço e o contentamento consigo mesmo exprimem o conhecimento de si, uma alegria racional. Todavia, o quadro oferecido por Espinosa é mais complexo seja porque há afetos tristes (como a dor e o medo) que, embora não sejam bons por si, servem para coibir o excesso de alegria e nisto são bons, seja porque há afetos de alegria que se originaram de um afeto triste, como no caso da esperança, inseparável de um fundo de medo, seja, enfim, o caso da comiseração, que é triste, má, contrária à razão e, no entanto, boa ou conforme à razão pelo seu efeito, pois, diz Espinosa, é desumano não experimentá-la diante do sofrimento alheio nem desejar livrar o outro da miséria. Essa mesma complexidade aparece no exame do arrependimento e da vergonha: ambos são paixões tristes; no entanto, o pri-

---

* Ibid., escólio.
** Ibid.

meiro pode ser bom enquanto corretivo para o risco da soberba e a segunda indica o desejo de viver honestamente.

A complexidade afetiva aparece ainda quando paixões opostas exprimem o mesmo, ainda que invertidamente, como é o caso da soberba e da abjeção, a primeira como paixão alegre nascida da superestima de si ou da falsa opinião pela qual um homem se reputa superior aos outros, e a segunda como paixão triste nascida da subestima de si ou da falsa opinião pela qual um homem se vê como inferior aos outros, ambas, portanto, originadas da ignorância de si* e, como tais, signos da impotência do ânimo.** Com efeito, explica a demonstração da proposição 56, sendo a conservação do seu ser o primeiro fundamento da virtude quando sob a condução da razão, quem ignora a si próprio ignora o fundamento de todas as virtudes, e "por isso a máxima soberba ou máxima abjeção indicam a máxima impotência do ânimo". Sob essa semelhança, entretanto, parece que soberba e abjeção se distanciam. O soberbo ama a companhia daqueles que fomentam sua alegria, isto é, os parasitas e aduladores, e foge dos generosos "que o estimam com justeza"; além disso "é necessariamente invejoso, odiando ao máximo àqueles que ao máximo são louvados em vista das virtudes"*** e "só se deleita com a presença daqueles que condescendem com seu ânimo impotente e fazem deste estulto um insano".**** Ora, ainda que a abjeção seja contrária à soberba, "o abjeto é contudo próximo do soberbo". De fato, como sua tristeza se origina de julgar sua impotência a partir da potência ou virtude dos outros, ela será aliviada se sua imaginação ocupar-se com a contemplação dos vícios alheios, donde o provérbio "o consolo dos infelizes é ter companheiros miseráveis" e, inversamente, tanto mais se entristecerá quanto mais crer-se inferior aos outros. Por conseguinte, exatamente como soberbo, será maximamente propenso à inveja, esforçando-se em observar os feitos dos homens mais para repreendê-los do que para corrigi-los e acabe por louvar e glorificar apenas a abjeção e se empenhe em parecer abjeto. Novamente, a estultícia se torna insanidade, pois a primeira é ausência de constância de ânimo e a segunda, a completa perda de poder sobre o ânimo.[54]

* E IV, proposição 55.
** Ibid.
*** E IV, proposição 57, escólio.
**** Ibid.

O contraponto à soberba e à abjeção é dado por três afetos que se originam do exercício da razão; são formas do conhecimento de si e, sendo afetos ativos, são virtudes: o apreço, o contentamento consigo mesmo e a glória.

O apreço é o amor a quem fez um bem a outro, isto é, o amor ao generoso. De fato,

> quem vive sob a condução da razão também deseja para o outro o bem que apetece para si; por isso, por ver alguém fazer bem a outro, seu próprio esforço de fazer o bem é favorecido, isto é, alegrar-se-á, e isso (por hipótese) conjuntamente à ideia daquele que fez bem a outro, e por conseguinte ter-lhe-á apreço.*

O contentamento consigo mesmo (*acquiescentia in se ipso*) é a alegria que se origina de um homem contemplar a si próprio e à sua potência de agir. É aceitação de si e serenidade do ânimo.⁵⁵ Visto que a verdadeira potência de agir ou virtude é a própria razão que um homem contempla adequadamente como o que segue necessariamente de sua potência de agir ou de entender, o contentamento consigo mesmo se origina da razão. E "desta contemplação origina-se o sumo contentamento que pode dar-se".** Por que "sumo contentamento"? Porque

> é a maior coisa que podemos esperar. Com efeito, ninguém se esforça para conservar o seu ser por causa de algum fim, e dado que este contentamento é mais e mais fomentado e corroborado pelos louvores e, ao contrário mais e mais perturbado pelo vitupério, por isso somos ao máximo conduzidos pela glória e mal podemos suportar uma vida de opróbrio.***

A relação entre o contentamento consigo mesmo e a glória explica o enunciado da proposição 58, isto é, "a glória não repugna a razão, mas pode se originar dela", uma vez que foi definida na Parte III como "uma alegria acompanhada da ideia de alguma ação nossa que imaginamos louvada pelos outros". Aqui, por ser efeito do contentamento consigo mesmo enquanto virtude, essa ação não é imaginada e sim racionalmente conhecida. No entanto, o leitor do *De emendatione* há

---

* E IV, proposição 51, demonstração 2.
** E IV, proposição 52, demonstração.
*** Ibid., escólio.

de indagar como a glória poderia ser racional e virtuosa se, juntamente com a riqueza e a lascívia, fora colocada por Espinosa como aquilo que experiência ensina ser vão e fútil, *vana et futilia*. Justamente por isso, o escólio da proposição 58 distingue entre a verdadeira glória e aquela "que é dita vã", a fama. A vanglória é o contentamento consigo mesmo quando

> fomentado apenas pela opinião do vulgar, cessando a qual, cessa o próprio contentamento, isto é, o sumo bem que cada um ama; donde ocorre que aquele que se glorifica pela opinião do vulgar, se empenhará ansiosamente, com cuidado cotidiano, zelará, enfim, fará de tudo para conservar a fama. Pois o vulgar é variável e inconstante, e, consequentemente, se a fama não é conservada, rapidamente se extingue; e mais, porque todos desejam ganhar os aplausos do vulgar, cada um facilmente desmerece a fama do outro; e disso, visto que se disputa sobre o que se estima como sumo bem, origina-se um enorme impulso de oprimir-se mutuamente de todas maneiras, e quem por fim sai vencedor, glorifica-se mais por ter prejudicado o outro que por ter ajudado a si. Portanto, esta glória ou contentamento, em realidade, é vã, porque não é nada.

Paixão, a fama não é contentamento, é tormento e delírio; está próxima da soberba e não da *fortitudo*.

d. Da paixão à ação: o desejo racional

Espinosa dá início à construção da figura do homem que vive no exercício da razão e que, por depender exclusivamente do que segue da necessidade de sua natureza racional, está internamente disposto, é causa adequada de seus afetos e por isso é livre. Visto que a noção comum que define o modelo da natureza humana virtuosa é deduzida das propriedades necessárias que seguem da natureza do *conatus*, compreende-se por que o desejo ocupará o centro do percurso demonstrativo, uma vez que foi definido na Parte III como a essência de um homem.

Ecoando o que fora demonstrado sobre a glória, a proposição 59 enuncia:

> A todas as ações às quais somos determinados a partir de um afeto que é uma paixão, podemos, sem ele, ser determinados pela razão.

Ser determinado a fazer algo é desejar; portanto, *tudo* que desejamos por paixão podemos desejar por razão. A proposição tem, assim, alcance universal. Todavia, essa universalidade pareceria contradizer o final da Parte III, quando Espinosa demonstrou que as ações nascem apenas dos afetos de alegria e do desejo, jamais da tristeza. É exatamente disso que trata a demonstração da proposição, tendo como núcleo a força da razão. De fato, na Parte III, Espinosa demonstrou que a tristeza jamais pode ser uma ação porque diminui a potência do *conatus* e, portanto, ele não poderia, agora, demonstrar que ela é um afeto ativo. O que ele demonstra agora é o *poder* dos afetos racionais sobre as paixões, sejam elas alegres, tristes ou desejos delas originados. A universalidade da proposição diz respeito, portanto, à potência do afeto racional sobre toda e qualquer paixão.

Espinosa começa a demonstração relembrando que alegria, tristeza e desejo não se referem a coisas boas ou más em si, mas à relação delas com nossa potência, sendo maus apenas enquanto diminuem ou restringem o aumento da potência como aptidão para agir (como as análises da alegria no excesso da carícia e do amor evidenciaram). Ora, visto que um afeto que se origina da razão aumenta nossa potência sendo por isso mais forte do que aquele que nasce da paixão e é contrário a esta, três consequências se impõem: em primeiro lugar, um afeto racional é mais forte do que uma paixão triste, e por isso o que fazemos por tristeza podemos fazê-lo sem ela; em segundo, a alegria é uma paixão apenas enquanto a potência de agir de um homem "não é aumentada a ponto de que ele conceba a si e a suas ações adequadamente", de maneira que "se um homem afetado de alegria fosse conduzido a tal perfeição que concebesse a si e a suas ações adequadamente, ele seria apto, e até mais apto, a essas mesmas ações às quais é agora determinado a partir de afetos que são paixões"; em terceiro, sendo o desejo o próprio esforço de agir, tudo quanto fazemos inadequadamente por um desejo passional podemos fazer adequadamente por um desejo racional. Em suma, como "nenhuma ação, em si só considerada, é boa ou má, mas uma e a mesma ação ora é boa, ora é má, logo, à mesma ação que agora é má, ou seja, que se origina de algum afeto mau, podemos ser conduzidos pela razão",* isto é, por um afeto bom.

Tomemos um exemplo, diz Espinosa no escólio: se considerarmos a opera-

---

* E IV, proposição 59, segunda demonstração.

ção de bater do ponto de vista físico, nós a veremos como aquela em que "um homem levanta o braço, fecha a mão e move com força todo o braço de cima para baixo" e esses gestos são "uma virtude que é concebida pela estrutura do corpo humano". Se, entretanto, um homem, movido por ira ou ódio, é determinado a fechar a mão ou mover o braço, isso ocorre porque uma e a mesma operação pode unir-se a quaisquer imagens de coisas. Dessa maneira, somos determinados a uma mesma operação tanto a partir daquelas imagens das coisas que concebemos confusamente quanto daquelas que concebemos clara e distintamente. Em outras palavras, o que muda não é a operação e sim o *sentido* dela, conforme seja realizada passional ou racionalmente. De onde, na conclusão desse escólio, Espinosa afirmar ser óbvio que "todo desejo que se origina de um afeto que é uma paixão não seria de nenhuma utilidade se os homens pudessem ser conduzidos pela razão".* Em outras palavras, no exercício da razão o desejo não desaparece e sim muda de qualidade e força, de maneira que a utilidade muda de sentido conforme seja passional ou racional. Essa conclusão prepara a proposição 60, voltada para o desejo passivo como cego à utilidade de um homem como um todo, pois permanece fixado nalguma parte do corpo, freando a aptidão corporal e mental para a pluralidade simultânea:

> O desejo que se origina de uma alegria ou tristeza que se refere a uma ou algumas, mas não a todas as partes do corpo, não leva em conta a utilidade de um homem todo.

Suponhamos que a parte A do corpo é corroborada de tal maneira pela força de uma causa externa que ela prevaleça sobre as demais, e o desejo adere tão pertinazmente a ela que esta não se esforçará em perder suas forças para que as demais partes desempenhem seu ofício. Aderido a essa parte, o *conatus* a faz prevalecer sobre todas as outras, não diminuindo a força dela porque, por natureza, ele nunca busca sua própria diminuição. Por isso "o desejo originado de tal afeto de alegria não leva em conta o todo". O mesmo pode ser demonstrado no caso do desejo que se origina da tristeza, quando essa parte A do corpo se encontra de tal maneira coibida que impede que as demais prevaleçam, de forma que, agora,

---

* E IV, proposição 59, escólio.

"também o desejo que se origina da tristeza não leva em conta o todo". Isto significa, explica o escólio, que "no mais das vezes desejamos conservar o nosso ser sem levar em conta a nossa saúde integral". Acrescente-se a isso que os desejos que nos tomam ao máximo levam em conta apenas o presente e não o futuro.

À cegueira do desejo passional se contrapõe o desejo racional, como enuncia a proposição 61 — "o desejo que se origina da razão não pode ter excesso" —, em cuja demonstração Espinosa sublinha em que sentido do desejo se origina da razão:

> O desejo, absolutamente considerado, é a própria essência de um homem, enquanto concebida determinada a fazer algo de alguma maneira; e por isso o desejo que se origina da razão, isto é, que é engendrado em nós enquanto agimos, é a própria essência ou natureza de um homem enquanto concebida determinada a fazer o que é concebido adequadamente pela só essência desse homem; se assim este desejo pudesse ter excesso, poderia então a natureza humana, em si só considerada, exceder-se a si própria, ou seja, poderia mais do que pode, o que é uma contradição manifesta; e, consequentemente, este desejo não pode ter excesso.*

Na proposição 60, Espinosa advertiu que o desejo cego, além de ignorar a saúde do todo, está voltado apenas para o presente, desconsiderando o que há de vir. Ora, ao examinar a força dos afetos, Espinosa demonstrou que, no caso das paixões, a determinação corporal do afeto faz com sejam mais fortes aquelas cujo objeto é imaginado como presente. Em contrapartida, essa determinação temporal não afeta a mente no exercício da razão, pois, nesse caso, "é afetada igualmente, seja pela ideia de uma coisa futura ou passada, seja pela ideia de uma coisa presente".** Com efeito, visto que a razão conhece as coisas sob algum aspecto de eternidade ou conforme a necessidade das propriedades que seguem necessariamente da essência de uma coisa, conclui-se que tudo que a mente concebe racionalmente ela o concebe sob o mesmo aspecto da eternidade ou necessidade e com a mesma certeza. "Por isso, seja a ideia de uma coisa futura ou passada, seja a de uma presente, a mente concebe a coisa com a mesma necessidade, e é afetada pela mesma certeza; e, seja a ideia de uma coisa futura ou pas-

---

* E IV, proposição 61, demonstração.
** E IV, proposição 62.

sada, seja a de uma presente, será todavia igualmente verdadeira, isto é, terá sempre as mesmas propriedades da ideia adequada",* sendo por isso afetada da mesma maneira pela ideia de uma coisa presente, passada ou futura.

Por que Espinosa introduz essa proposição no momento em que efetua a dedução do desejo racional? Porque, como veremos imediatamente a seguir, é preciso não perder de vista nossa finitude. Esta não significa apenas que estamos cercados por potências externas mais poderosas do que a nossa e contrárias a ela (como enunciado pelo axioma, que sustenta a demonstração de que é impossível que um homem tenha apenas ideias adequadas, e pelo que foi demonstrado tanto no caso do suicídio quanto no fato de que um desejo ativo pode ser vencido ou suprimido pela força da presença simultânea de vários desejos passivos), mas também porque, tensionada ao máximo, a finitude percorre a *Ética* IV no seu todo (a utilidade da vida social e política é inseparável do fato de que uma parte humana da Natureza não tem condições de sobreviver na solidão). Ora, o lugar por excelência da experiência imaginativa da finitude é a relação com o tempo, tornando compreensível, como vimos, que a Parte IV traga de volta o possível e o contingente. Eis por que — após a demonstração da proposição 62, em que a razão não é afetada pelas imagens temporais das coisas — Espinosa escreve um escólio no qual, retomando o que demonstrara nas proposições 31 e 44 da Parte II,[56] explicita a relação entre o desejo e a impossibilidade do conhecimento adequado da duração das coisas singulares:

> Se nós pudéssemos ter um conhecimento adequado da duração das coisas e determinar pela razão os tempos de existência delas, contemplaríamos com o mesmo afeto as coisas futuras e presentes; e o bem que a mente concebesse como futuro, ela o desejaria da mesma maneira que o bem presente; por conseguinte, negligenciaria necessariamente um bem presente menor em prol de um bem futuro maior e apeteceria ao mínimo aquilo que fosse um bem no presente, mas causa de algum mal futuro, como logo demonstraremos. *Mas nós não podemos ter da duração das coisas senão um conhecimento extremamente inadequado e só determinamos os tempos de existência das coisas pela imaginação, que não é afetada igualmente pela imagem da coisa presente e da futura*; donde ocorre que o conhecimento verdadeiro que temos do bom e

---

* E IV, proposição 62, demonstração.

do mau não é senão abstrato, ou seja, universal, e o juízo que fazemos da ordem das coisas e do nexo das causas, para podermos determinar o que no presente é bom ou mau para nós, é antes imaginário que real; e assim não é de admirar se o desejo que se origina do conhecimento do bom e do mau, enquanto este visa o futuro, pode ser mais facilmente coibido pelo desejo das coisas agradáveis no presente.*

A formulação condicional — "se nós pudéssemos" — indica uma negativa, decorrente da natureza de nossa mente, que não raciocina apenas, mas também imagina e supre com imagens a impossibilidade do conhecimento adequado da duração das coisas singulares. Ora, a imaginação não é afetada da mesma maneira pela imagem de uma coisa presente e a de uma futura; por isso o conhecimento imaginativo do bom e do mau é abstrato ou universal, de maneira que nosso juízo sobre "a ordem das coisas e o nexo das causas" é "antes imaginário do que real". No entanto, dependemos desse juízo para determinar imaginariamente o que é bom ou mau para nós no presente, e o desejo que daí nasce, ao ser referido ao futuro, é facilmente reprimido pelo de coisas estimadas agradáveis no presente. A imaginação se fixa no presente porque opera segundo as afecções corporais, nas quais o atualmente dado prevalece com relação ao ausente. A ausência, vimos nas partes II e III, acarreta a dúvida e deixa a mente suspensa à incerteza do porvir, à contingência do futuro. Porque não podemos ter um conhecimento adequado de nossa duração e da das coisas singulares — ignorando o nexo e a causalidade completa que as determina, experimentando-as como efêmeras e inconstantes —, somos habitados pela dúvida quanto ao futuro, e por isso uma paixão muito precisa perpassa o desejo referido ao tempo: o medo.

Eis por que a proposição 63 se volta para ele: "Quem é conduzido pelo medo, e faz o bem para evitar o mal, não é conduzido pela razão", pois, somente os afetos de alegria e de desejo podem ser referidos à mente quando age; portanto, paixão triste, o medo não pode originar-se da razão. Dúvida quanto à vinda de um mal temido, o medo desencadeia a superstição. Por isso, imediatamente, no escólio Espinosa escreve: os supersticiosos se deleitam em censurar os vícios humanos em vez de ensinar as virtudes, pretendendo dominar os homens pelo me-

---

* E IV, proposição 62, escólio. Grifos meus.

do, no intento de "tornar os demais tão miseráveis quanto eles próprios". Qual o laço que prende medo e superstição? De um lado, a ignorância quanto ao curso das coisas singulares, que leva à crença na fortuna, e, de outro, o desejo imoderado de bens que dela parecem depender. Impossível não lembrarmos aqui as palavras que abrem o *Tratado teológico-político*:

> Se os homens pudessem, em todas as circunstâncias, decidir pelo seguro, ou se a fortuna se lhes mostrasse sempre favorável, jamais seriam vítimas da superstição. Mas, como se encontram frequentemente perante tais dificuldades que não sabem que decisão hão de tomar, e como os incertos benefícios da fortuna que desmedidamente cobiçam os fazem oscilar, a maioria das vezes, entre a esperança e o medo, estão sempre prontos a acreditar seja no que for. [...] A que ponto o medo ensandece os homens! O medo é a causa que origina e alimenta a superstição, [...] os homens só se deixam dominar pela superstição enquanto têm medo; todas essas coisas que já alguma vez foram objeto de um fútil culto religioso não são mais do que fantasmas e delírios de uma índole medrosa e triste [...].[57]

Uma vez que a impossibilidade de conhecer adequadamente o curso de todas as coisas singulares torna o medo inevitável, como ter sobre ele algum poder? A resposta de Espinosa se desdobra em dois argumentos, o primeiro desenvolvido no corolário da proposição 63 e o segundo, na proposição 64.

Na passagem supracitada do *Tratado teológico-político*, Espinosa sublinha que a associação do medo com desejos imoderados é a fonte de onde brota a esperança nos incertos favores da fortuna, e o temor de que esta não nos seja favorável conduz à superstição. Isto significa que se não podemos, de maneira absoluta, evitar o medo, podemos, entretanto, controlá-lo se a moderação for exercida pelo próprio desejo. Eis por que, no corolário da proposição 63, lemos que "pelo desejo que se origina da razão, seguimos diretamente o bom e fugimos indiretamente do mau", pois, como explicado na demonstração, o desejo racional é, por essência, uma ação e, como tal, é sempre moderado, nunca nascendo da tristeza, portanto, do medo, e sim do saber certo sobre o bom. Em outras palavras, na paixão, faz-se um bem por medo de um mal; na ação, ao contrário, o conhecimento e o desejo do bom nos distanciam do mau:

O desejo que se origina da razão só pode originar-se de um afeto de alegria que não é paixão, isto é, da alegria que não pode ter excesso, e não da tristeza; e por conseguinte este desejo origina-se do conhecimento do bom, e não do conhecimento do mau; e assim, pelo ditame da razão apetecemos diretamente o bom, e apenas nesta medida fugimos do mau.*

O segundo argumento é apresentado na proposição 64, na qual lemos que "o conhecimento do mau é um conhecimento inadequado". À primeira vista, este enunciado é desconcertante, uma vez que a definição do mau o colocou como o que sabemos com certeza impedir a posse e fruição de um bem. Como, portanto, pode ser isso um conhecimento inadequado? Ora, ao examinarmos as definições do bom e do mau havíamos observado que não são simétricas, pois a segunda situa o mau num obstáculo ou num impedimento ao bom; e a demonstração do corolário da proposição 63 afirma que, graças ao conhecimento do bom, fugimos do mau. É, portanto, o saber certo sobre o bom que determina o do mau: somente por sabermos com certeza o que aumenta nossa potência é que somos capazes de determinar o que pode diminuí-la; portanto, somente o desejo que se origina da razão se origina do conhecimento do bom, e não do mau. Para compreendermos o intuito de Espinosa, precisamos acompanhar a demonstração da proposição 64, que toma como ponto de partida a proposição 8, isto é, que o conhecimento do bom e do mau é um afeto de alegria ou de tristeza quando dele somos conscientes, ou seja, quando é a ideia da ideia da alegria ou da tristeza:

> O conhecimento do mau é a própria tristeza, enquanto somos conscientes dela. A tristeza, porém, é a passagem a uma perfeição menor, que por isso não pode ser compreendida pela própria essência de um homem; por conseguinte, é uma paixão que depende das ideias inadequadas, e consequentemente o conhecimento da tristeza, a saber, o conhecimento do mau, é inadequado.**

Visto que o mau é impedimento da fruição de um bem, ele enfraquece nosso *conatus*, e por isso a consciência que dele temos é a própria tristeza. Podemos observar que Espinosa não diz que a razão não é capaz de conhecer com certeza

---

* E IV, proposição 63, demonstração.
** E IV, proposição 64, demonstração.

o bom e o mau nos afetos (pois isto destruiria o percurso demonstrativo realizado até aqui) e sim que a consciência do mau é um afeto de tristeza (é isto que a razão sabe com certeza) e, como tal, depende da operação de causas externas, portanto, essa consciência é uma paixão e uma ideia inadequada. Donde o corolário enunciar que "disto segue que, se a mente humana não tivesse senão ideias adequadas, não formaria nenhuma noção do mau",* pois seria afetada apenas por afetos de alegria e nenhum de tristeza. Novamente, como no escólio da proposição 62 e na abertura do *Tratado teológico-político*, a formulação condicional do corolário — "se a mente humana" — indica que, de fato e necessariamente, a mente humana também é perpassada por ideias inadequadas e paixões tristes, mesmo porque, na Parte II, foi demonstrado que a mente possui ideias inadequadas e adequadas e, na Parte III, que ela é ativa em algumas coisas e passiva noutras. Cabe, então, indagar: qual o poder da razão perante o fato inarredável de que formamos a ideia imaginativa do mau e não podemos escapar da experiência de males? Pergunta decisiva se levarmos em conta que o ponto de partida de Espinosa foi o desejo cego ou imoderado ao qual caberá à razão, como ação de *moderare*, trazer uma medida, fazendo-o desejo racional. Responde Espinosa:

> Sob a condução da razão, seguiremos, de dois bens, o maior, e de dois males, o menor.**

Aquilo que a imaginação realiza — por medo, escolher o que se imagina ser um mal menor e, por esperança, escolher o que se imagina ser um bem — é uma lei da Natureza experimentada imaginativamente. A isso se contrapõe a expressão racional da mesma lei. A razão ensina que "um bem que impede que fruamos um bem maior é na verdade um mal; com efeito, o mau e o bom são ditos das coisas enquanto as comparamos entre si, e, pela mesma razão, um mal menor é na verdade um bem".*** A partir de uma comparação (maior e menor), a razão realiza um cálculo cuja medida (ou *ratio*) é o aumento ou a diminuição da potência singular, isto é, um cálculo proporcional ou geométrico da intensidade da potência, e por isso racionalmente desejaremos ou seguiremos somente o bem maior e o mal

---

* E IV, proposição 64, corolário.
** E IV, proposição 65.
*** E IV, proposição 65, demonstração.

menor. Essa atividade da razão calculando proporções é sublinhada no corolário, quando Espinosa explica que "sob a condução da razão, seguiremos um mal menor em prol de um bem maior, e negligenciaremos um bem menor que é causa de um mal maior".* De fato, o mal dito menor é na verdade um bem, enquanto o bem dito menor é um mal, e por isso desejaremos aquele e negligenciaremos este. O cálculo racional opera, portanto, em dois níveis: num deles, mantendo a relatividade do bom e do mau, os interpreta comparativamente; no outro, estabelece uma medida proporcional entre ambos, determinando a conduta racional.

O cálculo racional, portador da moderação, visando afastar o medo e suas consequências, precisa também levar em conta a dimensão temporal de bens e males e por isso, "sob a condução da razão, apeteceremos um bem maior futuro frente a um bem menor presente, e um mal menor presente frente a um mal maior futuro".** Com efeito, a razão conhece sob algum aspecto de eternidade, e se a mente tivesse um conhecimento adequado da coisa futura sentiria por ela o mesmo afeto que por uma presente. Visto que, aqui, estamos considerando o cálculo feito pela razão, não há diferença entre supor um bem ou mal futuros ou presentes, pois racionalmente seremos afetados da mesma maneira. Assim sendo, levando-se em conta a medida do aumento ou diminuição de nossa potência, a razão aplica para o futuro o que a imaginação costuma aplicar apenas para o presente, isto é, desejaremos um bem maior futuro frente a um bem menor presente e um mal menor presente frente a um mal maior futuro. Além disso, o cálculo racional da proporção reúne a proposição 66, que acabamos de examinar, e a 65, como lemos no corolário desta última:

> Sob a condução da razão, apeteceremos um mal menor presente que é causa de um bem maior futuro, e negligenciaremos um bem menor presente que é causa de um mal maior futuro. Este corolário está para a proposição precedente como o corolário da proposição 65 para a própria proposição 65.***

O escólio da proposição 66 encerra o percurso sobre o desejo racional, e Espinosa oferece uma conclusão geral sobre a diferença entre um homem con-

---

* E IV, proposição 65, corolário.
** E IV, proposição 66.
*** E IV, proposição 66, corolário.

duzido pela paixão ou pela mera opinião e aquele que exerce sua razão, nomeando o primeiro servo e o segundo, homem livre:

> O primeiro, queira ele ou não, faz aquilo que ignora ao máximo; o segundo, porém, não se comporta à maneira de ninguém, a não ser à sua própria, e faz somente o que sabe ser o primordial na vida e que por isso ele deseja ao máximo; e assim, *ao primeiro chamo servo, porém chamo livre ao segundo*, sobre cuja índole e maneira de viver gostaria de fazer ainda algumas observações.*

As observações anunciadas pelo escólio constituem o momento final do percurso dedutivo da *Ética* IV, quando Espinosa traça o perfil do homem livre (sua índole e maneira de viver), completando a dedução do modelo da natureza humana virtuosa.

4. O MODELO DA NATUREZA HUMANA: A FORÇA DO ÂNIMO OU O HOMEM LIVRE

Exercer a razão é agir, ser causa adequada dos afetos, isto é, de suas ideias e das ideias das ideias deles, porque seguem necessária e exclusivamente da essência e potência do agente, que por isso é livre. A liberdade do homem racional concerne à maneira como se relaciona com o bom, ou o aumento da potência de existir e agir, e com o mau, ou a diminuição dessa potência. Essa relação suscita uma das mais célebres passagens da *Ética*, quando Espinosa escreve:

> Não há nada em que o homem livre pense menos do que na morte, e sua sabedoria não é uma meditação sobre a morte, mas de vida.**

Espinosa demarca, assim, sua distância com relação às filosofias que concebem a alma imortal aprisionada no corpo mortal e capaz de pleno conhecimento somente quando dele se separa, tradição filosófica que encontra sua primeira expressão nas palavras de Sócrates no *Fédon*, levando Cícero a declarar que Sócra-

---

* E IV, proposição 66, escólio. Grifos meus.
** E IV, proposição 67.

tes nos ensina que "filosofar é aprender a morrer".⁵⁸ Que diz Sócrates quando explica a Símias que conhecer é purificar a alma e que para isso é preciso, já em vida, separá-la tanto quanto possível do corpo que a aprisiona?

> Libertar a alma não é o fim a que aspiram ardente e constantemente os verdadeiros filósofos, e somente eles? Não é justamente para alcançar essa liberação e a separação da alma e do corpo que os filósofos se exercitam? Não seria ridículo que um homem que se exercita, enquanto vivo, a viver num estado assim vizinho da morte se revolte quando a morte lhe chega? [...] É, pois, inegável, Símias, que os verdadeiros filósofos aprendem a morrer e, de todos os homens, são os únicos que não têm medo da morte.⁵⁹

É, porém, de uma outra tradição que Espinosa se aproxima, aquela que se firma com o *tetrapharmakon* de Epicuro e sobretudo com Lucrécio que, no *De natura rerum*, afirma que a crença na imortalidade da alma é uma consolação imaginária (na realidade, um tormento diante de uma vida futura da qual se ignora tudo) afastada pelo verdadeiro filósofo ao ensinar "que é necessário que o medo ou as trevas da mente se dissipem não com os raios do sol e os dardos luminosos do dia [como aquele que se sente livre dos pesadelos noturnos com o raiar da aurora], mas com a contemplação da Natureza e suas leis",⁶⁰ podendo dizer, como verdadeiro sábio, que "a morte não nos toca".⁶¹

O homem livre, escreve Espinosa, porque exerce sua razão não é conduzido pelo desejo da morte — ponto extremo da melancolia — nem pelo medo da morte — fonte de infindáveis tormentos —, pois o desejo racional jamais é afeto triste. Desejando diretamente o bom, isto é agir, viver e conservar seu ser a partir do fundamento da busca do útil próprio, não há nada em que esse homem pense menos do que na morte, "e sua sabedoria é meditação de vida".*

Essa meditação funda-se na distinção racional entre o bom e o mau. Dado que um homem livre sempre exerce sua razão, tendo somente ideias adequadas, poder-se-ia propor uma hipótese, enunciada na proposição 68:

---

* E IV, proposição 67, demonstração.

> Se os homens nascessem livres, não formariam nenhum conceito de bem e mal, por quanto tempo fossem livres.

Vimos que, no corolário da proposição 64 (que demonstra que o conhecimento do mau é inadequado), ao identificar conhecimento do mau e tristeza, Espinosa dissera que se tivéssemos apenas ideias adequadas nunca teríamos ideia dele. Agora, no entanto, o mesmo deve ser dito da ideia do bom. De fato, se os homens nascessem exercendo a razão, suas ideias seriam sempre adequadas e eles não teriam por que formar os conceitos de bom e mau: não precisariam formar o primeiro porque seriam sempre espontaneamente ativos e voltados para o útil próprio e o útil comum; e não formariam o segundo porque sendo o mau apenas o correlato negativo do bom não poderia ser concebido sem essa referência. Todavia, não nos escapa que a proposição é hipotética — "se nascessem livres" —, construção que, em Espinosa, via de regra, anuncia uma negação. Por isso o escólio afirma que a hipótese é falsa, pois foi demonstrado que um homem é uma parte da Natureza cujas mudanças não podem ser explicadas apenas por sua essência e das quais é causa adequada. Finitude, inadequação e passividade, determinações ontológicas da parte humana da Natureza, encontram-se na origem das imagens do bom e do mau (atribuídos às próprias coisas) cujas ideias (atribuídas aos afetos) serão definidas pela razão ao trazer a ideia da virtude.[62]

A distinção racional entre o bom e o mau determina a construção da figura do homem livre como homem prudente, capaz de "arte e vigilância". Assim, pela proposição 69,

> A virtude do homem livre é avaliada igualmente grande tanto ao evitar os perigos quanto ao superá-los.

Aparentemente, essa proposição seria contraditória com a demonstração de que, por natureza, buscamos o bom e fugimos do mau, de maneira que sempre fugiríamos do perigo, uma vez que, no escólio, Espinosa define este último como tudo que possa ser causa de um mal, como a tristeza, o ódio, o escárnio, a perfídia, a discórdia. Todavia, a experiência e a razão ensinam que somos uma parte finita da Natureza rodeada por potências contrárias e mais fortes do que a nossa e por isso não podemos evitar situações de perigo, cabendo compreender como um homem virtuoso age nessas circunstâncias. Assim, na demonstração, Espinosa explica que, visto um afeto não poder ser coibido nem suprimido senão por um afeto contrário e mais forte e visto que a audácia cega e o medo são afetos que podem ser igualmente grandes, "é requerida uma igualmente grande virtude ou fortaleza do ânimo (*fortitudo animi*) tanto para coibir a audácia quanto para coibir o medo, isto é, o homem livre evita os perigos com a mesma virtude do ânimo com que tenta superá-los".* Em outras palavras, é no embate entre a audácia e a covardia cegas e a clarividência da prudência daquele que sabe ser preciso arte e vigilância diante do perigo que se mede a força maior da potência ativa daquele que age no exercício da razão. Ou, como explica o corolário da proposição, sua firmeza é igualmente grande tanto quando vai à luta quanto quando decide fugir.

A mesma prudência aparece na proposição 70:

> O homem livre que vive entre ignorantes se empenha o quanto pode em evitar seus favores.

Com efeito, cada um julga o que é bom segundo sua própria índole; por conseguinte, um ignorante que beneficiou alguém estimará o benefício conforme o seu próprio temperamento e se vir que seu favor é subestimado por quem o recebeu, entristecer-se-á. Ora, o homem livre se empenha em unir-se aos outros homens por amizade, e não em retribuir-lhes favores equivalentes aos afetos deles, esforçando-se "em conduzir a si e aos outros pelo livre juízo da razão, e fazer somente o que ele próprio sabe ser primordial; logo, o homem livre, para que não seja odiado pelos ignorantes nem se curve ao apetite deles, mas à só razão, esforçar-se-á o quanto pode para evitar os favores deles".** Por que a cláusula "tanto quanto pode"? Porque, lemos no escólio, nem sempre a recusa de um favor será recomendável, "pois embora sejam homens ignorantes, são porém homens, que nas necessidades podem trazer o auxílio humano, que é preferível a qualquer outro", de maneira que frequentemente ocorre que seja necessário aceitar seu favor e congratulá-los conforme as expectativas de seus temperamentos. Não só isso. É preciso acrescentar que, "ao recusar seus favores, também se deve ter cautela para que não pareça que os desprezamos ou tememos retribuí-los por avare-

---

* E IV, proposição 69, demonstração.
** E IV, proposição 70, demonstração.

za, pois, do contrário, ao fugirmos de seu ódio, acabaríamos por ofendê-los. Por isso, ao recusar os favores, deve-se ter em conta o útil e o honesto.*

Em contrapartida, "somente os homens livres são muito gratos uns aos outros", enuncia proposição 71, pois somente eles são utilíssimos uns aos outros e se ligam pelos laços da máxima amizade, esforçando-se para fazer reciprocamente o bem.[63] Fazendo-nos pensar na distinção feita por La Boétie entre amigos e cúmplices,[64] Espinosa escreve:

> A gratidão que os homens que são conduzidos pelo desejo cego têm uns aos outros é no mais das vezes antes um negócio ou uma arapuca do que gratidão. Ademais, a ingratidão não é um afeto, mas é torpe, porque no mais das vezes indica que um homem é afetado de ódio, ira, soberba ou avareza. Pois quem, por estultícia, não sabe recompensar os dons recebidos, não é ingrato; e muito menos é ingrato aquele que não é movido pelos dons recebidos de uma meretriz a servir à lascívia dela, nem, pelas ofertas de um ladrão, a esconder o furto, ou por outros semelhantes. Pois, ao contrário, mostra ter um ânimo constante aquele que por nenhum dom se deixa corromper, para sua ruína ou para a ruína comum.

Dessas duas proposições, concluímos que "um homem livre nunca age com má-fé, mas sempre com boa-fé".** De fato, se um homem livre agisse de má-fé, seria preciso dizer que o faz por um preceito da razão e, neste caso, a má-fé seria uma virtude e seria sensato que, para conservar seu ser, cada um e todos agissem de má-fé e só conviessem por palavras, isto é, por dissimulação, mantendo-se realmente, enquanto livres e virtuosos, contrários uns aos outros. Isto, evidentemente, é absurdo. Todavia, um objetor poderia indagar: se pela perfídia um homem pudesse libertar-se de um perigo de morte, a exigência de conservar seu ser (fundamento da virtude) não o aconselharia inteiramente a ser pérfido? Responde Espinosa: se a razão o aconselhasse a isso, aconselharia o mesmo a todos os homens, e dessa maneira os aconselharia a "que não pactuassem senão com má-fé para unir as forças e ter direitos comuns, isto é, que não tivessem de fato direitos comuns, o que é absurdo".***

---

* Ibid., escólio.
** E IV, proposição 72.
*** Ibid., escólio.

A resposta de Espinosa é curiosa, pois o objetor não se refere à quebra de um pacto, mas a uma situação em que há risco de morte, como na tortura, por exemplo. O objetor, portanto, indaga se, diante desse perigo, a perfídia não seria aconselhada pelo fundamento da virtude e pela razão. Ora, como sabemos, no vocabulário clássico e do Seiscentos, a perfídia pertence ao campo da política: significa trair a confiança (*fides*), quebrando a promessa que funda um pacto. Eis por que, em sua resposta, Espinosa se refere à impossibilidade de a má-fé ser virtuosa e sensata, pois se para unir forças e ter direitos comuns, pactos fossem firmados dessa maneira, não seriam pactos, não assegurando união de forças nem direitos comuns.

Assim, com a amizade, a gratidão e a boa-fé completa-se a dedução do modelo da natureza humana com a passagem do privado ao público, do útil próprio ao útil comum, como evidencia a proposição 73, a última da *Ética* IV:

> Um homem que é conduzido pela razão é mais livre na Cidade, onde vive pelo decreto comum, do que na solidão, onde obedece apenas a si mesmo.

Quem exerce a razão não é conduzido a obedecer pelo medo, mas, enquanto se esforça para viver livre, deseja observar a regra da vida e da utilidade comuns, desejando, assim, viver pelo decreto comum da cidade. Vimos que nenhum ser humano pode sobreviver na solidão nem, estando sozinho, desenvolver todas as suas aptidões corporais e mentais, de maneira que a sociabilidade é necessária não apenas para a sobrevivência do *conatus* individual, mas também para sua liberdade como causa adequada que concretiza sua aptidão para a pluralidade simultânea de afecções e ideias; vimos também que vida social se inicia com a renúncia de fazer dano ao outro, isto é, com o afastamento de duas paixões tristes, o medo e o ódio recíprocos como núcleo das relações entre os homens em estado natural, e se consolida com a instituição de uma potência coletiva cujo direito natural é o estado civil ou a vida política alicerçada em direitos comuns assegurados pela *Civitas*. "Portanto, para viver mais livremente, o homem que é conduzido pela razão deseja observar os direitos comuns da cidade".*

Espinosa conclui a Parte IV com um escólio no qual afirma que tudo quanto

---

* E IV, proposição 73.

deduziu sobre o homem virtuoso tem em seu centro a fortaleza de ânimo, isto é, a firmeza na relação consigo próprio) e a generosidade (na relação com o outro). Ora, no capítulo 5, lemos que não há vida racional sem inteligência e, no capítulo 9, que ninguém pode mostrar melhor seu engenho e arte do que aquele que educa os homens para que vivam no exercício da razão. Por isso, nesse último escólio da *Ética* IV, ao retomar a *fortitudo*, Espinosa explica o que é um homem de ânimo forte. É aquele que

> considera, primeiramente, que tudo segue da necessidade da natureza divina e, por conseguinte, tudo o que ele pensa ser molesto e mau, e tudo que além disso parece ímpio, horrendo, injusto e torpe, origina-se de que concebe as próprias coisas desordenada, mutilada e confusamente, e por isso ele se esforça primeiramente para conceber as coisas como elas são em si e para afastar o que impede o verdadeiro conhecimento, tal como o ódio, a ira, a inveja, o escárnio, a soberba e outras coisas deste tipo, que mostramos no que precede; e, assim, esforça-se o quanto pode, como dissemos, para agir bem e alegrar-se.*

Isto posto, Espinosa encerra o escólio anunciando a *Ética* V: "Até que ponto se estende porém a virtude humana para conseguir isso, e o que ela pode, demonstraremos na parte seguinte". Essas palavras indicam a distinção entre as partes IV e V. Com efeito, como observamos, ao longo das proposições do *De servitute*, Espinosa opera com as noções comuns da razão, propriedades universais necessárias que seguem da essência ou da natureza dos homens, permitindo-lhe construir o *exemplar humanae naturae* como modelo da virtude própria do homem livre que não mais repetirá o verso de Ovídio: "Vejo o melhor e o aprovo, sigo o pior". Em contrapartida, o *De libertate*, conforme anunciado nesse final do *De servitute*, volta-se para a concreção desse exemplar, demonstrando qual o alcance e o poder da virtude, ou como será dito no Prefácio da *Ética* V, tratar-se-á de demonstrar "a maneira ou a via que conduz à liberdade". Reiniciando o percurso com o conhecimento racional, que conduzirá à primeira forma do amor a Deus, Espinosa passará ao conhecimento intuitivo da essência da mente e corpo humanos como singularidade, da qual segue sua potência para a liberdade e a felicidade,

---

* E IV, proposição 73, escólio.

chegando ao amor intelectual a Deus como experiência da eternidade, conforme anunciado pelo capítulo 4 do *De servitute*:

> Assim, na vida, é útil, sobretudo, aperfeiçoar, tanto quanto pudermos, o intelecto ou a razão, e nisso, exclusivamente, consiste a suprema felicidade ou beatitude do homem. Pois a beatitude não é senão o próprio contentamento do ânimo (*acquiescentia animi*) que provém do conhecimento intuitivo de Deus. E, da mesma maneira, aperfeiçoar o intelecto não é senão compreender a Deus, os seus atributos e as ações que se seguem da necessidade de sua natureza. Por isso, o fim último do homem que se conduz pela razão, isto é, o seu desejo supremo (*summa cupiditas*), por meio do qual procura regular todos os outros, é aquele que o leva a conceber adequadamente a si mesmo e a todas as coisas que podem ser abrangidas sob seu intelecto.

Nota complementar n.6
Adão e o Espírito de Cristo: o escólio da proposição 68 da Parte IV da *Ética*

A proposição 68 da Parte IV da *Ética* enuncia:

Se os homens nascessem livres, não formariam nenhum conceito de bem e mal, por quanto tempo fossem livres.

Em outras palavras, se os homens nascessem exercendo a razão, suas ideias seriam sempre adequadas e não teriam por que formar os conceitos de bom e mau — não precisariam formar o primeiro porque seriam sempre espontaneamente ativos e voltados para o útil próprio e o útil comum; e não formariam o segundo porque sendo o mau o correlato negativo do bom, não poderia ser concebido sem essa referência. Donde, no escólio, Espinosa declarar que essa hipótese é manifestamente falsa, uma vez que já demonstrou que inadequação e passividade são naturais e necessárias e que nem todas as mudanças que ocorrem num homem podem ser explicadas apenas pela adequação de suas ideias ou por sua atividade.

Não há de escapar ao leitor o alvo dessa proposição, qual seja a imagem do primeiro homem como livre e na plena posse de sua razão. Por isso Espinosa prossegue:

É isto, e outras coisas que já demonstramos, que Moisés parece ter tido em mente com aquela história do primeiro homem. Com efeito, nesta [história] nenhuma outra potência de Deus é concebida senão aquela pela qual criou o homem, isto é, a potência pela qual cuidou apenas da utilidade do homem, e nesta medida é narrado que Deus proibira o homem livre de comer da árvore do conhecimento do bem e do mal e, tão logo dela comesse, imediatamente teria medo da morte, mais do que desejaria viver. Além disso, tendo o homem encontrado uma esposa que convinha inteiramente com sua natureza, soube que nada podia dar-se na natureza que pudesse ser-lhe mais útil do que ela; mas, depois que acreditou que os animais lhe eram semelhantes, começou a imitar seus afetos e a perder sua liberdade, a qual depois foi recuperada pelos Patriarcas conduzidos pelo Espírito de Cristo, isto é, a ideia de Deus, da qual, apenas, depende que o homem seja livre e que deseje para os outros homens o bem que deseja para si, como demonstramos anteriormente.

À luz da análise da figura de Adão, feita no *Tratado teológico-político*, esse escólio é surpreendente. De fato, naquela obra Espinosa, contrapondo Adão e Salomão, fora incisivo na recusa de que o primeiro pudesse ser dito livre e estar no pleno uso da razão, a prova disso estando na maneira imaginativa como concebia Deus e tomava seus decretos não como leis naturais e sim como mandamentos cuja transgressão seria punida. Além disso, ali Espinosa afirmava que se Adão tivesse surgido livre e racional, jamais perderia a liberdade e a razão, pois suas ideias seriam sempre verdadeiras e suas ações teriam apenas sua própria potência como causa. Retomemos, pois, o escólio para compreendermos o ponto no qual se distancia do *Tratado teológico-político*. Para tanto, precisamos considerar o papel que terá na argumentação de Espinosa o final do enunciado da proposição 68: "por quanto tempo fossem livres".

Espinosa começa dizendo que o que acaba de demonstrar foi ilustrado por Moisés com a história do primeiro homem. Se assim é, então a história mosaica deveria afirmar que o primeiro homem não foi criado livre, mas não é o que ela faz, uma vez que relata como Adão perdeu a liberdade que lhe fora originalmente dada por Deus. Em que a história narrada por Moisés confirma o que foi demonstrado por Espinosa? Em primeiro lugar, que a potência divina cuida da utilidade dos homens, isto é, que o útil próprio é o fundamento da ação; em segundo, que Deus protege Adão do medo da morte, proibindo que conheça o bem e o mal, desconhecimento que explica por que o primeiro homem é dito ter sido criado livre; em terceiro, que Adão tenha encontrado na esposa uma natureza conveniente à sua, compreendendo que nada lhe poderia ser mais útil do que ela, pois sabemos que nada é mais útil a uma coisa do que o convém com sua natureza e que para um humano nada mais é mais útil do que um outro humano.

Todavia, não é por acaso que Espinosa afirma que se trata de uma *história*, pois o leitor do *Tratado teológico-político* não ignora a distinção ali proposta entre profecias e histórias, na medida em que estas não são revelações divinas e sim relatos imaginários com finalidade edificante de cunho moral e/ ou político. Isso é atestado no escólio pela afirmação de que na história de Moisés a potência de Deus não é tomada em sua infinitude absoluta, mas apenas como posição do que é útil ao homem. A dimensão edificante da história do primeiro homem consiste na explicação da causa da perda da liberdade e da descoberta do medo da morte. Ora, em lugar de dizer que Adão, tentado pela serpente, comeu o fruto proibido, Espinosa omite inteiramente o núcleo da queda originária como transgressão e narra a perda da liberdade no momento em que o primeiro homem imagina-se semelhante aos animais e passa a imitar-lhes os afetos, tornando-se passional, distinguindo imaginativamente entre o bem e o mal e sendo habitado pelo medo da morte.

Não é menos formidável que, após omitir o pecado original, Espinosa coloque na história atribuída a Moisés não apenas, como esperado, o surgimento dos Patriarcas (ou as tentativas de reconciliação entre Deus e os homens após a queda originária), mas também o Espírito de Cristo, que não poderia estar na narrativa mosaica e deveria estar nos livros dos profetas sobre o Messias! Não só isso; além de embaralhar o Antigo Testamento, para espanto dos leitores judaicos, Espinosa também desconcerta o leitor cristão, pois o Espírito de Cristo não aparece como redenção e reconciliação pela via do sacrifício e da renúncia ao mundo, mas como ideia de Deus, isto é, não como cossubstancial a Deus, mas como um modo do pensamento, isto é, como *ideia de Deus* ou o intelecto infinito. Compreende-se, então, que após desconstruir o Antigo Testamento e a teologia da Santíssima Trindade, Espinosa possa concluir que da ideia de Deus "depende *exclusivamente* que o homem seja livre e que deseje para os outros homens o bem que deseja para si, como demonstramos anteriormente".

6. A nervura do real: a vida livre

I. A IMPOSSÍVEL LIBERDADE HUMANA

A leitura da Parte I da *Ética* e da Carta 12[1] impõe uma conclusão: a identidade entre causa de si, infinito, livre e eterno. É causa de si o ser cuja essência envolve existência necessária; infinito, cuja existência segue da necessidade de sua essência; livre, cuja ação segue da necessidade de sua natureza; eterno, cuja existência segue necessariamente de sua definição. Donde impor-se uma outra conclusão: a substância absolutamente infinita é o único ser que possui todas essas propriedades. Diante disso, uma indagação se torna inevitável: pode-se afirmar a liberdade de um ser que não é causa de si, não é infinito nem eterno? Em outras palavras, um modo finito da substância poderia ser livre? Teria algum sentido falar em liberdade humana?

Sabemos que, desde muito cedo, os leitores da obra espinosana levantaram essa questão. Porém, mais grave do que isso, não apenas consideraram impossível a liberdade humana nos termos espinosanos como também recusaram que se pudesse sustentar a posição da liberdade de Deus à maneira de Espinosa.

Após ler o *Tratado teológico-político*, Lambert van Velthuysen escreve a um amigo que o livro é perigoso porque sua "doutrina introduz um ateísmo disfarçado",² posto que o Deus que ali se encontra, operando por absoluta necessidade de sua natureza, está "submetido ao destino (*fatum*)" e "não pode inspirar aos homens nenhuma reverência". Pior ainda: na obra de Espinosa não se pode encontrar algo que se assemelhe a uma moral, pois nela "nada resta que lembre um governo divino, uma Providência divina, nem, enfim, que se deva esperar punição ou recompensa".³

Recebendo desse amigo a carta, Espinosa escreve uma réplica veemente:

> Ele pensa que suprimo a liberdade de Deus e o submeto ao destino. Isso é totalmente falso. Pois afirmei que todas as coisas seguem da natureza de Deus com a mesma necessidade inevitável da mesma maneira que todos afirmam que da natureza de Deus segue que Ele entende a si mesmo. Ninguém nega que isso segue necessariamente da natureza divina e, no entanto, ninguém concebe que Deus entenda a si mesmo condicionado por algum destino e sim de maneira totalmente livre, ainda que necessária.⁴

Quanto à moral, engana-se Velthuysen, uma vez que

> A necessidade inevitável das coisas não suprime as leis divinas nem as humanas. Com efeito, quer os ensinamentos morais recebam ou não do próprio Deus a forma da lei, são divinos e salutares; quer recebamos o bem que segue da virtude e do amor de Deus como se o recebêssemos de um juiz quer como emanando da necessidade da natureza divina, ele não é mais nem menos desejável; nem os males que seguem de más obras hão de ser menos temidos por seguirem necessariamente delas.⁵

Essa veemência, entretanto, não pôs fim à afirmação de que Espinosa é fatalista, repetida, entre seus contemporâneos, por Henry More, Pierre Bayle e Leibniz, que escreveu:

> No que tange a Espinosa, que Arnauld define como o homem mais ímpio e perigoso deste século, ele era verdadeiramente ateu, isto é, não admitia a existência de uma Providência dispensadora de bens e males segundo a justiça e acreditava havê-lo demonstrado. O Deus que apresenta com tanta ostentação não é como o nosso, não possui intelecto nem vontade.⁶

De fato, explica Leibniz, a necessidade espinosista, ao excluir vontade e intelecto da essência de Deus, mergulha o ser divino no abismo da necessidade lógico-matemática e mecânica, incompatível com a verdadeira liberdade de Deus, cuja vontade é uma necessidade moral que inclina sem obrigar porque deixa o intelecto divino aberto à escolha do melhor e abre nossa existência aos futuros contingentes e ao possível. Não distinguindo entre necessidade matemática e necessidade moral, não compreendendo a diferença entre a vontade boa e o intelecto sábio de Deus, não percebendo a distinção entre vontade antecedente (que quer o bem) e vontade consequente (que quer o melhor), a obra de Espinosa não pode ser outra coisa senão a defesa do *fatum mechanicum*.

Um Deus impessoal, desprovido de vontade e intelecto, incapaz de ser o autor moral do mundo, poderia ser livre e fundar a liberdade humana? Com Espinosa, a liberdade divina não é suprimida e, com ela, a humana? Sob este aspecto, a troca epistolar entre Espinosa e Wilhelm Blijenberg[7] é exemplar.

Depois de ler os *Princípios da filosofia cartesiana* e os *Pensamentos metafísicos*, Blijenberg escreve a Espinosa dizendo-lhe que se aceitarmos com Descartes e convosco que criar e conservar as coisas são uma só e mesma coisa, que Deus cria e conserva todas as coisas e os movimentos delas, que é ele a causa criadora da substância da alma e a causa conservadora dos movimentos e esforços anímicos, então, devemos concluir que Ele é causa de nossa vontade e de todas as volições, tanto das boas como das más. Se assim for, somente duas alternativas se apresentam: ou não há maus movimentos da vontade nem más volições e más ações, ou Deus é a causa imediata do mal, uma vez que as más ações são produzidas por meio da alma e, portanto, com o concurso direto de Deus. Conclui-se que será preciso dizer ou que Adão não pecou ao comer o fruto proibido ou que, ao comê-lo, não o fez pelo fato de possuir uma vontade livre, mas porque Deus determinou o movimento dessa vontade para aquilo que ele próprio decretara ser um mal.

Espinosa responde que, com o exemplo de Adão, Blijenberg parece entender por mal a própria vontade quando determinada a querer algo contrário à vontade de Deus. Sem dúvida, será mesmo absurdo manter ou que Deus produz coisas contrárias à sua vontade ou que poderiam ser boas mesmo contrariando a vontade Dele. No entanto, o mal e o pecado não são positivos, porém palavras impropriamente empregadas para definir a relação do homem com Deus. Blijenberg confunde o conteúdo determinado de uma volição e a positividade do mal, identificada com o pecado, quando, na realidade, mal e pecado nada encerram de positivo. De fato, explica Espinosa, tomada em si mesma e sem comparação com outras, uma coisa existente, seja qual for, envolve uma perfeição que se estende até onde se estender sua essência, "pois essência e perfeição são um só e o mesmo". Toda essência-existência é positiva e perfeita e só concebemos alguma imperfeição quando a comparamos a outra que imaginamos perfeita, isto é, dotada de mais essência do que ela, de sorte que a imperfeição que lhe é atribuída nasce simplesmente de não a tomarmos em si mesma, mas em relação a outras que imaginamos possuir mais essência do que ela. Em si mesmo, o conteúdo da volição de Adão (ou a vontade de Adão de comer o fruto) nada contém de imperfeito ou mau, exprimindo apenas a essência atual singular do homem Adão, que realiza um ato correspondente ao seu próprio ser no momento em que age: sua singularidade essencial exprime-se na singularidade de sua volição e na do ato realizado. O pecado, não sendo mais do que pura imperfeição, não possui essência, nada possui de realidade, reduzindo-se apenas à avaliação imaginária da qualidade de um ato por comparação com outros que julgamos bons. Além disso, não se pode, rigorosamente, afirmar que a vontade de Adão seja contrária à lei de Deus e que seja um mal porque desagrade a Deus, pois isso seria admitir que algo possa acontecer contra a vontade divina ou que Deus tenha simpatia ou antipatia por certos atos ou por certos seres. No primeiro caso, deixamos de compreender que, sendo idênticos a vontade e o intelecto divinos (pois uma ideia e uma volição são idênticas), um acontecimento contrário à vontade de Deus seria o mesmo que uma ideia contrária à ideia afirmada pelo intelecto de Deus, como se disséssemos ser possível um círculo quadrado. No segundo caso, conceberíamos Deus com paixões, afetado pela exterioridade, carente e incompleto, atribuindo-lhe, agora sim, grande imperfeição. Rigorosamente falando, Deus é causa do ato de Adão, e esse ato não é um mal: de uma perspectiva humana, é mera privação que, como a palavra indica, é uma ausência que só tem sentido para nós e nenhum para o intelecto divino.

Espinosa, entretanto, reconhece nas palavras de Blijenberg a fala de um cristão que, falando a linguagem da imaginação, deseja alçar-se à filosofia, mas experimenta a divergência crescente entre sua fé e a razão. Prevendo possíveis escrúpulos do interlocutor, Espinosa se adianta e responde antecipadamente a duas perguntas previsíveis: por que a Bíblia afirma que Deus deseja a conversão do pecador, se proibiu a Adão uma ação que sabia que ele praticaria? E por que poderia parecer que a concepção espinosana levaria a concluir que o orgulhoso, o avaro e o desesperado honram a Deus da mesma maneira que o generoso, o caridoso e o paciente? A Bíblia, diz Espinosa respondendo à primeira pergunta, usa constantemente uma linguagem antropomórfica para acomodar-se ao entendimento do vulgar, motivo pelo qual todas as regras de vida dadas por Deus aos profetas assumiram a forma de leis e eles as explicaram por meio de parábolas nas quais Deus se torna legislador e rei, com paixões semelhantes às humanas. Deram, assim, "à causa das ações o nome de lei e aos seus efeitos, o de castigo e recompensa".[8] Os filósofos não devem, porém, aceitar a linguagem imaginativa e legalista das Escrituras, mas colocar-se acima dela, "isto é, praticar a virtude por ela mesma, porque é o que há de melhor e não porque ordenada por uma lei".[9] Nessa perspectiva, a interdição divina feita a Adão nada mais é do que Deus revelando ao primeiro homem que a morte seria o efeito da ingestão do fruto daquela árvore, fazendo-o conhecer, exatamente como nosso intelecto natural nos faz conhecer, os efeitos mortais dos venenos, conhecimento que lhe foi dado "para aumentar sua ciência e sua perfeição".[10] Indagar por que, ao mesmo tempo, Deus não lhe teria dado uma vontade mais perfeita seria o mesmo que "indagar por que não deu ao círculo todas as propriedades da esfera",[11] isto é, por que, em vez de Adão, não criou Pedro ou Paulo. Quanto à segunda questão, embora seja verdade que bons e maus honram a Deus, não o fazem da mesma maneira, pois enquanto os segundos desconhecem Deus e, como instrumentos nas mãos de um artífice, são manipulados e gastos com o uso, os primeiros o fazem porque conhecem Deus e por isso mesmo possuem mais perfeição, isto é, participam mais da natureza divina e exprimem a perfeição de Deus.

Entretanto, Blijenberg não se convence e, em nova carta, explica que "para filosofar, sigo duas regras gerais: a primeira é o conceito claro e distinto de meu entendimento; a segunda, a Palavra revelada de Deus ou a vontade de Deus. Pela observação da primeira, esforço-me para ser amigo da verdade; pelas duas, um filósofo cristão", de maneira que se acontecesse que o conhecimento natural estivesse em conflito com o Verbo Divino, ou não parecesse em boa concordância com ele, a Palavra de Deus tem sobre sua alma uma autoridade tal que os conceitos que ele supunha claros se tornariam suspeitos.[12] Em suma, trata-se da afirmação da superioridade da verdade revelada sobre aquela alcançável pela luz natural.

O que teria levado Blijenberg a introduzir a "segunda regra"? Como calvinista, considera a Bíblia guia indispensável para o homem que, após a queda, sabe que, assim como a "dupla justiça de Deus" ensina que a Lei revelada é a justiça como regra ao alcance de nosso entendimento enquanto a justiça secreta é a regra de nossa fé, assim também as Sagradas Escrituras, nas palavras de Calvino, "trazem sua própria evidência e não devem ser objeto de demonstrações e argumentos da razão".[13] Ora, o que Espinosa dissera sobre a Bíblia há de parecer ao calvinista avanço indevido da razão na esfera do sagrado, na qual não possui competência alguma. Obviamente, Blijenberg não deixou de perceber a transformação que a carta de Espinosa impusera à célebre passagem do apóstolo Paulo na Epístola aos Romanos — "estamos nas mãos de Deus como a argila nas mãos do oleiro" — quando afirmara que somente o conhecimento intelectual de Deus nos faz virtuosos e somente como sábios o servimos, enquanto o ignorante, tomado pelo temor de Deus, é consumido cegamente como o instrumento consumido nas mãos do artífice. Também não lhe escapou que, ironizando quem indagasse por que Deus não fez a esfera com as propriedades do círculo, Espinosa, sem uma única menção explícita ao profeta, tenha retirado consequências filosóficas das palavras do Deus de Isaías: "O que deveria fazer por minha vinha que não fiz?". Em suma, seria impossível que Blijenberg não percebesse que, ao declarar a singularidade de Adão e que ao criá-lo Deus não criou o homem em geral, nem Pedro ou Paulo, Espinosa deixara implícita a indagação: como exigir que Deus fizesse pela essência de Adão mais do que havia a fazer?

Insistindo em sua posição, Blijenberg reafirma que ou o mal não existe ou Deus é a causa dele. Se o mal, o erro ou o pecado são apenas privação de um estado anterior de perfeição, é preciso admitir que o mal vem ao mundo porque nos inclinamos para um estado de imperfeição pelo mau uso das forças que nos foram dadas por Deus. Se, continua ele, minhas ações são exatamente proporcionais à perfeição de minha essência, não posso falar em estados menos ou mais perfeitos, nem mesmo no mal como privação de um estado melhor. Em outras palavras, nem sequer posso fazer as comparações que Espinosa diz serem a causa da diferença entre o que chamamos de perfeição e imperfeição. Se sou o que faço e se meu ser é perfeito porque perfeição e realidade são o mesmo, como dizer que o mal é privação de algo bom, se nenhum de meus atos é desproporcional à minha essência? Quando dizeis que o pecado e o mal são privação do melhor, nada dizeis, a menos que estejais a negar a existência do mal e do pecado. Em suma, se o mal não for a corrupção voluntária de uma natureza boa, não há como admitir a queda originária e as faltas que dela decorrem. Afinal, não há contradição manifesta entre fazer nossa vontade livre e, simultaneamente, dependente de Deus? No primeiro caso, somos responsáveis por nossos acertos e podemos prevenir um erro, mas sendo, ao mesmo tempo dependentes de Deus, podemos apenas manifestar a perfeição no grau em que a recebemos Dele. E se Deus conserva o que cria, por que, então, o homem, após a queda, não conserva o poder para conter a vontade nos limites desejados por Deus e por que Este a conserva, se ela perdeu perfeição? Mas não é absurdo afirmar que Deus, onipotente e onisciente, cria uma essência capaz de conservar-se graças a Seu concurso, mas que ela, por ser livre, perde perfeição sem que Deus disso tome conhecimento, uma vez que, a crer-se em Espinosa, Deus só conheceria o bom e ignoraria o mau, pura negação? Devo dizer que Deus conhece e concorre para o meu ato legítimo de procriação com minha esposa, mas desconhece o mesmo ato se eu o praticar no adultério? Se mato um homem, criatura feita por Ele, não o saberá? Ou, se conhece esses atos, devo, então, julgá-los bons? Como dizer que Deus ignora o mal? Se Deus opera predeterminando todas as coisas, como alguma coisa pode ter a liberdade para perder um estado de perfeição sem que Deus o saiba? Se somos dependentes de Deus e estamos em Suas mãos como o barro nas do oleiro, como podemos errar e pecar, tornando-nos piores do que Ele nos fez? Inversamente, se somos dependentes de Deus, se tudo se faz segundo a essência singular que nos foi dada, como podemos tornar-nos melhores do que Ele nos fez? E se não o podemos, por que, então, Ele nos deu intelecto, por que ordenou que trabalhemos honestamente, por que se revelou numa religião e exigiu ser cultuado? Se o mal é pura privação e Deus não o conhece, como punirá os maus? Se não puder puni-los, como recompensará os bons? E, se assim for, que razões nos impedem de matar, roubar, mentir? Como posso amar a virtude por ela mesma se não recebi uma essência e uma perfeição que me permitam amá-la? Se, como me mostra minha segunda regra, o ensinamento mais alto das Escrituras é que pecamos por nossa culpa, mas Deus deseja acima de tudo o retorno do pecador arrependido, então "um mal que, aos olhos de Deus, seja mera negação, ultrapassa minha compreensão".[14]

Espinosa responde dizendo que possui apenas uma regra para filosofar e que as duas, de que se serve Blijenberg, tornam impossível o prosseguimento da correspondência entre ambos. De fato, escreve Espinosa, nenhuma demonstração, mesmo seguindo as mais sólidas leis demonstrativas, tem força aos olhos de Blijenberg "se não concordar com o ensinamento que vós ou algum teólogo de vosso conhecimento acreditais encontrar nas Sagradas Escrituras". Se Blijenberg acredita que Deus lhe fala mais claramente pelas Escrituras do que pela luz natural do intelecto, então ele tem todos os motivos para submeter seu intelecto a elas. E é exatamente por isso que não há diálogo possível, pois, ao contrário de Blijenberg, Espinosa afirma "que todas as coisas acontecem pela potência do ser sumamente perfeito e seu imutável decreto, e desse conhecimento devo minha mais alta satisfação e minha tranquilidade de ânimo".[15]

E indaga: como pudestes encontrar em minhas palavras que os homens vivem e morrem como bestas, que Deus se desagrada de nós? Imaginais que o ímpio serve a Deus como o pio, cada qual fazendo como pode para seguir os decretos divinos, porque concebeis Deus como um juiz. Não dessa maneira o concebo eu. A recompensa das obras segue delas mesmas como segue da natureza do triângulo que a soma de seus ângulos seja igual a dois retos. Nossa beatitude é o amor por Deus que nasce do conhecimento de Sua essência, conhecimento impossível para todos os que confundem a natureza divina e a humana.

Causa-me espanto, conclui Espinosa, que possais dizer que sem a punição divina não houvera motivo para se deixar de praticar velhacarias! Espero não seja este o vosso caso, tanto desamor pela virtude... Espanto não menor causou-me vossa ideia de que faço da ordem natural caos, do homem, besta selvagem, e da Natureza, coisa morta nas mãos de Deus: se houvésseis percebido pelo intelecto o que é depender de Deus, "certamente não pensaríeis as coisas, enquanto Dele dependem, serem mortas e imperfeitas [...] compreenderíeis, ao contrário, que são perfeitas justamente porque dependem de Deus".[16]

A veemência de Espinosa não impede que Blijenberg insista, enviando nova objeção:

> Não encontro em vossos escritos uma única regra cuja observância conduza à prática da virtude ou mesmo a conhecer a virtude [...] visto não atribuirdes à alma a mesma liberdade que lhe atribui o Senhor Descartes [...]. Se nossa alma não possui essa liberdade, nossa ação, na verdade, não é a ação de Deus e nossa vontade, a de Deus?[17]

A resposta de Espinosa é bastante breve, enfatizando a diferença entre seu pensamento e o de Descartes, apresentando as linhas gerais do que dirá num escrito que anuncia a Blijenberg, a *Ética*, mas observa que não espera ser compreendido por quem não faz do intelecto natural a pedra de toque da verdade, e sim a teologia, e espera respostas de um teólogo, porém, "quando falamos como filósofos, não podemos empregar as frases da teologia", e um filósofo jamais diz que Deus espera alguma coisa de alguém, alegrou-se ou afligiu-se com alguém. Confesso, como filósofo, que não compreendo o que dizeis.

De onde falam esses leitores da obra de Espinosa? De onde lhes vem as ideias com que julgam poder opor-se racional e eticamente a ela?

Interpretando as distinções aristotélicas entre o necessário, o possível e o contingente,[18] a tradição metafísica cristã identificou o que é "por natureza" com o que acontece "por necessidade" e o que é "por vontade" com o que acontece "por liberdade". Mantendo a perspectiva aristotélica, negava que a ação voluntária fosse incausada, porém afirmava que sua causa era distinta daquela que regia a necessidade. Nesta, a causalidade era a operação da causa formal e da causa material (ou a atualização necessária da potência) pela mediação da causa eficiente. Em contrapartida, a causalidade por liberdade era operação da causa formal (ou a essência do agente) atualizada e dirigida pela causa final. Tanto a eficiente como a final, dizia Tomás de Aquino, são causas externas (em contraposição à formal e material, internas), porém a eficiente é apenas instrumental, enquanto a final dá sentido à atividade. Sem dúvida, a Natureza age em vista de fins, mas estes são desconhecidos dela e não escolhidos por ela — o necessário domina a finalidade natural. Ao contrário, a ação por vontade é livre porque o fim é conhecido e escolhido pelo agente, que, se quisesse, poderia não escolhê-lo. Além disso, a marca distintiva da causalidade necessária é a produção de um único efeito pela causa, encontrando-se predeterminado na natureza dela; em contrapartida, a marca própria da causalidade voluntária é a possibilidade de efeitos diversos e contrários. Ao identificar liberdade e escolha voluntária, a tradição supunha que os fins não poderiam obrigar o agente, pois este deixaria de ser livre se fosse constrangido; por conseguinte, o fim era um possível, e o ato de escolha, contingente, uma vez que necessidade alguma poderia obrigar o agente a escolher.

Com essas distinções, a tradição teológico-metafísica pudera afirmar que o mundo existe simplesmente porque Deus assim o quis ou porque sua vontade assim decidiu e escolheu, e poderia não existir ou ser diferente do que é, se Deus assim houvesse escolhido. O mundo é um possível, e sua existência, contingente, porque fruto de uma escolha contingente de Deus. Em si mesmas, as leis da Natureza e as verdades (como dirão Ockham e Descartes) são contingentes e se tornam necessárias apenas por um decreto de Deus, que as conserva imutáveis.

Por sua Providência, Deus pode fazer com que as coisas e os acontecimentos naturais sejam sempre da mesma maneira — necessários para nós e contingentes em si mesmos —, como também pode manifestar a onipotência de sua liberdade suspendendo as leis ou decretos naturais, como no caso dos milagres. Cristalizou-se, assim, a imagem da liberdade como escolha voluntária contingente de fins considerados alternativas possíveis e a da necessidade como decreto de uma autoridade absoluta.

A tradição teológico-metafísica ergueu-se, pois, sobre uma imagem de Deus, forjando a divindade como pessoa transcendente, dotada de vontade onipotente e entendimento onisciente, criadora de todas as coisas a partir do nada, legisladora e monarca do universo, que pode, à maneira de um príncipe que governa segundo seu bel-prazer, suspender as leis naturais por atos extraordinários de sua vontade. Essa imagem sustenta que Deus cria e governa todos os seres de acordo com os desígnios ocultos de sua vontade, a qual opera segundo fins inalcançáveis para nosso intelecto. É em nome dessa construção que Espinosa, filósofo da causalidade eficiente imanente necessária, é declarado fatalista.

De fato, antes de a *Ética* demolir os alicerces dessa construção,[19] já no *Breve tratado*, no §1 do capítulo 3 da Parte I, ao enumerar os vários aspectos da causalidade eficiente imanente divina, Espinosa escrevera: "Deus é uma causa livre e não uma causa natural". Isso nos faria supor que ele retomaria as distinções tradicionais entre o natural e o livre, porém, no §5 do capítulo 4, lia-se que a verdadeira liberdade consiste unicamente em que a causa primeira, "sem ser constrangida nem necessitada por nenhuma outra coisa, somente por sua perfeição produz toda perfeição" e o §8 esclarecia: "livre não no sentido de que possa fazer ou não fazer alguma coisa, mas no sentido de que não depende de nada outro, de sorte que o que Deus faz, Ele o faz e executa na qualidade de causa supremamente livre". Podemos, assim, observar que, sob um vocabulário tradicional, ao distinguir entre causa livre e causa natural Espinosa não opõe voluntário e necessário, pelo contrário, recusa que livre signifique poder fazer ou não fazer alguma coisa, de maneira que, em termos espinosanos, a diferença entre as duas causas é estabelecida entre o que é determinado por si mesmo (livre) e o que é determinado ou constrangido por outro (natural).

Resta saber como as distinções tradicionais também operam na construção da imagem da liberdade humana.

Desde Aristóteles, uma pergunta orienta as discussões sobre a ação humana:

o que está e o que não está em nosso poder?[20] A resposta clássica enuncia que não estão em nosso poder o necessário e o contingente, estando em nosso poder apenas o possível, sobre o qual se exerce nossa liberdade.

Dessa maneira, fixou-se também para a ação humana a distinção entre necessidade e liberdade pela diferença entre o que é "por natureza" e segue uma causalidade que não sofre exceção nem suspensão e o que é "por vontade" e segue de uma decisão do agente, que escolhe entre alternativas possíveis. Ora, o necessário é o determinado por sequências causais que instauram a obrigatoriedade do efeito tão logo a causa se exerça. De onde a tradição ter sempre afirmado que o que é por necessidade é o que é forçado a realizar-se de uma única maneira, pois a toda causa determinada necessária corresponde um só efeito determinado. Em contrapartida, a liberdade exige que o agente não seja forçado a realizar a ação e que sua vontade, ao escolher entre alternativas possíveis, produza efeitos múltiplos. Em suma, a liberdade é definida pela imagem da vontade incondicionada que escolhe livremente entre muitas ações possíveis, causando múltiplos efeitos.

Quando e por que uma escolha livre é virtuosa ou viciosa? Para fazer essa distinção, houve a posição dos valores morais como fins racionalmente corretos e verdadeiros que orientam as escolhas e a ação, a finalidade inclinando o agente sem obrigá-lo. Donde uma nova distinção: a diferença entre causalidade por necessidade — ou a que rege o que é por natureza — e causalidade por finalidade — ou a que orienta a escolha livre. A liberdade era, então, imaginada como uma ação incondicionada da vontade em vista de fins inclinantes (e não constrangedores), isto é, as virtudes e o bem. O agente pode escolher segundo os impulsos de seus apetites e desejos, conforme o que lhe ditam suas paixões; neste caso sua escolha é viciosa, pois se deixa arrastar pela causalidade natural, isto é, pelos impulsos de seu corpo. Mas pode — e deve — escolher segundo o que lhe dita a razão, que conhece os verdadeiros fins e lhe permite agir por finalidade e, portanto, por liberdade.

Também já antes da *Ética*, no *Breve tratado* Espinosa escrevera:

> Por tudo que foi dito pode-se conceber facilmente o que é a liberdade humana, que eu assim defino: é uma existência firme que nosso intelecto obtém por sua união imediata com Deus para produzir em si mesmo ideias e, fora de si mesmo, efeitos que concordem com sua natureza, sem que esses efeitos estejam submetidos a cau-

sas externas pelas quais eles possam ser alterados ou transformados. Pelo que se disse, se vê também claramente quais são as coisas que estão em nosso poder e não estão submetidas a nenhuma causa externa.[21]

Como se observa, nenhuma das imagens tradicionais comparece na definição espinosana. A liberdade não se encontra na distância entre alguém e si mesmo, distância que, usando a razão e a vontade, esse alguém procuraria preencher com algo que não é ele mesmo, isto é, com o objeto de uma escolha posto como um fim. Ao contrário, a liberdade é a firmeza intelectual conseguida pela mente humana por sua relação imediata com Deus, que lhe confere o poder para ser causa interna de suas ideias e de efeitos que, dependendo apenas da natureza da mente, não possuem causas externas que a constrangeriam. A liberdade é, assim, espontaneidade ou a proximidade máxima de si consigo, a identidade entre aquilo que alguém é e pode ou a identidade de si consigo na união imediata com Deus.

Na *Ética* II, como vimos, Espinosa introduz uma distinção decisiva, que acompanhamos no que respeita ao conhecimento e à afetividade, qual seja, a diferença entre ser externamente determinado e estar internamente disposto. No caso da liberdade humana, essa distinção permite compreender quando a ordem e conexão de causas finitas produz e constitui a natureza ou essência singular de um ser, de maneira que o que nele ocorre segue das leis de sua natureza. Em outras palavras, ser livre, no caso do homem, não retira a presença da ordem e conexão causais — donde a crítica da vontade como faculdade livre ou absoluta. Tudo depende de como o homem se relaciona com a determinação causal: se a reconhecer como causalidade imanente da substância constituindo e exprimindo-se em sua natureza singular, então reconhece que é livre quando tudo o que pensa, deseja e faz depende da potência de sua essência singular porque a causalidade substancial está interiorizada como disposição interna de um modo finito, que, assim, está internamente disposto; caso contrário, a causalidade eficiente transitiva e externa é percebida na ordem comum da Natureza e, operando como determinação externa, faz com que o modo singular esteja externamente determinado. Essa diferença, como vimos, é retomada na *Ética* III com a distinção entre causa adequada e inadequada (prefigurada no texto do *Breve tratado*), ou entre ação e paixão, e, na *Ética* IV, com a diferença entre estar submetido à potência de causas externas e agir exercendo a razão.

São essas ideias da liberdade divina e humana que os críticos de Espinosa não podem admitir, mas também são elas que manifestam a peculiaridade do discurso espinosano, que se realiza como contradiscurso capaz de enunciar de seu próprio interior aquilo que o tornaria impossível, demarcando o lugar de onde é proferido.

2. A IMAGEM DA LIBERDADE HUMANA

Em três momentos de nosso percurso pelo interior da *Ética* estivemos diante da imagem da liberdade humana: no Apêndice da Parte I, nas proposições 48 e 49 da Parte II e no escólio da proposição 2 da Parte III. Ora, neste último, a argumentação de Espinosa retoma uma discussão que travara com Tschirnhaus e por isso vale a pena mencioná-la porque nela encontramos uma espécie de súmula da construção da imagem da liberdade que serve de suporte ao contradiscurso espinosano, construído a partir da afirmação de que os homens são cônscios de suas ações, mas ignorantes das causas que os determinam a agir.

A primeira troca de cartas entre Tschirnhaus e Espinosa parece provocada pela leitura que o primeiro fez dos *Princípios da filosofia cartesiana* e seu apêndice, os *Pensamentos metafísicos*.

A primeira carta de Tschirnhaus, a Carta 57,[22] se desdobra em três movimentos articulados internamente: no primeiro, Tschirnhaus apresenta um paradoxo; no segundo, propõe resolvê-lo apelando para a experiência, da qual se poderia extrair uma regra geral; e, no terceiro, entra na questão propriamente dita, a existência ou inexistência do livre-arbítrio. O que articula os três movimentos da carta é o pressuposto de que Descartes e Espinosa, aparentemente contraditórios, estão dizendo o mesmo, desde que se possa perceber de onde cada um deles fala ou o ponto a partir do qual suas perspectivas se desenham.

Qual o paradoxo? Que dois filósofos, usando o mesmo argumento, um demonstre que algo é falso enquanto o outro demonstra que é verdadeiro. Esse fato surpreendente pode ser comprovado, por exemplo, quando se lê a afirmação de Descartes sobre a universalidade do bom senso ou da razão. De fato, na abertura do *Discurso do método* e nas *Meditações*, o filósofo afirma que a certeza do intelecto é igual para todos, mas muitos julgam que podem provar que algo é certo porque aceito como indubitável por homens singulares. Em outras palavras, Descartes funda a certeza na universalidade do intelecto, enquanto outros a fundamentam no consenso de indivíduos singulares. E, no entanto, escreve Tschirnhaus, nos dois casos, com argumentos diferentes os dois partidos entendem por certeza o mesmo, isto é, o indubitável.

Como resolver o paradoxo? Invocando a experiência, que mostra que se, de dois homens, um afirma o que outro nega e ambos estão plenamente cônscios do que estão dizendo, embora pareçam verbalmente contradizer-se, desde que se considere seus conceitos, ambos dizem a verdade, cada qual em conformidade com sua concepção. Por que invocar essa experiência? Porque ela é útil não só para a vida cotidiana, mas também porque, se bem considerada, evitaria inúmeras controvérsias e suas consequentes disputas, mesmo que a verdade de uma concepção individual nem sempre seja verdadeira em termos absolutos, mas é tida por verdadeira segundo o que está pressuposto como verdadeiro pelo intelecto de cada um. Essa experiência pode ser tomada como regra universal porque válida para todos os homens, mesmo loucos ou adormecidos, pois tudo aquilo que dizem ver ou ter visto (ainda que a nós as coisas não apareçam da mesma maneira que para eles), é ou foi visto por eles tal como o dizem e é absolutamente certo que as coisas se passaram neles ou para eles tal como dizem. Em outras palavras, Tschirnhaus julga que a experiência, como regra universal, confirma a teoria cartesiana de que um modo de pensar, enquanto modo de pensar, não possui nenhuma falsidade e que, se conhecermos as condições ou razões de uma afirmação ou negação, veremos que, em si mesmas, correspondem a uma experiência real, ainda que não correspondam à verdade absoluta das coisas.

Isto posto, e visto que a regra vale em todos casos, trata-se de aplicá-la a um caso preciso: aqui, o do livre-arbítrio. Tschirnhaus pretende mostrar que Descartes e Espinosa, aparentemente contrários, pensam, cada qual à sua maneira, a verdade. Com efeito, prossegue o missivista, tanto aquele que afirma como aquele que nega o livre-arbítrio, "parecem-me ambos dizer a verdade", dependendo de como cada um deles concebe a liberdade. Tschirnhaus apresenta, então, a divergência entre Descartes e Espinosa.

> Descartes diz que é livre o que não é coagido por nenhuma causa. Ao contrário, dizes que é o que não é determinado a alguma coisa por nenhuma causa.[23]

"De minha parte", continua ele, "concordo contigo de que em todas as coisas em que somos determinados a algo por alguma causa não temos nenhum livre-arbítrio. Porém, concordo também com Descartes que, em certas coisas, não somos de maneira nenhuma coagidos e, assim, temos livre-arbítrio."

Para provar que Descartes e Espinosa têm ambos razão, Tschirnhaus propõe ilustrar sua posição com um exemplo único no qual a presença e a ausência do livre-arbítrio podem ser constatadas. O exemplo é o ato de escrever a carta que está sendo escrita.

A questão deve ser dividida em três partes, diz ele:

1) Em sentido absoluto temos algum poder sobre as coisas externas? Resposta: não. De fato, estar aqui neste momento escrevendo esta carta não é algo absolutamente em meu poder, pois ela poderia ter sido escrita antes, se eu não tivesse sido impedido de fazê-lo ausentando-me ou ficando na companhia de amigos.

2) Em sentido absoluto temos poder sobre os movimentos de nosso corpo, que seguem da determinação de nossa vontade? Resposta: sim, sob certas condições, isto é, desde que estejamos com boa saúde, pois nesse caso sempre posso aplicar-me a escrever ou não.[24]

3) Quando estou em posição em que por mim mesmo posso exercer minha razão, posso fazê-lo livremente, isto é, absolutamente? Resposta: sim. "Quem poderia negar-me, senão contradizendo sua própria consciência, que, em meus pensamentos, não posso pensar que quero ou que não quero escrever?"[25]

Assim, conclui-se que não temos poder algum sobre coisas externas; temos, sob certas condições, poder absoluto sobre os movimentos de nosso corpo determinados pela nossa vontade (quando as condições adequadas estão presentes), e temos poder absoluto no que tange ao exercício da razão. Vê-se que Tschirnhaus está próximo de Geulincx:

> Que um viajante esteja num navio que o arrasta em velocidade rumo ao Ocidente, haverá, porém, alguma coisa que o impeça de, no navio, dirigir-se para o Oriente? É assim que a vontade de Deus baixa sobre todas as coisas, arrasta tudo numa espécie de impetuosa fatalidade, sem que, entretanto, nada se oponha a que tentemos, tanto quanto está em nosso poder, resistir à sua vontade por uma deliberação plena e perfeitamente livre de nossa parte. [...] Duas, portanto, são as partes da condição humana: fazer alguma coisa no mundo e padecer alguma coisa. Sobre a primeira, já dissemos que está totalmente anulada. Resta, portanto, a segunda, isto é, o querer, que não pertence ao mundo, mas a nós próprios.[26]

É evidente também que Tschirnhaus adota as teses de Descartes, expostas no *Tratado das paixões da alma*, suas questões tendo como pressuposto a questão ética clássica, qual seja, "O que está e o que não está em nosso poder?"[27] ou, em sua versão estoica: "O que depende de nós?".

Tschirnhaus volta-se, então, para a segunda parte da questão, isto é, a do poder relativo, pois é nesta que lhe parece situar-se o desacordo entre Descartes e Espinosa. Examinemos a operação de escrever, propõe ele. Visto que as causas externas permitem que ela se realize e que tenho a faculdade tanto de escrever como de não escrever, é preciso concordar com Espinosa de que há causas (externas) que determinam essa operação, uma vez que sem elas eu não escreveria. No entanto, prossegue ele, com Descartes e com o testemunho da consciência, afirmo que tais causas não me coagem, pois, a despeito delas, eu ainda poderia me abster de escrever, o que é impossível negar. E, afinal, se estivéssemos coagidos pelas coisas exteriores, como alcançaríamos o hábito da virtude? Além disso, se assim fosse, toda maldade estaria desculpada. Não acontece também que, determinados a algo pelas coisas externas, no entanto, resistimos de ânimo firme e constante? Donde a conclusão: aplicada a regra geral, tanto Descartes como Espinosa dizem a verdade. Porém Espinosa diz uma verdade relativa ao seu próprio conceito de liberdade, enquanto a verdade absoluta encontra-se em Descartes:

> Descartes e tu dizeis a verdade em relação às vossas próprias concepções, mas se se considerar a verdade absoluta, esta pertence à opinião de Descartes.[28]

De fato, explica Tschirnhaus, Espinosa concebe a essência da liberdade como independência, ou não sermos determinados por coisa alguma e, sob este aspecto, essa concepção é verdadeira como a de Descartes, ou seja, não ser determinado (Espinosa) e não ser coagido (Descartes) significam o mesmo. Porém, prossegue o missivista, Espinosa desconsidera o que seja propriamente uma essência, visto que a essência é aquilo sem o que algo não pode sequer ser concebido, e a liberdade pode ser concebida claramente mesmo que em nossas ações sejamos determinados por causas exteriores, sem, contudo, sermos por elas constrangidos, isto é, sempre há causas que nos incitam a agir de certa maneira, mas elas não são causas eficientes completamente, seja porque apenas nos incitam ou inclinam a agir, mas não causam nossa ação, seja porque podemos resistir a elas. E a liberdade não pode ser de maneira nenhuma concebida se estivermos coagidos.

É possível notar que a argumentação de Tschirnhaus procura conciliar a posição de Descartes e a de Espinosa, mas em favor do primeiro, graças à mescla de ideias cartesianas, estoicas e tomistas. Essa mescla lhe permite admitir: em primeiro lugar, a presença de uma causalidade eficiente externa, mas incompleta (as causas exteriores causam inclinações ou incitamentos, mas não causam a própria ação); em segundo, a vontade como *facultas* e, portanto, como *potestas* para exercer-se ou não (uma vez que uma *potestas* é uma *facultas* que, como a própria palavra indica, é um poder facultativo, podendo ou não ser exercido sem afetar a essência de algum ser); e, em terceiro, a virtude como hábito interior adquirido pela vontade de resistir à causalidade das coisas exteriores.

Não menos significativo é o reaparecimento de um tema que ocupara obsessivamente Blijenberg: a ideia de que se uma ação não for uma combinação (ou como diria um cristão reformado: uma cooperação) entre o poder da vontade e as causas externas e sim for determinada apenas pela causalidade eficiente externa, isto é, pelas condições exteriores, então haverá desculpa para toda maldade e todo vício. Em outras palavras, Tschirnhaus sugere implicitamente o que tantos outros dizem abertamente, ou seja, que Espinosa é fatalista, pois se a liberdade for definida como ausência de determinação, ela será impossível, uma vez que a experiência e a razão mostram que todas as nossas ações possuem causas exteriores ou são condicionadas externamente. Recusar o fatalismo exige que se reconheça o poder interior da vontade tanto para inclinar-se como para resistir à causalidade externa.

Por isso mesmo é sugestivo, como veremos pela resposta de Espinosa, que Tschirnhaus aproxime o conceito cartesiano e o espinosano de liberdade referindo-os à ausência de coação e os distinga reportando-se à afirmação de Espinosa de que somos sempre determinados a alguma coisa por alguma causa. Supõe Tschirnhaus que o fato de termos poder para resistir a uma causa externa confirma, de um lado, a posição de Espinosa — isto é, há sempre causalidade externa —, mas confirma sobretudo a posição de Descartes — a existência da causa externa é irrelevante se ela não tiver o poder para nos coagir a uma ação. Por isso a verdade espinosana é relativa (há causas externas) e a cartesiana, absoluta (se quisermos, sempre poderemos resistir a elas, sempre poderemos dominar o corpo pela vontade e sempre teremos poder absoluto para exercer a razão). Nas considerações de Tschirnhaus ressoam ecos das *Paixões da alma*:

> Noto em nós apenas uma coisa que nos possa dar a justa razão de nos estimarmos, a saber, o uso de nosso livre-arbítrio e o império que temos sobre nossas vontades; pois só pelas ações que dependem desse livre-arbítrio é que podemos com razão ser louvados ou censurados e ele nos faz de alguma maneira semelhantes a Deus, tornando-nos senhores de nós próprios, contanto que não percamos por covardia os direitos que ele nos concede.[29]

A resposta de Espinosa é longa, embora passe muito rapidamente por aquilo que Tschirnhaus pretendia que fosse lido com "cuidadosa atenção", isto é, a regra universal trazida pela experiência, segundo a qual é possível perceber que contraditores pensam o mesmo, apesar de o formularem de maneira oposta.

Com efeito, Espinosa começa dizendo não haver compreendido o início da carta de Tschirnhaus, mas não explica o que lhe pareceu incompreensível. Logo a seguir, referindo-se ao caso dos que se contradizem e entram em controvérsias embora pensem o mesmo, propõe uma correção que anula a regra proposta por Tschirnhaus. De fato, o argumento de Tschirnhaus consistia em afirmar que a experiência é o guia para que se compreenda que dois homens, dizendo coisas opostas, ou poderiam estar pensando o mesmo (e estariam ambos no verdadeiro, apesar de seus discursos), ou cada qual poderia estar pensando algo que corresponde a uma experiência real (e aqui também ambos estariam no verdadeiro, mesmo que suas verdades fossem relativas). Espinosa, porém, corrige: Tschirnhaus terá razão apenas se dois homens, enquanto usam as mesmas palavras, pensam coisas diversas. A restrição e a correção à regra de Tschirnhaus simplesmente a invertem: não há um mesmo pensamento com palavras diversas e sim as mesmas palavras para pensamentos diversos.

Qual o sentido dessa correção tão lacônica, pois Espinosa não a explica? Seu sentido encontra-se na distinção espinosana entre pensamento e linguagem.[30] De fato, sabemos que Espinosa distingue entre ideia, conceito que a mente forma, e palavra, imagem que exprime uma afecção ou um acontecimento corporal. Ora, a ideia é sempre a mesma para todos, sem o que não seria verdadeira, mas a imagem é inteiramente individual e dela só cabe declarar que não é falsa (ela é realmente uma afecção corporal ou uma experiência corporal) e sim incompleta, um sinal ou signo de algo que está pressuposto ou envolvido na experiência de alguém, mas cuja inteireza e causalidade permanecem ignoradas — ou, como será explicado na *Ética* II, a imagem envolve a natureza do corpo afetado e a do corpo afetante, mas não exprime a essência de nenhum deles. Consequentemente, ao contrário do que supõe Tschirnhaus, da própria experiência não virá regra universal nenhuma para dirimir controvérsias e determinar uma verdade única, pois a experiência é o campo em que são gestadas controvérsias e disputas verbais, nascidas da pluralidade das imagens individuais que se exprimem por meio dos signos da linguagem. Isto significa, em primeiro lugar, que Descartes, de um lado, e os que buscam o consenso de indivíduos singulares, de outro, não estão no mesmo plano nem pensam a mesma coisa com linguagem diversa — o bom senso cartesiano não é o senso comum do consenso. Mas significa, sobretudo, em segundo lugar, que o laconismo de Espinosa não nos deve enganar: ao corrigir a regra de Tschirnhaus, implicitamente já o avisa (e nos avisa) que a comparação de sua ideia de liberdade com a de Descartes não poderá reduzi-la a um caso particular e menor da ideia cartesiana. Ele e Descartes não estão pensando o mesmo, ainda que possam empregar as mesmas palavras.

"Passo, pois, à definição de liberdade que ele faz minha, mas não sei de onde a tirou."[31] Espinosa não aceita, portanto, que tenha definido a liberdade como ausência de determinação para agir. Essa passagem é enigmática à luz do que será dito imediatamente a seguir, pois Espinosa oferecerá as definições da coisa livre e da coisa coagida, tais como as encontramos na *Ética*. Dizendo que não sabe de onde Tschirnhaus tirou a definição que lhe atribui, ele nos leva a supor que o amigo de Schüller ainda não teria tido acesso ao manuscrito dessa obra, que circulava entre os amigos de Espinosa e, por conseguinte, a definição proposta pelo missivista seria uma interpretação proveniente da leitura dos *Princípios da filosofia cartesiana*, dos *Pensamentos metafísicos* e, quem sabe, do *Breve tratado*. Talvez seja o esse o motivo para que, no final da carta, Espinosa peça a Tschirnhaus que leia uma passagem dos *Pensamentos metafísicos*, mas não mencione proposições, escólios e prefácios da *Ética* em que são feitas críticas à vontade livre cartesiana.

Para justificar a estranheza que lhe causou a definição de liberdade que lhe é atribuída por Tschirnhaus, Espinosa oferece a definição da coisa livre e a da coisa coagida:

Digo ser livre a coisa que existe e age apenas pela necessidade de sua natureza; coagida, a que é determinada por outro a existir e a operar de uma maneira certa e determinada.[32]

Desde já, podemos observar que o contraponto é estabelecido não só entre "pela necessidade de sua própria natureza" e ser "determinado por outro", como ainda pela distinção entre o que age pela necessidade de sua própria natureza (a espontaneidade) e o que opera segundo a determinação de um outro (a exterioridade da causa). Ou seja, Tschirnhaus não compreendeu o que Espinosa entende por "ser determinado a" quando essa determinação não segue da necessidade da natureza do próprio agente.

Mas Espinosa prossegue:

> Deus, por exemplo, existe livre, embora necessariamente, porque existe apenas pela necessidade de sua natureza. Em plena liberdade, Deus também conhece a si mesmo e a todas as coisas porque segue apenas de sua natureza que as compreenda. Como vês, portanto, não ponho a liberdade num livre decreto, mas numa livre necessidade.[33]

Dessa maneira, Espinosa desloca inteiramente a definição proposta por Tschirnhaus, uma vez que a distinção entre "livre decreto" e "livre necessidade" pressupõe um completo afastamento da concepção cartesiana da liberdade, de maneira que a redução da definição espinosana a um caso particular e imperfeito da liberdade cartesiana é uma interpretação impossível de ser mantida. De fato, embora Espinosa pareça conservar a ideia clássica e cartesiana, que define a liberdade como espontaneidade de uma natureza na ausência de um constrangimento externo — o que, em certa medida, explica a interpretação de Tschirnhaus —, acrescenta-lhe, porém, a ideia paradoxal de "livre necessidade", isto é, de uma necessidade que segue espontaneamente da essência da própria coisa, de sorte que a oposição não mais se estabelece entre necessidade e liberdade, mas entre liberdade e coação, o que pressupõe mudança no conceito de necessidade. Dessa mudança dá conta o prosseguimento da carta, quando Espinosa escreve:

> Quanto às coisas criadas, são determinadas a existir e a operar de maneira certa e determinada. Para que entendas, dou um exemplo simples. Uma pedra que recebe

de uma causa externa uma certa quantidade de movimento prosseguirá no movimento até que o impulso externo cesse. Sua permanência no movimento é uma coação externa, não porque seja necessária, mas por definir-se pelo impulso de causas externas. E o que é dito da pedra deve ser dito de toda coisa singular, seja qual for sua complexidade e sua aptidão para uma pluralidade de coisas. Com efeito, cada coisa é necessariamente determinada por alguma causa externa a existir e a operar de maneira certa e determinada.[34]

Se agir é ser livre por necessidade de sua própria natureza, operar é ser determinado pela necessidade de uma causa externa. Mas operar não significa estar coagido. Ou melhor, a coação é uma forma de operar, mas nem todo operar é uma coação. Uma pedra entra em movimento determinada pelo impulso de uma causa externa — seu entrar em movimento é uma operação necessária —, todavia, explica Espinosa, ela prossegue no movimento não porque essa permanência seja necessária (decorrente da essência da pedra) e sim por coação externa, isto é, porque a operação realizada não se define pela natureza da pedra e sim pelo impulso da causa externa. Isso tem um significado de grande envergadura, pois Espinosa afirma, de uma só vez, que toda coisa singular ou toda coisa criada é determinada por uma causa externa a existir e a operar de maneira certa e determinada, e que uma operação é uma coação quando se define apenas pela natureza da causa externa e não pela natureza da coisa que realiza a operação. Com isso, está preparado o caminho para que se possa pensar o que há de ser a liberdade de coisas determinadas a existir e a operar por uma causa externa. Em outras palavras, Espinosa não está afastando apenas a suposição de Tschirnhaus de que ser determinado por uma causa externa significa ipso facto ausência de liberdade, mas também a de que a liberdade retire o homem das determinações necessárias da ordem natural. É, pois, a ideia de necessidade que deverá ser enfatizada de maneira a não opô-la à de liberdade.

Eis por que, nessas primeiras passagens da Carta 58, podemos, desde logo, perceber que Espinosa retomou a noção clássica da liberdade como espontaneidade de uma natureza na ausência de constrangimento externo ou como ação que tem seu princípio apenas na natureza do agente, acrescentando-lhe, porém, a ideia paradoxal de necessidade livre,[35] isto é, de uma necessidade espontânea que brota da essência do próprio agente, contrapondo-a à necessidade de uma causa externa que força alguma coisa a uma existência ou operação que, por si mesma, não possuiria nem realizaria. A diferença, portanto, não se estabelece entre liberdade e necessidade, mas entre liberdade e constrangimento, porém, diversamente do que pensa Descartes (e também Hobbes), o que diferencia o constrangimento e a liberdade não é a ausência (nela) ou a presença (nele) da necessidade, mas a interioridade ou exterioridade da causa que incita a existir e agir.

A expressão "livre pela necessidade de sua natureza" reúne termos que, como vimos, a tradição separara e opusera. Com efeito, Espinosa afasta a suposição tradicional de que o necessário é o constrangido, suposição que levava a admitir, em contraponto, que o livre não pode ser necessário. Exclui também a diferença entre "por natureza" e "por vontade", em que a primeira expressão significava "por necessidade" e a segunda, "por liberdade". Eis por que a diferença entre Deus e a pedra não consiste na presença de uma vontade no primeiro e na ausência dela na segunda: liberdade não é livre decisão de uma vontade, mas a necessidade interna de uma essência de existir e agir segundo a necessidade das determinações que lhe são próprias. Sendo causa de si, Deus age pela livre necessidade de sua essência, enquanto a pedra, em decorrência de sua finitude, de sua natureza extensa e do princípio de inércia que rege todos os corpos, entra em movimento e nele permanece apenas se houver uma causa exterior que a constranja a mover-se.

Que uma ação seja causada, tanto em Deus como em nós, não significa que não seja livre. Essa declaração, que ninguém contestaria, desata, porém, o nó que prendia liberdade verdadeira e liberdade imaginária.

Desde Agostinho até Duns Scotus, jamais houve recusa de causa para a liberdade, nem mesmo na tradição ockhamista ou na cartesiana, nas quais a potência absoluta de Deus não é condicionada por nada. A causa da liberdade, como já dissera Aristóteles, é a vontade. Haveria, assim, causas necessárias e causas voluntárias, distinção imprescindível não só para afirmar a potência divina absoluta como ainda para garantir a compatibilidade entre presciência divina e liberdade da ação humana.[36] Justamente por haver a tradição elaborado a imagem da causa voluntária é que, em todas suas obras, Espinosa insiste em dizer que os homens são conscientes de seus quereres e fazeres, porém ignorantes das causas de seus apetites e desejos, tal ignorância exprimindo-se na noção de causa voluntária livre, imagem que, no escólio da proposição 2 da *Ética* III, Espinosa chama de fantasiosa (*phantastica*).[37] Liberdade, pois, não é ausência de causa nem presença de uma causa voluntária e sim afirmação de uma causa necessária interna que exprime a essência do agente.

Mas é no momento seguinte que se completa a reviravolta espinosana.

> Concebe agora, se quiseres, que a pedra, enquanto continua a mover-se, saiba e pense que se esforça tanto quanto pode para continuar a mover-se. Seguramente, essa pedra, visto não ser consciente senão de seu esforço, e não ser indiferente, acreditará ser livre e perseverar no movimento apenas porque quer. É esta a tal liberdade humana que todos se jactam de possuir e que consiste apenas em que os homens são cônscios de seus apetites, mas ignorantes das causas que os determinam. É assim que uma criança crê apetecer livremente o leite, um rapazinho, se irritado, querer vingar-se, mas fugir, se intimidado. Um ébrio crê dizer por uma livre decisão de sua mente aquilo que, sóbrio, preferiria ter calado. Assim também, um delirante, um tagarela e tantos outros de mesma farinha acreditam agir por um livre decreto da mente e não por impulso. E como esse preconceito é inato em todos os homens, dele não se livram facilmente.[38]

É nessa passagem que Espinosa nos deixa compreender por que introduzira o exemplo da pedra, empregado desde Aristóteles até Gassendi e Hobbes para ilustrar os conceitos de necessidade e liberdade. De fato, ao propor que se imagine a pedra consciente e por isso julgando-se livre porque com vontade de cair, Espinosa retoma o argumento de Agostinho no *De libero arbitrio*, mas para derrubá-lo.

No livro III de *Sobre o livre-arbítrio*, Agostinho oferece o caso da pedra para explicar a Evódio a diferença entre "por natureza" e "por vontade". Tomemos o movimento da pedra ao cair, escreve ele, portanto, não um movimento que lhe foi impresso por alguma causa ou força externa e sim aquele que naturalmente ocorre "quando ela cai na terra por seu próprio peso" (isto é, a gravidade é a causa interna da queda, como se julga desde Aristóteles). Ao que Evódio retruca: não nego que esse movimento seja natural, porém se o movimento da vontade for desse tipo, não vejo como censurá-la ou reprová-la, pois "mesmo quando se move para algo mau, é compelida por sua própria natureza".[39] Consequentemente, prossegue ele, se tal movimento exigir reprovação, não poderá ser natural. Agostinho concordará, porém com uma correção decisiva, isto é, o movimento da pedra é natural e o da vontade, voluntário, porque é da natureza da vontade realizá-lo naturalmente. Há, pois, dois tipos de movimentos naturais: o involuntário ou natural propriamente dito e o voluntário porque é da natureza da vontade mover-se. Por onde há de passar a diferença entre o movimento da pedra e o da vontade?

> Esse movimento da vontade [para a queda] é semelhante ao de uma pedra nisso: esse movimento pertence à vontade como o da queda à pedra. Porém, nisso esses dois movimentos são dessemelhantes: a pedra não tem o poder para interromper seu movimento descendente, mas a alma não é movida para abandonar as coisas mais altas pelas mais baixas, a não ser que a vontade assim o queira. Destarte, o movimento da pedra é natural, mas o da alma é voluntário.[40]

Que diz Espinosa? Não diz, como Agostinho, que a queda é necessária ou natural para a pedra e voluntária para a alma. Diz que, se a pedra se tornasse consciente enquanto está em queda e se ela se observasse caindo, julgaria que permanece em queda porque assim o quer — ou seja, aquilo que seria uma determinação natural necessária seria interpretado pela pedra pensante como um ato voluntário. O ponto importante nessa argumentação não é que a pedra, julgando-se livre, julgaria adquirir o poder para interromper a queda ou seu movimento natural — argumento fraco que seria apenas o contraditório do de Agostinho e deixaria intacto este último — e sim que, consciente de seu esforço para perseverar em queda, atribuiria esse esforço (naturalmente necessário) ao seu livre querer. Qual a força do argumento espinosano? Mostrar que a imagem da liberdade humana como livre-arbítrio da vontade em nada difere daquela que possuiria uma pedra consciente e que, portanto, a queda humana (o pecado) como ação voluntária livre é desprovida de sentido.

Há uma argúcia sutil na construção desse momento da argumentação: Espinosa fala na consciência da pedra e no impulso dos apetites, isto é, usa para a pedra uma palavra sempre reservada aos humanos e usa para os humanos a palavra que, há pouco, usara para explicar a permanência da pedra no movimento. A pedra acredita saber por que se move: ela se move porque quer; e os humanos acreditam saber por que querem: eles querem porque são capazes de decisões livres. Essa argumentação tem um alvo preciso. De fato, Tschirnhaus invocara o testemunho irrecusável da consciência quando buscara provar que, mesmo sob a ação de causas externas, podemos agir ou não agir porque temos consciência da faculdade e do poder de fazê-lo. Espinosa reduz essa consciência a ilusão (a vontade livre), ignorância (o desconhecimento da causa eficiente da ação) e preconceito (o homem imagina diferir dos demais seres naturais por ser um agente livre). O movimento voluntário livre, no qual a pedra acreditaria se fosse consciente, em nada difere das crenças da criança, do delirante ou do ébrio, pois é a imagem que todo e qualquer ser consciente possui de seu próprio esforço para existir e operar, desde que ignore as causas que determinam sua existência e suas operações. Donde a força dos exemplos escolhidos por Espinosa para ilustrar a liberdade imaginária ou fantasiosa: a pedra pensante, o infante, o delirante e o intemperante.[41]

Em que o argumento de Espinosa se distancia do que vemos usado desde Agostinho até Descartes ou Gassendi? Para todos, o absurdo se encontra na suposição de que a pedra possa pensar que cai por livre-arbítrio. Para Espinosa, o absurdo está em que os homens não percebam que, exatamente como a pedra, eles também operam por necessidade de sua natureza. Enquanto coisas naturais, pedra e homem não se distinguem segundo a oposição entre necessidade e liberdade.

Todavia, a reviravolta maior ainda está por vir. Espinosa prossegue:

> A experiência nos ensina bastante que nada há de que os humanos sejam menos capazes do que moderar seus apetites e, frequentemente, às voltas com afetos contrários, veem o melhor, mas fazem o pior. No entanto, acreditam-se livres porque há certas coisas que neles excitam um leve apetite que pode ser facilmente contra-arestado pela memória de uma outra coisa de que nos lembramos mais amiúde.[42]

Essa passagem é extraordinária. Se, ao começar, Espinosa deixara transparecer que somente Deus poderia ser dito livre e se, ao prosseguir, indicara que a imaginação concebe a liberdade a partir dos apetites da criança faminta e do menino irritado-intimidado, isto é, da visão infantil da independência, na qual a liberdade é experimentada como decisão voluntária, e da visão dos intemperantes que se arrependem de seus atos, portanto, da liberdade experimentada como impulso desacorrentado, agora, porém, mostra que possuímos duas crenças exatamente inversas da liberdade: ou cremos que somos livres porque não temos força para dominar um afeto que sabemos ser o pior e nossa liberdade é o que nos arrasta à ruína, ou, inversamente, cremos que somos livres quando nosso apetite é tão fraco que podemos domá-lo com lembranças contrárias (referência crítica a um dos remédios contra o poderio da paixão proposto por Descartes no *Tratado das paixões da alma*).[43] Em outras palavras, estamos divididos entre o agostinismo da primeira crença e o cartesianismo da segunda (na qual vem inserir-se, sorrateira, a versão vulgar do epicurismo).

O percurso está completo. Espinosa considera encerrada a exposição de suas ideias sobre a necessidade livre e a coagida e sobre a liberdade humana imaginária e, dirigindo-se a Schüller, conclui: "Com isso as objeções de teu amigo estão respondidas". De fato, escreve ele, se, com Descartes, teu amigo considera livre o homem que não é coagido por nenhuma causa externa e se por coagido ele entender agir contra a vontade, deve-se conceder que, em muitos casos, não somos coagidos e que, sob este aspecto, temos livre-arbítrio. Porém, se por coagido teu amigo entender agir necessariamente, mesmo que não seja contra a vontade, é preciso negar, como já explicado, que sejamos livres seja no que for. Em outros termos, se Tschirnhaus mantiver a distinção tradicional entre agir por natureza = agir por necessidade, agir por vontade = agir por liberdade, opondo necessidade e liberdade e identificando necessidade e coação, então, de fato, não somos livres em coisa alguma. São, pois, os pilares e os andaimes da tradição do livre-arbítrio que acabam ser postos por terra.

Curiosamente, Espinosa não encerra a carta neste ponto, embora tenha dado por encerrada a resposta às objeções de Tschirnhaus. O prosseguimento indica que passamos agora da resposta às objeções de Tschirnhaus à refutação das teses do missivista, Espinosa tornando-se, agora, o objetor.

Esse momento final da Carta 58 se desdobra em quatro movimentos, nos quais o exemplo de Tschirnhaus, isto é, a ação de escrever uma carta, é reexaminado: no primeiro, Espinosa comenta a ideia de consciência, proposta por Tschirnhaus; no segundo, retoma a ideia de coação para mostrar por que, em certas circunstâncias, Tschirnhaus não sentiria o impulso para escrever e, em outras, o sentiria; no terceiro, opondo-se implicitamente à suposição de que sua filosofia seria fatalista, examina as ideias de virtude e maldade; e no último, lança a Tschirnhaus um repto, desafiando-o a resolver racionalmente uma dificuldade deixada por Descartes, qual seja, como conciliar o livre-arbítrio humano e a pré-ordenação divina.

Espinosa recomeça:

Teu amigo objeta que "podemos exercitar muito livremente nossa razão, isto é, usá-la absolutamente" e persiste nessa asserção com muita confiança, para dizer o mínimo. Pois, diz ele, "quem poderia dizer, sem ir contra o testemunho de sua própria consciência, que com meus pensamentos posso pensar que quero ou não quero escrever?". Eu gostaria muito de saber de qual consciência está falando, afora aquela que ilustrei com o exemplo da pedra.[44]

Tenho consciência de que por mim mesmo, pelo poder de meu pensamento posso querer ou não querer escrever, diz Tschirnhaus. Retruca Espinosa: em que isso difere da pedra pensante? Se esta tivesse consciência diria que cai porque quer cair. O importante, aqui, é o deslocamento sofrido pela consciência, isto é, ser consciente de algo não significa conhecer isso de que se tem consciência e, sobretudo, ter consciência não significa dispor de poder absoluto de pensamento.[45] Todavia, tendo indagado o que Tschirnhaus entende por consciência, Espinosa prossegue, explicando o que ele próprio entende por ela:

> De minha parte, para não contradizer minha consciência, isto é, a razão e a experiência, e para não alimentar preconceito e ignorância, nego que, por um absoluto poder do pensamento possa pensar que quero ou não quero escrever. Mas apelo para a consciência de teu amigo que, sem dúvida, experimentou em sonhos que ele não tem o poder para pensar que quer ou que não quer escrever, e que quando sonha que quer escrever não tem o poder para não sonhar que quer escrever. Creio que também experimentou que a mente não está sempre igualmente apta a pensar algum objeto, mas, conforme o corpo esteja mais apto a excitar a imagem desse ou daquele objeto, a mente está mais apta a contemplar esse ou aquele objeto.[46]

Espinosa identifica "minha consciência" com a razão e a experiência. Essa identificação possui dois sentidos principais. Em primeiro lugar, significa que a razão e a experiência mostram o mesmo, isto é, que não é por um poder absoluto do pensamento que se pode pensar no que se quer ou não se quer fazer, uma vez que pensar e querer são o mesmo, pois uma ideia é sempre uma volição singular. Em outras palavras, o intelecto não é o poder absoluto de conduzir a vontade, visto que um pensamento é uma volição. Por isso quem sonha que quer escrever não pode simultaneamente sonhar que não quer escrever. Em segundo lugar, a razão, tanto no *Breve tratado* como no *Tratado da emenda do intelecto*, é o conhecimento das causas pelos efeitos (pois somente a intuição é o conhecimento a priori dos efeitos pelas causas) e, sob esse aspecto, ela opera exatamente como a experiência, a saber, ambas vão dos efeitos às causas. Por esse motivo, embora invoque a razão, Espinosa sugere a Tschirnhaus que examine a experiência para nela mesma encontrar a refutação de sua própria tese. Qual a experiência sugerida? Aquela que todo cartesiano é capaz de compreender: a do sonho.[47]

Espinosa afirma que aquele que sonha que pensa que quer escrever não pode, ao mesmo tempo, sonhar que pensa que não quer escrever. Ou seja, em lugar de distinguir sonho e vigília pela ausência (nele) ou presença (nela) de determinações do pensar e do querer, afirma que a causalidade eficiente é a mesma no sonho e na vigília. A experiência do sonho não é a do poder absoluto de escolher entre querer e não querer, entre o que se quer ou não se quer pensar ou fazer, mas da completa determinação do sonhador pela causalidade corporal e pela causalidade psíquica. Assim como não é experiência de uma vontade desligada do pensamento (ainda que este seja imaginação), o sonho também não é experiência do desligamento entre o corpo e a mente que, liberada das amarras corporais, sonharia simultaneamente o que quer e o que não quer. Pelo contrário, a situação do sonho é exatamente a mesma que a da vigília, isto é, a mente está determinada a pensar em consonância com as imagens excitadas em ou por seu corpo, pois ela não é senão ideia das afecções de seu corpo próprio.

Descartes invocara a experiência do sonho para com ela quebrar a resistência à dúvida. Era preciso prosseguir duvidando do sensível, argumentava o meditante, porque temos uma experiência costumeira e frequente, a do sonho, na qual cremos ter um corpo, que há uma lareira acesa, um papel diante dos olhos. Podemos, pois, sonhar que escrevemos uma carta crendo que realmente a escrevemos. A experiência do sonho fora invocada por Descartes depois de haver afastado outro argumento que, aparentemente, também poderia justificar a necessidade de duvidar: o da loucura.[48] Esta, porém, fora afastada não por ser fantasiosa, pois o sonho também o é, e sim por desqualificar o direito do meditante de exercer a dúvida sobre o sensível, uma vez que o *demens* é, juridicamente, aquele que não está qualificado para atos judiciais, civis e religiosos. Ao contrário da loucura, o sonho é o que acontece frequentemente a qualquer um que seja homem. Embora duvidar profundamente signifique chegar a ponto de não mais saber se se está dormindo ou desperto e embora o sonhador pareça não se distinguir do demente que imagina ser rei ou ter um corpo de vidro, todavia, o sonho, tal como Descartes o apresenta, tem a peculiaridade de, aqui e agora, ser idêntico à vigília — o que o meditante, agora, coloca como sonho, foi exatamente o mesmo que, há pouco, ele colocara como percepção: seu corpo, o fogo na lareira, o papel diante dos olhos. Percebemos no sonho o mesmo que percebemos na vigília e por isso parece impossível distingui-los. A loucura, porém, é uma experiência inteiramente diversa da percepção, pois se na primeira cremos ser rei ou ter um corpo de vidro, no segundo, costumeiramente, não percebemos sermos rei ou termos um corpo de vidro, e se assim sonhamos, essas imagens se desfazem com o despertar. É a distância intransponível entre sanidade e loucura, de um lado, e, de outro, a identidade entre a experiência perceptiva e a onírica que estão afirmadas pela Primeira Meditação.[49] É esse o ponto que interessa a Espinosa.

De fato, retomando o exemplo de Tschirnhaus — querer ou não querer escrever a carta — e deslocando-o para o sonho — sonhar que se quer ou não se quer escrever a carta —, Espinosa afirma que os dois casos são idênticos e que, se não fossem, seríamos dementes. A identidade das duas experiências é assim apresentada: em ambas não posso ao mesmo tempo querer e não querer escrever a carta e não posso sonhar simultaneamente que quero e não quero escrever a carta. Se no sonho houvesse tal simultaneidade, não haveria diferença entre sonho e loucura, isto é o princípio de não contradição deixaria de vigorar.

Ora, a esse percurso nitidamente cartesiano, vem, no entanto, acrescentar-se o aspecto propriamente espinosano. De fato, apesar da identidade básica (presença do princípio de não contradição), poder-se-ia supor que a diferença entre a experiência perceptiva e a onírica seria de dois tipos: ou na percepção estamos determinados por causas externas, de tal maneira que não podemos deixar de querer escrever a carta, enquanto no sonho temos a vontade livre para escolher entre escrevê-la ou não; ou, ao contrário, na percepção temos a liberdade de escolher escrever ou não escrever a carta, enquanto no sonho somos determinados a escrevê-la ou a não escrevê-la. Em outras palavras, as alternativas seriam: ou a liberdade da vontade se exerce apenas na experiência da vigília e a da necessidade ocorre no sonho, ou a necessidade opera apenas na experiência da vigília e a da liberdade da vontade acontece no sonho. São essas alternativas que Espinosa rejeita porque seu pressuposto é exatamente o mesmo da loucura.

Com efeito, o que ensina a experiência do sonho? Que justamente ali onde se imaginaria o poder absoluto da coisa pensante para querer e não querer, ali mesmo ela está determinada pelas imagens corporais a afirmar ou negar algo. E afirmar ou negar não é um ato do juízo realizado pela vontade, mas simplesmente a identidade entre ideia e volição. O sonho não é, pois, uma exceção às regras da vigília. Evidentemente, Espinosa não diz que o sonho é uma ação do corpo sobre a mente, e sim que no sonho a mente continua ligada ao seu corpo e às imagens que ele produz ou evoca e, por conseguinte, ela não exercita um poder absoluto de pensamento, mas continua envolvendo o que se passa em seu corpo. O sonho é a continuação da vigília em outra maneira e não uma ruptura da estrutura da relação mente-corpo, pois se assim fosse, dirá o escólio da proposição 2 da Parte III da *Ética*, teríamos que supor que a mente possui duas liberdades, a da fantasia onírica (*phantastica*) e a da vigília.[50] Suposição, aliás, que nos faria "sonhar acordados" (*vigilando somniare*) quando, despertos, imaginamos que possuímos o poder absoluto de escolher escrever ou não escrever uma carta. Donde ser preciso concluir que a consciência ou é a razão (que conhece as causas pelos efeitos) e a experiência (que conhece os efeitos), ou é preconceito e ignorância, se contradisser a razão e a experiência.

Todavia, Tschirnhaus não negou que houvesse causas que o levaram a querer escrever ou não escrever, e Espinosa precisa, agora, examinar os argumentos de seu correspondente. De fato, escreve ele, Tschirnhaus afirma que houve causas que o levaram a querer escrever, mas que elas não o constrangeram a fazê-lo. Indaga Espinosa: que quer dizer com isso? Que Tschirnhaus está distinguindo entre inclinação e vontade, isto é, entre uma causa que inclina sem coagir ou determinar e a própria vontade. Na verdade, porém, retruca Espinosa, ao afirmar a presença de causas não constrangedoras, nada mais diz senão que seu ânimo estava num estado em que causas que, noutra ocasião, não o impulsionaram a escrever porque estavam em conflito com outras, por exemplo, um forte afeto, puderam, nesse momento, facilmente vergá-lo. Em outras palavras,

> causas que não puderam constrangê-lo noutra ocasião, de fato o constrangeram agora, não para escrever contra sua vontade e sim para necessariamente desejar escrever.[51]

O primeiro aspecto relevante dessas observações de Espinosa encontra-se na mudança de referencial: em lugar de referir-se à mente de Tschirnhaus, refere-se ao seu ânimo. Essa mudança é duplamente necessária para o argumento: em primeiro lugar, estamos passando da suposição de uma vontade livre com poder absoluto para escolher a um desejo determinado por causas afetivas; em segundo, ao passar da consciência como vontade ao desejo, estamos na região dos afetos (como indicam os verbos empregados agora por Espinosa: *impulsare, flectere, conflictare*, impulsionar, vergar, conflitar) os quais são causas eficientes dos efeitos que aparecem à consciência, que, entretanto, pode imaginar-se como causa absoluta deles. Isso leva Espinosa a recolocar para o caso da escrita o que já dissera sobre a força ou fraqueza dos afetos, acrescentando que o conflito entre um afeto forte e o desejo de escrever determina não escrever, se tal desejo for mais fraco do que o afeto, e a concluir que a fraqueza temporária de causas que determinariam a escrever pode ser suplantada quando o conflito afetivo desaparece ou quando o afeto forte enfraquece, e que, portanto, ao escrever, alguém não o faz contra a vontade e sim por necessariamente desejar fazê-lo. Ao aspecto negativo da vontade constrangida — o "contra a vontade" — contrapõe-se a positividade do desejo — o "necessariamente desejar".

Percebe-se, portanto, que para Espinosa é irrelevante dizer que uma operação foi feita com consciência ou por vontade ou, ainda, contra a vontade, pois o essencial é que ela se faça necessariamente, quer tenhamos ou não consciência de suas causas, quer suponhamos ou não que a realizamos voluntariamente. A questão não se coloca como oposição entre o consciente / voluntário e o necessário, e sim entre a imagem de um poder absoluto de autodeterminação e a experiência da determinação necessária de nossas operações e ações. Em outras palavras, não agimos por vontade e sim por desejo, pois o desejo é a causa eficiente necessária de nossas ações. Se ele for internamente determinado pela necessidade de nossa natureza, nossa ação é livre; se ele for comandado pela força das causas eficientes externas, nossa ação não é livre.

Isso, sem dúvida, conduz ao problema que interessa a Tschirnhaus: em que medida a necessidade não contradiz a virtude ou não a torna impossível?

> Quando ele diz que "se fôssemos constrangidos por causas externas ninguém poderia adquirir o estado de virtude", não sei quem lhe disse que não podemos ter um ânimo firme e constante por necessidade fatal, mas somente por um livre decreto da mente. Quanto à sua observação final, "isto posto, toda maldade seria escusável", pergunto: de onde segue isso? Os homens maldosos não são menos temíveis nem menos perigosos quando são necessariamente maldosos. A esse res-

peito, leia, por favor, o Apêndice aos livros I e II dos *Princípios* de Descartes, Parte II, capítulo 8.⁵²

Espinosa começa indagando de onde Tschirnhaus tirou a ideia de que a necessidade impede a firmeza e constância do ânimo, que seriam alcançadas apenas por um livre decreto da mente, e quem lhe teria dito que, se tudo o que fazemos é necessariamente determinado por causas externas, a virtude não é alcançada, os maus estão desculpados e os bons, não recompensados.

Estamos no mesmo universo das objeções de tantos outros correspondentes e leitores de Espinosa, que insistem em dizer que se formos sempre e necessariamente determinados por causas externas jamais seremos livres para responder por nossa virtude ou por nosso vício e não seremos justificados nem condenados. A necessidade, sublinham eles, é incompatível com a moralidade e justificadora do vício e da maldade. Não há liberdade no pensamento de Espinosa, concluem, porque não há liberdade numa filosofia fatalista. A resposta de Espinosa, aqui, é a mesma que sempre endereça a outros correspondentes e leitores: a necessidade não se situa apenas na sequência das causas externas, mas também se encontra na ordem e conexão interna das afecções corporais e das operações mentais, de sorte que a liberdade não se situa fora da ordem natural necessária; trata-se, portanto, de distinguir entre a necessidade como determinação externa e como disposição interna do agente. Além disso, a necessidade (entendida como definição da própria essência do agente) não exclui a firmeza e constância do ânimo, mas a põe muito mais fortemente; e os maus são temíveis e perigosos em quaisquer circunstâncias.

Por que, para fazer-se entender, Espinosa envia Tschirnhaus ao capítulo 8 da Parte II dos *Pensamentos metafísicos*? Essa remissão parece curiosa, pois esperaríamos que enviasse seu correspondente ao capítulo 12 da segunda parte do opúsculo, em que trata da mente humana e da vontade, e não ao capítulo 8, cujo tema é a vontade de Deus.⁵³ Remetendo Tschirnhaus a esse texto (de onde, com certeza, partira Blijenberg), Espinosa indica que a discussão sobre a liberdade pressupõe questões teológicas, e que estas deram origem às questões do correspondente (como originaram as de Blijenberg). Assim, as indagações de Espinosa — Quem lhe disse isso? De onde tirou isso? De onde segue isso? — têm como resposta: isso vem da tradição religiosa e teológica.

Podemos também compreender por que é feita remissão ao capítulo 8 da

Parte II dos *Pensamentos metafísicos*, se o compararmos a um outro texto, ainda que bem mais tardio do que o de Espinosa, que, contra a filosofia espinosana, expõe tanto ideias que constituem o campo do cartesianismo como aquelas instituídas há muito pelo campo teológico, particularmente o reformado.

Em 1691, Geulincx publica uma de suas derradeiras obras, a *Metaphysica Vera*, cujo teor antiespinosano é evidente. Ali, ao definir a liberdade divina, afirma que só pode ser dito livre aquele que se determina a si mesmo para a ação, sem ser constrangido por qualquer necessidade. Dessa definição, deduz, em primeiro lugar, que Deus não é livre para ser ou não ser, pois seu ser é necessário; mas, em segundo, distinguindo entre ser e poder, afirma que o poder divino é livre porque não é constrangido por necessidade alguma e que com essa liberdade criou o mundo e o homem. Estabelecida a distinção entre o ser e o poder de Deus, Geulincx estabelece uma distinção entre o necessário e o livre que possa dar conta das verdades eternas como necessárias (ou seja, repõe uma das questões cartesianas por excelência). De fato, escreve ele retomando os clássicos exemplos de Descartes, que dois e três façam cinco, que um círculo tenha superfície ou que uma montanha tenha um vale, é necessário, ainda que Deus o queira livremente, pois são verdades que procedem da natureza necessária de Deus, isto é, de seu intelecto. Em contrapartida, nosso corpo e seus movimentos, nosso pensamento e suas ideias não possuem necessidade alguma, senão aquela que a vontade livre de Deus assim quis, sendo prova de sua contingência o simples fato de que não existiram sempre e desaparecerão um dia. Em outras palavras, a necessidade encontra-se no ser e no intelecto de Deus, mas a contingência que reina no mundo procede da livre vontade divina:

> Este [o movimento corporal e o anímico], portanto, é da ordem das coisas contingentes porque pode também não ser, porque houve um tempo em que ele não era e é necessário que um dia ele não tenha sido. Com isso, está dada a definição da contingência [...]. Do fato de que essas coisas não são necessárias, é preciso aqui uma determinação da vontade para que elas sejam em vez de não ser, pois por si mesmas não teriam como ser. É exatamente o contrário do que se passa para a montanha e seu vale, para o círculo e a superfície: tais coisas são e é impossível que sejam outramente e por isso elas não precisam de nenhuma vontade prévia para determiná-las, mas apenas do intelecto de Deus; é esta a necessidade que as constitui. [...] Donde se pode ver a notável diferença entre coisas necessárias e contingen-

tes: enquanto as primeiras dependem imediatamente da natureza ou intelecto de Deus (ainda que ao depois venha acrescentar-se sua vontade, seu assentimento), as segundas dependem inicialmente dessa vontade, sem que nenhuma necessidade tenha podido precedê-la em sua natureza ou intelecto. Vê-se, pois, que a fonte de toda contingência nas coisas não é senão a liberdade de Deus.[54]

O necessário e o contingente se distinguem por dois critérios: o primeiro afirma que o necessário é eterno e decorre imediatamente do intelecto de Deus, enquanto o contingente é temporal e decorre da vontade divina; o segundo critério decorre do anterior, qual seja, a contingência tem origem na liberdade de Deus. Geulincx sabe que essa afirmação pode levar à suposição de que o mundo e o homem foram criados por liberdade de indiferença. Para evitar esse risco, introduz o tema tão caro a Leibniz, isto é, o papel da bondade na determinação da vontade divina. Todavia, não pode correr um novo risco, isto é, que "essa bondade faça as vezes da necessidade". Por isso, imediatamente, acrescenta que a bondade divina não elimina nem afeta a contingência:

> Pois essa bondade, isto é, essa inclinação que leva a fazer o preferível, a aplicar-se sempre ao melhor, não apaga a liberdade porque ela é posterior à vontade e, assim, perfeitamente compatível com a liberdade: nada lhe falta para ser melhor e para dirigir-se ao que julgou conveniente.[55]

Como era de esperar, a distinção entre necessário e voluntário leva, de imediato, à distinção entre natural e livre. É natural, explica Geulincx, o que depende do intelecto ou natureza de Deus e não previamente de sua vontade, pois o natural é "uma regra do intelecto e não um decreto da vontade". Todavia, é um erro estender o âmbito do natural às coisas que seguem da vontade divina, pois não são consequências de premissas de uma demonstração matemática. O alvo é claro — a filosofia de Espinosa —, mas Geulincx pretende atingir Espinosa sem mencionar seu nome e atribui aos estoicos a indevida amplitude dada ao natural e ao necessário:

> Os principais responsáveis e mais notáveis protagonistas desse erro são os estoicos, que queriam que fossem igualmente necessárias e naturais todas as coisas, fossem quais fossem, e que consideravam que algumas são tidas por nós como contingen-

tes em decorrência de nossa ignorância quanto à demonstração que as prende a seus princípios necessários [...]. Pelo mesmo preconceito sustentaram que é agora necessário que tenhas diante de ti esta folha e decifres seus caracteres, não somente por uma necessidade hipotética ou de consequência, como todos podem admitir sem dificuldade, mas por uma necessidade absoluta [...]. Embora não queira aqui entrar em disputa com ignorantes nem discordar dos doutos, é inegável que podemos ter por contingentes coisas necessárias por desconhecermos suas demonstrações, mas julgo perfeita inépcia querer estender isso a todas as coisas sem distinção e apagar de um só golpe toda contingência.[56]

Ora, o capítulo 8 dos *Pensamentos metafísicos*, cuja leitura Espinosa recomenda a Tschirnhaus, começa explicando por que intelecto, vontade e potência são idênticos em Deus, que este não age por uma vontade anterior ao intelecto nem por uma vontade posterior ao intelecto e guiada por este, e que a potência divina não é uma causa que causa contingentemente os efeitos por uma escolha voluntária de coisas possíveis, que se tornam necessárias somente depois dessa escolha.[57] A partilha entre o necessário e o contingente, que Guelinxc pretendia estabelecer pela distinção entre o intelecto e a vontade divinos, cai por terra. Espinosa mostra, então, que tudo o que é, é necessário, podendo ser necessário pela essência (como o ser de Deus) ou pela causa (como o ser das coisas singulares finitas). Assim, de maneira mais alongada, Espinosa expõe ali o que se encontra condensado na definição da coisa livre que ofereceu a Tschirnhaus — a liberdade da potência divina é a ação que segue necessariamente de sua essência ou de sua natureza e não um ato supostamente voluntário. Em outras palavras, se compararmos a exposição de Geulincx e a de Espinosa, perceberemos que, quando Tschirnhaus apresentou a definição cartesiana de liberdade, seu pressuposto era a distinção entre intelecto e vontade.

Na sequência do capítulo 8 dos *Pensamentos metafísicos*, são examinadas objeções que seriam feitas por um leitor cristão, ou seja, aquelas mesmas apresentadas por Tschirnhaus (e nas quais se fixara Blijenberg). Se tudo é necessário porque a vontade (ou poder) e a potência de Deus são idênticas, objetaria o leitor cristão, como explicar que ele ame ou odeie algumas coisas? Se tudo é necessário porque a potência é idêntica à vontade de Deus, por que Ele exorta os homens à salvação e pune os ímpios?

À primeira objeção, Espinosa responde com um dos mais caros textos para um cristão reformado, a Epístola de Paulo aos Romanos (que, como vimos, fora tacitamente pressuposta na correspondência com Blijenberg):

> Ele tem compaixão daquele que Ele quer, e endurece aquele que Ele quer. Dize-me, então, por que te queixas ainda? Pois quem é aquele que pode resistir à Sua vontade? Mas, na verdade, ó homem, quem és tu para contestar Deus? Vai acaso a obra dizer ao artífice: por que me fizeste assim? O oleiro não tem sobre a argila o poder para fazer com a mesma massa tanto um vaso para uso nobre, como um outro para uso vil? (Rom 9, 19-21).

Implicitamente, Espinosa lança um repto: quem és tu, ó cristão, para contestares a explicação racional daquilo que confusa e cegamente aceitas pela fé? Não é um artigo de fé que somos como a argila nas mãos do oleiro? Por que a predestinação, ensinada pela fé, seria mais verdadeira do que a necessidade, demonstrada pela razão?

À segunda objeção, Espinosa também responde com as Escrituras. Se se perguntar se Deus poderia salvar os homens sem qualquer exortação, deve-se dizer que sim. Mas, então, por que não o faz?

> Responderei a isso quando me explicarem por que Deus não fez o mar Vermelho transponível sem recorrer a um forte vento do leste e por que não realiza todos os movimentos singulares uns sem os outros e uma infinidade de coisas que produz pelo concurso de causas.[58]

A resposta consiste em afirmar que todos os acontecimentos, mesmo os que são tidos por extraordinários, são naturais e dependem do concurso das causas naturais. Todos os movimentos, sejam ele quais forem, se realizam segundo a necessidade das leis naturais — a abertura do mar Vermelho foi efeito de uma causa natural, o forte vento do Leste — e cada acontecimento singular decorre de um nexo e de uma ordenação necessária de causas, sem o que não poderíamos falar em Natureza. Por conseguinte, aquele que se salva ou aquele que se perde não faz senão seguir as leis naturais, isto é, as leis de sua própria natureza. Isso, evidentemente, suscita uma nova objeção: por que Deus pune os ímpios, se simplesmente seguem as leis de Sua natureza, decretadas por Ele?

Respondo também que é por decreto divino que são punidos, e se forem punidos aqueles que imaginamos pecar por força de sua liberdade, por que, então, os homens se esforçam para exterminar as serpentes venenosas, se estas pecam por causa de sua natureza própria e não podem fazer doutra maneira?[59]

Essa resposta contém dois argumentos: o primeiro, que se costuma designar com a expressão "justiça imanente", afirma que a punição dos viciosos está inscrita no próprio vício. Basta lembrarmos como, na abertura do *Tratado da emenda do intelecto*, Espinosa apresenta os efeitos danosos (por vezes mortais) para aquele que se lança numa busca desenfreada de honra, riqueza e prazer. Não é preciso esperar um julgamento após a morte para que a punição sobrevenha: ela sobrevém pela força necessária da causalidade natural (ou o "decreto divino"), quando, nos exemplos oferecidos pelo *Tratado da emenda do intelecto*, a busca desenfreada e desmedida de reputação faz matar e morrer, a de riqueza inunda o avaro de tristeza e temor, a de prazer sensual provoca tédio, desencanto ou melancolia. O segundo argumento é irônico: se a punição ou a condenação atinge o maldoso para afirmar sua responsabilidade pelo ato perverso, pois cometido por livre vontade, então não há como explicar que os homens matem animais venenosos e perigosos, uma vez que o são por natureza e não por vontade. Os *Pensamentos metafísicos* afirmam, portanto, o mesmo dito a Tschirnhaus, qual seja, os maldosos, como certos animais, são perigosos e temíveis em quaisquer circunstâncias. A necessidade natural não exclui a percepção do bom e do mau, simplesmente dá-lhe um sentido novo cujo pressuposto é o abandono da imagem antropocêntrica da ordem e perfeição da Natureza, imaginada como artefato divino que opera em vista do útil e do bom para os homens, imagem que torna incompreensível ou enigmática a existência de coisas e acontecimentos prejudiciais aos humanos.[60]

O abandono dessa imagem está indicado no texto dos *Pensamentos metafísicos* quando Espinosa trata como idênticas as "causas naturais", as "leis naturais" e as "leis de sua própria natureza". De fato, essa identificação derruba a distinção entre ser determinado por causas externas e ser determinado por causas internas — núcleo da objeção endereçada por Tschirnhaus ao suposto fatalismo de Espinosa —, na medida em que, externas ou internas, as causas são sempre necessidade natural e não admitem a oposição entre necessidade (causa externa) e liberdade da vontade (causa interna não submetida à necessidade natural).

Colocando-se, a seguir, na posição de objetor, Espinosa conclui a carta propondo uma questão a Tschirnhaus:

> Por fim, gostaria que teu amigo, que me faz tais objeções, me respondesse como reconcilia a virtude humana, nascida de um livre decreto da mente, com a preordenação de Deus. Se, com Descartes, admite que não sabe conciliá-los, então ele mesmo está traspassado pelo dardo que se esforçava em lançar contra mim. Tentativa frustrada. Pois se examinar com ânimo atento meu parecer, verá que nele tudo é congruente.[61]

Um filósofo volta a atenção do ânimo para os ensinamentos da razão. Um cristão submete o ânimo aos ensinamentos das Escrituras. Um filósofo cristão sabe que não pode haver contradição entre ambas. Por conseguinte, de duas uma: ou há livre-arbítrio e não há preordenação divina da vida humana, ou há necessidade universal e não há livre-arbítrio. Mas um filósofo cristão — Descartes, no caso — não pode tirar essa conclusão e precisa afirmar que ignora como se conciliam livre-arbítrio e preordenação. Ora, a escolha da Epístola aos Romanos e o exemplo da abertura do mar Vermelho por causas naturais indicam por que na posição de Espinosa, como ele mesmo afirma, "tudo é congruente"[62] e o livre-arbítrio da vontade é uma das "tolices que o vulgar imagina".

3. A POTÊNCIA DA MENTE HUMANA

a. O Prefácio da Ética V

Ao encerrar a *Ética*, o *De libertate* recolhe, sob a perspectiva da ação intelectual, todo o percurso realizado desde o *De Deo*. Seu título — "Da potência do intelecto ou da liberdade humana", estabelecendo a identidade entre a potência do intelecto e a liberdade, deixa indicado que Espinosa não identificará liberdade e potência da vontade. Justamente por isso o núcleo do Prefácio da *Ética* V é a crítica à suposição dos estoicos e de Descartes de que a vontade teria *imperium absolutum* sobre os afetos.

O Prefácio se abre com um exórdio no qual Espinosa apresenta o tema e o escopo da parte final da obra e delimita o campo no qual esse escopo se realizará. Seu tema: a maneira ou via que conduz à liberdade humana. Seu escopo é triplo: tratar da potência da razão, demonstrando o que ela própria pode quanto aos afetos; demonstrar o que é a liberdade da mente ou a felicidade; e mostrar quanto o sábio é mais potente do que o ignorante. A delimitação diferencia o *De libertate* de duas artes que, desde a Antiguidade, estiveram tradicionalmente articuladas à moral: a lógica (ou a arte de bem pensar) e a medicina (ou a dietética e a arte de curar),[63] uma vez que Espinosa não tratará de como e por qual via aperfeiçoar o intelecto[64] nem da arte de cuidar do corpo para que realize retamente seu ofício:

> Portanto, aqui só tratarei da potência da razão e mostrarei, antes de mais nada, de que grau e qualidade é o império que tem sobre os afetos para coibi-los e moderá-los. Pois não temos sobre eles um império absoluto.*

"Antes de mais nada": por que a prioridade da elucidação do que pode a mente humana sobre os afetos? Porque, como fora dito no Prefácio da Parte III, "até hoje, ninguém determinou a natureza e força dos afetos e o que pode a mente humana para moderá-los", disso resultando a suposição de que nossa vontade teria sobre eles império absoluto. Dessa maneira, o exórdio anuncia a sequência do Prefácio, pois se trata de mostrar quem faz essa suposição, isto é, os estoicos e Descartes. Assim, aqueles que o Prefácio da *Ética* III designou como "homens eminentes" tornam-se agora alvos da crítica de Espinosa.

No caso dos estoicos, a suposição de que a vontade guiada pela razão exerceria império absoluto sobre as paixões decorre de uma outra, a de que os próprios afetos dependem da vontade, uma vez que todo afeto é paixão, e esta, opinião equivocada sobre o bom e o mau, cuja causa é a vontade dobrada pelo apetite. É por ser causa dos afetos que ela tem sobre eles poder absoluto, podendo imperar sobre eles porque são efeitos seus e se explicam por ela. Assim, o que funda o poder imperial da vontade é sua condição de causa, pois, pelo axioma 4 da Parte I, "o conhecimento do efeito depende do conhecimento da causa e o envolve" e, como enunciará o axioma 2 da Parte V, "a potência do efeito é definida pela potência de sua causa, na medida em que sua essência se explica ou se

---

* E V, Prefácio.

define pela essência de sua causa". Todavia, explica Espinosa, exatamente a suposição de uma causalidade voluntária obrigou os estoicos a rever sua doutrina "não por seus princípios e sim pelos protestos da experiência", que lhes mostrou "quanto exercício e quanta disciplina (*usum et studium non parvum*) são requeridos para moderar e conter os afetos". Para confirmar os protestos da experiência, Espinosa opera uma amplificação da prova, trazendo um exemplo: "alguém, se bem me lembro", se esforçou para mostrá-lo invocando o caso de dois cães, um de caça e outro doméstico, que foram submetidos a duros treinos até que adquirissem hábitos contrários às suas naturezas, o de caça tornando-se dócil e o doméstico, bravio. Não sabemos quem é o "alguém" mencionado.

Que pretende Espinosa ao trazer um exemplo de animais e não de humanos dotados de vontade e razão? Não seria o exemplo improcedente? O importante, porém, é seu sentido à luz da teoria estoica da vontade racional como o agir de acordo com a natureza do agente. Se, pelo treino e pela disciplina, formam-se hábitos contrários à tendência espontânea da natureza dos dois cães, será preciso admitir que o império conseguido sobre suas naturezas depende de submetê-las a algo que lhes é exterior (o treinador). Visto que, segundo os estoicos, nossa natureza é mescla de apetite cego e vontade racional, esta só terá o império absoluto sobre aquele desde que, por meio do hábito, consiga eliminar o *páthos*, pois a máxima estoica, como sabemos, é desejar não desejar. Em outras palavras, trata-se de contrariar a natureza mista do agente, opondo o que ele é, quer ou faz ao que ele deve ser, querer ou fazer, de maneira que a definição da liberdade como agir de acordo com a natureza do agente exclui desta a afetividade, que, entretanto, também constitui essa natureza. Ora, se é pela força do hábito e não por uma livre decisão da vontade que os afetos são dominados, então a experiência protesta contra a teoria estoica. Para compreendermos a crítica de Espinosa, precisamos mencionar quem é o "alguém" que teria trazido à baila o exemplo dos dois cães: Descartes. No artigo 50 do *Tratado das paixões da alma* (que ocupará longamente a atenção de Espinosa), lemos:

> Assim, quando um cão vê uma perdiz, é naturalmente levado a correr em sua direção e quando ouve um tiro de fuzil, tal ruído o leva a deter-se, e o ruído que ouve depois quando alguém atira numa perdiz o leva a correr para ela. Essas coisas são úteis de saber para encorajar cada um de nós a observar suas paixões, pois dado que pode, com um pouco de engenho, mudar os movimentos do cérebro nos ani-

mais desprovidos de razão, é evidente que se pode fazê-lo melhor ainda nos homens, e que mesmo os que possuem as almas mais fracas poderiam adquirir um império absoluto sobre todas as suas paixões, se empregassem bastante engenho em domá-las e conduzi-las.[65]

À luz do que escreve Descartes, a crítica espinosana aos estoicos é clara: se um efeito envolve a natureza de sua causa, se a potência do efeito se explica pela potência de sua causa e se a experiência mostra que a vontade não tem potência para espontaneamente moderar e coibir os afetos é justamente porque ela não é a causa deles. Não é como causa que ela teria o império sobre os afetos e sim como um poder exterior a eles, de natureza diversa da deles e que se exerce como adestramento ou amansadura. Nas entrelinhas, está escrita a tese espinosana: um afeto só pode ser contido, suprimido ou moderado por um outro, mais forte e contrário; a vontade estoica, eliminando o desejo, não é esse afeto.

A crítica a Descartes é muito mais severa porque os princípios teóricos cartesianos são teoricamente contestados sem que para tanto seja preciso qualquer recurso empírico: a metafísica, a fisiologia e a ética cartesianas estão em contradição recíproca. O foco da crítica de Espinosa é, evidentemente, a maneira como Descartes concebe a união da alma e do corpo por meio da glândula pineal, graças à qual o corpo comunica seus movimentos à alma, permitindo-lhe uma relação com os corpos exteriores, e a alma, por sua vez, comunica às partes do corpo as decisões voluntárias para que ele opere em conformidade com elas.

Espinosa começa apresentando as ideias cartesianas de maneira a que o leitos possa perceber certa presença do estoicismo, estabelecendo, assim, uma continuidade textual entre o momento anterior do Prefácio e o seguinte. Por isso o ponto de partida é novamente o hábito. Julga Descartes que a mente

> sente todos os movimentos excitados no corpo, assim como os objetos exteriores e que a mente só porque (*eo solo*) ela quer, pode movê-los diversamente. Ele pensa que essa glândula está de tal maneira suspensa no meio do cérebro que o menor movimento dos espíritos animais pode movê-la. Sustenta também que essa glândula está suspensa no meio do cérebro de tantas maneiras diversas quantas maneiras diversas há para os espíritos animais se chocarem contra ela. E que, além disso,

nela se imprimem traços tão diversos quanto são diversos os objetos exteriores que impelem esses espíritos animais contra ela.*

O centro da argumentação de Espinosa encontra-se na afirmação cartesiana de que a mente, "só porque ela quer", pode alterar os movimentos corporais. De fato, a suposição de que os traços dos objetos externos se imprimem na glândula pineal é o ponto principal da teoria cartesiana porque essa impressão fará com que a própria glândula imprima nos espíritos animais movimentos que anteriormente não dependiam dela — trata-se da fundamentação fisiológica do automatismo corporal. Ou como diz Espinosa, Descartes sustenta que "cada vontade da mente está unida, por natureza, a um movimento preciso dessa glândula", de tal maneira que se, por exemplo, a vontade quer dirigir o olhar para um objeto distante, ela fará com que a pupila se dilate. Obviamente, a vontade não pode, como faculdade da *res cogitans*, dilatar a pupila (ou seja, produzir um efeito na *res extensa*), mas ela tem o poder de dirigir o olhar para esta ou aquela direção e, por sua íntima união com a glândula pineal, esta realiza um movimento pelo qual dilata ou contrai a pupila. Sabemos, entretanto, que após afirmar o automatismo corporal, Descartes precisa introduzir um elemento que assegure que a vontade não fique submetida a ele. Esse elemento, como para os estoicos, é o hábito,[66] porém agora entendido como um recurso com o qual os pensamentos alteram a ligação natural entre eles e os movimentos da glândula. Graças ao hábito, escreve Descartes, a alma pode separar os movimentos dos espíritos animais que lhe representam certos objetos e uni-los a outros muito diferentes, de tal maneira que "mesmo aqueles que possuem as almas mais débeis poderiam adquirir império absoluto sobre todas as suas paixões".[67] Colocando o hábito como decisão tomada pela vontade não subjugada pelo automatismo corporal, Descartes parece oferecer uma fundamentação teórica para aquilo que, nos estoicos, permanecera apenas como um protesto da experiência contra a teoria:

> Ele afirma, finalmente, que embora cada movimento dessa glândula pareça ter sido ligado por natureza, desde o começo de nossa vida, a cada um de nossos pensamentos, contudo eles podem pelo hábito (*per habitum*) ligar-se a outros, o que procura

---

* Ibid.

provar no artigo 50 das *Paixões da alma*. Conclui daí que nenhuma alma é tão débil que não possa, se bem dirigida, adquirir poder absoluto sobre as suas paixões.*

Além do artigo 50, Espinosa menciona o artigo 27, no qual as paixões são definidas como percepções, sentimentos e emoções da alma nela produzidos, corroborados e conservados pelos movimentos dos espíritos animais pela mediação da glândula pineal. Pelos artigos iniciais do *Tratado*, sabemos que embora a alma não possa causar os movimentos dos espíritos animais, pode alterar sua velocidade e direção, bem como as ligações entre eles e as percepções, os sentimentos e as emoções. Sendo assim, a conclusão é imediata, como explica Espinosa, parafraseando o artigo 50:

> Visto que a uma vontade qualquer podemos ligar um movimento qualquer da glândula e, por consequência, dos espíritos animais, e que a determinação da vontade depende só de nosso poder (*sola nostra potestate pendet*), então, se determinássemos nossa vontade por juízos certos e firmes e os ligássemos aos movimentos das paixões que queremos ter, adquiriríamos sobre elas um império absoluto.**

Tendo a vontade o poder (*potestas*) de alterar as ligações naturais entre os pensamentos e os movimentos dos espíritos animais e tendo ela o poder (*potestas*) para determinar a si mesma, bastará que, enquanto faculdade do juízo, ela se autodetermine por juízos certos e firmes e a eles ligue os movimentos das paixões "que queremos ter", para que adquira " sobre elas um império absoluto".

O percurso cartesiano que interessa a Espinosa se concentra nos artigos 45, 48 e 50 do *Traité*. No artigo 45, Descartes explica que, por motivos fisiológicos, a vontade não pode excitar nem suprimir diretamente as paixões, mas pode fazê-lo indiretamente por meio das representações das coisas que a razão lhe oferece e que costumam estar unidas às paixões que queremos ter e são contrárias às que queremos rejeitar. No artigo 48, ele distingue entre almas fracas e fortes pela distinção entre uma vontade que vem ao combate com "armas próprias", isto é, com "juízos firmes e determinados sobre o conhecimento do bem e do mal", e uma vontade comandada pelas próprias paixões, das quais ela empresta armas

---

* Ibid.
** Ibid.

que não lhe são próprias. Finalmente, no artigo 50 — com que mais longamente se ocupa Espinosa —, Descartes explica por que não há alma tão fraca que, bem conduzida, não possa adquirir poder absoluto sobre suas paixões, e desenvolve uma teoria do engenho e do hábito que podem mudar os movimentos do cérebro e permitem mesmo às almas mais fracas um império absoluto sobre todas as suas paixões, "se empregarem bastante engenho em domá-las e conduzi-las".

Exposta a teoria cartesiana, Espinosa inicia a crítica, que incide diretamente sobre a união substancial. Antes, porém, de nos acercarmos dessa crítica, convém lembrarmos que, no artigo 1 do *Traité*, Descartes insiste na relatividade da ação e da paixão, declarando que são dois nomes para a mesma coisa, "devido aos dois sujeitos diversos aos quais podemos relacioná-las":

> Considero que tudo quanto se faz ou acontece de novo é geralmente chamado pelos filósofos uma paixão em relação ao sujeito a quem acontece e uma ação com respeito àquele que faz com que aconteça; de sorte que, embora o agente e o paciente sejam amiúde muito diferentes, a ação e a paixão não deixam de ser sempre a mesma coisa com dois nomes, devido aos dois sujeitos diversos aos quais podemos relacioná-los.[68]

Essa concepção da ação e da paixão como a mesma operação que se distingue apenas pelo ponto onde se inicia e aquele no qual incide é necessária numa filosofia da substancialidade do corpo e da alma, isto é, dos dois sujeitos que se unem formando a nossa natureza, pois se a substancialidade garante que corpo e alma não dependem um do outro para suas causalidades próprias, a união substancial exige que a ação de um seja paixão do outro. É por isso que a crítica espinosana se volta contra a união substancial, não apenas porque a substancialidade não constitui a essência do homem, mas também porque Espinosa diferencia intrinsecamente ação e paixão, de tal maneira que corpo e mente são passivos ou ativos conjunta e simultaneamente. Mas não só por isso, pois, como dissemos, os artigos que ocupam Espinosa são aqueles nos quais Descartes discute o poder da alma sobre suas paixões, afirma os limites encontrados pela razão para dominá-las e introduz a vontade como império absoluto para ultrapassar esses limites, ainda que auxiliada pela razão. Por isso, na conclusão das críticas, Espinosa se voltará para o papel atribuído à vontade como causa das ações da alma e, portanto, fundamento da liberdade humana.

A crítica se desdobra em dois momentos sucessivos, o primeiro dirigido à união substancial e o segundo, à fisiologia cartesiana.

O pressuposto tácito do primeiro momento é a concepção espinosana da união da mente com seu corpo cuja causa é a essência da própria mente porque ideia do corpo. Espinosa começa, retoricamente, com o elogio a Descartes, chamando-o de "homem ilustríssimo", para imediatamente, numa reviravolta típica da agudeza de engenho, substituir o louvor pelo espanto, indagando como o filósofo das ideias claras e distintas pode admitir hipótese mais obscura e confusa do que qualquer outra, isto é, a união substancial, da qual, depois de estabelecida a distinção real entre substâncias, ele não poderia determinar a causa próxima ou a causa singular, só podendo oferecer como causa a vontade insondável de Deus:

> E, certamente, não posso me espantar o bastante ao ver um filósofo que, depois de haver firmemente decidido nada deduzir senão de princípios conhecidos por si mesmos e de nada afirmar senão o que percebe clara e distintamente, e depois de ter frequentemente repreendido os Escolásticos por terem querido explicar as coisas obscuras por qualidades ocultas, adotar uma hipótese mais oculta do que todas as qualidades ocultas. Que entende ele, por favor, por união da mente e do corpo? Que conceito claro e distinto, pergunto, tem ele de um pensamento estreitissimamente unido a uma parcelazinha da quantidade? Eu bem gostaria que ele tivesse explicado essa união por sua causa próxima. Mas havia concebido a mente de tal maneira distinta do corpo que não pôde atribuir nenhuma causa singular nem a essa união, nem à própria mente, mas precisou recorrer à causa do universo inteiro, isto é, a Deus.*[69]

No segundo momento, Espinosa indaga como Descartes haveria de demonstrar que a alma pode operar sobre a glândula pineal se a fisiologia cartesiana, em si mesma, impede uma teoria do engenho e do hábito tal como proposta em várias passagens do *Tratado*, como é o caso do artigo 50, onde se lê:

> Embora cada movimento da glândula pareça ter sido unido pela natureza a cada um de nossos pensamentos desde o começo de nossa vida, é possível todavia juntá-

---

* Ibid.

-los a outros por hábito [...] embora os movimentos, tanto da glândula como dos espíritos animais e do cérebro, que representam à alma certos objetos, sejam naturalmente unidos aos que provocaram nela certas paixões, podem todavia por hábito ser separadas destes e unidos a outros muito diferentes, e, mesmo, que esse hábito pode ser adquirido por uma única ação e não requer longa prática.[70]

É óbvia a tentativa cartesiana de solução do problema deixado pelos estoicos: em lugar da dura disciplina e dos longos treinos, o hábito pode ser adquirido rapidamente "por uma única ação e não requer longa prática". Ora, enquanto objetara aos estoicos que sua noção de hábito contradizia a da vontade como espontaneidade racional, agora, a objeção de Espinosa a Descartes se refere à ausência de demonstração de "qual quantidade de movimento pode a mente transmitir a essa glândula pineal e com que força pode mantê-la suspensa", pois disso depende que a mente possa unir ou separar os movimentos da glândula, dos espíritos animais e do cérebro e alterar as representações dos objetos que causam determinadas paixões. O motivo da objeção é esclarecido a seguir: sem tal demonstração, a fisiologia cartesiana não tem como sustentar a tese do hábito como "firme decisão da mente".

> Pois não sei se essa glândula é revolvida mais lentamente ou mais rapidamente pela mente do que pelos espíritos animais, nem se os movimentos das paixões, que nós vinculamos estreitamente a juízos firmes, não podem voltar a se desvincular desses juízos por causas corpóreas. Disso se seguiria que, embora a mente tivesse firmemente decidido ir contra os perigos, e tivesse juntado a essa decisão um movimento de audácia, à vista do perigo, entretanto, a glândula estaria suspensa de maneira tal que a mente não poderia pensar senão na fuga.*

Qual o pressuposto tácito da crítica espinosana? Por que Espinosa afirma que os movimentos impressos naturalmente na glândula pineal ali permanecem, apesar da aquisição de um hábito contrário? O que pretende ao falar em "causas corpóreas", e não anímicas, que desfariam um hábito? Descartes pode supor as mudanças nas relações entre os movimentos dos espíritos animais porque sua

---

* Ibid.

fisiologia está fundada numa física do choque ou do contato direto entre corpos, isto é, numa relação instantânea continuamente desfeita e refeita, de onde afirma que um hábito pode ser rapidamente adquirido ou abandonado. Em outras palavras, a física cartesiana exige que o hábito seja pontual e precise ser continuamente reiterado por uma decisão da vontade — um hábito é uma composição entre um movimento corporal pontual e uma vontade como fonte de sua permanência ou desaparição. Ora, a física espinosana não opera com o conceito de espíritos animais nem com o de choque ou percussão, mas com a de fluxos de quanta de movimento e repouso, distinguindo entre duas formas de comunicação dos movimentos, quais sejam, a aderência entre corpos duros (ou grandes superfícies) e a interpenetração dos corpos moles e fluídos (ou microssuperfícies), distinção que sustenta a fisiologia dos corpos complexos e, particularmente, a do cérebro humano, fundando corporalmente a teoria da memória como permanência das afecções nos corpos moles perpassados pelos corpos fluídos, determinando, assim, uma outra compreensão do hábito, que nada deve à vontade.[71]

Três recusas, portanto, sustentam o contradiscurso espinosano: a metafísica da união substancial, a física do choque e a moral da operação de uma causa voluntária como poder psíquico sobre o corpo. Donde a conclusão:

> E como, certamente, não há qualquer relação entre a vontade e o movimento, tampouco existe qualquer comparação entre a potência ou a força da mente e a do corpo. E, consequentemente, as forças do corpo nunca podem ser determinadas pelas forças da mente. Acrescente-se a isso que essa glândula tampouco está situada no meio do cérebro, de maneira tal que possa ser revolvida tão facilmente, nem de tantas maneiras, e que nem todos os nervos se prolongam até a cavidade do cérebro.*

Da mesma maneira que Descartes não tem como demonstrar a união substancial, pois esta não existe, também não tem como demonstrar relações causais entre operações da mente (a vontade) e do corpo (movimento) nem como comparar a potência de ambos, pois são modos realmente distintos de atributos realmente distintos e não podemos chamar de paixão da alma uma ação do corpo

---

* Ibid.

nem de paixão do corpo uma ação da alma. Ora, a reversibilidade da paixão e da ação e o papel atribuído à vontade são as vigas mestras da concepção cartesiana da liberdade e por isso Espinosa conclui a crítica de maneira concisa e com palavras duras: "Omito tudo o que Descartes afirma sobre a vontade e a sua liberdade, pois demonstrei sobejamente que isso é falso".*

O Prefácio se encerra com a afirmação de que a potência (*potentia*) da mente se define pela só inteligência e que do conhecimento dessa potência será deduzido tudo que é necessário para sua felicidade:

> Como, portanto, a potência da mente (*mentis potentia*), tal como antes mostrei, se define pela só inteligência, determinaremos os remédios para os afetos — que todos, com certeza, conhecem por experiência, mas que, creio, nem observam acuradamente nem veem distintamente — pelo só conhecimento da mente, e desse conhecimento deduziremos tudo o que diz respeito à sua felicidade.**

Resta examinarmos o uso dos termos *imperium* e *potestas*, que parecem empregados por Espinosa em suas acepções tradicionais. Retomemos a abertura do Prefácio:

> Aqui só tratarei da potência da razão (*potentia rationis*) e mostrarei, antes de mais nada, de que grau (*quantum*) e qualidade (*quale*) é o império que tem sobre os afetos para coibi-los e moderá-los (*imperium in affectus habeat, ad eosdem coercendum, et moderandum*). Pois não temos sobre eles um império absoluto (*imperium absolutum*), como já demonstrei.

Embora seja mantida a recusa do império absoluto, Espinosa afirma que há um império da mente sobre os afetos, e a *moderatio* é a expressão desse *imperium* não absoluto. Logo a seguir, inicia-se a crítica aos estoicos e a Descartes por considerarem que a vontade tem *absolutum imperium* sobre as paixões e que a determinação da vontade depende apenas e inteiramente de nossa *potestas*. Duas distinções entre o uso tradicional e o uso espinosano de *imperium* já podem ser percebidas: em primeiro lugar, o *imperium* não é da vontade, e sim da razão; em

---

* Ibid.
** Ibid.

segundo, o *imperium* não é absoluto, mas está determinado como um grau e uma qualidade da *potentia mentis* sobre os afetos. Visto que a potência da mente se define pelo intelecto apenas e que a potência do efeito se explica pela de sua causa, será da necessidade da potência da mente e não da liberdade da vontade que o *imperium* será deduzido.

Que significa falar em grau e qualidade de um *imperium*? Que é o *imperium* como um grau e uma qualidade da potência da mente? Se nos lembrarmos de que a Parte IV tem em seu centro a dedução das forças dos afetos entendidas como graus de intensidade dos três afetos primários (alegria, tristeza e desejo) e seus derivados, que o campo da paixão é definido a partir da desproporção entre a força de cada parte humana da Natureza e a das causas externas, e, enfim, que o embate ali travado se dá, de um lado, entre forças contrárias e, de outro, entre a força da razão e a da imaginação, então não há enigma em que o *imperium* venha determinado como grau e qualidade da força da potência da mente, isto é, que ele seja menor ou maior conforme a mente seja menos ou mais ativa, como será indicado nas proposições com a expressão "quanto mais... tanto mais". O *imperium* instaura uma proporção entre a potência da mente e a das causas externas, e exatamente por isso ele se realiza como *moderatio*, isto é, como determinação de uma medida para as forças afetivas e como arbitragem racional de seus conflitos, pois são esses os dois sentidos fundamentais de *moderare*.

Para melhor compreendermos o sentido do *imperium* da razão como grau, vale a pena, aqui, lembrarmos uma passagem do capítulo IV do *Tratado teológico-político* quando, ao se referir à lei como mandato que os homens prescrevem a si mesmos e a outros, Espinosa fala em *mandatum* sobre a *potentia* humana (isto é, sobre o direito natural); porém, ao se referir à *potestas* da lei, fala em *imperare* sobre a força (*vis*) humana. Essa distinção significa que, enquanto mandato, a lei é menor do que a potência (por isso pode deixar de ser cumprida), mas que seu poder (*imperare*) se mede pela força (*vis*) humana, de maneira que um *mandatum* pode ser ou não respeitado, mas um *imperium* é sempre respeitado porque nada exige acima da força humana, sendo ele de mesmo grau que ela. Podemos, assim, compreender por que, na *Ética* V, Espinosa fala em *imperium* para se referir à potência da razão sobre as forças dos afetos e à da mente sobre suas ações, pois, como a crítica aos estoicos já indicava, esse império só tem sentido se o que ele impõe estiver inscrito na natureza daquele que o exerce e o recebe de si mesmo.

No entanto, algo mais está pressuposto tacitamente quando Espinosa fala em império da razão: está implícita a recusa da metafísica do possível, que sustenta o imaginário do império da vontade, ou seja, a distinção entre *potentia* e *potestas* e entre causa necessária e causa voluntária. Se apanharmos o Prefácio da Parte v por esta perspectiva, notaremos que, em seu todo, é a crítica daquilo que parecia um tanto surpreendente, isto é, que Espinosa tivesse silenciado e não tivesse criticado Descartes quando este afirma que podemos escolher as paixões que queremos ter e as que queremos rejeitar. De fato, nos artigos 144 a 146 do *Tratado das paixões*, Descartes retoma a distinção clássica entre o que está e o que não está em nosso poder, examinando os desejos cuja realização depende somente de nós, aqueles cuja realização depende também dos outros e aqueles cuja realização não depende nem de nós nem dos outros. Os dois primeiros são os que dependem exclusivamente do livre-arbítrio de cada um; mas os últimos são os que vulgarmente diz dependerem da fortuna e o sábio conhece que dependem da Providência ou "necessidade fatal". Dessa maneira, a distinção cartesiana dos desejos segundo sua fonte de realização retoma a distinção clássica entre o necessário e o possível, afirmando que não temos qualquer poder sobre o primeiro e que temos o império absoluto sobre o segundo:

> O erro mais comumente cometido no tocante aos desejos é o de não distinguirmos suficientemente as coisas que dependem inteiramente de nós das que não dependem de modo algum: pois, quanto às que dependem tão somente de nós, isto é, de nosso livre-arbítrio, basta saber que são boas, para não poder desejá-las com demasiado ardor, porque é seguir a virtude fazer as coisas boas [...] porquanto só de nós é que depende, recebemos sempre a satisfação que daí esperávamos [...]. Pois não podemos desejar senão o que consideramos de alguma maneira como possível e não podemos considerar possíveis as coisas que só dependem de nós se considerarmos que dependem da fortuna [...]. É mister, portanto, rejeitar inteiramente a opinião vulgar de que há fora de nós uma fortuna [...] e saber que tudo é conduzido pela Providência divina, cujo decreto eterno é de tal maneira infalível e imutável que, excetuando as coisas que este mesmo decreto quis pôr na dependência de nosso livre-arbítrio, devemos pensar que, com respeito a nós, nada acontece que não seja necessário e como que fatal [...].[72]

Assim como, no plano do conhecimento, Descartes salva a liberdade da vontade da necessidade irresistível das ideias evidentes e de seu encadeamento, graças à consideração de que a vontade pode dar assentimento ao falso e suspender o juízo no duvidoso, assim também, no plano ético, a necessidade não exclui o livre-arbítrio, mas lhe reserva um campo próprio de ação, aquela exercida sobre o desejo das coisas possíveis, pois o possível foi o que a Providência reservou para nós.[73]

É isto que Espinosa afirma ter demonstrado ser inteiramente falso. É falso, pela Parte II, que a suspensão do juízo indique a existência de uma vontade absoluta ou livre; é falso, pelas partes III e IV, que o desejo seja uma relação com o possível, cuja realização depende exclusivamente de sua determinação por nosso livre-arbítrio; é falso, pela Parte I, que haja exceções nos efeitos necessários da potência divina e que uma coisa finita possa determinar-se a si mesma para existir e agir ou possa indeterminar-se a si mesma depois de determinada a existir e operar de maneira certa e determinada pela potência de seu atributo. Ora, é a definição do desejo como relação com o possível ou com o ausente que permite a Descartes afirmar que podemos escolher as paixões que desejamos ter e as que queremos rejeitar, assim como declarar o *imperium absolutum* da vontade, pois foi nela e com ela que a Providência abriu uma exceção em seus decretos, nos deu a soberania e nos fez *imperium in imperio*, uma vez que há uma região da realidade que escapa das leis necessárias da Natureza. Quando, portanto, Espinosa reintroduz o *imperium* no Prefácio do *De libertate*, apresentando-o como império da razão e como grau e qualidade da potência da mente, todas as consequências éticas da metafísica do possível estão sendo recusadas e afastadas, graças à ontologia do necessário. Em outras palavras, o *De libertate* é o efeito necessário do *De Deo*.

No campo de forças em que estão distribuídas as potências das partes da Natureza, a *Ética* IV demonstra que o conhecimento da necessidade natural, bem como o da causalidade (inadequada e adequada) do desejo é mais forte do que a imagem da ordem comum da Natureza ou da contingência, e é sobre esta imagem que a razão tem o império. Em outras palavras, o império da razão não se exerce sobre a ordem natural (pois o homem não é *imperium in império*), mas sobre a própria mente, isto é, sobre ideias mais fortes do que imagens. Trata-se de uma operação no interior da razão como razão desejante ou desejo racional, ou seja, da relação do *conatus* consigo mesmo enquanto *cupiditas*. No caso da *Ética* V, uma vez que a potência do efeito depende e se explica pela potência da causa, é evidente que a razão tenha o império sobre as ações, pois a ação tem a mente como causa adequada e se explica apenas pela natureza da própria mente. Isto significa que a expressão império da razão exclui o emprego de *imperium* todas vezes em que a mente é causa inadequada ou está externamente determinada; em contrapartida, *imperium* pode ser rigorosamente empregado toda vez que o desejo é uma ação da mente, isto é, quando estamos no interior da causalidade adequada ou da mente internamente disposta. Encontramos, finalmente, o *auctor* procurado desde a Parte IV, causa eficiente *perfecta*, princípio necessário de uma ação ou do fazer ser alguma coisa e o único que pode responder por ela.

b. A mente internamente disposta: a interpretação dos afetos

O primeiro axioma da Parte V enuncia:

Se, em um mesmo sujeito (*in eodem subjecto*), são excitadas duas ações contrárias, deverá necessariamente dar-se uma mudança (*mutatio*) ou em ambas ou em uma só, até que deixem de ser contrárias.

Sabemos que, na tradição filosófica de língua latina, *substare*, *substantia* e *subjectum* se referem aos corpos enquanto suportes de qualidades e propriedades, correspondendo ao grego *hupokeimenon*. Como, nas *Categorias*, Aristóteles distingue entre a *ousía* e as demais categorias e afirma que estas são predicadas àquela e ela não é predicada a nada, no latim, desde Boécio, *substantia* é *subjectum*, suporte dos acidentes e, com a Escola, torna-se o sujeito de inerência dos predicados.[74] Afastando-se da concepção aristotélico-escolástica, Descartes define a substância pelo atributo principal, que, sendo coextensivo a ela, não é propriamente um predicado, mas a própria essência formal, porém ele conserva a ideia de que uma substância possui predicados que são seus modos. Espinosa, entretanto, recusa que a substância seja *subjectum*, sujeito de inerência de predicados, sejam estes os atributos ou os modos.[75]

Esta, aliás, não é primeira aparição de *subjectum*, pois apareceu na *Ética* III, no enunciado da proposição 5. De fato, tendo demonstrado, na proposição 4, a positividade e indestrutibilidade intrínsecas de uma essência, que em si mesma e por si mesma permanece indefinidamente na existência, nenhuma destruição podendo vir de seu interior e sim da ação de causas externas, na proposição 5, Espinosa demonstra que "coisas são de naturezas contrárias, isto é, não podem estar no mesmo sujeito, enquanto uma pode destruir a outra", pois se tal acontecesse, algo poderia destruir internamente o sujeito, o que é impossível. Podemos observar que, na Parte III, o termo sujeito é empregado referido ao que é próprio desse conceito, isto é, a inerência de qualidades. Assim, não pode haver simultaneamente num mesmo sujeito inerência de coisas de naturezas contrárias porque elas se destroem reciprocamente se estiverem juntas num mesmo substrato, o qual se torna contraditório e por isso também se autodestrói. À luz dessas proposições podemos compreender por que o termo sujeito reaparece no primeiro axioma da *Ética* V: ele aí aparece como suporte de ações contrárias. No entanto, exatamente por isso, o enunciado do axioma 1 parece negar as duas mencionadas proposições da Parte III, uma vez que nele se afirma a presença de contrários num mesmo sujeito e a exigência de que haja uma mutação em ambos ou num deles. Em outras palavras, os contrários estão simultaneamente no mesmo sujeito, mas, em lugar da autodestruição e da impossibilidade de ambos, Espinosa, agora, afirma a necessidade de uma mudança num deles ou em ambos.

É preciso, entretanto, observar a diferença entre o que foi enunciado na proposição 5 da Parte III e o axioma 1 da Parte V. De fato, a proposição 5 se refere a coisas de naturezas contrárias, mas o axioma fala em duas ações contrárias excitadas num sujeito. Vimos[76] que por coisas de naturezas contrárias Espinosa entende aquelas que introduzem uma contradição numa essência singular, tanto assim que, na proposição 10 da *Ética* III, demonstra que uma ideia contrária à existência presente do corpo não pode ter a mente como causa, mas é contrária a ela, uma vez que sua essência é ser ideia de seu corpo existente em ato. Em contrapartida, tanto na Parte III como na IV, as ações contrárias se referem a um tipo determinado de ideias, os afetos, que aumentam ou diminuem sua potência e a de seu corpo, e é sob este aspecto que são contrários. Além disso, na proposição 10 da Parte III, é demonstrado que a mente não pode *ser causa* da ideia que a destrói, mas no primeiro axioma da Parte V é dito que ações contrárias *são causadas* no sujeito, que, portanto, as recebe em vez de causá-las.

Retomemos brevemente a noção de contrariedade tal como desenvolvida na *Ética* IV. Vimos que o axioma que sustenta a dedução geométrica da quarta parte enuncia que "não existe na Natureza nenhuma coisa singular tal que não exista uma outra mais forte e mais potente do que ela; mas dada uma coisa qualquer, é dada outra mais potente pela qual a primeira pode ser destruída". Sob a paixão, *contrarium* se diz de coisas de mesma natureza (e não de naturezas contrárias) cujas potências, variando em força ou em intensidade, deixam de ser convenientes ou concordantes e se tornam contrárias, motivo pelo qual os homens podem ser contrários uns aos outros e um mesmo homem pode tornar-se contrário a si próprio. A contrariedade se refere, portanto, ao aumento ou diminuição da potência e à presença simultânea de afetos que a aumentam e a diminuem. É exatamente o que enuncia o axioma 1 da *Ética* V, que, ao afirmar a necessidade de uma *mutatio* que desfaça a contrariedade das ações excitadas no sujeito, exige a determinação de quem é o agente da mudança ou sua causa, imediatamente trazida pelo axioma 2:

> A potência de um efeito é definida pela potência de sua causa, na medida que sua essência é explicada ou definida pela essência de sua causa.

Espinosa acrescenta que esse axioma reafirma o axioma 4 da Parte I, isto é, que o conhecimento do efeito depende do conhecimento da causa e o envolve. Declara também que o axioma 2 é evidente pela proposição 7 da Parte III, isto é, pela demonstração de que o *conatus* é a identidade da potência e da essência atual de uma coisa singular. Dessa maneira, o segundo axioma coloca como operador da dedução geométrica aquilo que é anunciado pelo título da *Ética* V: a potência e, no caso, a potência da mente humana como causa.

Caberá às primeiras proposições da Parte V construir a figura do agente como aquele que tem a potência para realizar a mutação: a potência da mente humana quando internamente disposta, ou seja, como causa adequada.

A primeira proposição enuncia:

> Conforme os pensamentos e as ideias das coisas são ordenados e concatenados na mente, assim também, à risca (*ad amussim*), as afecções do corpo ou imagens das coisas são ordenadas e concatenadas no corpo.

É significativo que a primeira proposição do *De libertate* tenha como referência a mente e o corpo: *ad amussim*, há exatamente simultaneidade entre a ordem e concatenação dos acontecimentos mentais e a dos acontecimentos corporais. Por que *ad mussim*? Porque seu fundamento ontológico já foi demonstrado na proposição 7 da Parte II,* quando da dedução de que a ordem e conexão das ideias e a das coisas é a mesma porque determinada pela simultaneidade e autonomia causais dos atributos, de maneira que dessa causalidade segue, agora, a de dois modos determinados — a mente e o corpo. Podemos, entretanto, observar a diferença nos enunciados dessas duas proposições: na proposição 7, trata-se da ordem e conexão das coisas e das ideias em geral; na proposição 1 da Parte V, da ordem e concatenação de ideias na mente e das afecções ou imagens no corpo. Ou seja, na Parte III vamos das coisas às ideias, condição ontológica para demonstrar a união do corpo e da mente; na Parte V, vamos das ideias às afecções corporais. Todavia, graças ao demonstrado na proposição 18 da Parte II,** na demonstração dessa primeira proposição da Parte V, Espinosa acrescenta um vice-versa: não só a ordem e conexão das ideias é a mesma que as das afecções ou imagens, mas também vice-versa, a ordem e conexão destas é a mesma que a das ideias e, portanto, disso segue que a ordem e concatenação das afecções e imagens no corpo é a mesma que a das ideias na mente. Porém, visto que a mente não causa pensamentos no corpo nem este causa movimentos nela, um novo vice-versa pode ser acrescentado: a ordem e conexão das afecções do corpo ocorre conforme os pensamentos e as ideias das coisas são ordenados e concatenados na mente. Que significa este segundo vice-versa? Se as partes III e IV insistem na simultaneidade e correlação das afecções do corpo e de suas ideias na mente e para isso acompanham o que se passa na mente segundo a ordem e conexão das afecções corporais, a *Ética* V se ocupa de compreender o que se passa no corpo segundo a ordem e conexão das ideias quando determinadas pela própria mente. Essa mudança de perspectiva se explica: trata-se, agora, de demonstrar a potência da mente, assegurando que não há causalidade entre ela e seu corpo nem subordinação dele a ela, mas conformidade e simultaneidade entre as operações de ambos, o que permite começar por ela e não por ele, ou seja, compreenderemos as afecções corporais a partir do conhecimento de suas ideias na mente. Numa palavra, todas as diferenças que mencionamos entre as proposições da segunda, terceira e quarta partes e a primeira proposição da quinta parte se explicam por que, agora, es-

---

* E II, P7: "A ordem e conexão das ideias é a mesma que a ordem e conexão das coisas".
** E II, P18: "Se o corpo humano tiver sido afetado uma vez por dois ou mais corpos em simultâneo, quando depois a mente imaginar um deles, imediatamente se recordará dos outros".

tamos entrando no campo da reflexão como novo ponto de partida, isto é, o poder intrínseco à mente para ordenar e concatenar suas ideias.

Ao definir o novo ponto de partida da dedução, essa primeira proposição determina seu objeto, isto é, partir da ordem e conexão das ideias e das afecções corporais. Como não se trata de "paralelismo" e sim da simultaneidade das operações mentais e corporais, não se trata da correspondência entre uma ideia e uma afecção e sim da unidade estrutural da mente e seu corpo, isto é, *da ordem e conexão* das operações mentais e corporais. A ação da mente será deduzida como atividade que reordena e reconecta as ideias das afecções corporais segundo uma ordem e conexão lógicas que têm a própria mente como causa. Em outras palavras, a mente não alterará as afecções corporais, pois ontologicamente isto é impossível, e sim as interpretará, graças à reflexão, cujo primeiro passo é enunciado pela proposição 2:

> Se afastarmos uma comoção do ânimo, ou afeto, do pensamento da causa externa e o unirmos a outros pensamentos, então o amor ou ódio à causa externa, assim como as flutuações do ânimo que destes se originam, serão destruídos.

Este é, assim, o primeiro momento da dedução da força da potência mental sobre as paixões pela interiorização da causa de um afeto. Amor e ódio são alegria e tristeza conjuntamente à ideia de uma coisa externa como causa. Visto que, na paixão, o que se passa em nós depende da relação com a causa externa, pois somos causa parcial ou inadequada do afeto, essa dependência com relação à coisa externa é a causa dos afetos passivos e da flutuação do ânimo. Portanto, a ação se inicia quando, em lugar de ligarmos esses afetos à causa externa, os ligarmos a outros pensamentos, pois, então, a ideia de uma causa externa desaparecerá e com ela desaparecerão as paixões de amor e ódio e a flutuação do ânimo que delas se origina. A afecção corporal não desaparecerá, mas o afeto não terá a coisa externa como sua causa e sim a nossa própria mente. Ligar um afeto a outros pensamentos é, pois, passar da causa externa à causa interna encontrando em nós mesmos sua causa: somos nós e não algo ou alguém exterior a causa do afeto experimentado por eles.[77] Trata-se, portanto, de mudar a conexão: em lugar de conectar o afeto de amor e ódio à ideia da causa externa, a mente pode conectá-los à ideia de uma causa interna para que sejam destruídos como paixões do ânimo.[78]

Visto que a dependência do afeto com relação à ideia da causa externa é o que o determina como paixão, a terceira proposição demonstra que

> Um afeto que é uma paixão deixa de ser paixão tão logo formemos uma ideia clara e distinta dele.

À primeira vista, essa proposição parece desconcertante, pois, na proposição 7 da Parte IV, foi demonstrado que uma ideia, mesmo quando verdadeira, não tem poder para destruir ou afastar uma paixão, visto que um afeto só pode ser destruído por outro mais forte e contrário,* condição reforçada pela proposição 14, que vimos ser o coração da *Ética* IV, de que o conhecimento verdadeiro do bom e do mau não contraria nem suprime uma paixão apenas por ser verdadeiro, mas somente se ele próprio for um afeto.** Na verdade, esses dois requisitos são atendidos na demonstração da terceira proposição da Parte V. De fato, nessa demonstração, Espinosa retoma a definição da paixão como ideia confusa de maneira que "se deste afeto formarmos uma ideia clara e distinta, esta ideia só se distinguirá do próprio afeto, enquanto referido apenas à mente, por uma distinção de razão", ou seja, não haverá distinção real entre a mente e a ideia clara e distinta desse afeto — ela *é* esse afeto sem passividade — porque, como demonstrado na proposição 21 da Parte II,*** a ideia da ideia está unida à mente exatamente da mesma maneira que a ideia do corpo está unida ao corpo. Assegurando, portanto, que a ideia clara e distinta do afeto é um afeto e que a mente não deixa de ter afetos quando os desliga das imagens de causas externas ao conectá-los a outros pensamentos, a demonstração é concluída com a referência à proposição 3 da Parte III, isto é, que as ações se originam exclusivamente das ideias adequadas e as paixões, das inadequadas; por conseguinte, a ideia adequada de uma paixão a suprime como paixão, mudando a qualidade do afeto. Tornando-se afetivamente ativa, a mente realiza uma primeira mutação: afasta a passividade do afeto e não

---

* E IV, P7: "Um afeto não pode ser coibido nem suprimido a não ser por um afeto contrário e mais forte ao afeto a ser coibido".
** E I, P14: "O conhecimento do bem e do mal, enquanto verdadeiro não pode coibir afeto algum, mas somente enquanto o consideramos como um afeto".
*** E II, P21: "Essa ideia da mente está unida à mente da mesma maneira que a própria mente está unida ao corpo".

o próprio afeto (embora, como veremos, ela destrua as paixões tristes). Estamos diante do poder da mente, como enuncia o corolário:

> Portanto, um afeto está tanto mais em nosso poder (*in nostra potestate*) e a mente tanto menos o padece, quanto mais ele nos é conhecido.

À pergunta ética clássica — o que está em nosso poder? — Espinosa responde com o que demonstrara na Parte II, isto é, a identidade entre a *potestas* e a *potentia* da mente, de maneira que o poder da mente não é a livre vontade, mas o livre exercício de sua potência, ou seja, do intelecto.

Chegamos, assim, a uma primeira conclusão, apresentada pela proposição 4, que universaliza a proposição 3:

> Não há nenhuma afecção do corpo de que não possamos formar um conceito claro e distinto.

O ponto de partida da demonstração invoca o sistema das noções comuns conhecidas pela razão, isto é, "o que é comum a tudo não pode ser conhecido senão adequadamente" e, por conseguinte, "não há nenhuma afecção do corpo de que não possamos formar um conceito claro e distinto". Para tanto, Espinosa reenvia o leitor à proposição 12 da Parte II:* a mente conhece necessariamente tudo o que acontece no objeto da ideia que a constitui e, portanto, conhece necessariamente o que acontece em seu corpo, mesmo quando esse conhecimento é confuso ou inadequado. Neste caso, a imaginação representa desordenadamente as conexões entre as afecções corporais, que se dão conforme o encontro fortuito dos corpos na ordem comum da Natureza e a mente as percebe sem conhecer suas causas reais. Em contrapartida, no conhecimento claro e adequado, ela conhece o que é comum a todos os corpos, conforme o lema 2 da proposição 13 da Parte II,** portanto, conhece as leis universais que governam os acontecimentos

---

* E II, P12: "O que quer que aconteça no objeto da ideia que constitui a mente humana deve ser percebido pela mente humana, ou seja, dessa coisa dar-se-á necessariamente na mente a ideia; isto é, se o objeto da ideia que constitui a mente humana for corpo, nada poderá acontecer nesse corpo que não seja percebido pela mente".
** E II, P13, lema 2: "Todos os corpos convêm em certas coisas".

físicos e explicam as afecções corporais, conhecendo, assim, as concordâncias entre seu corpo e os corpos externos. Da mesma maneira que, pela proposição 2, ela separa pelo pensamento um afeto de sua causa externa, ela também, pela proposição 4, separa seu corpo da ordem comum da Natureza e o apreende segundo a ordem e conexão necessárias das leis naturais, portanto, das noções comuns. Donde o corolário enunciar que, sendo o afeto a ideia de uma afecção do corpo, "não há nenhum afeto de que não possamos formar um conceito claro e distinto". Internamente disposta, a mente conhece clara e distintamente todos os seus afetos, separando-os de suas causas externas e os ligando a outros pensamentos, encadeando-os segundo a ordem e conexão de sua potência pensante em conformidade com a ordem e conexão das afecções corporais e, portanto, das relações do corpo com outros corpos naquilo que possuem em comum.

Visto que de tudo o que é dado segue necessariamente um efeito e que conhecemos clara e distintamente tudo o que segue de uma ideia adequada em nós, lemos no escólio da quarta proposição que

> cada um tem o poder de compreender clara e distintamente a si e a seus afetos (se não absolutamente, ao menos em parte) e, por conseguinte, de fazer com que os padeça menos. É, pois, primordial dar-se ao trabalho de conhecer clara e distintamente, o quanto possível, cada afeto, para que assim a mente seja determinada pelo afeto a pensar nas coisas que ela percebe clara e distintamente e com as quais se contenta plenamente.

O início desse escólio afirma que a mente tem o poder de compreender clara e distintamente a si e aos seus afetos, acrescentando que mesmo que tal compreensão não esgote tudo quanto possa saber sobre eles, aquilo que ela souber, o será com clareza e distinção. Em outras palavras, a mente talvez não tenha poder para conhecer absolutamente tudo, porém tudo o que ela conhece clara e distintamente é verdadeiro e por isso seu *conatus* a dirige para a busca desse conhecimento no qual sua potência aumenta. O escólio afirma a natureza afetiva desse conhecimento, declarando que, dessa maneira, a mente pode ser determinada pelo afeto a pensar nas coisas que percebe com clareza e distinção e com as quais experimenta pleno contentamento. Por que a mente tem o poder para separar o afeto da causa externa, destruí-lo como paixão e passar a afetos ativos? Porque já foi demonstrado, na Parte II, que ela percebe tudo o que se passa em seu corpo, quer inadequada, quer adequadamente e, na Parte III, que o *conatus* como desejo se efetua tanto como causa adequada quanto inadequada. Em outras palavras, inadequação e adequação significam que a essência da mente como potência cognitiva desejante nunca é suspensa. Por isso o novo encadeamento cognitivo ou essa nova ordem do conhecimento devem ser buscados na natureza do próprio desejo, como lemos no prosseguimento do escólio:

> Pois antes de tudo cumpre notar que é por um e o mesmo apetite que o homem é dito tanto agir quanto padecer. Por exemplo: mostramos ter sido disposto pela natureza humana que cada um apetece que os outros vivam conforme sua índole; este apetite, no homem não conduzido pela razão, decerto é uma paixão que se chama ambição e não difere muito da soberba, e, ao contrário, no homem que vive pelo ditame da razão, é uma ação ou virtude denominada piedade [a generosidade]. E, desta maneira, todos os apetites ou desejos são paixões apenas enquanto se originam de ideias inadequadas; ao passo que os mesmos são associados à virtude quando excitados ou gerados por ideias adequadas. Com efeito, todos os desejos pelos quais somos determinados a agir podem originar-se tanto de ideias adequadas quanto de inadequadas.

O escólio da quarta proposição salienta que uma única causa eficiente — o desejo — responde por dois efeitos contrários — paixão ou ação — e essa diferença depende de que a mente esteja externamente determinada, sendo causa inadequada e passiva, ou internamente disposta, sendo causa adequada e ativa. A *mutatio* é, pois, mudança na qualidade do desejo quando a mente o interpreta adequadamente.

Tendo afirmado que o conhecimento adequado dos afetos tem como efeito um afeto ativo, isto é, o contentamento pleno, porque depende apenas de nosso poder como potência pensante (e a mente sempre se alegra quando contempla sua potência), Espinosa afirma não haver "nenhum outro remédio mais excelente do que este que consiste no conhecimento verdadeiro, visto que não se dá nenhuma outra potência da mente além da de pensar e formar ideias adequadas". Em outras palavras, a potência da mente não se encontra na livre vontade e sim no intelecto como causa adequada das ideias e no conhecimento verdadeiro, que determina a plena conveniência entre uma ideia e seu ideado.

Enquanto as quatro primeiras proposições demonstram por que a potência da mente é um poder sobre os afetos, as proposições 5 a 20 demonstram como essa potência exerce seu poder, Espinosa fazendo compreender que não se trata de uma mudança súbita e sim de um processo, evidenciado pelo emprego das expressões "quanto mais, tanto mais" e "quanto menos, tanto menos".

Visto que se trata de separar, pelo pensamento, um afeto de sua causa externa, as proposições 5 a 20 retomarão a mente como ideia do corpo, isto é, sua relação com afecções corporais para interpretá-las em conformidade com a razão e efetuar a primeira mutação nos afetos. Com as expressões "quanto mais, tanto mais" e "quanto menos, tanto menos", as proposições se realizam como contraponto entre o que é oferecido pela imaginação e o que é compreendido pela razão, situando-se no conhecimento do segundo gênero, conhecimento adequado do que é comum a todas as coisas que seguem uma ordem necessária e do qual nasce a primeira forma do amor intelectual a Deus. Por isso o aspecto mais instigante dessas proposições encontra-se na presença simultânea da imaginação e da razão na determinação dos afetos, pois ambas são virtudes da mente (como demonstrado na Parte II) e as afecções corporais trazem imagens ora ordenadas, ora desordenadas, cabendo à razão distinguir entre a desordem e a ordem imaginativas, compreender que esta última tende a ser inconstante e instável e que para lhe dar constância e estabilidade é preciso indicar quais imagens são fracas e quais são fortes, de maneira que se possa interpretá-las, isto é, compreender seu sentido e dispô-las numa ordem e concatenação constante e estável em que afirmem a atividade da potência e afastem a passividade — numa palavra, com a razão, a mente sabe que imagina e por isso poderá regular e reordenar a imaginação sem suprimir a imagem como acontecimento corporal. Nosso corpo jamais deixará de ser afetado por outros corpos e de experimentar afetos, porém, no exercício da razão, saberemos que estamos imaginando, seremos capazes de interpretá-los e com isso mudar-lhes o sentido e a força, compreendendo que dependem de nós.

Esse percurso demonstrativo, que se realiza da proposição 5 à 20, se inicia com a avaliação da força dos afetos passivos determinados por coisas que imaginamos, quer estejam presentes quer ausentes, e prossegue referida aos afetos ativos determinados por coisas cuja necessidade compreendemos e que estão sempre presentes, de maneira que a força e permanência de um afeto dependem da pluralidade de causas simultâneas que o produzem. No primeiro movimento desse percurso, Espinosa articula razão e imaginação indicando que a primeira não exclui a segunda, mas a orienta e estabiliza. O núcleo desse primeiro momento do percurso é dado pela demonstração da força da potência da mente para operar sobre os afetos originados da imaginação, determinando, a seguir, as circunstâncias em que ela pode concatenar as afecções do corpo segundo a ordem das ideias no intelecto de maneira a preparar a demonstração de que a ordem das afecções do corpo segundo a ordem do intelecto é determinada pelo conhecimento das causas dos afetos e das noções comuns. Dando um papel decisivo, tanto na imaginação quanto na razão, à pluralidade simultânea de imagens, ideias e causas, o percurso se completa com o exame da complexidade da ordem corporal e psíquica referidas à complexidade da ordem da Natureza inteira e chega à primeira forma do amor intelectual a Deus enquanto efeito do conhecimento do segundo gênero, isto é, das propriedades comuns e necessárias das coisas sob alguma perspectiva de eternidade.

A proposição 5 enuncia:

> O afeto por uma coisa que imaginamos simplesmente, e não como necessária, nem como possível, nem como contingente, é (sendo iguais as outras condições) o maior de todos.

O que é uma coisa imaginada simplesmente? A percepção de uma coisa imaginada como livre, imediatamente dada na experiência. Na Parte III, foi demonstrado que o afeto por uma coisa imaginada livre é maior do que aquele por uma coisa imaginada necessária e, na Parte IV, que tal afeto é mais forte do que o experimentado por uma coisa imaginada como possível ou contingente. Ora, explica Espinosa na demonstração da quinta proposição, "imaginar uma coisa como livre não é nada outro que imaginar a coisa simplesmente, ignorando as causas pelas quais ela foi determinada a agir". Imaginar uma coisa simplesmente é, portanto, imaginá-la incondicionada e por isso o afeto por ela é maior do que por uma necessária, possível ou contingente, e, por conseguinte, "é o maior de todos".

Todavia, logo a seguir, passando da imaginação à razão, a proposição 6 passa da imagem da coisa livre à ideia das coisas como necessárias. Como o que é mais forte para imaginação é mais fraco para a razão e, inversamente, o que é mais fraco para a imaginação é mais forte para a razão, conclui-se que

Enquanto a mente compreende todas as coisas como necessárias, nesta medida tem maior potência sobre os afetos ou os padece menos.

A imagem de uma coisa livre causa a mais forte paixão e, justamente por isso, quando a mente compreende que todas as coisas são necessárias e determinadas a existir e operar pelo nexo infinito das causas, esse conhecimento "faz com que ela própria padeça menos os afetos que delas se originam e seja menos afetada em relação a elas". A potência da mente, portanto, aumenta, e sua submissão às mais fortes paixões diminui graças ao conhecimento do necessário, que afasta a imagem de coisas incondicionadas. Somos mais potentes não só quando concebemos as coisas como necessárias, mas também quando somos capazes de imaginá-las como tais ou, como lemos no escólio dessa proposição, "quanto mais este conhecimento de que as coisas são necessárias se aplica às coisas singulares que imaginamos mais distinta e vividamente, tanto maior é esta potência da mente sobre os afetos, o que a própria experiência também atesta". Tanto é assim que, por exemplo, a tristeza por um bem perdido é mitigada tão logo aquele que o perdeu considera que de maneira nenhuma teria podido conservá-lo, da mesma maneira "que ninguém se comisera do bebê por este não saber falar, andar, raciocinar e, enfim, por viver tantos anos quase inconsciente de si", o que não aconteceria se a maioria dos homens nascesse adulto, levando-os a considerar os que nascessem criancinhas não como algo natural e necessário, mas "um vício ou pecado da Natureza". A aliança entre razão e imaginação nasce do fato de que a primeira pode orientar a segunda e diminuir a intensidade de uma paixão ou a incompreensão do sentido de um afeto.

A força da razão comparada à da imaginação se mede por algo que lhes é comum, mas que opera de maneira distinta em cada uma delas, isto é, a relação com o presente ou com o tempo. Lemos na proposição 7:

> Os afetos que são originados ou excitados a partir da razão são mais potentes, se se tem em conta o tempo, do que aqueles referidos às coisas singulares que contemplamos como ausentes.

Na Parte II, Espinosa demonstrou que uma coisa é percebida como ausente quando o corpo é afetado por uma outra que exclui a existência da primeira e, em contrapartida, que as noções comuns nunca podem ser excluídas da percepção de uma coisa singular, pois a razão opera nalguma perspectiva da eternidade. Enquanto o tempo é a imagem produzida pela percepção da rapidez ou lentidão dos movimentos dos corpos comparados entre si, dependendo, portanto, das condições presentes do corpo próprio e dos corpos que o afetam, as noções comuns são propriedades que seguem necessariamente da essência ou natureza de uma coisa, não podendo, portanto, tornar-se ausentes. Além disso, na Parte II, Espinosa demonstra que o corpo é mais fortemente afetado pela imagem de uma coisa presente do que pela memória de uma ausente e por isso, nas partes III e IV, demonstra que a força de uma paixão é maior quando sua causa é percebida como presente e que não percebemos sua ausência em decorrência do próprio afeto e sim porque o corpo é afetado por um outro afeto que exclui a existência daquilo que suscitou o afeto anterior. O vínculo do corpo com o presente explica, como lemos na demonstração da sétima proposição da Parte V, por que "o afeto por uma coisa imaginada como ausente não tem, por sua própria natureza, força para superar outras ações e a potência de um homem; pelo contrário, é de sua natureza poder ser coibido de alguma maneira pelos afetos que excluem a existência de sua causa externa". Assim, a mudança nas paixões não decorre de uma força que elas próprias teriam e sim da presença ou ausência das causas externas que as suscitam. Ora, prossegue Espinosa, a razão contempla as coisas sempre como presentes, pois conhece as propriedades comuns delas como necessárias, portanto, sob alguma perspectiva da eternidade, e por isso, em lugar da fugacidade das paixões, que dependem da presença repetida de causas externas, o afeto nascido da razão, isto é, da contemplação daquilo que é permanente e sempre presente nas coisas, tem mais força para vencer paixões que lhe são contrárias. A potência da razão e a do corpo estão articuladas à sua relação com o presente, e isto incide na maneira como a primeira opera sobre a imaginação além de explicar por que afetos originados da potência racional são mais fortes, assegurando a realização do que foi enunciado no axioma 1, pois, como lemos no escólio,

> o afeto que se origina da razão refere-se necessariamente às propriedades comuns das coisas que contemplamos sempre como presentes (pois não pode ser dado nada que exclua a existência presente delas) e que imaginamos sempre da mesma maneira. Portanto, tal afeto permanece sempre o mesmo e, consequentemente (pelo axioma 1 desta parte), os afetos que lhe são contrários e que não são fomentados pelas

respectivas causas externas deverão adaptar-se mais e mais a ele, até que não lhe sejam mais contrários, e nesta medida o afeto originado da razão é mais potente.*

Um afeto é mais forte quando sua causa permanece sempre presente, mas não apenas por isso. Vimos que nas partes II, III e IV Espinosa sempre emprega a expressão *plura simul* para determinar a força das potências do corpo e da mente e, portanto, dos afetos. Por conseguinte, conforme o axioma 2 e a proposição 8,

> quanto mais um afeto é excitado por muitas causas simultaneamente (*pluribus causis simul*) concorrentes, tanto maior ele é.

Na Parte IV, ao analisar a carícia, o amor e alguns desejos (como a gula e a avareza), Espinosa demonstrou que esses afetos, quando paixões, podem ser excessivos e, mais do isto, podem tornar-se obsessões e delírios porque aderem de tal maneira a uma parte do corpo que tanto este como sua mente, enfraquecidos, ficam impedidos de pluralidade das afecções e ideias simultâneas, a relação com o mundo se empobrece e a potência de viver se enfraquece. Por isso, articulada à proposição 8, a proposição 9 enuncia:

> Um afeto referido a muitas e diversas causas, que a mente contempla simultaneamente com o próprio afeto, é menos nocivo, nós o padecemos menos e somos menos afetados em relação a cada causa, do que um outro afeto igualmente grande referido a uma só ou a menos causas.

Além da pobreza corporal e psíquica (e do risco de loucura) demonstrada na Parte IV, Espinosa acrescenta, na demonstração da proposição 9, que a essência ou potência da mente consistindo somente no pensamento, ela "padece menos por um afeto pelo qual é determinada a contemplar simultaneamente muitas coisas do que por um afeto igualmente grande que mantenha a mente ocupada na só contemplação de um único ou poucos objetos". Espinosa retoma aqui o que escreveu no escólio da proposição 13 da Parte II, isto é, "quanto mais um

---

* E V, proposição 7, escólio.

corpo é mais apto do que outros para fazer ou padecer muitas coisas simultaneamente (*plura simul*), tanto mais a sua mente é mais apta do que outras para perceber muitas coisas simultaneamente (*plura simul*); e quanto mais as ações de um corpo dependem somente dele próprio, e quanto menos outros corpos concorrem com ele para agir, tanto mais apta é a sua mente para entender distintamente", e o que demonstrou na proposição 14 da Parte II, ou seja, que "a mente humana é apta a perceber muitíssimas coisas (*ad plurima*), e é tão mais apta quanto mais pode ser disposto o seu corpo de múltiplas maneiras (*pluribus modis*)", isto é, quando mais o corpo exerce sua potência de autorregulação e princípio interno de suas afecções.

Não basta, porém, determinar sob que condições a mente padece menos, mas também sob que condições ela é capaz de realizar o que foi demonstrado nas duas primeiras proposições. Disso se incumbe a proposição 10:

> Por quanto tempo não nos defrontamos com afetos que são contrários à nossa natureza, por tanto tempo temos o poder de ordenar e concatenar as afecções do corpo segundo a ordem do intelecto.

Os afetos contrários à nossa natureza são aquelas paixões que impedem que o corpo e a mente exerçam suas potências, enfraquecendo-as. O que é contrário à natureza da mente? O que a impede de realizar sua natureza, impedindo-a de compreender, o que ocorre quando prevalecem paixões tristes, desejos cegos ou excessivos e a flutuação do ânimo. Por conseguinte, durante o tempo em que não nos defrontamos com tais afetos, a potência de nossa mente não é impedida e, assim, "por tanto tempo tem o poder de formar ideias claras e distintas e deduzi-las umas das outras; e, consequentemente, por tanto tempo temos o poder de ordenar e concatenar as afecções do corpo segundo a ordem do intelecto".* O poder da mente para ordenar e concatenar as afecções corporais numa ordem inteligível, isto é, segundo a ordem e concatenação das ideias, depende, portanto, de que não estejamos submetidos ao conflito de afetos contrários à nossa natureza.

No entanto, para realizar esse encadeamento das ideias das afecções corporais e das ideias dessas ideias, a mente precisaria ter um conhecimento perfeito

---

* E V, proposição 10, demonstração.

dos afetos. Ora, empregando as expressões "por quanto tempo"/ "por tanto tempo", Espinosa volta a indicar que estamos perante um processo no qual isso poderá acontecer, porém resta saber o que fazer enquanto isso não acontece. É esse o tema explicitado no longo escólio dessa proposição, voltado para o "melhor que podemos fazer enquanto não temos um conhecimento perfeito de nossos afetos". Que fazer? Responde Espinosa: tomar os preceitos da razão ou a *recta ratio vivendi*, desenvolvida na Parte IV. Por que fazê-lo? Porque seguir essa maneira racional de viver é o primeiro passo para desenvolver o poder da mente fazendo-nos, finalmente, compreender que com "este poder de corretamente ordenar e concatenar as afecções do corpo podemos fazer com que não sejamos facilmente afetados por afetos maus. Pois requer-se uma maior força para coibir afetos ordenados e concatenados segundo a ordem do intelecto do que para coibir os incertos e vagos".* Em outras palavras, a ordem e concatenação intelectuais, por que oferecem a causa e o sentido dos afetos, são mais potentes do que a desordem e incerteza dos afetos apenas imaginados.

Como se trata de tomar concretamente os ditames da razão para que orientam e estabilizam a imaginação, Espinosa propõe como procedimento "confiá-los à memória e aplicá-los continuamente às coisas particulares que frequentemente se apresentam na vida, para que assim nossa imaginação seja largamente afetada por eles e eles nos estejam sempre à mão",** e o ilustra com vários exemplos.

Seja o caso do preceito de que o ódio pode e deve ser vencido pela generosidade: para concretizá-lo, podemos lançar mão de quatro recursos: ou meditar com frequência sobre as injúrias comumente praticadas pelos homens e unir essa meditação ao preceito da generosidade; ou, então, ter sempre presente a regra do que nos é verdadeiramente útil e, portanto, a utilidade da amizade e da vida em sociedade; ou, ainda, ter presente que a regra de vida racional dá origem ao sumo contentamento do ânimo; ou enfim, não nos esquecermos de que os homens, como todas as coisas, agem pela necessidade da Natureza. Nos quatro casos, o efeito é o mesmo, isto é, "a injúria, ou seja, o ódio que dela costuma originar-se, ocupará uma parte mínima da imaginação e será facilmente superada; e se a ira, que costuma originar-se das maiores injúrias, não for tão facilmente superada, contudo, ainda que com flutuação do ânimo, ela será superada em

---

* E V, 10, escólio.
** Ibid.

um tempo muito menor do que se não tivéssemos meditado sobre esses fatos". Do mesmo modo, para que a firmeza derrube o medo, precisamos continuamente enumerar e imaginar os perigos comuns da vida para que possamos exercer a fortaleza do ânimo quando surgirem em nossa própria vida. Se assim é com as paixões tristes, como proceder com os afetos alegres? Nestes, o risco maior, como demonstrado na Parte IV, é o excesso. Seja o caso da glória. Como proceder quando vemos alguém persegui-la excessivamente? Pensemos em seu bom uso e nos meios para alcançá-la e, sobretudo, não nos ocupemos em juntá-la à vaidade e inconstância dos homens como fariam os que têm o ânimo perturbado, tanto assim que aqueles que são ao máximo desejosos de glória são os que "ao máximo clamam contra o seu abuso e a vanidade do mundo". Aliás, assim clamam também os que julgam que a fortuna lhes é adversa; os avaros, que, ao empobrecer, gritam contra o abuso do dinheiro e os vícios dos ricos; ou o homem mal recebido pela amante que não cessa de gritar contra a inconstância das mulheres.

Retomando o que dissera no Prefácio da *Ética* III, Espinosa conclui o escólio:

> Portanto, quem se aplica em moderar seus afetos e apetites só pelo amor da liberdade empenha-se, o quanto pode, em conhecer as virtudes e suas verdadeiras causas, e em encher o ânimo do gozo que se origina do verdadeiro conhecimento delas; mas de jeito nenhum em contemplar os vícios humanos, difamar os homens e regozijar-se com uma falsa espécie de liberdade. E aquele que diligentemente observar estas coisas (e, de fato, não são difíceis) e exercitá-las, em breve poderá dirigir suas ações, no mais das vezes, pelo império da razão.*

Visto que a mente é ideia de seu corpo, que os gêneros de conhecimento não operam pela exclusão recíproca e que por isso os preceitos da razão podem orientar e estabilizar a vivacidade da imaginação, podemos indagar: o que, nesta última, favorece a ação desses preceitos sobre ela? Em outras palavras, sob que condições as imagens podem favorecer a atividade da mente para ordenar e conectar as afecções corporais numa ordenação e concatenação racional dos afetos?

---

* Ibid.

A resposta é trazida pelas proposições seguintes que, completando as proposições 8 e 9, apresentam essas condições. Em primeiro lugar, pela proposição 11,

> quanto mais uma imagem é referida a muitas coisas, tanto mais ela é frequente ou mais frequentemente se aviva, e tanto mais ocupa a mente.

Com efeito, uma ideia e uma imagem são mais fortes quando aptas ao *plura simul*, portanto, uma imagem referida a muitas coisas pressupõe que são dadas muitas causas pelas quais pode ser excitada e fomentada, "e a mente contempla todas elas simultaneamente com o próprio afeto; e por isso o afeto é tanto mais frequente ou tanto mais frequentemente se aviva, e tanto mais ocupa a mente".

Em segundo lugar, pela proposição 12:

> As imagens das coisas são unidas mais facilmente às imagens que se referem às coisas que entendemos clara e distintamente, do que às outras.

As coisas que nossa razão entende clara e distintamente são propriedades comuns das coisas como causas e efeitos que seguem necessariamente da natureza delas; por conseguinte, essas imagens, tendo múltiplas causas e sendo excitadas em nós mais frequentemente, "pode ocorrer que com elas contemplemos simultaneamente e mais facilmente outras coisas do que [ocorre] com as restantes e, portanto, que sejam unidas mais facilmente com elas do que com as restantes". Em outras palavras, enquanto, nessas circunstâncias, as imagens das coisas podem ser ordenadas, concatenadas e unidas àquelas de que temos ideias claras e distintas, o mesmo não se dá com imagens fugazes, dispersas e fragmentadas.

Exatamente por isso, em terceiro lugar, pela proposição 13, visto que a pluralidade de causas simultâneas ordena e conecta as imagens unidas às suas ideias, essa pluralidade também as fortalece, ou seja,

> quanto mais uma imagem é unida a muitas outras, tanto mais frequentemente ela se aviva.

O escopo do percurso demonstrativo efetuado até aqui tem como fundamento que a ordem e conexão das imagens no corpo é a mesma que a ordem e conexão dos pensamentos na mente. Como, até aqui, as demonstrações estão referidas ao segundo gênero de conhecimento, portanto, ao conhecimento adequado ou claro e distinto das propriedades comuns a todas as coisas, a mente poderá referir todas as ideias das afecções de seu corpo à ordem e conexão de todas as ideias, ou seja, ao intelecto infinito como ordenamento e concatenação de todas as ideias enquanto deduzidas das propriedades comuns a todos os corpos. Por isso a proposição 14 enuncia:

> A mente pode fazer com que todas as afecções do corpo ou imagens das coisas sejam referidas à ideia de Deus.

A referência das ideias das afecções corporais ou imagens ao intelecto infinito possui dois fundamentos: um fundamento ontológico, ou seja, a imanência de todas as coisas a Deus, e por isso Espinosa invoca a proposição 15 do *De Deo* — "tudo o que é, é em Deus e sem Deus nada por ser nem ser concebido" —, de maneira que a mente pode referir todas as coisas a Deus; e um fundamento cognitivo, que permite à mente referir as ideias de todas as coisas à ideia de Deus ou ao intelecto infinito, conforme as demonstrações efetuadas na Parte II sobre a ciência de Deus e aquelas realizadas nas proposições 8 a 13 desta Parte v, de que uma afecção e um afeto são tanto mais fortes e permanentes quanto mais causas simultâneas operam para produzi-los, ou seja, quanto mais a ordem necessária da Natureza intervém em sua produção e quanto mais conhecemos essas causas, seus nexos e concatenações. Da proposição 14 segue sua consequência necessária, enunciada pela proposição 15:

> Quem entende clara e distintamente a si próprio e os seus afetos, ama a Deus; e tanto mais quanto mais entende a si próprio e os seus afetos.

A demonstração apoia-se na proposição 53 da Parte III, segundo a qual "quando a mente contempla a si própria e a sua potência de agir, alegra-se, e tanto mais quanto mais distintamente compreende a si e a sua potência de agir". Quanto mais claro e distinto o conhecimento de si e de seus afetos, tanto mais a potência de agir da mente aumenta, passando a uma perfeição maior. Ora, essa passagem possui nome: chama-se alegria e por isso a mente se alegra. Sabemos, pela Parte IV, que a alegria pode ter uma causa interna, isto é, um afeto alegre cuja causa não é externa: o contentamento consigo mesmo. Não só isso. A proposição 2 desta Parte v demonstra que a mente tem o poder para separar o afeto da causa externa, unindo-o a outros pensamentos. Por isso o contentamento, nascido da compreensão de si e dos afetos, está referido, pela proposição 14, ao intelecto infinito de Deus como causa, portanto, a conexões e relações entre esse afeto e sua ideia na ordem e conexão das ideias no intelecto infinito. Ora, uma alegria conjuntamente à ideia de uma causa externa chama-se amor, portanto, a alegria desse conhecimento é amor a Deus, tanto maior quanto maior o conhecimento de si e dos afetos na ordem necessária da Natureza, pois é o amor nascido do segundo gênero de conhecimento. Assim, embora o intelecto infinito não deva ser tomado como causa transitiva (como a causa externa de que fala a proposição 2), é preciso ter presente que ele é uma causa externa no sentido de que não *pertence à essência da mente*; a referência a ele faz parte do percurso reflexivo ou de interiorização dos afetos, ou seja, essa referência é um ato cognitivo da própria mente que, tendo ideias claras e distintas das propriedades necessárias de todas as afecções corporais e todas as imagens das coisas, as refere ao intelecto infinito como sua causa necessária. A diferença entre o que é demonstrado agora e o que foi demonstrado na Parte IV está no fato de que ali Espinosa se limita a demonstrar que a mente, ao referir todas suas ideias a Deus, alcança o sumo bem e a suma virtude, mas na Parte v essa referência a conduz ao amor a Deus.[79]

Esse afeto pressupõe conhecer Deus como substância absolutamente infinita e causa imanente de todos os seus efeitos ou, seja, *Deus sive Natura*, e por isso, imediatamente, Espinosa se incumbe de afastar esse amor de sua imagem religiosa. Em primeiro lugar, esse amor não implica em separar a mente de seu corpo, mas, pelo contrário, como esse amor está unido a todas as afecções corporais que o fomentam, "este amor a Deus deve ocupar a mente ao máximo".* Em segundo, uma vez que esse amor nasce de ideias adequadas, a mente sabe que *Deus sive Natura* "é isento de paixões e não é afetado por nenhum afeto de alegria ou tristeza",** pois a substância não ama nem odeia ninguém; em suma, não se trata de buscar reciprocidade afetiva ali onde seria absurdo esperá-la. Em terceiro, aquele que possui a ideia adequada de Deus sabe que "ninguém pode odiar Deus",*** pois não pode dar-se nenhuma tristeza conjuntamente com a ideia de Deus, e por

---

* E v, proposição 16.
** E v, proposição 17.
*** E v, proposição 18.

isso "o amor a Deus não pode ser mudado em ódio".* Que esse conjunto de demonstrações visa afastar a imagem religiosa de Deus como pessoa transcendente é evidenciado pelo escólio da proposição 18 e pelas proposições 19 e 20. Nesses três momentos, reencontramos ecos da correspondência de Espinosa com Blijenberg, de sua resposta a Velthuysen e às objeções de Oldenburg ao *Tratado teológico-político*, feitas em nome dos "cristãos razoáveis e sensatos".[80]

No escólio da proposição 18, Espinosa escreve:

> Pode-se objetar, porém, que, ao entendermos Deus como causa de todas as coisas, por isso mesmo consideramos Deus causa de tristeza. Mas a isso respondo que, enquanto entendemos as causas da tristeza, nesta medida ela deixa de ser paixão, isto é, deixa de ser tristeza; por conseguinte, enquanto entendemos que Deus é causa de tristeza, nesta medida alegramo-nos.

A primeira afirmação é imediatamente compreensível, pois a proposição 3 demonstra que conhecer clara e distintamente a causa de uma paixão é uma ação da mente e por isso o afeto triste, compreendido em suas causas necessárias, deixa de ser paixão, pois, como demonstrado na *Ética* III, na proposição 53, quando a mente conhece, contempla o aumento de sua potência de agir e se alegra, e, na proposição 59, na mente ativa só há afetos de alegria e de desejo, nenhum de tristeza. Todavia, a última afirmação, em que Deus é dito causa da tristeza, parece incompreensível, como bradariam Blijenberg, Velthuysen, Leibniz, Bayle, Oldenburg e todos os "cristãos razoáveis e sensatos". Para afastar essas objeções e compreender a afirmação de Espinosa, basta retomar o que já foi demonstrado desde a Parte III, isto é, que, pela constituição do corpo e da mente, todos os afetos são naturais e necessários, que se a mente passiva opera na ordem comum da Natureza, mas a mente ativa, internamente disposta, passa à ordem necessária da Natureza e compreende que o que a afeta da tristeza possui causas necessárias e, portanto, esse afeto está referido à causalidade divina, isto é, a mente compreende que, em determinadas circunstâncias, outros modos da extensão e suas imagens afetam seu corpo e a ela de maneira a entris-

---

* Ibid., corolário.

tecê-los. Não se trata de infortúnio, fatalidade, blasfêmia ou abominação, mas simplesmente de necessidade natural.

Por seu turno, a proposição 19 enuncia que "quem ama Deus não pode esforçar-se para que Deus também o ame". À primeira vista, essa declaração parece opor-se ao que foi demonstrado na proposição 33 do *De affectibus*, isto é, que quem ama se esforça para ser amado em retorno. Todavia, o enunciado completo daquela proposição acrescenta que se trata do amor por uma coisa semelhante a nós. Este é o ponto que deve reter nossa atenção, pois, agora, o amor não é experimentado por alguém nosso semelhante — um outro modo humano. De fato, lemos na demonstração da proposição 19 que "se um homem se esforçasse para isso, desejaria então que Deus, a quem ama, não fosse Deus", pois quem o ama sabe que, ser absolutamente infinito, Ele é isento de afetos, os quais são próprios aos modos finitos e, consequentemente, aquele que desejasse a reciprocidade, sendo esta ontologicamente impossível, desejaria entristecer-se. Ora, supor que a mente ativa deseje tamanha tristeza é duplamente absurdo: em primeiro lugar, do ponto de vista psicológico, porque a suporia passiva e por isso se entristecendo ao imaginar estar privada do ser amado, de tal maneira que seria habitada pela flutuação do ânimo, pois no momento da máxima alegria esta se transformaria em tristeza; em segundo, porque, do ponto de vista ontológico, isso contraria a própria essência do *conatus*, que se dirige a tudo quanto aumente a alegria e busca afastar e destruir tudo quanto cause tristeza.

Finalmente, lemos na proposição 20:

> Esse amor para com Deus não pode ser maculado nem pelo afeto de inveja, nem pelo afeto de ciúme; mas é tanto mais fomentado quanto mais homens imaginam estar unidos a Deus pelo mesmo vínculo de amor.

Não sendo paixão, o amor a Deus não sofre metamorfose afetiva e não dá ensejo às desventuras que habitam o amor passional. Entretanto, algo mais está pressuposto nessa proposição. Com efeito, porque se trata de desfazer a forma religiosa do amor a Deus, reencontramos aqui o que Espinosa escrevera no *Tratado teológico-político* ao explicar que os hebreus não conheciam a essência de Deus e por isso não só Lhe atribuíam cólera, ciúme, agrado e desagrado, mas também acreditavam que Ele os tornara invejáveis por havê-los escolhido entre todas as outras nações. Ora, a verdadeira felicidade e beatitude de cada um consistem unicamente na fruição do bem e não na glória de ser o único a fruí-lo, enquanto os outros são excluídos; quem, na verdade, se julga mais feliz porque as coisas correm bem só para si, e não aos outros, ou porque é mais feliz e mais afortunado do que os outros, ignora a verdadeira felicidade e beatitude. [...] Assim sendo, quando a Escritura, para exortar os hebreus a obedecerem à lei, diz que Deus os escolheu entre as outras nações, que está perto deles e não dos outros, que só a eles ditou leis justas, que, em suma, só a eles se deu a conhecer, desprezando os outros, está apenas a falar à compreensão dos hebreus, os quais, como também testemunha Moisés, não conheciam a verdadeira beatitude. Com efeito, eles não teriam sido menos felizes se Deus tivesse chamado todos igualmente à salvação; nem Deus lhes teria sido menos propício se tivesse estado também perto dos outros [...].[81]

O *De emendatione* já anunciara que o meditante partiria em busca de um bem que não apenas lhe dará pleno e contínuo contentamento, como ainda se comunicará a todos, e a *Ética* IV já demonstrou que a *fortitudo animi* se realiza não só como firmeza com relação a si, mas também como generosidade na relação com o outro. É este o foco da demonstração da proposição 20: "Esse amor a Deus é o sumo bem que, segundo o ditame da razão, podemos apetecer; ele é comum a todos os homens e desejamos que todos se rejubilem com ele". Efeito do contentamento consigo mesmo e, portanto, do aumento da potência da mente, esse amor não pode ser maculado pela inveja e pelo ciúme, mas, "pelo contrário, ele deve ser tanto mais alimentado quanto mais homens imaginamos que com ele se rejubilam".

Dado o alcance dessa proposição, Espinosa a acompanha de um longo escólio, construído em cinco movimentos.

O primeiro movimento amplia o alcance da proposição, isto é, não pode haver nenhum afeto contrário ao amor a Deus que, portanto, não pode ser destruído, uma vez que um afeto é sempre destruído por outro contrário e mais forte. A indestrutibilidade ou a constância do amor a Deus, quando referido ao corpo, significa que esse afeto só poderá ser destruído com a destruição do corpo. O fundamental, aqui, é o amor a Deus como um acontecimento tanto corporal quanto psíquico. Com efeito, o corpo não é excluído desse afeto, pois o amor a Deus nasce da referência de todos os seres à imanência divina e de todas as ideias ao intelecto infinito. Sendo um afeto ativo, esse amor consiste no aumento máximo da potência do corpo, isto é, de sua capacidade interna para a pluralidade de afecções simultâneas, e o da mente como poder para causar internamente a pluralidade simultânea de ideias. O primeiro movimento do escólio termina quando Espinosa anuncia o que será demonstrado mais adiante: a natureza desse amor enquanto referido apenas à mente (*ad solam mentem*), "o que veremos depois".

O segundo movimento recapitula o percurso realizado até aqui. Espinosa afirma ter abarcado "todos os remédios para os afetos, ou seja, tudo que a mente, considerada em si mesma, pode frente aos afetos". Em que consiste essa potência da mente *in se sola considerata*? Pelo que foi demonstrado, ela se manifesta 1) no conhecimento claro e distinto dos afetos; 2) no desligamento de um afeto com relação à ideia da causa externa; 3) na superioridade do conhecimento das afecções referidas a coisas que conhecemos clara e distintamente em comparação com aquelas que concebemos de maneira confusa e mutilada, ou seja, o conhecimento de sua causalidade necessária; 4) na apreensão da multiplicidade de causas que reforçam os afetos referidos às noções comuns da razão, portanto; 5) no alargamento do conhecimento que refere os afetos ao intelecto infinito ou à ideia de Deus; e 6) no ordenamento e na concatenação dos afetos entre si ou o desdobramento da lógica e dinâmica afetivas como potência da própria mente.

O terceiro movimento examina qual o sentido preciso da potência da mente sobre os afetos retomando para isso a expressão "força de um afeto" ou a diferença entre afeto forte e fraco. A força de um afeto passivo é medida pela potência da causa externa em comparação com a nossa. Dado que a potência da mente é definida exclusivamente pelo conhecimento e sua impotência, pela privação de conhecimento verdadeiro ou a presença de ideias inadequadas e de paixões, disso segue que a mente padece mais ou é mais passiva quando sua maior parte está constituída por ideias inadequadas e, ao contrário, age mais ou é mais ativa quando sua maior parte está constituída por ideias adequadas. Ao fazer essa distinção, reafirmando a diferença entre a mente externamente determinada na inadequação e na paixão e internamente disposta na adequação e na ação, Espinosa se refere à "maior parte" da mente. O que é essa referência? Na *Ética* II, foi demonstrado que "a ideia que constitui o ser formal da mente humana não é simples, mas composta de muitíssimas ideias",* visto que essa ideia é a de seu corpo, o

---

* E II, proposição 14.

qual é composto de muitíssimos indivíduos igualmente compostos e que a ideia de cada um deles e de suas afecções é dada no intelecto de Deus. Essa complexidade da mente é o primeiro elemento que explica e justifica a expressão "maior parte" que, na *Ética* III, é retomada com a afirmação de que a mente é passiva em algumas coisas e ativa noutras. Essa distinção nos remete àquela existente entre os gêneros de conhecimento, a qual não significa, como temos insistido, que, em todos os casos, para que cada um deles opere os outros tenham que permanecer inoperantes, mas, em várias circunstâncias podem operar em simultâneo,[82] e essa simultaneidade é o segundo elemento que esclarece a expressão "maior parte", indicando que as partes da mente, justamente porque são partes, podem operar com a simultaneidade das diferentes maneiras de conhecer, bastando recorrermos ao exemplo da imagem do Sol conservada com a ideia verdadeira do Sol, ou à presença simultânea de um desejo ativo e vários desejos passionais que podem suprimi-lo. Todavia, a força de cada um dos gêneros de conhecimento não é a mesma, a diferença estando na dependência ou independência com relação à causalidade externa, isto é, a distinção entre a mente externamente determinada ou internamente disposta. Assim, a imaginação é mais fraca do que o conhecimento racional das noções comuns e do que a ciência intuitiva, e esta, conhecimento de essências de coisas singulares, é mais forte do que o conhecimento das propriedades universais comuns de todas as coisas. Destarte, quando a maior parte da mente está ocupada com as ideias imaginativas ou inadequadas, sua dependência é maior e maior sua passividade (como no caso do desejo ativo cercado por desejos passivos); ao contrário, quando a maior parte da mente está ocupada com as noções comuns e, sobretudo, com ideias referidas à sua singularidade, ou seja, quando é causa de ideias adequadas, maior é sua independência e maior sua atividade (donde a demonstração feita na Parte IV de que tudo o que desejamos por paixão podemos desejar por ação). O conhecimento das noções comuns e o conhecimento intuitivo da essência de uma coisa singular não significam que deixamos de imaginar, pois isto seria supor que deixamos de ser um corpo, mas tal conhecimento ordena, concatena, decifra e interpreta o sentido das ideias imaginativas que, por isso, passam a depender da potência da mente *in se sola considerata*. Assim, o escólio afirma que quando prevalecem as ideias imaginativas — formam a maior parte da mente —, a passividade aumenta e, ao contrário, quando prevalecem as ideias adequadas — formam a maior parte da mente —, a atividade aumenta. Ora, como as ideias inadequadas são mais fracas do que as adequadas e como nossa mente possui partes constituídas tanto por ideias inadequadas quanto por adequadas, Espinosa conclui que, sendo a potência da mente definida apenas pelo conhecimento e sua impotência apenas pela privação de conhecimento,

> segue que padece ao máximo aquela mente cuja maior parte é constituída por ideias inadequadas, de maneira que é discernida mais pelo que ela padece do que pelo que ela faz [age]; e, ao contrário, age ao máximo a mente cuja maior parte é constituída por ideias adequadas, de maneira que, embora nesta estejam tantas ideias inadequadas quanto naquela, contudo é discernida mais pelas que são atribuídas à virtude humana do que pelas que denunciam a impotência humana.

O quarto movimento do escólio se volta para o tema ético clássico: o que está e o que não está em nosso poder. Para isso, Espinosa retoma, ainda uma vez, o amor paixão. Referindo-se, como exige esse tema, às doenças e aos infortúnios do ânimo (e aos remédios recomendados contra eles), ele os interpreta como efeitos do amor excessivo por aquilo de que estaremos sempre privados, carência e perda incessantes alimentadas pelo desejo imoderado do que não depende de nós e cuja inconstância nos põe à mercê da fortuna, *obnoxius fortunae potestate*. Ouvimos o eco do que ele escrevera no *Breve tratado* e no *Tratado da emenda do intelecto*, isto é, que toda nossa felicidade e infelicidade dependem da qualidade ou da natureza daquilo que amamos:

> As doenças e os infortúnios do ânimo têm sua origem principalmente no amor excessivo a uma coisa que está submetida a muitas variações e de que nunca podemos ser possuidores. Com efeito, ninguém fica agitado ou ansioso senão pela coisa que ama, e nem se originam injúrias, suspeitas, inimizades senão do amor às coisas que ninguém deveras pode possuir.

Ora, os remédios já foram trazidos e, por conseguinte, já sabemos que amor a Deus não pode transformar-se em ódio, ciúme e inveja, porque já sabemos o que o conhecimento claro e distinto pode sobre os afetos, "e precipuamente aquele terceiro gênero de conhecimento, cujo fundamento é o próprio conhecimento de Deus" que, alcançado, nunca será perdido. No entanto, visto que a mente é constituída de partes, que por isso imagina tanto quanto raciocina e intui, que os remédios indicam a liberação como um processo de passagem a uma maior perfeição e que sabemos ser impossível que um homem não seja uma parte da natureza cercada e afetada por inúmeras outras partes mais potentes do que ele, sendo impossível que todos os seus afetos possam ser explicados exclusivamente por sua essência, Espinosa acrescenta: enquanto os afetos são paixões, mesmo que o conhecimento claro e distinto "não os suprima absolutamente, ao menos faz com que constituam uma parte mínima da mente", gerando amor "à coisa imutável e eterna, da qual somos deveras possuidores", que pode ser sempre cada vez maior e "ocupar a maior parte da mente e afetá-la amplamente".

Os quatro movimentos do escólio oferecem, portanto, a primeira figura do poder da mente sobre os afetos. Está cumprida a tarefa indicada pelo final da Parte IV, isto é, como a mente pode concretizar a virtude ou o homem racional livre. A esses movimentos segue-se o último com sua conclusão enigmática:

> E com isto terminei tudo que diz respeito a esta vida presente, pois o que eu disse no princípio deste escólio, a saber, que com estas poucas [proposições] reuni todos os remédios para os afetos, poderá ver facilmente cada um que prestar atenção ao que dissemos neste escólio e simultaneamente às definições da mente e de seus afetos, e por fim às proposições 1 e 3 da Parte III. Portanto é chegada a hora de passar àquelas coisas que pertencem à duração da mente sem relação ao corpo.[83]

Essa afirmação tem deixado muitos leitores perplexos. Teriam o platonismo e o cristianismo se infiltrado sorrateiramente na *Ética*? Teriam as *Meditações* se imposto a Espinosa? Não sabemos, pela Parte II, que o que constitui o ser atual da mente humana é a ideia de uma coisa existente em ato e que esta é seu corpo? Se o ser atual da mente humana é a ideia de seu corpo, como passar à duração da mente sem relação com seu corpo?

Comecemos por não perder de vista que a essência da mente humana é a de um modo finito do atributo pensamento e, como tal, é uma ideia e parte do intelecto infinito de Deus. Por seu turno, a essência do corpo humano é a de um modo finito do atributo extensão e, como tal, é uma certa proporção de movimento e repouso e parte do modo infinito imediato da extensão. Há, portanto, uma diferença de natureza entre a mente e o corpo, na medida em que são modos de atributos realmente distintos ou diversos. Dada essa distinção real e a autonomia causal dos atributos divinos, seus respectivos modos podem ser tomados sem referência aos modos dos outros atributos. Assim sendo, nada obsta a que, sendo uma ideia, se tome a mente humana considerada em si mesma e como parte do intelecto infinito sem referi-la à relação com a existência seu corpo na duração. Esta solução, porém, pareceria encontrar um obstáculo quando passamos da essência da mente ao ser atual da mente humana, pois este é a ideia de uma coisa singular existente em ato, seu corpo. No entanto, como o que constitui o ser atual da mente humana não é corpo e sim sua ideia — ele é o objeto da ideia que a mente *é* —, isso nos permite tomar a mente referida apenas à ordem e conexão das ideias no intelecto infinito de Deus. Em outras palavras, a mente pode ser tomada de acordo com sua origem — o atributo pensamento — e sua natureza — o conhecimento —, o que aliás é reforçado com a demonstração, feita da Parte II, de que a ideia da mente está unida a ela exatamente da mesma maneira que ela está unida à ideia de seu corpo.* Podemos desde já compreender que tomar a mente sem relação com a duração de seu corpo significa tomar a ideia da mente na ordem e conexão necessárias das ideias no intelecto infinito de Deus e, portanto, referida exclusivamente ao atributo pensamento. Trata-se de tomá-la referida a si mesma por sua referência ao seu atributo e, como veremos, o resultado formidável da ação reflexiva da mente não será o abandono de seu corpo e sim a mudança na maneira como ela se relaciona com a ideia dele: ela passará da ideia da existência dele na duração à de sua essência e, portanto, à existência dele *sub specie aeternitatis*.

No entanto, se considerarmos que o escólio se refere à *duração* da mente sem relação com a de seu corpo, o problema parece reabrir-se inteiramente quando lemos a proposição 24 da Parte II: "A mente não conhece a si própria senão enquanto percebe as ideias das afecções do corpo", pois "as ideias das afecções pelas quais o corpo é afetado envolvem a natureza do próprio corpo humano, isto é, convêm com a natureza da mente; por isso o conhecimento dessas ideias necessariamente envolverá o conhecimento da mente; ora, o conhecimento dessas ideias está na própria mente humana; logo, somente nesta medida a mente humana conhece a si própria". Se a mente só se conhece enquanto percebe as afecções de seu corpo, então a ideia da mente ou a ideia da ideia conserva sua ligação com seu corpo e não vemos como seria possível tomar a duração da mente sem

---

* E II, proposição 21.

relação com seu corpo. Não só isso. Sabemos que embora o objeto não seja causa de uma ideia se ele for modo de um outro atributo e que o objeto de uma ideia só poderá causá-la se ele próprio também for uma ideia, no entanto, como o corpo é objeto da ideia que constitui o ser formal da mente, a inexistência desse objeto acarreta a inexistência de sua ideia. Neste caso, como tomar a duração da mente sem relação com a existência de seu corpo na duração sem destruí-la? Na verdade, porém, a questão está malposta. Em primeiro lugar, porque Espinosa não diz que se trata de desligar a mente da ideia de seu corpo e sim de tomar sua existência sem referi-la à duração de seu corpo. Em segundo, e sobretudo, porque a objeção desconsidera o fundamental, isto é, que foi demonstrado que a mente possui a potência para desligar a ideia de um afeto da causa exterior e ligá-lo a outras ideias, ou seja, só há paradoxo quando se deixa de levar em conta que Espinosa se volta para a potência reflexiva da mente, àquilo que ela pode enquanto causa adequada de suas ideias.[84]

c. Sub specie aeternitatis

Como se realiza a relação da duração da mente com a de seu corpo? A resposta é dada pela proposição 21: "A mente não pode imaginar nada, nem se recordar das coisas passadas, a não ser enquanto dura o corpo", pois ela exprime a existência atual de seu corpo e a de outros corpos e concebe as afecções do corpo próprio como atuais somente enquanto imagina e lembra, o que pode ocorrer apenas enquanto seu corpo dura. Imaginação e memória são expressões cognitivas da existência do corpo na duração. Contudo, prossegue a proposição 22, "em Deus é dada necessariamente a ideia que exprime a essência deste ou daquele corpo humano sob a perspectiva da eternidade (*sub specie aeternitatis*)",[85] uma vez que, explica a demonstração, Ele é causa não apenas da existência deste ou daquele corpo, mas também de sua essência, que "por isso deve ser concebida necessariamente pela própria essência de Deus, e isso com uma necessidade eterna, conceito que decerto deve ser dado necessariamente em Deus". A demonstração se apoia no axioma 4 da *Ética* I — o conhecimento do efeito depende do conhecimento da causa e o envolve; na proposição 16 da mesma Parte I — da necessidade da natureza divina devem seguir infinitas coisas em infinitos modos, todas elas concebidas pelo intelecto infinito; e na proposição 3 da *Ética* II — existe necessariamente em Deus uma ideia de sua essência e de tudo o que dela segue necessariamente. Assim, enquanto a proposição 21 está referida à ideia da existência atual do corpo próprio na duração, a proposição 22 se refere à ideia da essência de um corpo enquanto concebida pelo intelecto infinito tendo como causa o atributo pensamento e, portanto, seguindo necessariamente da essência de Deus. Ora, pela definição da eternidade, trata-se da existência concebida seguindo somente da definição da coisa eterna e visto que o conhecimento de um efeito depende do conhecimento de sua causa e o envolve, então a eternidade da existência divina está envolvida nos efeitos que seguem necessariamente da essência de Deus e, por conseguinte, o conhecimento da ideia da essência de um corpo enquanto concebida pelo intelecto infinito só pode se dar sob a perspectiva da eternidade.

Para compreendermos a proposição 22, convém referi-la, ainda que de maneira breve, aos conceitos de eternidade e duração tais como surgem na Carta 12 e nas partes anteriores da *Ética*, pois essa proposição é o início da resposta à questão que levantamos na abertura deste capítulo: a partir da Carta 12 e das partes anteriores da *Ética*, pode-se afirmar a liberdade de um ser que não é causa de si, não é infinito e não poderia ser eterno? Sem dúvida, a liberdade humana já foi demonstrada na Parte IV sob a perspectiva das noções comuns da razão, e Espinosa concluíra a dedução do modelo da natureza humana afirmando que passaria à demonstração de como ele pode ser concretizado, o que foi demonstrado até a proposição 20 da Parte V. Por conseguinte, cabe supor que algo novo se passará quando a liberdade humana for articulada à ideia de eternidade.

Na Carta 12, ao distinguir entre substância e modos, Espinosa afirma que a primeira é aquela cuja existência pertence à sua essência e explica, "isto é, sua existência segue de sua essência apenas ou de sua definição"; em contrapartida, os modos são afecções da substância, e sua definição não pode envolver qualquer existência, tanto assim que podemos concebê-los como não existentes "quando consideramos apenas a essência dos modos e não a ordem da Natureza toda". Tomado em sua singularidade, um modo finito pode ou não existir, dependendo das causas que o colocam na existência, porém, quando tomamos a ordem da Natureza inteira, poderemos conhecer a necessidade da existência desse modo determinado. Dessa distinção, Espinosa conclui a diferença entre eternidade e duração: com esta última "podemos explicar somente a existência dos modos", porém a da substância "pode ser explicada apenas pela eternidade, isto é, como fruição infinita do existir". Dessas considerações segue uma nova distinção, agora entre tempo e medida, de um lado, e duração, de outro, pois os primeiros, como já explicaram os *Pensamentos metafísicos*, são entes de imaginação ou auxílios imaginativos para determinar ou delimitar a duração quando tomada "separada da maneira como flui das coisas eternas" e composta de momentos sucessivos. Esse conjunto de distinções permite afirmar que quando

> consideramos a essência dos modos e a da duração, mas não a ordem da Natureza inteira, podemos (sem destruir os conceitos que deles temos) determinar à vontade suas existências e duração, concebê-las como maiores ou menores, dividi-las em partes. Mas no que concerne à eternidade e à substância, visto que só podem ser concebidas como infinitas, não podem ser submetidas a tais operações sem que seus conceitos sejam destruídos.[86]

A eternidade é, portanto, uma propriedade exclusiva da existência da substância, indissociável de sua infinitude; a duração, propriedade da existência dos modos, indissociável de sua finitude, isto é, ter a existência na dependência de um concurso de causas. A primeira é indivisível; a segunda, uma existência que admite medida e divisão.

No que respeita à duração, quando passamos à *Ética*, Espinosa esclarece o que deixaram sem explicação na Carta 12, isto é, agora distingue, nos modos finitos, entre sua ideia imaginativa, caudatária da imagem do tempo, portanto mensurável e descontínua, e sua ideia verdadeira, isto é, não como sucessão e variação de estados e sim como continuação indefinida no existir, portanto, contínua e não mensurável. No que respeita à eternidade, observa-se que não há sobreposição entre a ela e a definição da *causa sui*. De fato, poderíamos supor que a eternidade fosse apresentada como consequência necessária da causa de si, portanto da essência que só pode ser concebida existente. Em vez disso, Espinosa afirma que por eternidade há que se compreender o que segue necessariamente apenas da definição de uma coisa eterna. Esse enunciado parece uma tautologia e por isso é imediatamente seguido de uma explicação: tal existência, assim como a essência da coisa, é concebida como uma *verdade eterna*, não podendo ser explicada pela duração, mesmo que esta seja concebida sem começo e sem fim. Podemos observar que a explicação oferecida indica a mudança operada por Espinosa na distinção aristotélica entre *ousía* (a essência) e *lógos* (a definição), na medida em que este define aquela, seja por gênero e espécie, seja, em termos extensionais ou intensionais, pelos predicados. Gênero, espécie e predicados são causas formais da *ousía*. A definição espinosana seria tautológica se a "definição de uma coisa eterna" fosse dada de uma dessa duas maneiras, o que não é o caso, pois a definição verdadeira diz a *causa eficiente* do definido enquanto sua causa formal — de onde o emprego do verbo *seguir*. Em outras palavras, a eternidade é concebida a partir da definição verdadeira da essência de uma coisa eterna ou o que dela *segue*, uma vez que este verbo não é tomado numa acepção temporal e sim significando a relação lógica entre um princípio e sua consequência e a relação ontológica entre uma causa e seu efeito. De fato, como esclarece no escólio 2 da proposição 8 da Parte I, a definição verdadeira de uma coisa envolve e exprime somente a natureza da coisa definida e, uma vez que para cada coisa existente deve necessariamente haver uma causa determinada que a faça existir, essa causa deve ou estar contida na natureza e definição da coisa existente (se for causa de si) e ou deve estar fora dela (se for um modo). Uma definição verdadeira é, portanto, uma ideia adequada (porque oferece a causa do definido) na qual há conveniência intrínseca entre ideia e ideado (pois é esta a definição do verdadeiro), de maneira que, enquanto a definição da *causa sui* é imediatamente ontológica, a da eternidade é lógica, referindo-se à maneira como a essência e a existência de uma coisa são adequadamente concebidas. Essa diferença possui duas consequências decisivas: em primeiro lugar, torna compreensível a expressão *sub specie aeternitatis* como uma maneira de conhecer; em segundo, permitirá a Espinosa ampliar o alcance do que pode ser concebido como eterno. De fato, embora a eternidade seja propriedade da existência da substância, visto que, nesta, a essência e a existência são idênticas, ela é também e necessariamente propriedade dos constituintes da substância e por isso propriedade dos atributos, motivo pelo qual, ao defini-la como a existência que segue necessariamente apenas da definição da coisa eterna, Espinosa pode estendê-la aos atributos, cada um dos quais, por pertencer à essência da substância, exprime uma essência eterna e infinita, e sua existência envolve eternidade. Da mesma maneira, visto que os modos infinitos imediatos seguem da natureza absoluta de seus atributos, existem necessariamente e são eternos e de sua natureza seguem a necessidade e eternidade do modo infinito mediato.

Uma nova ampliação desse conceito é dada por sua referência às noções comuns, que seguem necessariamente da natureza dos modos infinitos, ou como lemos no corolário 2 da proposição 44 da Parte II, é da natureza da razão conhecer as coisas como necessárias, e não como contingentes, e "essa necessidade das coisas é a própria necessidade da eterna natureza de Deus; logo, é da natureza da razão contemplar as coisas sob a perspectiva desta eternidade (*sub hac aeternitatis specie*)", e por isso tal conhecimento diz respeito a "noções que devem ser concebidas sem relação alguma com o tempo, mas sob alguma perspectiva de eternidade (*sub quadam aeternitatis specie*)". Esse corolário destaca, portanto, em primeiro lugar, que conhecer as coisas segundo a necessidade é conhecê-las seguindo necessariamente da essência eterna de Deus, e como a eternidade é uma propriedade da essência divina, sendo esta a causa da necessidade das coisas, a natureza delas envolve e exprime a eternidade de Deus, pois um efeito envolve e exprime a natureza de sua causa; em segundo, que, por se tratar da imanência da necessidade divina aos seus efeitos, a necessidade da eterna natureza de Deus nelas se exprime; em terceiro, que esse conhecimento não se refere a nenhuma essência de coisa singular, mas a propriedades comuns a todas as coisas, não tendo, por conseguinte, qualquer relação com a duração das coisas singulares nem com o tempo; e, em quarto lugar, visto que a eternidade pertence à natureza da substância, o conhecimento das noções comuns é um conhecimento sob alguma perspectiva de eternidade, isto é, não a eternidade como propriedade da essência da substância e sim aquela presente nos efeitos imanentes à atividade causal da substância, isto é, nos modos infinitos.

A ampliação do conceito de eternidade prossegue, e na proposição 45 da Parte II é referido também às ideias das coisas singulares: "Cada ideia de qualquer corpo, ou de coisa singular, existente em ato, envolve necessariamente a ideia da essência eterna e infinita de Deus", uma vez que a ideia de uma coisa singular existente em ato envolve necessariamente a essência e a existência da própria coisa, as quais não podem ser nem ser concebidas sem Deus e devem envolver a essência eterna e infinita do atributo de que são modos finitos. Tanto assim que, no escólio dessa proposição 45, Espinosa esclarece que se trata "da própria natureza da existência, que se atribui às coisas singulares porque da necessidade eterna da natureza de Deus seguem infinitas coisas em infinitos modos", insistindo que se trata "da própria existência das coisas singulares enquanto são em Deus". Em outras palavras, "enquanto são em Deus" significa que não se trata da existência das coisas singulares na duração, "pois, ainda que cada uma seja determinada por outra coisa singular a existir de maneira certa, todavia a força pela qual cada uma persevera no existir segue da necessidade eterna da natureza de Deus".[87]

Isto significa que, do ponto de vista da necessidade do que segue da essência dos atributos divinos, tudo que persevera na existência é eterno por sua causa e, sob esta perspectiva, um corpo também é eterno, pois eternidade não significa duração interminável, sem começo e sem fim. É isto, aliás, que o conceito de *conatus* corporal exprime, na medida em que, como efeito que segue necessariamente da potência da extensão, deve ser concebido como uma potência de existir intrinsecamente positiva e indestrutível.

Retomemos a proposição 22 da *Ética* v.

O primeiro ponto a observar no enunciado dessa proposição é que reafirma o que foi enunciado na proposição 45 da Parte II, pois se refere à "ideia da essência deste ou daquele corpo humano". Como se observa, não foi abandonada a definição da mente como ideia do corpo ao ser afastada a referência à duração ou à existência atual do corpo. Todavia, não se trata da ideia imaginativa que *envolve* a natureza do corpo e de suas afecções, isto é, da ideia do corpo que a mente forma porque imagina e lembra, mas da ideia que *exprime* a essência do corpo. E, evidentemente, não se trata do corpo em geral nem de propriedades comuns aos corpos, mas "deste ou daquele corpo humano", portanto, de um corpo humano tomado na sua essência singular. O segundo ponto a observar no enunciado da proposição é sua referência não à mente humana, mas a Deus: em Deus é dada necessariamente uma ideia que exprime a essência deste ou daquele corpo humano, o que, como vimos, é sublinhado na demonstração, quando Espinosa explica por que e como a ideia da essência deste ou daquele corpo humano deve necessariamente ser concebida segundo "alguma necessidade eterna" (*sub aeterna quadam necessitate*). Ou seja, pelo que foi demonstrado sobre a ciência de Deus, na Parte II, pode-se demonstrar agora que, havendo necessariamente em Deus a ideia de tudo o que é, Nele há a ideia da essência de um corpo humano singular, ideia que está compreendida ou contida no modo infinito imediato da extensão como uma proporção determinada de movimento e repouso e uma potência de agir, em conformidade com as leis necessárias da natureza extensa ou a ordem física natural. Essa necessidade, como vimos, é eterna, ou seja, segue necessariamente da definição da eternidade de Deus sob o atributo extensão. O fato de que essa essência é concebida por Deus significa, em decorrência da proposição 7 da Parte II,* que o atribu-

---

* E II, proposição 7: "A ordem e a conexão das coisas é a mesma que a das coisas".

to pensamento, enquanto modificado no intelecto infinito, concebe a ordem necessária das ideias dos encadeamentos pelos quais esse corpo é produzido pelo atributo extensão e concebe a ideia da ordem necessária das afecções corporais que um corpo é capaz de dar a si mesmo quando não impedido pelas causas externas, pois, como vimos nas partes III e IV, o corpo humano tem a potência interna de autorregulação e pode ser favorecido por outros corpos que convêm com ele.[88] Qual a consequência de haver em Deus a ideia da essência de um corpo singular sob alguma eterna necessidade? É o que enuncia a proposição 23:

> A mente humana não pode ser absolutamente destruída com o corpo, mas dela algo (*ejus aliquid*) permanece (*remanet*) que é eterno.

A demonstração se funda na proposição 22 e retoma as distinções entre duração e eternidade, de maneira que a duração da mente é inseparável da existência de seu corpo na duração ou de sua existência atual na duração. No entanto, graças ao enunciado da proposição, sabemos que há algo dela (*ejus aliquid*) cuja essência é concebida sob alguma necessidade eterna; ora, esse algo é a ideia da essência do corpo como efeito necessário da potência do atributo extensão e, individualmente, como proporção determinada de movimento e repouso, como ritmo ou potência vital, e, dado que a mente é ideia de seu corpo, ela é necessariamente ideia desse algo eterno, ou seja, ideia da essência do corpo concebida sob alguma necessidade eterna. Como consequência, mesmo que pelas leis necessárias da Natureza, ou seja, pelos encontros com outros corpos, este corpo singular perca a proporção de movimento e repouso que o constitui e deixe de existir na duração, a ideia de sua essência, porque não depende de sua duração, permanece mesmo quando o corpo deixa de durar. A mente é ideia das afecções de seu corpo e ideia dessa ideia na duração, mas ela é também ideia da essência do corpo e ideia dessa ideia sob a perspectiva da eternidade, isto é, sob a perspectiva do que segue necessariamente da essência de Deus. Em suma, a mente tem uma existência atual eterna porque é ideia da essência de seu corpo e ideia dessa ideia ou ideia de si. A eternidade da mente não implica numa transformação de seu ser ou de sua essência; o que muda é o objeto do qual ela é ideia: passa das afecções do corpo na duração à ideia da essência do corpo, essência contida e compreendida como singularidade no atributo extensão e cuja ideia, simultaneamente, está contida e compreendida no atributo pensamento. Do ponto de vista da necessidade, isto é, do seguir necessariamente da essência de seu atributo, tanto as ideias da mente como seu corpo são *sub specie aeternitatis* porque ambos estão referidos à necessidade dos atributos que constituem a essência divina. Numa palavra, a causalidade eficiente imanente dos atributos põe a eternidade da essência do corpo e a da mente ou o conhecimento de suas existências *sub specie aeternitatis*.

Todavia, muitos leitores julgam a proposição 23 e sua demonstração ambíguas, pois o uso dos verbos destruir e permanecer contradiz a definição de eternidade nela, introduzindo não só uma conotação de duração, mas também de temporalidade.[89] No entanto, é preciso considerar que a destruição de um modo finito não temporaliza a eternidade e sim reafirma o que já foi demonstrado como necessário, isto é, que a duração de um modo finito é definida como continuação indefinida na existência porque, intrinsecamente indestrutível, está continuamente ameaçada pelas potências externas a ele, que podem destruí-lo. Ou seja, é uma verdade eterna que a destruição atinge modos finitos. Resta saber se o emprego do verbo permanecer não seria um contrassenso, uma vez que parece conotar tempo. De fato, Espinosa estabelece um contraponto entre a mente e o corpo: este pode ser inteiramente destruído, mas ela não. Essa dificuldade parece insolúvel porque seu pressuposto é o "paralelismo" que, agora, está completamente rompido. Por isso muitos indagam: o que é esse *ejus aliquid remanet*, esse algo dela que permanece mesmo se o corpo foi destruído? Se abandonarmos o pressuposto do "paralelismo" e regressarmos às demonstrações efetuadas na Parte II sobre as partes da mente, compreenderemos que esse algo que permanece é justamente uma de suas partes, o intelecto como atividade. Se o corpo for destruído, desaparecem as ideias imaginativas inadequadas e permanecem as adequadas; permanece, portanto, a mente enquanto potência pensante que forma a ideia adequada da essência de seu corpo, ideia que é também concebida por Deus e que, portanto, é uma verdade eterna. Permanecer não conota, portanto, temporalidade e sim a relação lógica necessária entre um princípio e sua consequência, isto é, neste caso, entre a *parte ativa* da essência da mente como potência pensante que não opera determinada por condições externas como princípio cuja consequência é a conservação do vínculo entre sua *potentia* e sua *potestas*. Eis por que Espinosa diz que a mente não pode ser absolutamente, isto é, totalmente destruída com seu corpo (cuja potência não pode eliminar por completo a passividade decorrente de suas relações necessárias de dependência com os demais corpos na duração), mas que algo dela não é destruído e isto que permanece é algo ontologicamente eterno (sua atividade) e logicamente eterno (o conhecimento verdadeiro da essência de uma coisa singular).[90] A mente dura porque não é causa de si e é eterna porque tem a potência para ser causa adequada de suas ideias.

No entanto, se reunirmos as proposições 22 e 23, parece que seríamos levados a supor que a permanência se reduz à presença das ideias adequadas da mente compreendidas na ordem e conexão das ideias do intelecto infinito e não que a mente se conhece como eterna. O escólio que acompanha a proposição 23 desfaz essa suposição, introduzindo algo inesperado.

> Como dissemos, esta ideia que exprime a essência do corpo sob a perspectiva da eternidade é um certo modo de pensar que pertence à essência da mente e que necessariamente é eterno. Contudo, não pode ocorrer que nos recordemos de ter existido antes do corpo, visto que não podem dar-se no corpo vestígios disso, nem pode a eternidade ser definida pelo tempo, nem ter relação com o tempo. Entretanto sentimos e experimentamos sermos eternos (*sentimus experimurque nos aeternos esse*). Pois a mente não sente menos aquelas coisas que concebe entendendo do que aquelas que tem na memória. Com efeito, os olhos da mente, com os quais vê e observa as coisas, são as próprias demonstrações. E assim, embora não nos recordemos de ter existido antes do corpo, contudo sentimos que nossa mente, enquanto envolve a essência do corpo sob a perspectiva da eternidade (*sub specie aeternitatis*), é eterna, e que esta sua essência não pode ser definida pelo tempo, ou seja, explicada pela duração. Portanto, nossa mente só pode ser dita durar e sua existência só pode ser definida por um tempo certo enquanto envolve a existência atual do corpo, e só nesta medida ela tem a potência de determinar pelo tempo a existência das coisas e concebê-las sob a duração.

A ideia da essência do corpo é um modo de pensar, necessariamente eterno, que pertence à natureza da mente enquanto potência pensante que forma ideias adequadas. Embora Espinosa tenha insistido na distinção entre eternidade e duração, não disse em lugar algum que a eternidade é o que advém à mente humana após a destruição de seu corpo, mas, pelo contrário, as demonstrações efetuadas até o momento expõem a eternidade como conhecida aqui e agora pela mente enquanto conhecimento da essência de seu corpo e de si mesma. Eis por que o escólio responde a uma indagação implícita: como, existindo na duração, a mente chega ao conhecimento de sua eternidade? Poderíamos supor que ele nasceria porque nós nos recordaríamos de nossa mente ter existido antes de nosso corpo. Essa suposição é duplamente impossível: em primeiro lugar, sendo ela ideia de seu corpo e a memória, vestígios nele deixados pelas afecções corporais, se nossa mente se conhecesse como eterna por alguma recordação, isso não poderia ocorrer sem o corpo ou antes do corpo; em segundo, porque, ao ser introduzida a noção de "antes" (o que levaria também a introduzir um "depois" e a imortalidade da alma), é introduzido o tempo para referir-se à eternidade, o que não pode ser o caso. Sem recorrer a um antes (ou a um depois), "entretanto sentimos e experimentamos sermos eternos (*sentimus experimurque nos aeternos esse*)". Esse "entretanto" indica que não se trata, aqui, do fundamento ontológico do conhecimento de nossa eternidade, pois este já foi demonstrado, e sim da resposta à indagação: como sabemos que somos eternos? Nós o sabemos porque o sentimos e o experimentamos.

Essa resposta tem suscitado inúmeras interpretações, alguns leitores chegando mesmo a dizer que Espinosa teria perdido o rumo e comprometido sua filosofia, cujo acabamento coerente deveria dar-se na Parte IV. De fato, a resposta espinosana parece paradoxal porque, no correr da *Ética*, sentir e experimentar são maneiras de conhecer que envolvem a existência atual do corpo, bastando que nos voltemos para os axiomas 4 e 5 da Parte II: "sentimos que um corpo é afetado de muitas maneiras" e "não sentimos nem percebemos nenhuma outra coisa singular além dos corpos e dos modos de pensar"; ou ainda, na física, a demonstração de que todos os indivíduos são animados em graus diversos, isto é, todos sentem suas vidas. Como nossa mente, sem referir-se à duração de seu corpo, pode sentir e experimentar que somos eternos?

Via de regra, os intérpretes se voltam para o uso dos verbos *experimentar* e *sentir*, dando pouca atenção ao "entretanto" (*at nihiliminus*) que os precede. Evidentemente, Espinosa sabe por que emprega os verbos *sentir* e *experimentar*. Em primeiro lugar, porque a eternidade não é a lembrança de uma existência anterior nem a expectativa de uma vida futura: colocados no presente do indicativo e na primeira pessoa do plural, sentir e experimentar significam que é aqui e agora que sabemos ser eternos — o conhecimento intelectual de nossa essência é nossa maneira de viver quando nossa vida não é medida pelo tempo. Donde o emprego da conjunção adversativa "entretanto", indicando que se trata de uma experiência e de um sentimento no presente, ou melhor, da experiência e do sentimento da *presença a si*. Em segundo lugar, e como consequência, porque, como a continuação do escólio deixará patente, "a mente não sente menos aquelas coisas que concebe entendendo do que aquelas que tem na memória". Por que a referência à memória? Porque, como o entender, o lembrar é uma operação interna à mente, uma relação dela consigo mesma, um sentir-se e experimentar-se a si mesma, como atesta o caso do poeta espanhol que, perdendo a memória, não se reconhecia nem reconhecia como suas as obras que escrevera. Ora, a intimidade da mente consigo mesma não se limita ao sentimento de sua identidade trazido por suas lembranças na duração, podendo perder-se quando estas se perdem, mas também se realiza no ato de entender enquanto sentimento, como já foi mencionado desde o *De emendatione* com a afirmação de que a certeza "é a maneira como sentimos a essência objetiva", e no *De mente* com a demonstração de que o saber do saber ou a certeza é a apreensão direta de uma evidência pela mente humana e, aqui, trata-se da certeza do saber de si. Trata-se da máxima proximidade da mente consigo mesma ou da reflexão como plena presença da mente a si mesma: estamos diante de uma *experiência intelectual*. Eis por que Espinosa se refere aos olhos da mente, "com os quais vê e observa as coisas", olhos que são "as próprias demonstrações", fazendo-nos compreender por que, afinal, introduziu a expressão *sub specie*, pois *specio*[91] é um verbo ativo que significa eu vejo, eu observo e, na forma *specto*, significa examinar reflexivamente, provar, ajuizar, avaliar: os olhos de nossa mente vêm e observam nossa eternidade. Não poderia ser diferente, pois é como experiência de uma visão intelectual direta que Espinosa define a verdade: "luz que se manifesta a si mesma", cuja presença faz desaparecer o falso como os primeiros lampejos da madrugada dissolvem a treva.

d. Ciência intuitiva: a atividade da pars singularis

O *De Deo* demonstra que sobre os seres finitos recaem a força e a racionalidade de duas redes causais necessárias: a causalidade eficiente imanente dos atributos que, por autodiferenciação, os produzem como essências e operações determinadas, isto é, sua existência em Deus sem relação com a duração; e, determinada por essa primeira, opera a causalidade eficiente transitiva entre os modos finitos, que determina suas existências na duração e se estende indefinidamente. Pela primeira rede causal, os modos finitos são partes da Natureza Naturante; pela segunda, da Natureza Naturada. Por seu turno, o *De mente* demonstra a origem e natureza de um modo finito determinado da extensão, o corpo, a de um modo determinado do atributo pensamento, a mente, a união de ambos, um ser humano, e as maneiras pelas quais a mente conhece seu corpo, a si mesma e a união que os constitui, conhecimento que pode realizar-se imaginativamente, segundo a percepção da existência singular do corpo, ou racionalmente, conforme as propriedades comuns que seguem de suas naturezas, e, enfim, intuitivamente, como essências de coisas singulares que procedem da essência formal de seus respectivos atributos. Por isso o sentimento e a experiência de que somos eternos podem dar-se imaginativamente — como crença na perenidade temporal da mente ou sua imortalidade —, racionalmente — quando nos reconhecemos como partes da Natureza que seguem suas leis necessárias — e intuitivamente — ao conhecermos a singularidade da essência de nossa mente e de nosso corpo como expressões imanentes e necessárias dos atributos eternos do ser absolutamente infinito. Da singularidade da existência na duração à singularidade da essência *sub specie aeternitatis*, passamos da imaginação à ciência intuitiva pela mediação do conhecimento racional *sub quadam specie aeternitatis* das propriedades que seguem necessariamente de nossa natureza.

A ciência intuitiva é o conhecimento direto de conexões reguladas[92] ou da relação necessária entre coisas unidas, seja por uma relação de causalidade (o seguir ou proceder necessariamente da essência de alguma coisa como causa imanente de uma outra), seja por uma relação lógica de inferência entre um princípio e sua consequência, seja, em ambos os casos, como apreensão da relação necessária entre uma parte e o todo.[93] Essa ciência é uma ideia adequada porque conhecimento da gênese necessária de uma essência que segue da essência formal de um atributo de Deus e porque sua causa adequada é a potência da própria mente internamente disposta; ou, em outros termos, ela é uma dedução, como diz explicitamente Espinosa no escólio da proposição 47 da Parte II: "Como tudo é em Deus e é concebido por Deus, segue podermos *deduzir desse* conhecimento muitíssimas coisas que conheceremos adequadamente, e assim formar aquele terceiro gênero de conhecimento [...] de cuja excelência e utilidade nos caberá falar na quinta parte".

Que significa ter como ponto de partida de uma dedução a afirmação de que tudo é em Deus e concebido por Deus? Em outras palavras, o que é uma dedução cujo fundamento é a imanência? A resposta se encontra preparada no Primeiro Diálogo do *Breve tratado* e na Carta 32 a Oldenburg, com que iniciamos nosso percurso. Nesses dois textos, estamos diante da relação entre um todo e suas partes e da explicação de que a diferença entre ele e elas se encontra no fato de que estas estão numa relação determinada e constante com outras sob a causalidade do conjunto da qual são dependentes, enquanto o primeiro se define pela autossuficiência, isto é, não somente sua natureza determina inteiramente o que se passa nas suas partes, mas ele próprio não é determinado pelo exterior a nenhuma mudança em sua constituição e em suas ações. Na *Ética*, o segundo gênero de conhecimento opera com essa relação tendo como foco as propriedades comuns que se encontram igualmente no todo e em suas partes; o terceiro gênero, porém, conhece a essência de uma parte singular por sua relação necessária com o todo como relação de imanência a ele, quando a substância se exprime num modo singular e este a exprime singularmente. A dedução é uma inferência direta dessa relação expressiva em que a parte surge como *pars singularis*.

A ciência intuitiva é conhecimento de algo singular cujo fundamento ontológico é a potência dos atributos divinos e cujo princípio gnosiológico é a potência da mente como ideia da essência de seu corpo e da sua própria como coisas singulares *sub specie aeternitatis*.[94] Eis por que, como enuncia a proposição 24, "quanto mais entendemos as coisas singulares, tanto mais entendemos Deus", pois, pela proposição 16 da Parte I, da natureza de Deus seguem todas as coisas concebíveis, e pela proposição dessa mesma parte, Deus é causa eficiente não apenas da existência das coisas, mas também da essência delas. Visto que o terceiro gênero de conhecimento procede da ideia adequada da essência formal de algum atributo de Deus para o conhecimento adequado das essências das coisas, quanto mais concebemos as coisas desta maneira, tanto mais entendemos Deus, e por isso "o sumo esforço e a suma virtude da mente (*summus mentis conatus summaque virtus*) é entender as coisas pelo terceiro gênero de conhecimento".*

Ao introduzir a potência da mente como virtude, Espinosa pode dar ao terceiro gênero de conhecimento uma característica que ainda não lhe fora atribuída na exposição dos gêneros de conhecimento na Parte II, mas que estava preparada desde as partes III e IV e foi o centro das vinte primeiras proposições do *De libertate*,

---

* E V, proposição 25.

qual seja, o laço entre conhecimento e afeto, constitutivo da vida ética: o conhecimento do terceiro gênero é desejo, o qual, sendo a própria essência de um homem, define a essência da mente como ação que aumenta maximamente sua potência e assim realiza sua suma virtude. Destarte, quando concebemos a mente "apta a entender as coisas por este gênero de conhecimento, nesta medida concebemo-la determinada a entender as coisas pelo mesmo gênero de conhecimento e, consequentemente, quanto mais a mente é apta a isto, tanto mais o deseja".*
Concebida em sua aptidão para o conhecimento do terceiro gênero, a mente, porque desejo ativo, é determinada a conhecer dessa maneira todas as coisas, pois desejar ativamente é estar determinado a fazer algo que segue somente de nossa natureza. Em outras palavras, a mente desejante é a própria mente pensante e por isso, quanto mais apta a esse conhecimento, tanto mais o deseja, porque seu *conatus* se fortalece e se expande, de acordo com a necessidade da lógica afetiva:

> Quanto mais a mente é apta a entender as coisas pelo terceiro gênero de conhecimento, tanto mais deseja entender as coisas por este mesmo gênero de conhecimento.**

Compreendido como desejo ativo e suma potência da mente, o terceiro gênero de conhecimento é causa de um outro afeto igualmente ativo, o sumo contentamento da mente (*summa acquiescentia mentis*),[95] nascido da alegria de contemplar-se como virtuosa, isto é, potente em sua própria perfeição e serena em sua certeza porque, tendo ideias verdadeiras, sabe que as tem.*** A suma virtude da mente é conhecer Deus, e essa virtude aumenta rumo à sua máxima perfeição quanto mais se amplia essa terceira maneira de conhecer ou a força do laço indissolúvel entre afeto e saber, "e por isso quem conhece as coisas por esse gênero de conhecimento passa à suma perfeição humana (*ad summam humanam perfectionem*) e, consequentemente, é afetado pela suma alegria (*summa laetitia*) conjuntamente à ideia de si e de sua virtude, e portanto desse gênero de conhecimento origina-se o sumo contentamento (*summa acquiescentia*) que pode ser dado".****

---

* E v, proposição 26, demonstração.
** Ibid.
*** E v, proposição 27.
**** Ibid., demonstração.

Visto que tudo que entendemos clara e distintamente nós o entendemos ou por si (no caso de Deus e de seus atributos) ou por outro que é concebido por si (no caso dos modos), e por isso "as ideias que são claras e distintas em nós, ou seja, que são referidas ao terceiro gênero de conhecimento, não podem seguir de ideias mutiladas e confusas, que estão referidas ao primeiro gênero de conhecimento, mas de ideias adequadas, ou seja, ao segundo e terceiro gêneros de conhecimento" e, por conseguinte, "o desejo de conhecer as coisas pelo terceiro gênero de conhecimento não pode originar-se do primeiro, mas certamente do segundo gênero de conhecimento".* O desejo ativo se desvincula das ideias mutiladas e confusas porque, do contrário, ele seria uma paixão, e não uma ação, conhecimento inadequado, e não adequado, e suporia a mente voltada para a existência de seu corpo na duração na ordem comum da Natureza em lugar de exercer sua potência reflexiva para desligar um afeto da ideia de uma causa externa e ligá-lo a outros pensamentos. Em contrapartida, o vínculo do desejo com o conhecimento das noções comuns, que depende apenas da potência da própria mente, o enlaça ao necessário e ao eterno por estar referido às ideias adequadas das propriedades comuns que seguem necessariamente da natureza das próprias coisas e realiza-se *sub quadam specie aeternitatis*, referindo todas as ideias ao intelecto infinito e, ao tornar inteligíveis as relações necessárias entre coisas de natureza comum por sua referência a Deus, abre caminho para o conhecimento direto das conexões reguladas entre as essências dessas coisas enquanto coisas singulares que seguem da essência de Deus. Em suma, o segundo gênero de conhecimento depende da mente internamente disposta que o desejo racional ou a razão desejante conduzirá à ciência intuitiva.

Ora, afastar o primeiro gênero de conhecimento não significa deixar de tomar a mente ontologicamente como ideia de seu corpo, pois isso a destruiria, e sim tomá-la como ideia da essência de seu corpo. Donde o enunciado da proposição 29:

Tudo que a mente entende sob o aspecto da eternidade, ela não o entende por conceber a existência atual presente do corpo, mas por conceber a essência do corpo sob a perspectiva da eternidade.

* E v, proposição 28.

Assim, depois de retomar a distinção entre duração e eternidade e reafirmar que é da natureza da razão e do intelecto conceber as coisas sob a perspectiva da eternidade, Espinosa demonstra por que essa proposição é universal (*"tudo* que a mente entende sob a perspectiva da eternidade"): pertence à natureza da mente conceber a essência de seu corpo sob o aspecto da eternidade porque, pela proposição 13 da Parte II, "o que quer que aconteça no objeto da ideia que constitui a mente humana deve ser percebido pela mente humana, ou seja, dessa coisa dar-se-á necessariamente na mente a ideia, isto é, se o objeto que constitui a mente humana for um corpo, nada poderá acontecer nesse corpo que não seja percebido por ela" e, prossegue a demonstração da proposição 29 da *Ética* V, "além desses dois [o conhecimento da existência de seu corpo na duração e o de sua essência sob a perspectiva da eternidade], nada outro *pertence* à essência da mente; logo, esta potência de conceber as coisas sob o aspecto da eternidade não pertence à mente senão enquanto concebe a essência do corpo sob a perspectiva da eternidade". Ora, por definição, a essência de uma coisa e sua existência são indissociáveis; portanto, se a essência do corpo é concebida *sub specie aeternitatis*, isto significa que é concebida como existência eterna. Donde a distinção trazida pelo escólio:

> De duas maneiras as coisas são concebidas por nós como atuais: ou enquanto as concebemos existir com relação a um tempo e um lugar certos, ou enquanto as concebemos estar contidas em Deus e seguir da necessidade da natureza divina. E as que são concebidas desta segunda maneira como verdadeiras ou reais, concebemo-las sob o aspecto da eternidade e suas ideias envolvem a essência eterna e infinita de Deus, como mostramos na proposição 45 da Parte II,* da qual se verá também o escólio.

De fato, no escólio da proposição 45 da Parte II, Espinosa havia distinguido entre a existência na duração, isto é, "enquanto é concebida abstratamente e como algum aspecto de quantidade", e a existência verdadeira ou a "natureza da existência atribuída às coisas singulares enquanto são em Deus", uma vez que, embora cada uma delas seja determinada por outras a existir de certa maneira, "a força pela qual cada uma persevera no existir segue da necessidade

---

* E II, proposição 45: "Cada ideia de qualquer corpo, ou de coisa singular, existente em ato, envolve necessariamente a essência eterna e infinita de Deus".

eterna da natureza de Deus". Há, portanto, duas maneiras de conceber a existência atual de uma coisa singular: abstratamente como quantidade de tempo de duração e verdadeiramente como potência de existir que segue necessariamente da potência de Deus. Essa distinção esclarece a afirmação feita na enigmática e complexa proposição 8 da Parte II sobre modos não existentes, de que se tratava de algo único (ou seja, um modo não existente na duração e sim em seu atributo)[96] e, como vimos, determinava a demonstração, reiterada nas partes anteriores da *Ética*, da impossibilidade do conhecimento adequado da duração das coisas singulares, abrindo caminho para a experiência da contingência e corruptibilidade de todas elas. Agora, porém, a distinção é explicitamente feita entre a concepção abstrata da existência e sua concepção verdadeira, portanto, adequada. Isto significa que somente sob a perspectiva da eternidade a unidade intrínseca da essência e da existência singulares pode ser conhecida como *convenientia*, isto é, como relação necessária entre uma ideia e seu ideado, pois é esta a definição da ideia verdadeira. Assim, longe da eternidade separar a mente de seu corpo, é o contrário que se passa, pois o conhecimento verdadeiro da essência da mente e do corpo é, necessariamente, o conhecimento de sua existência verdadeira. Isto não significa que a existência da mente e do corpo na duração seja ilusória (Espinosa não é Platão), pois isto invalidaria as partes II, III e IV da *Ética*, e sim que, nesse caso, seu conhecimento se limita às ideias das leis naturais e da rede causal de séries finitas na Natureza Naturada (ou sua referência ao intelecto infinito), sem alcançar a origem da força do perseverar na existência. Essa parcialidade cognitiva é superada pelo conhecimento da existência finita em sua imanência ao ser absolutamente infinito, ou sua presença na Natureza Naturante, fonte de sua realidade, como será imediatamente explicado pela proposição 30:

> Nossa mente, enquanto (*quatenus*) conhece a si e ao corpo sob a perspectiva da eternidade, tem necessariamente o conhecimento de Deus e sabe que é em Deus e é concebida por Deus.

Ou, como lemos na demonstração, conceber as coisas sob o aspecto da eternidade é concebê-las "como entes reais, ou seja, enquanto, pela essência de Deus, envolvem existência" e, por conseguinte, esse conhecimento é necessária e verdadeiramente conhecimento de nossa imanência a Deus enquanto seres singulares.

Em outras palavras, na medida em que se trata do conhecimento de *entes reais* que, pela essência de Deus, envolvem existência eterna, compreende-se que a eternidade da essência mente porque modo finito do pensamento não exclui, mas exige a eternidade da ideia da essência do corpo porque modo finito da extensão — ambos seguem de atributos de Deus e estão compreendidos nesses atributos.

O que segue do conhecimento da imanência é algo decisivo para, retrospectivamente, compreendermos o percurso efetuado nas cinco partes da *Ética*, que fizemos repousar na distinção entre a mente externamente determinada e internamente disposta. De fato, de onde vem o conhecimento verdadeiro de Deus, do corpo e da mente, exposto no decorrer dessa obra? Espinosa pode agora demonstrar que a causa desse conhecimento e de tudo que dele segue é a própria mente singular:

> Enquanto (*quatenus*)[97] a mente é eterna, o terceiro gênero de conhecimento depende da mente como da causa formal.*

Causa formal significa que as ideias recebem da essência da mente seu ser e sua verdade; são seus efeitos reais necessários. De fato, nossa mente, internamente disposta, não recebe o conhecimento verdadeiro de algo exterior, o conhecimento adequado não lhe podendo vir nem pelos dados oferecidos pela imaginação nem, consequentemente, pela recepção de uma revelação divina, à maneira do profeta, mas apenas de si mesma enquanto causa completa e perfeita de suas ideias. Mas não só isso. Na demonstração, Espinosa afirma que conceber a si mesma e à essência de seu corpo sob a perspectiva da eternidade só pode acontecer à mente porque ela própria é eterna. Em outras palavras, em Deus, a eternidade segue de ser Ele *causa sui* e, na mente, ser ela *causa adaequata* segue de sua eternidade:

> Portanto, enquanto (*quatenus*) é eterna, a mente tem o conhecimento de Deus, que decerto é necessariamente adequado, e por isso, enquanto é eterna, é apta a conhecer tudo aquilo que pode seguir deste conhecimento de Deus, isto é, a conhecer as coisas pelo terceiro gênero de conhecimento, do qual, por causa disso, a mente, enquanto é eterna, é causa adequada ou formal (*causa adaequata seu formalis*).**

---

* E v, proposição 31.
** Ibid., demonstração.

O escólio introduz, pela primeira vez, a felicidade como efeito da ciência intuitiva: "Quanto mais cada um é forte neste gênero de conhecimento, tanto mais é consciente de si e de Deus, isto é, tanto mais é perfeito e mais feliz (*beatior*), o que ficará ainda mais patente a partir do que vem na sequência". A consciência de si, que desde o Apêndice da Parte I aparecera no primeiro gênero de conhecimento como inadequada porque consciência de uma ideia ou de um afeto e inconsciência de suas causas, e aparecera como adequada nas partes III e IV enquanto contentamento consigo mesmo, alegria ativa ou virtude com que o sábio se mostra mais consciente de si do que o ignorante, e se desenvolvera como reflexão adequada desde o início da Parte V, surge, agora, em sua plenitude porque é a mente consciente de sua essência singular eterna como *pars singularis*, expressão imanente da substância absolutamente infinita, e dessa consciência nascem sua maior perfeição e felicidade, ou como lemos no final do escólio da proposição 33, "porque se a alegria consiste na passagem a uma maior perfeição, a felicidade (*beatitudo*) deve certamente consistir em que a mente seja dotada da própria perfeição". Em outras palavras, o que distingue a alegria e a felicidade é que a primeira é uma passagem a uma maior perfeição, e a felicidade, a própria perfeição.

e. O amor intelectual a Deus

> Com tudo aquilo que entendemos pelo terceiro gênero de conhecimento, nós nos deleitamos, e decerto conjuntamente (*concomitante*) à ideia de Deus como causa.*

Conhecer, sendo a realização da potência da mente, é para ela alegria, porém, conhecer intuitivamente é deleite, júbilo, sumo contentamento da mente (*summa acquiescentia mentis*) ou a suma alegria (*summa laetitia*), cuja causa simultânea é a ideia de si como essência singular eterna e a ideia de Deus como seu princípio, ou seja, como causa da máxima alegria. Por que a felicidade é *summa acquiescentia* e *summa laetitia*? Porque nascidas da mente como consciência de sua eternidade, a alegria não é mais a *transitio* a uma maior perfeição, mas felicidade ou a própria perfeição, e a *acquiescentia* alcança seu sentido originário ou sua *prima significatio*: serenidade, tranquilidade.[98] Justamente porque a plenitude do contentamento e

---

* E V, proposição 32.

da alegria nasce da concomitância entre a ideia de si e a ideia de Deus como causa são amor, porém um amor cuja peculiaridade está em ser intelectual:

> Do terceiro gênero de conhecimento origina-se necessariamente o amor intelectual a Deus. Pois deste gênero de conhecimento origina-se a alegria conjuntamente à ideia de Deus como causa, isto é, o amor a Deus, não enquanto o imaginamos como presente, mas enquanto entendemos que Deus é eterno, e é isto o que chamo de amor intelectual a Deus.*

O primeiro cuidado de Espinosa é distinguir o amor intelectual a Deus e o amor referido a uma causa externa, tal como definido na Parte III: esse amor a Deus não o imagina como presente, mas o compreende como eterno, absolutamente presente à essência da mente como sua causa imanente. Assim como a alegria deixa de ser passagem para tornar-se perfeição ou felicidade, assim também o amor deixa de referir-se à exterioridade e ao risco contínuo da falta ou da privação para alcançar plena interioridade e plenitude. Além de distinguir-se do amor imaginativo, o amor intelectual se distingue também do amor a Deus, deduzido na primeira parte do *De libertate*. Enquanto, no primeiro, o desejo racional se realiza na duração e referido ao intelecto infinito (ou à Natureza Naturada), no segundo, o desejo intelectual se efetua sob a perspectiva da eternidade e referido ao ser absolutamente infinito (ou à Natureza Naturante), como enuncia a proposição 33:

> O amor intelectual a Deus, que se origina do terceiro gênero de conhecimento, é eterno, pois sendo o conhecimento intuitivo eterno, o amor que dele se origina também é necessariamente eterno.

No escólio dessa proposição Espinosa repete, porém com maior clareza, o que escrevera no final do escólio da proposição 31, na qual lemos:

> Mas cumpre aqui notar que, malgrado já estejamos certos de que a mente é eterna enquanto concebe as coisas sob o aspecto da eternidade, contudo, para que aquilo

---

* E V, proposição 32, corolário.

que queremos mostrar seja mais facilmente explicado e melhor entendido, consideraremos como se (*iam*) ela tivesse começado agora a ser e a entender as coisas sob o aspecto da eternidade, tal como fizemos até este ponto; o que nós é lícito fazer sem nenhum perigo de erro, desde que tenhamos a cautela de nada concluir senão a partir de premissas precípuas.

Por seu turno, o escólio da proposição 33, explica que

ainda que este amor a Deus não tenha tido início, tem porém todas as perfeições do amor como se tivesse tido origem, tal como o fingimos (*finximus*) no corolário da proposição precedente. E nenhuma diferença há aqui, senão que a mente teve eternas estas mesmas perfeições que nós fingimos sobreviverem-lhe agora, e isso conjuntamente à ideia de Deus como causa eterna.

Assim como, vivendo na duração, "experimentamos e sentimos que somos eternos", assim também esses dois escólios enfrentam um mesmo enigma: se eternidade exclui referência temporal e se o terceiro gênero de conhecimento e o amor intelectual a Deus são eternos, que sentido teria afirmar que a mente chega a eles? Em outras palavras, como supor um começo desse conhecimento e desse amor, se são eternos? Não seria isso reintroduzir a duração na eternidade? Mais ainda. Como supor que o necessário venha ao real, se está dado desde sempre e não possui aspectos temporais?

No escólio da proposição 31, Espinosa escreve: "como se" (*iam*) e alerta o leitor que pode fazê-lo se estiver atento para tirar conclusões apenas de "premissas precípuas". No escólio da proposição 33, emprega o verbo "fingir" (*finximus*), no sentido de simular ou de simulação deliberada. Por quê? Porque está descrevendo a experiência de um *processo de conhecimento* no qual a mente passa da perspectiva da duração para a da eternidade não como ontologicamente dada, mas como experimentada por ela. Não se trata, portanto, de um percurso ontológico no qual a mente se tornaria eterna e sim de um processo cognitivo e afetivo no qual ela apreende a eternidade de sua essência. *A mente não se torna eterna, ela passa a conhecer que é eterna.* As "premissas precípuas" a que Espinosa se refere são, exatamente, os três gêneros de conhecimento: por se tratar de um processo cognitivo e afetivo, cujo pressuposto é a dimensão ontológica da eternidade — a mente é eterna —, a ausência da dimensão cognitiva adequada pode levá-la à consciência imaginativa de sua eternidade sem que, entretanto, ela saiba *por que* sua essência é eterna.[99] Em suma, o uso do "como se" e do "fingimos" indicam que não se trata de um processo ontológico de passagem da duração à eternidade (isso seria absurdo) e sim de um processo cognitivo de compreensão da diferença entre existir na duração e ser eterno.[100] Por isso, no escólio da proposição 34, Espinosa examina a confusão imaginativa entre eternidade e imortalidade, quando a consciência da eternidade da mente a leva a imaginar o eterno *sub specie durationis*:

> Se prestamos atenção à opinião comum dos homens, veremos que estão, na realidade, conscientes da eternidade de sua mente, mas que eles a confundem com a duração e a imputam à imaginação ou à memória, as quais eles acreditam que subsistem após a morte.*

Assim, já no primeiro gênero de conhecimento (a "opinião comum dos homens") somos cônscios de nossa eternidade, nós a experimentamos e sentimos confusamente porque a tomamos como imagem, isto é, articulada aos estados do corpo na duração e, em decorrência da memória, ou da conservação temporal do passado, confundimos eternidade e imortalidade. Ou seja, a imagem da imortalidade não é desprovida de sentido e de causa: ela é a versão imaginária da eternidade da mente, suscitada pela experiência de uma duração corporal que conserva os vestígios e as marcas dos acontecimentos e lhe oferecem o sentimento de perenidade no tempo.

Ora, já foi demonstrado que a mente só imagina e lembra quando concebida como ideia das afecções corporais na duração e por isso, conforme a proposição 34, "a mente não está submetida aos afetos que estão referidos às paixões senão enquanto dura o corpo". Disso segue, como corolário, "que nenhum amor, além do amor intelectual, é eterno". E não poderia ser diferente, não só pela distinção intrínseca entre paixão e ação, mas também porque a primeira, tendo a mente externamente determinada, depende de causas externas na duração, enquanto a segunda, tendo a mente internamente disposta, depende exclusivamente da essência eterna da própria mente como causa adequada ou formal

---

* E v, proposição 34, escólio.

de seus afetos. Podemos, agora, compreender a diferença entre o amor a Deus a que a mente chega no segundo gênero de conhecimento e o amor intelectual nascido da ciência intuitiva: anteriormente, Espinosa demonstrou que o amor a Deus não pode desaparecer nem tornar-se paixão e, menos ainda, tristeza, ódio e objeto de inveja; agora, porém, sabemos que quando esse amor é intelectual ele se distingue de todos outros porque o sabemos eterno pela eternidade da essência de nossa mente, ou seja, por nossa imanência a Deus. Esse amor é a suma alegria e a suma felicidade porque sua causa está plenamente interiorizada. Para compreendermos essa metamorfose de uma alegria que não é passagem e de um amor que não possui causa externa, precisamos acompanhar as proposições 35 e 36.

Enuncia a proposição 35:

Deus ama a si mesmo com um amor intelectual infinito.

Impossível evitar a perplexidade diante desse enunciado. Sabemos que Deus não é uma pessoa transcendente dotada de intelecto e de vontade, criador do mundo, monarca do universo, legislador e juiz das ações dos homens. Sabemos, pelo *Tratado teológico-político* e pelo Apêndice da Parte I da *Ética*, que a personificação de Deus e atribuição de paixões a Ele são operações supersticiosas. Sabemos, enfim, pela proposição 17 da Parte V, que Ele está livre das paixões, não experimentando alegria nem tristeza e, pela proposição 19, que não se deve esperar reciprocidade em nosso amor por Ele. Subitamente, porém, o Deus isento de alegria e tristeza ama a si mesmo com um amor intelectual infinito! Acompanhemos, porém, a demonstração, sem, entretanto, descurarmos de que, na proposição 17, é demonstrado que Deus está isento de *paixões* e, na proposição 19, que o amor da mente por Deus se dá na duração (de onde o cuidado de Espinosa em distingui-lo do amor imaginativo de tipo religioso), não sendo ainda o amor *sub specie aeternitatis* ou o amor intelectual. Lemos na demonstração da proposição 35:

Deus é absolutamente infinito (pela definição 6 da Parte I), isto é (pela definição 6 da Parte II), a natureza de Deus goza (*gaudet*) de uma perfeição infinita — se regozija (*gaudet*) com a perfeição infinita —, e isso (pela proposição 3 da Parte II) é concomitante à ideia de si mesmo, isto é (pela proposição 11 e pela definição 1 da Parte

I), da ideia de sua causa. E foi isso que, no corolário da proposição 32, dissemos ser o amor intelectual de Deus.

Espinosa começa apoiando a demonstração do amor de Deus por si mesmo na definição de Deus como ser absolutamente infinito constituído por infinitos atributos infinitos em seu gênero. Visto que, pela sexta definição da Parte II, realidade e perfeição são o mesmo, a natureza de Deus goza ou frui perfeição infinita e com ela se regozija porque o contentamento é alegria concomitante à ideia de si mesmo e visto que, pela proposição 3 da Parte II, "em Deus, é dada necessariamente a ideia tanto de sua essência quanto de tudo que dela segue necessariamente", conclui-se que Deus pensa a si mesmo como absolutamente infinito, perfeição infinita e causa de todas as coisas que seguem necessariamente de Sua natureza. A ideia de Deus em Deus é esse conhecimento cuja causa é a própria ideia de Deus tal como enunciada pela proposição 11 da Parte I — "Deus, ou seja, a substância que consiste em infinitos atributos, dos quais cada um exprime uma essência eterna e infinita, existe necessariamente" — e pela primeira definição da *Ética*: "Por causa de si entendo isso cuja essência envolve existência, ou seja, isso cuja natureza não pode ser concebida senão existente". Deus frui o supremo contentamento de Si com a ideia de Sua absoluta realidade ou perfeição. Essa fruição evidencia que esse amor a si mesmo não pode ser uma paixão, pois Deus ama aquilo que Ele necessariamente é. À expressão *causa sui* corresponde, agora, o *se ipsum* do amor divino: não sendo paixão, o amor a si não possui causa externa, mas tem a si mesmo como causa, uma ação que concebe a si mesma simultaneamente como causa e efeito, ou melhor, como unidade intrínseca da causa e do efeito, atividade do ser absolutamente infinito.

Resta, porém, compreender que essa fruição acarreta mudança na ideia de afeto. No *De affectibus*, o afeto é definido como aumento ou diminuição da potência de um ser, de maneira que não poderia ser atribuído ao ser cuja potência é absolutamente infinita e eterna. No entanto, a Parte III demonstra que o afeto como ideia só pode ser compreendido pela identidade entre a essência e potência da mente, identidade que se chama desejo, que nos leva a fazer alguma coisa (*ad agendum*) ou à atividade quando somos sua causa adequada. Visto que o *De Deo* demonstra que Deus é causa de si e, além da identidade entre Sua essência e a potência, demonstra também a identidade entre esta e o poder divino (*potentia idem potestas*), isso significa que, em Deus, não há distância entre ser e agir e que o amor a si mesmo não é senão o pensamento de sua ação absolutamente infinita, fruição da identidade de Sua essência, potência e poder.

Se, na proposição 35, o *amor intellectualis Dei* se exprime como genitivo subjetivo (amor de si: o amor com que Deus ama a si mesmo), na proposição 36 ele se exprime no genitivo objetivo (amor por: o amor da mente por Deus):

> O amor intelectual da mente para com Deus é o próprio amor de Deus, com o qual ele ama a si mesmo, não enquanto (*quatenus*) é infinito, mas enquanto (*quatenus*) pode ser explicado por meio da essência da mente humana, considerada sob a perspectiva da eternidade; isto é, o amor intelectual da mente por Deus é uma parte do amor infinito (*pars infiniti amoris*) com que Deus ama a si mesmo.

Na demonstração, Espinosa explica que esse amor da mente "é uma ação por meio da qual a mente contempla a si própria e é concomitante à ideia de Deus como causa", isto é "uma ação por meio da qual Deus, enquanto pode ser explicado pela mente humana, considera a si próprio e que é concomitante à ideia de si". Por isso, esse amor da mente "é uma parte do amor infinito com que Deus ama a si mesmo". O conhecimento de si como conhecimento de Deus como sua causa é conhecimento da imanência do infinito ao finito, Deus não simplesmente *envolvendo* a essência eterna da mente, mas *explicando-se* nela. Por isso, o núcleo da proposição é dado pela distinção introduzida pelo *quatenus*:[101] não Deus concebido como infinito, mas explicando-se pela essência da mente humana *sub specie aeternitatis*, ou seja, exprimindo-se numa essência singular ou no que segue necessariamente da imanência da substância a seus modos, pela qual o amor intelectual da mente é *parte* do amor infinito com que Deus ama a si mesmo. Numa palavra: singularidade finita, a mente é uma parte da ação do ser absolutamente infinito, pois a imanência não suprime a singularidade, mas a concretiza. Visto que o amor intelectual de Deus e a Deus são ações, com essa proposição Espinosa demonstra que não somos apenas parte do infinito, mas *tomamos parte* em sua ação. É exatamente o que enuncia o corolário:

> Disso se segue que Deus, na medida que ama a si mesmo, ama os homens e, consequentemente, que o amor de Deus para com os homens e o amor intelectual da mente para com Deus são um só e o mesmo (*unum et idem sit*).

Da identidade entre o amor de Deus por si mesmo e o amor a Deus experimentado pela mente humana *segue* como consequência que o amor de Deus se estende a todos os homens, pois são suas expressões imanentes. Ora, se o amor da mente por Deus é um só e o mesmo amor de Deus pelos homens, então o amor intelectual da mente por Deus é o amor intelectual da mente pelos homens. Amar a Deus intelectualmente é amar os homens. Dessa maneira, encontramos o fundamento originário daquilo que, na Parte IV, se fundava na *fortitudo animi*, na firmeza como afirmação do útil próprio e na generosidade como afirmação do útil para outro, isto é, da vida na companhia dos outros, agora compreendida sob a perspectiva da amizade ou do amor intelectual recíproco. Era isso que, no *De emendatione*, o meditante denominara "um bem verdadeiro capaz de comunicar-se a todos", fonte do "gozo de contínua e suprema felicidade".[102] É a isto que se volta o longo escólio com que Espinosa conclui a proposição 36.

No primeiro movimento do escólio, Espinosa identifica o amor intelectual a Deus com o amor de Deus pelos homens, chamando-o de glória e fundamento da salvação ou da felicidade ou da liberdade.

> Por tudo isso, compreendemos claramente em que consiste nossa salvação ou (*seu*) felicidade ou (*seu*) liberdade: no amor constante e eterno por Deus, ou seja, no amor de Deus pelos homens. Não sem razão, esse amor ou felicidade é chamado, nos livros sagrados, de glória. Pois, quer esteja referido a Deus, quer esteja referido à mente, esse amor pode ser corretamente chamado de contentamento do ânimo (*animi acquiescentia*), o qual deveras não se distingue da glória, pois, com efeito, enquanto está referido a Deus, trata-se de uma alegria (que nos seja ainda permitido utilizar esta palavra) concomitante à ideia de si mesmo, tal como ocorre enquanto está referido à mente.

Empregando a conjuntiva *seu*, Espinosa identifica salvação, liberdade e felicidade, "amor constante e eterno por Deus" e, portanto, "amor de Deus pelos homens". A identidade dessas duas formas do amor permite-lhe chamá-las de glória. Esta, definida no *De affectibus* como alegria de que somos a causa (o louvor que recebemos tem sua causa em nós mesmos), "não repugna à razão, mas pode originar-se dela", podendo ser uma ação e não uma paixão. Todavia, para além da dimensão interior e ativa da glória, Espinosa acrescenta que deve ser entendida no sentido que lhe dão os livros sagrados. Por que essa referência à Escritura?

Porque o que esta chama de glória se diz em hebraico *kavod*, *Presença de Deus*, quando Ele se comunica direta e intimamente com cada ser humano singular.[103] A glória é a alegria da absoluta presença a si, em Deus, e da máxima presença de Deus na mente.

Como consequência, no segundo movimento, o escólio enfatiza o conhecimento das coisas singulares:

> Além disso, como a essência de nossa mente consiste exclusivamente naquele conhecimento cujo princípio e fundamento é Deus, torna-se claro para nós de que maneira e sob qual condição a nossa mente segue, tanto no que toca à essência quanto no que toca à existência, da natureza divina, e depende continuamente de Deus. Pensei que valia pena fazer, aqui, essa observação, para mostrar, com isso, o quão forte é o conhecimento das coisas singulares que chamei de intuitivo ou de terceiro gênero, e o quanto ele é superior ao conhecimento universal, que eu disse ser do segundo gênero. Pois embora na primeira parte tivesse demonstrado, de uma maneira geral, que tudo (e, consequentemente, também a mente humana) depende de Deus, tanto no que toca à essência, quanto no que toca à existência, aquela demonstração, ainda que legítima e sem risco de dúvida, não afeta a nossa mente da mesma maneira que a demonstração que deduz exatamente o mesmo da própria essência de uma coisa singular que dizemos depender de Deus.

Esse final do escólio nos permite afirmar que *a proposição 36 do De libertate é o coração da filosofia espinosana* quando o finito é conhecido e experimentado como uma singularidade imanente ao absolutamente infinito. A união da mente com Deus não é absorção do finito pelo infinito (Espinosa não é místico, nem sua filosofia, um acosmismo), e sim o autoconhecimento de uma singularidade que não apenas é parte do infinito, mas também *toma parte* na atividade infinita. Eis por que a ciência intuitiva nos afeta com a alegria suprema ou a glória e dá pleno sentido ao que enunciara a proposição 24, isto é, que "o sumo esforço e a suma virtude da mente é entender as coisas pelo terceiro gênero de conhecimento", assim como evidencia o laço entre a ciência intuitiva e o desejo, como demonstrara a proposição 26, explicando que "quanto mais a mente é apta a entender as coisas pelo terceiro gênero de conhecimento, tanto mais deseja entender as coisas por este mesmo gênero de conhecimento". A ciência intuitiva é contentamento perfeito, experiência da felicidade.

Esse escólio, ao afirmar que é "exatamente o mesmo" ir de Deus à mente e desta a Ele, ou seja, a reversibilidade do percurso que vai de Deus à mente humana e desta a Deus, indica que o *De libertate* valida a ordem a analítica, de acordo com a exigência da matemática euclidiana, assumida pelo Seiscentos, de reversibilidade entre a síntese a análise.[104] Ou seja, sabemos agora que somente ao se conceber como essência singular eterna a mente pode, sem erro, ir de si mesma para Deus, pois Ele se exprime na ação desta singularidade. Por isso, agora, Espinosa pode afirmar que o percurso dedutivo de Deus à mente e o da mente a Deus é "exatamente o mesmo". Todavia, a essa reversibilidades dos percursos cognitivos Espinosa acrescenta algo decisivo: nossa mente não é afetada "da mesma maneira" nos dois casos, pois somente no segundo contempla a si mesma como causa formal e adequada de suas ideias e afetos e, portanto, como *tomando parte* na atividade do ser absolutamente infinito. Eis o que distingue a ordem analítica espinosana do atribulado e atormentado percurso cartesiano das *Meditações*.

O que significa dizer que nossa mente não é afetada da mesma maneira quando segue a ordem sintética e a analítica? Se o *De Deo* pode garantir-nos de sua verdade, nele não estamos imediata e afetivamente implicados no conhecimento verdadeiro como estamos quando compreendemos o ser de Deus a partir de nossa imanência a ele. Por isso, não apenas é distinta a *experiência* da mente no *De Deo* e no *De libertate*, mas também o é com relação às demais partes da *Ética*. De fato, nas partes II e III, conhecimento e afetividade foram demonstrados separadamente (embora sob o mesmo pressuposto da determinação externa e da disposição interna da mente), e sua primeira articulação foi objeto das demonstrações da Parte IV com a ideia da razão desejante ou do desejo racional, porém somente na *Ética* V podem ser compreendidos pela mente singular como formas da experiência de sua vida imaginativa, racional e intelectual enquanto vida afetiva. O *De libertate* recolhe o percurso aberto pelo *De Deo*.

O que distingue a experiência afetiva *sub specie durationis*, deduzida nas partes anteriores da *Ética*, e o amor intelectual da mente por Deus, demonstrado pela Parte V, é não somente sua plenitude, mas também sua indestrutibilidade *sub specie aeternitatis*:

Nada existe na natureza que seja contrário a este amor intelectual, ou seja, que possa suprimi-lo.*

Enquanto na primeira forma do amor intelectual a Deus Espinosa enfatizara que ele não poderia sofrer metamorfoses, agora a demonstração enfatiza o laço entre amor e verdade como decorrência da causa desse amor, isto é, a natureza da mente como expressão imanente da natureza de Deus ou como verdade eterna. Assim, lemos na demonstração:

> Este amor intelectual segue, necessariamente, da natureza da mente, enquanto, por meio da natureza de Deus, ela própria é considerada como uma verdade eterna. Se existisse, pois, algo que fosse contrário a este amor, seria algo contrário ao verdadeiro; e, consequentemente, esse algo que seria capaz de suprimir este amor faria com que o que é verdadeiro fosse falso, o que (como é, por si mesmo, sabido) é absurdo.

O escólio esclarece essa demonstração. Nele, Espinosa invoca o axioma da Parte IV, no qual é enunciada a causa da destruição de uma coisa singular, isto é, que na Natureza "não é dada nenhuma coisa singular tal que não se dê outra mais potente e mais forte do que ela. Mas, dada uma coisa qualquer, é dada uma outra mais potente pela qual aquela pode ser destruída", e declara que esse axioma diz respeito às coisas singulares enquanto consideradas em relação a um tempo e lugar determinados, ou seja, *sub specie durationis*. De onde os passos da demonstração da proposição 37 ou do que se dá *sub specie aeternitatis*: em primeiro lugar, o amor intelectual segue da natureza da mente exprimindo sua essência, e sabemos que nada pode destruir internamente uma essência, pois ela é intrinsecamente afirmativa ou positiva; em segundo, a natureza da mente, na medida em que exprime a natureza de Deus, é uma verdade eterna, ou seja, como explicara o *De emendatione*, aquela cujo contraditório é impossível e por isso, por redução ao absurdo, se algo pudesse contradizer a natureza da mente como expressão singular da natureza divina e contradizer o amor intelectual, então ambos se tornariam falsos, o que, pela definição da verdade eterna, é absurdo. A demonstração, por-

---

* E V, proposição 37.

tanto, afasta aquilo que, enunciado pelo axioma da Parte IV, era fundamental na paixão: a contrariedade, inevitável *sub specie durationis*. Ora, na medida em que o amor intelectual *segue* da natureza da mente enquanto potência pensante autodeterminada, não pode ser contrariado por um outro afeto, uma vez que isso, tornando passiva a mente ativa, acarretaria a destruição de sua essência eterna, o que é absurdo. Compreendemos, então, por que Espinosa apresenta o amor intelectual de Deus como verdade eterna, pois esta tem como núcleo a *convenientia* necessária entre ideia e ideado decorrente da adequação de uma ideia que tem a essência eterna da mente como causa completa e necessária.

4. LIBERDADE: A VIDA FELIZ

a. A aptidão para a pluralidade simultânea

A eternidade da mente determina mudanças em sua existência na duração. Em outras palavras, visto que o conhecimento de sua essência eterna é uma perspectiva conquistada durante sua existência atual na duração, podemos indagar como ela passa a se relacionar com essa existência ao compreendê-la a partir de sua existência eterna.

> Quanto mais a mente entende as coisas pelo segundo e pelo terceiro gênero de conhecimento, tanto menos padece dos afetos que são maus, e menos teme a morte.*

A Parte IV demonstrou que são maus os afetos contrários à essência da mente. Visto que esta é conhecimento, ao realizar-se *sub specie aeternitatis* pelo segundo e terceiro gêneros de conhecimento, deixa de ser continuamente atingida pela contrariedade das paixões: "Tanto maior é a sua parte que permanece e, consequentemente, tanto maior é sua parte não atingida por afetos que são contrários à nossa natureza [...] tanto maior é sua parte que permanece ilesa".** Dentre as paixões que não mais a afetam encontra-se o medo da morte. De fato, explica Espinosa no escólio, "a morte é tanto menos nociva quanto maior é o

---

* E V, proposição 38.
** Ibid., demonstração.

conhecimento claro e distinto da mente, e, consequentemente, quanto mais a mente ama a Deus", de tal maneira que, experimentando o sumo contentamento, ela "pode ser de uma natureza tal que aquilo que mostramos dela perecer com o corpo não tem nenhum peso com relação àquilo que dela permanece". Sobre isso, afirma Espinosa, "logo nos estenderemos". A explicação será dada pelas proposições 39 e 40.

Articulando internamente a atividade do corpo e a da mente, a proposição 39 aí encontra a causa que permite à mente conhecer-se como eterna. Em outras palavras, a relação da mente em seu corpo há de ser vivida e compreendida de tal maneira que algo que se passa na duração permite à mente alcançar o conhecimento de sua eternidade. O que, na natureza do corpo, assinala a eternidade da mente?

> Quem tem um corpo apto a muitas coisas (*ad plurima aptum*), tem uma mente cuja maior parte é eterna.

A proposição 39 reintroduz uma expressão cujo emprego acompanhamos nas partes II, III e IV, isto é, o uso sistemático do adjetivo *plus* (em geral, usado como *plures*, *plura* e *plurima*), frequentemente acompanhado do advérbio *simul*, para se referir à aptidão do corpo para a pluralidade simultânea de afecções e a da mente para a pluralidade de ideias simultâneas, com que podemos medir a variação da intensidade da potência de ambos e distinguir entre sua passividade e atividade.

Na Parte II, a proposição 14 enuncia que "a mente humana é apta a perceber muitíssimas coisas (*ad plurima*), e é tão mais apta quanto mais pode ser disposto o seu corpo de múltiplas maneiras (*pluribus modis*)". Com efeito, lemos na demonstração, o corpo humano, pelo que foi demonstrado na física, "é afetado de múltiplas maneiras (*plurimis modis*) pelos corpos externos, e é disposto a afetar os corpos externos de múltiplas maneiras (*plurimis modis*)". Visto que a mente percebe tudo quanto se passa em seu corpo, "logo, é apta a perceber muitíssimas (*apta ad plurima*) coisas" e é tão mais apta quanto seu corpo se dispõe *pluribus modis*. E, na proposição 39: "Daí segue que a mente é tanto mais apta para perceber adequadamente muitas coisas (*ad plura*), quanto mais seu corpo tem muitas coisas (*plura*) em comum com outros corpos". Quando passamos à Parte III, lemos na proposição 1 que "a mente está submetida a tanto mais paixões (*eo pluribus passionibus*) quanto mais (*eo plures*) tem ideias inadequadas e, ao contrário, tanto mais agir (*plura agere*) quanto mais (*plures habet*) tem ideias adequadas. Por seu turno, na Parte IV, a proposição 38 enuncia que "é útil ao homem o que dispõe o corpo humano tal que possa ser afetado de múltiplas maneiras (*pluribus modis*) ou o que o torna apto a afetar os corpos externos de múltiplas maneiras (*pluribus modis*); e tanto mais útil quanto torna o corpo mais apto a ser afetado e afetar os outros corpos de múltiplas maneiras (*pluribus modis*); e, inversamente, é nocivo o que torna o corpo menos apto a isto". Finalmente, na Parte V, lemos na proposição 8 que "quanto mais um afeto é excitado por muitas causas simultaneamente concorrentes (*a pluribus causis simul*), tanto maior ele é".

Sem dúvida, em todo esse percurso, é o escólio da proposição 13 da Parte II aquele que melhor anuncia o que virá na proposição 39 da Parte V, pois nele o vínculo entre pluralidade simultânea e atividade é explicitamente apresentado:

> [...] digo de maneira geral que quanto mais um corpo é mais apto do que outros para fazer ou padecer muitas coisas simultaneamente (*aptius est ad plura simul*), tanto mais a sua mente é mais apta do que outras para perceber muitas coisas simultaneamente (*aptior est ad plura simul*); e *quanto mais as ações de um corpo dependem somente dele próprio, e quanto menos outros corpos concorrem com ele para agir, tanto mais apta é a sua mente para entender distintamente.* E disto podemos conhecer a superioridade de uma mente diante de outras [...].

A demonstração da proposição 39 da *Ética* V articula a atividade corporal e a mental a partir da aptidão corporal para a pluralidade que, na mente, é aptidão para ordenar e concatenar intelectualmente a pluralidade das ideias das afecções corporais. Ou seja, retoma as proposições 10, 14 e 15, mas agora articulando a potência da mente à de seu corpo:

> Quem tem um corpo apto a fazer muitas coisas (*ad plurima agendum*) defronta-se minimamente com os afetos que são maus, isto é, com os afetos que são contrários a nossa natureza, e assim tem o poder de ordenar e concatenar as afecções do corpo segundo a ordem do intelecto, e, consequentemente, de fazer com que todas as afecções se refiram à ideia de Deus; disso ocorrerá que seja afetada de um amor a Deus que deve ocupar, ou seja, constituir a maior parte da mente, e por isso tem uma mente cuja maior parte é eterna.

O final dessa demonstração é decisivo: depois de afirmar que a mente pode ordenar e concatenar as ideias das afecções corporais segundo a ordem e concatenação das próprias ideias (ou do intelecto), Espinosa se refere a um corpo cuja mente tem sua maior parte eterna. Assim, depois de haver desligado a mente da duração de seu corpo, tomando a ideia da ideia referida apenas à ideia da essência do corpo, Espinosa reafirma a essência da mente como ideia de seu corpo. E não poderia ser diferente, pois não somos eternos antes dele nem depois dele, mas existindo com ele. Eis por que tratou-se, agora, de encontrar as disposições e aptidões corporais que, na duração, favorecem o conhecimento da eternidade da essência da mente, pois essa eternidade afirma a mente internamente disposta e causa adequada de suas ideias. Dessa aptidão corporal para a pluralidade de afecções simultâneas segue na mente uma consequência extraordinária: não temer a morte. De onde a abertura do escólio:

> Porque os corpos humanos são aptos a muitíssimas coisas (*ad plurima apta sunt*), não há dúvida de que podem ser de uma tal natureza, que se referem a mentes que têm um grande conhecimento de si e de Deus, e cuja maior ou principal parte é eterna, e assim dificilmente temem a morte.

Espinosa reconhece que o leitor talvez tenha dificuldade para compreender esse papel do corpo para o conhecimento da eternidade da essência da mente considerada apenas em si mesma e seu destemor perante a morte. Por isso explica:

> Mas para que isso seja mais claramente entendido, cumpre aqui advertir que nós vivemos em contínua variação, e conforme mudamos para melhor ou pior, tanto mais somos ditos felizes ou infelizes. Quem, pois, passa de bebê ou menino para cadáver, é dito infeliz, e, ao contrário, considera-se felicidade termos podido percorrer todo o espaço de uma vida com uma mente sã num corpo são. E, em verdade, quem tem um corpo como o do bebê ou do menino, apto a pouquíssimas coisas (*paucilima aptum*) e maximamente dependente de causas externas, tem uma mente que, em si só considerada, quase não é cônscia de si, nem de Deus, nem das coisas. Ao contrário, quem tem um corpo apto a uma pluralidade de coisas (*ad plurima aptum*) tem uma mente que, em si só considerada, é muito cônscia de si, de Deus e das coisas.

Reencontramos, assim, a bela passagem do escólio da proposição 45 da *Ética* IV em sua recusa da moral ascética, da renúncia e mortificação do corpo, pois

> é próprio do homem sábio usar as coisas e, o quanto possível, deleitar-se com elas (decerto não *ad nauseam*, pois isto não é deleitar-se). É do homem sábio, insisto, refazer-se e gozar moderadamente de comida e bebida agradáveis, assim como cada um pode usar, sem qualquer dano a outrem, dos perfumes, da amenidade dos bosques, do ornamento, da música, dos jogos esportivos, do teatro e de outras coisas deste tipo. Pois o corpo humano é composto de uma pluralidade de partes de natureza diversa (*ex plurimis partibus*), que continuamente precisam de novo e variado alimento para que o corpo inteiro seja igualmente apto a todas as coisas que podem seguir de sua natureza e, por conseguinte, para que a mente também seja igualmente apta a entender uma pluralidade de coisas em simultâneo (*ad plura simul*).

O que significa, no escólio da proposição 39, a distinção entre os corpos do bebê e da criança e o de um adulto? A máxima dependência das causas externas, nos primeiros, a diminuição dessa dependência, no segundo, pois Espinosa demonstrou nas partes anteriores da *Ética* que o corpo é capaz de autorregulação e de aumentar sua potência sem depender de outros corpos, embora o aumento seja favorecido pelo concurso de outros com os quais mantém relações de *convenientia*, *cohaerentia* e *constantia*. Em resumo, nos termos da Carta 32, um todo, e portanto apto a dispor-se internamente segundo sua própria potência, e disso a prova é sua aptidão para a pluralidade de afecções simultâneas, uma vez que, na Parte IV, foi demonstrado que a servidão corporal fixa obsessivamente o corpo em alguma ou em algumas de suas partes em detrimento do todo. A pluralidade das afecções corporais é a saúde do corpo como cuidado com todas as suas partes e funções e explica por que, *sub specie durationis*, "nos esforçamos, antes de tudo, para que o corpo da infância, o quanto sua natureza permite e a isso o conduza, transforme-se num outro que seja apto a uma pluralidade de coisas (*ad plurima aptum*)".* A saúde do corpo como aumento da potência para a autorregulação e para o múltiplo simultâneo explica por que sua mente, *considerada apenas em si mesma*, é apta à dispor-se internamente, ser causa adequada de suas ideias e por

---

* E V, proposição 39, escólio.

isso ser "muito cônscia de si, de Deus e das coisas". Para ela, a memória tem pouco peso em relação ao intelecto, fruindo a eternidade sem temer a morte nem carecer da imagem da imortalidade.

A aptidão para a pluralidade simultânea é afirmação da saúde do corpo e da potência do intelecto ou de sua perfeição, pois

> quanto mais cada coisa tem mais perfeição, tanto mais age e menos padece, e, ao contrário, quanto mais age, tanto mais é perfeita.*

Na demonstração, Espinosa invoca a definição 6 da Parte II — "Por realidade e perfeição entendo o mesmo" — de maneira que "quanto mais cada coisa é perfeita, tanto mais tem realidade". E também a proposição 3 da Parte III — "As ações da mente se originam apenas das ideias adequadas; já as paixões dependem apenas das inadequadas" — por conseguinte, quanto mais age e menos padece, tanto mais é perfeita. E vice-versa: "tanto mais perfeita é uma coisa quanto mais age".

Paixão e inadequação, de um lado, ação e adequação, de outro, determinam o grau de realidade ou perfeição da mente. Isto significa, como vimos, que a parte eterna da mente é sua parte ativa, pela qual toma parte na ação do ser absolutamente infinito. Ou como explica o corolário:

> A parte da mente que permanece, qualquer que seja sua grandeza, é mais perfeita do que a outra. Pois a parte eterna da mente é o intelecto, somente pelo qual somos ditos agir; mas a que mostramos perecer é a própria imaginação pela qual somente somos ditos padecer; e assim aquela, qualquer que seja sua grandeza, é mais perfeita do que esta última.

Observemos a curiosa expressão "qualquer que seja sua grandeza". Com ela Espinosa significa que, embora a essência da mente como atividade intelectual seja ontologicamente eterna, entretanto, cognitivamente, o intelecto pode causar uma "quantidade" maior ou menor de ideias adequadas e por conseguinte sua "grandeza" pode variar, porém, seja qual for essa "quantidade", ela é a parte eterna da mente. Por que Espinosa introduz essa paradoxal "quantificação" na-

---

* E V, proposição 40.

quilo que é inextenso? Para assegurar que, seja qual for a amplitude de ideias adequadas, basta que a mente tenha algumas para que reconheça sua eternidade e a frua. Em outras palavras, embora tomando parte na ação do absolutamente infinito, ela permanece necessariamente finita, podendo por isso ter um *quantum* maior ou menor de ideias adequadas.

O percurso realizado por Espinosa na demonstração da eternidade da essência da mente e da ideia da essência do corpo evidencia a identidade entre ser eterno e ser ativo, seja pela distinção entre ideia inadequada e adequada, seja entre causa inadequada e adequada, distinções cujo fundamento é dado pela diferença entre a mente externamente determinada e internamente disposta. Essas distinções, ainda não explicitadas tais como o serão na *Ética*, estão pressupostas na definição da liberdade oferecida pelo *Breve tratado*:

> Uma existência firme que nosso intelecto obtém por sua união imediata com Deus para produzir em si mesmo ideias e, fora de si mesmo, efeitos que concordem com sua natureza, sem que esses efeitos estejam submetidos a causas externas pelas quais possam ser alterados ou transformados.[105]

Na *Ética* v, ao identificar atividade e potência para a pluralidade simultânea de ideias e ações, distinguindo-a da pobreza cognitiva e do desejo obsessivo que marcam a servidão, Espinosa acrescenta à definição do *Breve tratado* uma nova dimensão da liberdade. Se, pelo *De Deo*, é livre o que existe exclusivamente pela necessidade de sua natureza; pelo *De libertate*, é livre aquele cujo corpo e cuja mente são potências para a pluralidade simultânea de afecções, ideias, afetos e ações que se explicam exclusivamente pela necessidade de suas naturezas. Liberada do poder da exterioridade da ordem comum da Natureza, da imagem (estoica) da necessidade como destino, e da imagem do livre-arbítrio da vontade, portanto, do contingente e do possível, *a liberdade humana é a aptidão ou a potência para o múltiplo simultâneo que segue da necessidade da natureza da mente e do corpo, na duração, e da potência do intelecto, na eternidade*.[106]

b. Tão difícil quanto raro

Poderíamos supor que a *Ética* estivesse concluída. Porém Espinosa prossegue. Três figuras compõem o momento final da obra: o homem racional virtuoso, o vulgar e o sábio. Este, porque conhece e experimenta a identidade entre o amor da mente por Deus e o amor de Deus pelos homens, pode compreender e ter apreço pela liberdade do homem racional virtuoso, que, entretanto, ignora a eternidade da mente.

> Ainda que não soubéssemos que nossa mente é eterna, teríamos como primeiros a piedade, a religião e absolutamente tudo que mostramos, na quarta parte, referir-se à firmeza e à generosidade.*

Com efeito, explica a demonstração, o único fundamento da virtude é buscar o útil próprio (a firmeza) e o útil comum (a generosidade, nas relações privadas e a piedade nas relações públicas).[107] "Contudo, para determinar aquelas coisas que a razão dita serem úteis, não havíamos levado em conta a eternidade da mente, a qual enfim conhecemos nesta quinta parte. Portanto, embora naquele momento ignorássemos que a mente é eterna, tivemos por primeiro aquilo que mostramos referir-se à firmeza e à generosidade; e assim, mesmo se também agora ignorássemos isto, teríamos os mesmos preceitos da razão como primeiros."**

Em contraponto, e num tom que lembra a correspondência com Blijenberg, o Apêndice da Parte I e o escólio da proposição 2 da Parte III, Espinosa desenvolve o escólio, cujo protagonista é o vulgar, que "parece estar persuadido de outra coisa". Em traços carregados, Espinosa desenha a figura daquele que, no Prefácio do *Tratado teológico-político*, solicita que não o leia porque arrebatado pela obstinação e pela superstição.

Em que acredita o vulgar? "Que é livre enquanto lhe é permitido obedecer à concupiscência e que cede seu direito enquanto tem que viver pela prescrição da lei divina." Opondo a liberdade, imaginada como seguir espontaneamente seus impulsos passionais, e a servidão, imaginada como obediência aos mandamentos divinos, o vulgar crê que "a piedade, a religião e absolutamente tudo que se refere à fortaleza do ânimo são um ônus de que espera livrar-se após a morte", esperando receber a recompensa de sua servidão, isto é, da piedade e da religião. Todavia, não apenas a esperança de recompensa move o vulgar, mas também e principalmente o medo da punição com terríveis suplícios após a morte, sendo por isso

---

* E V, proposição 41.
** Ibid., demonstração.

"induzido, tanto quanto o suporta sua fraqueza e seu ânimo impotente, a viver segundo a prescrição da lei divina". Se essa esperança e medo não lhe fossem inerentes, "mas, ao contrário, acreditasse que as mentes perecem com o corpo, não restando aos miseráveis, exauridos pelo fardo da piedade, uma vida no além", regressaria a uma maneira de viver em que preferiria entregar-se à concupiscência e obedecer à fortuna em vez de a si mesmo. Isso, conclui Espinosa, "não parece menos absurdo do que se alguém, por não acreditar que possa nutrir eternamente o corpo com bons alimentos, preferisse antes se saciar de venenos e coisas letais; ou, por ver que a mente não é eterna ou imortal, preferisse ser demente e viver sem razão". Desatinos que não merecem maiores considerações.

O que o vulgar ignora? Que

> a felicidade (*beatitudo*) não é o prêmio da virtude, mas a própria virtude. E não gozamos dela porque coibimos a concupiscência, mas, ao contrário, é porque gozamos dela que podemos coibir a concupiscência.*

A felicidade consiste no amor a Deus, que se origina do terceiro gênero de conhecimento, originando-se, portanto, da mente ativa. Eis por que ele é a própria virtude. Quanto mais a mente goza desse amor divino, glória ou felicidade, tanto mais entende e tanto maior potência tem sobre os afetos, tanto menos padecendo dos afetos que são maus. Eis por que ela tem o poder de coibir a concupiscência, fonte inexaurível de tristeza. "E como a potência humana para coibir os afetos consiste só no intelecto, logo ninguém goza da felicidade porque coibiu os afetos, mas, ao contrário, o poder de coibir a concupiscência origina-se da própria felicidade".** Eis o que o sábio conhece e pratica numa vida feliz. Por isso,

> fica claro o quanto o sábio vale mais e é mais potente do que o ignorante, que é movido só pela concupiscência. Com efeito, o ignorante, além de ser agitado pelas causas externas de muitas maneiras, e de nunca possuir o verdadeiro contentamento do ânimo, vive quase inconsciente de si, de Deus e das coisas; e logo que deixa de padecer, simultaneamente deixa também de ser. Por outro lado, o sábio, enquanto considerado como tal, dificilmente tem o ânimo comovido; mas, cônscio de si, de

---

* E v, proposição 42.
** Ibid., demonstração.

Deus e das coisas por alguma necessidade eterna, nunca deixa de ser, e sempre possui o verdadeiro contentamento do ânimo".*

Desde a Parte II, Espinosa afirma que há graus de perfeição ou realidade determinados pela complexidade maior ou menor de um ser singular, ou pela *unio corporum* que constitui os corpos compostos e um corpo humano singular, e pela *conexio idearum* que constitui uma mente humana singular. O grau da complexidade da constituição dos seres singulares se exprime em seu ritmo e potência vitais, isto é, em seu *conatus*, que nos humanos é corporal e mental, e cuja variação de intensidade ou de força depende das relações internas entre os constituintes de um indivíduo singular e as relações que mantêm com forças externas, permitindo, no caso dos humanos, a distinção, efetuada nas partes III e IV, entre passividade e atividade. Essa distinção no grau da potência de uma essência é, no caso dos seres humanos, chave da diferença entre os gêneros de conhecimento e, com ela, a da distinção entre o conhecimento *sub specie durationis* e *sub specie aeternitatis*, bem como a da definição da virtude pela força do ânimo e a da liberdade como potência autodeterminada para a pluralidade simultânea de afecções corporais, ideias e afetos. Dispomos assim dos elementos que levam Espinosa a afirmar a perfeição ou realidade *mais* complexa e completa, isto é, o valor *maior* e o poder *maior* do sábio quando comparado ao ignorante. Acrescida à definição anterior da liberdade a potência do intelecto, a Parte V pode completar o desenho da figura do ignorante. Este, agitado pelas causas externas, pela inconstância da fortuna, isto é, pela passividade, nunca pode alcançar o verdadeiro contentamento do ânimo, vivendo "quase inconsciente de si, de Deus e das coisas", julgando que ausência de paixão é ausência de vida e, se além disso, for um vulgar, está imerso no medo da transcendência divina e da morte. O sábio, porém, porque cônscio de si e de Deus por compreender a necessidade de tudo que é e a imanência de todos os seres a Deus, não é aterrorizado pela contingência das coisas nem pela transcendência divina nem pelo medo da morte, vivendo no pleno contentamento do ânimo, firme para consigo mesmo e generoso para com os outros. Ele "nunca deixa de ser", pois se conhece como parte do ser absolutamente infinito e toma parte em sua ação.

As figuras do homem racional virtuoso, do vulgar e do sábio nos permitem

---

* E V, proposição 42, escólio.

compreender a diferença entre a eternidade e a liberdade e felicidade da mente. A primeira é ontologicamente constitutiva de sua essência, ainda que exija um processo cognitivo para ser compreendida. As segundas, porém, são uma conquista, pois não nascemos livres nem felizes, mas assim nos tornamos quando nos tornamos autônomos como indivíduos e como cidade, como insistem o *Tratado teológico-político* e o *Político*, conquista realizada no embate entre paixão e ação.

Poderíamos supor que a figura do sábio levaria às últimas consequências a mente *in se sola considerata* e chegaria ao solipsismo. Todavia, se reunirmos as demonstrações de que o corpo é ontologicamente intra e intercorporal — determinado pelas relações de *convenientia*, *cohaerentia* e *constantia* entre os corpos que o constituem e apto a comunicar-se com outros graças a essas mesmas propriedades —, de que a mente é ideia de seu corpo e ideia de si — portanto, originariamente, enquanto ideia das afecções corporais, experiência da relação com o outro e, enquanto ideia de si *sub specie aeternitatis*, capaz de tomar parte na atividade do ser absolutamente infinito —, de que a sociabilidade e a política estão ontologicamente fundadas no *conatus* — portanto, que a aptidão para o múltiplo simultâneo é favorecida pela relação com os outros —, de que a paixão, dependência e carência, transforma a relação com o outro em isolamento e solidão enquanto a virtude é a força do ânimo como firmeza e generosidade, e que o amor intelectual da mente por Deus é o mesmo com que Deus ama os homens, fundando a vida em comum na amizade, e se a essas demonstrações reunirmos o escopo do *De emendatione* de chegar a um bem verdadeiro capaz de comunicar-se a todos e o dos tratados políticos de encontrar os fundamentos da república livre, compreenderemos que a filosofia espinosana é a recusa cabal do solipsismo como signo de sabedoria e felicidade. É conhecimento da nervura do real, da qual o sábio se conhece como parte e na qual sabe que toma parte.

Assim como o *Breve tratado* se dirige aos leitores como amigos e o *Tratado teológico-político* se destina ao leitor filósofo, assim também o sábio se dirige aos seus leitores como capazes de sabedoria:

> Se agora parece árduo o caminho que eu mostrei conduzir a isso, contudo ele pode ser descoberto. E certamente deve ser árduo aquilo que tão raramente é encontrado. Com efeito, se a salvação estivesse ao alcance da mão e pudesse ser encontrada sem grande labor, como explicar que seja negligenciada por quase todos? Mas tudo o que é magnífico é tão difícil quanto raro.

Nota complementar n. 7
Tudo é congruente

Examinando os preceitos da retórica seiscentista, João Adolfo Hansen[1] retoma, seguindo Tesauro, a história da encomenda de uma cabeça de Palas, feita pelos atenienses a dois escultores, Fídias e Alcmena. A escultura deveria ser colocada no topo de uma alta coluna e ser vista de baixo para cima. Quando as obras chegaram, a de Fídias foi objeto de riso, "pois ela parecia apenas grosseiramente esboçada", enquanto a de Alcmena recebeu aplauso porque "mostrava linhas diligentemente definidas". No entanto, tendo Fídias "o engenho mais agudo do que o escalpelo", pediu que ambas fossem colocadas sobre a alta coluna.

> Então sua obra, reduzida pela distância à proporção exata, apareceu belíssima, enquanto a de Alcmena, antes tão harmônica, agora era tosca e malformada.[2]

Essa história, explica Hansen, é empregada por Tesauro para ilustrar o tema da verossimilhança e do decoro nas obras de poesia e prosa, segundo as normas aristotélicas e horacianas, que exigem "um concerto ordenado de partes ordenadas ao seu fim", isto é, para que possam ensinar (*docere*), comover (*movere*) e deleitar (*delectare*) o destinatário, agindo sobre seu ânimo, ou seja, sobre seus afetos.

A relação de efeito e afeto é um intervalo regrado como maior ou menor congruência das partes da obra ao todo quando a obra é recebida segundo um ponto de observação determinado. Retoricamente, para que os afetos a serem produzidos no destinatário sejam eficazes, é preciso calcular a proporção exata dos efeitos.[3]

Hansen considera que o tópos da escultura de Fídias relaciona-se com a distinção feita por Platão, no *Sofista*, entre imagem icástica e imagem fantástica. A primeira, icônica, reproduz com fidelidade as proporções da ideia; a segunda, fantasma e simulacro, é desproporcionada e deformada com relação à ideia e à imagem icástica. É a distância sensível entre a imagem e o observador que determina o caráter icástico ou fantástico dela. No caso da obra, o artista sabe que a distância acarreta distorção visual e por isso altera as proporções reais do modelo, em vez de reproduzi-lo icasticamente.

> Ou seja: Fídias produz uma imagem que só aparece deformada e fantástica quando é vista de qualquer lugar, como é o caso dos juízes que riem porque a veem de perto, de um ponto de vista inadequado; mas a escultura parecerá proporcionada à ideia que os juízes têm da deusa quanto for vista de um ponto de observação próprio [...]. Sua percepção fantástica da magnitude e da intensidade das grandezas desproporcionadas se tornará percepção icástica da sua magnitude e grandezas relativas.[4]

Ora, a relação icástico-fantástico é objeto de uma arte especializada, encontrada nos tratados de óptica: a cenografia. Nesta, a relação proporcional-desproporcional, congruente-incongruente não deve ser entendida simplesmente como relação de distância ou proximidade entre o observador e a imagem e sim como "distância correta, matematicamente calculada" e é esse cálculo que reaparece nas práticas retóricas da *commensuratio* e da *proportio* do engenho agudo seiscentista.

Ao dizer a Tschirnhaus que "tudo é congruente", Espinosa lhe pede que examine "com ânimo atento meu parecer". Ou seja, dirige-se aos seus afetos e pede-lhe que mude de ponto de vista, encontrando o ponto adequado para compreender o que lhe está sendo dito.

Dessa maneira, podemos apanhar o motivo retórico que levou o filósofo a dirigir-se ao ânimo de Tschirnhaus, examinando longamente a força e fraqueza dos afetos, do querer e do não querer. Mas podemos, principalmente, compreender o que o levou a introduzir o argumento do sonho e a expressão "sonhar de olhos abertos". De fato, Espinosa afirma que embora o sonho possa parecer fantástico (pois aparentemente atestaria a existência de uma liberdade absoluta da vontade para querer e não querer), quando examinado de um ponto de vista adequado, isto é, à luz da experiência e da razão, percebe-se que sua operação não se distingue da vigília, pois se se distinguisse, teríamos que admitir haver dois gêneros de liberdade, a real e a fantástica, e esta última não se distinguiria da loucura, também fantástica. Ora, as suposições tradicionais e as de Tschirnhaus sobre a vontade, a liberdade e a necessidade, que pareceriam tão congruentes e óbvias, quando examinadas do ponto de vista adequado revelam-se um sonho de olhos abertos, isto é, fantásticos, incongruentes. Todavia, é o pensamento de Espinosa que parecia fantástico a Tschirnhaus (assim como a outros correspondentes e leitores) e por esse motivo o filósofo lhe pede que o examine do lugar adequado — isto é, com ânimo atento — de onde verá que "tudo é congruente".

Notas

PARTE I: OS SERES SINGULARES

I. EM BUSCA DA ESSÊNCIA DE UMA COISA SINGULAR [pp. 15-92]

1. *TIE*, §§81-4; G II, pp. 38-40; trad. de Lívio Teixeira, pp. 125-7.
2. Ibid., §82.
3. Ibid., §83.
4. Ibid.
5. Ibid., §71.
6. Ibid., §91. Espinosa está empregando o vocabulário escolástico-cartesiano tradicional: *objetivo* (e objetivamente) é o conteúdo pensado ou o objeto, a ideia; *formal* (formalmente) é a essência de uma coisa em sua realidade própria. *Formal* significa a essência da coisa fora do intelecto (aquilo que, desde Platão, se chama de a *forma* de um ser); *objetiva* significa a coisa enquanto pensada ou objeto. Para as noções de essência objetiva e essência formal, bem como as de objetivo/ objetiva/ objetivamente e formal/ formalmente/ formalidade, ver M. Chaui, *A nervura do real: Imanência e liberdade em Espinosa*, v. I, Parte II, capítulo 4 (São Paulo: Companhia das Letras, 1999). De acordo com o *Tratado da emenda do intelecto*, o método deve assegurar que os conteúdos pensados estejam ordenados, conectados e articulados exatamente como as essências das coisas estão ordenadas, articuladas e conectadas fora do pensamento. Essa exigência será um dos pilares da *Ética* quando, na Parte II, Espinosa demonstrar, na proposição 7, que a ordem e conexão das ideias é a mesma que a ordem e conexão das coisas. A condição dessa proposição, como veremos no próximo capítulo, é posta pela Parte I da *Ética*, com a demonstração de que o pensamento e a extensão são atributos da substância ou de Deus. Eis por que o *Tratado da emenda do intelecto* afirma

que o método nos deve conduzir a uma primeira e fundamental ideia, qual seja, a do ser que é causa de todas as ideias e de todas as coisas.

7. *TIE*, §§93-4; G II, p. 34; trad. de Lívio Teixeira, p. 130. Grifos meus.

8. Ibid., §98; G II, p. 36; trad. de Lívio Teixeira, p. 132. Grifos meus.

9. Espinosa conserva o vocabulário tradicional da causalidade: *causa formal* é a essência de uma coisa que explica as propriedades e características que ela necessariamente possui; *causa eficiente* é a causa produtora de um efeito determinado. Uma causa eficiente pode ser transitiva, isto é, separa-se do efeito depois de produzi-lo; ou imanente, ou seja, exprime-se no efeito, mantendo-se unida a ele. No exemplo do círculo, o movimento do semieixo é uma causa eficiente imanente, pois o círculo não é senão a expressão necessária desse movimento. E a essência do círculo é a causa formal de suas propriedades, pois estas são deduzidas dessa essência.

10. Tomemos, a título de exemplo, o que Espinosa desenvolve no segundo escólio da proposição 8 da Parte I da *Ética*. A definição verdadeira "de *cada* coisa" (*uniuscujusque rei*), lemos no segundo escólio de IP8, possui quatro marcas características, as duas primeiras negativas e as duas últimas, positivas: 1) não envolve nem exprime senão a natureza da coisa definida; 2) não envolve nem designa um número determinado de indivíduos, pois exprime apenas a natureza da coisa definida; 3) para cada coisa existe uma causa determinada pela qual existe; 4) a causa pela qual a coisa existe deve estar contida na própria natureza e definição da coisa existente, se pertencer à sua natureza o existir, isto é, se for a causa de si, ou deve existir fora dela, se ela for uma afecção da coisa definida. Espinosa afirma que, respeitando os critérios ou condições da definição verdadeira de cada coisa, pode-se deduzir com ordem, em primeiro lugar, que, se na Natureza existir um número determinado de indivíduos ou coisas singulares, deve haver uma causa para que esse número determinado e não outro exista — por exemplo, se houver vinte homens, deve haver uma causa determinada para que existam vinte, nem mais nem menos ou, então, concluir que o número vinte não pode ser deduzido da definição de homem, uma vez que esta, se verdadeira, exprime a natureza determinada de um homem, e não certo número de homens existentes; em segundo lugar, que se a causa desse número não puder ser deduzida da essência do definido, então deve encontrar-se fora dele e, consequentemente, todas as coisas que existem como pluralidade devem ser produzidas por uma causa externa ou, em outras palavras, sua causa não está contida em sua definição ou essência. Conclui-se, por conversão, que não pode haver pluralidade de indivíduos que sejam causa de si porque a causa de si está contida na definição ou na essência do definido, o que não acontece com a definição de uma pluralidade de indivíduos. Assim, nem a identidade de cada coisa nem a diferença entre cada coisa e as outras podem ser estabelecidas por uma distinção numérica, mas devem ser estabelecidas pela essência de cada coisa ou pela causa determinada de cada coisa. Finalmente, a distinção entre "homem" e "vinte homens" significa que a essência é singular em decorrência da determinação da causa que a produz, e não porque seja um "isto" ou um "um". É indiferente para essência do círculo, do triângulo ou do homem que haja dezenas deles empiricamente, pois ela não é a unidade de uma coleção empírica.

11. Ver M. Chaui, "Direito é poder", em *Política em Espinosa*. São Paulo: Companhia das Letras, 2005.

12. Sobre a crítica espinosana às essências como universais possíveis, ver M. Chaui, *A nervura do real*, v. I, Parte II, capítulo 4, op. cit.

13. Ver *Ética* IV, definições 3 e 4, em *Breve tratado*, I, 6, §§2-4. Espinosa apresenta o contingente

como o que tanto pode ser como não ser, aquilo sobre o que se pode perguntar por que ele é ou não é, pois não tem uma causa certa e determinada. E Espinosa demonstra que em qualquer dessas acepções, o contingente é absurdo. No *Tratado da emenda do intelecto*, §§52-3, quando da análise da ideia fictícia, Espinosa introduz a distinção entre impossível (aquilo cuja natureza implica contradição em afirmar sua existência), necessário (aquilo cuja natureza implica contradição em afirmar que não existe) e possível (aquilo cuja natureza não implica contradição em afirmar que existe ou que não existe porque sua necessidade ou impossibilidade dependem do conhecimento de causas que ignoramos). Na Parte I da *Ética*, no escólio da proposição 33, Espinosa distingue entre o necessário (por essência ou pela causa), o impossível (quando a definição da essência envolve contradição ou quando não há qualquer causa externa que produza a coisa), o contingente ou possível (aquilo cuja causa se ignora ou aquilo de que se ignora se sua essência envolve ou não contradição).

14. No *De rerum natura*, Lucrécio explica que as quimeras (isto é, seres compostos de partes de corpos de seres diferentes) são impossíveis porque cada corpo possui tempo próprio de geração e desenvolvimento, não podendo coexistir num único ser corpos cujos tempos são intrinsecamente distintos. Essa ideia com certeza inspira a afirmação de Espinosa nos *Pensamentos metafísicos*, quando declara que a quimera não é um *ente* fictício, pois não é um ente, visto que envolve uma contradição intrínseca.

15. KV I, 5, §1, G I, p. 40; trad. brasileira, p. 75.

16. Ibid.

17. A relação todo-parte é retomada por Espinosa no "Primeiro Diálogo" do BT. Para a análise desse diálogo, ver M. Chaui, *A nervura do real*, v. I, capítulo 5, op. cit. A discussão dessa relação também é objeto de uma troca epistolar entre Espinosa e Oldenburg que analisaremos mais adiante.

18. KV I, 6, §4, G I, p. 41; trad. brasileira, p. 77.

19. KV II, 7, §6, G I, p. 46; trad. brasileira, p. 77.

20. Ibid. Grifos meus. Essa mesma ideia é apresentada nos *Pensamentos metafísicos* acerca da ciência de Deus (Parte II, capítulo 7):

> Não se deve, contudo, omitir o erro daqueles que admitem que Deus nada conhece [*cognoscere*] afora as coisas eternas tais como os anjos e os céus, que imaginam [*finxerunt*] como inengendrados e incorruptíveis por sua própria natureza; e que nada conhece deste mundo, senão as espécies por serem, igualmente, inengendradas e incorruptíveis. Os que professam tal opinião parecem verdadeiramente querer empenhar-se em errar e em excogitar coisas absurdíssimas. Com efeito, que há de mais absurdo do que subtrair a Deus o conhecimento das coisas singulares, que sem o concurso Dele não podem existir sequer um instante?

21. Ibid.; trad. brasileira, p. 78.

22. Ibid., §9, G II, p. 47; trad. brasileira, p. 78.

23. KV I, 10, §4, G I, p. 49; trad. brasileira, p. 87.

24. Ibid., §3, G I, p. 49; trad. brasileira, p. 86.

25. Ibid. Grifos meus.

26. É interessante lembrar que Pierre Aubenque, ao interpretar a metafísica aristotélica, considera-a ciência procurada e jamais encontrada, perpassada por uma aporia fundamental: a do Ser como gênero supremo. Ver P. Aubenque, *Le Problème de l'être chez Aristote*. Paris: PUF, 1966.

27. KV II, Prefácio §5, G I, p. 51; trad. brasileira, p. 89.

28. Sobre o não pertencimento da essência de Deus à das coisas, ver a análise da proposição 10 da Parte II da *Ética* no capítulo 3. Também em M. Chaui, *A nervura do real*, v. I, capítulo 6, op. cit.

29. Para a explicação etimológica de perfeito e imperfeito por Espinosa no Prefácio da Parte IV da *Ética*, ver capítulo 5. Também em M. Chaui, "Servidão e liberdade", em *Desejo, paixão e ação na ética de Espinosa*. São Paulo: Companhia das Letras, 2011.

30. CM I, 2.

31. Ver nota 28 supra.

32. Ver M. Chaui, *A nervura do real*, v. I, capítulo 4, op. cit.

33. Ver M. Chaui, *A nervura do real*, v. I, capítulo 5, op. cit.

34. Para a discussão sobre os tipos de experiência e a diferença entre experiência e experimento, ver M. Chaui, *A nervura do real*, v. I, capítulo 5, op. cit.

35. Carta 31, de Oldenburg a Espinosa, *Ep* 31, G IV, p. 168.

36. Carta 32, de Espinosa a Oldenburg, *Ep* 32, G IV, p. 172; Abril Cultural, p. 384.

37. Ibid.

38. Ibid.

39. Ibid.

40. Como se sabe, ao escrever a Oldenburg, Espinosa ainda está iniciando a redação da *Ética* e ainda conserva o vocabulário cartesiano, donde "substância extensa". Somente na redação final da *Ética* Espinosa deixará de usar o conceito de substância para a extensão e o pensamento, agora definidos como atributos substanciais. No entanto, convém lembrar que, na Parte I da *Ética*, Espinosa demonstra que os atributos, porque constituem a essência da substância, são infinitos, eternos, livres; neles *potentia* e *potestas* são idênticas etc. Ou seja, as propriedades dos atributos são as mesmas da substância que constituem, pois se assim não fosse, eles não *constituiriam* a essência dela. Convém lembrar também que, nas primeiras proposições da Parte II, Espinosa se refere aos atributos como *res* — *res extensa* e *res cogitans* — para assinalar que os atributos são reais (e não ideias por meio das quais pensamos a substância, ou seja, predicados dela como sujeito) e que são ordens distintas de realidade.

41. Carta 32, p. 173, op. cit.

42. Observe-se que Espinosa não diz que a substância extensa pertence à natureza dos corpos (pois isso entraria em contradição com o que diz expressamente no *BT* e na *Ética*), mas sim que estes pertencem à natureza dela. Essa distinção se esclarecerá sobretudo na Parte II da *Ética*, como veremos posteriormente. Os corpos pertencerem à natureza da extensão significa: não podem ser nem ser concebidos sem ela; e ela não pertence à natureza deles justamente porque é em si e é concebida por si.

43. Ibid.

44. A relação todo-parte é retomada por Espinosa no Primeiro Diálogo do *BT*. Para a análise desse diálogo, ver M. Chaui, *A nervura do real*, v. I, capítulo 5, op. cit.

45. Carta 32, p. 174, op. cit.

46. A. E. Taylor, "Some incoherencies in Spinozism", em S. P. Kashap (Org.), *Studies in Spinoza — Critical and interpretative essays*. Berkeley: Universidade da Califórnia, 1974, p. 196.

47. Para uma análise do verbete "Spinoza" no *Dictionnaire historique et critique* de Pierre Bayle, ver M. Chaui, *A nervura do real*, v. I, capítulo 2, op. cit.

48. Pierre Bayle, "Spinoza", em *Dictionnaire historique et critique*, 2. ed., 4 v. Rotterdam: Leers, 1702, p. 617.
49. Ibid.
50. Ibid.
51. Ibid., p. 618.
52. Para a concepção de substância e modo em Bayle, ver M. Chaui, *A nervura do real*, Parte I, nota complementar n. 4, op. cit.
53. Bayle, op. cit., p. 619.
54. Leibniz, *Opuscules philosophiques choisis*. Paris: Aubier, 1978, p. 100.
55. Leibniz, *Ad Ethicam B. de S.*, em *Die Philosophischen Schriften*. Gehardt (Org.), t. I. Berlim: Weidmann, 1890, p. 139.
56. Ibid., t. III, op. cit., p. 720.
57. Schelling, *Lettres sur le dogmatisme et le criticisme*. Paris: Aubier, 1950.
58. Jacobi, "Lettres à Moses Mendelssohn sur la doctrine de Spinoza", em *Oeuvres philosophiques*. Paris: Aubier, 1956.
59. Carta de Mendelssohn a Jacobi, em Jacobi, "Lettres à Moses Mendelssohn sur la doctrine de Spinoza", pp. 143-4, op. cit.
60. Hegel, *Lectures on the history of philosophy*. Londres: Routledge & Kegan, 1968, pp. 252 e 257.
61. Para a interpretação hegeliana da filosofia de Espinosa, ver Mariana Gainza, *Espinosa — Uma filosofia materialista do infinito positivo*. São Paulo: Edusp, 2011. E José Eduardo Marques Baioni, *Substancialidade e subjetividade — Hegel intérprete de Espinosa*. São Paulo: FFLCH-USP, 2004. Tese (Doutorado em Filosofia).
62. Hegel elogia e critica essa colocação de Espinosa, feita na Carta 50 a Jarig Jelles, a respeito da figura geométrica como determinação, isto é, como o limite externo que permite percebê-la como não sendo uma outra. Espinosa não escreve, como cita Hegel, *omnis determinatio negatio*, e sim *determinatio negatio est*.
63. Hegel, *La science de la logique*. Paris: Vrin, 1970, pp. 585-6.
64. Ruth L. Shaw, "Personal identity in Spinoza", em *Inquiry*, 1969, p. 12.
65. A. Matheron, *Individu et communauté chez Spinoza*. Paris: Minuit, 1969, p. 9.
66. M. Guéroult, *Spinoza II. L'âme*. Paris: Aubier, 1974, pp. 145-89.
67. A. Negri, *A anomalia selvagem — Poder e potência em Spinoza*. São Paulo: Editora 34, 1993, p. 103.
68. Ibid., p. 98.
69. Ibid., p. 102.
70. Ibid., p. 125.
71. Ibid., p. 126.
72. Para a análise dessa proposição, ver M. Chaui, *A nervura do real*, v. I, parte III, capítulo 6, op. cit.
73. Carta 82, de Tschirnhaus a Espinosa, *Ep* 82, G IV, p. 334.
74. Carta 59, de Tschirnhaus a Espinosa, jan. 1675, *Ep* 59, G IV, pp. 268-70.
75. Lembremos que no século XVII (e antes) "a priori" e "a posteriori" não possuem o sentido que adquiriram com a filosofia de Kant, para quem o primeiro significa anterior à experiência e o segundo, posterior à experiência. Até o Seiscentos, "a priori" significava conhecimento que vai da

causa para o efeito, e "a posteriori" queria dizer conhecimento que vai do efeito para a causa. Na matemática, o procedimento sintético é a priori e o analítico, a posteriori. A *Ética* é escrita sob a forma da síntese; as *Meditações*, de Descartes, sob a da análise.

76. Carta 60, de Espinosa a Tschirnhaus, jan. 1676, *Ep* 60, G IV, pp. 270-1.

77. Recordemos que na linguagem medieval e do Seiscentos, "objetivo" significava a ideia ou o conteúdo pensado, e formal, a essência da própria coisa pensada.

78. Carta 82, de Tschirnhaus a Espinosa, *Ep* 82, G IV, p. 334.

79. Idem.

80. E I, proposição 16, demonstração.

81. Carta 82, de Tschirnhaus a Espinosa, *Ep* 82, G IV, p. 334.

82. Carta 63, de Tschirnhaus a Espinosa.

83. Essa distinção é objeto da proposição 10 da Parte II da *Ética* e a examinarenos no capítulo 2. As objeções dos críticos do século XVII e a descrição hegeliana do acosmismo espinosano pressupõem a confusão entre pertencer e constituir.

84. Discordamos, portanto, da interpretação de Antonio Negri. No que diz respeito à Parte I da *Ética*, julgamos não haver qualquer resíduo renascentista, pois a imanência espinosana não é uma emanação (ver M. Chaui, *A nervura do real*, v. I, capítulo 6, op. cit.). Por outro lado, como mostraremos a seguir, o Prefácio à Parte II da *Ética* e a definição da ciência intuitiva, na proposição 40 dessa mesma Parte, invalidam qualquer suposição de que Espinosa teria abandonado a referência aos atributos da substância ao tratar dos modos finitos. Não menos importantes, como veremos no capítulo 2, são as duas primeiras proposições da segunda parte da *Ética* (dedução dos modos finitos do atributo pensamento e do atributo extensão) e o lugar ocupado pelo que Espinosa denomina *ciência de Deus*, isto é, o modo infinito do atributo pensamento ou o intelecto infinito, como condição de todo conhecimento verdadeiro. Além disso, como veremos no capítulo 3, a distinção entre conhecimento adequado e inadequado, feita na Parte II, decorre exatamente da maneira como a mente humana se relaciona com seu atributo: no conhecimento adequado, ela é constituída como singularidade pelo atributo pensamento que nela se exprime; no inadequado, essa constituição e expressão inexistem e ela se encontra enredada na dispersão das ideias das afecções corporais e mergulhada na contingência dos acontecimentos.

85. Para a ideia do modo como medida ou *quantum*, ver M. Chaui, *A nervura do real*, v. I, capítulo 4, op. cit.

86. Ver Suárez, *Disputationes metaphysicae*, VII, sec. I, 17. Para uma análise da crítica de Espinosa aos conceitos suarezianos, ver M. Chaui, *A nervura do real*, v. I, Parte II, capítulo 4, op. cit.

87. Suárez, op. cit.:

Igitur dantur in entitatibus creati modi aliqui afficientes ipsas, quorum ratio in hoc videtur consistere, quod ipsi per se non sufficiunt constituere ens seu entitatem in rerum natura, sed intrinsece postulant ut actu afficiant entitatem aliquam, sine qua esse nullo modo possint.

Essa é, para Suárez, a prova a posteriori da existência dos modos, a prova a priori estando na imperfeição das criaturas, que precisam dessas afecções para distinguir-se umas das outras.

88. Ibid.

89. Para o *modus intrinsecus* e as distinções scotistas e suarezianas, ver M. Chaui, *A nervura do real*, v. I, capítulo 4, op. cit.

90. Examinaremos no capítulo 2 o emprego do verbo *involvere* por Espinosa.

91. Para a análise desta carta, ver M. Chaui, *A nervura do real*, v. I, capítulo 5, op. cit.

92. Não há, pois, qualquer "resíduo emanacionista" na teoria espinosana dos atributos e modos infinitos.

93. Trata-se de E I, proposição 27.

94. E I, proposição 21. É isto que Deleuze denomina "plano comum de imanência". G. Deleuze, "Spinoza et nous", em *Revue de Synthèse*, t. 99, n. 89-91, 1978, p. 271.

95. A expressão espinosana diferencia-se da leibniziana justamente por isso, uma vez que em Leibniz a expressão é uma relação não causal entre heterogêneos. Voltaremos a isso no capítulo 2 ao examinarmos a imagem do "paralelismo".

96. Tomás de Aquino, *De ente et essentia*, c. 5, 3.

97. Voltaremos a isto no próximo capítulo.

98. Ver M.Chaui, *A nervura do real*, v. I, capítulo 4, op. cit.

2. A GÊNESE DO MODO HUMANO COMO ENTE SINGULAR [pp. 93-187]

1. E I, proposição 24.

2. E I, proposição 25.

3. Em Suárez, o modo, denominado de modo real, é uma qualidade que inere numa substância: cor, grandeza, figura, odor, ação, paixão etc. Em Descartes, o modo é uma propriedade do atributo principal de uma substância: figura e grandeza, no caso da extensão; modos de pensar (sentir, imaginar, querer, entender), no caso do pensamento.

4. E I, proposição 36.

5. Ver capítulo 1.

6. Em *Spinoza et le problème de expression*, op. cit., Deleuze remete essa distinção àquela entre *complicatio* e *explicatio* tal como concebida pelo neoplatonismo de Nicolau de Cusa: *complicatio* ou *involvere* significa algo contido ou compreendido em outro e inseparável dele (em Espinosa, os atributos são a *complicatio* da substância); *explicatio* ou *exprimere* significa que algo se desdobra, se desenrola, se explicita em outro ou por meio de outro (em Espinosa, a substância se explica nos atributos e estes em seus modos). Entretanto, Yvone Toros ("Spinoza précurseur de l'idée moderne d'espace", *Recherches sur le XVII*, n. 7, 1984) considera que, em Espinosa, a fonte de *involvere* e *exprimere* se encontra na geometria projetiva ou das seções cônicas de Desargues. Voltando-se para *involvere*, Toros mostra que esse verbo é usado por Espinosa com o sentido de "entrar numa relação igual à unidade" (p. 155) ou que "A não é nada sem B" (p. 155). Assim, por exemplo, quando o axioma 4 da Parte I enuncia que o conhecimento do efeito depende do conhecimento da causa e o envolve, isto significa que o conhecimento do efeito implica o da causa e, portanto, contém ou inclui o conhecimento da causa e vice-versa, isto é, o conhecimento da causa implica e contém o conhecimento do efeito. Portanto, ambos formam uma unidade inseparável. É exatamente este o sentido de a essência envolver a existência necessária, na definição da causa de si e não envolvê-la, no caso dos modos. Adotamos a posição de Toros.

7. A esse respeito, ver a análise da Carta 9 ou a resposta de Espinosa a Vries sobre a definição, em M. Chaui, *A nervura do real*, v. I, capítulo 5, op. cit.

8. Ver o estudo do estatuto da definição e da proposição em M. Chaui, *A nervura do real*, v. I, capítulo 5, op. cit.

9. Eis por que somente depois de haver demonstrado na Parte II que a mente é a ideia de seu corpo, Espinosa poderá demonstrar, na Parte V, que as afecções do corpo e as ideias da mente possuem a mesma ordem e conexão.

10. Na Parte III da *Ética*, um afeto é definido como algo que aumenta ou diminui a potência do corpo e da mente, de modo que apenas as ideias em que há esse aumento ou diminuição são afetos.

11. Para a análise dessas demonstrações, ver M. Chaui, *A nervura do real*, v. I, capítulo 6, op. cit.

12. Vale a pena recordar que, na correspondência com Tschirnhaus, Espinosa afirma não conceber a extensão tal como Descartes a concebe, isto é, como inerte, precisando da ação contínua de Deus para receber o movimento, mas a concebe como uma potência infinita de agir. Ver capítulo 1. E M. Chaui, *A nervura do real*, v. I, capítulos 5-6, op. cit.

13. Lembremos que "de Deus" é o genitivo latino empregado por Espinosa em suas duas acepções, isto é, como subjetivo e objetivo. A ciência de Deus é a ciência que Deus *é* (genitivo subjetivo) e a que Ele *tem* (genitivo objetivo) de tudo que dele segue. Isso ficará evidente na sequência das proposições sobre essa ciência.

14. Ver M. Chaui, *A nervura do real*, v. I, parte II, capítulo 4, op. cit.

15. CM II, 7, G I, pp. 265-6; trad. brasileira, p. 26.

16. Esta proposição afirma para Deus o que o *Tratado da emenda do intelecto* afirmara para o intelecto humano, isto é, a causa de uma ideia não é seu ideado, e sim a potência do pensamento como fundamento único do ser formal ou da essência formal das ideias, afirmação decisiva para que se compreenda, em primeiro lugar, que a causa de uma ideia não é o objeto de que ela é ideia; e, em segundo, que o verdadeiro é norma de si mesmo (*norma sui*) porque não é guiado pela correspondência da ideia com ideado, mas é a própria ação pensante tanto de Deus como dos modos do pensamento, isto é, o intelecto em ato infinito e o intelecto em ato finito.

17. Na linguagem tradicional e clássica, "formal" significa a forma de algo, isto é, sua essência, enquanto "objetivo" significa a essência pensada, o conteúdo pensado. A essência formal ou o ser formal é uma realidade. Para o conceito de *formal*, ver M. Chaui, *A nervura do real*, v. I, capítulo 4, op. cit.

18. Essa interpretação veio do Idealismo Alemão.

19. Aliás, o mesmo "desequilíbrio" deveria se apontado para o atributo extensão. De fato, quando Espinosa expõe a "pequena física" e descreve as operações realizadas por um corpo complexo e, a seguir, demonstra que a mente é a ideia de seu corpo e percebe todas as afecções dele ou tudo quanto nele acontece, não pretende significar com isso que ela perceba todos os movimentos e processos neurocerebrais e do metabolismo que o constituem. Nesse caso, teríamos que dizer que o corpo (ou o atributo extensão) produz mais do que a mente (ou o atributo pensamento) conhece!

20. A. Geulincx, *Ética e metafísica — A cura di Ítalo Mancini*. Bolonha: Zanichelli, 1965, p. 197.

21. Leibniz, *Considérations sur la doctrine d'un esprit universel*, §12, t. VI, p. 533, op. cit.

22. Para as dificuldades de Tschirnhaus com a proposição 16 da Parte I, ver capítulo 1.

23. "Toda substância é como um mundo inteiro e como um espelho de Deus ou de todo o

universo, que ela exprime à sua maneira." Leibniz, *Discours de métaphysique*, art. 9. Com a *Monadologia*, essa substância será a mônada.

24. Ver capítulo 1.

25. Numa carta de 1687, a Arnauld, Leibniz escreve:

> Eu tinha dito que a alma exprimindo naturalmente todo o universo em um certo sentido, e segundo a relação que os outros corpos têm com o seu, e por consequência exprimindo mais imediatamente o que pertence às partes de seu corpo deve, em virtude das leis da relação que lhe são essenciais, exprimir particularmente alguns movimentos extraordinários de seu corpo [...]. Respondeste que não tendes uma ideia clara do que entendo pela palavra exprimir [...]. Uma coisa exprime uma outra quando há uma relação constante e regrada entre o que se pode dizer de uma e de outra. É assim que uma projeção de perspectiva exprime seu geometral. A expressão é comum a todas formas [substanciais] e é um gênero do qual a percepção natural, o sentimento animal e o conhecimento intelectual são espécie [...]. Ora essa expressão acontece em toda parte porque todas as substâncias simpatizam com todas as outras e recebem alguma mudança proporcional respondendo à menor mudança que acontece em todo o universo [...].

Leibniz. *Oeuvres*. Paris: Aubier Montaigne, 1972, t. 1, pp. 261-2.

26. Observemos que poderíamos tomar a distinção feita no *De emendatione* entre a essência objetiva (a ideia) e a essência formal (a coisa). No entanto, o que Espinosa tem em mira aqui é a afirmação da realidade da ideia como modo do pensamento e, portanto, seu ser formal: a ideia do círculo é tão real quanto o círculo corporal. A distinção entre essência formal e essência objetiva aparecerá no corolário da proposição 8 da Parte II, quando se tratar da relação entre uma ideia e seu ideado.

27. Parrocchia assinala que o exemplo de Espinosa é a retomada da proposição 35 do livro III dos *Elementos* de Euclides — "Se duas cordas de um círculo são secantes, o retângulo contido pelos segmentos parciais de um é igual ao retângulo contido pelos segmentos parciais da outra". Os retângulos de que fala Espinosa são os produtos dos segmentos parciais de que são formadas cada uma das cordas. D. Parrochia, "Physique pendulaire et modèles de l'ordre dans l'*Ethique* de Spinoza", em *Cahiers Spinoza*, n. 5.

28. Sobre o possível, o infinito potencial e o infinito atual, ver M. Chaui, *A nervura do real*, v. 1, capítulos 5-6, op. cit.

29. Compreende-se, assim, que Antonio Negri proponha desvincular as quatro partes da *Ética* e a primeira, quando propõe que abandonemos o papel dos atributos substanciais. Ver capítulo 1.

30. Sobre a questão dos modos inexistentes, veja-se Luis César Oliva, *Existência e eternidade em Leibniz e Espinosa*. São Paulo: FFLCH-USP, 2013. Tese (Livre-docência em Filosofia).

31. Carta 12, de Espinosa a Meijer, *Ep* 12, G IV, p. 53; trad. brasileira, p. 375.

32. BT II, Prefácio, nota 4, G I, p. 51; trad. brasileira, p. 89.

33. Ibid., nota 5.

34. Poderíamos propor um outro exemplo, talvez de compreensão mais fácil, embora sem a precisão do exemplo fornecido por Espinosa. Quando alguém fala, em sua fala singular está presente a estrutura da língua, isto é, a totalidade de seus constituintes e de suas articulações, de seus princípios e operações, ou seja, a essência da língua, que determina necessariamente o ato da fala para que seja comunicativo. O ato da fala singular está contido e compreendido no todo da língua

e, como o traçado dos dois retângulos pelo geômetra, recorta no todo da língua aquilo que a essência dessa língua institui necessariamente como condição da comunicação. As palavras usadas pelo falante fazem existir na duração aquilo que existe atualmente na língua tomada como um todo, mas que, contidas e compreendidas nela, são o que Espinosa chama de não existentes até que sejam pronunciadas. E isto vale para toda e qualquer língua como algo que segue necessariamente de sua essência, como segue da essência do círculo que nele estejam contidos infinitos retângulos iguais e em sua ideia estejam compreendidas as infinitas ideias desses retângulos.

35. E v, proposição 29, escólio. Voltaremos a isso quando analisarmos a Parte v da *Ética*.

36. Deleuze propõe a noção de *virtual* para explicitar o sentido do que diz Espinosa na proposição 8 da Parte II, lembrando que virtual não significa potencial ou possível nem se opõe a real, mas se opõe a atual. O virtual é o que *insiste*, mais do que o que existe. O problema dessa instigante solução, porém, encontra-se no fato de que Espinosa se refere à existência dos modos sempre empregando a expressão *existência atual* ou *existência em ato*, distinguindo entre duas formas da atualidade: *sub specie aeternitatis* e *sub specie durationis*, como se vê no escólio da proposição 29 da Parte v que acabamos de citar.

37. Esse "somente", que reforça o que foi demonstrado na proposição 6 sobre a autonomia causal das potências dos atributos, tem aqui um significado preciso: dele depende o conhecimento adequado, cuja exposição ocupará o momento final da *Ética* II.

38. Como veremos a seguir, a partir da proposição 11.

39. O verbo *constituir* será sistemática e profusamente empregado por Espinosa a partir da proposição 10 e percorrerá não só a Parte II, mas também as demais partes da *Ética*. *Constituere*, derivado de *statuo* (pôr-se de pé, firmar, fixar, estabelecer), vindo de *stano* (fixar-se, propor-se firmemente), forma nasal de *sto* (ficar de pé, ficar imóvel, firmar, manter, perseverar, persistir), traduz o grego *systásis*, termo que ressalta a ação, a ordenação e firme consistência do que está unido, ligado ou reunido.

40. Para o conceito espinosano de ordem, ver M. Chaui, *A nervura do real*, v. I, capítulo 5, op. cit.

41. Para a diferença entre a ordem analítica cartesiana e a ordem sintética espinosana, ver M. Chaui, *A nervura do real*, v. I, capítulo 3, op. cit.

42. Depois de distinguir entre ficções falsas (quimeras) e verdadeiras (hipóteses científicas), no que concerne às primeiras, Espinosa escreve: "Poderá alguém julgar que é a própria ficção, e não o intelecto, que limita a ficção" (TIE §59). Entretanto, não é o caso: "Porque, uma vez que forjou a ideia de alguma coisa e lhe deu seu assentimento, não pode pensar essa ideia de modo diverso nem forjá-la de modo diferente e fica obrigado a pensar as outras coisas de modo que a elas não se oponha a primeira ficção" (TIE §60). Em contrapartida,

> a mente, quando se aplica à coisa forjada e falsa por sua natureza, para refletir sobre ela, compreendê-la e, segundo a boa ordem, dela deduzir o que se deve deduzir, facilmente manifesta a sua falsidade [...] assim como vimos que o intelecto se apresenta logo para patentear, da falsa ficção, o seu absurdo, bem como o absurdo de outras coisas que dela se deduzem. (TIE §61)

43. Ver nota complementar n. 2 neste capítulo.

44. Como veremos no próximo capítulo, o intelecto infinito, evidentemente, não contém ideias inadequadas, pois estas se produzem na ordem comum da Natureza e não na ordem necessária da Natureza.

45. TIE §72, G I, p. 28; trad. de Lívio Teixeira, p. 121.

46. Examinaremos a causa e os efeitos do conhecimento inadequado no capítulo 3.

47. É possível encontrar esse sentido para o termo *anima* nos *Princípios da filosofia cartesiana* e no *Tratado da emenda do intelecto*. Na Parte I, definição 4, dos *PFC*, distinguindo entre *mens* e *anima*, Espinosa retoma o que Descartes dissera nas "Respostas às segundas objeções", quando explicara que *anima* "se refere a alguma coisa corporal", pois significa ar, sopro e hálito. No *Tratado da emenda do intelecto*, no qual se trata de distinguir entre *animus* e *intelellectus* e entre *anima* e *mens*, Espinosa explica, no §21, que "depois de termos percebido que sentimos tal corpo e nenhum outro, concluímos, claramente, que a alma está unida ao corpo, união que é causa de tal sensação; porém, o que é essa sensação e o que é essa união, não podemos absolutamente, a partir disso, entendê-la". *Anima*, portanto, se refere ao sentimento vital, e Espinosa afirma que a conclusão a que esse sentimento chega é clara; nem por isso, entretanto, isso significa que com ela se possa *entender perfeitamente* o que sejam esse sentimento e a união da alma com o corpo. A "pequena física" da *Ética* oferece os elementos necessários para que se entenda cada um desses termos e se possa distingui-los, de maneira que se possa compreender por que os corpos *são* animados.

48. Isto se tornará plenamente compreensível quando examinarmos os seres singulares como potências de agir e existir ou *conatus*.

49. Ver capítulo 1.

50. Veja-se no final do capítulo o enunciado dos axiomas, lemas, postulados e definições da "pequena física".

51. Por "prolixo" Espinosa entende *more geométrico*, isto é, por demonstrações de estilo matemático.

52. Opondo-se, portanto, a Aristóteles, que os concebe como processos teleológicos e qualitativamente distintos.

53. Expressão empregada por Espinosa numa carta a Tschirnhaus, quando demarcara sua diferença em relação a Descartes.

54. A recusa hobbesiana do repouso terá incidência em sua teoria do homem como incessante desejo de mais poder, que acaba apenas com a morte, isto é, com o repouso do corpo. Em contrapartida, a admissão espinosana do repouso — em latim, *quies* — terá incidência em sua concepção da virtude e da felicidade como *acquiescentia in se ipso*, *acquiescentia animi* e *acquiescentia mentis*, isto é, o pleno contentamento consigo mesmo como sossego e tranquilidade.

55. Essa diferença será decisiva para o conceito de *conatus*: para Descartes, o *conatus* é uma inclinação ao movimento e para Hobbes uma virtualidade infinitesimal iniciada pelo movimento vital e animal para se contrapor a um obstáculo externo, enquanto para Espinosa é a essência atual de um indivíduo.

56. Ver Pierre Jacob, "La politique avec la physique à l'âge classique", em *Dialectiques*, n. 6, 1974. Discordamos, porém, do autor quando ele afirma (nisso acompanhando Martial Guéroult) que os corpos simplíssimos, que servem para manter e verificar os princípios da física cartesiana, são, por isso mesmo, abstrações, desprovidos de essência porque desprovidos de *conatus*, isto é, da relação com o ambiente. Visto que em lugar algum Espinosa declara que os simplíssimos não existem, é preciso considerar a maneira como existem, isto é, como um *quantum* mínimo de movimento e repouso.

57. Lema 4: metabolismo; lema 5: crescimento; lema 6: movimentos dos membros; lema 7: locomoção.

58. Pina Totaro observa que a palavra "máquina" não existe no léxico espinosano e que os termos "mecânico" e "mecanicamente" têm um uso exíguo. Ver Pina Totaro, "Quale meccanicismo per Spinoza", em J. Carvajal e Maria Luisa de la Câmara (Orgs.), *Spinoza de la física a la historia*. Cuenca: Ediciones de la Universidad de Castilla-La Mancha, 2008. E também o ensaio pioneiro de Hans Jonas, "Spinoza and the theory of organism", *Journal of the History of Philosophy*, v. III, n. 1, 1965.

59. Também não encontramos em Espinosa a impossibilidade que se encontrava Descartes para explicar de onde poderia vir a diferença entre o corpo do animal e o do homem, uma vez que ambos são máquinas, mas somente o segundo está construído de maneira a unir-se com uma mente. Guéroult declara que, para Descartes, essa impossibilidade é "um mistério insondável", "um abismo inescrutável da sabedoria de Deus". M. Guéroult, *Descartes selon l'ordre des raisons*, II, *L'âme et le corps*. Paris: Aubier, 1953, p. 194.

60. Ver capítulo 1.

61. É essa complexidade crescente até o infinito que leva Balibar, na sequência das ideias de Simondon, a propor o conceito de transindividualidade para a compreensão do indivíduo espinosano. E. Balibar, "Individualité, causalité, substance: réflexions sur l'ontologie de Spinoza", em P.-F. Moreau; E. Curley (Orgs.), *Spinoza — Issues and directions. The proceedings of the Chicago Spinoza Conference*. Leiden: Brill, 1990; "Spinoza: from individuality to transindividuality", em *Mededelingen vanweg het Spinozahuis*, n. 71, 1997; *Spinoza — Il transindividuale*. Milão: Ghilbi, 2002.

62. Embora correndo risco de anacronismo, podemos assinalar a semelhança entre a concepção espinosana da natureza inteira como um indivíduo infinitamente complexo e as concepções contemporâneas (sobretudo em biologia) de *ecossistema*.

63. Como veremos, a complexidade das afecções corporais determina um *sistema das afecções corporais* que decorre da maneira como nosso corpo é afetado por outros, pois um mesmo corpo externo pode afetar de diferentes maneiras nosso corpo, dependendo das partes afetantes e das partes afetadas; diferentes corpos externos podem afetar da mesma maneira nosso corpo, dependendo das partes afetantes e afetadas; diferentes corpos externos podem afetar de modos diferentes nosso corpo, dependendo das partes afetantes e das afetadas; nosso corpo pode afetar do mesmo modo diferentes corpos externos, dependendo das partes afetantes e das afetadas; nosso corpo pode afetar de diferentes maneiras um mesmo corpo externo, dependendo das partes afetantes e das afetadas; e nosso corpo pode afetar da mesma maneira um corpo externo, dependendo das partes afetantes e das afetadas. Essa variação será fundamental tanto para a teoria da imaginação e a dos afetos, como para a formulação das condições da gênese e das formas da vida social e política.

64. A referência a Simondon pode, aqui, ser muito esclarecedora:

O indivíduo vivente [...] tem uma verdadeira interioridade porque a individuação se efetua por dentro; o interior também é constituinte do indivíduo vivente enquanto somente o limite é constituinte no individuo físico [...]. O indivíduo vivente é contemporâneo de si mesmo em todos os seus elementos, o que não é o caso do indivíduo físico, que comporta o passado radicalmente passado [...].

G. Simondon, *L'individu et as genèse physico-biologique*. Paris: Presses Universitaires de France, 1964, p. 26.

65. Examinaremos essas proposições no capítulo 3.

66. Voltaremos a isso no capítulo 3, quando analisaremos todas as proposições posteriores à

proposição 13. Aqui nos interessa apenas o percurso da gênese da união da mente com seu corpo como gênese de uma coisa singular ou de uma essência singular.

67. Como veremos no capítulo 3, exatamente como no caso da ideia do corpo, também no caso da ideia da ideia, a percepção de si por parte da mente não significa que, de imediato, ela se conheça verdadeiramente, como explicará Espinosa ao demonstrar o conhecimento de si imaginativo.

68. É patente a recusa espinosana da Sexta Meditação. Com efeito, não somente a chegada à mente como ideia de si depende da demonstração de que ela é a ideia de seu corpo, mas também, visto que para saber que sabe ela precisa primeiro saber, por mais confusa ou inadequada que seja a percepção que a mente tem de seu corpo, é dela que depende sua percepção de si, ainda que esta também seja confusa e inadequada.

69. Ver E III, Prefácio e TP, I, §1.

70. No *TTP* e no *TP* o *conatus* singular é designado como direito natural, determinado pela imanência da potência divina aos seus modos ou da Natureza às suas partes.

> Sabendo, portanto, que a potência pela qual existem e operam as coisas naturais é a própria potência de Deus, entenderemos facilmente o que é o direito de Natureza [...] toda coisa tem da Natureza tanto direito quanta potência tiver para existir e operar, potência que nada mais é senão a própria potência de Deus, cuja liberdade é absoluta. Por direito natural, portanto, entendo as próprias leis ou regras da Natureza segundo as quais tudo se faz, isto é, a própria potência da Natureza. Consequentemente, o direito natural da Natureza inteira e, por conseguinte, de cada indivíduo estende-se até onde for sua potência e, portanto, tudo o que um faz, seguindo as leis de sua própria natureza, fá-lo em virtude de um direito natural soberano, e tem sobre a Natureza tanto direito quanta potência (*tantumque habet juris, quantum potentia valet*).

TP II, §§3-5, G III, pp. 276-7.

71. Ao reunirmos este primeiro postulado da Parte III e a proposição 14 da Parte II, divisamos algo surpreendente. Com efeito, a noção de *conatus* é compartilhada por Espinosa com Descartes e Hobbes. Entretanto, nestes últimos ele se refere exclusivamente ao corpo porque é concebido pelo primeiro como inclinação ao movimento e, pelo segundo, como o início infinitesimal do movimento. No caso de Descartes, a distinção substancial exige que o *conatus*, sendo inclinação ao movimento, se localize apenas no corpo; no de Hobbes, como só há corpos, o *conatus* é pensado como o início infinitesimal do movimento vital, presente em todos os animais, e é acrescido do movimento voluntário nos humanos. Espinosa, porém, se distancia de Hobbes e Descartes porque: 1) não atribui *conatus* aos corpos simplíssimos, mas apenas aos complexos, para os quais não opera apenas o princípio de inércia, pois o concebe como relação interna do indivíduo consigo, bem como em sua relação com os corpos exteriores, e tanto as relações internas quanto as externas jamais serão simples, mas múltiplas e diversificadas, pois estamos sempre diante de corpos internamente complexos e de afecções recíprocas externas também complexas; 2) concebe o *conatus* não como esforço de um ser para a conservação de seu estado (como pensam Descartes e Hobbes), mas como potência de existir e agir, ou como perserveração no ser; e 3) visto que a mente é uma potência de existir e de agir, ela também um *conatus*; este, portanto, é a potência de existir e agir do corpo e da mente. Em suma, tanto em Hobbes como em Descartes permanece um traço da noção aristotélica da potência como potencialidade, traço inexistente no *conatus* espinosano que, como veremos, será definido como potência atual de uma essência atual.

72. Para a crítica de Hegel à indestrutibilidade intrínseca do positivo afirmada por Espinosa, ver G. Lebrun, "La négation de la négation", em *La patience du concept*. Paris: Gallimard, 1972.

73. Espinosa (como Descartes e Hobbes) toma o termo *subjectum* em seu sentido clássico de substrato ou suporte de propriedades, isto é, como seus contemporâneos, não o toma como sinônimo de subjetividade.

74. Ou seja, de acordo com a formulação aristotélica do princípio de não contradição: é impossível que ao mesmo tempo e na mesma relação uma coisa seja e não seja idêntica a si mesma.

75. Na tradição filosófica de língua latina, *subjectum* é derivado de *substare*, verbo do qual se deriva *substantia*. Desde Sêneca e Cícero, primeiro, e de Boécio, depois, *substantia* foi empregada para traduzir o termo aristotélico *ousía*, para o qual também o latim filosófico criou um neologismo, qual seja, *essentia*. Ora, em latim, *substare, substantia* e *subjectum* são vocábulos da linguagem jurídica que se referem às coisas físicas ou aos corpos. Eis por que Descartes fala em *res* (coisa) para se referir à substância pensante e à substância extensa, ambas igualmente sujeitos; mas, em compensação, Hobbes, bom filólogo, dirá que toda substância é coisa ou corpo, donde o contrassenso da ideia de substância espiritual. Na origem, esses vocábulos latinos se referem às coisas ou aos corpos enquanto suportes de qualidades e propriedades. Por esse motivo, no latim filosófico, *subjectum* foi considerado o correspondente latino do grego *hupokeimenon* — sustentáculo, alicerce, fundação, fundamento. Ora, como nas *Categorias*, Aristóteles distingue entre a *ousía* e as demais categorias e afirma que estas são predicadas àquela e a *ousía* não é predicada a nada, no latim, desde Boécio, isso foi traduzido como a diferença entre a substância e os acidentes, de sorte que estes são predicados a ela e ela não é predicada a nada. Como *subjectum/ hupokeimenon*, a substância é o suporte dos acidentes e, com a Escolástica, ela se torna o sujeito de inerência dos predicados. Descartes procura distanciar-se o máximo possível da concepção aristotélico-escolástica ao definir a substância pelo atributo principal, o qual sendo coextensivo a ela, não é propriamente um predicado, mas sua própria essência formal, porém ele conserva a ideia de que uma substância possui predicados e entre estes encontram-se os *modos* da substância. Espinosa aumenta a distância com respeito à tradição e se afasta até mesmo de Descartes: a substância não é sujeito de inerência de predicados, nenhum atributo lhe é coextensivo e os modos não são seus predicados, mas sim suas afecções ou seus efeitos. O termo "sujeito" é empregado por Espinosa com justeza filológica e filosófica, aparecendo justamente quando o filósofo se refere àquilo que é próprio do conceito de sujeito, isto é, a inerência de predicados ou de qualidades. Assim, não pode haver *simultaneamente* num mesmo sujeito inerência dos contrários — "coisas de naturezas contrárias" — porque tais coisas se destroem reciprocamente se estiverem juntas num mesmo substrato, ou seja, o sujeito se torna contraditório e, como tal, se autodestrói.

76. Como se verá na exposição da passividade corporal e mental nas Partes III e IV da *Ética*.

77. Os dicionários etimológicos latinos dão ao verbo *conari* os seguintes sentidos: pôr-se em marcha, empreender uma ação, empreender uma obra difícil, forcejar e, por extensão, mas em sentido secundário, esforçar-se. No caso de Descartes e de Hobbes, o emprego de *conatus* como esforço não suscita dúvidas: numa física do choque, como a cartesiana, a operação de um corpo no choque com outro justifica supor um esforço por parte do primeiro na relação com o segundo; e numa física da pressão, como a hobbesiana, um corpo resiste à pressão de um outro sobre ele e essa resistência pode ser definida como um esforço. No caso de Espinosa, porém, isto é, de uma física dos fluxos, parece inconveniente pensar num esforço. Por esse motivo, Pierre Macherey (*In-*

troduction à l'Ethique de Spinoza. La troisième partie. La vie affective. Paris: PUF, 1995) sugere que, melhor do que a tradicional tradução por "esforço" ou "tendência", *conatus* poderia ser traduzido por elã vital, pulsão (no sentido alemão de *Trieb*), impulso primeiro. Sob certos aspectos, Macherey tem razão, pois não parece adequado definir a potência de um ser singular (expressão finita da potência infinita da substância) como um esforço e sim como uma espontaneidade vital, um impulso natural de vida. Por outro lado, entretanto, se levarmos em consideração os riscos destrutivos postos pela exterioridade, a noção de esforço não é descabida, sobretudo quando levamos em conta, em primeiro lugar, o enunciado da proposição 6 da Parte III, isto é, o *quantum in se est*, que indica a existência de um limite à espontaneidade vital, o que, em segundo lugar, será evidenciado pela demonstração dessa proposição (que examinaremos a seguir) e também o que será amplamente demonstrado na Parte IV e posto ali como axioma, ou seja, que "não existe na natureza das coisas, nenhuma coisa singular relativamente à qual não exista outra mais potente e mais forte. Dada uma coisa qualquer, existe outra, mais potente, pela qual a primeira pode ser destruída".

78. Observemos que Espinosa, mantendo a expressão cartesiana *quantum in se est*, não diz, como Descartes dissera, "permanecer no mesmo estado" (que Descartes pusera como a primeira lei da Natureza, em sua física para se referir à conservação da quantidade constante de movimento). De fato, essa permanência foi explicada por Espinosa anteriormente quando, na "pequena física", expusera brevemente o princípio de inércia, porém não para explicar a conservação da quantidade constante de movimento, e sim para se referir à conservação da proporção (*ratio*) de movimento e repouso que constitui um corpo. Descartes mantém a ideia de permanência no mesmo estado mesmo quando introduz a noção de força e de *conatus*, uma vez que, para ele, os corpos não são ativos em si mesmos (não são animados). Espinosa, porém, modifica a lei cartesiana não só porque os corpos são ativos (são animados em graus diversos), mas também porque a força ou *conatus* é a *potência* de uma coisa singular para manter-se na existência, donde "perseverar em seu ser".

79. Alexandre Mathéron (*Individu et communauté chez Spinoza*. Paris: Albin Michel, 1989) e Bernard Rousset ("La première Éthique. Méthode et perspectives", *L'immanence et le salut. Regards spinozistes*. Paris: Kimé, 2000) observam que Espinosa propõe duas demonstrações para o *conatus*, a primeira apoiando-se sobre a potência de Deus e a segunda sobre a noção de essência atual. Conforme Mathéron, a primeira determinará a dedução do desejo e dos sentimentos, e a segunda, a do bem e do direito; conforme Rousset, a segunda demonstração nos coloca no coração da vida ética. Nossa interpretação segue noutra direção. Tomando o procedimento demonstrativo da Parte I sobre a potência de Deus como causa de si e a identidade entre Sua essência e potência, simetricamente o mesmo procedimento é realizado para o modo humano, ou seja, a proposição 6 da Parte III determina a causa da potência finita e a proposição 7 da Parte III, a identidade entre potência e essência. Não são duas demonstrações propriamente e sim duas etapas de uma única dedução cuja chave se encontra no *De Deo*. Além disso, consideramos que a distinção proposta pelos dois comentadores pode perder o que aqui julgamos ser o mais importante, ou seja, que a identidade da potência e da essência é o núcleo do ser de uma coisa singular, e por isso procuramos mostrar que a proposição 6 *antecede lógica e ontologicamente* a sétima, como se evidencia no final da demonstração de III P7, quando Espinosa demonstra que a potência de uma coisa singular ou seu *conatus* não é senão sua essência atual.

80. Essa distinção será fundamental para teoria espinosana dos afetos, da paixão e da ação, assim como para a teoria da sociabilidade e da gênese da vida política, deduzida na Parte IV. Essa

distinção também explica por que Espinosa pode, sem paradoxo manter a ideia de que tanto a guerra quanto a paz ou concórdia são naturais. Sobre isso, ver M. Chaui, "Medo e esperança, guerra e paz", em *Desejo, paixão e ação na ética de Espinosa*. São Paulo: Companhia das Letras, 2001. Quanto à concordância entre os *conatus* singulares, é interessante observar que o verbo *conari* está articulado à ideia de *convenientia* no prólogo do *De emendatione*, quando, depois de haver descrito os perigos mortais que ameaçam a vida de cada um, Espinosa apresenta o escopo de sua filosofia, escrevendo no §14:

> Eis o fim a que tendo: adquirir essa natureza [a natureza superior dos que conhecem o sumo bem] e esforçar-me (*conari*) para que outros, junto comigo, também a adquiram; isto é, faz parte de minha felicidade o esforçar-me (*conari*) para que muitos pensem como eu e que seu intelecto e seu desejo concordem (*conveniant*) com os meus.

TIE §14, G I, p. 8; trad. de Lívio Teixeira, p. 90.

81. Voltaremos a isso no capítulo 4.

82. Voltaremos a essas distinções no capítulo 3.

83. Essa definição da vontade como *conatus* da mente decorre do fato de, na Parte II, Espinosa ter demonstrado que a mente não é dotada de uma faculdade absoluta da vontade que se manifestaria, por exemplo, na suspensão do juízo e na possibilidade do erro. Temos volições singulares. Uma volição é a afirmação ou negação de uma ideia e, explica Espinosa, por isso não se distingue da própria ideia, que é um ato de afirmação ou negação de alguma coisa. Uma vez que a mente é ideia que forma ideias e que isto é seu *conatus*, compreende-se que este, quando referido apenas às operações mentais, receba o nome de vontade. Voltaremos a isso no capítulo 3.

84. Voltaremos a isso no capítulo 3.

85. Voltaremos a isso no capítulo 4 ao examinarmos a identificação entre apetite, desejo e vontade.

86. Voltaremos a isso nos capítulos 3 e 4, ao examinarmos respectivamente as ideias inadequadas e as paixões.

87. Como enuncia o terceiro axioma da Parte II: "Modos de pensar como amor, desejo, ou quaisquer outros que sejam designados pelo nome de afeto do ânimo não se dão caso no mesmo indivíduo não se dê a ideia da coisa amada, desejada etc. Mas a ideia pode dar-se ainda que não se dê nenhum outro modo de pensar".

88. Podemos observar que nesse escólio Espinosa emprega *plura simul*, que assumirá um papel decisivo na distinção entre os gêneros de conhecimento: na imaginação, a gênese do conhecimento está referida à pluralidade e variação incessante das afecções corporais e de suas ideias; na razão, essa pluralidade é estabilizada pela percepção do que há de comum entre as afecções tanto no corpo afetado quanto nos corpos afetantes ou as propriedades comuns ao todo e às partes; na intuição, a mente apreende conveniências, diferenças e oposições entre as coisas ou a unidade da pluralidade simultânea das afecções corporais e de suas ideias, unidade que é sua singularidade e a de seu corpo. Cada gênero de conhecimento é uma estrutura cognitiva que se distingue dos outros gêneros pela maneira como a mente opera com a pluralidade simultânea, ou seja, externamente determinada na ordem comum da Natureza ou internamente disposta na ordem necessária da Natureza. Voltaremos a isso no capítulo 3.

NOTA COMPLEMENTAR N. I — INTENSIVO E EXTENSIVO:
A INTERPRETAÇÃO DO MODO FINITO POR DELEUZE [pp. 188-94]

1. Ver M. Chaui, *A nervura do real*, v. I, Parte II, capítulo 4, op. cit.
2. G. Deleuze, *Spinoza et le problème de l'expression*. Paris: Minuit, 1968, p. 177.
3. Ibid., p. 179.
4. Ibid., pp. 180-1.
5. Ibid., p. 182.
6. Ver M. Chaui, op. cit., loc. cit.
7. Sabemos a importância futura dessa solução quando nos lembramos de que foi graças a ela que Kant julgou possível dar estatuto filosófico à negação ou à ideia de grandeza negativa, entendida como grau do positivo. Ver Kant, *Ensaio para introduzir o conceito de grandeza negativa em filosofia*.
8. Suárez, *Disputationes Metaphysicae*, VII, sec. 1, 17, op. cit.
9. Ibid.
10. Para o *modus intrinsecus* e as distinções scotistas e suarezianas, ver M. Chaui, op. cit., loc. cit.

PARTE II: A UNIÃO DA MENTE COM SEU CORPO

3. A UNIÃO DA MENTE COM SEU CORPO: A VIDA COGNITIVA [pp. 205-81]

1. Como observamos anteriormente, *constitutio* diz a unidade intrínseca de uma totalidade ordenada em si mesma; a maneira de ser em que a natureza do agente está conforme a si mesma; e um ato contemporâneo ao ser do agente, exprimindo-o e exprimindo sua natureza.
2. Ver capítulo 2, nota 6.
3. O verbo *involvere* é empregado por Espinosa em suas três acepções seiscentistas: incluir/ conter (como na matemática, em que uma curva contém suas curvas que dela se desenvolvem e as inclui em si mesma), implicar/ depender (no sentido lógico de um termo que não pode ser sem o outro, seja porque um é efeito do outro, seja porque são um só e o mesmo) e unificar/ igualar (no sentido lógico-matemático de passagem do diverso ao idêntico ou uma relação igual à unidade). Para o conhecimento inadequado, Espinosa emprega *involvere* em duas acepções: ou negativamente, "não envolve", ou restritivamente, "envolve apenas". "Não envolve" significa: a relação não é uma unidade e implicação recíproca. Para "envolve apenas" propomos a tradução de *involvere* por "pressupor", isto é, a relação de unidade e implicação recíproca existe e opera, mas não é percebida ou conhecida pela mente.
4. Na verdade, Espinosa inicia o escólio declarando que

> pode ser que isso aconteça por outras causas; para mim, porém, basta ter mostrado aqui uma pela qual eu possa explicar a coisa como se a tivesse mostrado pela causa verdadeira; contudo, não creio me desviar muito da verdadeira, visto que todos os postulados que assumi dificilmente contêm algo que não se constate pela experiência, da qual não nos é lícito duvidar depois que mostramos o corpo humano existir tal como o sentimos.

Guéroult interpreta esse início do escólio como a afirmação, por parte de Espinosa, de uma hipótese provável, pois muitos filósofos contemporâneos, a começar por Descartes e Hobbes, haviam proposto explicações para as operações neurocerebrais. Essa hipótese pode ser aceita, diz o comentador, porque, de um lado, os postulados invocados por Espinosa na "pequena física" estão fundados na experiência e, por outro lado, no corolário da proposição 13 da Parte II e, portanto, que a mente humana está necessariamente unida a um corpo e que este existe tal como ela o sente.

5. Merleau-Ponty, *Phénoménologie de la perception*. Paris: Gallimard, 1945, p. 477.

6. Sobretudo se levarmos em conta a declaração peremptória feita no §84 do *De emendatione*:

> Assim, pois, fizemos a distinção entre a ideia verdadeira e as outras percepções [...] que têm sua origem na imaginação, isto é, vêm de certas sensações fortuitas e, por assim dizer, soltas, que não nascem da potência da própria mente, mas de causas externas [...]. Se vier a calhar, que se entenda por imaginação o que quer que se queira, contanto que seja algo diferente do intelecto, algo que a alma tenha a condição de paciente [...].

7. Sabemos que não há em Espinosa uma reflexão sobre as artes, mas a afirmação da imaginação como potência psíquica virtuosa ou livre abre um campo para essa reflexão. A este respeito, ver F. Mignini, *Ars imaginandi: Apparenza e rappresentazione in Spinoza*. Nápoles: Edizioni Scientifiche Italiane, 1981. Sobre o olhar e a pintura e a relação entre Espinosa, Vermeer e Rembrandt, ver M. Chaui, *A nervura do real*, v. 1, Introdução, op. cit.

8. Por enquanto, Espinosa não prolonga esse aspecto da demonstração, que será, a seguir, a chave da teoria da ideia inadequada e será mencionado constantemente no percurso da dedução da inadequação.

9. Observemos que Espinosa mencionará na demonstração da proposição II P20 a proposição II P7, porém não se referirá ao enunciado da proposição ("a ordem e conexão das ideias é a mesma que a ordem e conexão das coisas"), e sim o escólio de II P7, onde afirma que os modos do pensamento devem ser tomados exclusivamente segundo a ordem e conexão das causas em seu respectivo atributo, assim como os modos da extensão devem ser tomados apenas em conformidade com a ordem das causas em seu respectivo atributo. Trata-se, como vimos anteriormente, da autonomia causal dos atributos de que decorre que os modos de cada atributo podem ter como causa outros modos desse mesmo atributo, e não modos de um outro atributo.

10. Voltaremos a isso adiante quando Espinosa se referir diretamente à certeza da certeza.

11. Poderíamos arriscar uma comparação: "a ideia da ideia sabe-se" lembra a fórmula estoica "a árvore verdeja". Nos dois casos, estamos diante de uma potência operante que não é senão sua própria ação. Isso ficará mais claro quando examinarmos a ideia adequada, ou aquela operação que é propriamente *ação* da mente. A mente opera sempre, mas opera passivamente na inadequação e opera ativamente na adequação, quando realiza uma ação propriamente dita.

12. Veremos no capítulo 4 a importância dessa confusão na formação dos afetos passivos.

13. As afecções corporais formam um sistema que pode ser apreendido inadequadamente ou conhecido adequadamente. *Sistema* porque um mesmo corpo externo pode afetar da mesma maneira diferentes partes do corpo próprio ou de maneiras diferentes as mesmas partes do corpo próprio; diferentes corpos externos podem afetar da mesma maneira diferentes partes do corpo próprio ou afetar de diferentes maneiras uma mesma parte do corpo próprio; este, por seu turno, pode afetar da mesma maneira diferentes corpos externos ou afetá-los de maneiras diferentes dependendo da parte afetante e das partes afetadas. Em termos imaginativos, é impossível não pensarmos em Lucrécio e a explicação da origem dos fantasmas. Em termos afetivos (como veremos

no capítulo 4), não podemos deixar de pensar na psicanálise e na gênese fantasmática do corpo próprio.

14. Sobre a duração e o tempo em Espinosa, ver Ericka Marie Itokazu, *Tempo, duração e eternidade na filosofia de Espinosa*. São Paulo: FFLCH-USP, 2008. Tese (Doutorado em Filosofia).

15. CM I, 4, G I, p. 244.

16. Para a análise dessas duas proposições, ver M. Chaui, *A nervura do real*, v. I, capítulo 6, op. cit.

17. O corolário da proposição II P30 prepara o que será dito da contingência na Parte IV, como veremos no capítulo 5.

18. Para uma análise do apêndice da Parte I da *Ética*, ver M. Chaui, *A nervura do real*, v. I, Parte III, capítulo 5, op. cit.

19. Para tomarmos emprestado aqui o título do livro de Fernando Pessoa.

20. Espinosa sempre emprega os vocábulos perfeição, perfeito, perfeita em seu sentido etimológico, ou seja, em conformidade com o sentido latino de *perficere*, perfazer, concluir, acabar.

21. A esse respeito, ver análise da proposição 16 da Parte I da *Ética* em M. Chaui, *A nervura do real*, v. I, capítulo 6, op. cit.

22. Sobre esses interditos, ver M. Chaui, *A nervura do real*, v. I, capítulo 3, op. cit.

23. Como foi longamente exposto e comentado por Espinosa no capítulo 6 da Parte I dos *Pensamentos metafísicos*. Sobre isto, ver M. Chaui, *A nervura do real*, v. I, capítulo 4, op. cit.

24. "Assim como a luz se manifesta a si própria e às trevas, assim também a verdade é norma de si mesma e do falso". E II, proposição 43, escólio.

25. Ver neste volume parte I, capítulo I.

26. Para a crítica aos transcendentais, ver M. Chaui, *A nervura do real*, v. I, capítulo 4, "Ciência transcendental: uma frivolidade", op. cit.

27. A esse respeito, ver Georges Canguilhem, *Etudes d'histoire et philosophie des sciences concernant les vivants et la vie*. Paris: Vrin, 2002, p. 341.

28. TIE §19, G II; trad. de Lívio Teixeira, p. 93.

29. Ibid., nota de Espinosa.

30. Elas são o que o *De emendatione* designa como leis universais produzidas pelas "coisas fixas e eternas" (os atributos da substância) e inscritas na natureza das coisas como seus verdadeiros códigos. TIE §101.

31. Ver neste volume capítulo I.

32. A ideia de noção comum própria será decisiva, na Parte IV, para a compreensão das paixões como relação prioritariamente entre os humanos, bem como para a fundamentação ontológica da sociabilidade.

33. TIE §104, G II, p. 37; trad. de Lívio Teixeira, p. 135.

34. Ibid.

35. Para as diferenças entre as maneiras de conhecer apresentadas no *Breve tratado*, no *Tratado da emenda do intelecto* e na *Ética*, ver M. Chaui, *A nervura do real*, v. I, Introdução, nota 112, op. cit.

36. Para a análise do exemplo da quarta proporcional, ver M. Chaui, *A nervura do real*, v. I, capítulo 5, op. cit.

37. O fato de que no exemplo da quarta proporcional, no *BT*, Espinosa diga que por intuição a mente "vê instantaneamente", no *TIE*, que o quarto modo de percepção conhece a proporção

"sem fazer qualquer operação", e na *Ética*, que no conhecimento intuitivo "por uma única intuição a mente vê a proporção", tem levado a disputas entre os intérpretes acerca da ciência intuitiva, particularmente no caso da *Ética*, em que tal conhecimento é *sub specie aeternitatis*, exclui o tempo e, portanto, deveria excluir o movimento dedutivo que transcorre nalguma temporalidade. M. Guéroult (*Spinoza II L' ame*, op. cit.) e B. Rousset (*La perspective finale de l'Ethique et le problème de la cohérence du spinozisme*. Paris: Vrin, 1968) consideram a ciência intuitiva uma dedução, enquanto outros comentadores, como Filippo Mignini ("In order to interpret Spinoza's third kind of knowledge", em Edwin Curley e P.-F. Moreau (Orgs.), *Spinoza: issues and directions*. Leiden: E. J. Brill, 1990) e François Zourabichvili ("Consistenza del concetto di scienza intuitiva", em Filippo Del Lucchese e Vittorio Morfino (Orgs.), *Sulla scienza intuitiva in Spinoza*. Milão: Ghibli, 2003) a consideram uma operação de inferência; e Giuseppe Anna ("Tra relazionalità e immediateza", em Filippo Del Lucchese e Vittorio Morfino (Orgs.), op. cit.) a considera não uma dedução nem uma inferência, e sim o conhecimento da relação parte-todo, e Vittorio Morfino ("La scienza delle *connexiones singulares*", em Filippo Del Lucchese e Vittorio Morfino (Orgs.), *Sulla scienza intuitiva in Spinoza*, op. cit.) a considera o conhecimento de conexões reguladas ou regradas. Espinosa dirá explicitamente no escólio da proposição 47 que se trata de uma dedução:

> [...] como tudo é em Deus e é concebido por Deus, segue *podermos deduzir desse conhecimento muitíssimas coisas que conheceremos adequadamente*, e assim formar aquele terceiro gênero de conhecimento de que falamos no escólio 2 da proposição 40 desta parte, e de cuja excelência e utilidade nos caberá falar na quinta parte.

Na verdade, será preciso dizer que a ciência intuitiva é uma forma peculiar de dedução, inferência e relação parte-todo. Ver adiante capítulo 6.

38. Podemos, assim, compreender a diferença entre o *BT*, o *TIE* e a *Ética* na formulação do exemplo da quarta proporcional no conhecimento intuitivo. O primeiro o define como visão instantânea da relação entre o quarto número e os três primeiros; o segundo, como percepção intelectual dessa relação "sem fazer qualquer operação"; e a terceira estipula sob que condições as duas definições anteriores podem ser mantidas, isto é, quando se trata de "números simplíssimos", o que não é o caso das essências das coisas singulares, que são complexas, donde a definição da ciência intuitiva como conhecimento que procede das essências formais dos atributos às essências das coisas singulares. Trata-se, como no *BT* e no *TIE*, da visão da essência da própria coisa, porém, agora na perspectiva da causalidade imanente, portanto, numa relação complexa decorrente da complexidade do atributo. Podemos dizer que a *Ética* recolhe e dá maior precisão ao que fora dito sobre a ciência intuitiva no *TIE* e no *BT*. Do *TIE* são mantidas três ideias que definem o quarto modo de percepção: 1) conhecimento da essência ou da causa próxima; portanto, a teoria da definição genética [no caso de Deus, a definição genética é construída com as oito definições da Parte I; no caso do homem, com as demais partes da *Ética*] e a exigência de ter sempre no ponto de partida a definição genética de uma essência particular afirmativa; 2) conhecimento da articulação entre uma coisa singular real e a série de causas que a fazem depender das coisas fixas e eternas (§§99-100); 3) conhecimento da união da mente com a Natureza inteira (§13). Do *BT* são mantidas duas ideias que definem o conhecimento claro ou intuitivo: i) é conhecimento da essência de um ser absoluto, isto é, incondicionado; ii) do ponto de vista da felicidade, é um conhecimento que é um sentir e fruir a estreita união com o ser sem o qual não podemos ser nem ser concebidos. Voltaremos mais detidamente à ciência intuitiva no capítulo 6.

39. Na proposição 39 da Parte v, lemos: "Quem tem um corpo apto a muitas coisas, tem uma mente cuja maior parte é eterna". A aptidão do corpo e da mente para a pluralidade simultânea será uma das chaves para a distinção entre afetos passivos e ativos (na Parte III da *Ética*) e entre servidão e liberdade (na Parte IV) e será o núcleo da eternidade da essência do corpo e da mente e da liberdade do sábio (na Parte v).

40. A certeza nada mais é senão a própria essência objetiva, isto é, a maneira como percebemos a essência formal é a certeza. Portanto, é evidente que para termos certeza do verdadeiro não precisamos de qualquer sinal senão a presença da ideia verdadeira [...]. Consequentemente, ninguém, a não ser quem possui a ideia adequada ou essência objetiva de alguma coisa, pode saber o que é a suprema certeza, pois a certeza e a essência objetiva são uma só e mesma coisa. Portanto, a verdade não requer qualquer sinal, mas é suficiente possuir a essência objetiva das coisas, isto é, suas ideias, para suprimir toda dúvida.

TIE §§35-6; trad. de Lívio Teixeira, pp. 100-1. E ainda:

Quanto ao que constitui a forma do verdadeiro, é certo que a ideia verdadeira não se distingue da falsa somente de maneira extrínseca, mas intrinsecamente [...]. Não se deve dizer que a diferença entre ambas decorre do fato de que a ideia verdadeira consiste no conhecimento das causas primeiras, embora isto seja uma diferença essencial, pois a ideia verdadeira envolve objetivamente a essência de um princípio. Por esse motivo, a forma da ideia verdadeira deve residir nela mesma sem recorrer a quaisquer outras e não tem como causa um objeto exterior a ela, mas depende da própria potência e da natureza da inteligência [...]. A forma da ideia verdadeira deve ser procurada nessa própria ideia ou deduzida da natureza da inteligência [...]. A ideia verdadeira é simples ou constituída de ideias simples, mostrando como e por que uma coisa existe ou acontece. Seus efeitos objetivos na alma correspondem à essência formal da coisa. Isto significa, como disseram os antigos, que a verdadeira ciência procede das causas aos efeitos, embora eles jamais tenham concebido, como nós, a alma agindo segundo leis determinadas e, por assim dizer, como um autômato espiritual.

TIE §§65, 70-1, 85; trad. de Lívio Teixeira, pp. 116, 118-9, 127.

41. Comentando essa passagem, Van Peursen escreve:

A mesma imagem se encontra, com variações, em Platão, Aristóteles, santo Agostinho, são Boaventura, Descartes, porém sempre no sentido de que a luz ou o Sol é um terceiro elemento: a luz vem de fora a fim de fazer a ponte epistemológica entre a representação do espectador e o objeto de conhecimento. Aqui, é a própria ideia, em seu caráter intrínseco de verdade e adequação, que é a luz.

C. A. van Peursen, "Le critère de la vérité chez Spinoza", em *Revue de Métaphysique et de morale*, n. 4, out.-dez. 1978.

42. M. Guéroult observa que "a proposição 43 é de grande importância" e explica:

ela satisfaz a expectativa de Descartes, demonstrando o valor objetivo da evidência, fundando-a em Deus, não, entretanto, pelo recurso extrínseco à veracidade divina, mas genericamente pela necessidade da natureza eterna de Deus, ao mesmo tempo que pela natureza da ideia e da alma. Por outro lado, ela satizfaz de antemão a expectativa de Leibniz de ultrapassar o critério da evidência por um critério desse critério, fundado na própria natureza das ideias, pois a evidência é aqui fundada, em última análise, sobre a ideia adequada enquanto esta encerra em si mesma a totalidade de suas razões, ou, como diria Leibniz, de seus "requisitos", e sobre a simultaneidade necessária dessa ideia e da ideia dessa ideia, pelo que a ideia percebe efetivamente em seu interior todas as razões que a explicam e a impõem.

M. Guéroult, *Spinoza II L'âme*, op. cit., p. 398.

43. Voltaremos a isso mais detalhadamente no capítulo 6.

44. *Species* deriva-se do verbo *specio*, que significa *eu olho, eu observo, eu percebo*, e que na forma *specto* significa examinar reflexivamente, provar, ajuizar, avaliar. *Species*, no latim medieval, traduz o grego *eidos*, a forma, a essência. No latim clássico, significa aspecto, perspectiva, ponto de vista. Traduzimos por "perspectiva".

45. Assim como a substância é necessária por sua essência e os modos são necessários pela causa, assim também a substância é eterna por sua essência e os modos são eternos pela causa.

46. Veremos no capítulo 6 que o eterno, segundo a Parte I, é o que segue da definição de uma coisa eterna e, portanto, está referido ao conhecimento verdadeiro próprio da ciência intuitiva. Aqui, entretanto, nos interessa mais o confronto entre eternidade e contingência e por isso nos deteremos menos na verdade e mais na necessidade das noções comuns, embora verdadeiro e necessário sejam indissolúveis.

47. Ver M. Chaui, *A nervura do real*, v. I., capítulo 6.

48. Espinosa escreve:

A questão do infinito sempre pareceu dificílima para todos, até mesmo inextricável, porque não distinguiram entre aquilo que é infinito por sua natureza ou pela força de sua definição e aquilo que não tem fim não pela força de sua essência, mas pela de sua causa. Também não distinguiram entre aquilo que é dito infinito porque não tem fim e aquilo cujas partes, embora conheçamos o máximo e o mínimo, não podem ser explicadas ou representadas por um número. Enfim, porque não distinguiram entre aquilo que só pode ser concebido, mas não imaginado, e aquilo que também podemos imaginar. Se tivessem prestado atenção nisso não teriam sido esmagados pelo peso de tantas dificuldades.

Carta 12, de Espinosa a Meijer, Ep 12, G IV, p. 53. Para a análise dessa carta, ver M. Chaui, *A nervura do real*, v. I, capítulo 5, op. cit.

49. É exatamente o que Espinosa desenvolve nos dois primeiros capítulos do *Teológico-político*, dedicados à profecia e aos profetas, caracterizados pela retidão moral, vivacidade da imaginação e fraqueza do intelecto, que os impede de conhecer a essência de Deus e os leva à necessidade de receber as revelações divinas por meio de signos, vozes, sonhos etc.

50. TIE §87, G I, p. 33; trad. de Lívio Teixeira, p. 128. No mesmo espírito, a *Lógica de Port-Royal* dirá:

Já dissemos que a necessidade que temos de usar signos exteriores para nos fazermos entender nos leva a amarrar de tal modo nossas ideias às palavras, que frequentemente consideramos mais as palavras do que as coisas. Essa é uma das causas mais comuns de confusão entre nossos pensamentos e nossos discursos. Pois é preciso notar que embora os homens frequentemente tenham ideias diferentes sobre as mesmas coisas, usam as mesmas palavras para exprimi-las [...]. Além disso, os mesmos homens, em diferentes idades, consideraram as mesmas coisas de maneiras muito diferentes e, entretanto, sempre uniram todas essas ideias numa mesma palavra. Isso faz com que pronunciando essa palavra ou ouvindo-o pronunciá-la, nos embrulhamos facilmente, tomando-a ora por uma ideia, ora por outra.

A. Arnauld e P. Nicole, em *La logique ou l'art de penser*. Paris: Flammarion, 1970, p. 116.

51. Sobre a definição em Espinosa, ver M. Chaui, *A nervura do real*, v. I, capítulo 5, op. cit.

52. Para a relação de Espinosa com a linguagem, ver M. Chaui, "Espinosa e a linguagem", em *Da realidade sem mistérios ao mistério do mundo*. São Paulo: Brasiliense, 1981.

53. Ver capítulo 2.

54. Tanto Descartes quanto Hobbes definem a liberdade como ausência de constrangimento externo. Espinosa mantém essa ideia ao considerar a liberdade ação espontânea do agente. Todavia, enquanto para Descartes e Hobbes a ausência de constrangimento os leva a tomar a liberdade como ato da vontade entendida como poder incondicionado de decisão e, portanto, como ação incausada, Espinosa, ao contrário, afasta essa imagem da vontade (a faculdade absoluta de querer e não querer) e enfatiza a causalidade e a necessidade da ação livre, pois ela é *o que segue necessariamente da natureza do agente* ou o que é interna e necessariamente determinado pela natureza do agente, que é, portanto, a causa da ação.

55. E I, Apêndice, G II, p. 78.

56. Descartes, *Traité de l'homme*, AT XI, p. 174.

57. Descartes, *Traité des passions de l'âme*, I, artigos 32 e 35, AT XI, pp. 352 e 355; Difel, pp. 314 e 316.

58. Sobre essa crítica de Espinosa, veja-se M. Chaui, *A nervura do real*, v. I, capítulo 3, op. cit.

59. A esse respeito, ver TIE §§52-65.

60. M. Guéroult observa que "o asno de Buridan" é um tropo medieval comum nas discussões sobre o livre-arbítrio, mencionado quando alguém trata dos sofismas criticados por Aristóteles no *De coelo* (embora não fosse esse o assunto do próprio Buridan, que, aliás, nesse caso preciso não fala em asno, mas sim em cão). M. Guéroult, *Spinoza II. L'âme*, op. cit., p. 513.

61. Essas ideias serão retomadas, quase nos mesmos termos, no escólio da última proposição da *Ética* V, a proposição 42.

62. Os exemplos aristotélicos são clássicos: Teeteto cavou a terra para plantar, encontrou um tesouro. Sócrates foi ao mercado comprar legumes, encontrou Cálias, que lhe pagou uma dívida. O navio se dirigia a Egina, encontrou uma tempestade e derivou rumo a Atenas. Em *Metafísica*, depois de explicar o ser necessário ou por necessidade, Aristóteles escreve:

> Quanto ao outro ser, digo, o ser por acidente, não é necessário, mas indeterminado cujas causas são inordenadas e em número infinito. Há finalidade no que devém por natureza ou provém do pensamento. Há fortuna quando um desses acontecimentos se produz por acidente [...]. A fortuna é uma causa por acidente daquele que escolhe normalmente segundo uma escolha refletida em vista de um fim. Assim, fortuna e pensamento relacionam-se com as mesmas coisas, pois a escolha não existe separada do pensamento. Mas as causas que produzem o que pode vir da fortuna são indeterminadas, donde se segue que a fortuna é impenetrável ao cálculo do homem.

63. Aristóteles, *Ética a Nicômaco*, III, 5, 1112-30 e 1112 b 5.

64. Descartes, *Traité des passions de l'âme*, artigo 144, AT XI, p. 436; Difel, p. 369.

65. Ibid.

66. Ibid., artigo 145, AT XI, p. 438; Difel, p. 370.

67. Ibid.

68. Ibid., artigo 146, AT XI, p. 439; Difel, p. 371.
69. Como Espinosa anuncia que tratará desses assuntos na Parte IV, deixaremos para analisá--los quando chegarmos ao capítulo 5.

4. A UNIÃO DA MENTE COM SEU CORPO: A VIDA AFETIVA [pp. 282-369]

1. Aristóteles, *Retórica*, I, 1355 b 10-1.
2. Há quatro índoles, caracteres ou temperamentos: sanguíneo, fleumático, colérico e melancólico; e suas doenças ou excessos: irritável, apático, irascível, triste. A cada temperamento corresponde um governante astral e um elemento sublunar: Júpiter e o ar, para o sanguíneo; Marte e o fogo, para o colérico; Lua e a água, para o fleumático; Saturno e a terra, para o melancólico. A medicina antiga é constituída por uma *anatomia* em que as partes são tidas por instrumentos ou funções corporais (*órganon*), e o corpo é o *órganon* da alma, adaptando suas funções às faculdades da alma; uma *fisiologia* guiada pelas ideias de movimento (*kínesis*), natureza própria (*phýsis*) de cada órgão ou função e de mistura (*krásis*) dos elementos e humores que formam a compilação ou a constituição de cada indivíduo; uma *patologia* que considera a doença como contraNatureza (*para physin*), distingue entre a doença crônica e o páthos, a doença passageira, e diagnosticada pelos sintomas (*symptomata*) que anunciam ou manifestam a doença ou sinais de sua visibilidade que guiam o médico; uma *terapêutica* que define o médico como ministro da Natureza, baseada no conhecimento dos processos da doença, convalescença e cura, bem como no conhecimento de cada um dos órgãos afetados e do modo de sua afecção, assim como no conhecimento integral da constituição do paciente. A patologia e a terapêutica distinguem entre as causas naturais da doença (a constituição do paciente) e as externas (ambientais, alimentares, estilo de vida), entre as quais estarão os sonhos e os movimentos da alma, isto é, desejos e paixões. Assim, *o desejo não é uma doença*, mas *uma causa de doença* e está colocado entre aquelas causas sobre as quais o médico pode atuar enquanto ministro da Natureza. Essa atuação, porém, não é apenas médica, mas pressupõe a ética (que define a diferença entre o bom e o mau desejo) e a retórica (que auxilia o médico a persuadir o doente a seguir a terapêutica).
3. Quintiliano, *Institutions oratoires*, II, XVII, 30. Paris: Garnier, 1933, p. 273.
4. Como explica J. A. Hansen, o engenho agudo é aquele "capaz de explicitar relações inesperadas ou não vistas entre várias coisas e conceitos distanciados por meio de metáforas e outros tropos e figuras da elocução". J. A. Hansen, "Correspondência de Antônio Vieira (1644-94): o decoro", *Discurso*, n. 31, 2000, p. 269. Eis alguns exemplos de agudeza: "essa obscura claridade que desce das estrelas" (na *Fedra*, de Racine); "*lo que hablaba era concertado, elegante y bien dicho, y lo que hacía, disparatado, temerario y tonto*" (no *Dom Quixote*, de Cervantes); "caiu com ele o ânimo aos pés [...] faltando-lhe às mãos para resistirem, só nos pés lhe sobejou para fugir" (na Carta de Vieira ao Geral da Companhia de Jesus, 30 set. 1626). Na *Agudeza y arte de ingenio*, Gracián examina todas as "artificiosas agudezas" de linguagem e de pensamento e dá especial atenção à "agudeza prudencial" porque é filosófica, uma vez que aqui as agudezas "da admiração que solicitam passam ao proveito que acarretam" (*Agudeza y arte de ingenio*. Madri: Ediciones Castalia, II, 1969, p. 121) e "quando se dirigem ao *desengaño*, são muito estimadas pelos varões prudentes e maduros, juntam o útil com o gostoso da verdade" (p. 119). Essa agudeza é "substancial e grave"; sua "perfeição consiste mais na sublimidade do conhecimento do que na delicadeza do artifício; dá muita satisfação por seu ensino e ilumina

excelentemente o ânimo" (p. 119). Dos vários exemplos oferecidos por Gracián, mencionemos trechos de alguns: *"Contentamiento, do estás?/ Que no te tiene ninguno?/ Si piensa tenerte alguno/ No sabe por donde vás". "¡Oh, si las horas del placer durasen/ Como duran las horas del tormento!/ ¡Oh, si como se van las del contento,/ Las del pesar tan presto se pasase!" "Que los premios del mundo, no es de ahora,/ Que el que merece más, alcance menos", "Solo en efecto, lo que a los pobres dieres,/ Libre verás de la fortuna, y solas/ Las que dieres, tendrás siempre riquezas".*

5. O "outro lugar" será o Prefácio da Parte v.

6. Esse procedimento, examinado por Aristóteles e amplamente empregado por Cícero, consiste em definir algo ou alguém por seu oposto. Por exemplo, o covarde é designado como corajoso; o ignorante, como sábio; a guerra, como paz; e vice-versa.

7. É possível observar algumas mudanças significativas na elaboração de Espinosa quando comparamos a *Ética* III e a Parte II do *Breve tratado*. Neste, falando apenas em paixão (e não em afeto) e seguindo a tradição estoica (que define a paixão como opinião falsa sobre o bem e o mal) e Descartes, Espinosa coloca a opinião (primeiro modo de conhecimento) como causa da paixão, começando por isso, como Descartes, pela admiração como primeira paixão. Ao definir várias paixões (amor, ódio, desejo), Espinosa não faz qualquer referência aos acontecimentos corporais e sua perspectiva é, aparentemente, intelectualista, desembocando, na sequência dessa segunda parte do *BT*, na distinção entre paixões irracionais e racionais, conforme se originem da opinião ou do conhecimento claro e distinto, seguindo aqui Descartes, que distinguira entre desejos passivos e ativos. Dizemos, porém, aparentemente intelectualista porque a distinção entre irracional e racional antecipa as análises da servidão humana, feitas na Parte IV da *Ética*, como veremos no capítulo 5.

8. É interessante observar que Espinosa se coloca numa posição exatamente oposta à dos estoicos. De fato, na tradição estoica, a exterioridade é dupla: há exterioridade das coisas com as quais a paixão nos põe em conflito e há a exterioridade das coisas com as quais a virtude nos põe em harmonia, fazendo-nos viver conforme à nossa natureza racional, de maneira que o homem virtuoso o é independentemente das circunstâncias, e a liberdade é um acontecimento puramente interior. Assim sendo, na passividade produzimos alguma coisa fora de nós, e na atividade algo se produz apenas dentro de nós.

9. Descartes, *Traité des passions de l'âme*, I, artigos 43-6. Recordemos que, no *Tratado das paixões*, tendo demonstrado que a alma não causa movimentos no corpo (uma substância não age sobre outra de natureza distinta da sua), Descartes é obrigado a afirmar que, por meio da vontade, a alma pode alterar a direção e a velocidade desses movimentos, alterando o que se passa nela mesma, isto é, suas próprias paixões; e depois de demonstrar que o corpo não causa pensamentos na alma, é obrigado a afirmar que o corpo pode imprimir impressões da alma, determinando seus sentimentos. Essas duas afirmações são consequência da física cartesiana, na qual o movimento é concebido como ação por contato (choque) e não admite ação e reação à distância, mas exige contato entre o agente e o paciente, de sorte que, embora do ponto de vista metafísico isto seja incompreensível, é preciso admitir que de alguma maneira a alma precisa de contato direto com o corpo e este com ela para que ela possa agir sobre os movimentos dele (ainda que ela não os cause) e ele possa agir sobre os sentimentos dela (ainda que ele não os cause), sem os quais não haveria paixão nem ação. Donde a teoria cartesiana da glândula pineal — uma pequeníssima glândula instalada em nosso cérebro, servindo de sede corporal para a nossa alma e de onde ela opera sobre a direção e a velo-

cidade dos movimentos corporais e estes operam sobre a vontade —, encarregada da missão (impossível) de estabelecer a comunicação entre a alma e o corpo.

10. Descartes escreve na abertura do *Tratado das paixões da alma*, artigo 1:

> O que é paixão em relação a um sujeito é sempre ação a qualquer outro respeito. [...] considero que tudo quanto se faz ou acontece de novo é geralmente chamado pelos filósofos uma paixão em relação ao sujeito a quem acontece e uma ação com respeito àquele que faz com que aconteça; de sorte que, embora o agente e o paciente sejam amiúde muito diferentes, a ação e a paixão não deixam de ser a mesma coisa com dois nomes, devido aos dois sujeitos diversos aos quais podemos relacioná-las.

AT XI, pp. 326-7; Difel, pp. 295-6.

11. Ver no final do capítulo as notas complementares n. 4 e 5 sobre o diferente tratamento da questão no *Breve tratado* e na *Ética* III.

12. Em nosso percurso pelo interior da *Ética*, já encontramos dois momentos em que Espinosa examina a imagem da liberdade humana: no Apêndice da Parte I, quando essa imagem não é deduzida da natureza da mente humana, mas dos preconceitos nascidos da crença em causas finais e, portanto, do desconhecimento da essência de Deus e da livre necessidade de sua ação; e nas proposições 48 e 49 da Parte II, que criticam a imagem da vontade como faculdade do livre-arbítrio à luz do que foi deduzido sobre a natureza da mente humana. Um terceiro momento dessa crítica se realiza agora, no escólio da proposição 2 da Parte III.

13. Desde Aristóteles, distinguem-se três grandes gêneros retóricos: o demonstrativo, que se refere ao verdadeiro e ao falso e ao tempo presente; o judiciário, que se refere ao bem e ao mal e ao tempo passado ou futuro; e o epidíctico, que se refere ao belo e ao feio ou ao elogio e o vitupério, podendo se referir ao presente ou ao passado. O Prefácio da Parte III está escrito em contraposição ao gênero epidíctico; o escólio se realiza no gênero demonstrativo.

14. Para que o leitor possa apreciar o engenho e arte deste escólio, o apresentamos na íntegra na nota complementar n. 5.

15. Como escreve Lívio Teixeira, Descartes invoca a experiência para descrever os movimentos voluntários como uma ação real da alma sobre o corpo, ainda que não possa explicá-la:

> A união [da alma e do corpo] derroga a lei básica da mecânica cartesiana, a saber, a da conservação do movimento, que Descartes afirma sobre o fundamento da constância e da imutabilidade de Deus. É verdade que essa afirmação não é um axioma apoditicamente certo, mas um postulado diretor que é razoável seguir, para podermos explicar a natureza, *a não ser que ocorra alguma exceção que se torne evidente pela experiência ou imposta pela revelação divina. Ora, o movimento voluntário é uma dessas exceções*. Mesmo que, nos estritos termos da doutrina cartesiana se admita que não é a alma que move o corpo, mas que os movimentos do corpo são dirigidos pelos movimentos que a glândula pineal imprime aos espíritos animais, ainda é certo que *os movimentos da glândula são causados pela alma. Descartes admite, pois, uma ação real da alma sobre o corpo, ainda que não possa explicá-la.*

Lívio Teixeira, *Ensaio sobre a moral de Descartes*. São Paulo: Brasiliense, 1990, p. 97. Grifos meus.

16. Sobre essa distinção entre duas modalidades da experiência, ver M. Chaui, *A nervura do real*, v. I, capítulo 5, op. cit.

17. Discordamos da interpretação de Gilles Deleuze (*Spinoza et le problème de l'expression*, op.

cit.) sobre esta passagem do escólio. A impossibilidade de a experiência ensinar o que é a união da mente e do corpo já fora mencionada por Espinosa no §21 do *TIE*, ao escrever que "depois de termos percebido que sentimos tal corpo e nenhum outro, concluímos, claramente, que a alma está unida ao corpo, união que é causa de tal sensação; porém, o que é essa sensação e o que é essa união, não podemos absolutamente, a partir disso, entendê-la". Como se sabe, entre os estudiosos da filosofia espinosana, consagrou-se a interpretação de Deleuze sobre o "ninguém sabe o que pode o corpo", minimizando-se o fato de que Espinosa se refere à impossibilidade da *experiência enquanto experiência* alcançar esse saber, pois este depende da ontologia, da física e da ciência intuitiva e não da imaginação. Seria incorrer num grave equívoco supor que Espinosa, após a *Ética* II e quando (como atesta a correspondência com Tschirnhaus) se preparava para escrever uma física, pudesse afirmar que a razão é incapaz de conhecer tudo o que pode um corpo seguindo apenas as leis da natureza corpórea, isto é, as leis do movimento e do repouso. A tese espinosana é clara: empiricamente, isto é, *imaginativamente* não podemos saber tudo o que pode um corpo.

18. Como veremos, na Parte V, ao introduzir o *imperium* da potência da mente, Espinosa não se refere a um *imperium* sobre o corpo e sim sobre as ideias dos afetos.

19. Merleau-Ponty, *L'oeil et l'esprit*. Paris: Gallimard, 1964, p. 16.

20. No *Tratado das paixões*, Descartes propõe exatamente isso como um dos remédios para dominar uma paixão.

21. Ver a dedução da causa da memória no capítulo 2.

22. Para a análise completa dessa definição, incluindo o sentido do uso do comparativo "maior que", ver M. Chaui, *A nervura do real*, v. I, capítulo 6, op. cit.

23. Ver capítulo 2, em que analisamos as proposições que deduzem o *conatus* como essência atual do corpo e da mente singulares. Aqui partimos da proposição, na qual, como dissemos antes, são introduzidos os conceitos de vontade, apetite e desejo. Para a diferença entre Espinosa, Descartes e Hobbes na concepção do *conatus*, ver M. Chaui, "Laços do desejo", em *Desejo, ação e paixão na ética de Espinosa*. São Paulo: Companhia das Letras, 2011.

24. Ver no capítulo 2 o emprego de "atual", que desliga a potência de seu sentido aristotélico.

25. KV II, 10 §4, G I, p. 73; trad. brasileira, p. 87.

26. Para a crítica espinosana à ciência transcendental, ver M. Chaui, *A nervura do real*, v. I, capítulo 4, op. cit.

27. CM I, capítulo 6, G I, p. 248.

28. KV II, 3 §9, G I, p. 58; trad. brasileira, p. 97.

29. Donde a distância entre a Parte II do *BT* e a Parte III da *Ética* ser compensada pela proximidade entre a exposição da Parte II do *BT* e a Parte IV da *Ética*, quando, em ambos, Espinosa passa a examinar o que há de bom e mau nos afetos.

30. Ver a análise dessa proposição no capítulo 2 quando examinamos a essência singular como potência.

31. Essa lei da Natureza, demonstrada por Espinosa como chave do *conatus* e da identidade entre essência e existência das coisas singulares, é mantida pela imaginação, porém com consequências inevitáveis, como será demonstrado na *Ética* V, com o exame da imagem da imortalidade da alma pela confusão entre duração e eternidade. Talvez a melhor ilustração da impossibilidade de *imaginar* a inexistência do corpo próprio, levando a prolongar indefinidamente sua existência, possa ser encontrada no imaginário cristão da imortalidade, pois embora teologicamente esta seja

atribuída à alma, ela é efetivamente também do corpo, disso sendo expressão admirável *A divina comédia*, de Dante, que definiu para todos os séculos o inferno, o purgatório e o paraíso. Na versão cristã do Juízo Final, quando, de acordo com o Credo de Niceia, "Deus virá para julgar os vivos e os mortos", estes terão seus corpos reunidos às suas almas que juntos receberão o julgamento divino e seu destino por toda a eternidade. Dessa crença vem, em algumas seitas cristãs, a proibição de cremar o corpo do morto, pois sua alma não poderá juntar-se a ele no Juízo Final e vagará perdida pelos confins do tempo sem fim.

32. Como Espinosa explicara a Blijenbergh, privação significa que uma coisa singular estaria privada de algo que deveria pertencer à sua essência, mas isso supõe a referência a um modelo universal da essência, que serviria de critério para determinar se uma coisa singular é perfeita ou imperfeita, se não lhe falta ou lhe falta algo. Ora, visto que só há essências singulares, o que falta a uma essência é o que não pertence à sua natureza ou não a define. Portanto, a privação nada é.

33. Haveria mudança *de* essência se a coisa singular se tornasse outra. Os exemplos oferecidos por Espinosa são esclarecedores: plantas que falam, cavalos que voam, homens que viram pedra etc. Ou seja, as quimeras da imaginação e da superstição.

34. Podemos observar aqui uma diferença significativa em relação a Descartes. De fato, no artigo 104 do *Tratado das paixões da alma*, Descartes afirma que a tristeza e o ódio podem ser úteis para o *conatus* corporal, mas prejudiciais para a alma. Ora, em termos espinosanos, a simultaneidade afetiva do corpo e da mente torna inadmissível a suposição de que o que é útil para o corpo possa ser nocivo para a mente e vice-versa.

35. Podemos propor o seguinte quadro para auxiliar na compreensão do *sistema das afecções*:

Afecções vindas dos outros corpos (os outros e nós)	Afecções vindas do nosso corpo (nós e os outros)	Afecções internas ao próprio corpo e à mente (a relação conosco)
1. Um mesmo corpo externo pode afetar de uma única maneira o nosso.	1. Nosso corpo pode afetar de uma única maneira um mesmo corpo externo.	Memória Articulação entre várias paixões Separação entre várias paixões Contrariedade entre paixões
2. Um mesmo corpo externo pode afetar de diferentes maneiras uma única parte do nosso.	2. Nosso corpo pode afetar de diferentes maneiras uma parte de um mesmo corpo externo.	
3. Um mesmo corpo externo pode afetar de diferentes maneiras diferentes partes do nosso.	3. Nosso corpo pode afetar de diferentes maneiras diferentes corpos externos.	
4. Vários corpos externos diferentes podem afetar da mesma maneira o nosso corpo.	4. Nosso corpo pode afetar da mesma maneira diferentes corpos externos.	

5. Vários corpos externos podem afetar de maneiras diferentes o nosso corpo.	5. Nosso corpo pode afetar de diferentes maneiras diferentes corpos externos.	
6. Vários corpos externos diferentes podem afetar da mesma maneira diferentes partes do nosso corpo.	6. Nosso corpo pode afetar da mesma maneira diferentes partes dos corpos externos.	
7. Vários corpos externos diferentes podem afetar de diferentes maneiras as mesmas partes do nosso corpo.	7. Nosso corpo pode afetar de diferentes maneiras as mesmas partes de diferentes corpos externos.	

No escólio da proposição 51, Espinosa escreve:

Assim, vemos que pode ocorrer que o que um ama, o outro odeie, e o que um teme, o outro não tema, e que um só e o mesmo homem ame agora o que antes odiava, e que ouse agora o que antes temia etc. Ademais, como cada um, a partir de seu afeto, julga o que é bom e mau, melhor e pior, segue que os homens podem variar tanto pelo juízo quanto pelo afeto; e disso sucede que, quando os comparamos uns com os outros, distingam-se pela só diferença de afetos, e que denominemos uns intrépidos, outros timoratos, e outros enfim com outro nome. Por exemplo, chamarei intrépido aquele que despreza um mal que eu costumo temer; e se, além disso, me ativer ao fato de que seu desejo de fazer mal a quem odeia e bem a quem ama não é coibido pelo temor de um mal com o qual costumo ser contido, chamá-lo-ei audaz. Além disso, me parecerá timorato aquele que teme um mal que eu costumo desprezar, e se ainda por cima me ativer ao fato de que seu desejo é coibido pelo temor de um mal que não pode conter-me, direi que é pusilânime, e assim cada um julgará.

36. Sobre estas distinções e particularmente sobre a importância da hilaridade, ver Laurent Bove, *La stratégie du conatus*, op. cit. Sobre a melancolia, voltaremos adiante.

37. Filon: Mostramos que o amor, embora uma vez por outra seja da coisa já possuída, pressupõe sempre certa falta dela, como acontece com o desejo; isto acontece ou porque o amante ainda não tem a união perfeita com a coisa amada — é daí o amor e o desejo de união perfeita com ela — ou então porque, embora no presente a possua e goze, falta-lhe a futura fruição dela, e por isso a deseja [...]. Por isso concluímos, em nossa conversa anterior, que o amor é desejo de união com a coisa amada e aclaramos de que modo todo desejo é amor e todo amor é desejo.

Leão Hebreu, *Diálogos de amor*, diálogo terceiro "Sobre a origem do amor". Lisboa: Instituto Nacional de Investigação Científica, v. I, 1983, p. 186. Na biblioteca de Espinosa consta a obra de Leão Hebreu.

38. Pois no *BT*, o amor é definido à maneira de Leão Hebreu: "O amor não é senão gozar uma coisa e unir-se com ela", II, 5, §1. E, no *Tratado da emenda do intelecto*, Espinosa escreve: "Toda felicidade ou infelicidade depende só duma coisa, a saber, da qualidade do objeto ao qual nos prendemos por amor", §9.

39. Retomemos o exemplo oferecido por Espinosa para ilustrar a dúvida em E II P44.

Suponhamos, pois, um menino que pela primeira vez ontem pela manhã tenha visto Pedro, ao meio-dia Paulo e ao entardecer Simeão, e que hoje de novo pela manhã tenha visto Pedro. Pela proposição 18 desta parte é patente que tão logo veja a luz matutina, imaginará o Sol percorrendo a mesma parte do céu que no dia anterior, ou seja, um dia inteiro, e simultaneamente com o amanhecer imaginará Pedro, com o meio-dia Paulo e com o entardecer Simeão, isto é, imaginará a existência de Paulo e de Simeão com relação ao tempo futuro; e pelo contrário, se ao entardecer vir Simeão, relacionará Paulo e Pedro ao tempo passado, a saber, imaginando-os simultaneamente com o tempo passado; e isto com tanto mais constância quanto com mais frequência os tenha visto nessa ordem. Porque, se acontecer alguma vez de num outro entardecer ver Jacó em lugar de Simeão, então no dia seguinte imaginará com o entardecer ora Simeão, ora Jacó, mas não a ambos em simultâneo; pois supõe-se que viu no período da tarde só um deles, não ambos em simultâneo. E assim sua imaginação flutuará e com o futuro entardecer imaginará ora um, ora outro, isto é, não contemplará nenhum certamente, mas ambos contingentemente como futuros. E esta flutuação da imaginação será a mesma se for a imaginação das coisas que contemplamos da mesma maneira com relação ao tempo passado ou ao presente, e consequentemente imaginaremos como contingentes às coisas relacionadas tanto com o tempo presente quanto com o passado ou o futuro. Ver também a análise da dúvida e deste exemplo no capítulo 3.

40. Ver nota 35 deste capítulo.

41. É assim que, nos textos políticos, Espinosa demonstra que a guerra e a concórdia são igualmente naturais e tendem a passar uma na outra quando a paz é imaginada como a mera ausência da guerra, portanto, como privação, e não positivamente.

42. Ver a análise da experiência imaginativa da contingência no capítulo 3. Recordemos que o primeiro corolário da proposição 44 da Parte II enuncia: "Daí segue depender só da imaginação que contemplemos as coisas, tanto a respeito do passado quanto do futuro, como contingentes". E no escólio da mesma proposição lemos:

> Explicarei em poucas palavras de que maneira isso ocorre. Mostramos acima que a mente, ainda que as coisas não existam, imagina-as sempre como presentes a si, a não ser que ocorram causas que excluam a existência presente delas. Ademais, mostramos que, se o corpo humano uma vez tiver sido afetado simultaneamente por dois corpos externos, quando depois a mente imaginar um deles, de imediato irá se recordar também do outro, isto é, contemplará a ambos como presentes a si, a não ser que ocorram causas que excluam a existência presente deles.

43. No *Breve tratado*, ao examinar esse conjunto de paixões, Espinosa parte de uma distinção entre "as coisas mesmas" e "quem concebe uma coisa". Quanto às coisas mesmas, trata-se da distinção entre o necessário e o contingente; quanto a quem as concebe, trata-se de fazer algo para que ocorram ou para impedi-las. Quando se consideram "as coisas mesmas", experimenta-se *esperança* ou *medo*, se as coisas são tomadas como contingentes, e experimenta-se *segurança* ou *desespero*, quando tomadas como necessárias ou inevitáveis. Quando se considera "quem concebe a coisa", vê-se que quem não sabe o que fazer encontra-se na *flutuação*; quem decide fazer algo para que a coisa ocorra ou seja impedida experimenta *intrepidez* ou *audácia* e, se nada faz, experimenta *pusilanimidade* que, se muito grande, se chama *consternação*; quem faz algo que julga bom porque o outro também o fez experimenta a *emulação*. Embora as paixões mencionadas não correspondam às da

Ética, que as ordena de maneira diferente, há uma chave de ordenação que permanece a mesma nas duas obras, isto é, a relação com as coisas e a relação consigo mesmo. Na *Ética*, essas duas relações se tornam muito mais complexas tanto pela introdução da referência ao tempo quanto à presença ou ausência de outrem. Para o significado político da segurança e do desespero, ver M. Chaui, "Medo e esperança, guerra e paz", em *Desejo, paixão e ação na ética de Espinosa*, op. cit.

44. Ver a análise da imaginação no capítulo 3.

45. No escólio da proposição 50, Espinosa, retomando as definições do contentamento consigo mesmo e do arrependimento, acrescenta uma observação: "E estes afetos são veementíssimos já que os homens creem ser livres", observação que reitera a análise da imagem da liberdade, feita no escólio da proposição 2, quando o arrependimento servirá para ilustrar a ilusão da liberdade.

46. No capítulo 19 do Apêndice da Parte IV, Espinosa escreve:

Além disso, o amor sexual, isto é, a lascívia de copular, originada apenas da formosura e, absolutamente, todo amor que reconhece outra causa além da liberdade do ânimo, passa facilmente ao ódio, a não ser, o que é ainda pior, quando é uma espécie de delírio e então é fomentado mais pela discórdia do que pela concórdia.

O importante é a cláusula apresentada: *o desejo sexual originado apenas da formosura e todo amor que não reconhece a liberdade de ânimo como sua causa*, pois isso será um dos aspectos examinados no *Tratado político*, quando Espinosa critica os que apreciam as mulheres apenas por sua formosura, e não por suas qualidades de ânimo e inteligência.

47. Deriva-se do verbo *desidero* que, por sua vez, deriva-se do substantivo *sidus* (mais usado no plural, *sidera*), significando a figura formada por um conjunto de estrelas, isto é, as constelações. Porque se diz dos astros, *sidera* é empregado como palavra de louvor — o alto — e, na teologia astral ou astrologia, é usado para indicar a influência dos astros sobre o destino humano, donde *sideratus*, siderado: atingido ou fulminado por um astro. De *sidera*, vêm *considerare* — examinar com cuidado, respeito e veneração — e *desiderare* — cessar de olhar (os astros), deixar de ver (os astros). O "deixar de ver" é experimentado como perda e desamparo. *Deixando* de ver os astros, *desiderium* significa privação do conhecimento do destino, prisão na roda da fortuna incerta. É carência, vazio que tende para fora de si em busca de um preenchimento impossível.

48. Na Definição dos Afetos, definição 32, Explicação, Espinosa escreve:

Quando recordamos uma coisa, como já dissemos frequentemente, somos por isso dispostos a contemplá-la com o mesmo afeto que teríamos se a coisa estivesse presente; mas esta disposição ou esforço é no mais das vezes inibida, enquanto vigiamos, por imagens de coisas que excluem a existência daquela que recordamos. Assim, quando nos lembramos de uma coisa que nos afeta com algum gênero de alegria, por isso nos esforçamos para contemplá-la presente com o mesmo afeto de alegria, esforço que é imediatamente inibido pela memória das coisas que excluem a existência dela. Por conseguinte, a saudade (carência) é na verdade a tristeza oposta à alegria que se origina da ausência da coisa que odiamos. Mas como o nome *saudade* parece dizer respeito ao desejo, refiro este afeto aos afetos de desejo.

49. A regra universal aplica aos afetos um princípio que Espinosa emprega na geometria do *Tratado político*, proveniente do direito romano: *vis reppelit vim*, a força repele a força.

50. Essa lei natural é enunciada no capítulo 16 do *TTP* com as seguintes especificações: 1) entre um bem e um mal, prefere-se um bem; 2) entre dois bens, prefere-se o maior; 3) entre dois

males, prefere-se o menor; 4) ninguém faz um mal se outro maior lhe advier; 4) todos fazem um bem se um maior lhes advier. Essas ideias serão retomadas na *Ética* IV.

51. Este ponto é de suma importância quando chegarmos à *Ética* IV, onde Espinosa demonstrará que apenas os homens livres são gratos uns aos outros e se esforçam para ligar-se por laços de amizade. Na paixão, em decorrência de sua fugacidade e instabilidade, prevalece a ingratidão; na ação, a gratidão.

52. Na Definição dos Afetos, ao apresentar o arrependimento, Espinosa volta a mencionar o papel do costume e da educação, escrevendo:

> cumpre aqui notar, não é de admirar que em geral sejam seguidos de tristeza todos os atos costumeiramente chamados *depravados*, e de alegria aqueles chamados *retos*. Pois, a partir do que foi dito acima, facilmente compreendemos que isso depende antes de tudo da educação. De fato, censurando os primeiros e frequentemente repreendendo os filhos por causa deles e, ao contrário, louvando e exortando aos segundos, os pais fizeram que as comoções de tristeza se unissem aos primeiros e as de alegria aos segundos. O que também é comprovado pela própria experiência. Pois o costume e a religião não são os mesmos para todos, mas, ao contrário, o que é sagrado para uns é profano para outros, o que é honesto para uns é torpe para outros. Assim, conforme cada um foi educado, arrepende-se de um feito ou glorifica-se pelo mesmo.

Definição 28, Explicação.

53. Nas últimas linhas do escólio que finaliza a Parte III, Espinosa retoma a relação da mente com seu corpo e numa perspectiva contrária à de Descartes no *Tratado das paixões da alma*, escrevendo:

> Resta, porém, sobre o amor algo que cabe notar: ao fruirmos uma coisa que apetecíamos, acontece mui frequentemente que, desta fruição, o corpo adquira uma nova constituição pela qual seja determinado diferentemente e se excitem nele outras imagens de coisas; e simultaneamente a mente começa a imaginar umas coisas e a desejar outras. Por exemplo, quando imaginamos algo que costuma deleitar-nos pelo sabor, desejamos fruí-lo, quer dizer, comê-lo. Ora, durante o tempo em que assim o fruímos, o estômago se enche e o corpo é diferentemente constituído. Se então, já disposto diferentemente o corpo, a imagem daquele alimento, por estar presente, for fomentada e, consequentemente, também o esforço, ou seja, o desejo de comê-lo, a nova constituição se oporá a este desejo ou esforço e, consequentemente, a presença do alimento que apetecíamos será odiosa, o que chamamos *fastio* e *tédio*. De resto, negligenciei as afecções do corpo que são observadas nos afetos, como o tremor, a lividez, o soluço, o riso etc., dado que se referem ao só corpo, sem nenhuma relação com a mente.

NOTA COMPLEMENTAR N. 4 — A RELAÇÃO ENTRE A MENTE
E O CORPO NO *BREVE TRATADO* [pp. 370-2]

1. Isto é, entre o entender tomado em geral e o entender relativo ao bem e ao mal da coisa.

2. A tristeza é causada no homem por uma opinião de que lhe ocorre algo de mau, a saber, a perda de um bem. Quando isso é compreendido, de tal concepção resulta que os espíritos animais se movem ao redor do coração e com a ajuda de outras partes o comprimem e o contraem (o que é precisamente o contrário do que ocorre na alegria). A mente percebe por sua vez essa compressão, o que é doloroso.

3. Não há nenhuma dificuldade em que este modo, que se distingue infinitamente do outro, atue sobre o outro, porque o faz como parte do todo, já que a mente nunca foi sem o corpo nem o corpo sem a mente. O que desenvolvemos do modo seguinte: 1) existe um ser perfeito; 2) não podem existir duas substâncias; 3) nenhuma substância pode ter começo; 4) cada [atributo] é infinito em seu gênero; 5) deve haver também um atributo do pensamento; 6) não existe nada na natureza de que não exista na coisa pensante uma ideia, proveniente de sua essência e de sua existência em conjunto; 7) agora o seguinte: 8) dado que a essência, sem a existência, é concebida entre as significações das coisas, então a ideia da essência não pode ser considerada como algo particular. Isso só pode ocorrer quando há existência junto com a essência, porque então existe um objeto que não existia antes. Quando a parede, por exemplo, é toda branca, não há nela nem isto nem aquilo etc. 9) essa ideia, portanto, considerada à parte de todas as outras ideias, não pode ser mais que uma ideia de tal coisa, e não quem tem uma ideia de tal coisa. Com efeito, uma ideia considerada dessa maneira, visto que é apenas uma parte, não pode ter de si mesma e de seu objeto nenhum conhecimento claro e distinto; o que é possível somente para a coisa pensante, que é sozinha a natureza inteira. Pois uma parte considerada fora do seu todo não pode etc. 10) entre a ideia e o objeto deve haver necessariamente uma união, pois um não pode existir sem o outro. Não há nenhuma coisa cuja ideia não esteja na coisa pensante, e não pode existir nenhuma ideia sem que a coisa também seja. Ademais, o objeto não pode ser alterado sem que a ideia também o seja, e vice-versa, de maneira que não há necessidade de nenhum terceiro para causar a união da mente com o corpo. Porém, cumpre observar que falamos das ideias que nascem necessariamente em Deus da existência das coisas junto com a essência, e não das ideias que as coisas agora existentes nos mostram e produzem em nós. Essas últimas diferem muito das anteriores, porque em Deus as ideias não nascem, como em nós, de um ou mais dos sentidos, que por isso as afetam quase sempre apenas imperfeitamente, mas [elas nascem] da existência e da essência conforme o que são. Embora minha ideia não seja a sua, uma e a mesma coisa as produz em nós.

4. É claro que no homem, porque teve começo, não pode encontrar-se outro atributo além dos que já estavam na Natureza. E como consiste em um corpo, do qual deve dar-se necessariamente uma ideia na coisa pensante, e como essa ideia deve estar necessariamente unida ao corpo, afirmamos com confiança que a sua mente não é mais que essa ideia do seu corpo na coisa pensante. Como o corpo tem movimento e repouso (que têm certa proporção e são ordinariamente alterados pelos objetos externos), e como não pode ocorrer no objeto nenhuma alteração sem que se produza realmente o mesmo na ideia, daí provém que os homens sintam (*Idea reflexiva*). Digo: *como tem certa proporção de movimento* e *repouso*, posto que não pode haver nenhum efeito no corpo sem o concurso de um e outro.

PARTE III: A LIBERDADE

5. DA VIDA SERVIL À VIDA VIRTUOSA [pp. 381-482]

1. Boécio, *A consolação da filosofia*, livro 1, 2. São Paulo: Martins Fontes, 1998, p. 27.
2. Sobre a Carta 32, ver capítulo 1.
3. Ver R. Tuck, *Natural rights theories: Their origins and development.* Cambridge: Cambridge University Press, 1979; B. Nicholas, *An introduction to Roman law.* Oxford: Clarendon, 1982.

4. Shakespeare, *Rei Lear*, ato I, cena II. As imagens mobilizadas por Shakespeare correspondem à iconografia da Fortuna: a deusa que traz na cinta o zodíaco, que ela manipula caprichosamente para atingir os homens.

5. E. Benveniste, *Le vocabulaire des institutions indo-européennes*. Paris: Minuit, 1969, v. 2, p. 129.

6. Ibid.

7. Ibid., p. 150.

8. Este movimento é analisado por Vernant quando examina o trabalho e a técnica na Grécia clássica, particularmente a submissão da causa eficiente (no caso, o artesão ou o escravo) à causa final (no caso, o usuário). J. P. Vernant, "Le travail et la pensée technique", *Mythe et pensée chez les grecs*. Paris: Maspéro, 1969.

9. A Natureza é artesã, mas, explica Aristóteles, de qualidade superior ao artesão humano porque nela a produção é espontânea, uma *energeia*, enquanto no artesão é apenas *kínesis* para suprir uma carência do usuário. A *poiésis*, lembra Vernant, pressupõe um poder, uma *dýnamis*, do lado do artesão, e uma carência ou privação, a *kreia*, do lado do usuário; entre ambos, instala-se o exemplar, a forma, o *eidos*, que serve de norma para o artesão e de valor para o juízo do usuário. Este é a figura decisiva da produção, na medida em que esta existe para ele, a finalidade dela encontra-se nele. Se, como dizia Aristóteles, o homem vem do homem por meio da semente e a casa (empírica) vem da casa (*eidos*) por meio do pedreiro, no entanto, a germinação da semente é a própria *energeia* atualizando seus fins potenciais, enquanto a construção da casa toma o artesão como *dýnamis* que só atualiza a forma na matéria porque é puxada ou empurrada pela força da carência. Todavia, uma semelhança profunda as aproxima: a *phýsis* também é movida pela carência e pela finalidade externa transcendente, que a comanda. Ver J. P. Vernant, op. cit.

10. Ali, Espinosa explica que, vendo que as coisas são úteis para eles e vendo que as acharam assim sem que as tivessem disposto dessa maneira, os homens imaginaram, primeiro, que elas existem para eles e, a seguir, que foram assim dispostas por alguém superior a eles, concluindo que há "alguns dirigentes da Natureza, dotados como os homens de liberdade" que cuidaram para que tudo servisse à utilidade humana. Tudo o que existe, existe para os homens — a Natureza opera tendo-os como finalidade e esta foi escolhida pela vontade dos regentes. Dessa crença, passaram a uma outra: a de que os regentes da Natureza ou deuses exigem cultos em agradecimento pelos dons recebidos e ordenam aos homens obediência irrestrita, se quiserem fruir novos bens. Tudo o que os homens possuem depende de que se submetam aos fins divinos. Esse duplo preconceito finalista, prossegue Espinosa, lançou raízes profundas na mente humana e levou os homens a se aplicar para compreender as causas finais de todas as coisas, tanto as naturais como as divinas, e assim procedendo "não deram a ver senão que a natureza e os deuses deliram tal qual os homens".

11. Para a análise desse conjunto de proposição da Parte I, ver M. Chaui, *A nervura do real*, v. I, capítulo 6, op. cit.

12. Para a dedução dos universais pela imaginação, ver Parte II, capítulo 3. Para a análise dos transcendentais e sua crítica nos *Pensamentos metafísicos*, ver M. Chaui, *A nervura do real*, v. I, capítulo 4, op. cit.

13. Para a análise das proposições referentes à duração, ver capítulo 3.

14. Por isso discordamos de Bernard Rousset, que os considera *entis imaginationis*. Bernard Rousset, "La recta ratio", *Criticiste et spinoziste? Colloque de Jérusalém. Hommagen en l'honneur de Bernard Rousset*. Paris: Pups, 1999.

15. Aqui novamente nos distanciamos de Bernard Rousset, que considera o *exemplar humanae naturae* do Prefácio uma noção comum abstrata ou imaginativa (utópica ou ideal, diz o autor) que será corrigida pela reta razão com a definição do bem e do que é comum ou específico às leis referentes aos homens. Por julgá-la uma imagem, Rousset considera que ela não aparece no decorrer das deduções da Parte IV. Consideramos que, pelo contrário, ela é, desde o Prefácio, uma ideia adequada da razão, uma noção comum referida às propriedades gerais e leis gerais das partes humanas da natureza. Consideramos também que, em lugar de ser substituída pelos *dicatmina rationis* da *recta ratio*, ela é exatamente esses preceitos racionais, pois, como veremos, os ditames da razão simplesmente afirmam como virtude as leis universais do *conatus* humano; além disso, como também veremos, ela é condição para que se compreenda o surgimento da *convenientia* entre os humanos, isto é, o fundamento ontológico da sociabilidade. Ver B. Rousset, "La recta ratio", op. cit.

16. Ver capítulo 3.

17. No *Breve tratado*, I, 6 §§2-4, Espinosa apresenta o contingente como o que tanto pode ser como não ser, aquilo sobre o que se pode perguntar por que ele é ou não é, pois não tem uma causa certa e determinada. E Espinosa demonstra que em qualquer dessas acepções, o contingente é absurdo. No *Tratado da emenda do intelecto*, §§52-3, quando da análise da ideia fictícia, Espinosa introduz a distinção entre impossível (aquilo cuja natureza implica contradição em afirmar sua existência), necessário (aquilo cuja natureza implica contradição em afirmar que não existe) e possível (aquilo cuja natureza não implica contradição em afirmar que existe ou que não existe porque sua necessidade ou impossibilidade dependem do conhecimento de causas que ignoramos). Na Parte I da *Ética*, no escólio da proposição 33, Espinosa distingue entre o necessário (por essência ou pela causa), o impossível (quando a definição da essência envolve contradição ou quando não há qualquer causa externa que produza a coisa), o contingente ou possível (aquilo cuja causa se ignora ou aquilo de que se ignora se sua essência envolve ou não contradição). Como se observa, na Parte I, possível e contingente não são diferenciados, mas sua diferença é o objeto das definições da Parte IV.

18. Sobre o tempo como imagem, ver capítulo 3.

19. Essa concepção será retomada por Husserl quando propuser o sistema de retenções e protensões na consciência do tempo e será reexaminado por Merleau-Ponty, que o pensará como duração.

20. Para o emprego de sujeito por Espinosa, ver capítulo 2, nota 75.

21. Ver capítulo 4, nota 36.

22. Bernard Rousset, seguindo comentadores que assinalam a cronologia da redação da *Ética*, julga que uma das dificuldades da Parte IV encontra-se no fato de haver passado pelo menos por duas redações sucessivas (em sua primeira redação, ela se encontrava juntamente com a Parte III e não em separado) e que isso é atestado pelo Prefácio, o Apêndice e alguns escólios, nos quais Espinosa refuta Geulincx com algum apoio dos estoicos e a ajuda de Hobbes (donde a importância de conceitos políticos), mas este último também é criticado no corpo dedutivo da segunda redação do texto. Ver B. Rousset, "Éléments et hypotheses pour une analyse des redactions sucessives de l'*Éthique* IV", *L'immanence et le salut. Regards spinozistes*. Paris: Kimé, 2000.

23. Sobre a prevalência do presente com relação aos outros momentos do tempo como própria da imaginação, ver capítulo 3; e sobre essa mesma prevalência na paixão, ver capítulo 4.

24. No escólio dessa proposição, Espinosa esclarece que,

quando acima, na proposição 18 da Parte III, disse que, a partir da imagem de uma coisa futura ou passada, somos afetados pelo mesmo afeto que teríamos se a coisa que imaginamos estivesse presente, adverti expressamente que isso é verdadeiro enquanto prestamos atenção só à imagem da própria coisa; com efeito, ela é de mesma natureza quer tenhamos imaginado as coisas como presentes, quer não; mas não neguei que ela se torna mais fraca quando contemplamos outras coisas presentes que excluem a existência presente da coisa futura; o que não cuidei de advertir naquela proposição porque havia decidido tratar das forças dos afetos nesta Parte.

25. Compreende-se por que o lema ético dos estoicos era conferir à razão e à vontade o poder para desejar não desejar, buscar a *apatheia* para alcançar a *ataraxia*. Mas nisso vemos, exatamente, a ruptura espinosana, pois *somos* desejo.

26. Lembremos que, no início da dedução dos afetos, na Parte III, ao introduzir a simultaneidade corporal e mental da alegria ou da tristeza, Espinosa explicara que o que chamamos de carícia e dor, no corpo, chamamos de hilaridade e melancolia, na mente. É o que agora, ao designar a alegria como o bom e a tristeza como o mau, ele chama de distinção pelo conceito.

27. A situação, aqui, é semelhante à do *De emendatione*: depois de afirmar que o método não é um conjunto de regras (pois estas suporiam um método anterior que as formulou), mas o exercício do intelecto de acordo com sua natureza e propriedades, Espinosa explicita as condições em que esse exercício se realiza: opera com definições de essências particulares apresentando sua gênese; distingue entre o que é do intelecto e o que é das coisas etc. As regras do método simplesmente explicitam o intelecto para si próprio. O mesmo cabe entender dos preceitos da razão como explicitação das condições do exercício da potência de autocontrole intelectual e afetivo que ela exerce a partir de si mesma.

28. Voltaremos ao suicídio quando, adiante, Espinosa tratar especificamente dele.

29. Essa ideia encontra-se na abertura do *Tratado político*, capítulo 2, §16, quando Espinosa trata da origem da vida civil e do poder político.

30. Compreende-se o entusiasmo de Nietzsche ao ler Espinosa.

31. Essa lei natural é apresentada no capítulo 16 do *TTP*, foi mencionada na Parte III, como vimos, e será demonstrada na proposição 65 da *Ética* IV.

32. Ver capítulo 4.

33. Uma análise semelhante foi feita por Ludwvig Binswanger em *Le rêve et l'existence*. Paris: Desclé de Bower, 1954.

34. Vicente de Carvalho, "Velho tema I".

35. Ver capítulo 1.

36. Ver capítulo 2.

37. Para a correspondência entre Espinosa e Blijenberg, ver capítulo 6. Ver também M. Chaui, *A nervura do real*, v. I, Parte I, capítulo 1, op. cit.

38. É este o sentido do famoso dito na Carta 40 a Jarig Jelles, *omnis determinatio negatio est*, que Hegel e Marx celebram, lamentando, porém, que Espinosa tenha permanecido apenas na negação externa ou indeterminada.

39. Estas ideias estão reunidas no capítulo 9:

Não há nada que possa convir mais com a natureza de alguma coisa do que os outros indivíduos da mesma espécie; e por isso (pelo capítulo 7) nada é dado de mais útil ao homem, para que conserve seu ser e frua da vida racional, do que o homem conduzido pela razão. Além disso, já que não encontramos nada, entre as coisas singulares, de mais excelente que o homem conduzido pela razão, por conseguinte, em coisa alguma pode alguém mostrar mais sua destreza no engenho e na arte do que em educar os homens para que vivam por fim sob o império próprio da razão.

40. Ver R. Tosi, *Dicionário de sentenças latinas e gregas*. São Paulo: Martins Fontes, 2000, p. 586.
41. Ibid.
42. Na abertura do *TP*, I, §1, Espinosa escreve:

Os filósofos concebem os afetos com que nos batemos como vícios em que os homens caem por culpa própria. Por esse motivo, costumam rir-se deles, lamentá-los, maltratá-los e (quando querem parecer os mais santos) detestá-los. Acreditam, assim, fazer coisa divina e alcançar o cume da sabedoria, ao louvar de muitas maneiras uma natureza humana que em lugar nenhum existe e fustigar com suas sentenças aquela que deveras existe. Com efeito, concebem os homens não como são, mas como gostariam que eles fossem. Donde aconteceu que, as mais das vezes, quase todos tenham escrito sátira em vez de ética, e nunca tenham concebido uma política que possa ser posta em uso, mas sim quimera e que só poderia ser instituída no País da Utopia ou na Idade de Ouro dos poetas, isto é, quando, sem dúvida, não havia qualquer precisão dela.

TP, I, §1, G III, p. 273; trad. de Pires Aurélio, p. 73.
43. Essas palavras são um eco daquelas proferidas no *Teológico-político*:

Ora, tanto a razão como a experiência ensinam que não há meio mais seguro para atingir tais fins [viver em segurança] do que fundar uma sociedade com leis fixas, ocupar uma determinada região do mundo e congregar as forças de todos para formar um só corpo, o corpo da sociedade.

TTP, 3, G III, p. 47; trad. de Pires Aurélio, p. 154.
44. Basta lermos os primeiros capítulos do *TP* e os capítulos 16 e 18 do *TTP* para que isso seja comprovado.
45. No capítulo 3 sublinhamos que uma das peculiaridades da filosofia espinosana está em considerar imaginação e razão estruturas cognitivas independentes, e não graus sucessivos de conhecimento, de tal maneira que podemos, ao mesmo tempo, imaginar certas coisas e compreender outras, exercitando simultaneamente os dois gêneros de conhecimento. Por isso somos naturalmente passionais e racionais.
46. Espinosa, depois de conservar a definição do homem como animal social (versão medieval do *zoon politikon* aristotélico), conserva também a ideia aristotélica da *philía* como fundamento de uma sociabilidade virtuosa. Na *Ética a Nicômaco*, Aristóteles escreve:

A amizade perfeita é aquela entre os virtuosos que são semelhantes na virtude, pois tais amigos desejam-se reciprocamente o bem enquanto são bons e são bons por si mesmos. Porém, os que desejam o bem a seus amigos por amor a eles são os amigos por excelência, […], sua amizade persiste enquanto forem bons, e a virtude é uma disposição estável. Cada um é bom, simultaneamente, de modo absoluto e para seu amigo, pois os bons são, ao mesmo tempo, absolutamente bons em si mesmos e úteis uns aos outros […]. São agradáveis uns aos outros, porque cada um encontra prazer nas ações que exprimem seu caráter e nas que são de mesma natureza que ele [...]. Toda amizade, com efeito, tem como fonte o bem ou o prazer, seja em sentido absoluto, seja para aquele que ama, isto é, em razão da semelhança. *Ética a Nicômaco*, VIII, 1155 b 30.

47. O final do primeiro escólio é concluído com uma passagem surpreendente:

[...] donde transparece que aquela lei de não sacrificar os animais está mais fundada em vã superstição e comiseração feminina do que na sã razão. Certamente o princípio de buscar o nosso útil ensina a necessidade de nos unirmos aos homens, e não aos animais ou às coisas cuja natureza é diversa da natureza humana. Por outro lado, temos sobre elas o mesmo direito que elas têm sobre nós. E mais ainda, como o direito de cada um é definido pela sua virtude ou potência, os homens têm muito maior direito sobre os animais do que estes sobre os homens. Não nego que os animais sintam, mas nego que por causa disso não seja lícito cuidar de nossa utilidade e usar deles ao nosso gosto, tratando-os conforme mais nos convenha, visto que não convêm conosco em natureza e seus afetos são por natureza diversos dos afetos humanos.

O nosso leitor contemporâneo — feminista, ecologista, protetor dos animais, pai ou mãe adotivos de bichinhos de estimação — há de ficar estarrecido! Mas, ao que tudo indica, Espinosa o consideraria movido por "vã superstição". Na verdade, só compreenderemos o sentido dessa passagem se acompanharmos a sequência do segundo escólio da proposição 37. Ver também capítulo 26:

Além dos homens não conhecemos nada de singular na natureza cuja mente possa nos regozijar e a que possamos nos unir por amizade ou algum outro gênero de vínculo. E, por isso, a regra da nossa utilidade não postula que conservemos, afora os homens, o que quer que seja dado na natureza das coisas, mas, conforme suas várias utilizações, nos ensina a conservá-lo, destruí-lo ou, de uma maneira qualquer, adaptá-lo para o nosso uso.

48. *Tratado teológico-político*, capítulo XVI, G III, pp. 189-90; trad. de Pires Aurélio, pp. 308-9. Grifos meus.

49. Trata-se de renunciar ao desejo de causar dano a outrem, mas não de renunciar ao direito natural enquanto tal, pois ele é o próprio *conatus* e a ele ninguém pode renunciar, como é explicitamente estabelecido no *TTP* e no *TP*. Esta, como sabemos, é das teses principais do pensamento político de Espinosa que o distanciam de Hobbes e o levam a afirmar que a democracia é o mais natural dos regimes políticos como concreção da natureza de cada um e de todos, isto é, do desejo de governar e não ser governado.

50. O ato de instituir como mutação já é indicado por Espinosa na abertura do *TIE*, quando o meditante narra sua decisão de seriamente aplicar-se na busca de *rei alii novae* depois de ter dado tratos ao ânimo "para ver se seria possível chegar *ad novum institum* sem mudar a ordem da *commune vitae meae*", descobrindo ser isso impossível sem uma mutação na relação com o que a experiência comum julga ser o bem, compreendendo, portanto, a exigência de que é necessário empreender um *novo alicui institum*.

51. Diferentemente de Hobbes, Espinosa recusa a desaparição do direito natural com a instituição do direito civil, pois a identidade entre direito natural e *conatus* impede a desaparição do primeiro. O direito civil é definido como direito natural da *multitudo* ou o sujeito político, e o direito natural individual permanece como guardião e medida do direito civil e também como ameaça a este último. A esse respeito, ver M. Chaui, "A instituição do campo político", em *Política em Espinosa*, op. cit. A continuação do direito natural da multitudo no direito civil é o que leva Negri a

afirmar que a política espinosana pensa o poder político como poder constituinte, e não como instituinte. Nossa análise toma um rumo diverso deste porque acentuamos a ideia de mutação, e não apenas a de passagem.

52. Mas o escólio da proposição 39 não se interrompe aí. Uma vez que a morte é a mudança completa da proporção entre os constituintes do corpo, Espinosa explica que a morte não se reduz à transformação do corpo em cadáver, mas deve também ser entendida como a mudança da proporção entre seus constituintes, mesmo quando não se torna um cadáver:

> Pois não ouso negar que o corpo humano, mantidas a circulação do sangue e outras coisas pelas quais se estima que o corpo vive, contudo possa mudar para uma natureza de todo diversa da sua. De fato, nenhuma razão me obriga a sustentar que o corpo não morre senão transformado em cadáver; e mais, a própria experiência parece persuadir-me do contrário.

Tanto a razão quanto a experiência obrigam, por mais paradoxal que isto possa parecer, que se compreenda a morte não apenas como inércia e desproporção cadavérica, mas como mutação, isto é, uma outra vida pela aquisição de uma outra forma corporal, como é o caso, por exemplo, daqueles em quem uma doença produz amnésia total:

> Com efeito, às vezes ocorre a um homem padecer tais mutações, que não é fácil dizer que continue o mesmo, como ouvi contar sobre um poeta espanhol que fora tomado pela doença e, embora se tenha curado, ficou porém tão esquecido de sua vida passada que não acreditava serem suas as fábulas e tragédias que escrevera, e certamente poderia ser tomado por um bebê adulto se também tivesse esquecido a língua vernácula.

Da mesma maneira, a passagem do bebê à forma adulta é uma mudança na proporção de movimento e repouso de nosso corpo com o aumento de sua complexidade anatômica e fisiológica, de tal maneira que "um homem de idade avançada crê que a natureza deles é tão diversa da sua, que não poderia persuadir-se de ter sido um dia bebê se não conjecturasse sobre si a partir dos outros". Destaquemos a ideia central das considerações de Espinosa: a morte não é desaparição de um corpo, mas a mudança total de sua forma, de maneira que podemos colocar no mesmo plano o esquecimento de si e a passagem do bebê ao adulto. Voltaremos a essas questões no capítulo 6.

53. Essas palavras ecoam na abertura do *Tratado político*:

> Os filósofos concebem os afetos com que nos batemos como vícios em que os homens caem por culpa própria. Por esse motivo, costumam rir-se deles, lamentá-los, maltratá-los e (quando querem parecer os mais santos) detestá-los. Acreditam, assim, fazer coisa divina e alcançar o cume da sabedoria, ao louvar de muitas maneiras uma natureza humana que em lugar nenhum existe e fustigar com suas sentenças aquela que deveras existe. Com efeito, concebem os homens não como são, mas como gostariam que fossem. Donde aconteceu que, as mais das vezes, quase todos tenham escrito sátira em vez de ética, e nunca tenham concebido uma política que possa ser posta em uso, mas sim quimera e que só poderia ser instituída no País da Utopia ou na Idade de Ouro dos poetas, isto é, quando, sem dúvida, não havia qualquer precisão dela.

TP I, §1, G III, p. 273; trad. de Pires Aurélio, p. 73.

54. Espinosa parece seguir a distinção feita por Cícero nas *Tusculanas*: "A estultícia é ausência de constância do ânimo" (III, V, 11) e "Insano é aquele que, empurrado por um impulso desenfreado, perde o poder sobre si" (Ibid.).

55. *Acquiescentia* deriva de *quies*, repouso, quietude; eticamente significa serenidade, tranquilidade do ânimo e exprime a *fortitudo*, tanto como firmeza (na relação consigo mesmo) quanto generosidade (na relação com o outro).

56. Para a análise dessas proposições, ver capítulo 2.

57. TTP, Prefácio, G III, pp. 5-6; trad. de Pires Aurélio, pp. 111-2.

58. Cícero *Tusculanas*, I, XXX, 74. *Cum grano salis*, Montaigne retoma essa ideia no ensaio XX, livro I dos *Ensaios* — "Que filosofar é aprender a morrer" — e criticamente no ensaio XIII, livro III — "Da fisionomia". Silvain Zac, lembrando do elogio a Salomão feito no *Teológico-político*, aproxima Espinosa do que é dito em Provérbios, 13,14: "O ensinamento do sábio é fonte de vida para evitar as armadilhas da morte". S. Zac, *L'idée de vie dans la philosophie de Spinoza*. Paris: Presses Universitaires de France, 1963, p. 176.

59. Platão, *Fedon*, 67 d, e.

60. Lucrécio, *Da natureza das coisas*, canto VI, 35.

61. Ibid., canto III, 80. Silvain Zac, op. cit.

62. Para análise do escólio dessa proposição, ver no final do capítulo a nota complementar.

63. Reencontramos aqui o mesmo apreço pela amizade manifestado na *Ética a Nicômaco*, no *Lélio*, de Cícero, e no *Da amizade*, de Montaigne. Mais do que isso, no escólio dessa proposição as palavras de Espinosa ecoam as de La Boétie no *Discurso da servidão voluntária*. Ver nota 64.

64. Nome sagrado, coisa santa, escreve La Boétie, a amizade

nunca se entrega senão entre pessoas de bem e só se prende pela mútua estima; mantém-se não tanto pelos favores mas pela vida boa; o que torna um amigo seguro do outro é o conhecimento que tem de sua integridade; as garantias que tem são seu bom natural, a fidelidade e a constância. Não pode haver amizade onde há crueldade, onde há deslealdade, onde há injustiça; e entre os bandidos, quando se juntam, há conspiração, e não companhia; eles não se entreamam, mas se entretemem; não são amigos, são cúmplices.

Discurso da servidão voluntária. São Paulo: Brasiliense, 1981, p. 37.

6. A NERVURA DO REAL: A VIDA LIVRE [pp. 486-604]

1. Carta 12, de Espinosa a Meijer, ou *Carta sobre o infinito*.

2. Carta 42, de Lambert Velthuysen a Osten, Ep 42, G IV, p. 208.

3. Ibid. Velthuysen escreverá um tratado contra o *TTP*, intitulado *Tractatus de cultu naturali et origine moralitatis oppositus Tractaus theologico-politicus*, publicado em 1680.

4. Carta 43, de Espinosa a Osten, Ep 43, G IV, p. 221.

5. Ibid., p. 222.

6. Leibniz, Carta ao Landgrave de Hessen-Rheinfels, 14 ago. 1683, n. 241. *Philosophischer Briefweshel*, I, Darmstadt, 1926, p. 535. Para a análise do fatalismo e ateísmo de Espinosa, ver M. Chaui, *A nervura do real*, v. I, parte I, capítulos 1-2, op. cit.

7. Para a análise da correspondência entre Espinosa e Blijenberg, ver M. Chaui, *A nervura do real*, v. I, capítulo I, op. cit.

8. Carta 19, de Espinosa a Blijenberg, Ep 19, G IV, p. 93.

9. Ibid.

10. Ibid., p. 94.
11. Ibid.
12. Carta 20, de Blijenberg a Espinosa, Ep 20, G IV, p. 96.
13. Calvino, *A instituição da religião cristã*, I, 7, 5.
14. Carta 20, de Blijenberg a Espinosa, Ep 20, G IV, p. 108.
15. Carta 21, de Espinosa a Blijenberg, Ep 21, G IV, p. 126.
16. Ibid., p. 131.
17. Carta 22, de Blijenberg a Espinosa, Ep 22, G I, p. 135.
18. Nas *Categorias*, na *Física* e no livro K da *Metafísica*, Aristóteles concebe o necessário como aquilo que não depende de uma decisão voluntária, mas decorre da própria *phýsis*; em contrapartida, o possível é aquilo que depende de uma decisão voluntária ou de uma escolha entre alternativas contrárias, feita em vista de um fim visado pela vontade do agente; o contingente, por sua vez, é o que não depende nem da *phýsis* nem da vontade, mas acontece quando do encontro inesperado ou fortuito de duas séries causais independentes, cada qual dotada de seu próprio sentido e fim.
19. Para a demonstração de que Deus é causa livre e que intelecto e vontade não constituem sua essência, ver M. Chaui, *A nervura do real*, v. I, capítulo 6, op. cit.
20. Os estoicos, na medida em que propõem uma filosofia da necessidade, reformulam a pergunta, cuja forma canônica encontra-se em Epicteto: "O que depende de nós?".
21. KV II, capítulo 26, §9, G I, p. 102; trad. brasileira, p. 152.
22. A carta foi enviada e assinada por Schüller, colega de universidade de Tschirnhaus, que se colocou como intermediário entre Espinosa e o colega, que ainda não conhecia o filósofo. Por esse motivo, Espinosa se dirige a Schüller referindo-se a Tschirnhaus como "teu amigo".
23. Carta 57, de Schüller (Tschirnhaus) a Espinosa, Ep 57, G IV, p. 263.
24. É interessante observar que essa consideração de Tschirnhaus lembra tanto aquela feita por Descartes à princesa Elizabeth como a de Hobbes no capítulo 21 da Parte I do *Leviatã*. À princesa, que indaga sobre a universalidade do livre-arbítrio, Descartes escreve:

> Como, quando falei de uma beatitude que depende inteiramente de nosso livre-arbítrio e que todos homens podem adquirir sem nenhuma assistência de alhures, V. A. observou muito bem que há moléstias que, tirando o poder de raciocinar, tiram também o de gozar de uma satisfação de espírito racional; e isto me informa que aquilo que disse em geral de todos os homens só deve ser entendido quanto aos que possuem o livre uso de sua razão e com isso que sabem o caminho que é preciso trilhar para chegar a esta beatitude.

Descartes, Carta a Elizabeth, 1 set. 1645, *Descartes. Obra escolhida*, trad. de Bento Prado Jr. e Gerard Lebrun. São Paulo: Difel, 1962, p. 423.

Por sua vez, na abertura do capítulo 21 da Parte I do *Leviatã*, Hobbes escreve:

> Liberdade significa, em sentido próprio, a ausência de oposição (entendendo por oposição os impedimentos externos do movimento); e não se aplica menos às criaturas irracionais e inanimadas do que às racionais. Porque tudo o que estiver amarrado ou envolvido de modo a não poder mover-se senão dentro de um certo espaço, sendo este espaço determinado pela oposição de algum corpo externo, dizemos que não tem liberdade de ir mais além. E o mesmo se passa com todas as criaturas vivas, quando se encontram presas ou limitadas por paredes ou cadeias; e também as águas, quando são contidas por dique ou canais [...]. Mas quan-

do o que impede o movimento faz parte da constituição da própria coisa não costumamos dizer que ela não tem liberdade, mas que lhe falta o poder de se mover; como quando uma pedra está parada, ou um homem se encontra amarrado ao leito pela doença.

Hobbes, *Leviatã*, Parte I, capítulo 21. São Paulo: Abril Cultural, 1974, p. 133 (Coleção Os Pensadores).

25. Carta 57, de Schüller (Tschirnhaus) a Espinosa, Ep 57, G IV, p. 263.

26. Arnold Geulincx, *Ética*, trad., intr. e notas de Ítalo Mancini. Bolonha: Zanichelli, 1965, I, III, pp. 189 e 198. Vale a pena observar a introdução do caso do navio, pois este aparece quando Aristóteles pretende ilustrar a contingência como encontro de duas causalidades que produzem um fim que não estava previsto: um navio dirigia-se a Atenas; uma tempestade o conduziu a Atenas. No caso de Geulincx, a contingência é a insondável vontade de Deus, fatalidade irrevogável, expressão empregada por Descartes no *Tratado das paixões da alma* quando se refere à Providência divina. Bernard Rousset considera que a Parte IV da *Ética* é a resposta crítica de Espinosa a Geulincx. B. Rousset, "Éléments et hypothèses pour une analyse des redactions successives de l'*Ethique* IV", *L'immanence et le salut. Regards spinozistes*. Paris: Kimé, 2000.

27. Ver Descartes, *Traité des passions de l'âme*, artigos 144-6.

28. Ibid.

29. René Descartes, *Traité des passions de l'âme*, artigo 152, AT XI, p. 445; Difel, pp. 326-7.

30. Para essa distinção ver capítulo 3. Ver também M. Chaui, "Linguagem e liberdade. O contradiscurso de Baruch Espinosa", *Da realidade sem mistérios ao mistério do mundo*. São Paulo: Brasiliense, 1981.

31. Carta 58, de Espinosa a Tschirnhaus, Ep 58, G IV, p. 265.

32. Ibid., G IV, p. 265.

33. Ibid.

34. Ibid., p. 266.

35. Essa expressão (embora não literalmente, mas com esse sentido) aparece em Plotino no tratado 39, *Enéada* VI, 8. Todavia, ali o sentido de uma liberdade necessária ou de uma necessidade livre articula-se à afirmação plotiniana de que o Primeiro-Uno está além do ser e da essência e que tudo quanto digamos dele é incapaz de exprimi-lo. Ao contrário, Espinosa emprega o conceito de necessidade livre ou de liberdade necessária para referir-se a uma propriedade intrínseca do ser absolutamente infinito cuja essência podemos conhecer perfeitamente. Ver M. Chaui, *A nervura do real*, v. I, Parte III, capítulo 6, op. cit.

36. É significativa, por exemplo, a solução agostiniana: nossa vontade é uma causa criada por Deus para agir livremente e por isso, ainda que a ciência de Deus saiba qual será nossa ação, tal ciência não é causa de nosso agir porque a causa dele é nossa vontade.

37. Quando lemos essa primeira troca epistolar entre Espinosa e Tschirnhaus somos levados a supor que, na verdade, o longo escólio da proposição 2 da Parte III da *Ética* foi suscitado por essas cartas. Para a análise do escólio da proposição 2 da *Ética* III, ver capítulo 4.

38. Espinosa, Carta 58, G IV, p. 266.

39. Agostinho, *De libero arbitrio*, III, 1; *On free choice of the will*, ed. bilíngue, Cambridge, 1993, p. 71.

40. Ibid., p. 72.

41. Que são os mesmos exemplos (com exceção da pedra) empregados no escólio da proposição 2 da *Ética* III, como vimos.

42. Carta 58, de Espinosa a Schüller (Tschirnhaus), Ep 58, G IV, p. 266. A argumentação é a mesma do escólio da proposição 2 da *Ética* III. Ver capítulo 4 para análise desse escólio.

43. Ver Descartes, *Traité des passions de l'âme*, artigo 211, AT XI, p. 85; Difel, pp. 402-4.

44. Carta 58, de Espinosa a Schüller (Tschirnhaus), Ep 58, G IV, p. 267.

45. Será preciso aguardar Freud para avaliarmos a dimensão da novidade trazida por Espinosa, novidade que prossegue no restante da carta.

46. Ibid.

47. No início de sua carta, Tschirnhaus fizera breve menção a isto quando afirmara a identidade da experiência de homens despertos, adormecidos ou loucos quando afirmam a verdade do que percebem.

48. Ver M. Foucault, "Ce papier, ce feu. Reponse à Derrida", pósfácio a *Histoire de la folie à l'âge classique*. Paris: Gallimard, 1974; "Resposta a Derrida", em J. Derrida e M. Foucault, *Três tempos sobre a história da loucura*. Rio de Janeiro: Relume Dumará, 2001.

49. Como se sabe, somente no final da Sexta Meditação, depois de provada a existência do mundo exterior e a união da alma e do corpo, Descartes provará a diferença entre sonho e vigília, considerando a dúvida sobre essa diferença (na Primeira Meditação) e as demais dúvidas "hiperbólicas e ridículas". No sonho, explica o filósofo, a memória jamais pode juntar nossos sonhos uns com os outros e com a sequência de nossa vida, o que, pelo contrário, caracteriza nossa vida desperta. O sonho é fragmentado e disperso, nele seres aparecem e desaparecem subitamente, são "um fantasma ou um espectro formado por meu cérebro". A vigília é contínua, articulada, dotada de sentido. E dela não se pode duvidar, pois Deus não é enganador, e devemos aceitar tudo quanto nossos sentidos, memória e entendimento examinam sem se opor uns aos outros.

50. Como vimos, no escólio da proposição 2 da Parte III, Espinosa faz a mesma indagação: "Por conseguinte, eu bem gostaria de saber: há na mente dois gêneros de decretos, os fantasiosos e os livres?".

51. Carta 58, de Espinosa a Schüller (Tschirnhaus), Ep 58, G IV, p. 267.

52. Ibid., p. 268.

53. Para a análise desses dois capítulos dos *Pensamentos metafísicos*, ver M. Chaui, *A nervura do real*, v. I, capítulos 3-4, op. cit.

54. Geulincx, *Metaphysica Vera*, III, livro II, seção 7, pp. 193-4, op. cit.

55. Ibid.

56. Ibid., livro IV, pp. 294-5.

57. Como os *Pensamentos metafísicos* são um comentário crítico da tradição teológico-metafísica, Espinosa conserva os vocábulos desta tradição. Na *Ética*, porém, isso desaparece e, na Parte I, demonstra que intelecto e vontade não constituem a essência de Deus, intelecto e vontade sendo modos infinitos do atributo Pensamento, efeitos naturados da potência divina. A esse respeito, ver M. Chaui, *A nervura do real*, v. I, capítulo 6, op. cit.

58. Espinosa, *Pensamentos metafísicos*, CM II, 8, G I, p. 265.

59. Ibid.

60. Temas que, como vimos, são tratados no Prefácio da *Ética* IV.

61. Espinosa, Carta 58, Ep 58, G IV, p. 268.

62. Ver no final deste capítulo a nota complementar n. 7 — Tudo é congruente.

63. Para a articulação entre lógica, retórica e medicina na filosofia moral, ver M. Chaui, "Laços do desejo", em *Desejo, paixão e ação na ética de Espinosa*. São Paulo: Companhia das Letras, 2011.

64. Que fora o escopo do *Tratado da emenda do intelecto* e também se encontra no último escólio da *Ética* II.

65. René Descartes, *Traité des passions de l'âme*, artigo 50, AT XI, p. 370; Difel, p. 326.

66. No artigo 50, onde também toma um cão de caça como exemplo, Descartes escreve:

[...] embora cada movimento da glândula pareça ter sido unido pela natureza a cada um de nossos pensamentos desde o começo de nossa vida, é possível todavia juntá-los a outros por hábito [...] embora os movimentos, tanto da glândula como dos espíritos animais e do cérebro, que representam à alma certos objetos, sejam naturalmente unidos aos que provocaram nela certas paixões, podem todavia por hábito ser separadas destes e unidos a outros muito diferentes, e, mesmo, que esse hábito pode ser adquirido por uma única ação e não requer longa prática.

AT IX, p. 368; Difel, p. 325.

67. Descartes, *Traité des passions de l'âme*, artigo 50, AT XI, p. 370; Difel, p. 326.

68. Descartes, *Traité des passions de l'âme*, artigo 1, AT XI, p. 327; Difel, p. 295.

69. Vale a pena mencionar um comentário de Canguilhem que se aproxima dessa observação de Espinosa. Comentando o lugar conferido a Deus na metafísica que sustenta a fisiologia geométrica de Descartes, Canguilhem escreve:

A glândula pineal se torna, em razão de sua singularidade morfológica, o lugar da ligação alma-corpo [...]. É a totalidade da alma que está unida a uma parte singular, na qual se reúne, como que por projeção de todos os pontos do corpo sobre um de seus componentes quase pontual, a totalidade do organismo. E, assim como um ponto de projeção geométrico é idêntico para todo ponto tomado sobre a vertical que corta nesse ponto o plano de projeção, assim também a impressão que a alma experimenta, por intermédio de uma modificação da glândula, não contém nela mesma a indicação da distância da emissão da mensagem sensorial dada. [...] Descartes explica que a sensação não contém signo local e pode, quanto às causas e o conjunto de efeitos, se enganar quanto à localização delas e a eficácia deles. [...] É em razão do caráter geométrico de sua neurologia que Descartes dá a Deus artesão a invenção de uma engenhosa solução técnica para o problema da ligação alma-corpo. É, porém, a metafísica cartesiana, isto é, a concepção cartesiana do Deus Criador que garante, ao mesmo tempo, a realidade e o valor dessa solução técnica.

G. Canguilhem, "Organisme et modèles mécaniques. Réflexions sur la biologie cartésienne (I)", *Revue Philosophique*, jul.-set. 1955, pp. 296-7.

70. Descartes, *Traité des passions de l'âme*, artigo 50, AT XI, p. 370; Difel, p. 326.

71. Para a análise do hábito em Espinosa, ver L. Bove, *La stratégie du conatus*. Paris: Vrin, 1996.

72. Descartes, *Traité des passions de l'âme*, artigos 144-6, AT XI, pp. 436-40; Difel, pp. 370-3.

73. Ver Lívio Teixeira, *A moral de Descartes*, Boletim da Faculdade de Filosofia, Ciências e Letras da Universidade de São Paulo, 1954; São Paulo: Brasiliense, 1990.

74. Para o significado de *subjectum*, ver capítulo 2, nota 73.

75. A esse respeito, ver M. Chaui, *A nervura do real*, v. I, capítulo 6, op. cit.

76. Ver capítulos 4-5.

77. Como, mais tarde, também explicará a psicanálise.

78. Essa mudança já havia sido anunciada na Parte IV quando da demonstração de que tudo quanto desejamos passivamente podemos desejar ativamente.

79. Essa proposição parece trazer um problema. Na medida em que a proposição 14 já se referiu à imanência de todas as coisas a Deus, não se poderia compreender o amor a Deus quando se leva em conta a definição do amor como alegria conjuntamente à ideia de uma causa externa, pois, como considerar Deus uma causa externa? Pierre Macherey procura resolver a dificuldade afirmando que estamos no decorrer de um processo ou de uma tendência à liberação que ainda não se completou, e como Espinosa está se referindo às imagens e afecções do corpo, oferece a maneira como a mente, através da imaginação, chega a Deus e por isso este pode aparecer como uma causa externa. Ver P. Macherey, *Introduction à l'Ethique de Spinoza. La cinquième partie. Les voies de la libération*. Paris: Presses Universitaires de France, 1994, pp. 89-90. Discordamos dessa interpretação porque contraria a letra do texto. De fato, Espinosa demonstrou em V P14 que a mente refere todas as afecções do corpo à ideia de Deus, e não há como supor que isso seja realizado pela imaginação; além disso, o texto de V P15 usa o verbo *intelligere*, de maneira que não há como referir o amor a Deus à imaginação. Tanto é assim que as proposições seguintes se encarregam de distinguir entre esse amor e um amor imaginário a Deus. Consideramos que essa primeira forma do amor a Deus nasce do segundo gênero de conhecimento, não sendo, portanto, efeito da imaginação nem, como será o caso do amor intelectual a Deus, efeito da intuição.

80. Para as discussões de Espinosa com Oldenburg, ver M. Chaui, *A nervura do real*, v. I, capítulo 1, op. cit.

81. TTP, 3, "Da vocação dos hebreus", G III, p. 44; trad. de Pires Aurélio, pp. 166-7.

82. Os únicos casos em que um gênero de conhecimento exclui completamente a operação simultânea de um outro são: 1) na paixão, quando não pode haver conhecimento intuitivo; todavia, mesmo aqui pode haver presença de conhecimento racional, como no caso do desejo ativo que é suplantado pela força de desejos passivos (como demonstrado na Parte IV) ou como no caso do conhecimento verdadeiro da dimensão do Sol e de sua distância da Terra com a presença de suas imagens; e 2) no conhecimento da essência da mente e do corpo *sub specie aeternitatis* não pode haver conhecimento imaginativo, embora nosso corpo continue produzindo imagens, mesmo porque o conhecimento *sub specie aeternitatis* não exige que estejamos mortos de corpo e imortais de alma. A razão pode operar com a imaginação, regulando e ordenando as imagens; o conhecimento intuitivo parte do conhecimento racional e não o exclui, não só porque ambos são *sub specie aeternitatis*, mas também porque o conhecimento da essência de uma coisa singular é também conhecimento de todas as propriedades, como o que tem de próprio e o que tem de comum com outras de mesma natureza. Sem isto, a proposição 36 se tornaria incompreensível, quando Espinosa demonstrar que o amor intelectual da mente por Deus é o mesmo com o qual Deus ama os homens e, portanto, a mente ama os homens.

83. O final desse escólio tem levado os intérpretes a dividir a Parte V em duas seções: a primeira, da proposição 1 a 20, referida ao poder da mente sobre os afetos; a segunda, da proposição 21 a 40, referida à duração da mente sem relação com o corpo; essas duas seções são seguidas de uma conclusão nas proposições 41 e 42.

84. Filippo Mignini aproxima o procedimento de Espinosa do de Aristóteles nos capítulos 3 e 4 do livro III do *De anima*, quando toma o intelecto separado das demais faculdades anímicas. F. Mignini, "Sub specie aeternitatis", *Revue Philosophique*, T 184, 1994.

85. No capítulo 3, explicamos por que traduzimos *specie* por perspectiva, observando que

species deriva-se do verbo *specio*, que significa *eu olho, eu observo, eu percebo*, e que na forma *specto* significa examinar reflexivamente, provar, ajuizar, avaliar. *Species*, no latim medieval, traduz o grego *eidos*, a forma, a essência. No latim clássico, significa aspecto, perspectiva, ponto de vista. Sabemos que a perspectiva aérea (ou "artificial") é empregada na pintura renascentista e moderna para exprimir uma visão que abarca uma totalidade em sua simultaneidade, motivo pelo qual os pintores bizantinos, mantendo a perspectiva esférica (ou "natural"), a recusaram como blasfematória, pois essa visão pertenceria exclusivamente a Deus e nunca poderia ser estendida ao olhar humano. A ciência intuitiva espinosana, conhecimento da *unidade de todas as razões ou causas* de uma essência singular, nos permite tomar *specie* como perspectiva ou a apreensão reflexiva da eternidade da mente por ela mesma como sua imanência ao infinito. Não é casual que Espinosa refira essa ciência aos "olhos da mente".

86. Carta 12, de Espinosa a Meijer, Ep 12, G IV, p. 53.

87. Para a análise detalhada das proposições 44 e 45 da Parte II, ver capítulo 2.

88. Conhecer a essência do corpo significa, portanto, conhecê-lo: 1) como modo finito da extensão (*procede* desse atributo); portanto, 2) como expresssão imanente da potência da substância ou como *conatus* (ou o que Espinosa chama de existência verdadeira); e 3) pela física, o conjunto de suas propriedades e operações necessárias.

89. Para as dificuldades e o sentido do conceito espinosano de eternidade, ver H. F. Hallet, *Aeternitas. A spinozistic study*. Oxford: Clarendon, 1930; Martial Guéroult, *Spinoza. L'ame*, op. cit.; Bernard Rousset, *La perspective finale de l'Éthique*, op. cit.; M. Kneale, "Eternity and sempieternity", em M. Greene (Org.), *Spinoza. A collection of critical essays*. Notre Dame: University of Notre Dame Press, 1979; P. Macherey, *Introduction à l'Éthique de Spinoza. La cinquième partie*, op. cit.; P.-F. Moreau, *Spinoza. L'expérience et l'éternité*. Paris: PUF, 1994; Chantal Jaquet, *Sub specie aeternitatis. Étude des concepts de temps, durée et éternité chez Spinoza*. Paris: Kimé, 1997. Ericka Marie Itolazu, *Tempo, duração e eternidade na filosofia de Espinosa*. São Paulo: FFLCH-USP, 2008. Tese (Doutorado em Filosofia).

90. É assim que o povo e o Estado hebraicos, destruídos na duração, permanecem como essências de uma coisa singular quando sua ideia adequada é conhecida. Essa permanência se chama *Tratado teológico-político*. Não fosse o risco de um anacronismo indevido, poderíamos dizer que a existência eterna de uma singularidade no intelecto infinito corresponde ao que, desde o Idealismo Alemão, recebeu o nome de mundo da cultura.

91. Ver nota 85 deste capítulo.

92. Vittorio Morfino, "La scienza delle *connexiones singulares*", op. cit.

93. No *Breve tratado*, Espinosa diz: a mente "vê instantaneamente" a proporção; no *Tratado da emenda do intelecto*, "sem fazer nenhuma operação" (sem cálculos ou referência à regra geral da proporcionalidade); na *Ética*, a mente "por única intuição" vê a proporção. Para as diferenças entre essas três exposições e o sentido da intuição na *Ética* V, ver capítulo 3.

94. Insistimos que se trata do conhecimento de algo singular (uma essência) porque, do contrário, o escólio da proposição 36 da *Ética* V seria incompreensível. Ver adiante análise dessa proposição e de seu escólio.

95. Nas partes III e IV, Espinosa fala em *acquiescentia in se ipso* (contentamento consigo mesmo) e *acquiescentia animi* (contentamento do ânimo) para se referir tanto a uma paixão alegre como a uma ação da mente. Na *Ética* V emprega apenas *acquiescentia mentis* (contentamento da mente) para indicar a plena atividade da mente.

96. Ver capítulo 2.

97. Já observamos, desde o capítulo 2, que *quatenus*, embora tenha sido fixado nas traduções

como "enquanto", não possui sentido temporal, mas equivale a expressões do tipo: "considerado como", "tomado como", "concebido como".

98. Para a análise dos sentidos da *acquiescentia* como *acquiescentia in se ipso* (contentamento consigo mesmo nasce da contemplação da mente como *potentia agendi*), na *Ética* III, e como *acquiescentia animi* ou *acquiescentia mentis* (como contentamento concomitante à ideia de Deus como causa), na *Ética* V, ver Pina Totaro, "*Acquiescentia* dans la cinquième partie de *l'Ethique* de Spinoza", *Revue Philosophique*, 1994, n. 1.

99. Dá-se aqui o mesmo que no *De emendatione* quando Espinosa explica que a mente sente e sabe que está unida ao corpo, porém não sabe o que é essa união.

100. Que se trata de uma atividade cognitiva já é indicado na própria definição da eternidade quando referida à mente, pois se trata daquilo que *segue* da definição da coisa eterna.

101. Que, como já observamos, não deve ser tomado em sentido temporal, mas significando "considerado como", "concebido como".

102. TIE §1, G II, p. 5; trad. de Lívio Teixeira, p. 85.

103. Agradecemos ao colega, o rabino Alexandre Leone, a tradução de *kavod* e a indicação de seu sentido em Êxodo 24,16; Salmos 85,10; Isaías 40,5. Certamente, *kavod* encontra-se entre aqueles conhecimentos sobre Deus que, no *TTP*, Espinosa afirma que alguns hebreus possuíam "como se fosse através da névoa" e que, agora, é diretamente visto pelos olhos da mente.

104. Sobre isto, ver M. Chaui, *A nervura do real*, v. I, capítulo 5, op. cit.

105. KV II, 26, §9, G I, p. 102; trad. brasileira, p. 152.

106. Essa definição poderia ser tomada como o núcleo do que escreve Espinosa no §11 do capítulo II do *Tratado político*: "Chamo totalmente livre ao homem na medida em que ele for conduzido pela razão, visto que assim ele é determinado a agir por causas que só pela sua natureza se podem entender adequadamente, se bem que seja por elas necessariamente determinado a agir. Com efeito, a liberdade não tira, antes põe, a necessidade do agir". G III, p. 274; trad. de Pires Aurélio, p. 85.

107. Como vimos, na Parte IV, a expressão pública da generosidade é a piedade, entendida como virtude que sustenta a *amicitia* ou os laços de sociabilidade.

NOTA COMPLEMENTAR N. 7 — TUDO É CONGRUENTE [pp. 605-7]

1. J. A. Hansen, "A doutrina conceptista do cômico no *Tratto de Ridicoli* de Emanuele Tesauro", em conferência proferida no Departamento de Filosofia, maio 1998.

2. Ibid., p. 3.

3. Ibid., p. 4.

4. Ibid., p. 5.

Bibliografia do volume 2

I. OBRAS DE ESPINOSA
(constam apenas as edições consultadas e citadas neste volume)

Edições originais

Renati Des Cartes Principiorum Philosophiae Pars I et II. More Geometrico demonstratae per Benedictum de Spinoza Amstelodamensem. Accesserunt ejusdem cogitata Metaphysica... Amsterdam: J. Rieuwertsz, 1663.

Tractatus Theologico-Politicus, continens dissertationes aliquot, Quibus ostenditur libertatem philosophandi non tantum salva Pietate & Reipublicae Pace posse concedi: sed eandem nisi cum Pace Reipublicae, ipsaque Pietate tolli non posse. Hamburgo: H. Künrath, 1670.

B. de S. Opera Posthuma, Quorum series post Praefationem exhibetur, s. l., s. n., 1677 [Amsterdam: J. Rieuwertsz].

De Nagelate Schriften van B. d. S. Als Zedekunst, Staatkunde, Verbetering van't Versant, Brieven en Antwoorden. Uit verscheide Talen in de Nederlandsche gebragt., s. l., s. n., 1677 [Amsterdam: J. Rieuwertsz].

Edições de referência

Benedicti de Spinoza Opera quotquot reperta sunt. J. Van Vloten e J. P. N. Land (Orgs.). Editio Tertia, Hagae Comitum, apud M. Nijhoff, 1914, 2 v.

Spinoza Opera. Im Auftrag der Heidelberger Akademie der Wissenschaften herausgegeben von Carl Gebhardt. Heidelberg, C. Winter, 1925; 2. Auflage, 1972, 4 v.

Spinoza Opera V. Im Auftrag der Heidelberger Akademie der Wissenschaften herausgegeben von Carl Gebhardt. Heidelberg, C. Winter, 1987.

Traduções consultadas

Obras completas

Werken van B. de Spinoza. Uitgave onder auspicien van de Vereniging Het Spinozahuis. Amsterdam, 1977-82, 3 v.
Philosophy of Benedict de Spinoza. Translated from the Latin by R. H. M. Elwes, with an introduction by F. Sewall. Nova York: Tudor, 1941.
Œuvres de Spinoza. Traduites et annotées par Charles Apphun. Paris: Garnier, s.d.; reimpressão Paris: Garnier-Flammarion, 1964-6, 4 v.
Spinoza Œuvres complètes. Texte traduit, presenté et annoté par Roland Caillois, Madeleine Francès et Robert Misrahi. Paris: Gallimard, 1954. (Bibliothèque de la Pléiade)
Spinoza Obras completas. Prologada por Abraham J. Weiss y Gregorio Weinberg. Traducciones de Mario Calés e Oscar Cohan. Buenos Aires: Acervo Cultural, 1977, 5 v.
The Collected Works of Spinoza. Edited and translated by Edwin Curley. Princeton: Princeton University Press, v. I, 1985.

Obras isoladas

Tratado da emenda do intelecto
Tratado da reforma da inteligência. Trad., intr. e notas de Lívio Teixeira. São Paulo: Editora Nacional, 1966.
Tratado da correção do intelecto. Trad. e notas de Carlos Lopes de Matos. São Paulo: Abril Cultural, 1. ed., 1972; 2. ed., 1979. (Coleção Os Pensadores).
Tratado de la reforma del entendimiento. Introducción, traducción y notas de Atilano Domínguez. Madri: Alianza, 1988.
Traité de la réforme de l'entendement. Établissement du texte, traduction, introduction et commentaires par Bernard Rousset. Paris: Vrin, 1992.
Breve tratado
Korte Verhandeling, van God, de Mensch, en deszelvs Welstand. Breve Trattato su Dio, l'Uomo e il suo Bene. Introduzione, edizione, traduzione e commento di Filippo Mignini. L'Aquila: L. U. Japadre Editore, 1986.
Breve tratado de Deus, do homem e de seu bem-estar. Trad., intr. e notas Emanuel Ângelo da Rocha Fragoso e Luis César Guimarães Oliva. Belo Horizonte; São Paulo: Autêntica, 2012.
Tratado breve. Traducción, prólogo y notas de Atilano Dominguez. Madri: Alianza, 1988.
Princípios da filosofia cartesiana e pensamentos metafísicos
Princípios de la filosofia cartesiana. Pensamientos metafísicos. Introducción, traducción y notas de Atilano Dominguez. Madri: Alianza, 1988.
Pensamentos metafísicos. Tradução e notas de Marilena Chaui. 1. ed. São Paulo: Abril Cultural, 1972; 2. ed., 1979. (Coleção Os Pensadores).

Tratado teológico-político

Tratado teológico-político. Introducción, traducción, notas y indices de Atilano Dominguez. Madri: Alianza, 1986.

Tratado teológico-político. Intr., trad. e notas de Diogo Pires Aurélio. Lisboa: Imprensa Nacional/ Casa da Moeda, 1988.

Ética

Ética. Edição bilíngue. Trad. e notas Grupo de Estudos Espinosanos. Coord. Marilena Chaui. São Paulo: Edusp, 2015.

Tradução e notas da Parte I de Joaquim de Carvalho, tradução das partes II e III de Joaquim Ferreira Gomes, tradução das partes IV e V de António Simões. 1. ed. São Paulo: Abril Cultural, 1972; 2. ed., 1979. (Coleção Os Pensadores).

Ética. Prefácio e trad. de Lívio Xavier. São Paulo: Ediouro; Tecnoprint, s. d.

Ethique. Texte originel et traduction nouvelle par Bernard Pautrat. Paris: Seuil, 1988.

Bento de Espinosa Ética. Intr. de Joaquim de Carvalho. Trad. e notas da Parte I de Joaquim de Carvalho, tradução das partes II e III de Joaquim Ferreira Gomes, tradução das partes IV e V de António Simões. Lisboa: Relógio d'Água, 1992.

Tratado político

Tratado político. Trad. de Manuel de Castro. 1. ed. São Paulo: Abril Cultural, 1972; 2. ed., 1979. (Coleção Os Pensadores).

Tratado político. Traducción, introducción, index analítico y notas de Atliano Dominguez. Madri: Alianza, 1986.

Tratado político. Traducción, notas, index latinus y bibliografia de Humberto Gianini y Isabel Flisfisch. Santiago do Chile: Editorial Universitária, 1989.

Trattato político. Testo e traduzione a cura di Paolo Cristofolini. Florença: Edizione ETS, 1999.

Tratado político. Trad., intr. e notas de Diogo Pires Aurélio. Lisboa: Círculo de leitores; Temas e Debates, 2008.

Gramática hebraica

Abrégé de Grammaire Hébraïque. Introduction, traduction française et notes par J. Askénazi et J. Askénazi-Gerson. Paris: Vrin, 1968.

Correspondência

Correspondencia. Introducción, traducción, notas y indices de Atilano Dominguez. Madri: Alianza, 1988.

The Letters. Translated by Samuel Shirley, introduction and notes by Steven Barbone, Lee Rice and Jacob Adler. Indianápolis: Hackett Publishing Company, 1995.

Correspondência (Cartas 2, 4, 9, 12, 21, 32, 34 e 50). Trad. e notas de Marilena Chaui. 1. ed. São Paulo: Abril Cultural, 1972; 2. ed., 1979. (Coleção Os Pensadores).

Brief van Spinoza aan Lodewijk Meijer, 26 Juli 1663. Uitgeggevn door A.K. Offenberg, Amsterdam, 1975.

Letter from Spinoza to Lodewijk Meijer, 26 July 1663. Ed. by A.K. Offenberg in S. Hessing (Org.). *Speculum Spinozanum*. Londres: Routledge & Kegan Paul, 1978, pp. 426-35.

II. INSTRUMENTOS DE TRABALHO

Léxicos e latinidade

AKKERMAN, F. "L'édition Gebhardt de l'Ethique de Spinoza et ses sources". *Raison Présente*, n. 43, 1977.

_____. "Vers une meilleure édition de la correspondence de Spinoza?". *Revue Internationale de Philosophie*, n. 31, 1977.

_____. "Spinoza's tekort aan wooden. Humanistische aspecten van zijn schrijverschaps", *Mededelingen vanwege het Spinozahuis*, n. 36. Leiden, 1977, Trad. francesa de A. van der Lindt e J. Lagrée, "La pénurie des mots de Spinoza". *Travaux et Documents du Groupe de Recherches Spinozistes*, n. 1, *Lire et Traduire Spinoza*. Paris, 1989.

_____. *Studies in the Posthumous Works of Spinoza. On style, earliest translation and reception, earliest and modern edition of some texts.* Groningen: Rijksuniversiteit te Gronigen, 1980.

_____. "La latinité de Spinoza et l'authenticité du texte du *Tratactus de Intellectus Emendatione*". *Revue des Sciences Philosophiques et Théologiques*, n.1, 1987.

GIANCOTTI-BOSCHERINI, E. *Lexicon Spinozanum*. 2 v. Haia: M. Nijhoff, 1970.

_____. "Sul concetto spinoziano di *mens*". In: GIANCOTTI-BOSCHERINI, E.; CRAPULLI, G. *Ricerche lessicali su opere di Descartes e Spinoza*. Roma: Ed. dell' Ateneo, 1972.

GILSON, E. *Index scolastico-cartésien*. 2. ed. Paris: Vrin, 1913, 1979.

GUÉRET, M.; ROBINET, A.; TOMBEUR, P. *Spinoza. Ethica. Concordances, Index, Listes de Fréquences, Tables Comparatives*. Louvain-la-Neuve: Cetedoc, 1977.

KAJANTO, I. "Aspects of Spinoza's latinity". *Arctos, Acta Philologica Fennica*, n. 13, Helsinki, 1979.

ROBINET, A. "Expression ou Expressivité selon Ethica 77". *Revue de Synthèse*, n. 99, 1978.

Bibliografias

Bulletin de bibliographie spinoziste. Revue critique des études spinozistes. Publicação anual da Associação des Amis de Spinoza, desde 1979, como anexo do *Cahier 4*, out.-dez., dos *Archives de Philosophie*.

DOMINGUEZ, A. *Primer ensayo de una Bibliografía hispano-americana sobre Spinoza, Anales del Seminário de Metafísica*. Madri: Universidade Complutense, 1975. Reimpressão *Bulletin Bibliographique Spinoziste*, n. VI, *Archives de Philosophie*, 1984.

GAROUX, A. *Spinoza: Bibliographie 1971-1977*. Université de Reims, Centre de Philosophie Politique, 1981.

KINGMA, J.; OFFENBERG, A. K. "Bibliography of Spinoza's Works up to 1800". *Studia Rosenthaliana*, v. 11, n. 2, 1977.

OKO, A. S. *The Spinoza Bibliography*. Boston: G. K. Hall, 1964.

PRÉPOSIET, J. *Bibliographie Spinoziste. Répertoire alphabétique. Registre systématique. Textes et documents: Biographies de Lucas et Colerus, Article "Spinoza" du Dictionnaire de Bayle, Inventaire de la Bibliothèque de Spinoza*. Paris: Les Belles Lettres, 1973.

VAN DER LINDE, A. *Benedictus Spinoza, bibliografie* (1870). Nieuwkoop: B. de Graaf, 1965.

VAN DER WERF, T.; SIEBRAND, H.; WESTERVEEN, C. *A Spinoza bibliography 1971-1983*. Leiden: E. J. Brill, 1984.

Biografias

COLERUS, J. (Johannes Köhler). *La verité de la réssurection de Jesus Christ defendue contre B. de Spinoza et ses sectateurs avec la Vie de ce Fameux Philosophe*. Haia: J. Johnson; Marchand Libraire dans le Pooten, 1706.

LUCAS, J. M. *La Vie de Feu M. Benoît de Spinoza (1679)*, em *Nouvelles Littéraries*, v. x, Amsterdam, 1719.

_____. *La vie de Spinosa par un des ses disciples*. Amsterdam: C. le Vier, 1735.

_____. *The oldest biography of Spinoza*. Edited with translation, an introduction, annotations etc. by A. Wolf. Washington: Kennikat, 1927. [Reimpressão, Bristol: Thoemmes, 1992.]

HUBBELING, H. G. "Spinoza's life. A synopsis of the sources and some documents", *Spinoza (1632-1677), Giornale Critico della Filosofia Italiana*, n. 56, 1977.

MEINSMA, K. O. *Spinoza en zijn Kring. Historisch-Kritsche studien over hollandsche vrijgeesten*. Haia: M. Nijhoff, 1896.

_____. *Spinoza et son cercle. Etude critique et historique sur les hétérodoxes hollandais*. Traduit du neerlandais par S. Roosenburg. Appendices latins et allemands traduits par J. P. Osier. Paris: Vrin, 1983.

NADLER, S. *Spinoza. A life*. Cambridge: Cambridge University Press, 1999.

SUCHTELEN, G. van. "The Spinoza houses at Rijnsburg and the Hague". In: HESSING, S. (Org.). *Speculum Spinozanum*. Londres: Routledge, 1978.

VAZ DIAS, A. M.; TAK, G. van der. *Spinoza Mercator & Autodidacticus. Ookonden en andere authentieke documenten betreffende des wijsgeers jeugd en diens betrekkingen, met dertien facsimile's*. Haia, 1932. Trad. inglesa "Spinoza Merchant & Autodidact". *Studia Rosenthaliana*, v. 16, n. 2, 1982.

Catálogos

FUCKS, L.; FUCKS-MANSFELD, R. G. *Hebrew and Judaic Manuscripts in Amsterdam Public Collections. I. Catalogue of the Manuscripts of the Bibliotheca Rosenthaliana University Library of Amsterdam; II. Catalogue of the Manuscripts of the Ets Haim/Livraria Montezinos Sephardic Community of Amsterdam*. Leiden: E. J. Brill, 1973-5.

KAYSERLING, M. *Biblioteca Española-Portugueza-Judaica. Dictionnaire bio-bibliographique des auteurs juifs, de leurs ouvrages espagnols et portugais et des oeuvres sur et contre les juifs espagnols*. Estrasburgo, 1890. Reimp. fac-símile. Nova York: Garland, 1971.

Spinoza. Troisième centennaire de la mort du philosophe. Catalogue de l'Exposition (maio-jun. 1977). Paris: Institut Néerlandais, 1977.

The sephardi community of Amsterdam. Publicação da Sinagoga de Amsterdã. Texto de Dubiez, F. J. Amsterdam, s.d.

III. FONTES PRIMÁRIAS

AGOSTINHO. *Obras de San Augustin*. En edición bilingue. Version, introducción y notas de V. Capánaga. 4. ed. Madri: Biblioteca de Autores Cristianos, 1946.

AGOSTINHO. *Confissões*. Trad. e notas de J. O. Santos, S. J. e A. A. de Pina, S. J. São Paulo: Abril Cultural, 1973. (Coleção Os Pensadores).

_____. *Augustine. Concerning the city of God against the pagans*. Translated by H. Bettenson. With an introduction by D. Knowles. Harmondsworth: Penguin, 1976.

_____. *A cidade de Deus (contra os pagãos)*. Trad. de Oscar Paes Leme. 3. ed. Petrópolis: Vozes, 1991. v. 1 e 2.

_____. *Augustine. On free choice of the will*. Translated by T. Williams. Indianápolis: Hackett, 1993.

AGUILAR, M. R. de. "Tratado da imortalidade da alma". Ed. e apres. de M. de Jong. *Biblos*, n. 10, 1934.

AQUINO, T. de. *Sancti Thomae Aquinatis. Doctoris angelici. Summa theologiae*. Cura fratrum eiusdem ordinis. Madri: Biblioteca de Autores Cristianos, 1956.

_____. *Santo Tomás de Aquino. O ente e a essência*. Trad. de J. L. Baraúna. São Paulo: Abril Cultural, 1973. (Coleção Os Pensadores).

_____. *Santo Tomás de Aquino. Questões discutidas sobre a verdade (Questão primeira)*. Trad. de J. L. Baraúna. São Paulo: Abril Cultural, 1973. (Coleção Os Pensadores).

_____. *Thomas d'Aquin. De la vérité. Question 2 (La science en Dieu)*. Introduction, traduction et commentaire de S. T. Bonino. Friburgo: Editions Universitaires, 1996.

ARISTÓTELES. *Aristote. Ethique à Nicomaque*. Nouvelle traduction, avec introduction et notes par J. Tricot. Paris: Vrin, 1967.

_____. *Aristote. Physique (V-VIII)*. Texte établi et traduit par H. Cartéron. Paris: Les Les Belles Lettres, 1969.

_____. *Metafísica de Aristóteles*. Edición trilingüe por V. G. Yebra. 2. ed. rev. Madri: Gredos, 1990.

_____. *Aristotle. De Anima. Books II and III* (with passages from Book I). Translated with introduction and notes by D. W. Hamlyn. Oxford: Clarendon, 1993. (Clarendon Aristotle Series).

ARNAULD, A.; NICOLE, P. *La logique ou l'art de penser. Contenant, outre les règles communes, plusieurs observations nouvelles, propres à forner le jugement*. Introduction de L. Marin. Paris: Flammarion, 1970.

BACON, F. *The essays or counsels, civil and moral, of Francis Ld. Verulam, Viscount of St. Albans*. Nova York: The Peter Pauper, s.d.

_____. *The works of Francis Bacon*. Edited by J. Spedding; R. L. Ellis; D. D. Heath. Londres: 1858; Reimp. Stuttgart: Fromann, 1963. 7 v.

_____. *The advancement of learning*. Edited by G. W. Kitchin, with an introduction by A. Johnston. Londres: J. M. Dent & Sons Ltd., 1973.

_____. *The great instauration and New Atlantis*. Edited by J. Weinberg, Arlington Heights, IL: AHM, 1980.

BALLING, P. *La luz sobre el candelabro (1662)*. Traducción y notas de A. Dominguez. Apêndice I a *Spinoza. Breve tratado*. Madri: Alianza, 1990.

BAYLE, P. *Dictionnaire historique et critique*. 2. org. 1701 [datada de 1702] Rotterdam: Leers. 4 v.

_____. *Pensées diverses sur la comète*. Paris: Librairie Nizet, 1984. t. I e II.

CÍCERO. *Tusculanae disputationes — Tusculanes*. Texte établi et traduit par G. Fahlens. Paris: Les Belles Lettres, 1931. 2 v.

_____. *Sobre o destino*. Trad. e notas de J. R. Seabra Filho. Ed. bilíngue. São Paulo: Nova Alexandria, 1993.

CUSA, N. de. *A visão em Deus*. Trad. e intr. de J. M. André. Prefácio de H. B. Pereira. Lisboa: Fundação Calouste Gulbenkian, 1988.

DESCARTES, R. *Entrétien avec Burman*. Manuscrito de Göttingen. Texte presenté, traduit et annoté par Ch. Adam. Paris: Boivin, 1937.

_____. *Descartes. Obra escolhida*. Trad. de J. Guinsburg e Bento Prado Jr. Intr. de G. G. Granger. Prefácio e notas de G. Lebrun. São Paulo: Difel, 1962.

_____. *Tratado do homem*. In: _____. *Descartes e sua concepção de homem*. Trad. e notas de Jordino Marques. São Paulo: Loyola, 1993.

_____. *Oeuvres de Descartes*. Publiées par ADAM, C.; TANNERY, P. Paris: Vrin, 1996. 11 v.

EPICTETO. *Ce qui depend de nous. Manuel et entrétiens*. Traduit du grec par Myrto Gondicas. Paris: Arléa, 1995.

ERASMO. *Erasmus, Luther, Muntzer and others. Germans, humanism and the Reformation*. Edited by R. P. Buker, foreword by R. H. Bainton. Nova York: The Continuum Publishing Company, 1982.

_____. *Oeuvres choisies*. Presentation, traduction et annotations de Jacques Chomarat. Paris: Librairie Générale Française, 1991.

_____. *Éloge de la folie. Adages. Colloques. Reflexions sur l'art, l'education, la réligion, la guerre, la philosophie. Correspondence*. Édition établie par C. Blum, A. Godin, J. C. Margolin e D. Ménager. Paris: Robert Laffont, 1992.

FICINO, M. *Marsilio Ficino's Book of Life*. Translation by Ch. Boer of *Liber de vita* (or *De vita triplici*). Woodstock: Spring Publications, 1996.

GASSENDI, P. *Petri Gassendi Opera Omnia*. Lyon, 1656. 6 v. Reimp. Stuttgart: Fromann, 1964.

_____. "Préliminaires de la physique. Syntagma philosophicum". *XVIIe Siecle*, n. 179, ano 45, n. 2, 1993.

GEULINCX, A. *Arnoldi Geulincxis Disputatio Ethica de virtute et primis ejus proprietatibus*. Leiden: Haack, 1664.

_____. *Etica*. A cura di MANCINI, Italo. Bolonha: Zanichelli, 1965.

_____. *Metafisica vera*. A cura di MANCINI, Italo. Bolonha: Zanichelli, 1965.

GRACIÁN, B. *Agudeza y arte de ingenio*. Madri: Castalia, 1981.

_____. *El discreto*. Madri: Alianza, 1997.

_____. *A arte da prudência*. Rio de Janeiro: Sextante, 2003.

_____. *A arte da sabedoria*. São Paulo: Nova Cultural, 2003.

HARVEY, W. *An anatomical disquisition on the motion of the heart and blood in animals. The first anatomical disquisition on the circulation of the blood adressed to John Riolan. Many objections to the circulation of the blood are refuted. Anatomical exercises on the generation of animals*. Edited and translated by R. Willis. Chicago: William Benton Publisher, 1952.

HEBREU, L. (Judá Abravanel). *Leão Hebreu — Diálogos de amor*. Estabelecimento de texto, trad. e notas de G. Manuppella. Lisboa: Instituto Nacional de Investigação Científica, 1983. v. I e II.

HEGEL, G. W. F. *Hegel's Lectures on the history of philosophy*. Translated from the German by E. S. Haldane and F. H. Simson. Londres: Routledge and Kegan Paul, 1968. 3 v.

_____. *La science de la logique*. Texte intégral presenté, traduit et annoté par B. Bourgeois. Paris: Vrin, 1970.

HIPÓCRATES. *Hippocrates. Corpus Hippocraticus*. Edited with an English translation by W. H. S. Jones. Cambridge, MA: Harvard University Press, 1984. 4 v.

HOBBES, T. *The Works of Thomas Hobbes of Malmesbury*. Collected and edited by W. Molesworth. *The English works. Opera latina*. Londres: John Bohn, 1839-45. Reimp. Aalen: Scientia Verlag, 1961-6.

HOBBES, T. *Leviathan*. Edited with an introduction by C. B. Macpherson. Harmondsworth: Penguin, 1968.

_____. *Leviatã ou matéria, forma e poder de um estado eclesiástico e civil*. Trad. de J. P. Monteiro e M. B. Nizza da Silva. São Paulo: Abril Cultural, 1974. (Coleção Os Pensadores).

_____. *A natureza humana*. Trad., intr. e notas de João Aloísio Lopes. Lisboa: Imprensa Nacional; Casa Moeda, 1983.

ISRAEL, M. ben. *De la resurrección de los muertos, libros III, en los quales contra los Zaduceos se prueva la inmortalidad del alma y Resurrección de los muertos. Las causas de la milagrosa Resurrección, se exponen y del juizio final, y Reformación del mundo, se trata. Obra de las divinas letras, y antiguois sabios colegida. Verdad de terra florecera. Psal. 85.* Amsterdam, ed. do autor, ano 5396 da criação do mundo (1636).

_____. *De la fragilidad humana y inclinacion del hombre al pecado. parte primera y segunda. Dirigida a los muy Nobles, Prudentes, y Magnificos Señores Parnassim del K.K. de Thalmud Thora.* Amsterdam, ed. do autor, I. de Sivan, 5402 (1642).

_____. *Esto es la Esperanza de Israel. Obra com suma curiosidad compuesta por Menasseh Ben Israel Theologo Philosopho Hebreo. Trata de lo admirable esparcimiento de las diez Tribus, y su infalible reducción com los demas, a la patria: com muchos puntos, y Historias curiosas, y declaración de varias Prophecias, por el Author rectamente interpretadas. Dirigido a los señores del Parnassim del K. K. de Talmud Tora.* Amsterdam, impressão de Semuel Bem Israel Soeiro, ano 5410 (1650).

JACOBI, F. H. "Lettres à Moses Mendelssohn sur la doctrine de Spinoza", em *Œuvres philosophiques*. Paris: Aubier, 1946.

LEIBNIZ, G.W. *Animadversiones ad Wachteri librum De recondita haebraorum philosophia* ou *Réfutation inédite de Spinoza par Leibniz*. Ed. em francês de Careil. Paris: Imprimérie Ê. Brière, 1854.

_____. *Lettres et opuscules*. Ed. em francês de Careil. Paris: Ladrange, 1854.

_____. *Oeuvres philosophiques*. Introduction et notes par P. Janet. 2. ed. Paris: Félix Alcan, 1900. 2 v.

_____. *Textes inédits d'après les manuscrits de la Bibliothèque Provinciale de Hannover*. Textes publiés et anotés par G. Grua. Paris: Presses Universitaires de France, 1948.

_____. *Confessio philosophi. La profession de foi du philosophe*. Texte, traduction et notes par Y. Belaval. Paris: Vrin, 1961.

_____. *Discours de métaphysique et Correspondence avec Arnauld*. Textes présentés et annotés par G. Le Roy. Paris: Vrin, 1966.

_____. *Opuscules philosophiques choisis*. Apres. de P. Schrecker. Paris: Vrin, 1966.

_____. *A monadologia. Discurso de metafísica e outras obras*. Trad. de Marilena Chaui e Carlos Lopes de Mattos. São Paulo: Abril Cultural, 1974. (Coleção Os Pensadores).

_____. *Die philosophischen Schriften von Gottfried Wilhelm Leibniz*. Herausgegeben von C. I. Gehardt. Berlim: Weidmansnsche Buchahandlung, 1875-90. Reimp. Hildesheim: Georg Olms, 1978. 7 v.

_____. "Sur l'Éthique de Spinoza". Traduction, présentation et notes par V. Carraud. *Philosophie*, n. 2, 1984.

_____. *Gottfried Wilhelm Leibniz. Sämtliche Schriften und Briefe*. Herausgegeben von der Akademie der Wissenschaften der DDR. Berlim: Akademie Verlag, 1987.

LUCRÉCIO. *Lucretii De rerum natura*. Text established, translation with an introduction by H. A. J. Munro. 2. ed. Cambridge: Bell and Company, 1905.

LUCRÉCIO. *Da natureza*. Trad. e notas de Agostinho da Silva. Intr. de G. Ribbecke. São Paulo: Abril Cultural, 1973. (Coleção Os Pensadores).

LUTERO, M. *Discourse on free will*. Translated and edited by E. F. Winter. Nova York: Frederick Ungar--Publishing Company, 1978.

_____. *A liberdade do cristão*. São Paulo: Fundação Editora Unesp, 1998.

MAIMÔNIDES, M. *Mishneh Torah. Maimonides' Code of law and ethics*. Abridged and translated from the Hebrew by P. Birnbaum. Nova York: Hebrew Publishing Company, 1940.

_____. *Le livre de la connaissance*. Traduit de l'hébreu et annoté par Valentin Nikiproweitzky et André Zaqui. Etudes préliminaires de S. Pines. Paris: Presses Universitaires de France, 1961.

_____. *Guia de perplejos (Moreh Nebukin)*. Edición preparada por D. Gonzalo. Madri: Editora Nacional, 1983.

_____. *Os 613 mandamentos (Tariag Ha Mitzvotti)*. Trad. de N. Giuseppe. São Paulo: Nova Stella, 1990.

MALEBRANCHE, N. *Correspondence avec J. J. Dortous de Mairan*. Introduction et notes par J. Moreau. Paris: Vrin, 1947.

_____. *Entretiens sur la métaphysique et sur la religion suivis des Entretiens sur la mort*. Edition critique avec une introduction et notes par A. Cuvillier. Paris: Vrin, 1948.

_____. *Conversations chrétiennes*. In: ROBINET, A. (Org.). *Œuvres complètes*. Paris: Vrin, 1959. t. IV.

_____. *De la recherche de la verité*. In: LEWIS, G. (Org.). *Œuvres complètes*. Paris: Vrin, 1962-4. t. I, II e III.

_____. *Entretien d'un philosophe chrétien et d'un philosophe chinois*. In: ROBINET, A. (Org.). *Œuvres complètes*. Paris: Vrin, 1970. t. XV.

MEIJER, L. *Ludovicus Meyerus. Disputatio philosophica inauguralis de materia ejusque affectionibus motu et quiete*. Chronicon Spinozanum.1922. t. II.

_____. *Louis Meyer. La philosophie interprète de l'Ecriture Sainte*. Traduction du latin, notes e présentation par J. Lagrée et P. F. Moreau. Paris: Intertextes, 1988.

OLDENBURG, H. *The correspondence of Henry Oldenburg*. Edited and translated by A. Rupert Hall e Marie Boas Hall. Madison: The University of Wisconcin Press, 1969. 8 v.

PARACELSO, T. B. *De las enfermidades invisibles (De causis morborum invisibilium)*. Traducción y presentación de Hector Vihé. Barcelona: Romanýa; Valls, 1984.

PASCAL, B. *Œuvres complètes publiées selon l'ordre chronologique*. Paris: Edition de L. Brunschvicg, P. Boutroux e F. Gazier, 1904-14. 14 v.

_____. *Œuvres complètes*. Préface d' Henri Gouhier. Présentation et notes de L. Lafuma. Paris: Seuil, 1963.

_____. *Vida de Pascal escrita por Mme. Perier, sua irmã. Pensamentos*. Trad. de Sérgio Milliet. Intr. e notas de C. M. des Granges. São Paulo: Abril Cultural, 1973. (Coleção Os Pensadores).

QUINTILIANO. *Institution oratoire*. Texte établi et traduit par J. Cousin. Paris: Les Belles Lettres, 1975. livro I.

_____. *Institution oratoire*. Texte établi et traduit par J. Cousin. Paris: Les Belles Lettres, 1976. livros II-III.

SCHOPENHAUER, A. *Obras (La quadruple raíz del princípio de razón suficiente. El mundo como voluntad y representación. Eudemonologia)*. Traducción del alemán por E. O. y Maury y E. G. Blanco. Buenos Aires: El Ateneo, 1950.

SCOTUS, J. D. *Doctor Subtilis et Mariani, Ioannis Duns Scoti, ordinis fratrum minorum, Opera Omnia*. A Aura Commissionis Scotisticae. Cidade do Vaticano: Polyglottis Vaticanis, 1950.

_____. *Escritos filosóficos*. Trad. de C. A. R. Nascimento e R. Vier, a partir da edição *Joannis Duns Scotus Opera Omnia*. Lyon: L. Wadding, 1639. São Paulo: Abril Cultural, 1973. (Coleção Os Pensadores).

_____. *Philosophical writings*. Translated, with introduction and notes by A. Walter, O. F. M. with a forword by M. M. Adams. Cambridge: Hackett Publishing Company, 1987.

_____. *Le principe d'individuation (Ordinatio II, distinction 3, Partie 1)*. Introduction, traduction et notes par G. Sondag. Paris: Vrin, 1992.

SCHELLING, F. H. *Lettres sur le dogmatisme et le criticisme*. Paris: Aubier, 1950.

SÊNECA, L. A. *De vita beata*. Texte établi par D. Delaunay. Paris: Hachette, 1882.

_____. *De brevitate vitae — De la vie brève*. Texte établi et traduit par A. Bourgery. Paris: Les Belles Lettres, 1923.

_____. *De vita beata — De la vie heureuse*. Texte établi et traduit par A. Bourgery. Paris: Les Belles Lettres, 1923.

_____. *Carta à minha mãe Helvia*. Trad. e notas G. D. Leoni. São Paulo: Abril Cultural, 1973. (Coleção Os Pensadores).

_____. *Carta a Sereno*. Trad. e notas de G. D. Leoni. São Paulo: Abril Cultural, 1973. (Coleção Os Pensadores).

_____. *Da tranquilidade da alma*. Trad. e notas de G. D. Leoni. São Paulo: Abril Cultural, 1973. (Coleção Os Pensadores).

_____. *Sobre a brevidade da vida*. Trad., notas e intr. de W. Li. São Paulo: Nova Alexandria, 1993.

_____. *Sobre a ira. Sobre a tranquilidade da alma — Diálogos*. Trad., intr. e notas de José Eduardo S. Lohner. São Paulo: Penguin Classics / Companhia das Letras, 2014.

_____. *Sénèque. Entretiens. Lettres à Lucilius*. Édition établie par P. Veyne. Traduction et notes par P. Veyne. Paris: Robert Laffont, 1995.

SILVA, S. da. *Tratado da imortalidade da alma. Composto pelo doutor Semuel da Silva, em que também se mostra a ignorância de certo contrariador de nosso tempo que entre outros muitos erros deu neste delírio de ter para si e publicar que a alma do homem acaba juntamente com o corpo*. Fixação do texto, Prefácio e notas de P. Gomes. Lisboa: Casa da Moeda; Imprensa Nacional, 1982.

TSCHIRNHAUS, E.W. von. *Medicina mentis et corporis sive artis inveniendi precepta generalis. Editio Nova*. Ed. fac-símile. com J. Thomam Fritsch (Lipsiae), 1695.

_____. *Médecine de l'esprit ou préceptes généraux de l'art de découvrir*. Introduction, traduction, notes et appendices par J. P. Wurtz. Paris: Editions Ophrys, 1980.

VIEIRA, A. *Padre Antonio Vieira. Sermões*. Prefácio e revisão do rev. padre G. Alves. 15 v. Porto: Lello e Irmão Editores, s.d.

_____. *Padre Antonio Vieira. História do futuro*. Intr., atualização do texto e notas de Maria Leonor Carvalho Buescu. Lisboa: Imprensa Nacional, 1982.

IV. ESTUDOS E COMENTÁRIOS

Publicações periódicas, por ordem cronológica
(Os trabalhos publicados estão individualmente citados
no decorrer deste livro e não serão citados aqui)

Chronicon Spinozanum. Hagae Comitis, Curis Societatis Spinozanae. 1921-7. 5 v.
Mededelingen vanwege het Spinozahuis. Leiden. Desde 1934.
Cahiers Spinoza. Paris. Desde 1977.
Studia Spinozana. Hanôver. Desde 1985.
Groupe de Recherches Spinozistes. Travaux et Documents. Paris. Desde 1989.
Cadernos Espinosanos. São Paulo. Desde 1996.
Conatus. Fortaleza. Desde 2005.

Números especiais de revistas dedicados a Espinosa, por ordem cronológica
(Os trabalhos publicados estão individualmente citados
no decorrer deste livro e não serão citados aqui)

Rivista di Filosofia Neoescolastica. *Spinoza nel terzo centenaio della sua nascita.* v. xxv, 1933.
Giornale Critico della Filosofia Italiana. *Spinoza (1632-1677),* ano 56, n. 3-4, 1977.
Neue Hefte fur Philosophie. *Spinoza (1677-1977),* n. 12, 1977.
Raison Présente. *Pour le tricentenaire de Spinoza,* n. 43, 1977.
Revue Internationale de Philosophie. *Spinoza (1632-1677),* v. 119-20, n. 1-2, 1977.
Archivio di Filosofia. *Lo spinozismo ieri e oggi.* 1978.
Revue de Synthèse. *Actes du Colloque Spinoza* (Paris, 1977), n. 89-91, 1978.
Les Etudes Philosophiques. *Spinoza,* 1987.
Revue des Sciences Philosophiques et Théologiques. *Les premiers écrits de Spinoza,* t. 71, n. 1, 1987.
Archives de Philosophie. *Les premiers écrits de Spinoza,* v. 51, n. 1, 1988.
Revue Philosophique de la France et l'Etranger. *Descartes, Spinoza, Leibniz,* ano 116, v. 181, n. 1, 1991.
Revue Philosophique de la France et l'Etranger. *Spinoza. La cinquième partie de l'Ethique,* ano 119, v. 184, n. 1, 1994.
Archives de Philosophie. *Spinoza, Epicure, Gassendi,* v. 57, n. 3, 1994.
Revue des Sciences Philosophiques et Théologiques. *Chose, Objet, Signe chez Spinoza,* t. 82, n. 1, 1998.

Obras coletivas sobre Espinosa, por ordem cronológica
(Os trabalhos publicados estão individualmente citados
no decorrer deste livro e não serão citados aqui)

Studies in Spinoza. Critical and interpretative essays. KASHAP, S. P. (Org.). Berkeley: University of California Press, 1972.
Spinoza in neuer Sicht. Im Auftrage der Constantin-Brunner-Stiftung. Sontag, L.; Stolte, H. (Orgs.). Meisenheim: Verlag Antonin Hain, 1977.

Spinoza. A collection of critical essays. GRENE, M. (Org.). Notre Dame: University of Notre Dame Press, 1973; Reimp. 1979.

Spinoza on knowing, being and freedom. Proceedings of the Spinoza Symposium at the International School of Philosophy in the Netherlands. VAN DER BEND, J. G. (Org.). Assen: Van Gorcun, 1974.

Spinoza. Essays in interpretation. FREEMAN, E.; MANDELBAUM, M. (Orgs.). La Salle: University of La Salle Press, 1975.

Spinoza's metaphysics. Essays in critical interpretation. WILBUR, J. B. (Org.). Assen: Van Gorcun, 1976.

Speculum spinozanum. HESSING, S. (Org.). Londres: Routledge & Kegan Paul, 1977.

The philosophy of Baruch Spinoza. KENNINGTON, R. (Org.). Washington: The Catholic University of America Press, 1980.

Spinozas Ethik und ihre Fruhe Wirkung. CRAMER, K.; JACOBS, W. G.; SCHMIDT-BIGGMAN, W. (Orgs.). Wolfenbuttel, 1981.

Spinoza's political and theological thought. International Symposium under the Auspices of the Royal Netherlands Academy of Arts and Sciences. Commemorating the 350th Anniversary of the Birth of Spinoza. Amsterdam, 24-27 November 1982. DE DEUGD, C. (Org.). Amsterdam: North Holland Publishing Company, 1984.

Spinoza entre Lumières et Romantisme. Actes du Colloque tenu à l'ENS de Fontenay aux Roses, 19-24 septembre de 1983. MOREAU, P. F.; CASNABET, M. C.; LE DOEUFF, M. (Orgs.), n. 36-8. Fontenay-aux-Roses: Cahiers de Fontenay, 1985.

Spinoza nel 350º anniversario della nascita. Atti del Congresso Internazionale Urbino 4-8 ottobre 1982. GIANCOTTI, E. (Org.). Nápoles: Bibliópolis, 1985.

Spinoza and the sciences. GRENE, M.; NAILS, D. (Orgs.). Boston; Dordrecht: D. Reidel Publishing Co., 1986.

Spinoza. Science et religion. De la méthode géométrique à l'interprétation de l'Ecriture Sainte. BOUVERESSE, R. (Org.). Paris: Vrin, 1988.

Spinoza. Issues and directions. The Proceedings of the Chicago Spinoza Conference. CURLEY, E.; MOREAU, P. F. (Orgs.). Leiden: E. J. Brill, 1990.

Spinoza. Puissance et ontologie. D'ALLONES, M. R.; RIZK, H. (Orgs.). Paris: Kimé, 1994.

The Cambridge companion to Spinoza. GARRET, D. (Org.). Nova York: Cambridge University Press, 1996.

Spinoza et la politique. Actes du Collooque de Santiago de Chili, mai 1995. GIANNINI, H.; MOREAU, P.-F.; VERMEREN, P. (Orgs.). Paris: L'Harmattan, 1997.

Las aventuras de la inmanencia. Ensayos sobre Spinoza. TATIAN, D. E.; TORRES, S. (Orgs.). Córdoba: Cuadernos de Nombres, 2002.

Fortitude et servitude. Lectures de l'Éthique IV de Spinoza. JAQUET, Chantal (Org.). Paris: Kimé, 2003.

Sulla scienza intuitva in Spinoza. Ontologia, politica, estetica. LUCCHESE, F.; MORFINO, V. Milão: Ghilbi, 2003.

Les significations du "corps" dans la philosophie classique. JAQUET, Chantal; PAVLOVITS, Tamas (Orgs.). Paris: L'Harmattan, 2004.

Lectures de Spinoza. MOREAU, P.-F.; RAMOND, C. (Orgs.). Paris: Ellipses, 2006.

El gobierno de los afectos en Baruj Spinoza. FERNANDEZ, E.; DE LA CAMARA, Maria Luisa. Madri: Trota, 2007.

Spinoza. Cuarto coloquio. TATIAN, D. (Org.). Córdoba: Brujas, 2008.

Spinoza: de la física a la historia. CARVAJAL CORDON, J.; DE LA CÁMARA, Maria Luisa (Orgs.). Ediciones de la Universidad de Castilla-La Mancha, 2008.

Spinoza: individuo e moltitudine. CAPORALI, R.; MORFINO, V.; VISENTIN, S. (Orgs.). Milão: Società Editrice Il Ponte Vecchio, 2008.

Spinoza. Noveno coloquio. TATIAN, D. (Org.). Córdoba: Brujas, 2013.

X Colóquio Internacional Spinoza. FRAGOSO, E.; GRASSET, B. et al. (Orgs.). Fortaleza: Educe, 2014.

Estudos individuais

ABREU, L. M. de. "Uma apologia de Espinosa. O prefácio das obras póstumas". *Revista da Universidade de Aveiro — Letras*, Aveiro, n. 2, 1985.

_____. *Spinoza. A utopia da razão*. Lisboa: Vega, 1993.

ALQUIÉ, F. *Servitude et liberté selon Spinoza*. Paris: Centre de Documentation Universitaire, 1966.

_____. *Nature et vérité dans la philosophie de Spinoza (Les cours de la Sorbonne)*. Paris: Centre de Documentation Universitaire, 1967.

_____. *Le rationalisme de Spinoza*. Paris: Presses Universitaires de France, 1981.

ALVARENGA, E. "A noção de sujeito como aparece nas Meditações". *Discurso*, n. 24, 1994.

ANDRADE, F. *Pax Spinozana. Direito natural e direito justo em Espinosa*. São Paulo: FFLCH-USP, 2001. Tese (Doutorado em Filosofia).

ANSALDI, S. *Spinoza et le baroque. Infini, désir, multitude*. Paris: Kimé, 2001.

AQUILA, R. "The identity of thought and object in Spinoza". *Journal of the History of Philosophy*, v. 16, n. 3, 1978.

AUBENQUE, P. *La prudence chez Aristote*. Paris: Presses Universitaires de France, 1963.

_____. *Le probléme de l'être chez Aristote*. Paris: Presses Universitaires de France, 1968.

AUDIÉ, F. *Spinoza et les mathématiques*. Paris: Presses de l'Université de Paris-Sorbonne, 2005.

AURÉLIO, D. P. "O Deus dos atributos". *Análise*, n. 1, 1984.

_____. "Uriel da Costa: O discurso da vítima". *Análise*, n. 2, 1985.

_____. *Imaginação e poder. Estudo sobre a filosofia política de Espinosa*. Lisboa: Colibri, 2000.

_____. *O mais natural dos regimes. Espinosa e a democracia*. Lisboa: Temas e Debates; Círculo de Leitores, 2104.

BAIONI, J. E. M. "Algumas considerações sobre o problema do infinito atual em Espinosa e Hegel". In: Conferência no II Encontro de Estudos do Século XVII. Mimeo. São Paulo: FFLCH-USP, 1997.

_____. *Substancialidade e subjetividade. Hegel intérprete de Espinosa*. São Paulo: FFLCH-USP, 2014. Tese (Doutorado em Filosofia).

BALIBAR, E. "Individualité, causalité, substance: réflexions sur l'ontologie de Spinoza". In: MOREAU, P.-F.; CURLEY, E. (Orgs.). *Spinoza. Issues and directions. The proceediongs of the Chicago Spinoza Conference*. Leiden: Brill, 1990.

_____. "Spinoza: From individuality to transindividuality". *Mededelingen vanweg het Spinozahuis*, n. 71, 1997.

_____. "A note on 'consciouness/conscience' in the *Ethics*". *Studia Spinozana*, n. 8, 1994.

_____. *Spinoza. Il transindividuale*. Milão: Ghilbi, 2002.

BALILA, D. *A construção do conhecimento em Espinosa e Piaget: Da natureza à ética*. São Paulo: IP-USP, 2014. Tese (Doutorado em Psicologia Social).

BECCO, A. "La substance unique face aux substances simples. D'Henri Morus à Gottfried-Wilhelm Leibniz, la critique de Spinoza". *Archivio di Filosofia*, 1978.

BELAVAL, Y. "Note sur l'emploi par Leibniz de l'expression spinoziste d'idée adéquate". *Archivio di Filosofia*, 1978.

_____. "Leibinz lecteur de Spinoza". *Archives de Philosophie*, n. 46, 1983.

BERNHARDT, J. "Intelligibilité et réalité chez Hobbes et chez Spinoza". *Revue Philosophique*, n. 2, 1985.

_____. "Nominalisme et mécanisme dans la pensée de Hobbes". *Archives de Philosophie*, n. 48, 1985.

BERTRAND, Michelle. *Spinoza et l'imaginaire*. Paris: Presses Universitaires de France, 1983.

BEYSSADE, J. M. *La philosophie première de Descartes*. Paris: Flammarion, 1979.

_____. "La théorie cartésienne de la substance. Equivocité ou analogie?". *Revue Internationale de Philosophie*, v. 195, n. 1, 1996.

BIASUTTI, F. "L'idea di Dio e il problema della verità in Spinoza". *Verifiche*, 1977.

BILLECOQ, A. *Spinoza et les spectres. Un essai sur l'esprit philosophique*. Paris: Presses Universitaires de France, 1987.

BODEI, R. *Geometria de las pasiones. Miedo, esperanza, felicidad: filosofía y uso político*. México: Fondo de Cultura Económica, 1995.

BOEHM, M. A. *Le "vinculum substantiale" chez Leibniz. Les origines historiques*. Paris: Vrin, 1962.

BOIREL, R. "Science mécaniste et science mécanique". *Revue Philosophique*, n. 2, 1985.

BOSS, G. *L'enseigment de Spinoza. Commentaire du "Court traité"*. Zurique: Editions du Grand Midi, 1982.

_____. "La conception de la philosophie chez Hobbes et chez Spinoza". *Archives de Philosophie*, t. 48, n. 2, 1985.

BOTROS, S. "Freedom, causality, fatalism, and early stoic philosophy". *Phronesis*, n. 30, 1985.

BOUDOT, M. "L'argument dominateur et les temps cyclique". *Les Etudes Philosophiques*, 1983.

BOUVERESSE, Renée. "Une lettre de Spinoza". *Revue Philosophique de Louvain*, t. 76, 1978.

_____. *Spinoza et Leibniz. L'idée d'animisme universel*. Paris: Vrin, 1992.

BOVE, L. "L'habitude: activité fondatrice de l'existence actuelle dans la philosophie de Spinoza". *Revue Philosophique de la France et de l'Etranger*, n. 1, 1991.

_____. "Spinoza et la question de la résistance". *Revue de l'Association des Professeurs de Philosophie de l'Enseigmement Public*, n. 5, 1993.

_____. *La stratégie du conatus. Affirmation et résistence chez Spinoza*. Paris: Vrin, 1996.

_____. *Espinosa e a psicologia social*. Belo Horizonte: Autêntica, 2010.

BRANDON, R. "Adequacy and the individuation of ideas in Spinoza's ethics". *Journal of the History of Philosophy*, v. XIV, n. 2, 1976.

BRELT, N. "Doubt and Descartes' will". *Archives de Philosophie*, v. 42, n. 3, 1979.

BRETON, S. "Âme spinoziste, âme néo-platonicienne". *Revue Philosophique de Louvain*, n. 71, 1973.

_____. "Origine et principe de raison". *Revue des Sciences Philosophique et Théologique*, n. 58, 1974.

BRUNSCHVICG, L. "La révolution cartésienne et la notion spinoziste de substance". *Revue de Métaphysique et de Morale*, 1904.

_____. *Spinoza e ses contemporains*. Paris: Presses Universitaires de France, 1951.

BURBAGE, F.; CHOUCHAN, N. *Leibniz et l'infini*. Paris: Presses Universitaires de France, 1993.

CAMPORESI, P. *L'officine des sens. Une anthropologie baroque*. Paris: Hachette, 1985.

CANGILHEM, G. *Études h'histoire et de philosophie des sciences concernant les vivants et la vie.* Paris: Vrin, 2002.

_____. "Descartes et la technique". *Études cartésiennes* II. Paris: Herman, 1937.

CARDOSO, S. "Paixão da igualdade, paixão da liberdade: A amizade em Montaigne". In: NOVAES, A. (Org.). *Os sentidos da paixão.* São Paulo: Companhia das Letras, 1989.

CARNOIS, B. "Le désir selon les stoïciens et selon Spinoza". *Archives de Philosophie,* n. 42, 1979.

CARRAUD, V. *Causa sive ratio. La raison de la cause de Suarez à Leibniz.* Paris: Presses Universitaires de France, 2012.

CARRIERO, J. "Spinoza's views on necessity in historical perspective". *Philosophical Topics,* Estados Unidos, v. 19, n. 1, 1991.

CASTELLI, E. (Org.). *Retorica e baroco.* Roma: Fratelli Boca, 1955.

CHAUI, M. "Da obra espinosana ao espinosismo: Correspondência entre Dortous de Mairan e o reverendo padre Malebranche". *Almanaque Revista de Literatura e Ensaios,* São Paulo, v. 7, 1978.

_____. "Desde la obra de Espinosa al espinosismo". *Práxis Filosófica,* v. 3, 1992.

_____. "Matemática, experiência e política". *Almanaque Revista de Literatura e Ensaios,* São Paulo, v. 9, 1979.

_____. "Política e profecia". *Discurso,* v. 10, 1979.

_____. "Direito natural e direito civil em Hobbes e Espinosa". *Revista Latinoamericana de Filosofia,* v. VI, n. 1, 1980.

_____. "A linguagem na filosofia de Espinosa". *Da realidade sem mistérios ao mistério do mundo.* São Paulo: Brasiliense, 1981.

_____. "O jovem Marx leitor de Espinosa". In: FIGUEIREDO, E. L.; CERQUEIRA, G. F.; KONDER, L. (Orgs.). *Por que Marx?* Rio de Janeiro: Graal, 1983.

_____. "Notas preliminares para uma comparação entre Maimônides e Espinosa". *Cadernos USP,* n. 3, 1987.

_____. "Sobre o medo". In: NOVAES, A. (Org.). *Os sentidos da paixão.* São Paulo: Companhia das Letras, 1987.

_____. "A instituição do campo político em Espinosa". *Análise,* n. 11, 1989.

_____. "Laços do desejo". In: NOVAES, A. (Org.). *O desejo.* São Paulo: Companhia das Letras, 1987.

_____. "Servidão e liberdade no Livro IV da *Ethica*". *Discurso,* n. 22, 1992.

_____. "A ideia de parte da natureza em Espinosa". *Discurso,* n. 24, 1994. Publicado também em: GUTIERREZ, C. (Org.). *El trabajo filosófico de hoy en el continente. Actas del XIII Congreso Interamericando de Filosofia. Bogotá, jul. 4 al 9 de 1994.* Bogotá: Editorial ABC, 1995.

_____. *Espinosa. Uma filosofia da liberdade.* São Paulo: Moderna, 1995.

_____. "Imanência e luz: Espinosa, Vermeer e Rembrandt". *Discurso,* n. 26, 1996.

_____. "O *vulgus* e a *plebs* no *Tratado político*". *Cadernos de História e Filosofia das Ciências,* v. 5, n. 1-2, 1995 (publicado em 1996). "Le vulgus et la plebs dans le *Traité politique*". In: MOREAU, P. F.; VERMIREN, P. *Spinoza.* Paris: L'Harmatan, 1996.

_____. "*Res singularis*: notes pour un parcours à suivre". *Revue des Sciences Philosophiques et Théologiques,* t. 82, n. 1, 1998.

_____. *Política em Espinosa.* São Paulo: Companhia das Letras, 2003.

_____. *Desejo, paixão e ação na ética de Espinosa.* São Paulo: Companhia das Letras, 2011.

COSSUTTA, F. *Descartes et l'argumentation philosophique.* Paris: Presses Universitaires de France, 1996.

COURTINE, J. F. "Leibniz et la langue adamique". *Revue des Sciences Théologiques et Philosophiques*, n. 64, 1980.

_____. "Note complémentaire pour l'histoire du vocabulaire de l'être. (Les traductions latines de l'Ousía et la compréhension romano-stoïcienne de l'être)". In: AUBENQUE, P. (Org.). *Concepts et catégories dans la pensée antique*. Paris: Vrin, 1980.

_____. *Suarez et le système de la métaphysique*. Paris: Presses Universitaires de France, 1990.

COURTOIS, G. "Le rationalisme de Spinoza". *Les Etudes Philosophiques*, 1982.

CRISTOFOLINI, P. "Amor erga rem immutabilem et aeternam". *Guest Lectures and Seminar Papers on Spinozism*, n. 3, 1986.

_____. *Spinoza. Chemins dans l'Éthique*. Paris: Presses Universitaires de France, 1996.

_____. "L'esprit de l'atome". *Bulletin de l'Association des Amis de Spinoza*, n. 33, 1996.

_____. "Popolo e moltitudine nel lessico politico di Spinoza". In: CAPORALI, R.; MORFINO, V.; VESENTINI, S. (Orgs.). *Spinoza: Individuo e moltitudine*. Cesena: Socitè Editrice Il Ponte Vecchio, 2007.

_____. *L'uomo libero. L'eresia spinozista alle radici dell'Europa moderna*. Pisa: ETS, 2007.

CURLEY, E. *Spinoza's Metaphysics. An essay in interpretation*. Cambridge, MA: Harvard University Press, 1969.

_____. *Behind the geometrical method. A reading of Spinoza's Ethics*. Princeton: Princeton University Press, 1988.

_____. "The state of nature and its law in Hobbes and Spinoza". *Philosophical Topics*, v. 19, n. 1, 1991.

DAMASIO, A. *Looking for Spinoza. Joy, sorrow and the brain*. Nova York: Harcourt, 2003.

DANIEL, S. H. "Seventeenth-century scholastic treatments of time". *Journal of the History of Ideas*, v. XVII, n. 4, 1981.

DARBON, A. *Études spinozistes*. Paris: Presses Universitaires de France, 1946.

DECLERQ, G. "Stylistique et rhétorique au XVIIe siècle: l'analyse du text littéraire classique". *XVIIe Siècle*, n. 152, ano 38, n. 3, 1986.

DELAHUNTY, R. J. *Spinoza*. Londres: Routledge & Kegan Paul, 1985.

DELLA ROCCA, M. "Spinoza's Argument for the Identity Theory". *The Phiolosphical Review*, v. 102, n. 2, 1993.

DELBOS, V. *Le problème moral dans la philosophie de Spinoza et dans l'histoire du spinozisme*. Paris: Alcan, 1893. Reimp. Paris: Pups, 1990.

_____. "La notion de substance et la notion de Dieu dans la philosophie de Spinoza". *Revue de Métaphysique et de Morale*, n. 6, 1908.

_____. "La doctrine spinoziste des attributs de Dieu". *L'Année Philosophique*, n. 23, 1913.

_____. *Le spinozisme*. Paris: Vrin, 1964.

DELEUZE, G. *Spinoza e os signos*. Porto: Rés, s.d.

_____. *Spinoza et problème de l'expression*. Paris: Minuit, 1968.

_____. *Spinoza. Philosophie pratique*. 2. ed. ampl. Paris: Minuit, 1970, 1981.

DEUGD, C. de. *The significance of Spinoza's first kind of knowledge*. Assen: Van Gorcun, 1966.

DE DIJN, H. "The significance of Spinoza's Treatise on the Improvement of the Understanding". *Algemein Nederlands Tijdschrift voor Wijsbegeerte*, n. 66, 1974.

_____. "Conception of philosophical method in Spinoza: Logica and Mos Geometricus". *Review of Metaphysics*, n. 40, 1986.

DE DIJN, H. "Naturalism, freedom and ethics in Spinoza". *Studia Leibnitiana*, v. XXII, n. 2, 1990.

DOEUFF, M. L. "L'idée d'un 'Somnium Doctrinae' chez Bacon e Kepler". *Revue des Sciences Philosophiques et Théologiques*, n. 67, 1983.

_____. "L'homme et la nature dans les jardins de la science". *Les Études Philosophiques*, n. 3, 1985.

_____. "Un rationaliste chez Augias". *Les Études Philosophiques*, n. 3, 1985.

_____. "La découverte de l'homme". *Le Magazine Littéraire*, n. 200, 1986.

DOHMAN, A. "Les événements contemporains dans la peinture hollandaise du XVIIe siècle". *Revue d'Histoire Moderne et Contemporaine*, t. V, 1958.

DOMINGUEZ, A. "La morale de Spinoza et le salut par la foi". *Revue Philosophique de Louvain*, n. 78, 1980.

DUFOUR, K. G. *L'origine. L'essence de l'origine. L'origine selon l'Éthique de Spinoza*. Paris: Beauchesne, 1973.

_____. "Un itinéraire fictif. Le Traité de la Reforme de l'Entendement et de la meilleure voie à suivre pour parvenir à la vraie connaissance des choses". *Studia Philosophica*, Basileia, n. 35, 1975.

EISENBERG, Paul D. "How to understand the *De intellectus emendatione*". *Journal of the History of Philosophy*, n. 9, 1971.

_____. "Is Spinoza an ethical naturalist?". *Philosophia*, t. 7, n. 1, 1977.

ELSTER, J. *Leibniz et la formation de l'esprit capitaliste*. Paris: Aubier Montaigne, 1975.

FERREIRA, Maria Luiza R. *Uma meditação de vida em diálogo com Espinosa*. Lisboa: Esfera do Caos, 2013.

FERREYROLLES, G. "L'imagination en proccès". *XVIIe Siècle*, n. 177, ano 44, n. 4, 1992.

FLOISTAD, G. "Spinoza's Theory of Knowledge". *Inquiry*, v. 12, n. 1, 1969.

_____. "Mind and body in Spinoza's Ethics". *Gionale Critico della Filosofia Italiana*, v. VIII, n. 3-4, 1977.

FRANKENA, W. "Spinoza on the knowledge of Good and Evil". *Philosophia*, t. 7, n. 1, 1977.

FRIEDMANN, G. *Leibniz et Spinoza*. Paris: Gallimard, 1962.

GAFFRÈE, J. L. "Spinoza". *Revista Americana*, ano V, n. 3, 1916.

_____. "Spinoza", capítulo I. *Revista Americana*, ano VI, n. 4, 1917.

_____. "Spinoza", capítulo II. *Revista Americana*, ano VI, n. 5, 1917.

_____. "Spinoza. A vida solitária e os primeiros trabalhos philosophicos", capítulo III. *Revista Americana*, ano VII, n. 5-6, 1918.

_____. "Spinoza. Os primeiros escriptos de Spinosa: a crítica", capítulo III. *Revista Americana*, ano VII, n. 9, 1918.

_____. "Spinoza", capítulo IV. *Revista Americana*, ano VII, n. 10, 1918.

_____. "Spinoza. Os últimos dias de Spinoza", capítulo V. *Revista Americana*, ano VIII, n. 2, 1918.

GAINZA, M. de *Espinosa. Uma filosofia materialista do infinito positivo*. São Paulo: Edusp, 2011.

GALICHET, F. "Le problème de l'illusion chez Spinoza". *Revue de Métaphysique et de Morale*, n. 1, ano 77, 1972.

GARBER, D. *Descartes Embodied*. Cambridge: Cambridge Universty Press, 2001.

GARBER, D.; AYERS, M. (Orgs.). *The Cambridge history of seventeenth century philosophy*. Cambridge: Cambridge University Press, 1998. 2 v.

GAUKROGER, S. (Org.). *The soft underbelly of reason. The passion in the seventeenth century*. Londres: Routledge, 1998.

GIANCOTTI, E. B. *Que cosa há "veramente" detto Spinoza*. Roma: Astrolabio Ubaldini, 1972.

_____. *Spinoza e lo spinosismo*. Roma: Astrolabio Ubaldini, 1983.

GIANCOTTI, E. B. "La naissance du matérialisme moderne chez Hobbes et Spinoza". *Revue Philosophique*, n. 2, 1985.

GIBSON, B. "The *Regulae* of Descartes". *Mind*, 1898.

GILSON, E. *L'etre et l'essence*. Paris: Vrin, 1947.

_____. "Spinoza interprète de Descartes". *Études sur le rôle de la pensée médiévale dans la formation du système cartésien*. Paris: Vrin, 1951.

GIOVANNONI, A. *Immanence et finitude chez Spinoza. Études sur l'idée de constitution dans l'Éthique*. Paris: Kimé, 1999.

GLEIZER, M. A. *Vérité et certitude chez Spinoza*. Paris: Université de Paris IV-Sorbonne, 1992. Tese (Doutorado em Filosofia).

_____. "Considerações sobre o problema da verdade em Espinosa". *Discurso*, n. 24, 1994.

_____. "Espinosa e o 'círculo cartesiano'". *Cadernos de História e Filosofia da Ciência*, série 3, v. 5, n. 1-2, 1995.

GOLDFARB, A. M. A. *Da alquimia à química. Um estudo sobre a passagem do pensamento mágico vitalista ao mecanismo*. São Paulo: Nova Stella; Edusp, 1987.

_____. *A magia das máquinas. John Wilkins e a origem da mecânica moderna*. São Paulo: Experimento, 1994.

GOLDSCHMIDT, V. *Le système stoïcien et l'idée du temps*. Paris: Vrin, 1953.

GORHAM, G. "Mind-body Dualism and the Harvey-Descartes Controversy". *Journal of the History of Ideas*, v. 55, n. 2, 1994.

GREGORY, M. T. *Génèse de la raison classique de Charron à Descarttes*. Paris: Presses Universitaires de France, 2000.

GRMECK, M. D. *La première révolution biologique. Réflexions sur la physiologie et la médécine au XVIIe siècle*. Paris: Payot, 1990.

GUÉROULT, M. *Descartes selon l'ordre des raisons*. Paris: Aubier-Montaigne, 1953. 2 v.

_____. "Le cogito et l'ordre des axiomes metaphysique dans les *Principia philosophiae cartesianae* de Spinoza". *Archives de Philosophie*, t. XXIII, n. 2, 1960.

_____. *Leibniz. Dynamique et métaphysique*. Paris: Aubier-Montaigne, 1967.

_____. *Spinoza. Dieu. (Ethique I)*. Paris: Aubier-Montaigne, 1968.

_____. *Spinoza. L'âme. (Ethique II)*. Paris: Aubier-Montaigne, 1972.

_____. "Spinoza, Tome 3 (Introduction générale et première moitié du premier chapitre)". *Revue Philosophique de la France et l'Etranger*, n. 102, 1977.

HAMPSHIRE, S. *Spinoza*. Harmondsworth: Penguin, 1951.

_____. *Spinoza*. Madri: Alianza, 1982.

_____. "Two theories of Morality". In: _____. *Morality and conflict*. Oxford: Oxford University Press, 1983.

HANSEN, J. A. *A sátira e o engenho. Gregório de Matos e a Bahia do século XVII*. São Paulo: Companhia das Letras, 1989.

_____. "Práticas letradas seiscentistas". *Discurso*, n. 25, 1995.

_____. "Correspondência de Antônio Vieira (1646-94): o decoro". *Discurso*, n. 31, 2000.

HARRIS, E. E. *Salvation from despair. A reappraisal of Spinoza's philosophy*. Haia: M. Nijhoff, 1973.

_____. "Is there an esoteric doctrine in the *Tratactus Theologico-Politicus*?". *Mededelingen XXXVIII. Vanwege het Spinozahuis*. Leiden: E. J. Brill, 1978.

HARRIS, E. E. *The Substance of Spinoza*. Nova Jersey: Humanities Press, 1995.

HICKS, G. D. "The 'Modes' of Spinoza and the 'Monads' of Leibniz", *Critical Realism. Studies in the Philosphy of Mind and Nature*. Londres: Macmillan, 1938.

HIRSCH, W. R. *Rabinic psychology. Belief about the soul in rabbinical literature of the Talmudic Period*. Londres: Edward Goldston, 1947.

HIRSCHMAN, A. O. *As paixões e os interesses*. Rio de Janeiro: Paz e Terra, 1977.

HORNÄK, S. *Espinosa e Vermeer. Imanência na filosofia e na pintura*. São Paulo: Paulus, 2010.

HUBBELING, H. G. *Spinoza's methodology*. Assen: Van Gorcun, 1967.

_____. "Spinoza comme précurseur du reconstructivisme logique dans son livre sur Descartes". *Studia Leibnitiana*, XII, 1980.

_____. *Spinoza*. Barcelona: Herder, 1981.

ISRAEL, N. *Spinoza. Le temps de la vigilance*. Paris: Payot, 2001.

ITOKAZU, Ericka Marie. *Tempo, duração e eternidade na filosofia de Espinosa*. São Paulo: FFLCH-USP, 2008. Tese (Doutorado em Filosofia).

JACOB, F. *La logique du vivant*. Paris: Gallimard, 1979.

JAQUET, Chantal. *Sub specie aeternitatis. Étude des concepts de temps, durée et éternité chez Spinoza*. Paris: Kimé, 1997.

_____. *L'unité du corps et de l'esprit. Affects, actions et passions chez Spinoza*. Paris: Presses Universitaires de France, 2004.

JOACHIM, H. H. *A study of the Ethics of Spinoza*. Oxford: Clarendon, 1901. Reimp. Nova York: Russell and Russell, 1964.

_____. *Spinoza's Tratactus de Intellectus Emendatione*. Oxford: Clarendon, 1940. Reimp. Nova York: Russell and Russell, 1964.

JONAS, H. "Spinoza and the Theory of Organism". *Journal of the History of Philosophy*, v. III, n. 1, 1965.

JORDÃO, F. V. *Espinosa. História, salvação e comunidade*. Lisboa: Fundação Calouste Gulbenkian, 1990.

_____. *Sistema e interpretação em Espinosa*. Maia: Castoliva, 1993.

KAUFMANN, F. "Spinoza's system as Theory of Expression". *Philosophy and Phenomenological Research Journal*, v. I, n. 1, 1940.

KLEVER, W. "A new source of spinozism: Franciscus van den Emden". *Journal of the History of Philosophy*, v. 29, n. 4, 1991.

KOSSOVITCH, L. "A emancipação da cor". In: NOVAES, A. (Org.). *O olhar*. São Paulo: Companhia das Letras, 1988.

KOYRÉ, A. "Le Chien, constellation céleste, et le chien animal aboyant". *Revue de Métaphysique et de Morale*, 1950.

_____. *Du monde clos a l'univers infini*. Paris: Presses Universitaires de France, 1962.

_____. *Études d'histoire de la pensée philosophique*. Paris: Gallimard, 1975.

_____. *Estudos de história do pensamento científico*. Rio de Janeiro: Forense Universitária, 1982.

_____. *Estudos galilaicos*. Lisboa: Dom Quixote, 1986.

LACERDA, T. de M. *A política da metafísica. Teoria e prática em Leibniz*. São Paulo: Humanitas, 2005.

LAGRÉE, J. *Le salut du laïc. Edward Herbert de Cherbury*. Étude et traduction du *De religione laici*. Paris: Vrin, 1989.

_____. *La raison ardente. Religion naturelle et raison au XVIIe siècle*. Paris: Vrin, 1991.

LAGRÉE, J. "Religion naturelle, tolérance et liberté". *Colloque de l'A. F. S. P. table ronde n. 2, Théologies et politiques*. Paris: 1992.

_____. *Juste Lipse et la restauration du stoïcisme*. Paris: Vrin, 1994.

_____. *Le néostoïcisme*. Paris: Vrin, 2010.

LANDIM FILHO, R. *Evidência e verdade no sistema cartesiano*. São Paulo: Loyola, 1992.

_____. "Pode o cogito ser posto em questão?". *Discurso*, n. 24, 1994.

LANDY-HOUILLON, I. "Usage et raison aux siècles classiques". *XVIIᵉ Siècle*, v. 152, n. 3, 1986.

LATTRE, A. de. *L'occasionalisme d'Arnold Geulincx*. Paris: Minuit, 1968.

LATZER, M. "Leibniz's conception of methaphysical evil". *Journal of the History of Ideas*, v. 55, n. 1, 1994.

LAUX, H. *Imagination et religion chez Spinosa. La potentia dans l'histoire*. Paris: Vrin, 1993.

LAZZERI, C. *Droi, pouvoir et liberté. Spinoza critique de Hobbes*. Paris: Presses Universitaires de France, 1998.

LEBRUN, G. *Kant et la fin de la métaphysique*. Paris: Armanda Colin, 1970.

_____. *La patience du concept*. Paris: Gallimard, 1972.

_____. *Pascal*. São Paulo: Brasiliense, 1983.

_____. "A noção de semelhança de Descartes a Leibniz". In: _____. *Conhecimento, linguagem, ideologia*. São Paulo: Perspectiva, 1989.

LEFÉVRE, R. *La bataille du "Cogito"*. Paris: Presses Universitaires de France, 1960.

LENOBLE, R. *Histoire de l'idée de nature*. Paris: Albin Michel, 1969.

LERMOND, L. *The form of man. Human essence in Spinoza's Ethic*. Leiden: E. J. Brill, 1988.

LEVY, L. *O autômato espiritual. A subjetividade moderna segundo a Ética de Espinosa*. Porto Alegre: L&PM, 1998.

LIMONGI, M. I. P. "A relação entre a razão e as paixões na antropologia hobbesiana". *Discurso*, n. 24, 1994.

_____. *O homem excêntrico: Paixões e virtudes em Thomas Hobbes*. São Paulo: Loyola, 2009.

LLOYD, G. *Spinoza and the Ethics*. Londres: Routledge, 1996.

LUCAS, H. C. "Spinoza in Hegels logik". *Mededelingen XLV. Vanwege Het Spinozahuis*. Leiden: E. J. Brill, 1982.

LUCCHESE, F. *Tumulti e indignatio. Conflitto, diritto e moltitudine in Machiavelli e Spinoza*. Milão: Ghilbi, 2004.

_____; MORFINO, V. (Orgs.). *La scienza intuitiva in Spinoza. Ontología, política, estetica*. Milão: Ghilbi, 2003.

MACHEREY, P. *Hegel ou Spinoza?* Paris: Maspero, 1979.

_____. *Introduction à l'Éthique de Spinoza. La cinquième partie: les voies de la libération*. Paris: Presses Universitaires de France, 1994.

_____. *Introduction à l'Éthique de Spinoza. La troisième partie: la vie affective*. Paris: Presses Universitaires de France, 1997.

_____. *Introduction à l'Éthique de Spinoza. La quatrième partie: la condition humaine*. Paris: Presses Universitaires de France, 1997.

MACKINNAN, F. I. "'The treatment of universals in Spinoza's *Ethics*". *The Philosophical Review*, v. XXXIII, n. 4, 1924.

MADANES, L. "Descartes: la libertad de pensamiento, fundamento de la moral provisional". *Cadernos de História e Filosofia da Ciência*, série 3, v. 5, n. 1-2, 1995.

_____. "How to undo things with words: Spinoza's Criterion for Limiting Freedom of Expression". *History of Philosophy Quaterly*, v. 9, n. 4, 1992.

MAIA NETO, J. R. "Pascal e as grandes questões do seu tempo". *Cadernos de História e Filosofia da Ciência*, série 3, v. 5, n. 1-2, 1995.

_____; POPKIN, R. H. "Bishop Pierre-Daniel Huet's remarks on Pascal". *Discussion*, BJHP, v. 3, n. 1, 1995.

MALHERBE, M. *Thomas Hobbes ou l'Œuvre de la raison*. Paris: Vrin, 1984.

MARIN, L. *La critique du discours. Sur la "logique de Port Royal" et les "Pensées" de Pascal*. Paris: Minuit, 1975.

MARION, J. L. *Sur l'ontologie grise de Descartes*. Paris: Librairie Vrin, 1975.

_____. "Le fondement de la 'cogitatio' selon le De intellectus emendatione. Essai d'une lecture des §§104-5". *Les Études Philosophiques*, v. 47, 1972.

_____. *La théologie blanche de Descartes*. Paris: Presses Universitaires de France, 1981.

_____. "De la création des vérités éternelles au principe de raison. Remarques sur l'anti-cartésianisme de Spinoza, Malebranche, Leibniz". *XVIIe Siècle*, n. 147, 1985.

_____. *Sur le prisme métaphysique de Descartes*. Paris: Presses Universitaires de France, 1986.

_____. "Le concept de métaphysique chez Mersenne". *Les Études Philosophiques*, n. 1-2, 1994.

_____. "À propos de Suarez et Descartes". *Revue Internationale de Philosophie*, v. 195, n. 1, 1996.

MARQUES, J. *Descartes e sua concepção de homem*. São Paulo: Loyola, 1993.

MARTON, S. "Pascal: A busca do ponto fixo e a prática da anatomia moral". *Discurso*, n. 24, 1994.

MASON, R. V. "Spinoza on the causality of individuals". *Journal of the History of Philosophy*, v. XXIV, n. 2, 1986.

MATHÉRON, A. *Individu et communauté chez Spinoza*. Paris: Minuit, 1969.

_____. *Le Christ et le salut des ignorants chez Spinoza*. Paris: Aubier-Montaigne, 1971.

_____. *Anthropologie et politique au XVIIe siècle. (Études sur Spinoza)*. Paris: Vrin, 1986.

_____. *Études sur Spinoza et lês philosophes de l'âge classique*. Lyon: ENS, 20011.

MATOS, O. C. F. *O iluminismo visionário: Benjamin, leitor de Descartes e Kant*. São Paulo: Brasiliense, 1993.

MATTOS, C. L. de. "Espinosa"(1). *Revista Brasileira de Filosofia*, v. XXVI, n. 104, 1976.

_____. *Francis Bacon, Descartes, Spinoza*. Capivary: Graf. Ed. do Lar, 1987.

MANZINI, F. *Spinoza: Une lecture d'Aristote*. Paris: Presses Universitaires de France, 2009.

MCKENNA, A. "La composition de la 'Logique' de Port-Royal". *Revue Philosophique*, n. 2, 1986.

_____. "Pascal et Épicure. L'intervention de Pierre Bayle dans la controverse entre Antoine Arnauld et le Père Malebranche". *XVIIe Siècle*, n. 168, ano 42, 1990.

_____. "Pascal et les corps humains". *XVIIe Siècle*, n. 177, ano 44, 1992.

MCLAUGHIN, P. "Descartes on Mind-Body Interaction and the Conservation of Motion". *The Philosophical Review*, v. 102, n. 2, 1993.

MCNAMARA, P. "Leibniz on creation, contingency and per-se modality". *Studia Liebnitiana*, t. XXII, n. 1, 1990.

MENDES, M. V. *A oratória barroca de Vieira*. Lisboa: Caminho, 1989.

MEYER, M. *Le philosophe et les passions*. Paris: Librairie Générale Française, 1991.

MIGNINI, F. "Per la datazione e l'interpretazione del 'Tratactus de intellectus emendatione', di Spinoza". *La Cultura*, n. 17, 1979.

_____. "Un documento trascurato della revisione spinoziana del 'Breve Trattato'". *La Cultura*, n. 18, 1980.

_____. *Ars imaginandi. Apparenza e rappresentazione in Spinoza*. Nápoles: Edizioni Scientifiche Italiane, 1981.

_____. *Introduzione a Spinoza*. Roma; Bari: Laterza, 1983.

MISRAHI, R. *Le désir et la réflexion dans la philosophie de Spinoza*. Paris; Londres; Nova York: Gordon e Breach, 1983.

_____. *Le corps et l'esprit dans la philosophie de Spinoza*. Paris: Delagrange, 1992.

MEYER, M. *Le philosophe et les passions*. Paris: Librairie Générale Françaiose, 1991.

MOREAU, J. *Spinoza et le spinozisme*. Paris, 1971.

MOREAU, P. F. *Spinoza*. Paris: Seuil, 1975.

_____. "Ecriture Sainte et Contre-réforme: La position suarézienne". *Revue des Sciences Philosophiques et Théologiques*, n. 64, 1980.

_____. "Saisset, lecteur de Spinoza". *Recherches sur le XVIIe Siècle*, n. 4, 1980.

_____. "Spinoza et l'Italie. Le modèle venitien". *Langues Néo-Latines*, n. 76, 1982.

_____. "Politiques du langage". *Revue Philosophique*, n. 2, 1985.

_____. "Louis Meyer et l'Interprès". *Revue des Sciences Philosophiques et Théologiques*, n. 76, 1992.

_____. *Spinoza. L'expérience et l'éternité*. Paris: Presses Universitaires de France, 1994.

MORFINO, V. *Il tempo e l'occasione. L'incontro Spinoza Machiavelli*. Milão: LED, 2002.

_____. *Il tempo della moltitudine. Materialismo e política prima e dopo Spinoza*. Roma: Manifestilibri, 2005.

_____. *Incurzioni spinoziste. Causa tempo, relazione*. Milão: Mimesis, 2006.

_____. *Spinoza e il non contemporaneo*. Verona: Ambre Corte, s.d.

MUHANA, Adma F. *A epopeia em prosa seiscentista: Uma definição de gênero*. São Paulo: Editora da Unesp, 1997.

MUÑOZ, A. A. *Liberdade e causalidade. Ação, responsabilidade e metafísica em Aristóteles*. São Paulo: Discurso Editorial, 2002.

NADLER, S. *A book forged in hell. Spinoza's scandalous treatise and the birth of the secular age*. Princeton: Princeton University Press, 2011.

NASCIMENTO, Maria das Graças de S. "O modelo psicofisiológico cartesiano e o materialismo das luzes". *Cadernos de História e Filosofia da Ciência*, série 3, v. 5, n. 1-2, 1995.

NEGRI, A. *L'anomalie sauvage*. Paris: Presses Universitaires de France, 1984.

_____. *A anomalia selvagem. Poder e potência em Spinoza*. Rio de Janeiro: Editora 34, 1993.

_____. "L'antimodernité de Spinoza". *Les Temps Modernes*, n. 539, 1991.

NICKELSBURG JR., G. W. E. *Ressurrection, immortality and eternal life in intertestamental Judaism*. Oxford: Oxford University Press, 1972.

NOGUEIRA, A. *O método racionalista-histórico em Spinoza*. São Paulo: Mestre Jou, 1976.

NORRIS, C. *Spinoza and the origins of modern critical theory*. Oxford: Basil Blackwell, 1991.

NOVAES FILHO, M. A. *O livre-arbítrio da vontade humana e a presciência divina, segundo Agostinho de Hipona*. São Paulo: FFLCH-USP, 1997. Tese (Doutorado em Filosofia).

OLIVA, L. C. *As marcas do sacrifício. Um estudo sobre a possibilidade da história em Pascal*. São Paulo: Discurso Editorial, 2004.

_____. *Existência e eternidade em Leibniz e Espinosa*. São Paulo: FFLCH-USP, 2013. Tese (Livre-docência).

PAULA, M. F. de *Alegria e felicidade. A experiência do processo liberador em Espinosa*. São Paulo: FFLCH- USP, 2009. Tese (Doutorado em Filosofia).

PARKINSON, G. H. R. *Spinoza's Theory of Knowledge*. Oxford: Clarendon, 1954.

_____. "Language and knowledge in Spinoza". *Philosophical Review*, v. 67, 1958.

_____. "Hegel, Pantheism, and Spinoza". *Journal of the History of Ideas*, v. XLII, n. 3, 1977.

PARROCHIA, D. "Optique, mécanique et calcul des chances chez Huygens et Spinoza". *Dialectica*, v. 38, n. 4, 1984.

PERSCH, S. L. *Imaginação e profecias no* Tratado teológico-político *de Espinosa*. São Paulo: FFLCH-USP, 2007. Tese (Doutorado em Filosofia).

PEURSEN, C. A. van. "Le critère de la vérité chez Spinoza". *Revue de Méthaphysique et de Morale*, ano 83, n. 4, 1978.

PIGEAUD, J. *Les maladies de l'âme. Etude sur la relation de l'âme et du corps dans la tradition médico-philosophique antique*. Paris: Les Belles Lettres, 1989.

PINEDA, V. M. *Horror vacui. Voluntad y deseo en el pensamiento de Spinoza*. México: Universidad Michoacana de San Nicolas de Hidalgo, 2009.

PINHEIRO, U. "Ideia e asserção na teoria da mente de Espinosa". *Analytica*, v. 3, n. 2, 1998.

POCOCK, J. G. A. "Spinoza and Harrington: An exercise in comparison". *Bijdragen en Mededelingen Betreffende des Geschiedenis der Nederlanden*, v. 102, n. 3, 1987.

POLLOCK, F. *Spinoza, his life and philosophy*. Londres: Duckworth, 1899.

PRADO JR., B. "O argumento do sonho revistado", Conferência no II Encontro de Estudos Filosóficos do Século XVII. Mimeo. São Paulo, 1997.

PRÉPOSIET, J. *Spinoza et la liberté des hommes*. Paris: Gallimard, 1967.

PRETI, G. *Retorica e logica. Le due culture*. Turim: Einaudi, 1968.

PROIETTI, O. "Adulescens luxu perditus. Classici latini nell'opera di Spinoza". *Rivista di Filosofia Neo-escolastica*, n. 2, 1985.

_____. *Philodonius. Spinoza, van den Enden i classici latini*. Macerata: Edizioni Università di Macerata, 2010.

RADNOR, D. "Spinoza's theory of ideas". *Philosophical Review*, n. 4, 1971.

RAMOND, C. *Qualité et quantié dans la philosophie de Spinoza*. Paris: Presses Universitaires de France, 1995.

_____. *Spinoza et la pensée moderne. Constitutions de l'objectivité*. Paris: L'Harmattan, 1998.

REBOLLO, R. A. "William Harvey e a anatomia do século XVII: ruptura e tradição". Relatório final para exame de qualificação para obtenção do título de doutor em filosofia. Mimeo. São Paulo, 1997.

_____. *William Harvey e a descoberta da circulação do sangue*. São Paulo: Editora da Unesp, 2013.

RESCHNER, N. "Truth as ideal coherence". *Review of Metaphysics*, v. 38, n. 4, 1985.

REVAULT D'ALLONES, M.; RIZK, H. (Orgs.). *Spinoza: puissance et ontologie*. Paris: Kimé, 1994.

REZENDE, C. *Intellectus fabrica: Um ensaio sobre a teoria da definição no* Tractatus de intellectus emenadtione *de Espinosa*. São Paulo: FFLCH-USP, 2009. Tese (Doutorado em Filosofia).

RIBEIRO, R. J. *Ao leitor sem medo. Hobbes escrevendo contra o seu tempo*. São Paulo: Brasiliense, 1984.

RICE, L. C. "Spinoza on individuation". *The Monist*, n. 55, 1971.

RIVAUD, A. *Les notions d'essence et d'existence dans la philosophie de Spinoza*. Paris: Félix Alcan, 1906.

_____. "La nature des modes selon Spinoza". *Revue de métaphysique et de Morale*, n. 40, 1933.

ROBINET, P. "Hétéromie et autonomie de l'homme au XVII siècle". *Revue des Sciences Philosophiques et Théologiques*, n. 64, 1980.

ROCCA, M. della. *Representation and the Mind-body problem in Spinoza*. Oxford: Oxford University Press, 1996.

ROCHA, A. M. *Espinosa e a inteligibilidade da história. Ensaios sobre a liberdade e a democracia no Tratado teológico-político*. São Paulo: FFLCH-USP, 2011. Tese (Doutorado em Filosofia).

ROSSI, P. *I filosofi e le machine (1400-1700)*. Milão: Feltrinelli, 1976. [Ed. bras.: *Os filósofos e as máquinas*. São Paulo: Companhia das Letras, 1989.]

_____. *A ciência e a filosofia dos modernos*. São Paulo: Editora da Unesp, 1989.

ROUSSET, B. *La perspective finale de l'Éthique et le problème de la cohérence du spinozisme. L'autonomie comme salut*. Paris: Vrin, 1968.

_____. *Spinoza lecteur des Objections faites aux Méditations de Descartes et de ses Réponses*. Paris: Kimé, 1996.

_____. *Guelincx entre Descartes et Spinoza*. Paris: Vrin, 1999.

_____. *Immanence et salut. Regards spinozistes*. Paris: Kimé, 2000.

RULER, J. A. *The crisis of causality. Voetius and Descartes on God, nature and chance*. Leiden: E. J. Brill, 1995.

SACKSTEDER, W. "Hobbes: The art of the geometricians". *Journal of the History of Philosophy*, n. 18, 1980.

_____. "How much of Hobbes might Spinoza have read?". *The Southwestern Journal of Philosophy*, n. 1, 1980.

_____. "Man the artificer. Notes on animals, humans, and machines in Hobbes". *Southern Journal de Philosophy*, v. XXII, 1984.

_____. "Simple wholes and complex parts". *Philosophy and Philosophical Research*, n. 45, 1985.

_____. "Least parts and greatest wholes. Variations on a theme in Spinoza". *International Studies in Philopsophy*, XXIII, n. 1, 1991.

SANTIAGO, H. *O uso e a regra: Ensaio sobre a gramática espinosana*. São Paulo: FFLCH-USP, 2003. Tese (Doutorado em Filosofia).

_____. *Espinosa e o cartesianismo*. São Paulo: Discurso Editorial, 2004.

_____. *A ordenação geométrica da parte I dos Princípios da filosofia cartesiana*. São Paulo: FFLCH-USP, 2001. Dissertação (Mestrado em Filosofia).

_____. *Entre servidão e liberdade*. São Paulo: FFLCH-USP, 2011. Tese (Livre-docência).

_____. *Geometria do instituído. Estudo sobre a gramática hebraica espinosana*. Fortaleza: Educe, 2014.

SCHAMA, S. "The unruly realm: Appetite and restraint in seventeenth century Holland". *Daedalus*, v. 108, n. 3, 1979.

_____. *The embarrassment of riches. An interpretation of Dutch culture in the Golden Age*. Berkeley: University of California Press, 1988.

SELLIER, P. "Le siècle de Saint Augustin". *XVIIᵉ Siècle*, v. 135, ano 34, n. 2, 1982.

SERRES, M. *Le système e Leibniz et ses modèles mathématiques*. 2 v. Paris: Presses Universitaires de France, 1968.

SERVÉRAC, P. *Le devenir actif chez Spinoza*. Paris: Champion, 2005.

SHAPIRO, B. J. *Probability and certainty in seventeenth century England. A Study of the relationships between natural science, religion, history, law, and literature*. Princeton: Princeton University Press, 1983.

SHAW, R. L. "Personal identity in Spinoza". *Inquiry*, v. 12, n. 1, 1969.

SILVA, C. V. da. *Corpo e e pensamento. Alianças concetuais entre Deleuze e Espinosa*. Campinas: Editora da Unicamp, 2013.

SILVA, F. L. "Alguns aspectos da relação entre fé e saber no século XVII". *Discurso*, n. 15, 1983.

_____. "Transformação da noção de beatitude em Descartes". *Discurso*, n. 24, 1994.

SIMON, G. *Sciences et savoirs aux XVIe et XVIIe siècles*. Paris: Septentrion, 1996.

SIMONDON, G. *L'individu et sa genèse physico-biologique*. Paris: Presses Universitaires de France, 1964.

SINI, C. *Archivio Spinoza. La verità et la vita*. Milão: Ghilbi, 2005.

STAROBINSKY, J. "Jalons pour une histoire du concept d'imagination". In: _____. *La relation critique*. Paris: Gallimard, 1970.

STEWART, M. *The courtier and the heretic. Leibniz, Spinoza, and the fate of God in the Modern World*. Nova York: W. W. Norton, 2006.

TALON-HUGON, C. *Les passions rêvées par la raison. Essai sur la théorie des passions de Descartes et de quelques-uns de ses contemporains*. Paris: Vrin, 2002.

TATIÁN, D. *La cautela del salvaje. Passiones y política em Spinoza*. Córdoba: Adriana Hidalgo Editora, 2001.

_____. *Spinoza y el amor del mundo*. Buenos Aires: Altamira, 2008.

TEIXEIRA, L. *A doutrina dos modos de percepção e o conceito de abstração na filosofia de Espinosa*. Boletim da Faculdade de Filosofia, Ciências e Letras, Universidade de São Paulo, São Paulo, 1954.

_____. *Ensaio sobre a moral de Descartes*. 1. ed. Boletim da Faculdade de Filosofia, Letras e Ciências, Universidade de São Paulo, São Paulo, 1955. 2. ed. São Paulo: Brasiliense, 1990.

TOROS, Y. "Ombre et lumière chez Spinoza. Le petit Traité de l'arc en ciel". *Recherches sur le XVIIe Siècle*, n. 7, 1984.

TOSEL, A. *Spinoza ou le crépuscule de la servitude. Essai sur le Traité théologico-politique*. Paris: Aubier, 1984.

_____. *Du matérialisme de Spinoza*. Paris: Kimé, 1994.

VONA, P. di. "Le proprietà dell'essenza nella filosofia di Spinoza". *Verifiche*, n. 6, 1977.

_____. *La conoscenza "sub specie aeternitatis" nell'opera di Spinoza*. Nápoles: Loffredo, 1995.

VOSS, S. (Org.). *Essays on the Philosophy and Science of René Descartes*. Oxford: Oxford University Press, 1993.

XAVIER, H. P. *Por uma estética da imanência*. São Paulo: FFLCH-USP, 2013. Tese (Doutorado em Filosofia).

WALTHER, M. *Metaphysik als anti-theologie. Die philosophie Spinozas im Zusammenhang der religionsphilosophischen problematik*. Hamburgo: Felix Meiner, 1971.

WOLFSON, H. A. "Spinoza's mechanism, attributes and panpsychism". *The Philosophical Review*, n. 46, 1937.

_____. *Knowledge and prophecy. Sensation, reason and prophecy*. Cambridge, MA: Harvard University Press, 1947. v. 2.

_____. *Crescas's critique of Aristotle. Problems of Aristotle's physics in Jewish and Arabic philosophy*. Cambridge, MA: Harvard University Press, 1971.

_____. "Some guiding principles in determining Spinoza's medieval sources". *Jewish Quarterly*

Review, XXVII, 4, 1937. Revisto e republicado em *Studies in the History of Philosophy and Religion,* II. Cambridge, MA: Harvard University Press, 1977.

WOLFSON, H. A. *The philosophy of Spinoza. Unfolding the latent process of his reasoning.* Cambridge, MA: Harvard University Press, 1983. [1. ed., 2 v., 1934].

YAKIRA, E. *Contrainte, nécessité, choix. La métaphysique de la liberté chez Spinoza et chez Leibniz.* Zurique: Éditions du Grand Mîdi, 1989.

YOVEL, Y. *Spinoza and other heretics. I The marrano of reason. II The adventures of immanence.* Princeton: Princeton University Press, 1988. 2 v.

ZAC, S. *Spinoza et l'interprétation de l'Ecriture.* Paris: Presses Universitaires de France, 1965.

_____. *Essais spinozistes.* Paris: Librairie Philosophique J. Vrin, 1985.

_____. *Spinoza en Allemagne (Mendelssohn, Lessing et Jacobi).* Paris: Méridiens Klincksiech, 1989.

_____; YOVEL, Y. *L'idée de vie dans la philosophie de Spinoza.* Paris: Presses Universitaires de France, 1963.

ZARKA, Y. C. "Empirisme, nominalisme et matérialisme chez Hobbes". *Archives de Philosophie,* n. 48, 1985.

ZOURABICHIVILI, F. *Le conservantisme paradoxal de Spinoza. Enfance et royauté.* Paris: Presses Universitaires de France, 2002.

Índice remissivo

"a priori" e "a posteriori", sentido seiscentista de, 613-4n
abjeção, 326, 349-50, 462-4
absolutamente infinito, 0, 69, 80, 96n, 134, 142, 230, 315-6, 432, 587-8, 591, 600
absolutum imperium, 25, 533
absorção do finito pelo infinito, 591
abstrações, 19, 69, 211, 223, 234, 239-40, 275, 389, 392, 400
ação ambiental, 161, 163, 166
ação de Deus, 107, 493
ação de existir, 179
ação humana, 390, 495-6, 507
ação livre, 263, 631n
ação natural, 389-90
ação voluntária, 494, 509
acidentes, 54, 56, 192, 537
acosmismo, 56-7, 59, 137, 142, 591, 614n
acquiescentia animi, 482, 619n, 654-5n
"*Acquiescentia* dans la cinquième partie de l'*Ethique* de Spinoza" (Totaro), 655n
acquiescentia in se ipso, 349, 464, 619n, 654-5n
acquiescentia mentis, 578, 583, 619n, 654-5n
acquiescentia, etimologia de, 648n

ad amussim, 539
ad novum institum, 646n
Adão, 15, 35, 483-5, 488-9, 491
adequação cognitiva, 187, 298
admiração, 237, 285-6, 293, 304-5, 363, 632-3n
adoração a Deus, 30-1
aduladores, 463
adultério, 492
adultos, 158, 548, 598, 647n
aegritudo, 284
Aeternitas. A spinozistic study (Hallet), 654n
afecções, 32, 52, 55, 71, 74-5, 80, 82, 84-5, 90, 93-4, 95n, 97, 99-100, 102, 105, 108, 111, 116, 128, 139, 150-2, 155-8, 161-2, 167, 169-70, 172, 174, 177, 180-1, 183, 185, 198-9, 206-12, 214-5, 220-6, 235-6, 238, 240, 242, 245-6, 251, 258, 271-2, 276, 282, 284, 296, 300, 302, 310, 314, 323, 327, 329-30, 333-6, 344, 348, 351-2, 354, 364, 367, 382, 388, 390-2, 398-9, 405-6, 408, 412-3, 415-6, 418, 424, 429, 433, 437, 440, 451, 453-6, 470, 480, 513, 517, 532, 539-41, 543, 546-7, 550-1, 553, 555-6, 560-1, 564-6, 570-1, 574, 586, 595-8, 600, 603-4
afecções corporais, 90-1, 151, 156-8, 162, 170, 174,

177, 181, 185, 199, 206-7, 210, 214-5, 221, 223, 225, 235, 239-40, 242, 245-6, 251, 271-2, 276, 296, 300, 302, 310, 314, 333, 335-6, 351, 367, 388, 398, 405, 412-3, 415-6, 433, 437, 440, 453, 456, 470, 517, 540-1, 543, 546, 551, 553, 555-6, 571, 574, 586, 596-8, 603-4, 614n, 620n, 624n, 626n
afetividade, 369, 409, 415, 417, 433, 449, 460, 497, 525, 592
afeto do ânimo, 103n, 104
afetos, 90, 104, 154, 162, 187, 282-4, 286-7, 289-96, 300, 309-10, 314, 323, 325-6, 330, 332, 334-9, 341-5, 347-51, 355, 361, 363-4, 366-9, 377, 381, 383-5, 394-5, 398, 401, 403-8, 412, 414-5, 417-9, 421-4, 426, 434-5, 437, 444, 447-9, 453-5, 457-8, 460-2, 464-6, 468, 470, 473, 475, 477-8, 484-5, 510, 516, 523-6, 533-4, 537-9, 541-2, 544-6, 548-53, 555, 557-8, 560, 562-3, 586, 592, 594, 596, 600, 602-3, 605-6, 616n, 620n, 623n, 626n, 629n, 635n, 637n, 639-40n, 644-7n, 653n
afetos primários, 325-6, 330, 534
affectio / affectiones, 72, 284
affectiones de Deus versus *propria* de Deus, 72
affectus, 288, 291, 533
affectuum viribus, 394
afficio, 284
Agostinho, Santo, 75, 192, 264, 284, 360, 507-10, 629n, 650n
agostiniano, pensamento, 33, 650n
agostinismo, 511
agudeza de engenho *ver* engenho agudo
Agudeza y arte de ingenio (Gracián), 632n
akrasía, 310
Alcmena (escultor grego), 605
alegorias, 30
alegria, 53, 155, 198, 283, 325-8, 330-50, 352, 354-69, 396, 405, 416, 418, 420-1, 423, 425-6, 429, 438-40, 443, 449, 454-6, 458-64, 466-7, 470, 472-3, 534, 541, 555-8, 578, 583-4, 587-8, 590-1, 639-40n, 644n, 653n
alienação, 281, 292, 384-5
alma, 27, 52-5, 57-8, 61, 117, 145, 151-3, 155-6, 161, 170, 181, 184, 231-3, 267, 277, 283-4, 288, 299-300, 303, 322, 475-6, 488, 490, 493, 503, 509, 526-32, 574, 617n, 619n, 626n, 629n, 632-6n, 651-3n
alterius juris, 383, 385, 389, 401, 446
alucinação, 428
ambição, 347, 350-2, 361, 445, 457, 545
amicitia, 445, 655n
amizade, 62, 352, 369, 445, 478-80, 552, 590, 604, 640n, 645-6n, 648n
amor, 53-4, 92, 100, 103n, 104, 268, 277, 321, 326, 331-4, 337, 340, 342-6, 348-50, 352, 354-63, 366, 370, 404, 421, 438-9, 456-8, 460, 464, 466, 481, 487, 493, 541, 550, 553, 556, 558-9, 562, 584-90, 592-3, 596, 601-2, 604, 633n, 637n
amor a Deus, 481, 556, 558-9, 562, 584-5, 587, 590, 596, 602, 653n
amor de Deus, 487, 588-90, 601
amor intelectual a Deus, 482, 546-7, 583-5, 590, 593, 653n
amor intelectual infinito, 587
amor-próprio, 365; *ver também* contentamento consigo mesmo
anacronismo, 620n, 654n
analogias, 45, 47, 191
anatomia do corpo, 165
angústia, 280, 284
anima, 154-6, 619n
animais, 154, 280, 284, 304, 308, 320, 371, 374, 442, 484-5, 522, 525-8, 620-1n, 634n, 640n, 646n, 652n
animal social, homem como, 442, 645n
animal-máquina, figura cartesiana do, 166
animismo, 165
ânimo, 104, 140, 277, 279-81, 283, 285, 288, 292, 296, 302, 332, 335, 343, 359, 362, 365-6, 368-9, 374-5, 405-6, 421, 424, 454, 458-9, 461-4, 475, 478-9, 481-2, 493, 501, 515-7, 523, 541, 552-3, 562, 590, 601-6
animus, 283, 302, 619n
aniquilamento, 180; *ver também* destruição; indestrutibilidade
anjos, 54, 109, 611n
Anna, Giuseppe, 628n
Anomalia selvagem, A (Negri), 60

Antiga Aliança, 29
Antigo Testamento, 28-9, 31, 485
antipatia, 334, 358, 489
apatheia, 644n
apetite, 155, 166, 181-2, 265, 295, 309-11, 313, 318-21, 325, 328-9, 336, 353, 355, 377, 391, 408, 418, 456, 478, 496, 507-10, 524-5, 545, 553
Apolo, deus, 214
appetitus, 284, 318
apreço, 342, 462, 464, 601
aristocracia, 25, 87
Aristóteles, 34, 109, 141, 151, 266, 269, 277, 282-3, 285, 363, 495, 507-8, 537, 619n, 622n, 629n, 631-4n, 642n, 645n, 649-50n, 653n
aristotélica, tradição, 163, 191
aristotélico-escolástica, tradição, 19, 36, 115, 141, 537
Arnauld, Antoine, 487, 617n
arrependimento, 310, 349, 462, 639-40n
Ars imaginandi: Apparenza e rappresentazione in Spinoza (Mignini), 626n
ars laudandi versus *ars vituperandi*, 289-90, 292
arte de excogitar, 302-3, 374-5
arte humana, 307-8, 375-6
artes, 283, 524, 626n
artesão, 642n, 652n
ascetismo, 322, 360, 424, 426, 598
"asno de Buridan", tropo medieval do, 276, 631n
assassinato, 427
astrologia, 639n
astronômico, sistema, 211
asylum ignoratiae, 153
ataraxia, 644n
ateísmo, 39, 57, 59, 486-7, 648n
Atenas, 631n, 650n
atividade da mente, 100, 266, 430, 432, 553
atividade infinita, 591-2
atividade pensante, 147, 152, 196
ato cognitivo, 147, 196, 248, 319, 363, 556
ato de intelecção, 99-100, 248-9
ato voluntário, 270-1, 509
átomos, 162

atributo extensão *ver* extensão, atributo / conceito de
atributo pensamento, 68, 73, 99-102, 105-7, 109-17, 119, 121-3, 128, 130, 135, 137, 145-7, 149, 152, 171, 183, 186, 189, 195, 215-7, 219-21, 230, 233, 243, 247, 249, 257-8, 311, 377, 563, 566, 570-1, 576, 651n
atributos da substância, 16, 50, 59-61, 83-4, 105, 139, 144-5, 185, 191, 373, 433, 609n, 614n, 627n
atributos de Deus, 16, 32, 36, 39, 55, 68, 70-3, 75, 80-6, 91, 93, 97-100, 101n, 105-6, 108, 110-1, 113, 120, 124-5, 133, 139, 142-3, 145-6, 152, 170, 176, 179, 227, 245, 255-7, 262-3, 324, 390, 563, 570, 576-7, 582
Aubenque, Pierre, 611n
auctor, 386-7, 389, 406, 446, 537
auctoritas, 386-7
audácia, 478, 531, 638n
augeo, 387
aumento da potência, 326, 332, 341, 353, 355, 368, 396, 400-1, 424, 433, 439, 461, 466, 475, 539, 559, 598, 616n
aurora, 211, 252
autoconhecimento, 50, 591
autoconservação, 33, 49, 72, 284, 341, 421, 424, 431, 452, 456
autodestruição, 538
autodeterminação, 288, 406, 444, 516
autodiferenciação, 71, 79, 81, 84-5, 119, 575
automatismo corporal, 299, 527
autômato espiritual / *automa spirituale*, 22, 49, 91
autonomia causal, 86, 113, 123, 135, 137, 183, 301, 563
autorregulação corporal, 456, 551, 571, 598
autossuficiência, 45, 425, 577
auxílio mútuo, homens como dependentes de, 442, 447-8
avareza, 283, 357, 404, 457, 478-9, 490, 522, 550, 553
Averróis, 386
aversão, 266, 331, 334, 336, 347, 353, 357, 426-7
axiomas, 15, 19, 64, 68, 74, 78, 99-100, 103-4, 110-3, 118, 138, 144-5, 147, 151, 154-5, 159, 162, 173,

177, 198, 200-1, 206, 226, 229, 239, 256, 262, 267-8, 315, 406-9, 422, 428-9, 469, 524, 537-9, 549-50, 565, 574, 593-4, 615n, 619n, 623-4n, 634n

Baioni, José Eduardo Marques, 613n
Balibarm, E., 620n
bandidos, 648n
barroca, retórica, 286
Bayle, Pierre, 15, 52, 54-5, 57, 62, 75, 77, 147, 191, 193, 231, 487, 557, 612-3n
beatitude, 277, 482, 493, 559, 649n; *ver também* felicidade
beatitudo, 583, 602
bebês, 158, 309-10, 377, 548, 597-8, 647n
bebida, 276, 459, 598
Belarmino, 386
bem, o, 35, 52, 182, 192, 266, 280, 283, 285, 289, 320, 343, 346, 351, 357, 359, 395, 398-9, 429, 432, 443-5, 448-9, 458, 461, 464-5, 469-70, 472-4, 477, 479, 484-5, 487-8, 496, 528, 556, 559, 639-40n, 643n
bem-estar, 32
benevolência, 280, 283, 345-6, 352
Bíblia, 26, 489-90
bílis amarela e bílis negra, 283
Binswanger, Ludwig, 644n
biologia, 620n
bizantinos, pintores, 654n
blasfêmia, 147, 231, 558
Blijenberg, Willem van, 132, 316, 436, 488-93, 502, 517, 520-1, 557, 601, 636n, 644n, 648n
boa-fé, 479-80
Boaventura, São, 629n
Boécio, 381, 537, 622n, 641n
bom, o, 158, 168, 170, 182, 285, 290, 319-21, 395-6, 398, 400, 404, 416-21, 423, 426-7, 432, 435, 439, 441, 451, 454-5, 469-77, 483, 492, 498, 504, 522, 524, 542, 637n, 644n
bondade, 35, 392, 519
bonum transcendental, 320
Bove, Laurent, 637n, 652n
Boxel, Hugo, 259, 270

Boyle, Robert, 40-3, 46
Breve tratado sobre Deus, o homem e seu bem (Espinosa), 15, 32, 35-6, 38-40, 49-50, 77-8, 87-8, 109, 130, 138, 245-6, 320-1, 370, 394, 401, 495-7, 504, 512, 562, 577, 600, 604, 610-2n, 627-8n, 633-5n, 637-8n, 643n, 654n
Bruno, Giordano, 60
burguês, pensamento, 61
Buridan, 631n

Cabala, 287
cães, 18, 236, 525, 631n, 652n
Cálias, 631n
calvinismo/ calvinista, 33, 490-1
Calvino, João, 491
Camões, Luís de, 286
Canguilhem, Georges, 627n, 652n
caracteres *ver* temperamentos, quatro (sanguíneo, fleumático, colérico e melancólico)
carência, 179, 182, 211, 213, 223, 231, 317, 321, 332, 354, 357, 410, 431, 562, 604, 639n, 642n
carícia, 327, 354, 455-6, 466, 550, 644n
Carmina Burana, 381
Cartas (Espinosa), 40, 42, 49-50, 63, 65, 73, 77, 79, 85-6, 89, 127-8, 132, 158, 166, 223, 234, 239, 259-60, 262, 270, 316-7, 382, 433, 436, 486-7, 490-1, 498, 500, 503-6, 511, 523, 566-7, 577, 598, 613n, 615n, 619n, 644n, 650n
Cartas sobre o dogmatismo e o criticismo (Schelling), 56
cartesiana, tradição, 279
cartesianismo, 511, 518
Carvalho, Vicente de, 644n
Catão, o Velho, 284
Categorias (Aristóteles), 537, 622n, 649n
católicos romanos, 54
Catulo, 249
causa adequada, 21, 50, 90-1, 158, 187, 281, 295-8, 302, 317-8, 323, 368, 386, 406, 409-11, 423-4, 430, 440, 465, 475, 477, 480, 497, 537, 539, 545, 565, 573, 576, 582, 586, 588, 597-8
causa das ações, 232, 490, 529
causa das ideias, 135, 184, 243-4, 266, 538

causa de si, Deus como, 33, 71, 84, 93, 96, 99, 142, 390, 486, 507, 588, 623n
causa inadequada, 90, 187, 297, 302, 317, 323, 367, 383-4, 410, 537, 545, 600
causa livre, 83-4, 263-4, 495, 649n
causa primeira, 33, 83, 141, 391, 495
causa sui, 21, 65, 73, 84, 93-4, 256, 567, 582, 588
causa voluntária, 263, 507, 532, 535
causalidade eficiente imanente, 71, 84-5, 133, 137, 186-7, 222, 227, 256, 281, 495, 572, 575
causalidade eficiente transitiva, 133, 186, 222, 256, 497, 575
causalidade externa, 166, 330, 367, 502, 561
causalidade imanente, 131, 185, 253, 257, 259, 297, 497, 628n
causas eficientes, 16, 20-5, 36, 39, 50, 53-4, 60, 64-5, 69, 71-2, 78-82, 84-6, 89-90, 93, 95n, 98, 106, 110, 127, 131-4, 136-7, 141-2, 144, 160, 182, 227, 229, 278, 297, 320-1, 329, 334-5, 386-93, 418, 424, 426, 428, 494, 501, 510, 516, 537, 545, 568, 577, 610n, 642n
causas externas, 33, 46, 60, 86-7, 91, 132, 161, 174-6, 178, 180, 183, 239, 297-8, 313, 317, 324, 331-2, 342, 348, 352, 359, 364, 367-9, 384, 392, 397, 404, 410-2, 415, 418-21, 424, 426-8, 430, 436-7, 440, 456, 462, 467, 473, 494, 496-7, 501-2, 506, 509, 511, 514, 516-7, 522, 534, 537, 541-2, 544, 546, 549-50, 556, 560, 571, 579, 584, 586-8, 597-8, 600, 602-3
causas formais, 21, 90-1, 196, 494, 568, 582, 592, 610n
cavalos, 23, 34, 154, 214-5, 236, 273-4, 396, 636n
"Ce papier, ce feu. Reponse à Derrida" (Foucault), 651n
Cecílio, 442
cedere, 449
cérebro, 17, 208-9, 266-7, 525-6, 529, 531-2, 633n, 651-2n; *ver também* neurocerebrais, fisiologia e processos
certa ratione, 44-5, 163
certeza da certeza, 248-9
Cervantes, Miguel de, 287, 632n
ceticismo, 34

Cherbury, Edward Herbert de, 32
Cícero, 278-9, 283-4, 288, 292, 442, 475, 622n, 633n, 647-8n
Cidade, 23, 445-6, 450, 453, 458, 480
Ciência da lógica (Hegel), 58
ciência de Deus, 106, 108-9, 116, 123, 125, 132, 136, 149, 154, 171, 555, 570, 611n, 614n, 616n, 650n
ciência dos afetos, 282, 290-1, 295, 381
ciência intuitiva, 50, 91, 244-6, 255, 257-8, 277, 561, 575-7, 579, 583, 587, 591, 614n, 628n, 630n, 635n, 654n
ciência teorética do necessário, 282
ciência transcendental, 188, 635n
cinemática, 164
círculo, definição e ideia do, 18, 20, 23, 66, 87, 122-6, 128-31, 153, 163, 198, 261, 275, 489-91, 518
cisão eu-natureza, 57
ciúme, 345, 352, 354, 361, 363, 438, 558-9, 562
Civitas, 444, 446, 450, 480
classe, ódio de, 361
coação, 201, 264, 353, 383-5, 427, 499-502, 505-6, 511
cogitatio, 99-100
cogito, 102, 198
cohaerentia, 43, 46, 67, 80, 166, 169, 175, 177-8, 225, 228, 239, 382, 433, 441, 598, 604
coisa amada, 103n, 104, 268, 321, 332, 340-4, 352-3, 356, 362, 438-9, 445, 624n, 637n
coisa livre, 264, 363, 504, 520, 547-8
coisa odiada, 342-4, 359, 362, 438
coisa pensante, 64, 91, 95n, 99-100, 102, 105, 110-2, 118, 122, 135, 145-7, 196, 198, 266, 371, 514
coisas contingentes, 33, 414, 420, 518
coisas corporais e incorporais, direito sobre, 384
coisas existentes, 130, 313, 378
coisas exteriores, 21, 110, 223, 330, 440, 501-2
coisas finitas, 38-9, 42, 56, 59, 74-5, 78, 80, 82, 85, 88-90, 97, 134, 148, 192, 316-7, 536
"coisas fixas e eternas", 41, 50, 627n
coisas particulares, 15, 19, 32, 34, 37-9, 49, 55, 69,

687

71, 75, 77, 81-2, 84-5, 93-4, 97, 109, 130, 139, 144, 228, 390, 400, 552
coisas singulares, 15-7, 19, 25, 27, 29-30, 32-3, 39, 41-2, 49-52, 59, 73, 79, 82, 86-91, 94, 96-9, 101, 103n, 105, 109-10, 118-9, 124-7, 129, 131-7, 142-9, 151-2, 155, 160, 169, 171, 173-81, 185, 196, 217, 226, 228, 230, 234, 238-9, 243, 245-6, 251, 254-8, 264-5, 280, 294-5, 315, 317-9, 322, 324, 327, 339, 392-3, 396-7, 399, 402-3, 407, 411, 429, 433, 435-6, 469-71, 506, 520, 538-9, 548-9, 561, 564, 569, 573-4, 576-7, 579-81, 591, 593, 621n, 623n, 628n, 636n, 653-4n; *ver também* seres singulares
cólera, 210, 280-1, 347, 363, 446, 558
comida, 276, 459, 598
comiseração, 342, 345-6, 351, 363, 455, 462, 646n
commensuratio, 606
commune vitae meae, 646n
Compêndio de gramática hebraica (Espinosa), 388
complexidade corporal, 158, 308
complicatio, 615n
composição de potências, 164, 425
compositio realitatis, 96
compotes, 398
comunicação, 59, 81-2, 89, 162-3, 165-9, 223, 239, 299, 399-400, 532
conari, 622n, 624n
conatus, 59, 72, 90, 156, 166, 173-4, 176-83, 317-25, 328, 330, 347, 349-50, 355, 360, 368, 383, 396-8, 400-1, 404, 406-7, 410, 412, 418, 420, 423-6, 428-30, 436, 439, 452, 455-6, 465-7, 472, 480, 536, 539, 544, 558, 570, 577-8, 603-4, 619n, 621-4n, 635-6n, 643n, 646n, 654n
concatenações, 163, 165, 168, 213-4, 223, 225, 229, 234, 301, 374, 403, 539-40, 546, 551-3, 555, 560, 597
concatenatio, 65
concepção abstrata *versus* concepção verdadeira da existência, 581
concepção cartesiana da liberdade, 505, 533
concórdia, 439-40, 444, 447-8, 453-4, 458, 624n, 638-9n
concupiscência, 284, 601-2

condição humana, 289, 425, 500
conexio idearum, 603
conexões mentais, 206, 453
confiança, 280, 445, 448, 480, 512
conflictare, 516
conflitos, 283, 291-2, 310, 343, 407-8, 446, 490, 515-6, 534, 551, 633n
confusão, 34, 211, 235, 260, 262, 272, 397, 404, 586
congruente-incongruente, relação, 606
conhecimento adequado, 73, 94n, 149, 153, 186, 205, 219, 223-6, 228, 230, 234, 237-8, 241, 243-5, 247, 253, 255, 258-9, 402, 431-2, 443, 469-70, 474, 545-6, 555, 577, 581-2, 614n, 618n
conhecimento de Deus, 277, 432, 443-4, 458, 556, 562, 578, 581-2, 589
conhecimento de si, 216-7, 221, 364, 462, 464, 555, 589, 597
conhecimento do comum, 234, 238, 240
conhecimento imaginativo, 16, 42, 94n, 149, 199, 408, 470, 653n
conhecimento inadequado, 148, 186, 205, 216-7, 219, 221, 223, 226, 231, 251, 472, 579, 619n, 625n
conhecimento intuitivo, 245, 481-2, 561, 584, 628n, 653n
conhecimento racional, 254, 274, 399, 481, 561, 576
conhecimento verdadeiro, 18, 20, 36, 148, 173, 206-7, 222, 233, 248, 251, 415, 417-21, 432, 469, 542, 545, 560, 573, 581-2, 592
consciência, 171-2, 181-2, 197-8, 318-9, 328-9, 348, 417-8, 426, 472, 500-1, 509, 511-2, 515-6, 583, 586, 643n
consciência de si, 171-2, 348, 583
"Consistenza del concetto di scienza intuitiva" (Zourabichvili), 628n
Consolação da filosofia (Boécio), 381, 641n
conspiração, 648n
constância do ânimo, 463, 517, 647n
constantia, 80, 166, 169, 177, 223, 225, 228, 239, 382, 433, 441, 598, 604
consternação, 357, 363, 638n
constituere, 139, 146, 618n

688

constituo, 138
constitutio, 625n
constrangimento, 386, 505-6
contemplação, 140, 294, 307, 363, 365, 375-6, 457, 463-4, 476, 549-50, 655n
contentamento, 332, 544-5, 559, 588, 591, 595
contentamento consigo mesmo, 349, 365, 406, 462, 464, 555, 559, 583, 619n, 639n, 654-5n
contentamento da mente, 578, 583, 654n
contentamento do ânimo, 482, 552, 590, 602-3, 654n
contiguidade espacial, 354, 388, 406
contingência, 33, 107, 228-9, 251-4, 264, 277, 280, 337-41, 383-4, 402, 414, 470, 518-20, 536, 581, 603
contingente, 0, 23, 83, 103, 179, 278, 398, 401-4, 408, 413, 415, 420, 469, 494, 496, 519-20, 600, 610n, 649n
contranatureza, 423
contrariedade passional, 437, 440
contrarium, 404, 407, 435, 539
Contrarreforma, 285
convenientia, 43, 46, 67, 80, 166, 169, 173, 175, 177-8, 223, 225, 239, 382, 425, 433, 435, 437, 439, 441, 443, 581, 594, 598, 604, 624n, 643n
corpo humano, 47-9, 68, 101-2, 133, 151-4, 156, 158-60, 167-70, 172, 174, 180-2, 202, 206-11, 213-5, 217-8, 221, 223, 225-6, 233, 235-6, 238, 240-1, 247, 264, 296, 299, 304, 307-8, 322-3, 325, 327, 331-2, 347, 352, 371, 373-6, 394, 399, 404-5, 411-2, 416, 428, 451-2, 454, 459, 467, 500, 513, 530, 549, 563-5, 570, 576, 581, 595, 598, 603, 616n, 620n, 625n, 636n, 638n, 644n, 647n, 651n; *ver também* união da mente e do corpo
corporis fabrica, 166, 168, 304, 307
corpos, 15, 17, 24, 31, 35, 40-1, 44-9, 52-3, 62-3, 65, 67, 69-70, 72-3, 79, 101, 103n, 104, 106, 113-4, 118, 123, 130, 137, 151, 154-70, 173, 177, 179-81, 185-6, 196-7, 200-2, 205-8, 210-3, 215, 221-3, 225-6, 231, 235-6, 238, 240-2, 246, 251, 258-60, 273, 282, 295, 304, 307-8, 314, 324, 327, 333, 344, 348, 353, 371-2, 399, 405, 411, 415-6, 425, 433-4, 451-2, 507, 526, 532, 537, 543, 546, 549, 551, 555, 565, 570-1, 573-4, 595-8, 603-4, 611-2n, 617n, 619-24n, 626n, 636-8n
corpos compostos, 159, 162, 164, 603
corpos simplíssimos, 159, 162, 164
corpuscular, teoria da matéria, 40
"Correspondência de Antônio Vieira (1644-94): o decoro" (Hansen), 632n
corruptibilidade, 53, 228, 581
co-substancial a Deus, Cristo como, 485
covardia, 478, 503
Credo de Niceia, 636n
cremação, 636n
crepúsculo, 211, 252
Criação, a, 393
crianças, 274, 276, 310, 351, 508, 510, 598
criaturas, 53, 68, 94, 188, 191, 614n, 649n
crimes, 53, 287, 305
Crisipo, 292
cristãos, 29, 284, 485, 489-90, 502, 520-1, 523, 557
cristianismo, 26-9, 31, 104, 284, 322, 349, 494, 563, 636n
Cristo, 27, 31, 483-5
crítica espinosana à ciência transcendental, 635n
crítica espinosana às essências como universais possíveis, 610n
criticismo, 56
crueldade, 358, 648n
"cuerdo loco" de Cervantes, 287
cultura, 57, 654n
cupiditas, 266, 284, 318, 325, 328, 482, 536

Da amizade (Montaigne), 648n
Da realidade sem mistérios ao mistério do mundo (Chaui), 631n, 650n
dados empíricos, 17, 30, 351
"dar-se em Deus", 216-7
De anima (Aristóteles), 653n
De coelo (Aristóteles), 631n
De corpore (Hobbes), 159
De Deo (na *Ética* de Espinosa), 263, 523, 536, 555, 575, 588, 592, 600, 623n

De emendatione ver *Tratado da emenda do intelecto* (Espinosa)
De libertate (na *Ética* de Spinoza), 481, 523-4, 536, 539, 577, 584, 591-2, 600
De rerum natura (Lucrécio), 476, 611n, 648n
De servitute (na *Ética* de Espinosa), 481-2
decisões livres, 509
decorum, 285, 288
decreto da mente, 305, 308-14, 375-8, 508, 516-7, 523, 651n
decretos divinos, 493, 522
definição cartesiana de Deus, 65
definição cartesiana de liberdade, 520
definição cartesiana do modo, 77, 193
definição da essência, 28, 37-8, 86, 88, 90, 97-8, 132, 138-9, 142-4, 153, 175, 179, 184, 321
definição de Deus, 58, 97, 315, 588
definição espinosana da verdade, 575
definição espinosana de coisa livre e coisa coagida, 504-5
definição espinosana de mente, 100
definição genética, teoria da, 628n
definição perfeita, 16, 18-20, 22, 30, 63, 89, 243, 262
Definições dos Afetos (na *Ética* de Espinosa), 326-8, 332, 338, 340, 346, 355, 639-40n
Del Lucchese, Filippo, 628n
delectare, 285, 605
Deleuze, Gilles, 188-93, 615n, 618n, 625n, 634-5n
delirantes, 309-10, 377, 508, 510
delírios, 344, 457-8, 465, 471, 550, 639n
delirium, etimologia de, 457-8
demens, 513
democracia, 21, 23, 25, 87, 646n
demonstrativo, gênero retórico, 300, 634n
denominação-perfeição, 192
Derrida, Jacques, 651n
Desargues, Gerard, 615n
desassossego, 229, 277
Descartes selon l'ordre des raisons, II, *L'âme et le corps* (Guéroult), 620n, 628n, 630-1n
Descartes, René, 38, 65-6, 69-72, 76-7, 93, 109, 117, 141, 150-2, 159-60, 164, 191, 193-4, 197-8, 233, 264, 266-7, 269, 272-3, 275, 278-9, 291-2, 299, 303, 321, 363, 370, 488, 493-4, 498-502, 504, 507, 510-1, 513-4, 517-8, 523-33, 535-7, 614-6n, 619-23n, 626n, 629n, 631n, 633-6n, 640n, 649-52n
desdém, 363
desejo de vida, 23, 28
desejo passional, 348, 355, 444, 466, 468
desejo racional, 427, 431, 444, 455, 465-6, 468-9, 471, 473-4, 476, 536, 579, 584, 592
desejo sexual, 639n
Desejo, paixão e ação na ética de Espinosa (Chaui), 612n, 624n, 635n, 639n, 652n
desejos, 23, 31, 103n, 104, 179, 182, 185, 266, 271, 278, 280, 282, 284, 318-22, 325, 328-30, 332-3, 336, 342, 344-50, 352-60, 366-9, 384, 387, 391, 405, 408, 417-22, 425-6, 428, 430-2, 443-8, 454-6, 460, 462-3, 465-73, 476, 479, 482, 496, 507, 516, 526, 534-7, 545, 550-1, 557, 561-2, 578-9, 584, 588, 591, 600, 632-3n, 653n
desespero, 338-41, 462, 638n
desiderium, 354, 360, 639n
desidero, 639n
deslealdade, 648n
desordem imaginativa, 235, 237
desprezo, 281, 363, 458, 460
destemor perante a morte, 595, 597
destino, 368, 487, 600
destruição, 24, 32, 86, 174-8, 183, 340-1, 343, 346, 404, 408, 452, 537, 559, 572-3, 593; *ver também* indestrutibilidade
determinatio negatio est, 613n, 644n
Deus sive Natura, 50, 556
devoção, 30, 363
dialética, 58, 282
Diálogos do amor (Leão Hebreu), 332, 637n
Dicionário de sentenças latinas e gregas (Tosi), 645n
Dictionnaire historique et critique (Bayle), 612-3n
diminuição da potência, 90, 185, 296, 298, 321, 325-6, 330-3, 341, 353, 401, 412, 416-8, 435, 454, 473, 539, 588, 616n
dinâmica afetiva, 415, 560

dinâmica da física espinosana, 164
dinheiro, 357, 457, 553
direito civil, 22, 25, 29, 446, 449-50, 646n
"Direito é poder" (Chaui), 610n
direito natural, 22, 24-5, 28, 445-7, 449-50, 480, 534, 621n, 646n
Direito Romano, 383, 639n
disciplina, 525, 531
discórdia, 284, 439, 444, 448, 453, 458, 477
Discours de métaphysique (Leibniz), 617n
discrepare, 437
Discurso da servidão voluntária (La Boétie), 648n
Discurso do método (Descartes), 498
discurso retórico, três parte do, 285
disposição interna da mente, 205, 592
dispositio, 285, 300, 303, 373
distinção formal, 191
ditames da razão, 422, 552
diversum, 433, 437
Divina comédia, A (Dante Alighieri), 636n
divisão do trabalho, 28
divisibilidade, 53, 189
docere, 285, 605
doenças, 284, 288, 292, 360, 428, 457, 562, 632n, 647n, 650n
dogmas, 30-1
dogmatismo, 56
Dom Quixote (Cervantes), 632n
dominium, 384
dor, 212, 285, 303, 327, 336, 360, 371, 421, 455-6, 462, 644n
"Doutrina conceptista do cômico no *Tratto de' Ridicoli* de Emanuele Tesauro, A" (Hansen), 655n
dualismo substancial, 61, 115, 197
duração, 17, 25, 29, 82-3, 85, 90-1, 95n, 96n, 98, 124-9, 131-3, 166, 180-2, 226-8, 247, 251, 253-6, 318, 324, 396-7, 402-3, 469-70, 563-7, 569-75, 579-80, 584-7, 594-5, 597, 600, 627n, 643n
duros, corpos, 164, 166-7, 201-2, 532
dúvidas, 45, 51, 62, 67, 117, 144, 152, 219, 221, 247-9, 261, 269-70, 274, 280, 290-2, 311, 335-6, 338-41, 377, 453, 462, 470, 488, 494, 512-3, 516, 566, 591, 596-7, 622n, 629n, 637-8n, 645n, 647n, 651n
dýnamis, 642n

ébrio, 310, 508, 510
ecossistema, concepções contemporâneas, 620n
educação familiar, 365, 640n
egoísmo, 350-1, 426
eidos, 630n, 642n, 654n
elã vital, 623n
eleatas, 58
eleição divina, 27
Elementos (Euclides), 617n
elementos, quatro (quente, frio, seco, úmido), 283, 632n
"Éléments et hypothèses pour une analyse des redactions sucessives de l'Éthique IV" (Rousset), 643n, 650n
Elizabeth da Boêmia, princesa, 649n
elocução nos textos espinosanos, 287
elocutio, 285
emanações, 79-80
empiristas, 21
emulação, 345-6, 350, 638n
encontros fortuitos, 222-3, 225-6, 228, 330, 333, 358
Enéada (Plotino), 650n
energeia, 642n
energia, 165
engenho agudo, 286-7, 289, 291, 293, 300, 481, 530, 605-6, 632n
Ensaio para introduzir o conceito de grandeza negativa em filosofia (Kant), 625n
Ensaio sobre a moral de Descartes (Teixeira), 634n
Ensaios (Montaigne), 648n
Ente e a essência, O (Tomás de Aquino), 88
entelequias, 165
entendimento, 35, 57, 125, 128, 169, 260, 272, 275, 279, 284, 303, 490-1, 495
entes de razão, 34-6, 69, 76, 193-4, 227, 275
entes reais, 35-6, 55, 69, 76-7, 85, 189, 193-4, 238, 275, 581

entis imaginationis, 642n
Epicteto, 278, 649n
epicurismo, 511
Epicuro, 476
epidíctico, gênero retórico, 290, 292, 300, 634n
Epístola de Paulo aos Romanos, 491, 521, 523
escárnio, 363, 458, 477, 481
Escolástica, 32
escolásticas, tradições, 19, 36, 39, 54, 81, 138, 191, 276, 392
escolha livre, 496
escravidão, 384
Escrituras Sagradas, 26-30, 260, 490-3, 521, 523, 559, 590
esculturas, questão da proporção em, 605
esfera, definição da, 20, 66
espécie, abstração da, 392
esperança, 28, 253, 280, 326, 338-41, 359-60, 363, 366, 449, 455, 461-2, 471, 473, 601, 638n
Espinosa — *Uma filosofia materialista do infinito positivo* (Gainza), 613n
"Espinosa e a linguagem" (Chaui), 631n
espinosismo, 51-3, 56-7, 59, 189; *ver também* filosofia espinosana
Espírito de Cristo, 483-5
espíritos animais, 267, 370-1, 526-8, 531
espontaneidade, 60, 177, 312, 362, 497, 505-6, 531
esquecimento, 16, 312, 403
essência absolutamente infinita, 72, 75, 255, 257, 316, 390
essência atual da coisa, 179
essência da coisa, 37-8, 67, 89-90, 98, 138-9, 143, 175, 253, 414, 431, 567
essência da mente, 68, 100, 133, 146, 182-4, 209, 221-2, 243, 266, 323, 326, 405, 431, 443, 481, 545, 556, 563, 572-3, 578, 580-2, 584, 589, 594, 597, 599-600, 629n
essência de Deus, 30, 38, 62, 65, 68-70, 74, 94, 95n, 97, 101-2, 105-7, 110, 121, 141-3, 147, 153, 172, 191, 251, 263, 390, 488, 493, 558, 565, 569, 571-2, 579, 581, 612n, 630n, 634n, 651n
essência do corpo, 48, 125, 133, 233, 456, 563, 570-1, 573, 579-80, 582, 597, 600, 629n, 654n

essência do homem, 103n, 104, 137-9, 142, 144-6, 226-7, 256, 318-9, 321, 328-9, 529
essência eterna e infinita, 65, 69, 83, 91, 96n, 106, 112, 133, 244, 255, 257-9, 262, 443, 568-9, 580, 588
essência infinita, 67, 71-2, 105, 188, 259, 410
essência perfeita, 32-3, 35-6, 38-9, 77, 88
essência singular, 26, 50, 96, 132, 147, 156, 169, 171, 183, 189-90, 216, 223, 230, 234, 245, 257, 297, 324, 326, 330, 367, 382, 393, 397, 404, 410, 492, 497, 538, 570, 583, 589, 592, 621n, 635n, 654n
essências formais, 21, 64, 69, 73, 91, 111, 114-6, 123-4, 195, 220, 245-6, 256, 537, 576-7, 609n, 616-7n, 622n, 628-9n
essências objetivas, 21, 39, 69, 114-5, 195-6, 220, 575, 609n, 617n, 629n
essências particulares, 16, 19-25, 38-9, 50, 147, 189, 238, 243, 260, 628n, 644n
essências universais, 29, 34, 144, 393, 400
essentia particularis affirmativa, 18-9, 31, 163
essentia plus esse, 88, 96, 98
essentia rei, 31, 89
estado de natureza, 28
Estado hebraico, 25-8, 30, 654n
estoica, tradição, 279, 395, 633n
estoicismo, 32, 277-9, 285, 501, 525-6, 600
estoicos, 279, 283, 395, 410, 519, 523-7, 531, 533-4, 633n, 643-4n, 649n
estrelas, 280, 385, 632n, 639n
estrutura do corpo, 166, 304, 307-8, 374-6, 467
estultícia, 463, 479, 647n
eternidade, 71-2, 78, 91, 96n, 98, 125, 128-9, 133, 180, 251, 253-4, 279, 399, 468, 474, 482, 547, 549, 565-7, 569-74, 579-87, 589, 594-5, 597, 599-601, 604
eternidade da mente, 571, 582, 584-6, 594-5, 601, 654n
"Eternity and sempieternity" (Kneale), 654n
Ethica (Geulincx), 117, 650n
éthos, 282-3, 285, 289, 295
ética, 26, 187, 192, 283-5, 295, 381, 384, 400, 425,

429, 433, 501, 526, 536, 543, 562, 578, 623n, 632n, 645n, 647n
Ética (Espinosa), 15-6, 23, 32, 40, 50-1, 55-6, 60-5, 67-8, 70-4, 78-9, 85-9, 91, 93-4, 101-2, 105, 107, 110, 115, 118, 120-1, 125, 132-3, 137-8, 144-5, 153, 158, 167-8, 173-4, 185, 189, 197-9, 205-6, 219, 227, 231, 235, 238, 243-5, 253, 256, 262, 279, 281, 286, 296-300, 320-1, 325, 351, 368-70, 373-4, 381-2, 391, 394, 397-9, 402, 405-8, 412, 415, 421-2, 429, 433-4, 444, 446-7, 454-5, 458, 460, 469, 475, 480-1, 483, 486, 495-8, 504, 515, 523-4, 534, 536, 538-40, 542, 553, 557, 559-61, 563, 565-7, 574, 577, 581-2, 587-8, 592, 596, 598, 600, 609-11n, 612n, 614n, 616-9n, 622n, 627-9n, 631n, 633-5n, 639-40n, 643-4n, 650-2n, 654-5n; ver também *De Deo* (na *Ética* de Spinoza); *De libertate* (na *Ética* de Spinoza); Definições dos Afetos (na *Ética* de Espinosa)
Ética a Nicômaco (Aristóteles), 278, 631n, 645-6n, 648n
Etudes d'histoire et philosophie des sciences concernant les vivants et la vie (Canguilhem), 627n
Eucaristia, 54
Euclides, 617n
euclidiana, matemática, 592
Evangelhos, 27
Evódio, 508
ex ratione, 44-5
exatamente inadequado, 614n
exemplar humanae naturae, 401, 481, 643n
exemplaria, 388-9
exercício da razão, 382, 424, 426, 440, 444, 447, 454, 460, 464-5, 467-8, 478, 481, 500, 546
existência de Deus, prova espinosana da, 129
existência do corpo, 152, 183-4, 208, 323-4, 565, 635n
Existência e eternidade em Leibniz e Espinosa (Oliva), 617n
existir na duração e ser eterno, compreensão da diferença entre, 586
Êxodo, Livro do, 655n
experiência intelectual, 575
experiência real, 499, 503

explicatio, 190, 615n
expressão espinosana *versus* expressão leibniziana, 119, 121, 615n
expressividade da substância, 118
expressões determinadas, 79, 90, 177, 319
expressões singulares, 79, 92, 115
exprimere, 84, 615n
extensão, atributo/conceito de, 48, 52, 58, 62-3, 65, 67-73, 77, 79, 101-2, 105-6, 113-4, 118-9, 121-3, 130-1, 150, 152-3, 156, 160, 163-4, 167, 183, 189, 193, 195, 217, 220, 222, 257, 271, 301, 304, 308, 311, 315-6, 324, 329, 377, 411, 557, 563, 570-1, 576, 582

facies totius universi, 69, 78-9
facio, 284, 387
factio, 284, 288
facultas, 263, 384, 502
falsidade, 230-2, 247, 250, 267, 269, 275, 415, 499
fama, 384, 465
fantasia onírica *versus* fantasia da vigília, 313, 515
fantasma e simulacro, 606
fantasmagoria, 305, 313
faraó, 29
fatalidade, 279, 385, 500, 558
fatalismo, 502, 522, 648n
fatum, 487-8
fé, 29-30, 489, 491, 521
Fédon (Platão), 475, 648n
Fedra (Racine), 632n
felicidade, 16, 74, 159, 243, 277, 357, 424, 429, 481-2, 524, 533, 559, 562, 583-4, 587, 590-1, 597, 602, 604, 619n, 624n, 628n, 637n
Fenomenologia da percepção (Merleau-Ponty), 210
ficções, 23-4, 140-1, 212, 253, 265, 270-1, 274, 332
fideísmo, 34
fides, 445, 480
Fídias (escultor grego), 605-6
figuras de linguagem, 285
figuras geométricas, 25, 69, 163, 613n
"filosofar é aprender a morrer" (Montaigne), 648n
"filosofar é aprender a morrer" (Sócrates), 476

filosofia crítica, 57
filosofia da necessidade, 402, 649n
filosofia espinosana, 15-6, 40, 51-2, 55-7, 60, 113, 117, 137, 412, 518-9, 591, 604, 635n, 645n; *ver também* espinosismo
filosofia moral, 285-6, 288-9, 295, 300, 320, 409, 415, 652n
filosofia natural, 40, 42, 164
finitude, 49, 56, 75, 90, 129, 148, 177, 272, 279, 315-7, 338, 381-2, 403, 407-9, 419, 425, 433, 437, 469, 477, 507, 567
finximuns, 585
firmeza, 369, 406, 426, 441, 444, 478, 481, 497, 517, 553, 559, 590, 601, 604, 648n
física, 24, 47, 59, 69, 153, 155, 159-60, 163-4, 168-70, 174, 177, 180, 189, 200, 208-9, 213, 219-20, 223, 227, 239, 242, 260, 296, 327, 400, 411, 424-5, 452, 532, 570, 574, 595, 616n, 619n, 620n, 622-3n, 626n, 633n, 635n, 654n
Física (Aristóteles), 649n
fisiologia, 165, 416, 526, 530-2
fisionomia do universo, 69, 79
flectere, 516
fleuma, 283
fluctuatio animi, 270, 335, 369
fluídos, corpos, 164, 166-7, 201-2, 208, 532
flutuação afetiva, 335-7
flutuação cognitiva, 336-7
flutuação do ânimo, 323, 335-7, 341, 353, 355-6, 358, 362, 366, 405, 541, 551-2, 558
Foe Kiao, seita chinesa de, 52
"fogo que arde sem se ver" (Camões), 286
força do ânimo, 461, 475, 603-4
força dos afetos, 291, 293, 295, 367, 384-5, 394, 401, 405-6, 414-5, 468, 524, 534, 546, 560, 644n
força vital, 282
forma da ideia, 171-2, 218-9, 629n
forma do homem, 137-8, 141, 256
forma do indivíduo corporal, 163, 166, 170, 219
forma do verdadeiro, 16, 18, 64, 629n
forma unionis, 168
formal (no vocabulário escolástico-cartesiano tradicional), 609n

fortaleza do ânimo, 553
fortitudo animi, 369, 461, 478, 559, 590, 648n
Fortuna, 381, 385, 642n
fortunae juris, 383-4
fortunae potestas, 383-4, 398
Foucault, Michel, 651n
fragmentação cognitiva, 206
fraternidade, 26
Freud, Sigmund, 651n
fruição de um bem, 399, 472
frustração, 354
fruto proibido, Adão e o, 485, 488-90
fundamentos ontológicos, 22, 74, 94n, 147-8, 179, 185-6, 216, 229, 240, 243, 247-8, 425, 539, 555, 574, 577, 643n
fundamentum, 19, 24, 28, 89
furor, 292
futuro, o, 251-2, 340, 403-4, 413, 415, 462, 468, 470, 474, 634n

Gaia, deusa, 214
Gainza, Mariana, 613n
Galileu Galilei, 160
Gassendi, Petri, 508, 510
generalíssimo, gênero, 392-3
gênero, abstração do, 392
gêneros de conhecimento, 50, 73, 91, 156, 242, 244-7, 255, 259, 274, 280, 399, 553, 555-6, 561-2, 576-9, 582-7, 591, 594, 602-3
gêneros de liberdade, 607
gêneros retóricos, 634n
generosidade, 283, 369, 426, 441, 444, 460, 481, 545, 552, 559, 590, 601, 603-4, 648n, 655n
gênese de todas as coisas, 113
genitália, 353
geometria, 22-3, 25, 40, 64, 70, 72, 94, 102-4, 120, 163, 198, 292-3, 355, 390, 408, 422, 426, 473, 538-9, 615n, 639n
Geulincx, Arnold, 117, 500, 518-20, 643n, 650n
Giancotti, Emília, 199
glândula pineal, 233, 267, 526-8, 530-1, 633-4n, 652n

glória, 347-50, 352, 357-9, 363, 382, 457, 462, 464-5, 553, 559, 590-1, 602
gnosiológico, fundamento, 229, 248, 250, 577
governo divino, 487
graça divina, 191-2
Gracián, Baltasar, 632-3n
gradus intrinsecus, 188
grandeza negativa, conceito kantiano de, 625n
gratidão, 349, 359, 479-80, 640n
grau de realidade, 68, 156-7, 159, 170, 185, 393, 599
Grécia clássica, 282, 292, 642n
grego, idioma, 282, 284, 288, 537
Grócio, Hugo, 32, 386
Guéroult, Martial, 613n, 619-20n, 625n, 628-31n, 654n
guerra, 178, 214-5, 271, 284, 287, 305, 624n, 633n, 638n
gula, 404, 550

Hallet, H. F., 654n
Hansen, João Adolfo, 605-6, 632n, 655n
hebraico, 27-8, 30, 591
hebreus *ver* povo hebraico
Hegel, Georg Wilhelm Friedrich, 15, 57-9, 61, 613n, 622n, 644n
heresia, 289
hilaridade, 327, 354, 455, 457, 637n, 644n
hindus, 52
Histoire de la folie à l'âge classique (Foucault), 651n
Hobbes, Thomas, 159-60, 162, 164, 237, 272, 363, 386, 442, 507-8, 619n, 621-2n, 626n, 631n, 635n, 643n, 646n, 649-50n
homem livre, 426, 465, 475-9, 481, 484-5, 640n, 655n; *ver também* liberdade humana
"homem lobo do homem", 442
homem racional virtuoso, 600, 603, 633n
homo homini deus est, 442
homo res sacra hominis, 442
honestidade, 425, 445, 463, 492
honestus, 286
honor, 384

honra, 365, 384, 522
horacianas, normas, 605
horror, 363
Hume, David, 237
humildade, 349-50, 365, 461-2
humores, quatro (sangue, fleuma, bílis amarela e bílis negra), 283-4, 632n
hupokeimenon, 537, 622n

icástico-fantástico, relação, 606
iconografia, 271-2, 642n
idea, sentidos de (em Espinosa), 195
Idealismo Alemão, 616n, 654n
idealismo transcendental, 57
idealistas, 21
Idée de vie dans la philosophie de Spinoza, L' (Zac), 648n
ideia da ideia, 115-6, 170-2, 195, 197, 216-22, 226, 247-9, 364, 368, 417, 472, 475, 542, 564, 597, 621n, 626n
ideia da mente, 125, 171, 186, 216-8, 222, 226, 564
ideia de Deus, 106-8, 110-1, 114, 137, 140, 259, 262, 484-5, 555-6, 560, 583-5, 588-9, 596
ideia de homem, 35, 395
ideia do corpo, 151, 154, 170, 172, 186, 196, 207-8, 215-8, 220-2, 226, 238, 241, 345, 364, 371, 530, 542, 546, 570, 621n
ideia materialmente falsa, 270
ideia verdadeira, 18, 21, 41, 63, 68, 95n, 99, 104, 197-8, 229, 231-3, 247-50, 253, 258, 270, 416-7, 561, 567, 581
ideias adequadas, 50, 63-5, 70, 73, 89-91, 95n, 99-100, 198, 229, 233, 239, 241-5, 247, 249-50, 254, 257, 272, 297-8, 314, 318-9, 368, 399-400, 419, 430, 469, 473, 476-7, 542, 544-5, 556, 560, 562, 568, 572-3, 576-7, 579, 596, 599, 626n, 629-30n, 643n, 654n
ideias falsas, 250, 269, 415-6
ideias finitas, 106, 230
ideias inadequadas, 90, 94, 147-8, 181, 185, 198, 223, 230-1, 233, 250-1, 264, 271, 297-8, 314-5, 366, 368, 415, 430, 462, 472-3, 545, 560-2, 596, 600, 618n, 624n, 626n

ideias infinitas, 106
identidade da potência e da essência, 179, 539
identidade Deus-natureza, 57
identidade entre Deus e o mundo (nas ideias orientais), 52
identidade entre razão e desejo, 422, 444
identidade entre realidade e perfeição, 97, 393, 396
ignorância, 23, 34, 45, 131-2, 196, 231-2, 250, 271, 292, 304-5, 312, 389, 414, 461-3, 471, 507, 510, 512, 515, 520
ilusão, 52, 237, 373, 381, 509
imagem da perfeição, 394
imagem do tempo, 227, 251, 253-4, 337, 398, 403, 567
imagem icástica *versus* imagem fantástica, 606
imagens, 18, 26, 30, 109-10, 173, 181-2, 210-1, 213, 215, 222, 235-7, 239-40, 245, 251-2, 259-60, 262, 265-6, 270-2, 285, 289, 296, 311, 313-4, 320, 330-1, 334, 336-7, 340, 344, 348-9, 352, 354, 382, 388, 392-5, 398, 401, 403, 409, 414, 437-8, 467, 469-70, 477, 497, 504, 513-5, 536, 539, 540, 542, 546-7, 553-7, 639-40n, 642n, 653n
imaginação, 16-8, 24, 30, 33, 50, 57, 64, 158, 199, 208-16, 225, 227, 231, 237, 240, 244-7, 251, 252-3, 256, 259-60, 262, 266, 269-71, 274-5, 277, 302, 307, 313, 323, 335, 337, 340, 344-5, 348, 353, 378, 388-9, 392, 397-8, 400, 403, 406-8, 413, 416, 423, 427-8, 437, 455, 460, 463, 469-70, 473-4, 489, 510, 513, 534, 543, 546-9, 552-3, 561, 567, 576, 582, 586, 599, 620n, 624n, 626n, 630n, 635-6n, 638-9n, 642-3n, 645n, 653n
imago/imaginatio, 199
imanência, 40, 50, 52, 54, 62, 73, 77, 99, 109, 120, 127, 139, 230-1, 245, 256, 410, 555, 559, 569, 577, 581-2, 587, 589, 592, 603, 614-5n, 621n, 653-4n
imitação dos afetos, 344-5, 347, 350, 361, 363, 437, 444, 453
Immanence et le salut. Regards spinozistes, L' (Rousset), 623n, 643n, 650n
imobilidade, 61

imortalidade da alma, 55, 170, 322, 476, 574, 635-6n
imperare, 291, 462, 534
imperfectio, 388, 392, 394
imperfectus, 38, 388
imperfeição, 387, 392-5, 397-8, 489, 491
império absoluto, 291, 524-9, 533, 535
império da fortuna, 402
império da mente, 305, 307-8, 533
império da razão, 535-6, 553
imperium, 23, 25, 28, 286-9, 291, 293, 305, 308-9, 312, 410, 523, 533-4, 536, 635n
imperium in imperio, 286, 288, 292-3, 410, 536
impessoal, Deus como, 488
ímpeto incontrolável, 310
impiedade, 426
impotência do homem *versus* soberania do homem, 289
impotência humana, 383-4, 421, 562
impulsare, 516
impurezas, 53
imutabilidade, 53, 139
"In Order to Interpret Spinoza's Third Kind of Knowledge" (Mignini), 628n
"incoerências" no espinosismo, 51
inconsciência, 428, 548, 583, 602-3
inconstância humanas, 286, 288
incontinentes, 310
indestrutibilidade, 175, 404, 537, 559, 592, 622n
indignação, 342
Individu et communauté chez Spinoza (Mathéron), 613n, 623n
individualidade abstrata, 222-3
individualidade humana, 55
"Individualité, causalité, substance: réflexions sur l'ontologie de Spinoza" (Balibar), 620n
Indivíduo, 163, 201
indivíduo corporal, 163-5, 167, 171
indivíduo singular, 59, 434, 443, 498, 504, 603
indivisibilidade, 139, 287-8
índoles *ver* temperamentos, quatro (sanguíneo, fleumático, colérico e melancólico)
inércia, princípio de, 24, 161, 507

inerência de predicados, 37, 55, 75, 77, 121, 193, 537
infância/infantil, 274, 352, 510, 598
inferno, 636n
infinita infinitis modis, 62
infinitam essendi fruitionem, 128
infinito atual, 82, 230, 259, 270
infinitude, 47, 49, 71-2, 77-9, 81, 129, 139, 154, 193, 272, 485, 567
infortúnio, 558
ingenium, 25, 282-3, 406-7
ingratidão, 359, 479, 640n
injúrias, 461, 552, 562
insanidade, 463
insensibilidade, 52
"Instituição do campo político, A" (Chaui), 646n
instituições propriamente humanas, 449
intelecto de Deus, 23, 34, 39, 68, 107, 109-11, 125, 230, 243, 262, 393, 488-9, 518-20, 561, 564
intelecto finito, 108, 230
intelecto infinito, 48-50, 62, 67, 69, 100, 106-10, 119, 121, 123-5, 127-8, 133, 137, 146-50, 154-5, 170, 185, 214-6, 219, 222, 224-5, 229-30, 238, 243, 248, 250, 253, 255, 322, 324, 390, 485, 555-6, 559-60, 563, 565, 571, 573, 579, 581, 584
intelellectus, 619n
inteligência, 260, 432, 481, 533, 629n, 639n
inteligibilidade, 17, 24-5, 38, 42, 65, 84, 89, 94, 107, 116
intelligere, 248-9, 653n
intemperança, 310, 510
intensidade e enfraquecimento/*intensio et remissio*, 192
interpretação do modo finito, 188, 191
interpretação dos afetos, 537
intolerância passional, 454
intrepidez, 638n
Introduction à l'Ethique de Spinoza. La cinquième partie. Les voies de la libération (Macherey), 653-4n
Introduction à l'Ethique de Spinoza. La troisième partie. La vie affective (Macherey), 623n

Introduction to Roman Law, An (Nicholas), 641n
intuição, 16, 196, 245-6, 513, 624n, 627n, 653-4n
inveja, 281, 294, 343, 350-2, 357, 363, 365-6, 458, 463, 481, 558-9, 562, 587
inventio, 285
involvere, 125, 138, 199, 207, 221, 255, 268, 614-5n, 625n
ira, 294, 347, 358, 363, 458, 460, 467, 479, 481, 552
irrealidade dos indivíduos (nas ideias orientais), 52
Isaías, profeta, 491, 655n
Isto não é um cachimbo (Magritte), 212
Itokazu, Ericka Marie, 627n, 654n

Jacob, Pierre, 619n
Jacobi, Friedrich Heinrich, 57
Jaquet, Chantal, 654n
Jelles, Jarig, 613n, 644n
Jeová, 29
Jonas, Hans, 620n
Journal des Savants, 117
júbilo, 155, 338, 340-1, 350, 583
júbilo do viver, 155
judaico-cristão, pensamento, 103-4
judaísmo, 31; *ver também* religião hebraica
judiciário, gênero retórico, 634n
Juízo Final, 636n
juízos, 351, 528, 531
Júpiter, 632n
jus, 384
jus sive potentia, 24, 447
justiça, 26, 30, 445, 450, 453, 487, 491, 522

Kant, Immanuel, 15, 613n, 625n
kavod, 591, 655n
kínesis, 632n, 642n
Kneale, M., 654n
krásis, 632n
kreia, 642n

La Boétie, 479, 648n
"Laços do desejo" (Chaui), 635n, 652n
laetitia, 326, 578, 583

laicização republicana, 26
lapsus, 284
lascívia, 421, 457, 465, 479, 639n
latim, 284, 354, 537, 619n, 622n, 630n, 654n
lei natural, 33, 357, 415, 450
Lei revelada, 30, 491
Leibniz, Gottfried Wilhelm, 15, 55-6, 59, 117, 120-2, 487-8, 519, 557, 613n, 615-7n, 629-30n, 648n
leis da Natureza, 78, 81, 84, 134, 303-4, 307-8, 374, 494
leis da operação desejante, 347
leis da razão, 446-7
leis de Deus, 489
leis divinas, 26, 487
leis físicas, 232, 239
leis humanas, 487
leis naturais, 81, 83, 484, 495, 521-2, 544, 581
leis universais, 79-80, 134, 242, 260, 400, 543, 627n, 643n
Lélio (Cícero), 648n
lentidão, 160, 162, 200, 549
Leone, Alexandre, 655n
Lessing, Gotthold Ephraim, 57
Leviatã (Hobbes), 649-50n
Lexicon Spinozanum (Giancotti), 199
liberdade cartesiana, 505
liberdade da mente, 312-3, 373, 524
liberdade da vontade, 264-5, 276, 279, 300, 313, 373, 514, 522, 534-5
liberdade de Deus, 486-8, 497, 518-9
liberdade humana, 170, 264, 486, 488, 495-8, 508-9, 511, 523-4, 529, 566, 590, 600, 634n; *ver também* homem livre
liberdade, propriedade e vontade (no Direito Romano), 384
libertas, 384
libido, 154-5, 284, 353, 360
língua, 309, 377
língua grega *ver* grego
língua hebraica *ver* hebraico
língua latina *ver* latim
língua, essência da, 617n
linguagem, 80, 215, 631n

linguagem culta, 286
"Linguagem e liberdade. O contradiscurso de Baruch Espinosa" (Chaui), 650n
linguagem jurídica, 622n
Lipsius, Justus, 32
litígio, 291, 386
livre decreto, 309-10, 312-4, 377, 505, 508, 516-7, 523
livre necessidade, 505, 507
livre vontade, 107, 179, 181-2, 232-3, 262, 264, 271, 274, 278, 284, 313, 351, 386, 488, 492, 504, 510, 514, 516, 518, 522, 543, 545
livre-arbítrio, 233, 269-70, 278-9, 332, 351, 498-500, 503, 508-11, 523, 535-6, 600, 631n, 634n, 649n
locomoção, 165
lógica, 652n
lógica (como a arte de bem pensar), 524
lógica afetiva, 415, 417, 449, 457, 560, 578
lógica da afetividade, 409, 415, 417, 433, 449, 460
lógica predicativa, 75, 193
lógos, 567
loucura, 292, 312, 428, 459, 513-4, 550, 607
louvor, 289-90, 347, 349-50, 352, 365, 530, 590
Lua, 385, 632n
Lucrécio, 24, 476, 611n, 626n, 648n
Lutero, Martinho, 285, 360
luz, 76, 121, 192, 249, 250, 252, 490, 493, 575, 627n, 629n, 638n

Macherey, Pierre, 622-3n, 653-4n
má-fé, 479-80
Magritte, René, 212
Maimônides, 386
mal, o, 35, 52-3, 182, 266, 281, 320, 343, 346, 356-8, 363, 395, 399-400, 427-8, 448-9, 458-9, 470, 473-4, 477, 484-5, 488, 491-2, 528, 633-4n, 639-40n
maldade, 35, 501-2, 511, 516-7
Malebranche, Nicolas, 15
mandatum, 534
mania, 292
Mar Vermelho, abertura do (no Êxodo bíblico), 521, 523

Marte, 632n
martírio, elogio do, 360
Marx, Karl, 644n
massa, conceito de, 70, 160, 163, 165, 521
matemática, 19-20, 32, 66, 69-70, 260-1, 488, 519, 592
matéria inerte, 65, 155, 160
Mathéron, Alexandre, 623n
matter of fact, 40-1
mau, o, 170, 285, 320-1, 395-6, 398-400, 404, 416-21, 426-7, 432, 435, 439, 441, 454, 470-7, 483, 492, 522, 524, 542, 637n, 644n
máxima presença de Deus na mente, 591
mediação, 60-1, 68, 79-80, 210, 397, 494, 528, 576
medicina, 283, 285, 295, 524, 632n, 652n
Meditações (Descartes), 38, 140, 302-3, 498, 563, 592, 614n
medo, 23, 28, 280, 326, 338-41, 363, 366, 448, 450, 458-9, 461-2, 470-1, 473-4, 476, 478, 480, 484-5, 553, 594, 601, 638n
medo da morte, 23, 28, 476, 484-5, 594, 603
"Medo e esperança, guerra e paz" (Chaui), 624n, 639n
Meijer, Lodewijk, 79, 132, 259, 617n, 630n, 648n, 654n
melancolia, 327, 428, 455, 458-9, 476, 522, 637n, 644n
melancólicos, 360, 394, 442
membra, 384
memória, 16-7, 162, 208, 213, 215, 237, 245, 251, 260, 280, 309, 311, 313, 323, 330-1, 333, 355, 362, 377, 388, 403, 413, 415, 427, 510, 532, 549, 552, 565, 573-5, 586, 599, 635-6n, 639n, 651n
Mendelssohn, Moses, 57
mens, 619n
mente ativa, 299-300, 557-8, 594, 602
mente de Deus, 39
mente eterna, 585, 601
mente externamente determinada, 186-7, 206, 226, 234, 240, 560, 582, 586, 600
mente humana, 15, 32, 48-50, 68, 74, 91, 94, 100-2, 109-10, 118-9, 125, 133, 137, 145-53, 155-6, 158-9, 169-70, 172-4, 180, 182, 184-5, 189, 195, 205-7, 214-8, 220-1, 223-6, 229-30, 235, 238, 240-1, 243-4, 246, 258, 262, 264, 281, 286, 291-2, 300, 302, 304, 315, 318, 322, 325, 328, 331, 347, 370-1, 375-6, 394, 402, 404, 423-4, 443, 454, 457, 473, 497, 517, 523-4, 539, 548, 551, 560, 562-5, 570-1, 573, 575-6, 580-1, 589-92, 595, 598, 603, 614n, 616n, 620-1n, 624-7n, 629n, 634-6n, 638n, 640-2n, 644n, 651n, 653-5n; *ver também* união da mente e do corpo
mente internamente disposta, 187, 229, 234, 243, 317, 537, 576, 579, 586, 597
mente singular, 91, 101, 145, 148, 151, 169, 171, 214, 233, 582, 592
Merleau-Ponty, Maurice, 210, 308, 643n
Messias, o, 485
metabolismo corporal, 165, 223
metafísica, 30, 51-2, 55, 59-60, 70, 76, 88, 109, 170, 173, 193, 235-7, 265, 287, 303, 322, 391, 494, 526, 532, 535-6, 611n, 651-2n
Metafísica (Aristóteles), 631n, 649n
metáforas, 30, 117, 120, 165, 287, 457
Metaphysica Vera (Geulincx), 117, 518
microssuperfícies, 532
Mignini, Filippo, 626n, 628n, 653n
milagres, 26, 495
misericórdia, 281, 346, 454
místico, Espinosa como não, 591
modelo da natureza humana, 395-6, 400, 408, 422, 465, 475, 480, 566
moderação, 291, 386, 410, 421, 456, 459, 471, 474
moderandis, 290, 383, 386
moderandum, 386, 533
moderare, 291, 386-7, 454, 473, 534
moderatio, 291, 422, 533-4
modificação infinita, 68, 75, 78, 83, 134, 149, 195
modo humano, 93, 137, 153, 156, 173, 179-80, 183, 185, 206, 238, 315, 317, 330, 382, 558, 623n
modo intrínseco, 76, 192-3
modo real do ente, 76, 193
modos da substância, 32, 36, 74
modos de pensar, 15, 35, 103-5, 113, 118, 122, 130, 135, 145, 147, 151, 171-3, 195, 198, 218-20, 248,

264, 267-8, 271, 392, 394-5, 401, 499, 573-4, 615n, 624n

modos finitos, 16, 36, 38, 50-1, 59, 72, 75, 79-81, 83-5, 89-90, 93-4, 97, 101-2, 104, 106, 116, 118-9, 124, 127-31, 134-7, 139, 144, 147, 150, 152-3, 156, 173, 179, 185-6, 188-91, 193, 195, 216, 222, 230, 238, 243, 254, 256, 258, 264, 297, 319, 403, 423, 425, 486, 497, 558, 563, 566-7, 569, 572, 575-6, 582, 654n

modos inexistentes, 190, 617n

modos infinitos, 35, 71-2, 75-85, 89, 106, 109, 116, 119, 124, 129, 131, 133-6, 160, 185, 193, 222, 254, 258, 304, 563, 568-70

modos singulares, 32, 101-2, 118-9, 122, 135-6, 177, 242, 256, 317, 497, 577

modus finitus sive res finita sive causa finita, 75, 80

modus intrinsecus, 76, 188, 191-2, 614n, 625n

Moisés, 26-7, 29, 31, 484-5, 559

moles, corpos, 164, 166-7, 201-2, 208, 532

momentos sucessivos, 339, 530, 567

mônadas, 56, 59, 118, 121, 617n

Monadologia (Leibniz), 56, 617n

monarquia, 23, 25

Monde, Le (Descartes), 159

monismo, 137

Montaigne, Michel de, 648n

moral ascética, 360, 598

moralidade, 517

moralistas, 285, 287-9, 292, 454

morbus, 284, 288

More, Henry, 15, 487

Moreau, P.-F., 620n, 628n, 654n

Morfino, Vittorio, 628n, 654n

mortalidade da alma (nas ideias orientais), 52

morte, 23, 28, 175, 427, 452, 475-6, 479-80, 484-5, 490, 522, 586, 594, 597, 599, 601, 603, 647-8n

movere, 285, 605

movimento, 20, 22-4, 27, 35, 43-7, 49, 54, 58, 62-3, 65-6, 69-72, 79, 106, 117, 134, 155, 160-9, 174, 183, 192, 200-1, 208, 221, 223, 227, 251, 268-272, 283-4, 288, 299, 304-5, 311-2, 314, 316, 321, 350, 368, 370-2, 374, 376-7, 390, 400, 410, 422, 424, 452, 455, 488, 506-9, 518, 526-8, 530-2, 546, 559, 560, 562-3, 570-1, 590-1, 610n, 616n, 619n, 621n, 623n, 628n, 632-5n, 641-2n, 647n, 649n, 652n

"*muero porque non muero*" (Santa Tereza D'Ávila), 286

mulheres, 553

multiplicidade afetiva, 367

multitudo, 22, 25-6, 28, 278, 646n

mundo, 29, 52-6, 58-61, 68, 107, 109, 118, 120, 155, 173, 212, 221, 223, 226, 253, 262, 282, 287, 298, 360, 384, 411, 424, 426, 442, 485, 488, 491, 494, 500, 518-9, 550, 553, 587

mundo expressivo, 118

mundum utique unicum esse, 118

música, 394, 459, 598

mutatio, 537, 539, 545

Mythe et pensée chez les grecs (Vernant), 642n

natura, 89, 164, 396, 436

natura communis, 143

Naturada, Natureza, 35, 39, 78-81, 83, 85-6, 94, 99-100, 106, 133-5, 143, 167, 172, 256, 258, 576, 581, 584

naturae humanae exemplar, 395, 400

Natural Rights Theories: Their Origins and Development (Tuck), 641n

Naturante, Natureza, 35, 79, 83, 85, 94, 100, 106, 133, 256, 576, 581, 584

Natureza, 18, 22-4, 32-6, 39-40, 42-3, 46-50, 52, 77-81, 83, 85, 87, 90, 94, 99-100, 106, 108, 122-3, 128-35, 138, 140, 143-4, 160, 166-7, 172, 177, 181, 186-7, 197, 214, 222, 226-9, 234, 256, 258, 263-4, 284, 286-9, 292-4, 297, 303-4, 307-8, 315-6, 318, 320, 333, 339-40, 356, 358, 371, 382, 389-90, 392-3, 399-402, 407-11, 422-5, 427, 432-4, 437, 440-1, 445-8, 450-1, 469, 473, 476-7, 493-4, 497, 521-2, 534, 536, 538, 543, 547-8, 552, 555-7, 566-7, 571, 576, 579, 581, 584, 593, 600, 618n, 621n, 623-4n, 632n, 635n, 642n

natureza da existência, 256, 569, 580

natureza da ideia, 64, 169, 206, 253, 267

natureza da mente, 94n, 100, 146, 149, 170, 172,

186, 196, 212, 221, 235, 241, 247, 314, 424, 432, 451, 497, 551, 564, 573, 580, 593, 600, 634n
natureza de Deus, 78, 83, 105, 111, 114, 116, 134, 139-40, 142, 144, 159, 227, 256, 398, 487, 519, 569, 577, 581, 587-8, 593, 629n
natureza do corpo, 94n, 152-3, 159, 161, 200, 206-9, 213-4, 221, 225, 238, 241, 245, 307, 331, 345, 394, 504, 570, 595
natureza humana, 154, 173, 286, 289, 292-4, 329, 350-1, 359, 390, 395-6, 399-401, 408, 422-4, 428, 440-1, 449, 465, 468, 475, 480, 545, 566, 645-7n
necessário, o, 79, 83, 94, 98, 179, 188, 251, 253, 263, 277-8, 282, 311, 401, 413, 421, 494, 496, 507, 516, 518-20, 535-7, 548, 579, 585
necessidade eterna da natureza de Deus, 256, 398, 565, 569-71, 580-1, 603
necessidade livre, 506, 511, 650n
negação, 54, 58, 96n, 97-8, 175, 222, 263, 266-8, 271, 293, 313, 315-6, 321, 382, 392-4, 409, 436-7, 477, 492, 499, 644n
negatio negationis, 58
Negri, Antonio, 60-1, 614n, 617n, 646n
neoplatonismo, 332, 615n
nervo ótico, 267; *ver também* olhos
nervos, 532
nervura do real, 486, 604
Nervura do real, A — vol. 1 (Chaui), 609-18n, 625-7n, 630-1n, 634-5n, 642n, 644n, 648-53n, 655n
neurocerebrais, fisiologia e processos, 165, 207-8, 223, 427, 626n
Nicholas, B., 641n
Nichtigkeit, 58
Nicolau de Cusa, 615n
Nietzsche, Friedrich, 644n
noção comum, 50, 196, 239-46, 254, 257, 259-60, 399, 401, 425, 446, 453, 465, 481, 543-4, 547-9, 560-1, 566, 568-9, 579
Nome de Deus, 260
nominalismo, 237, 401
norma sui et falsi, 233, 249, 261
Nova Aliança, 29
Novo Testamento, 29, 31
Nullum contingens, omnia determinata, 83

objetivo (no vocabulário escolástico-cartesiano tradicional), 609n
objeto absoluto, 56
obnoxius affectibus, 384
obnoxius affectuum viribus, 384-5, 403, 458
obnoxius fortunae, 385, 403, 462, 562
obnoxius/obnoxia, 298, 383-5
ockamista, essência, 39
Ockham, Guilherme de, 109, 237, 272, 386, 494
ódio, 53, 281, 289, 294, 326, 331, 333-4, 337, 340, 342-6, 348-52, 355-63, 366, 421, 438-9, 446, 457-61, 467, 477, 479-81, 541, 552, 557, 562, 587, 633n, 636n, 639n
Oldenburg, Henry, 40, 42, 73, 77, 158, 166, 223, 234, 239-40, 258, 317, 382, 394, 433, 557, 577, 611-2n
olhos, 94, 212, 232, 266-7, 301, 311, 314, 344, 378, 416, 457, 492, 513, 527, 573, 575, 607
Oliva, Luis César, 617n
omnis determinatio negatio, 58, 613n
ontologia, 16, 23, 47, 60-1, 94, 401, 536
operações corporais, 304-5, 308
operações determinadas, 80, 83-4, 134, 162, 320, 575
operações mentais, 197, 305, 517, 541
oração condicional, 150, 455
ordem analítica espinosana, 592
ordem comum da Natureza, 85-6, 186, 187, 205, 214, 222, 226-8, 234, 297, 333, 339, 358, 403, 411, 440, 497, 536, 543-4, 557, 579, 600, 618n, 624n
ordem da realidade, 140, 144
ordem das razões, 140, 198
ordem e conexão das causas, 122-3, 135-6, 217, 229
ordem necessária da Natureza, 50, 85-6, 132, 133, 144, 186-7, 197, 214, 227-8, 234, 288, 297, 402, 555-7, 618n, 624n
ordenação divina, 511, 523
ordens de realidade, 75, 79, 112, 255
órganon, 632n
orgulho, 283, 381, 489
orientalismo, 52

701

oscilação da realidade-perfeição, 394
ousía, 537, 567, 622n
Ovídio, 229, 336, 383, 419, 481
oximoro, 280, 286, 293, 403

pagãos, 53
paixões, 23, 25, 28, 90, 187, 283-5, 287-8, 292, 294-6, 298-301, 314-5, 317-9, 321, 323, 325-6, 330-1, 336-8, 340-4, 346-8, 350-1, 353-5, 357-8, 361, 363-4, 366-70, 374, 382, 394, 400, 403, 405-6, 408-9, 411-2, 415, 418-9, 421, 423, 426, 429, 435-44, 447-50, 453-6, 459-63, 465-8, 470-3, 475, 480, 489-90, 496, 497, 511, 524-5, 527-9, 531-6, 539, 541-2, 544-5, 548-51, 553, 556-8, 560-3, 579, 586-8, 590, 594-5, 599, 603-4, 615n, 623-4n, 627n, 632-6n, 638n, 640n, 643n, 652-4n
Palas, 605
Palavra de Deus, 490
pandetas hindus, 52
panteísmo, 15, 39, 57, 59-60, 137, 142
paradoxos, 61, 212, 236, 257, 272, 286, 303, 498-9, 505-6, 565, 574, 599, 624n, 632n
paralelismo, 117, 119-21, 123, 127, 152, 541, 572, 615n
parcialidade, 211, 281, 581
Parrochia, D., 617n
pars communis, 50, 240, 246, 400
pars intellectus infiniti, 185
pars naturae, 40, 49, 316, 382
pars partialis, 50, 240, 246, 400, 425
pars singularis, 50, 246, 575, 577, 583
partes communes, 408, 425
partes extra partes, 153, 166-7, 224
partes humanas da Natureza, 400-1, 425
partes partiales, 222, 401, 408
Pascal, Blaise, 287
passado, 0, 251, 340, 403-4, 413, 415, 565, 586, 634n
pássaros, 280
passividade, 86, 90, 157-8, 170, 187, 248, 296-7, 299, 310, 314, 317, 351, 369, 383, 406-7, 413, 418, 423, 477, 483, 542, 546, 561, 572, 595, 603, 622n, 633n
pathê, 284

páthos, 283, 285, 288, 295, 410, 525
patologia, 360, 457, 632n
Patriarcas hebreus, 484-5
patrícios, 25
Paulo, apóstolo, 29, 491
paz, 29, 305, 624n, 633n, 638n
pecado, 35, 284, 289, 392, 450-1, 485, 488, 491, 509, 548
pedra em movimento, exemplo da, 371, 505-10, 512
pedra pensante, exemplo da, 509-10
pelagianismo, 289
pena de morte, 427
pensamento divino, 53, 91, 113
Pensamentos metafísicos (Espinosa), 39, 77-8, 109-10, 132, 179, 197, 227, 235, 262, 320, 382, 488, 498, 504, 517-8, 520, 522, 567, 611n, 627n, 642n, 651n
"pequena física", 153, 159, 168-70, 180, 200, 208, 227, 616n, 619n, 623n, 626n
percepção, 28, 41-2, 45, 49-50, 95n, 147-8, 162, 170-1, 180, 205, 207-10, 213, 220, 222-3, 225, 227, 232, 234, 237, 240, 242, 244, 246, 251-2, 258, 266, 270-4, 276, 313, 342, 344, 363, 370, 408, 449, 514, 522, 528, 547-8, 576, 606
percussão ou do choque, física cartesiana da, 164
perfectio, 387-8, 392, 394
perfectus, 38, 388
perfeição, 15, 35, 65, 76, 85, 91, 96n, 97, 106, 156-7, 170, 185, 188, 192, 250, 275, 325-7, 364-5, 368-9, 387, 392-8, 423, 458-60, 466, 472, 489-91, 495, 522, 555, 563, 578, 583-4, 587-8, 599, 603
perfeição de Deus, 15, 35, 490
perfeição infinita, 587-8
perficere, 387-9, 627n
perigos, 362, 442, 477-8, 531, 553, 624n
perseverança na existência, 86, 355, 397, 410, 427
perspectiva da eternidade, 254, 549, 566, 571, 573, 579-80; ver também sub specie aeternitatis
Perspective finale de l'Ethique et le problème de la cohérence du spinozisme, La (Rousset), 628n, 654n

persuasão, 283, 301-2
pertineo, 138
perturbações, 51, 284, 291, 386
perturbatio, 284, 288
perversão, 53
pessoa jurídica, 384, 386
Pessoa, Fernando, 212, 627n
philía, 645n
"Physique pendulaire et modèles de l'ordre dans l' *Ethique* de Spinoza" (Parrochia), 617n
phýsis, 632n, 642n, 649n
piedade, 277, 426, 445, 545, 601, 655n
pinturas, 248, 266, 270-1, 307, 375-6, 626n, 654n
planetas, 280, 632n
Platão, 34, 269, 363, 581, 606, 609n, 629n, 648n
platonismo, 322, 563
plebe, 25
Plínio, 442
Plotino, 650n
plura simul, 157-8, 185-6, 205, 246, 276, 382, 424, 451, 454, 550-1, 554, 596, 598
pluralidade de afecções, 174, 451, 560, 597-8
pluralidade de indivíduos/corpos, 40, 87, 165, 167, 425, 452
pluralidade simultânea, 156, 157, 206, 246, 276, 382, 406, 424, 453-5, 458, 467, 480, 547, 560, 594-6, 599-600, 603
pluralidade substancial, 55-6, 115, 121
pluribus modis, 168-9, 451, 551, 595
poder absoluto, 305, 313, 384, 500, 503, 512-4, 516, 524, 528-9
poder de Deus, 106, 108, 263, 518, 588
poder político, 22-3, 25, 31, 644n, 647n
poder teológico-político, 28-9, 31
poiésis, 642n
política, 22, 26-9, 31, 60, 446, 449-51, 469, 480, 604
Política em Espinosa (Chaui), 610n, 646n
política hebraica, 26, 28
"Politique avec la physique à l'âge classique, La" (Jacob), 619n
Posidônio, 292

positividade, 98, 176, 211, 230, 269, 321, 397, 404, 436, 488, 516, 537
possível, o, 23, 40, 43, 103, 127, 131, 179, 188, 228, 263, 278, 282, 321, 393, 398, 401-4, 408, 413-5, 469, 488, 494, 496, 535-6, 600, 649n
potência da mente, 49, 184, 241, 244, 291, 295, 326, 333, 340, 365, 367-8, 405, 431-2, 461, 523, 533-4, 536, 539-40, 545-8, 550, 559-60, 577-8, 583, 588, 596, 616n, 635n
potência da Natureza, 22, 47, 256, 446, 621n
potência da razão, 408, 524, 533-4, 549
potência de agir, 70-3, 114-5, 120, 154, 157, 174, 184-5, 195, 229, 238, 241-3, 247, 293, 296, 298, 300, 310, 317, 325, 327, 331-2, 340-1, 344, 347, 355, 364-5, 368, 396, 411, 416, 433-4, 440, 448, 464, 466, 555, 557, 570, 621n
potência de Deus, 70, 78, 83, 107-10, 113-4, 117, 143, 172-3, 176-7, 256, 263, 390, 397, 410, 446, 484-5, 507, 520, 536, 581, 621n, 623n, 651n
potência de existir, 73, 90-1, 119, 179, 185, 256-7, 317, 321, 353, 355, 394, 396-7, 400, 412, 417-8, 424, 435, 475, 570, 581, 621n
potência de pensar, 114-5, 171, 184, 218-9, 229, 247, 325, 331-3, 368-9
potência de viver, 550
potência do corpo, 184, 276, 325, 332, 382, 560, 616n
potência do intelecto, 523, 599-600, 603
potência do pensamento, 172, 616n
potência infinita, 22, 24, 46-9, 71-3, 84, 106, 112, 160, 189-90, 308, 410-1, 423, 616n
potência interna, 298, 421, 426, 453, 571
potência pensante finita, 49
potência pensante infinita, 48, 106-7
potência vital, 353, 571, 603
potência viva, 166
potências externas, 175, 177, 408, 422, 433, 453, 469, 572
potências singulares, 22, 90, 178, 182, 185, 187, 298, 326, 422, 433-4, 454, 473
potentia, 24, 173, 179, 262-3, 406, 533-5, 543, 572, 588, 612n, 621n, 655n

potestas, 173, 179, 262-3, 383-4, 398, 462, 502, 528, 533-5, 543, 572, 588, 612n
potior, 398
povo hebraico, 25-30, 558-9, 654-5n
prazer, 285, 522
preceito racional, 423, 441, 451
preceitos da retórica seiscentista, 605
preconceitos, 271, 389-90, 426, 508, 510, 512, 515, 520
predestinação, 33-4, 521
"Première Éthique. Méthode et perspectives, La" (Rousset), 623n
presciência divina, 507
Presença de Deus (*kavod*), 591
presença de espírito, 369
presente, o, 304, 337, 340, 403, 413-5, 419, 468, 474, 548-9, 634n, 643n
pressão, física hobbesiana da, 164
prima significatio, 262, 354, 383, 385, 387, 446, 583
primeiro gênero de conhecimento, 274, 579, 583, 586
Primeiro-Uno, 650n
princípio de não contradição, 514, 622n
princípio vital, 155
Princípios da filosofia cartesiana (Espinosa), 117, 488, 498, 504, 619n
princípios ordenadores das coisas singulares, 79
principium, 19, 47, 84
privação, 179, 182, 196, 211, 213, 230-3, 247, 250, 269, 275, 310, 317, 321, 326, 382, 392-3, 409, 415, 437, 489, 491, 560, 584, 636n, 638n, 642n
privação de conhecimento, 230-1, 233, 250, 310, 415, 560
processo de conhecimento, 245, 585
profecias, 26, 28, 30, 485, 630n
profetas hebreus, 30, 280, 485, 490, 630n
prolixidade, 159, 422, 619n
propagação dos afetos, 341, 361, 366
propensão, simpatia como, 334
proporcional-desproporcional, relação, 606
proporcionalidade, 24, 654n
proportio, 606

proposição 36 do *De libertate* como coração da filosofia espinosana, 591
propria de Deus versus *affectiones* de Deus, 72
propriedade comum, conceito de, 71, 110, 159, 181, 234, 237, 239-41, 245-6, 249, 254, 257, 367, 399-400, 407, 433-4, 436-8, 448, 547, 549, 554-5, 569-70, 576-7, 579
propriedade, vontade e liberdade (no Direito Romano), 384
prosperidade, 280
prostituta, 353
Provérbios (livro bíblico), 648n
Providência, 32, 34, 52, 278-9, 487, 495, 535-6
providência particular, 32, 49
providência universal, 32, 49
prudência, 290, 363, 366, 454, 478
psicológico, acontecimento, 216, 249
pudor, 357
pulsão, 623n
punição, 287, 305, 450, 484, 487, 492-3, 522, 601
pupila, dilatação da, 527
purgatório, 636n
pusilanimidade, 638n

"Quale meccanicismo per Spinoza" (Totaro), 620n
quantidade de tempo, 256, 397-8, 581
quantum in se est, 176-8, 623n
quantum mínimo de movimento e repouso, 162, 164, 619n
quatenus, sentido de, 654n
quatro elementos *ver* elementos, quatro (quente, frio, seco, úmido)
quatro humores *ver* humores, quatro (sangue, fleuma, bílis amarela e bílis negra)
quatro temperamentos *ver* temperamentos, quatro (sanguíneo, fleumático, colérico e melancólico)
queda do homem, 15, 35, 287, 289, 485, 490-2, 509
quies, 619n, 648n
quietismo, 52
quimeras, 24, 611n, 618n, 636n

química, 40
Quintiliano, 284-5

Racine, Jean Baptiste, 632n
raciocínio, 41, 239, 245, 249
racismo, 361
rapidez, 162-3, 200-1, 305, 374, 376, 549
ratio, 24, 46-7, 49, 76, 89, 99, 162, 168-9, 192, 278, 285-6, 410, 422, 452, 473, 552, 614n, 623n, 643n
rationis dictaminia, 422
rationis ratio, 422
realidade exterior, 197, 211
realidade finita, 61
realidade infinita, 105
recta ratio, 278, 285, 552
"Recta ratio, La" (Rousset), 642n
recusa espinosana da moral ascética, 598
recusa espinosana da Sexta Meditação de Descartes, 102, 621n
recusa espinosana do solipsismo, 604
redes causais, 21, 79-80, 82-3, 86, 134, 143, 280, 575-6, 581
Reforma Protestante, 285
reformados, cristãos, 285, 502, 518, 521
regimes políticos, 22-5, 28, 646n
rei alii novae, 646n
rei essentia actualis, 179
Rei Lear (Shakespeare), 385, 642n
relação entre a mente e o corpo, 102, 152-3, 306, 322, 370
relação todo-parte, 611-2n, 628n
relações causais, 115, 120, 184, 299, 302, 433, 532, 576
relativismo, 45, 401
religião, 26-31, 601
religião cristã *ver* cristianismo
religião hebraica, 26-30, 492
religião natural, 26, 31
religião revelada, 26-31
"relojoeiro engenhoso", Deus como, 117
rem suam, 387
Rembrandt, 626n
remorso, 338, 340, 462

repouso, 35, 46-7, 52, 69, 71-2, 79, 106, 155, 160-9, 174, 183, 200-1, 223, 284, 299, 304, 311, 316, 371-2, 377, 400, 452, 455, 532, 563, 570-1, 619n, 623n, 635n, 641n, 647-8n
repraesentare, 199
representações mentais, 210
republicano, regime, 26, 29
res cogitans, 75, 99-100, 105-6, 527, 612n
res corporales, 384
res extensa, 75, 106, 527, 612n
res magis est intelligibilis, 17
res naturales, 72, 75
res particulares, 32, 55, 72, 75, 93-4, 106
res physica/res naturalis, 189
"Resposta a Derrida" (Foucault), 651n
retângulos, 125-6, 128, 130, 617-8n
retórica, 30, 283, 285-7, 289-90, 295, 300-2, 304, 373, 605, 634n, 652n
Rêve et l'existence, Le (Binswanger), 644n
revelação divina, 26, 582
reversibilidade, 88-9, 127, 138, 167, 268, 299, 533, 592
riqueza, 465, 522
riso, 231-2, 457-8, 605
ritmo universal, 160-1
ritmo vital, 571, 603
ritmos, 160, 162, 166
Romanos, Epístola aos *ver* Epístola de Paulo aos Romanos
"roseau pensant" de Pascal, 287
Rousset, Bernard, 623n, 628n, 642-3n, 650n, 654n

sabedoria, 475-6, 604
sábio, o, 459, 476, 491, 524, 535, 583, 598, 601-4, 633n
sacrifício de Cristo, 485
sagacidade, 304, 374, 376
Salmos, Livro dos, 655n
Salomão, rei, 484, 648n
salvação, 31, 52, 285, 322, 360, 520, 559, 590, 604
sangue, 43-7, 165, 283
santidade, ideia cristã de, 349
Santíssima Trindade, 485

sapiens, 286
Saturno, 632n
saudade, 354, 639n
saúde do ânimo, 284
saúde do corpo, 500, 598-9
saúde integral, 468
Schelling, Friedrich Wilhelm Joseph von, 56
Schüller, Georg Hermann, 504, 511, 649-51n
"Scienza delle *connexiones singulares*, La" (Morfino), 628n, 654n
Scotus, Duns, 76, 188-9, 191-3, 263, 320, 507
secções cônicas de Desargues, 615n
secreções, 353
segundo gênero de conhecimento, 555-6, 577, 579, 587
segurança, 27, 29, 338-40, 449, 461-2, 638n
Seiscentos, período do, 165, 480, 592, 605-6, 613-4n, 625n
Sêneca, 292, 427, 442, 622n
sensações, 17, 109, 208, 303
sensibilidade, 155
sensíveis externos, 151
sensualidade, 283
sensualista, teoria do conhecimento, 114-5
separação Deus-eu-mundo, 57
sequi, 82
ser absolutamente infinito, 0, 16, 39, 65, 69, 75, 79-81, 83-5, 92-3, 97, 105-6, 115, 120, 124, 173, 316, 558, 576, 581, 584, 588-9, 592, 599, 603-4, 650n
ser absoluto, 37, 97-9, 173
Ser como gênero supremo, 611n
ser e agir, inexistência de distância entre (em Deus), 588
Ser Perfeitíssimo, ideia do, 197
Ser Primeiro, 393
Ser Soberano espiritual, único, 52
"ser sumamente perfeito, o", 65
serenidade, 464, 583, 648n
seres finitos, 16, 74-5, 137, 575
seres humanos, 153-4, 236, 239, 259, 310, 329, 603
seres singulares, 91, 168, 179, 217, 236, 257, 301, 360, 425, 603, 619n, 623n; *ver também* coisas singulares
seres vivos, 155
serpente, Adão tentado pela, 485
servidão, 277, 315, 336, 381-5, 394, 398, 404-6, 408, 422, 458, 598, 600-1, 629n, 633n, 648n
"Servidão e liberdade" (Chaui), 612n
sexualidade, 353-4
Shakespeare, William, 384-5, 642n
sideratus / sidus / sidera, 639n
signos linguísticos, 215
silêncio, 49, 77, 193, 262, 308-9, 313
símbolos, 30
Símias, 476
simpatia, 334, 358, 489
simplicidade de Deus, 120
simulacro, 606
singularidade imanente, 92, 591
síntese e análise, reversibilidade entre, 592
sistema de afecções, 367, 636n
sistema medo-esperança, 338
sistema nervoso, 208-9
soberania do homem *versus* impotência do homem, 289
soberba, 326, 344, 349-50, 361, 363, 438, 461-5, 479, 481, 545
soberbos, 463
Sobre o livre-arbítrio (Santo Agostinho), 508, 650n
sobriedade, 369
sociabilidade, 28, 239, 425-6, 433, 444-5, 480, 604, 623n, 627n, 643n, 645n, 655n
Sócrates, 475-6, 631n
sofismas, 631n
Sofista, O (Platão), 606
sofrimento, 54, 428, 462
Sol, 41, 210-2, 214, 231-3, 252, 385, 416, 561
solidão, 442, 469, 480, 604
solipsismo, 604
sonâmbulos, 304, 307-8, 374-6
sonhos, 26, 52, 265, 274, 311-3, 512-5, 607, 630n, 632n, 651n
sono, 304, 306-7, 374-6

sossego, 619n
species, sentidos no latim clássico e medieval, 630n, 654n
"Spinoza and the theory of organism" (Jonas), 620n
Spinoza et le problème de l'expression (Deleuze), 188, 615n, 625n, 634n
"Spinoza précurseur de l'idée moderne d'espace" (Toros), 615n
Spinoza. L'âme (Guéroult), 654n
Spinoza. L'expérience et l'éternité (Moreau), 654n
Stratégie du conatus, La (Bove), 637n, 652n
Suárez, Francisco, 76-8, 93, 192-3, 614-5n, 625n
suarezianos, conceitos, 39, 76, 78, 193, 614n
sub quadam aeternitatis specie, 253-4, 569, 576, 579
sub specie aeternitatis, 133, 247, 257, 564-5, 568, 572-3, 576-7, 580, 587, 589, 592-4, 603-4, 618n, 628n, 653n
Sub specie aeternitatis. Etude des concepts de temps, durée et éternité chez Spinoza (Jaquet), 654n
"Sub specie aeternitatis" (Mignini), 653n
sub specie durationis, 586, 592-3, 598, 603, 618n
substância, 16, 32, 35-7, 40, 47, 49-56, 58-62, 64-5, 70, 74-8, 82, 85, 93, 95-6n, 97-8, 103-5, 107-8, 110, 112, 114-23, 127-30, 135, 137-9, 142-6, 152-3, 160, 164, 169-70, 173, 175, 183, 186, 191-3, 197, 200, 206, 218, 220, 223, 238, 243, 253, 255-6, 263-4, 281, 308, 319, 407, 411, 486, 488, 497, 537, 556, 566-9, 577, 583, 588-9
substância divina, 53, 55, 76, 97, 191, 193
substância extensa, 47-8, 50, 70, 121, 612n, 622n
substância pensante, 50, 121, 152, 218, 220, 622n
substancialidade, 57, 60, 170, 529
Substancialidade e subjetividade — Hegel intérprete de Espinosa (Baioni), 613n
substâncias individuais, 55, 189
substare, substantia e subjectum, 537, 622n
sucessão temporal, 388, 406
"sucos", quatro ver humores
sui juris, 383-7, 389, 401, 406, 446
suicídio, 427-8, 469
sujeito absoluto, 57

Sulla scienza intutiva in Spinoza (org. Del Lucchese & Morfino), 628n
suma alegria, 578, 583
suma felicidade, 74, 277, 482, 587
suma perfeição humana, 578
suma virtude da mente, 432, 577-8, 591
sumo bem, 192, 285, 432, 443-5, 465, 556, 559, 624n
sumo contentamento, 464, 578, 583
superstição, 253, 280-1, 458-60, 470-1, 587, 601, 636n, 646n
suspensão do juízo, 273-4, 536
symptomata, 632n

tagarelas, 309-10, 377, 508
tautologia, 329, 567-8
tecido de relações internas, corpo e natureza como, 166-7
Teeteto, 631n
Teixeira, Lívio, 634n, 652n
télos, 283, 396, 431
temor, 280, 321, 357, 363, 448-50, 471, 491, 522
temperamentos, quatro (sanguíneo, fleumático, colérico e melancólico), 282-3, 478, 632n
temperança, 369
tempo de existência, 397, 403
Tempo, duração e eternidade na filosofia de Espinosa (Itokazu), 627n, 654n
temporalidade, 254, 403, 572
teocracia hebraica, 26, 28, 31
teodiceia, 34
teologia, 29-31, 52, 260, 485, 494, 635n, 651n
teológico-metafísica, tradição, 23, 108, 172, 263, 393, 494-5
teólogos, 31, 289, 442
terceiro gênero de conhecimento, 73, 91, 245, 247, 255, 259, 562, 576-9, 582-5, 591, 594, 602
Tereza D'Ávila, Santa, 286-7
Terra, 41, 210-2, 214, 232, 416
Tesauro, Emanuele, 287, 605, 655n
tetrapharmakon, 476
titillatio, 354
Tomás de Aquino, São, 75, 88, 192, 320, 494

Toros, Yvone, 615n
tortura, 480
Tosi, R., 645n
totalidade do tempo, 253, 403
Totaro, Pina, 620n, 655n
"Tra relazionalità e immediateza" (Anna), 628n
tranquilidade, 281, 493, 583, 619n, 648n
tranquilitas, 284
transcendência divina, 603
"transcendentais", os (na tradição escolástica), 392
transferência afetiva, 334, 336, 341-3, 346, 406, 438
transgressão, 484-5
transindividualidade, conceito de, 620n
transitio, 326, 396, 583
transubstanciação da Eucaristia, 54
Tratado da emenda do intelecto (Espinosa), 16-7, 20-4, 39, 41, 49-50, 64, 66, 91, 136, 148, 163, 197-8, 212, 219-20, 234-5, 237, 239, 242-6, 249, 253, 260, 262, 443, 464, 512, 522, 559, 562, 575, 590, 593, 604, 609n, 611n, 616-7n, 619n, 624n, 626-8n, 635n, 637n, 643-4n, 646n, 652n, 654-5n
Tratado das paixões da alma (Descartes), 267, 278, 299, 501, 511, 525, 535, 633-6n, 640n, 650-2n
Tratado do homem (Descartes), 267
Tratado político (Espinosa), 22-4, 31-2, 442, 604, 621n, 639n, 644-7n, 655n
Tratado teológico-político (Espinosa), 25, 29, 31-2, 199, 280-1, 446-7, 449, 454, 471, 473, 484-6, 534, 557-8, 587, 601, 604, 621n, 630n, 639n, 644-6n, 648n, 653-5n
Três tempos sobre a história da loucura (Derrida & Foucault), 651n
triângulo, 87, 129, 267-8, 275-9, 352, 493
Trieb, 623n
Trindade *ver* Santíssima Trindade
tristeza, 53, 283, 303, 325-8, 330-4, 336-48, 350, 352, 354-63, 365-6, 368-70, 396, 405, 416, 418, 420-1, 425-6, 428, 434, 438-40, 448, 454-5, 458-9, 461, 463, 466-7, 471-2, 477, 522, 534, 541, 548, 556-8, 587, 602, 636n, 639-40n, 644n
tristitia, 326
truncamento, 211

Tschirnhaus, Ehrenfried Walther von, 61-73, 86, 91, 117-21, 151, 498-506, 509, 511-7, 520, 522-3, 606-7, 616n, 619n, 635n, 649-51n
Tuck, R., 641n
Tusculanas (Cícero), 278, 283-4, 288, 292, 647-8n

união da mente com Deus, 591
união da mente e do corpo, 152-3, 167, 169, 171-2, 179, 182, 184-5, 203, 205-6, 209, 215, 218-9, 221, 226, 228, 242, 282, 301, 319, 371, 417, 451, 456, 530, 540, 620-1n, 635-6n, 640-1n, 655n
união de corpos, 163-4, 170, 201
unicidade substancial, 40, 52, 93, 139
unio corporum, 163, 603
universais abstratos, 18, 32, 37, 41, 90, 143-4, 156, 190, 237, 240, 265, 388, 392
universal, o, 58, 109, 235, 237, 244, 273, 393
universo, 44-7, 50, 52, 56, 59, 69, 72, 79, 81-2, 112, 114, 116, 119, 121, 495, 530, 587, 617n
útil próprio, 423, 430-2, 439, 441, 444, 449, 476-7, 480, 483-4, 590, 601
utilidade recíproca, 449, 461

"Velho tema I" (Carvalho), 644n
Velthuysen, Lambert van, 486-7, 557, 648n
veneração, 363, 639n
Verbo Divino, 490
verdade absoluta, 499, 501
verdade eterna, 19, 38, 96n, 103, 253, 567, 572, 593
verdade, a, 58, 249-50, 261, 499, 501-2, 575, 627n, 629n
vergonha, 348-9, 357-8, 462
Vermeer, Johannes, 626n
"vermezinho imerso no sangue", exemplo do, 44-5
Vernant, Jean-Pierre, 642n
verossimilhança, 282, 285, 288, 605
Vesálio, André, 166
vestuário, 459
vícios, 55, 211, 284-6, 289, 292-4, 349, 454, 459, 463, 470, 502, 517, 522, 548, 553, 645n, 647n
vida afetiva, 187, 282, 296, 298, 317, 344, 364, 592
vida cognitiva, 205, 215, 277
vida em comum, 442, 445-6, 453-4, 458, 604

vida feliz, 594, 602
vida no além, 602
vida política, 239, 480, 623n
vida racional, 481, 552, 645n
vida social, 28, 281, 425, 444, 450-1, 469, 480
videre, 199
Vieira, Antônio, padre, 288, 360, 632n
vigilância, 454, 477-8
vigília, 304, 306-7, 312-3, 374-6, 378, 513-5, 607, 651n
vingança, 283, 309, 358-9, 363, 377, 454-8
violência, 28, 284, 287, 384-5
virtude humana, 447, 481, 523, 562
virtudes, 266, 277, 285-6, 294, 300, 349, 365-6, 408, 424, 426, 429-31, 445, 454, 459-60, 463-4, 470, 477, 479-81, 487, 493, 496, 501, 546, 553, 601-3, 619n, 633n, 643n, 645-6n, 655n
vis, 534
vis reppelit vim, 639n
vita, 384

vitupério, 285, 289, 347, 349, 352, 365, 464, 634n
vocabulário clássico, 480
volições, 94n, 181, 262-3, 265-9, 272-3, 275, 313, 319, 321, 336, 488-9, 512, 515, 624n
vontade criadora, 107, 116, 179, 264
vontade de Deus, 23, 39, 107-10, 113, 161, 262-3, 284, 488-90, 500, 517-20, 650n
vontade livre *ver* livre vontade
vontade, propriedade e liberdade (no Direito Romano), 384
vulgar, homem, 108, 348, 389-90, 465, 490, 523, 535, 601-3

xenofobia, 361

Zac, Silvain, 648n
zodíaco, 642n
zoon politikon, 645n
Zourabichvili, François, 628n

ESTA OBRA FOI COMPOSTA EM DANTE PELO ESTÚDIO O.L.M. / FLAVIO PERALTA E IMPRESSA EM OFSETE PELA GEOGRÁFICA SOBRE PAPEL PÓLEN SOFT DA SUZANO PAPEL E CELULOSE PARA A EDITORA SCHWARCZ EM JULHO DE 2016